Wigand Albert

Flora von Kurhessen und Nassau

diagnostischer Theil

Wigand Albert

Flora von Kurhessen und Nassau
diagnostischer Theil

ISBN/EAN: 9783742898531

Hergestellt in Europa, USA, Kanada, Australien, Japan

Cover: Foto ©ninafisch / pixelio.de

Manufactured and distributed by brebook publishing software
(www.brebook.com)

Wigand Albert

Flora von Kurhessen und Nassau

Vorwort und Einleitung.

Das hiermit in neuer Auflage erscheinende Buch verfolgt einen doppelten Zweck: es soll einerseits ein praktisches Hilfsmittel zum leichten und sicheren Bestimmen de höheren Gewächse nach Gattung uud Art sowohl für den Anfänger als auch für den Geübten als Vademecum au Excursionen gewähren, — und es soll andererseits als Anleitung zur wissenschaftlichen, methodischen d. h. naturgemässen Untersuchung der Pflanzen, insbesondere als Einführung in das natürliche System dienen. Es ist nich leicht, diese beiden Zwecke zu vereinigen, und jenachdem man den einen oder den anderen ausschliesslich oder überwiegend maassgebend machen wollte, würde sich im einen Falle nur ein sehr nützlicher aber geistloser Katalog ohne innere Naturwahrheit und wissenschaftlichen Werth, — im anderen Falle ein den Anforderungen der Wissenschaft entsprechendes Bild der lebendigen Natur, aber auf Unkosten jenes praktischen Zweckes ergeben. Beiden Aufgaben in solcher Weise gerecht zu werden, dass jede derselben möglichst vollkommen und zugleich mit möglichst geringer Beeinträchtigung der anderen erfüllt werde, ist der Anspruch, welchen der vorliegende Versuch macht, und der Maassstab, nach welchem derselbe beurtheilt werden will.

Diess gilt zunächst bezüglich des richtigen Maasses in der Ausführlichkeit bezw. Kürze der Diagnosen. Die Beschreibung einer Gattung oder Species ins Unendliche auszuspinnen, ist keine Kunst, denn die systematischen Charaktere sind unerschöpflich, — aber mit einer möglichst ausführlichen Aufzählung von Merkmalen würde für die Auffassung der Aehnlichkeit und Verschiedenheit nächstverwandter Formen, mithin auch für den praktischen Zweck des Bestimmens wenig geholfen sein. Dieser fordert vielmehr eine Beschränkung auf diejenigen Merkmale, in welchen der Charakter vorzugsweise zu Tage tritt, welche verhältnismässig leicht und sicher zu beobachten sind und den Gegensatz zweier benachbarter Typen am schärfsten bezeichnen. Also möglichste Sparsamkeit durch Vermeidung aller nicht prägnanten Merkmale, — zugleich aber möglichste Reichhaltigkeit der Merkmale, sofern sie dazu dient, der Diagnose grössere Bestimmtheit zu verleihen. Durch zu grosse Fülle wird die Schärfe, durch zu grosse Kürze wird die Deutlichkeit der Charakteristik beeinträchtigt. Sachverständige mögen beurtheilen, inwiefern das vorliegende Buch das richtige Maass getroffen und etwas zur grösseren Vertiefung und zugleich zur schärferen Ausprägung der Diagnostik beigetragen hat.

Nächstdem handelt es sich um die synoptische Behandlungsweise jener Diagnosen. Allein berechtigt scheint mir hier die möglichst vollständige Durchführung der analytischen Methode, welche aus sämmtlichen Gattungen oder Arten je einer vorliegenden Gruppe die mehreren derselben gemeinsamen Merkmale heraushebend zunächst eine möglichst kleine Zahl von einander scharf gegenüberstehenden Hauptabtheilungen aufstellt, dann diese Operation mit jeder dieser Abtheilungen wiederholend und successive zu immer engeren Kreisen herabsteigend endlich zu einer Reihe von Gegensätzen von je zwei oder wenigen, einander unmittelbar coordinirten Begriffen (Gattungen, Arten) gelangt, so dass die Menge der anfangs unklar nebeneinanderliegenden Definitionen in ein nach dem Gesetz der Coordination und Subordination wohlgeordnetes System einfacher Begriffe aufgelöst vor uns liegt. Nicht nur, dass auf diese Weise das Bestimmen der Pflanzen wesentlich erleichtert wird, — die analytische Methode ist es auch allein, welche den Gesetzen der Natur und der Logik entsprechend zu einer geistigen Verarbeitung und Beherrschung des Materials, nämlich zur Einsicht in die innere Gliederung einer Gruppe von Naturgegenständen und in die verwandtschaftlichen Beziehungen derselben führt. Sie ist daher die wahrhaft adäquate Form für die wissenschaftliche Operation der classificirenden Systematik, wie sie in der Naturgeschichte im Grossen, nämlich in der Anordnung aller Naturkörper nach Reichen, Classen, Ordnungen, Familien, längst allgemein im Gebrauche ist und nun auch für die Gattungen einer Familie, für die Arten einer Gattung consequent durchgeführt werden muss.

Uebrigens ist es hierbei mit der analytischen Form allein noch nicht gethan, es kommt vielmehr wesentlich auf die Wahl der naturgemässen Eintheilungsprincipien an, wenn anders man nicht zu einem blossen künstlichen Fachwerk, sondern zum Ausdruck des wirklichen Planes der natürlichen Gliederung gelangen will. Vollständig lässt sich diess zwar überhaupt durch die dicho-, trichotomische u. s. w. Classification nicht erreichen, weil in dieser Form die vielfachen seitlichen Verwandtschaftsbeziehungen nicht zum Ausdruck kommen können. Diess ist nur bei einer flächenförmigen oder räumlichen Anordnung der Typen möglich, welche dann aber wieder dem Zweck des Bestimmens nicht entsprechen würde, abgesehen davon, das eine derartige Darstellung des Systems mit der Form eines Buches unvereinbar ist. Wir müssen uns daher darauf beschränken, die Verwandtschaftsverhältnisse so weit darzustellen, als es die tabellarische Form zulässt, und so dass der praktische Zweck des Bestimmens nicht erheblich beeinträchtigt wird.

Ob man für die Anordnung des Materials im Grossen, insbesondere für die Zusammenstellung der Gattungen dem künstlichen oder dem natürlichen System den

Vorzug geben soll? kann doch nur für diejenigen zweifelhaft sein, welche vergessen, dass es die Naturwissenschaft nicht mit menschlichen Erfindungen, sondern mit Naturthatsachen zu thun hat. Eine solche Naturthatsache ist aber das natürliche System, insbesondere die Gruppirung der Gattungen zu natürlichen Familien, und es ist geradezu als eine Abnormität zu bezeichnen, dass man in weiteren Kreisen sich noch immer gegen diese wissenschaftlich allein berechtigte Naturauffassung abwehrend verhält und dagegen dem künstlichen Linné'schen System mit Vorliebe zuwendet. Höchstens könnte man darüber verschiedener Meinung sein, ob die natürliche Methode zugleich dem praktischen Zweck des Bestimmens entspricht. Aber in dieser Beziehung ist der Vortheil des Sexualsystems mit seinen mancherlei Inconsequenzen gröstentheils illusorisch und die Abneigung gegen das natürliche System unbegründet. Allerdings ist eine systematische Anordnung der Familien, wenn sie zur leichten Bestimmung dienen soll, mit Schwierigkeiten verbunden, weil hier Merkmale in Betracht kommen, welche eine genaue Untersuchung, besondere Vorkenntnisse und bestimmte Lebensstadien der zu bestimmenden Pflanzen voraussetzen. Deshalb ist die im ersten Theil dieses Buches befolgte Methode nicht ganz consequent, indem der Schlüssel theils auf Familien, theils auf Gattungen führt, eine Ungleichmässigkeit, welche eben auf Rechnung jener Schwierigkeiten kommt und nur durch die Rücksicht auf das praktische Bedürfnis gefordert wurde. Ueberdiess ist, um dem Wunsch Solcher, welche nun einmal durch Gewohnheit oder Vorurtheil am Linné'schen System hängen, zu entsprechen, ein nach dem letzteren eingerichteter Schlüssel der Gattungen und Familien in kleinerer Schrift hinzugefügt; jedoch wünsche ich, dass von dieser Aushilfe, sowie von den einigen grösseren Familien beigegebenen Gattungs-Uebersichten, welche auf den wissenschaftlichen Charakter verzichten, möglichst wenig Gebrauch gemacht werden möge, vielmehr empfehle ich selbst Anfängern, die Scheu vor dem natürlichen System zu überwinden und sich von vornherein an die Auffassung des Familienverbandes zu gewöhnen, namentlich auch bei der Aufsuchung der Gattungen in den grösseren Familien vor dem Bestimmen der Gruppen (Tribus) nicht zurückzuschrecken; man wird finden, dass dieser Weg doch immer am sichersten zum Ziele führt. Es ist nicht wahr, wie man häufig wähnt, dass das natürliche System nur der höheren Wissenschaft gehöre, dem Anfänger und Dilettanten aber verschlossen sei. Was wahrhaft natürlich ist, wird sich auch für die einfache Naturanschauung stets als das Naturgemässe und darum als das Leichteste bewähren.

Vor Allem handelt es sich doch auch beim naturgeschichtlichen Studium nicht bloss darum, Namen zu lernen, sondern die Natur selbst in ihrem planmässigen Wirken zu erkennen, und diess gerade offenbart sich nicht etwa bloss in dem wunderbaren Bau und Leben des einzelnen Organismus, sondern ebenso sehr in der Gliederung des ganzen Reiches. Wie aber überhaupt die Natur in dem kleinsten Stück ihrer Schöpfung ganz sie selber ist, so offenbart sich dem aufmerksamen Beobachter bereits in der engsten Localflora jener Reichthum an scharfen gesonderten Formen und zugleich jenes Band der Verwandtschaft, welches dem ganzen Naturreich das Gepräge einer harmonischen Einheit verleiht, und wer immer die Natur mit lebendigem Interesse, wenn auch in noch so beschränktem Umfange, betrachten will, der muss auch nach dieser Seite ein offenes Auge haben und sich in der Mannigfaltigkeit der Naturformen seiner nächsten Umgebung in der Weise zurechtzufinden suchen, dass er die einzelnen Dinge als Glieder jenes Verwandtschaftskreises auffassen lernt, wie sie von der Natur selbst dargeboten werden. Wenigstens ist es die Aufgabe eines verständigen naturhistorischen Unterrichtes, den Blick für eine solche lebendige Naturanschauung zu öffnen und zu üben.

Man sollte daher auch nicht in Linné immer nur den Schöpfer seines Classensystems ehren, sondern anerkennen, dass dessen unsterbliches Verdienst vielmehr darin liegt, den Grund zur natürlichen Systematik gelegt zu haben, indem er durch feste Begründung und consequente Durchführung des Art- und Gattungsbegriffes gleichsam die Bausteine für das natürliche System bereitete. Die

Zusammenfügung der Gattungen zu höheren Einheiten nach derselben Methode der Vergleichung und Vereinigung des nächst Aehnlichen führte dann besonders nach Jussieu's Vorgang zunächst zur Auffassung der natürlichen Familien. Mit dem Sexualsystem und seinen 24 Classen wird diese naturgemässe Operation unterbrochen und durch ein mechanisches Rubrikenwesen ersetzt. Auch die sogenannten „natürlichen Systeme" von Jussieu, De Candolle u. A. sind im Grunde nichts Anderes als solche künstliche Systeme, nur dass sie sich als Bausteine nicht bloss der Arten und Gattungen, sondern der Familien, also höherer natürlicher Einheiten bedienen. In der naturgemässen Anordnung der Familien zu noch höheren Gruppen ist die systematische Botanik noch nicht mit jener Sicherheit gelangt, wie diess für das Thierreich in so hohem Grade der Fall ist. Vorerst verstehen wir daher unter „natürlichem System" nur die Auffassung der Arten zu Gattungen, Gruppen (Tribus) und Familien. Nur die Haupttypen des Pflanzenreiches, wie sie S. XVIII zusammengestellt sind, dürfen mit Sicherheit als getreuer Ausdruck des Naturplanes im Grossen angesehen werden.

Wenn man freilich einer gewissen heutzutage landläufig gewordenen Ansicht Glauben schenken wollte, dann gäbe es auf dem Gebiete der organischen Formen überhaupt nichts Festes, Alles wäre im Fluss begriffen, der Begriff Art, Gattung, Familie und das ganze natürliche

System wären nichts als willkürlich ersonnene und in die Natur hineingelegte subjective Vorstellungen. Mit der Systematik als wissenschaftlicher Aufgabe wäre es dann zu Ende, dieselbe wäre nichts als ein müssiges Aufsuchen von beliebigen Beziehungen, etwa wie man in dem wechselnden Spiel der Wolkenformen die Gestalten von Bergen und Menschengesichtern zu entdecken sucht. Diese Verleugnung der aller Systematik zu Grunde liegenden objectiven Naturwahrheit ist lediglich eine Moderichtung, die besonders bei Solchen Anklang findet, welche ohnehin eine Abneigung gegen das mühsame Beobachten und Unterscheiden haben. In der Wirklichkeit finden wir weder einen solchen allgemeinen Urbrei, aus welchem das organische Reich auskrystallisirt wäre, noch auch im Einzelnen ein chaotisches Ineinanderfliessen der Formen, sondern überall eine reinliche und scharfe Sonderung von engeren Formenkreisen, die wir dann „Species“ nennen, und welche selbst im Laufe der Jahrtausende, soweit überhaupt die Beobachtung zurückreicht, ihren Charakter unverändert bewahrt haben und fortwährend, selbst unter den verschiedenartigsten äusseren Bedingungen festhalten. Selbst wo innerhalb einer Species ein noch so bunter und weit ausgreifender Wechsel von Abänderungen stattfindet, beobachtet derselbe doch immer bestimmte Grenzen und Richtungen. Manche Anhänger der Transmutationstheorie

vor, jene Beständigkeit der systematischen Typen sei nur ein vorübergehendes Ruhestadium in dem grossen Umwandlungsprocess, und dem gegenwärtigen Geschlecht der Naturforscher sei es beschieden, gerade in diese Ruheperiode zu fallen. Mag Jemand in solchen Speculationen über angebliche Vorgänge, von denen wir jedenfalls Nichts wissen und Nichts wissen können, Befriedigung finden, — an dem objectiven Sachverhalt wird dadurch Nichts geändert, und so lange die Naturwissenschaft die wirkliche Welt und nicht blosse Eingebungen der Phantasie zum Gegenstand hat, werden wir, unbekümmert um solche „Theorieen“, ruhig fortfahren, in der Erkenntnis der lebendigen Wirklichkeit unserem wissenschaftlichen Bedürfnis Genüge zu leisten.

Eine solche Wirklichkeit, wie sie vor unseren Füssen liegt und gegen die wir unser Auge nicht verschliessen können, ist aber die scharfe Sonderung der organischen Formen nach dem Artbegriff und die Gliederung des Naturreiches nach engeren und weiteren Verwandtschaftskreisen, — eine Thatsache, zu deren immer bestimmterer und tieferer Erfassung gerade in unserer Zeit die fortschreitende ernste Forschung hinführt. Und zwar bleibt die letztere nicht bei jener plumpen Ansicht der älteren Systematik stehen, als ob sich die Charaktere nur in irgend einem oberflächlichen Merkmal, Zahl der Staubfäden, Form des Blattes, Zeichnung des Blattrandes u. dgl., gleichsam wie in einem

Aushängeschild kund gäbe, — vielmehr gelangt die neuere Systematik, indem sie an der Hand der wissenschaftlichen Morphologie die architectonischen Gesetze des Aufbaues, die Metamorphose und die Entwickelungsgeschichte in der Pflanzengestalt verfolgt und zugleich mit Hilfe der Anatomie und Physiologie auch den inneren Eigenthümlichkeiten nachgeht, immer mehr nicht bloss zu einer festeren Begründung der Charaktere, sondern zu einer Vertiefung unserer Ansicht von einer nie geahnten Vielseitigkeit in der Ausprägung der systematischen Typen.

Auch als Mittel formaler Geistesbildung wird sich die Naturgeschichte bewähren, zumal wenn derselben, wie zu hoffen ist, mehr als bisher eine entsprechende Stelle im Unterricht eingeräumt werden wird. Denn nicht bloss aus der Grammatik und Mathematik, sondern auch aus der Natur spricht eine verhältnismässig einfache, aber höchst durchsichtige Logik. Insbesondere kann der jugendliche Verstand nirgends besser als durch die systematische Naturgeschichte in der scharfen und klaren Auffassung von Begriffsbestimmungen und in dem sicheren Urtheilen geübt werden. Dazu kommt die Ausbildung des Anschauungsvermögens, des aufmerksamen Blickes für die Dinge ausser uns, die beständige Nöthigung, mit Darangebung der eigenen Gedanken und Vorurtheile, die Dinge so aufzufassen, wie sie sind, wodurch die Beschäftigung mit einer lebendigen, concreten, in sich vollendeten Naturwirklichkeit ein heilsames Regulativ gegenüber dem Subjectivismus und der Zerfahrenheit in der Bildung unserer Zeit darbietet.

Dieser pädagogische Gesichtspunkt hat mir bei der Bearbeitung des Buches vorgeschwebt, welches seine Entstehung zunächst dem Bedürfnis meines eigenen Unterrichtes verdankt und unter der fortwährenden Mitwirkung der in dem letzteren gewonnenen Erfahrungen zu Stande gekommen ist, und ich finde, dass gerade jene analytische Behandlung des Stoffes ein zwingender Antrieb für den Lernenden sein muss, nicht nur genau zu beobachten, sondern auch auf Schritt und Tritt zu einer bestimmten Entscheidung und so von einem festen Urtheil zum andern, schliesslich zu einer klaren und sicheren Erkenntnis zu gelangen. In dieser Richtung wird insbesondere auch die knappe, von aller gemüthlichen Breite und subjectiven Färbung des Styls befreite, nur auf die objective Aufzählung wesentlicher Merkmale beschränkte Fassung dienlich sein. Die strenge Handhabung einer Kunstsprache nöthigt den Lernenden, sich stets unter einem gewissen Wort etwas Bestimmtes zu denken. Deshalb musste die Bezeichnung der einzelnen Organe selbstverständlich der Begriffsbestimmung, wie sie die wissenschaftliche Morphologie aufstellt, möglichst angepasst werden. Es ist heutzutage nicht mehr zulässig, Alles, was unter der Erde ist, „Wurzel“, Alles, was geniessbar, „Frucht“, Alles, was zur Fortpflanzung dient, „Samen“ zu nennen. Gleichwohl durfte bei dieser Säuberung der Terminologie im Sinne morphologischer Correctheit nicht allzu rigoristisch verfahren werden, sondern es erschien mir als das Richtige, mich hierin dem Verständnis der morphologischen Gesetze, wie es zur Zeit in den Kreisen, für welche das Buch geschrieben ist, vorausgesetzt werden kann, anzubequemen. Die einzelnen Kunstausdrücke, soweit sie nicht bereits aus dem gemeinen Leben unmittelbar verständlich sind, finden sich in einem besonderen Anhang erläutert und können daselbst leicht nachgeschlagen werden.

Das Gebiet der Flora habe ich, um dem Wunsche des Verlegers zu entsprechen, da es ohne Beeinträchtigung der Uebersichtlichkeit geschehen konnte, auch auf das vormalige Herzogthum Nassau ausgedehnt. Bei einer noch weiter gehenden Ausdehnung würde die grössere Verbreitung des Buches nur auf Kosten der Brauchbarkeit innerhalb des engeren Gebietes, für welches dasselbe eigentlich bestimmt war, erkauft werden, und gerade den Vortheil, welchen eine Special-Flora für den Zweck des Unterrichtes und für die Erleichterung des Bestimmens gewährt, wollte ich nicht opfern. Doch ist durch beiläufige Anführung und kurze Charakteristik der in Betracht kommenden Pflanzenarten dafür gesorgt, dass die Flora auch für die benachbarten Gegenden, mithin ziemlich für das westliche Mitteldeutschland, ausreichen wird. Die bisher verzögerte Herausgabe des topographischen Theiles der Flora, dessen Material längst bereit liegt, wird, sobald es mir andere Verpflichtungen gestatten, demnächst erfolgen.

Die Berücksichtigung der wichtigsten Cultur- und Ziergewächse, welche sich nicht minder als die einheimischen Arten der Beobachtung aufdrängen, ist in dieser Auflage nicht nur beibehalten, sondern auch mehrfach erweitert worden, womit ich einem allgemeinen Bedürfnis entgegenzukommen glaube. Vollständigkeit lässt sich hierbei natürlich nicht erreichen, vielmehr bleibt die Auswahl der Natur der Sache nach immer nur eine relative.

Möge denn das Werkchen sich auch in dieser verjüngten Gestalt als Führer in die Pflanzenwelt, wie sie dieses Stückchen deutscher Erde schmückt, sowie als Hilfsmittel eines gedeihlichen naturgeschichtlichen Unterrichts in Gymnasien und Realschulen bewähren!

Marburg, im März 1875.

Der Verfasser.

Inhalt.

Seite

Allgemeine Uebersicht des Gewächsreiches.

I. Stengelpflanzen (Cormophyta Endl.). Stengel und Blatt unterschieden.

A. Phanerogamische Stengelpflanzen.

Staubfäden und Eichen. Fortpflanzung durch Samen, die einen Keim enthalten.

a. Angiospermen.

Eichen (Samen) in der Höhle eines Pistills (Frucht) eingeschlossen.

1. Dicotyledonen.
Keimpflanze mit 2 Keimblättern. Meist verästelte Hauptwurzel. Stengel meist verzweigt, im Innern mit deutlich getrenntem Mark und Rinde und mehreren in einen Kreis gestellten Gefässbündeln oder mit einem strahligen, mit Jahresringen versehenen Holzkörper. Blatt meist getheilt oder gezahnt, mit verzweigten Nerven.

2. Monocotyledonen.
Keimpflanze mit einem scheidenartigen Keimblatt. Hauptwurzel nicht entwickelt. Stengel meist unverzweigt. Gefässbündel unregelmässig zerstreut, keine Markstrahlen und Jahresringe. Blatt meist ungestielt, ungetheilt, ganzrandig, mit parallelen, nicht netzartig verzweigten Nerven, fast nie gegenständig. Blüthe meist 3gliederig.

b. Gymnospermen.

Eichen (Samen) nackt, nicht in einer Fruchthöhle eingeschlossen, an einer offenen Schuppe befestigt.

Innerer Bau wie bei den Dicotyledonen, aber das Holz aus getüpfelten Holzzellen, Gefässe nur unmittelbar am Mark.

B. Kryptogamische Stengelpflanzen.

Staubfäden und Eichen fehlend. Befruchtungsorgane: Archegonium und Antheridium, zusammengesetzte Organe mit einer einfachen centralen Zelle anstatt des Eichens und des Pollens. Fortpflanzung durch Sporen, einfache Zellen ohne Keim, welche in grösserer Menge innerhalb einer zusammengesetzten Sporenfrucht (Sporocarpium) frei nebeneinanderliegen.

a. Kryptogamische Gefässpflanzen.

Das Gewebe von Gefässbündeln mit Gefässen durchzogen. Befruchtungsorgane auf einem laubartigen Vorkeim bewirken die Entstehung der beblätterten Pflanze.

b. Kryptogamische Stengel-Zellenpflanzen.

Gefässe fehlend. Befruchtungsorgane auf der beblätterten Pflanze. Wirkung der Befruchtung: die Sporenfrucht. (*Laubmoose, Lebermoose.*)

II. Lagerpflanzen (Thallophyta Endl.).

Stengel und Blatt nicht unterschieden. Staubfäden und Eichen fehlend (Kryptogamen). Archegonium und Antheridium als einfache Zellen, bewirken die Entstehung einer Spore. Fortpflanzung durch Sporen, welche einzeln oder wenige in einer einfachen Zelle (Sporangium) eingeschlossen sind.

(Flechten, Algen, Pilze.)

Anmerkung. Von diesen Abtheilungen enthält das vorliegende Buch den grösten Theil der Stengelpflanzen (mit Ausschluss der Laub- und Lebermoose), nämlich:

1) die Dicotyledonen } Angiospermen } Phanerogamen } Gefässpflanzen.
2) die Monocotyledonen } Angiospermen
3) die Gymnospermen } Phanerogamen
4) die kryptogamischen Gefässpflanzen } Gefässpflanzen.

Schlüssel zur Bestimmung der Familien oder der Gattungen.

Erste Abtheilung.

DICOTYLEDONEN.

Uebersicht für die nachfolgende Zusammenstellung der Dicotyledonen.

I. Kelch und Krone unterschieden.
 A. Blüthenstand nicht kopfförmig. kein gemeinschaftlicher Kelch.
  a. Fruchtknoten oberständig.
   α. Kronblätter getrennt.
    1. Kronblätter und Staubfäden dem Blüthenboden oder dem Grunde des Kelches eingefügt.
     * Blume unregelmässig (symmetrisch).
      ° Blume nicht gespornt. . . . . S. XXI.
      °° Blume gespornt. . . . . „ —
     ** Blume regelmässig.
      ° Staubfäden frei.
       † Ein Pistill mit einem Griffel oder Narbe. . . . „ XXII.
       †† Ein Pistill mit 2 oder mehreren Griffeln oder Narben . . . . „ XXIII.
       ††† Mehrere getrennte Pistille. . . . . „ XXV
      °° Staubfäden mehr oder weniger untereinander verwachsen. . . . . „ XXVI.
    2. Kronblätter und Staubfäden dem Rande einer Scheibe (Kelchröhre) eingefügt.
     * Blume regelmässig. . . . . „ —
     ** Blume unregelmässig. . . . . „ XXVII.
   β. Kronblätter unter sich und mit den Staubfäden verwachsen. „ XXVIII.
  b. Fruchtknoten unterständig.
   α. Kronblätter getrennt.
    1. Krautartige Gewächse. . . . . „ XXX.
    2. Holzgewächse. . . . . „ —
   β. Krone verwachsenblätterig. . . . . „ XXXI.
 B. Blüthenstand kopfförmig, mit einer Hülle (gemeinschaftlichem Kelche) umgeben. . . . . „ —

II. Blüthendecke nur von einer Art, kelch- oder blumenartig, oder fehlend.

A. Krautartige Gewächse.

a. Blüthen nicht in Köpfchen, ohne gemeinsame Hülle.

1. Fruchtknoten oberständig. . . . . S. XXXII.

2. Fruchtknoten unterständig. „ XXXV.

b. Mehrere Blüthen von einer gemeinsamen Hülle umgeben. „ XXXVI.

B. Holzgewächse.

a. Zwitterblüthen. . . . . „ —

b. Blüthen eingeschlechtig. . . . . „ XXXVII.

I. Kelch und Krone unterschieden.

A. Blüthenstand nicht kopfförmig, kein gemeinschaftlicher Kelch.

a. Fruchtknoten oberständig.

α. Kronblätter getrennt.

1. Kronblätter und Staubfäden dem Blüthenboden oder dem Grunde des Kelches eingefügt (hypogynisch).

* Blume unregelmässig (symmetrisch).

° Blume nicht gespornt.

a. Staubfäden 10, alle verwachsen oder einer frei. Schmetterlingsblüthe. Frucht: Hülse (einfächerig). **Papilionaceae.** 1.

b. Staubfäden 8, in 2 gleiche Bündel verwachsen. Kelch als 2 blumenartige Flügel. Das vordere Kronblatt grösser, rinnig, zerschlitzt, die Staubfäden einschliessend. Frucht 2fächerig. . . . . **Polygala.** 117.

c. Staubfäden frei, 7. Griffel 1. Frucht 3fächerig, 3samig, aufspringend. . . . . **Aesculus.** 45.

d. Staubfäden frei, 10. Griffel und Narbe 1. Frucht 5fächerig. **Dictamnus.** 40.

e. Staubfäden frei, zahlreich. Frucht oben offen, mit 3 Narben, einfächerig mit 3 wandständigen vielsamigen Samenleisten. . . . . **Reseda.** 117.

°° Blume gespornt.

a. Staubfäden 5, mit den Antheren zusammenneigend. Das vordere Kronblatt gespornt. Griffel 1. Frucht einfächerig mit 3 wandständigen Samenleisten, aufspringend. **Viola.** 85.

b. Staubfäden 5, oben zusammenhängend. Das grössere Kelchblatt gespornt. Frucht 5fächerig, aufspringend. . **Impatiens**. 51.

c. Staubfäden 8. Kelch 2lippig, Oberlippe gespornt. Frucht 3knöpfig, 3fächerig, nicht aufspringend. Fächer einsamig, Griffel dreispaltig. . . . . **Tropaeolum**. 51.

d. Staubfäden zahlreich. Kelch blumenartig.
  1. Das hintere Kelchblatt spornförmig. Pistille 1—5, getrennt. . . . . **Delphinium**. 121.
  2. Das hintere Kelchblatt helmförmig. Pistille 3—5, getrennt. . . . . **Aconitum**. 121.

e. Staubfäden 6, in 2 Bündeln. Kelchblätter 2. Kronblätter 4, eins oder zwei derselben gespornt. **Fumariaceae**. 115.

** Blume regelmässig.

° Staubfäden frei.

† Ein Pistill mit einem Griffel oder Narbe.

a. Staubfäden 3. Kelch- und Kronblätter je 3. Frucht 9fächerig, beerenartig. Narbe fast sitzend (9strahlig). Zweihäusig. ♄ . . . . **Empetrum**. 42.

b. Staubfäden 4—5, auf einer unterweibigen Scheibe eingefügt. Kelch und Krone 4—5gliederig.
  1. Staubfäden vor den Kronblättern. Fruchtknoten 2—3fächerig, je 2eiig. Beere. Knospenlage dachig. Pflanze rankend. ♄ . . . . **Ampelideae**. 46.
  2. Staubfäden vor den Kronblättern. Frucht 3—5fächerig, beerenartig. Blätter wechselständig, in der Knospenlage klappig. ♄ . . . . **Rhamnus Frangula**. 42.
  3. Staubfäden mit den Kronblättern abwechselnd. Frucht 4—5fächerig, kapselartig. Blätter gegenständig, in der Knospenlage dachig. ♄ . . . . **Evonymus**. 41.

c. Staubfäden 4. Kelch- und Kronblätter 4, letztere sackartig ausgehöhlt. Frucht einfächerig, schotenartig, vielsamig. . . . . **Epimedium**. 130.

d. Staubfäden 6. Kelch- Kronblätter 6, beide gelb. Frucht einfächerig, 1—8samig, beerenartig. **Berberis**. 130.

e. Staubfäden 4 längere und 2 kürzere. Kelch und Krone 4blätterig. Frucht: Schote, in jedem der 2 Fächer 2 wandständige Samenleisten. . . . . **Cruciferae**. 91.

f. Staubfäden 8—10, mit Längsritzen aufspringend. Kelch- und Kronblätter 4—5. Frucht auf einem Polster, 4—5fächerig, kapselartig. Blatt getheilt. Balsamisch. **Rutaceae**. 39.

g. Staubfäden 8—10, mit Querspalten aufspringend. Kelch- und Kronblätter 4—5. Kapsel 4—5fächerig, fachspaltig. 4—5 Drüsen am Grunde des Fruchtbodens. Keine Laubblätter. . . . . **Monotropa**. 215.

h. Staubfäden 10, mit Löchern aufspringend. Frucht 5fächerig, kapselartig. Blatt ungetheilt, lederartig. **Ledum. Pyrola**. 214.

i. Staubfäden zahlreich.

α. Kelch 2-, Krone 4blättrig, nebst den Staubfäden hinfällig. . . . . **Papaveraceae**. 113.

β. Kelch und Krone 4blätterig. Kelch abfallend. Frucht einfächerig, beerenartig. . . . . **Actaea**. 129.

γ. Kelch und Krone 5blätterig.

1. Frucht einfächerig, aufspringend. Die 2 äusseren Kelchblätter kleiner oder fehlend. . . . **Helianthemum**. 88.
2. Frucht 5fächerig, nicht aufspringend. ♄ . . **Tilia**. 53.

δ. Kronblätter zahlreich. Frucht vielfächerig, beerenartig; die zahlreichen Samen die Scheidewände bedeckend. Narbe sternförmig. Wassergewächse. Blatt schwimmend. . . . . **Nymphaeaceae**. 118.

†† Ein Pistill mit 2 oder mehreren Griffeln oder Narben.

A. Krautartige Pflanzen.

a. Blatt einfach, zerstreut.

α. Blatt mit einer Tute. Kelch und Krone 3blätterig. Narben 3, pinselförmig. Frucht einsamig. **Rumex**. 271.

β. Blatt mit Nebenblättern. Frucht einfächerig mit centralem Samenträger, nicht aufspringend. 3 sitzende Narben. . . . . **Corrigiola**. 75.

γ. Blatt ohne Tute und Nebenblätter. Kelch und Krone 5gliederig.

1. Blätter grundständig. Frucht einfächerig mit wandständigen Samenleisten, aufspringend. **Drosera**. 84.
2. Blätter am Stengel zerstreut. Frucht 5- (scheinbar 10-)fächerig, je 2samig. Griffel 5. Staubfäden 5 fruchtbare und 5 unfruchtbare. Arten von **Linum**. 47.

b. Blatt einfach, ganzrandig, gegenständig.

α. Blatt mit häutigen Nebenblättern. Frucht einfächerig, mit einem grundständigen oder freien centralen Samenträger oder einem einzelnen Samen. Staubfäden 10 oder 5, auf einem drüsigen Ringe eingefügt. **Paronychieae**. 75.

β. Blatt ohne Nebenblätter. Frucht wie bei α.

1. Kelch getrennt-5blätterig. Staubfäden meist 10, auf einem drüsigen Ringe eingefügt. . . . **Alsineae**. 69.
2. Kelch verwachsen-5blätterig. Kronblätter gedreht, genagelt. Fruchtknoten gestielt, an diesem Stiele die Kronblätter und 10 Staubfäden eingefügt. **Sileneae**. 64.
3. Kelch 2blätterig, rings umschnitten abfallend. Kronblätter 4—6. Staubfäden 8—15. Griffel 3—6spaltig oder -theilig. Kapsel rings umschnitten aufspringend. **Portulaca**. 74.

γ. Blatt ohne Nebenblätter. Frucht 2—4fächerig, klappig aufspringend. Kelch 2—4theilig, Krone 2—4blätterig. Staubfäden 3 oder 8. Griffel 2—5. Wassergewächse. **Elatine**. 74.

δ. Blatt ohne Nebenblätter. Kapsel 4—5- (scheinbar 8—10-)fächerig. Kelch und Krone 4—5gliederig. Staubfäden 5 fruchtbare und 5 unfruchtbare. **Lineae** zum Theil. 47.

c. Blatt einfach oder gelappt, zerstreut, die grundständigen rosettenförmig. Ohne Nebenblätter. Frucht 2fächerig,

Fächer vielsamig, zwischen den 2 Griffeln mit einem Loch aufspringend. Kelch 5theilig. Kronblätter 5. Staubfäden 10. . . . . **Saxifraga**. 60.

d. Blatt gedreit oder 4zählig, grundständig. Frucht 5fächerig, je vielsamig, 5—10klappig aufspringend. Kelch und Krone 5blätterig. Staubfäden 10, am Grunde kurz-verwachsen. Griffel 5. . . . . **Oxalis**. 46.

B. Holzgewächse.

a. Blatt einfach, mit Nebenblättern, gegenständig. Kelch 4—5spaltig. Krone 4—5blätterig. Staubfäden 4—5, vor den Kronblättern. Griffel 2—4spaltig. Frucht mit 3—5 einsamigen Fächern, sich in 3—5 Früchtchen spaltend. . . . . Arten von **Rhamnus**. 41.

b. Blatt gelappt, ohne Nebenblätter, gegenständig. Kelch meist 5theilig. Krone 4—5blätterig, zuweilen fehlend. Staubfäden (meist 8) einer drüsigen Scheibe eingefügt. Griffel 2spaltig. Fruchtknoten zusammengedrückt mit 2 zweieiigen Fächern. Frucht 2flügelig, in zwei geschlossene Früchtchen zerfallend. . . . . . . **Acer**. 45.

c. Blatt gefiedert oder gedreit, gegenständig. Nebenblätter hinfällig. Kelch 5theilig, abfallend. Kronblätter 5. Staubfäden 5. Unterweibige Scheibe. Fruchtknoten 2—3fächerig, mit 2—3 Narben. Frucht aufgeblasen-kapselartig, oben aufspringend. . . . . **Staphylea**. 40.

d. Blatt einfach oder zusammengesetzt, zerstreut. Kelch 4—5spaltig. Krone 4—5blätterig. Staubfäden 4—5.

1. Staubfäden bodenständig. Fruchtknoten mit 2 zweieiigen Fächern und 2lappiger Narbe. Flügelfrucht 2samig. Blatt gedreit. . . . . **Ptelea**. 40.
2. Staubfäden bodenständig. Fruchtknoten meist 4, am Grunde verwachsen. Kapselfrucht. Blatt gefiedert. **Zanthoxylon**. 40.
3. Staubfäden auf einer unterweibigen Scheibe eingefügt. Griffel 3. Frucht einsamig, nicht aufspringend. **Rhus**. 39.

††† Mehrere getrennte Pistille.

a. Kelchblätter am Grunde verwachsen. Staubfäden doppelt

so viel als Kronblätter, beide dem Kelche eingefügt. Pistille 5 oder 12, im Kreis stehend. **Crassulaceae.** 61.

b. Kelchblätter frei. Staubfäden zahlreich oder 5, dem Blumenboden eingefügt.

α. Kräuter ohne Nebenblätter. Pistille wenige im Kreis oder zahlreiche spiralig gestellte.

1. Antheren einwärts aufspringend. . . . **Paeonia.** 129.
2. Antheren aufwärts aufspringend. **Ranunculaceae.** 119.

β. Baum mit Nebenblättern. Kelch 3blätterig, blumenartig. Pistille zahlreich, spiralig um den kegelförmigen Fruchtboden gestellt. Antheren einwärts aufspringend. **Liriodendron.** 130.

°° Staubfäden mehr oder weniger unter sich verwachsen.

a. Staubfäden in einen Bündel verwachsen.

α. Staubfäden zahlreich, in eine Röhre verwachsen. Anthere einfächerig. Kelch 5spaltig, in der Knospe klappig, mit einem Aussenkelch. Frucht mit mehreren einsamigen Fächern. Blatt mit Nebenblättern. . **Malvaceae.** 51.

β. Staubfäden 10, nur am Grunde verwachsen. Anthere 2fächerig. Kelch in der Knospung deckend. Griffel 5.

1. Frucht sich in 5 Früchtchen spaltend, welche sich von der mittelständigen Achse loslösen. **Geraniaceae.** 48.
2. Frucht kapselartig aufspringend, ohne stehenbleibende Mittelsäule. Blatt meist gedreit. . . . . **Oxalis.** 46.

γ. Staubfäden 5; am Grunde etwas verwachsen. Griffel 5. Frucht 5-(10-)fächerig, in 5 Stücke zerfallend. Blatt einfach, ganzrandig. . . . . **Linum.** 47.

b. Staubfäden in drei Bündel verwachsen. Griffel 3. Frucht kapselartig. Blätter gegenständig. . . . **Hypericum.** 83.

2. Kronblätter und Staubfäden dem Rande einer Scheibe (Kelchröhre) eingefügt (perigynisch).

* Blume regelmässig.

a. Staubfäden 4—5. Kelch glockig, rings umschnitten abfallend. ♄ . . . . **Rhamnus.** 41.

b. Staubfäden 5. Kelch nicht glockig, bleibend. Blätter zerstreut. Krautartig. . . . . **Corrigiola.** 75.

c. Staubfäden 8—15. Kelch 2spaltig. Griffel 3—6spaltig. **Portulaca.** 74.

d. Staubfäden 6 oder 12. Kelch röhrig, 8—12zähnig. Kronblätter 4—6. Griffel fadenförmig. Kapsel 2fächerig, unregelmässig zerreissend. . . . . **Lythrum.** 58.

e. Staubfäden 6. Kelch glockig, 12zähnig. Kronblätter 6, abfallend oder fehlend. Griffel kurz. Kapsel unregelmässig zerreissend. . . . . **Peplis.** 58.

f. Staubfäden 10. Griffel 2. Fruchtknoten zum Theil unterständig. . . . . **Saxifraga.** 60.

g. Staubfäden 10 oder 12. Kelch bis fast auf den Grund 5spaltig. 5 und mehr freie Pistille im Kreis. **Crassulaceae.** 61.

h. Staubfäden mehr als 20. Blätter zerstreut, mit Nebenblättern.

α. Pistille frei im Grunde der Kelchröhre oder auf dem erhabenen Blüthenboden.

1. Pistill einzeln im Grunde der Kelchröhre, 2eiig. Steinbeere. Kelch abfallend. Blatt einfach. ♄. **Amygdaleae.** 21.

2. Pistille 2 oder viele, eineiig. Frucht einsamig, nicht aufspringend (Nuss oder Steinbeere). Kelch bleibend. Blatt meist getheilt. . . . . **Rosaceae.** 25.

3. Früchtchen 1 oder mehrere im Grunde der Kelchröhre, 2—4samig, nach innen aufspringend. **Spiraeaceae.** 23.

β. Fruchtknoten 2—5fächerig, mit der fleischigen Kelchröhre verwachsend, scheinbar unterständig. Scheinfrucht beerenartig mit dem Kelch gekrönt. ♄. **Pomaceae.** 36.

** Blume unregelmässig.

a. Blume schmetterlingsförmig. Staubfäden 10, alle oder bis auf einen verwachsen. Griffel einfach. **Papilionaceae.** 1.

b. Kelch gespornt. Staubfäden 8, frei. Griffel 3spaltig. **Tropaeolum.** 51.

β. Kronblätter unter sich und mit den Staubfäden verwachsen.

A. Krone trichterförmig, an der einen Seite aufgeschlitzt, mit 5theiligem Saume, wovon 3 Zipfel kleiner sind. Staubfäden 3—5, vor den Kronzipfeln. Kelch 2spaltig. Kapsel einfächerig, 3klappig. . . . . **Montia.** 75.

B. Krone unregelmässig, mehr oder weniger zweilippig.

a. Fruchtknoten einfach, einfächerig mit freiem mittelständigem Samenträger. Kapsel 2klappig aufspringend. Staubfäden 2. Krone gespornt. Wasser- und Sumpfpflanzen. . . . . **Lentibularieae.** 207.

b. Fruchtknoten einfach, einfächerig mit 2 wandständigen Samenträgern. . . . . **Orobancheae.** 191.

c. Fruchtknoten einfach, 2fächerig. Kapsel mit zahlreichen eiweisshaltigen Samen. . . . . . **Scrophularineae.** 194.

Catalpa bignonioides Walt. (**Bignonia Catalpa** L.), *Trompetenbaum*, Fam. **Bignoniaceae.** Zierbaum aus Nordamerika. Blüthen gross, lippenförmig, weiss mit rothen und gelben Flecken, in ansehnlichen Rispen. 2 fruchtbare Staubfäden. Frucht schotenförmig. Samen geflügelt, eiweisslos. Blätter gegenständig, herzeiförmig, ganzrandig.

d. Fruchtknoten einfach, 4fächerig mit gipfelständigem Griffel. Frucht in 4 einsamige Nüsschen zerfallend.

1. 2 längere und 2 kürzere Staubfäden. Blätter gegenständig. . . . . **Verbena.** 191.

2. 5 Staubfäden. Blätter zerstreut. **Heliotropium.** 166.

e. Fruchtknoten 4fach, in der Mitte ein grundständiger, 2spaltiger Griffel. Frucht aus 4 einsamigen Nüsschen. Staubfäden 4 (2 länger als 2) oder 2. Blätter gegenständig. Blüthen in achselständigen Trugdolden (Scheinquirle). . . . . **Labiatae.** 175.

C. Krone regelmässig.

a. Fruchtknoten 2-(*Cerinthe*) oder 4fach, in der Mitte ein grundständiger, ausgerandeter oder 2narbiger Griffel. 4 einsamige Nüsschen. Staubfäden 5. Blätter zerstreut. Krone 5spaltig, zum Theil durch Biegung etwas unregelmässig. . . . . **Boragineae.** 164.

b. Fruchtknoten 2 mit einem gemeinschaftlichen grossen Narbenkörper. Blätter gegenständig.

1. Staubfäden frei. Krone links gedreht. Narbe scheibenförmig mit aufgesetztem kugeligem Köpfchen. Pollen körnig. . . . . **Vinca.** 161.
2. Staubfäden unter sich verwachsen, dem Narbenkörper anhängend. Antheren mit häutigem Fortsatze. Pollen in festen Massen. . . . . **Cynanchum.** 161.

c. Fruchtknoten einfach.

α. Staubfäden 2. Griffel 1. Krone 4theilig oder fehlend. Blätter gegenständig. . . . . **Oleaceae.** ~~195.~~153

β. Staubfäden 4. Griffel 1. Krone 4theilig, trockenhäutig. Blätter zerstreut. . . . . **Plantagineae.** 267.

γ. Staubfäden 4—5, mit den 4 oder 5 Kronzipfeln abwechselnd.

1. Griffel 1—2. Frucht 1—2fächerig, aufspringend. Krone in der Knospung rechts gedreht. Blätter meist gegenständig. . . . . **Gentianeae.** 162.
2. Narben 4—5, sitzend. Steinbeere mit 4—5 einsamigen Fächern. Krone nicht gedreht. ♄. **Ilex.** 41.

δ. Staubfäden 5.

1. Staubfäden vor den Kronzipfeln. Fruchtknoten einfächerig, mit freiem centralem Samenträger. Griffel 1. **Primulaceae.** 208.
2. Staubfäden mit den Kronzipfeln abwechselnd. Fruchtknoten 2—4fächerig. Blätter zerstreut.
   * Griffel 1, einfach. Fruchtknoten mit 2 vielsamigen Fächern. Krone in der Knospung gefaltet. **Solaneae.** 170.
   ** Griffel 1, mit 2 Narben. Fruchtknoten mit 2—4 je 2eiigen Fächern. Krone in der Knospung gefaltet und gedreht. Keim gekrümmt. Stengel beblättert, links-windend. . . **Convolvulus.** 174.
   *** Griffel 2. Fruchtknoten mit 2 zweieiigen Fächern. Keim spiralig. Stengel ohne Laubblätter, windend, schmarotzend. . . . . . . **Cuscuteae.** 173.

**** Narbe 3fach oder 3spaltig. Frucht 3fächerig, 3klappig. Kronlappen in der Knospung sich deckend, nicht gefaltet. Keim gerade. Stengel nicht windend. . . . . **Polemoniaceae.** 175.

ε. Staubfäden 8—10. Anthere mit 2 Löchern oder kurzen Längsspalten aufspringend. Griffel einfach. Fruchtknoten 4—5fächerig. Meist ♄. **Ericeae** zum Theil. 212.

b. Fruchtknoten unterständig.

α. Kronblätter getrennt.

1. Krautartige Gewächse.

a. Staubfäden 1, 4 oder 8. Krone 2 oder 4blätterig. 1 Griffel mit 4 Narben oder 2 Griffel. Fruchtknoten 2- oder 4fächerig. Zwitterblüthe. Blatt ungetheilt. **Onagrarieae.** 55.

b. Staubfäden 8. Krone 4blätterig, hinfällig. Griffel 4. Frucht mit 4 einsamigen Fächern, in 4 Nüsschen zerfallend. Blatt fiedertheilig. Wasserpflanzen. **Myriophyllum.** 59.

c. Staubfäden 5. Griffel 2, am Grunde polsterartig verdickt. Kelch oft undeutlich. Kronblätter 5. Frucht mit 2 einsamigen Fächern, sich in 2 Früchtchen spaltend. Blüthenstand meist doldenförmig. . . **Umbelliferae.** 130.

d. Staubfäden 10. Kronblätter 5. Pistill halbunterständig, mit 2 Griffeln. . . . . **Saxifrageae** zum Theil. 60.

2. Holzgewächse.

a. Staubfäden 4. Kronblätter 4. Griffel 1, von einer oberweibigen drüsigen Scheibe umgeben. Fruchtknoten mit 2 eineiigen Fächern. Steinbeere einfächerig. Blätter gegenständig. . . . . **Cornus.** 153.

b. Staubfäden 5. Kelch undeutlich. Kronblätter 5, in der Knospung sich deckend. Fruchtknoten 5fächerig. Beere. Blätter wechselständig. . . . . **Hedera.** 152.

c. Staubfäden 5. Kelch blumenartig. Kronblätter 5, in der Knospung klappig, nebst den Staubfäden auf dem Rande der Kelchröhre eingefügt. Fruchtknoten einfächerig mit 2 wandständigen Samenleisten. Beere. Blätter wechselständig. . . . . **Ribes.** 89.

d. Staubfäden zahlreich. Kelch und Krone 4blätterig. Fruchtknoten 4fächerig. Kapsel. Blätter gegenständig. **Philadelphus.** 55.

e. Staubfäden zahlreich. Kelch und Krone 5blätterig. Fruchtknoten 2—5fächerig, scheinbar unterständig. Blätter zerstreut. **Pomaceae.** 36.

β. Krone verwachsenblätterig.

a. Blätter wirtelartig. Staubfäden 4. Griffel 1, zweispaltig. Frucht aus 2 einsamigen Fächern, zweiknöpfig, nicht aufspringend. Kronzipfel 4, in der Knospung klappig. **Stellatae.** 157.

b. Blätter gegenständig. Krone 5theilig.

1. Staubfäden 4—5 oder 8—10. Frucht 3—5fächerig. meist beeren-oder steinbeerartig. **Caprifoliaceae.** 154.
2. Staubfäden 1—3. Griffel 1. Schliessfrucht 1—3fächerig, einsamig. . . . . **Valerianeae.** 265.

c. Blätter zerstreut. Staubfäden 5. Krone 5spaltig. Kräuter.

1. Zwitterblüthen. Staubfäden frei, Antheren zuweilen verwachsen. Griffel 2—3spaltig. Kapsel 2—5fächerig, vielsamig. . . . . **Campanulaceae.** 216.
2. Zwitterblüthen. Staubfäden frei. Griffel einfach. Kapsel halboberständig, einfächerig, 5klappig. **Samolus.** 209.
3. Blüthen monöcisch oder diöcisch. Staubfäden dreibrüderig, mit gewundenen Antherenfächern. Griffel 1, mit 3 gespaltenen Narben. Beerenfrucht. Rankend. **Curcurbitaceae.** 90.

d. Blätter zerstreut, lederartig. Krone 5zähnig oder 5theilig. Staubfäden 8—10 mit gehörnten Antheren. Griffel 1, mit einfacher Narbe. Beere 4—5fächerig. Kleine Sträucher. **Vaccinium.** 215.

B. Blüthenstand kopfförmig, mit einer Hülle (gemeinschaftlichem Kelche) umgeben.

a. Blüthen des Köpfchens sämmtlich zwitterig und gleich oder Blüthen verschiedener Art in einem Köpfchen vereinigt.

α. Fruchtknoten oberständig, eineiig. Krone verwachsenblätterig.

1. Staubfäden 5, vor die 5 Kronzipfel gestellt. Griffel 5. **Statice.** 266.
2. Staubfäden 4. Krone 2lippig. Griffel einzeln, einfach. **Globularia.** L. 267.

β. Fruchtknoten unterständig.
1. Kronblätter 5, frei. Staubfäden 5. Griffel 2. Frucht mit 2 einsamigen Fächern. **Umbelliferae** zum Theil. 130.
2. Krone verwachsenblätterig.
   * Krone krautig, 5blätterig. Krone regelmässig 5spaltig. Staubfäden 5. Griffel 2—5spaltig. Fruchtknoten 2—3fächerig. **Iasione** und **Phyteuma.** 216.
   ** Kelch doppelt, der eine ober-, der andere unterständig. Krone 4—5spaltig. Staubfäden 4—5, frei. Griffel einfach. Fruchtknoten eineiig. . . **Dipsaceae.** 263.
   *** Kelch durch einen oberständigen Kranz von Borsten vertreten oder fehlend. Krone regelmässig 5spaltig oder zungenförmig. Staubfäden 5, mit den Antheren verwachsen. Griffel 2spaltig. Fruchtknoten eineiig. **Compositae.** 219.

b. Köpfchen mit getrenntem Geschlecht. Das weibliche Köpfchen mit verwachsenblätteriger erhärtender Hülle und 1—2 perigonlosen Blüthen. Männliche Blüthe mit trichterförmig-röhrigem Perigon und 5 freien Staubbeuteln. . . . . **Ambrosiaceae.** 262.

II. Blüthendecke nur von einer Art, kelch- oder blumenartig, oder fehlend.

A. Krautartige Gewächse.

a. Blüthen nicht in Köpfchen, ohne gemeinsame Hülle.

α. Fruchtknoten oberständig.

a. Blätter mit Nebenblättern.

α. Zwitterblüthen mit 5theiligem Kelch. Staubfäden 5 fruchtbare und 5 unfruchtbare. Kronblätter theils vorhanden, theils fehlend. Fruchtknoten eineiig. Griffel 1, gespalten. Blätter gegenständig. **Herniaria.** 75. **Illecebrum.** 76.

β. Zwitterig oder einhäusig. Perigon 4- (oder 8-) spaltig. Zwitterblüthen mit 4 Staubfäden und einem eineiigen Fruchtknoten mit einfachem Griffel; weibliche Blüthe mit 2—3 Fruchtknoten, männliche mit zahlreichen Staubfäden. Blätter wechselständig.

Sanguisorbeae. 23.

γ. Ein- oder zweihäusig. Staubfäden 4 oder 5, vor den grünlichen Perigonlappen stehend. Pistill 1, eineiig, Narben 1—2. Blätter meist gegenständig. **Urticaceae.** 277.

δ. Zweihäusig. Perigon 3theilig, grün. Staubfäden 9—12. Pistill mit 2fächerigem, 2knöpfigem, 2eiigem Fruchtknoten und 2 Narben. Blätter gegenständig.

Mercurialis. 74.

b. Stengel an den Knoten mit Tuten umschlossen. Perigon meist 5spaltig, gefärbt. Staubfäden 5—9. Pistill mit eineiigem Fruchtknoten und 2—3spaltigem Griffel. Blätter zerstreut. . . . . . . **Polygoneae** zum Theil. 271.

c. Nebenbätter und Tuten fehlend.

α. Blätter wirtelförmig, gabelig gespalten. Einhäusig. Perigon vielblätterig. Staubfäden 12—16. Fruchtknoten eineiig, mit einfachem Griffel. **Ceratophyllum.** 60.

β. Blätter gegenständig.

1. Kelch 4—5blätterig. Kronblätter zuweilen fehlend. Staubfäden 4, 5 oder 10. Griffel 4—5. Fruchtknoten einfächerig, vieleiig. . . . . . . **Sagina.** 69.
2. Perigon 4blätterig. Staubfäden und Pistille zahlreich.
   Clematis recta. 121.
3. Perigon röhrig, 5spaltig. Staubfäden 10. Griffel 2. Fruchtknoten eineiig. . . . . **Scleranthus.** 77.
4. Scheinbare Zwitterblüthe mit mehreren gegliederten Staubfäden, gestieltem 3fächerigem Pistill. Eigentlich ein kopfförmiger Blüthenstand, s. unten.
   Euphorbia Lathyris. 44.

γ. Blätter zerstreut oder nur die unteren gegenständig.

1. Pistille und Staubfäden zahlreich. Perigon blumenartig.
   Ranunculaceae zum Theil. 119.

2. Pistill einzeln.

* Perigon glockig, 5theilig, blumenartig. Staubfäden 5, mit den Perigontheilen abwechselnd. Kapsel einfächerig, 5klappig, vielsamig. **Glaux.** 209.

** Perigon 3—5blätterig, meist gefärbt und trockenhäutig. Staubfäden 3—5, auf dem Blüthenboden oder auf einem unterweibigen Ringe eingefügt, vor den Perigontheilen. Keim den Eiweisskörper ringförmig umschliessend. Blüthen mit 2 gegenständigen Vorblättern. **Amarantaceae.** 77.

⁰ Einhäusig oder polygamisch. Griffel mit 2—3 Narben. Kapsel einsamig, ringsum-aufspringend. **Amarantus.** 77.

⁰⁰ Zwitterblüthen. Griffel 2. Schlauchfrucht einsamig. . . . . **Polycnemum.** 78.

⁰⁰⁰ Zwitterblüthen. Anthere 2fächerig. Kapsel 3—6samig, ringsum aufspringend. Zierpflanze. **Celosia.** 78.

⁰⁰⁰⁰ Zwitterblüthen. Staubfäden verwachsen. Antheren einfächerig. Schlauchfrucht einsamig. Zierpflanze. . . . . **Gomphrena.** 78.

*** Perigon 5theilig oder 5blätterig, krautartig, nicht welkend. Staubfäden 5, am Grunde der Perigontheile, vor denselben eingefügt. Griffel 2. Schlauchfrucht einsamig. Keim den Eiweisskörper ringförmig umschliessend. Blüthen ohne Vorblätter. . . . . **Chenopodieae.** 78.

**** Perigon 4spaltig, krautartig, nicht welkend. Staubfäden 4, den Perigonzipfeln opponirt. **Parietaria.** 276.

***** Perigon 4spaltig, grün, welkend. Staubfäden 8, dem Perigon eingefügt. Griffel einfach. Frucht einsamig, nicht aufspringend. **Passerina.** 268.

****** Hülle des scheinbar eine Zwitterblüthe darstellenden Köpfchens becherförmig. Staubfäden c. 9.

Fruchtknoten 3fächerig, Griffel 3. Milchend. S. unten. . . . . **Euphorbia** zum Theil. 42.

β. Fruchtknoten unterständig.

a. Wassergewächse mit wirtel- oder gegenständigen Blättern. **Halorageae** zum Theil. 59.

α. Blätter wirtelständig. Zwitterblüthe. Perigon als ungezahnter Rand. Staubfäden und Griffel. Fruchtknoten eineiig. . . . . **Hippuris**. 59.

β. Blätter wirtelständig. Einhäusig. Kelch 4theilig. Kronblätter oft fehlend. Staubfäden 8. Griffel 2. Fruchtknoten 4fächerig, in 4 einsamige Nüsschen zerfallend. **Myriophyllum**. 59.

γ. Blätter gegenständig. Perigon undeutlich oder fehlend. Staubfaden 1. Griffel 2. Fruchtknoten 4fächerig, in 4 einsamige Nüsschen zerfallend. Blüthen am Grund mit 2 Vorblättern. Zum Theil eingeschlechtig. **Callitriche**. 59.

b. Landpflanzen mit wirtelständigen Blättern, Krone 4theilig. Kelch oft undeutlich. . . . . **Stellatae**. 157.

c. Sumpfpflanze mit gegenständigen Blättern. Kelch 4theilig, Krone 4blätterig oder fehlend. Staubfäden 4. Fruchtknoten mit 4 vieleiigen Fächern. . . . . . **Isnardia**. 57.

d. Landpflanzen mit gegenständigen Blättern.

α. Perigon 4spaltig, gefärbt, halboberständig. Staubfäden 8. Griffel 2. . . . . **Chrysosplenium oppositifolium**. 61.

β. Perigon 3—4spaltig, glockig, bleibend, gefärbt. Staubfäden 12, kurz. Narbe sternförmig - 6lappig. Frucht 6fächerig, aufspringend. . . . . **Asarum**. 269.

γ. Krone 5spaltig. Kelch undeutlich oder als Haarkrone. Staubfäden 1—3. . . . . **Valerianeae**. 265.

e. Blätter zerstreut.

α. Perigon trichterförmig, 4—5spaltig. Staubfäden 5, vor den Perigonzipfeln eingefügt. Fruchtknoten einfächerig, Narbe kopfförmig. Steinbeere einsamig. **Thesium**. 270.

β. Perigon 4spaltig, flach, gefärbt. Staubfäden 8. Griffel 2. **Chrysosplenium alternifolium**. 61.

γ. Perigon bauchig-röhrenförmig, unregelmässig, abfallend.

Staubfäden 6, unter der Narbe eingefügt. Kapsel 6fächerig. . . . . **Aristolochia.** 269.

δ. Krone 5blätterig. Kelch undeutlich. Staubfäden 5. Griffel 2. . . . . **Umbelliferae** zum Theil. 130.

b. Mehrere Blüthen von einer gemeinsamen Hülle umgeben.

α. Köpfchen mit c. 9 nackten, nur aus je einem Staubfaden bestehenden männlichen Blüthen und einer mittleren, aus einem langgestielten, 3fächerigen, 3eiigen, 3griffeligen Pistill gebildeten weiblichen Blüthen. Becherförmige Hülle am Rande mit drüsigen Lappen. **Euphorbia.** 42.

β. Die eines Fruchtkranzes entbehrenden Gattungen der oben II. B. aufgeführten . . . . **Compositae.** 219.

B. Holzgewächse.

a. Zwitterblüthen.

α. Blätter und Zweige gegenständig.

1. Perigon 4—5blätterig, blumenartig. Staubfäden und Pistille zahlreich. Blatt gefiedert. **Clematis** zum Theil. 119.
2. Kelch 5theilig. Krone zuweilen fehlend. Staubfäden 8. Pistill 1, mit 2gespaltenem Griffel. Blatt gelappt. **Acer.** 45.
3. Kelch und Krone fehlend. Staubfäden 2. Pistill 1, gestielt, 2fächerig. Schliessfrucht geflügelt, einsamig. Blatt gefiedert. . . . . **Fraxinus.** 154.

β. Blätter und Zweige zweizeilig-alternirend.

1. Blüthen in Büscheln oder Köpfchen an den vorjährigen Trieben. Perigon glockig. Staubfaden 5 (3—8). Fruchtknoten mit 2 eineiigen Fächern. Flügelfrucht. **Ulmus.** 278.
2. Blüthen einzeln in den Blattwinkeln der diessjährigen Triebe. Perigon 5spaltig. Staubfäden 5. Fruchtknoten einfächerig, eineiig. Steinfrucht nicht geflügelt. **Celtis.**

C. australis L. April. Mai. Zierbaum aus Südeuropa. — C. occidentalis L. aus Nordamerika. Mai.

γ. Blätter und Zweige ringsum zerstreut.

1. Perigon 4spaltig, gefärbt. Staubfäden 8. Fruchtknoten eineiig. Griffel einfach. Beere. . . . . **Daphne.** 268.

2. Perigon 4—5spaltig, innen gelb. Staubfäden 4—6. Scheinbeere einsamig. . . . . **Elaeagnus.** *269.

b. Blüthen eingeschlechtig.

α. Blüthen meist zu 3 endständig in den Winkeln der wiederholt gabelig verzweigten Axen. Zweihäusig. Perigon aus 4 Klappen, deren innere Flächen in der männlichen Blüthe die Antheren darstellen. Fruchtknoten unterständig mit einer stumpfen Narbe. Blätter gegenständig, immergrün. Schmarotzer. . . . . **Viscum.** 153.

β. Blüthen einzeln in den Blattwinkeln. Zweihäusig. Perigon 2spaltig. Staubfäden 4. Scheinbeere einsamig. Blätter gebüschelt. . . . . **Hippophaë.** 269.

γ. Blüthen knäuelartig in den Blattwinkeln. Einhäusig. Perigon 4blätterig. Staubfäden 4. Kapsel 3fächerig, mit 3 kurzen bleibenden Griffeln. Blätter gegenständig, immergrün. . . . . **Buxus.** 42.

δ. Blüthen in Kätzchen. Ein- oder zweihäusig. Blätter zerstreut, im Herbst abfallend.

1. Kätzchen oval. Perigon 4theilig. Staubfäden 4. Fruchtknoten 2fächerig mit 2 fadenförmigen Griffeln. Nüsschen einsamig, von dem fleischigen Perigon eingeschlossen, eine Scheinbeere darstellend. Blätter ohne Nebenblätter. . . . . **Morus.** 278.
2. Kätzchen kugelig, langgestielt. Einhäusig. Deckblätter und Perigon fehlend. Fruchtknoten einfächerig, mit einem langen seitlichen Griffel. Nüsschen einsamig. Blätter mit Tuten versehen. . . . . . . **Platanus.** 278.
3. Kätzchen walzig oder oval. Weibliche Blüthe aus einem oberständigen Fruchtknoten mit oder ohne Perigon, je 1—3 in den Schuppen-Achseln der weiblichen Kätzchen. Blätter einfach, mit Nebenblättern.

   * Zweihäusig. Staubfäden 2 oder mehr. Griffel 1 mit 2 Narben. Fruchtknoten einfächerig mit 2 wandständigen vieleiigen Samenleisten. Kapsel 2lappig. Samen mit Haarschopf. Blatt einfach, mit Nebenblättern . . . . **Salicineae.** 279.

** Einhäusig. Deckblätter des männlichen Kätzchens schildförmig, mit je 4 oder 5 Schuppen und 3 viermännigen Blüthen. Weibliche Deckblätter verholzend, mit je 2—3 perigonlosen Blüthen aus einem Fruchtknoten mit 2 eineiigen Fächern und 2 Narben. Nuss einsamig. Blatt einfach, mit Nebenblättern. **Betulineae.** 290.

4. Weibliche Blüthen je 1—3 am Ende der Zweige, mit 2 gegenständigen Hüllblättchen. Fruchtknoten unterständig mit 2 Narben und einem aufrechten Eichen. Steinbeere. Männliches Kätzchen hängend, in dessen Deckblättern je eine Blüthe aus einem 2—6theiligen Perigon und zahlreichen Staubfäden. Blatt gefiedert. Einhäusig. . . . . **Juglans.** 287.

5. Weibliche Blüthen je eine oder mehrere von einer dauernden und sich vergrössernden Hülle umgeben, jede derselben aus einem unterständigen von dem Perigon gekrönten 2—6fächerigen, 2—12eiigen Fruchtknoten. Nuss einsamig. Männliche Blüthen: zahlreiche Staubfäden hinter den Deckblättern des männlichen Kätzchens, mit oder ohne Perigon. Einhäusig. Blatt einfach, mit Nebenblättern. . . . . **Cupuliferae.** 287.

Zweite Abtheilung.

MONOCOTYLEDONEN.

I. Blüthendecke aus zwei deutlichen 3- (sehr selten 4-) theiligen Blatt-Kreisen.

A. Der äussere Kreis kelchartig, der innere blumenartig. Wassergewächse.

a. Fruchtknoten oberständig. Mit Ausnahme von *Sagittaria* Zwitterblüthen.

1. Pistille 6, vieleiig, aufspringend. Staubfäden 9. **Butomeae.** 320.

2. Pistille zahlreich, je eineiig. Staubfäden 6 oder zahlreich. **Alismaceae.** 321.

b. Fruchtknoten unterständig. Zweihäusig. Pistill 1, mit 6 zweinarbigen Griffeln und 6 Fächern. Beere. Staubfäden 9—12. . . . . **Hydrocharideae.** 294.

B. Beide Kreise der Blüthendecke gleichartig. Landpflanzen.

a. Fruchtknoten oberständig. Staubfäden 6 (selten 4 und 8).

α. Perigon blumenartig.

1. Staubfäden einwärts aufspringend. Pistill 1, 3- (2—5-) fächerig. Griffel 1 oder 4—5. . . . **Smilaceae.** 307.
2. Staubfäden einwärts aufspringend. Pistill 1, mit einem Griffel oder 3 sitzenden Narben. Frucht 3fächerig, meist fachtheilig aufspringend. . . . **Liliaceae.** 309.
3. Staubfäden auswärts aufspringend. Pistille 3, am Grunde verwachsen, nach oben getrennt, mit 3 freien Griffeln oder Narben. . . . . . . **Colchicaceae.** 317.

β. Perigon grünlich. Pistille 3 oder 6, je ein- oder 2samig, mit 3 oder 6 Griffeln . . . **Juncagineae.** 326.

γ. Perigon trockenhäutig. Pistill mit einem Griffel und 3 Narben. Kapsel 3- oder einfächerig, 3- oder vielsamig. . . . . **Juncaceae.** 322.

b. Fruchtknoten unterständig.

1. Staubfäden 1 oder 2, auf der Griffelsäule eingefügt. Fruchtknoten einfächerig mit 3 wandständigen Samenleisten. Perigon unregelmässig. . . **Orchideae.** 295.
2. Staubfäden 3, auswärts aufspringend. Fruchtknoten 3fächerig. Narben 3, verbreitert, zum Theil blumenblattartig. Scheidenartige Vorblätter am Grunde der Blüthenstiele. Blätter meist schwertförmig und reitend. **Irideae.** 304.
3. Staubfäden 6, einwärts aufspringend. Fruchtknoten 3fächerig. Ein oder 2 scheidenartige Vorblätter am Grunde der Blüthenstiele. Blätter nicht reitend. **Amaryllideae.** 306.

II. Perigon schuppen- oder borstenförmig oder fehlend.

A. Wassergewächse, schwimmend oder fluthend.

a. Stengel beblättert.

1. Blüthe ohne Perigon, meist zwitterig. Staubfäden 1—4. Pistille 4, jedes 1narbig, 1eiig. Steinfrucht. Same eiweisslos, mit gekrümmtem Keim. . . **Potameae.** 322.

2. Blüthe eingeschlechtig, in den Blattwinkeln. Weibliche aus einem 2—3narbigen Pistill ohne Perigon. Männliche aus einem fast sitzenden 4fächerigen Staubfaden, von einem häutigen, becherförmigen Perigon (Scheide) umgeben. Schliessfrucht 1samig. Same eiweisslos. Keim gerade. . . . . **Najadeae.**

Najas minor All., Blätter fast gegenständig, mit scheidigem Grunde sitzend, schmal-lineal, zurückgekrümmt, steif, am Rand (nicht auf dem Rücken) stachelzähnig. ⊙ Aug In langsamen Gewässern untergetaucht. Sehr selten.

b. Zweige flach, blattlos. Ein Pistill nebst 2 Staubfäden von einer Scheide eingeschlossen, 1—6eiig. Samen mit spärlichem Eiweiss. Keim gerade. **Lemnaceae.** 320.

B. Land- oder Sumpfgewächse.

a. Blüthen in walzlichen oder kugeligen, am Grunde mit einem Scheidenblatte versehenen Kolben.

1. Kolben fleischig. Scheide gross, bleibend. Blüthen eingeschlechtig oder zwitterig. . . . . **Aroideae.** 319.

2. Kolben trocken, unten weiblich, oben männlich. Scheide klein, abfallend. Fruchtknoten eineiig. **Typhaceae.** 317.

b. Blüthen in den Winkeln von Spelzen, zu einem Aehrchen vereinigt, an dessen Grunde 1 oder 2 Hüllspelzen. Staubfäden meist 3. Pistill mit 2 oder 3 Narben, eineiig. Blatt grasartig.

1. Jede Blüthe von einer Spelze gedeckt. Perigon borsten- oder schlauchförmig oder fehlend. Blattscheide meist geschlossen. Halm nicht knotig. **Cyperaceae.** 331.

2. Jede Blüthe von 2 Spelzen, von denen die obere 2nervig ist, eingeschlossen. Perigon fehlend. Am Grunde der Blüthen 2 zarte Schüppchen. Blattscheiden meist offen. Halm an den Knoten verdickt. **Gramineae.** 348.

Dritte Abtheilung.

GYMNOSPERMEN.

Ein- oder zweihäusig. Perigon fehlend. Männliche Blüthe: eine Anzahl nackter Staubfäden in einem deckblattlosen Kätzchen vereinigt. Weibliche Blüthe: nackte Eichen endständig (**Taxus**) oder meist auf der innern Seite von Fruchtschuppen, welche einen holzig oder fleischig werdenden Zapfen bilden. Blätter meist nadelförmig. Harzreiche Holzgewächse. . . . . **Coniferae.** 380.

Vierte Abtheilung.

GEFÄSS-KRYPTOGAMEN.

A. Sporenfrucht einsporig, nebst den Antheridien (Antheridienbehältern) in Kapseln eingeschlossen, welche am Grunde der Blätter an dem schwimmenden oder kriechenden Stengel sitzen. Wasser- oder Sumpfgewächse. **Rhizocarpeae.** 385.

B. Sporenfrucht einfächerig, zahlreiche kleine oder 4 grössere Sporen und im letzteren Falle ausserdem Antheridien einschliessend, beiderlei Früchte in den Blattwinkeln sitzend, die grossen Sporen keimend. Blatt ungetheilt. Stengel dichtbeblättert, meist kriechend. **Lycopodiaceae.** 385.

C. Sporenfrüchte, je 4—7 im Kreise auf der inneren Fläche von gestielten Schildchen befindlich, mit einer Längsspalte aufspringend, zahlreiche kleine geflügelte Sporen enthaltend. Die Schildchen in einer endständigen Aehre geordnet. Blühende Stengel als Aeste aus einem kriechenden Wurzelstocke senkrecht aufsteigend, gerade, gegliedert, gefurcht. Blätter ungetheilt, wie die Zweige quirlständig, zu einer kurzen gezahnten Scheide verwachsen. Die Antheridien nebst den Archegonien auf dem Vorkeim. . . . . **Equisetaceae.** 387.

D. Sporenfrüchte zahlreiche kleine Sporen einschliessend, auf der unteren Blattfläche angeordnet oder durch Verdrängung der Blattsubstanz eine Aehre oder Rispe bildend. Blatt meist getheilt. . . . . . . **Filices.** 389.

Schlüssel zur Bestimmung der Familien und Gattungen nach Linné's System.

Cl. I. **Monandria.** *Ein Staubfaden.*

Ord. I. *Ein Griffel.*

1. Blätter wirtelständig. Perigon oberständig. Wasserpflanze. Hippuris. 59.
2. Blätter zerstreut, mit Nebenblättern. Perigon unterständig. 4- (8-) spaltig. Landpflanze. . . . . *Alchemilla arvensis*. 24.
3. Blätter zerstreut, fleischig. Stengel gegliedert. . . . . *Salicornia*. 78.

Ord. II. *Zwei Griffel.*

1. Blätter gegenständig. Frucht 4kantig. Blüthen winkelständig. Wasserpflanze. . . . . Callitriche. 59.
2. Blätter zerstreut, ohne Scheiden. Frucht kugelig. Arten von *Chenopodium*. 79.
3. Blätter zerstreut, mit Scheiden, grasartig. *Festuca Myurus* und *bromoides*. 365.

Cl. II. **Diandria.** *Zwei Staubfäden.*

Ord. I. *Ein Griffel.*

a. Kelch und Krone fehlend.
 1. Blatt fehlend. Stengel blattförmig. Wasserpflanzen. . . Lemna. 320.
 2. Blatt schmal-lineal. Wasserpflanze. . . . . Ruppia. 322.
 3. Blatt grasartig. Landpflanzen. . . . . Manche Cyperaceae. 331.

b. Krone fehlend.
 1. Kelch 4theilig. Frucht ein Schötchen. . . . *Lepidium ruderale*. 111.
 2. Perigon 5theilig. Frucht einsamig. . . Arten von *Chenopodium*. 79.
 3. Perigon ungetheilt, fleischig. Stengel gegliedert. Frucht einsamig. Salicornia. 78.

c. Kelch und Krone vorhanden.
 α. Fruchtknoten oberständig.
  1. Krone regelmässig, 4theilig, zuweilen fehlend. Blätter gegenständig. Holzgewächse . . . . Oleaceae. 153.
  2. Krone unregelmässig. Staubfäden 2 oder ausserdem 2 unfruchtbare. Kräuter.
   * Frucht 4fächerig, 4samig, in 4 Nüsschen zerfallend. *Labiatae:* Lycopus, Rosmarinus, Salvia. 177.
   ** Frucht 2fächerig, vielsamig, kapselartig. *Bignoniaceae:* Catalpa XXVIII, XXIV. *Scrophularineae:* Gratiola, Veronica. 195.
   *** Kapsel einfächerig mit centralem Samenträger. Lentibularieae. 207.
 β. Fruchtknoten unterständig. Kelch und Krone 2zählig. . Circaea. 55.

Ord. II. *Zwei Griffel.*

Blätter zerstreut, grasartig. . . . . Gräser: *Anthoxanthum. Bromus.* 348.
Blätter gegenständig, nicht grasartig. Perigon 5theilig. . Sclerantus. 77.

Cl. III. **Triandria.** *Drei Staubfäden.*

Ord. I. *Ein Griffel.*

A. Fruchtknoten oberständig.
 a. Perigon borstenförmig oder fehlend. Blüthen in Aehrchen mit Spelzen. Blatt grasartig.
  1. Aehrchen mehrblüthig, einzeln oder in Spirren. . . Cyperaceae. 331.
  2. Aehrchen einblüthig, in einer langgestreckten einseitigen Hauptähre. Nardus. 357.
 b. Perigon kelchartig oder trockenhäutig. Blatt krautartig.
  1. Blüthen einzeln. Perigon 5blätterig. Staubfäden unten verwachsen, meist 3. . . . . Polycnemum. 78.
  2. Blüthen knäuelig. Perigon 3- oder 5blätterig. Staubfäden frei. *Amarantus.* 77.
  3. Blüthen spirrenartig. Perigon 6blätterig. Staubfäden 6, frei. *Juncus.* 326.
 c. Kelch 2theilig. Krone trichterförmig, 5theilig, weiss. . *Montia.* 75.
B. Fruchtknoten unterständig.
 a. Perigon 6theilig, blumenartig. Blatt lineal oder schwertförmig. Irideae. 304.
 b. Perigon 4- oder 5theilig. *Thesium.* 270.
 c. Kelch und Krone unterschieden.
  1. Krone 4spaltig. Kelch undeutlich oder klein. . . . . *Stellatae.* 157.
  2. Krone 5spaltig. Kelch als Zähne oder als Haarkrone. Valerianeae. 265.

Ord. II. *Zwei Griffel.*

a. Blüthen von Spelzen eingeschlossen, in Aehrchen. Perigon fehlend. Blatt grasartig. . . . . Gramineae. 348.
b. Blüthen in Spirren. Perigon 6blätterig. Blatt stielrund. *Juncus.* 326.
c. Blüthen in Knäueln. Perigon 5blätterig. Blatt krautartig, flach. *Chenopodium.* 79.

Ord. III. *Drei Griffel.*

a. Kelch 2theilig. Krone trichterförmig, ungleich-5theilig . . Montia. 75.
b. Kelch und Krone 4—5blätterig. *Alsineae: Stellaria media, **Holosteum.*** 69.
c. Perigon 3—5blätterig. Blüthe in Knäueln. . . . . . *Amarantus.* 77.

Cl. IV. **Tetrandria.** *Vier Staubfäden.*

Ord. I. *Ein Griffel.*

A. Fruchtknoten oberständig.
 a. Blüthendecke gleichartig.
  1. Perigon grün, 4spaltig. Blüthen knäuelartig. Blatt ungetheilt. Parietaria. 276.
  2. Perigon grün, 8spaltig. Blüthen rispig. Blatt nierenförmig, gelappt. Alchemilla. 24.
  3. Perigon roth, 4spaltig. Blüthen kopfförmig. Blatt gefiedert. Sanguisorba. 24.

4. Perigon weiss, 4theilig. Blüthen traubig. Blatt ganzrandig. Majanthemum. 308.
5. Perigon aussen silberweiss, innen gelb, 4—6spaltig, am Schlunde verengt. Blatt ganz. . . . . Elaeagnus. 269.

b. Kelch und Krone unterschieden. Krone verwachsenblätterig.
1. Blüthen einzeln in den Blattwinkeln, fast kugelförmig. Narbe kopfförmig. Kapsel einfächerig, ringsumschnitten-aufspringend. Centunculus. 208.
2. Blüthen einzeln, endständig. Narbe kopfförmig. Kapsel 2fächerig, längsaufspringend. . . . . Cicendia. 162.
3. Blüthen einzeln oder traubig. Narben meist 2. Kapsel 1—2fächerig. *Gentiana*. 162.
4. Blüthen in Köpfchen. Narbe 1. Einsamige Schlauchfrucht. Globularia. 267.

c. Kelch und Krone unterschieden: Krone getrenntblätterig.
α. Kräuter.
1. Kelch abfallend. Kronblätter sackartig. Frucht einfächerig. Epimedium. 130.
2. Kelch nicht abfallend. Kronblätter nicht sackartig. Frucht 2fächerig (Schote). . . . . Manche *Cruciferae*. 91.

β. Holzgewächse.
1. Krone kleiner als der Kelch. Frucht beerenartig. . *Rhamnus*. 41.
2. Krone grösser als der Kelch. Frucht kapselartig. . *Evonymus*. 41.

B. Fruchtknoten unterständig.
a. Krone verwachsenblätterig.
1. Kelch einfach, oft undeutlich. Rispe. Blätter wirtelig. Stellatae. 157.
2. Kelch doppelt, einer oberständig, der andere unterständig. Köpfchen. Blätter gegenständig. . . . . Dipsaceae. 263.

b. Krone getrenntblätterig oder fehlend.
α. Blüthen einzeln in den Blattwinkeln. Krautartige Wasserpflanzen.
1. Frucht: einsamige 4dornige Nuss. Obere Blätter zerstreut. Trapa. 55.
2. Frucht: vielsamige Kapsel. Krone fehlend. Blätter gegenständig. Isnardia. 55.

β. Blüthen in Dolden. Blätter gegenständig. Strauchartig. Cornus. 153.

Ord. II. *Zwei Griffel.*

a. Einfaches Perigon.
1. Krautartig, liegend. Blätter meist gegenständig. Blüthen gehäuft. *Herniaria*. 75.
2. Baumartig. Blätter wechselständig. Blüthen in Büscheln. *Ulmus*. 278.

b. Kelch und Krone.
1. Krone trichterförmig, ansehnlich. . . . . *Gentiana*. 162.
2. Krone krugförmig. Blüthen klein, gehäuft. Stengel blattlos, windend. Cuscuta. 173.

Ord. III. *Drei Griffel.*

Blätter gegenständig. Blüthen doldenartig. Kapselfrucht. *Holosteum*. 69.

Ord. IV. *Vier Griffel.*

a. Wasserpflanzen mit 4 Perigonblättern. Blüthen in Aehren. Frucht: Nüsschen. . . . . Potamogeton. 322.

b. Landpflanzen mit Kelch und Krone.
α. Krone verwachsenblätterig. Fruchtknoten 4fächerig. Strauch. Blatt lederartig. . . . . Ilex. 41.
β. Krone getrenntblätterig. Kräuter.
1. Fruchtknoten einfächerig. Griffel 4. . . . . Mönchia und *Sagina*. 69.
2. Fruchtknoten 8. Griffel 1. Narben 4. . . . Radiola und *Linum*. 47.

Cl. V. **Pentandria.** *Fünf Staubfäden.*

Ord. 1. *Ein Griffel.*

A. Fruchtknoten oberständig.
a. Einfaches Perigon.
1. Blätter zerstreut, mit Tuten. . . . . *Polygonum*. 271.
2. Blätter gegenständig, ohne Nebenblätter. Perigon glockig. Narbe kopfförmig. Kapsel 5klappig . . . . Glaux. 209.
3. Blätter gegenständig, mit weisshäutigen Nebenblättern. Krone zuweilen fehlend . . . . *Herniaria*. *Illecebrum*. 75.
b. Kelch und Krone verschieden. Krone verwachsenblätterig.
α. Blätter gegenständig. Krone gedreht. Staubfäden mit den Kronlappen abwechselnd. Frucht vielsamig.
1. Zwei Fruchtknoten mit einer gemeinschaftlichen Narbe.
* Staubfäden zusammenhängend. Krone radförmig. Pollen in festen Massen . . . . Cynanchum. 161.
** Staubfäden frei. Krone trichterförmig. Pollen körnig. Vinca. 161.
2. Ein Fruchtknoten, ein- oder unvollständig 2fächerig, mit wandständigen Samenträgern . . . . Gentianeae zum Theil. 162.
β. Blätter zerstreut oder gegenständig. Krone nicht gedreht. Staubfäden vor den Kronzipfeln. Fruchtknoten einfächerig, mit freiem, centralem Samenträger. Kapsel . . . . Primulaceae zum Theil. 208.
γ. Blätter zerstreut. Staubfäden mit den Kronzipfeln abwechselnd.
1. Fruchtknoten einfach, 2fächerig, vieleiig. Griffel einfach.
* Krone regelmässig, gefaltet . . . . Solaneae. 170.
** Krone etwas unregelmässig, nicht gefaltet. . . . Verbascum. 194.
2. Fruchtknoten einfach, mit 2—4 je 2eiigen Fächern. Griffel 2spaltig. Krone gefaltet. Windend. . . . . Convolvulus. 174.
3. Fruchtknoten einfach, 3fächerig. Griffel 3spaltig. Krone nicht gefaltet. Nicht windend. . . . . Polemoniaceae. 175.
4. Fruchtknoten 4theilig, mit 4 eineiigen Fächern. in 4 freie Nüsschen zerfallend . . . . Boragineae. 164.
c. Kelch und Krone verschieden. Krone freiblätterig.
α. Blume regelmässig.
1. Kronblätter borstenförmig oder fehlend. Blätter gegenständig mit Nebenblättern. Kraut. . . . . *Illecebrum*. 76.
2. Kronblätter deutlich. Holzgewächse.
* Staubfäden vor den Kronblättern. 5 getrennte Nectarien unter dem Fruchtknoten. Blüthen in Rispen oder Scheindolden. Beere 2—3fächerig. Rankengewächse. . . . . . . Ampelideae. 46.
** Staubfäden vor den Kronblättern, mit diesen auf d. Rand einer Kelchröhre eingefügt. Fruchtknoten 3—5fächerig. Beere. Rhamnus. 41.
*** Staubfäden mit den Kronblättern abwechselnd. Drüsiger Ring unter dem 4—5fächerigen Fruchtknoten. Kapselfrucht. Evonymus. 41.

β. Blume unregelmässig.

1. Kelch grün. Krone gespornt. Frucht einfächerig, mit 3 wandständigen Samenträgern. Grosse Nebenblätter. . . . . . . Viola. 85.
2. Kelch gefärbt, gespornt. Frucht 5fächerig. Nebenblätter verschwindend. . . . . Impatiens. 51.

B. Fruchtknoten unterständig oder halbunterständig.

a. Einfaches Perigon. 4—5spaltig. Krautartig. . . . . Theslum. 270.

b. Kelch und Krone verschieden. Krone verwachsenblätterig.

1. Fruchtknoten halbunterständig, einfächerig mit freiem Samenträger. Krone glockig mit 5 Nebenblumenblättern. Kapselfrucht. Kraut. Blätter zerstreut. . . . . Samolus. 209.
2. Fruchtknoten 2—5fächerig. Griffel gespalten. Kapselfrucht. Krone regelmässig. Kräuter. Blätter zerstreut . . . . Campanulaceae. 216.
3. Fruchtknoten 2—5fächerig. Griffel einfach. Krone etwas unregelmässig. Sträucher. Blätter gegenständig.
   * Beere. Lonicera. Symphoricarpus. 155.
   ** Kapsel. . . . . Diervilla. 155.

c. Kelch und Krone verschieden. Krone freiblätterig, oft sehr klein. Beere. Sträucher.

1. Kronblätter kurzgenagelt. nebst den Staubfäden auf dem Kelchrande. Fruchtknoten einfächerig. . . . . Ribes. 89.
2. Kronblätter nicht genagelt. Staubfäden auf einer unterweibigen Scheibe eingefügt. Fruchtknoten 5fächerig. . . . . . . Hedera. 152.

Ord. II. *Zwei Griffel.*

A. Fruchtknoten oberständig.

a. Einfaches Perigon.

α. Krautartige Pflanzen.

1. Blätter gegenständig, mit häutigen Nebenblättern. Paronychieae. 75.
2. Blätter gegenständig, ohne Nebenblätter. Schliessfrucht einsamig. *Scleranthus.* 77.
3. Blätter zerstreut, ohne Nebenblätter. Schliessfrucht einsamig. Chenopodiaceae. 78.

β. Bäume, mit 2zeilig alternirenden Blättern.

1. Fruchtknoten 2fächerig. Flügelfrucht, einsamig. . . . . Ulmus. 278.
2. Fruchtknoten einfächerig. Steinfrucht. . . . . Celtis. XXXVI.

b. Kelch und Krone unterschieden.

1. Ein Fruchtknoten. einfächerig. Blätter gegenständig. *Gentianeae.* 162.
2. Zwei Fruchtknoten und Griffel, mit einer dicken gemeinschaftlichen Narbe. . . . . Cynanchum. 161.
3. Ein Fruchtknoten. Blattloser windender Stengel. . . . Cuscuta. 173.

B. Fruchtknoten unterständig. Blüthen in Dolden oder Köpfchen. 5 freie Kronblätter. Frucht 2fächerig, in zwei einsamige Theilfrüchtchen zerfallend. Blätter zerstreut. Kräuter. . . . . Umbelliferae. 130.

Ord. III. *Drei Griffel.*

A. Fruchtknoten oberständig.

a. Krautartige Pflanzen. Frucht einfächerig.

α. Blätter längs des liegenden Stengels zerstreut. Frucht einsamig. Corrigiola. 75.

β. Blätter nur grundständig, rosettenartig. Frucht mit 3 wandständigen Samenleisten, vielsamig. . . . . *Drosera*. 84.
γ. Blätter gegenständig, ohne Nebenblätter. Frucht vielsamig.
1. Kelch 2spaltig. Krone einblätterig . . . . Montia. 75.
2. Kelch und Krone aus 5-freien Blättern. . *Alsineae* zum Theil. 69.
δ. Blätter gegenständig mit Nebenblättern. Frucht vielsamig. *Lepigonum*. 75.
b. Holzgewächse. Staubfäden auf einer unterweibigen Scheibe eingefügt. Kronblätter frei.
1. Frucht einsamig, nicht aufspringend. . . . . Rhus. 39.
2. Frucht 3fächerig, aufgeblasen, aufspringend. . . . . . . Staphylaea. 40.
B. Fruchtknoten unterständig. Krone radförmig. Beere. Blätter gegenständig. . . . . Viburnum. Sambucus. 155.

Ord. IV. *Vier Narben.*

Kelch und Krone 5blätterig. 5 drüsig-bewimperte Nebenblumenblätter. Kapsel einfächerig, 4klappig. . . . . Parnassia. 84.

Ord. V. *Fünf Griffel.*

a. Blätter gegenständig. Kapsel einfächerig, mit centralem Samenträger, vielsamig.
1. Blätter pfriemlich-fadenförmig, mit Nebenblättern. *Spergula pentandra*. 75.
2. Blätter flach, ohne Nebenblätter. . . . . *Cerastium semidecandrum*. 73.
b. Blätter rosettenartig. Frucht einfächerig.
1. Blüthen in einem Köpfchen. Krone gedreht. Frucht einsamig, nicht aufspringend. . . . . *Statice*. 266.
2. Blüthen in einer schneckenförmigen Aehre. Frucht mit 3 wandständigen Samenleisten, vielsamig, aufspringend. . . . . . Drosera. 84.
c. Blätter längs des Stengels zerstreut, ohne Nebenblätter. Kapsel (scheinbar) 10fächerig. . . . . Linum. 47.

Ord. VI. *Zahlreiche Pistille.*

Kelch und Krone 5blätterig, hinfällig. Fruchtboden walzlich. Myosurus. 120.

Cl. VI. **Hexandria.** *Sechs Staubfäden.*

Ord. I. *Ein Griffel.*

A. Blatt fiedernervig.
a. Blätter gegenständig. Krone auf der Kelchröhre eingefügt, 4—6-blätterig. Kapsel 2fächerig, vielsamig, unregelmässig zerreissend.
1. Kelch röhrig. Griffel fadenförmig. . . . . . Lythrum Hyssopifolia. 58.
2. Kelch glockig. Griffel kurz. . . . . Peplis. 58.
b. Blätter zerstreut, ohne Tuten. Kelch und Krone je 6blätterig. Beere. Strauch. . . . . Berberis. 130.
c. Blätter zerstreut, mit Tuten. Einfaches 6blätteriges Perigon. Nüsschen. Kraut. . . . . *Polygonum*. 271.
B. Blatt parallelnervig, meist linienförmig, stets ganzrandig. Einfaches 6blätteriges Perigon.
a. Fruchtknoten oberständig.
α. Perigon blumenartig, welkend.

1. Frucht kapselartig. . . . . Liliaceae. 309.
2. Frucht beerenartig. . . . . Smilaceae zum Theil. 307.

β. Perigon trocken, bleibend.

1. Frucht aufspringend. Blüthen in Spirren. Blatt grasartig oder stielrund. . . . . Juncaceae. 322.
2. Frucht nicht aufspringend. Blüthenstand kolbenförmig. Blatt schwertförmig. . . . . Acorus. 309.

b. Fruchtknoten unterständig. Perigon blumenartig. Zwiebelgewächse. Amaryllideae. 306.

Ord. III. IV. *Drei oder mehr Pistille oder Griffel.*

a. Blatt fiedernervig, mit einer Tute. Kelch und Krone 3blätterig. Frucht 3kantig, nicht aufspringend, mit 3 Narben. . . . . Rumex. 271.
b. Blatt parallelnervig.

1. Perigon blumenartig. Kapsel 3fächerig, aufspringend. Colchicaceae. 317.
2. Perigon grünlich. Pistille 3 oder 6, mehr oder weniger verwachsen, nicht aufspringend. Blatt schmal-linienförmig. . . . Juncagineae. 326.
3. Kelch und Krone verschiedenartig. Pistille 6 oder mehr, einsamig, nicht aufspringend. . . . . Alisma. 321.

Cl. VII. **Heptandria.** *Sieben Staubfäden.*

Ord. I. *Ein Griffel.*

a. Krone regelmässig, 7theilig. Staubfäden der Krone eingefügt. Kapsel einfächerig. Blatt einfach. Trientalis. 209.
b. Krone unregelmässig, 4—5blätterig, nebst den Staubfäden einer unterweibigen Scheibe eingefügt. Kapsel 3fächerig. Blatt gefingert. Aesculus. 45.

Cl. VIII. **Octandria.** *Acht Staubfäden.*

Ord. I. *Ein Griffel.*

A. Fruchtknoten oberständig.

a. Einfaches Perigon, 4spaltig. Griffel einfach. Blatt ohne Tute. Thymeleae. 268.
b. Einfaches Perigon, meist 5spaltig. Griffel 2—3spaltig. Blatt mit einer Tute. . . . . Polygonum. 271.
c. Zweierlei Blüthendecken. Krone verwachsenblätterig, 4theilig. Griffel einfach. Sträucher. . . . . Calluna und Erica. 212.
d. Zweierlei Blüthendecken. Krone freiblätterig.

α. Kräuter.

1. Blätter grün, ungetheilt. Kelch gespornt, gefärbt. Krone unregelmässig, 5blätterig. Frucht in 3 einsamige Nüsschen zerfallend. Tropaeolum. 51.
2. Blätter grün, fiedertheilig. Krone regelmässig, 4—5blätterig. Frucht 4—5fächerig. . . . . Ruta. 39.
3. Blätter als bleiche Schuppen. Kapsel mehrfächerig. *Monotropa.* 215.

β. Holzgewächse. Blätter gegenständig. Staubfäden auf einer drüsigen Scheibe.

1. Krone regelmässig. 2fächerige Flügelfrucht. Griffel 2spaltig. Acer. 45.
2. Krone unregelmässig. 3fächerige Kapsel. Griffel einfach. *Aesculus.* 45.

B. Fruchtknoten unterständig.
a. Kräuter. Kapselfrucht. Krone freiblätterig, dem Kelch eingefügt. Onagrarieae zum Theil. 55.
b. Sträucher. Beerenfrucht. Krone verwachsenblätterig, einer oberweibigen Scheibe eingefügt. . . . . Vaccinium. 215.

Ord. II. *Zwei Griffel.*

a. Perigon 4—5spaltig, halboberständig. Frucht vielsamig. Krautartig. Chrysosplenium. 61.
b. Perigon 4—8spaltig, unterständig. Flügelfrucht 2samig. Baumartig. *Ulmus.* 278.
c. Kelch einblätterig. Krone 5blätterig, auf dem Kelchrande. Kraut. *Agrimonia.* 25.

Ord. III. *Drei Griffel.*

a. Perigon 4—5spaltig. Frucht einsamig. Blätter zerstreut, mit Tuten. *Polygonum.* 271.
b. Kelch 5zähnig. Krone 5blätterig. Kapsel vielsamig. Blätter gegenständig. *Silene.* 64.

Ord. IV. *Vier Griffel.*

a. Fruchtknoten oberständig. Blätter ungetheilt.
1. Kelch 4blätterig. Kronblätter 4, schmal. Beere. Blätter meist 4 im Wirtel. . . . . Paris. 308.
2. Kelch 3—4theilig. Kronblätter 3—4. Kapselfrucht. Blätter gegenständig. . . . . Elatine. 74.

b. Fruchtknoten unterständig.
1. Kelch 2—3spaltig. Krone 4—5blätterig. Beere. Blüthenstand kopfförmig. Blatt 3fach-fiedertheilig. . . . . Adoxa. 154.
2. Kelch und Krone 4blätterig. Blätter quirlständig, einfach-fiedertheilig. Wasserpflanzen. . . . . *Myriophyllum.* 59.

Cl. IX. **Enneandria.** *Neun Staubfäden.*

Kelch und Krone 3blätterig. 6 Pistille. . . . . Butomus. 320.

Cl. X. **Decandria.** *Zehn Staubfäden.*

Ord. I. *Ein Griffel.*

a. Krone verwachsenblätterig, kugelig-glockig. Holzgewächse.
1. Frucht oberständig, kapselartig. . . . . Andromeda. 213.
2. Frucht unterständig, beerenartig. . . . . *Vaccinium.* 215.

b. Krone freiblätterig, unregelmässig. Fruchtknoten 5fächerig. Dictamnus. 40.

c. Krone freiblätterig (4—5), regelmässig.
α. Kelch bleibend. Grüne Laubblätter.
1. Die Gipfelblüthen in allen Blüthenkreisen 5gliederig. Blatt fiedertheilig. . . . . *Ruta.* 39.
2. Kelch und Krone 5blätterig. Anthere mit Längsspalten aufspringend. Frucht in 5 Nüsschen zerfallend. Blatt fiederartig- oder handförmig-getheilt. . . . . *Geraniaceae.* 48.
3. Kelch und Krone 5blätterig. Anthere mit Löchern aufspringend. Kapsel 5fächerig. Blatt ganz, lederartig. . . . Ledum, Pyrola. 213.

Ord. II—V. *Zwei bis fünf Griffel.*

a. Fruchtknoten oberständig, einfächerig mit einem oder vielen Eichen an einem freien centralen Samenträger. Griffel 2—5, abfallend. Blätter gegenständig.

α. Blätter mit häutigen Nebenblättern. . . . . Paronychieae. 75.

β. Blätter ohne Nebenblätter.

1. Einfaches Perigon. Frucht einsamig. . . . . Scleranthus. 77.
2. Kelch verwachsenblätterig. Kronblätter frei. Fruchtknoten gestielt. Kapsel vielsamig. . . . . Sileneae. 64.
3. Kelch und Krone freiblätterig. Kapsel vielsamig. . . . Alsineae. 69.

b. Fruchtknoten oberständig, 5fächerig, mit 5 Griffeln. Staubfäden am Grunde zusammenhängend. Blatt gedreit oder 4zählig. . . . Oxalis. 46.

c. 5 Pistille, am Grunde verwachsen. . . . . Sedum. 61.

d. Fruchtknoten halbunterständig, 2fächerig. Griffel 2, bleibend.

1. Kelch und Krone 5blätterig. . . . . Saxifraga. 60.
2. Einfaches Perigon 4—5spaltig. . . . . *Chrysosplenium.* 61.

e. Fruchtknoten unterständig. Griffel 4—5. . . . . *Adoxa.* 154.

Cl. XI. **Dodecandria.** *Elf bis achtzehn freie Staubfäden.*

Ord. I. *Ein Griffel.*

a. Einfaches Perigon glockig, 3spaltig, braun. Fruchtknoten unterständig. Asarum. 269.

b. Kelch 2spaltig. Krone 4—6blätterig. Griffel 3—8spaltig. Frucht einfächerig, vielsamig, deckelartig aufspringend. . . . . . Portulaca. 74.

c. Kelch röhrig, 12zähnig. Krone 6blätterig, dem Kelchschlunde eingefügt. Griffel einfach. Kapsel 2fächerig, vielsamig. Lythrum Salicaria. 58.

Ord. II. *Zwei Pistille.*

Kelch und Krone 5blätterig, auf dem Rande einer glockigen, mit hakigen Stacheln besetzten Scheibe eingefügt. . . . . Agrimonia. 25.

Ord. III. *Drei Griffel.*

a. Kronblätter zerschlitzt, ungleich. Frucht einfächerig, oben offen. Reseda. 117.

b. Circa 11 Staubfäden und ein 3fächeriges Pistill von einer Hülle umgeben, scheinbar eine Zwitterblüthe darstellend. . . . *Euphorbia.* 42.

Ord. IV. *Sechs bis zwanzig Pistille.*

Kelch und Krone c. 12theilig. Blätter fleischig. . . . . . Sempervivum. 61.

Cl. XII. Icosandria.

Staubfäden 20 und mehr, dem Kelchrande eingefügt.

Ord. I. *Ein Griffel.*

a. Fruchtknoten oberständig. Kelchzipfel 5. Kronblätter 5. Griffel einfach. Amygdaleae 21.

b. Fruchtknoten unterständig. Kelch und Krone meist 4blätterig. Griffel meist 4spaltig. . . . . Philadelphus. 55.

Ord. II. *Zwei bis fünf Pistille oder Griffel.*

a. Fruchtknoten mehrfächerig, mit der Kelchröhre verwachsen, scheinbar unterständig. Holzgewächse. . . . . Pomaceae. 36.
b. Pistille, meist 5, frei im Grunde der Kelchröhre, je einfächerig, 2—6-samig. Sträucher. . . . . Spiraea. 23.
c. Pistille 2—3, frei in der Kelchröhre. Perigon einfach. Kraut. *Poterium*. 21.

Ord. III. *Mehr als fünf Pistille.*

Pistille zahlreich, oberständig; einsamige Nüsschen. . . . . . Rosaceae. 25.

Cl. XIII. Polyandria.

Staubfäden 20 und mehr, auf dem Blumenboden stehend.

Ord. I. *Ein Pistill.*

a. Kelch 2-, Krone 4blätterig, in der Knospung zerknittert. Kapselfrucht einfächerig, mehrsamig, mit 2- oder mehrlappiger Narbe. Papaveraceae. 113.
b. Kelch und Krone 4blätterig. Fruchtknoten einfächerig, mehreiig. Beere. Actaea. 129.
c. Kelch 3- oder 5blätterig, Krone 5blätterig, in der Knospung gedreht. Kapsel einfächerig, mehrsamig. Narbe einfach. . . . Helianthemum. 88.
d. Kelch und Krone 5blätterig. Fruchtknoten 5fächerig. Narbe 5zähnig. Schliessfrucht 1—2samig. . . . . Tilia. 53.
e. Kronblätter zahlreich. Frucht vielfächerig. Narbe sitzend, scheibenförmig. Wassergewächse mit schwimmenden Blättern. Nymphaeaceae. 118.
f. Blume unregelmässig, gespornt. Kapsel einfächerig. . *Delphinium*. 121.

Ord. II. *Zwei oder mehr Pistille.*

a. Kelch 3-, Krone 6blätterig. Antheren einwärts aufspringend. Pistille zahlreich, je 2samig. Baum mit Nebenblättern. . . . Liriodendron. 130.
b. Kelch und Krone 5blätterig. Antheren einwärts aufspringend. Pistille 2, 3. Balgfrucht einfächerig, mehrsamig. . . . . Paeonia. 129.
c. Blüthendecke in 1—3 verschiedenen, je 3—8blätterigen Kreisen. Antheren auswärts aufspringend. Pistille 1 oder mehrere, frei oder zum Theil verwachsen, ein- oder mehreiig. Sträucher oder Kräuter ohne Nebenblätter. . . . . Ranunculaceae. 119.

Cl. XIV. Didynamia.

Zwei längere und zwei kürzere Staubfäden.

Ord. I. *Fruchtknoten mit 4 eineiigen Fächern. Frucht in 4 einsamige Nüsschen zerfallend.*

a. Griffel grundständig zwischen den 4 durch Furchen getrennten Abtheilungen des Fruchtknotens. Kelch 2—10zähnig, oft 2lippig. Krone 4—5lappig, meist lippenförmig. Blätter gegenständig. . Labiatae. 175.
b. Griffel auf dem Gipfel des Fruchtknotens. Kelch 4—5zähnig. Krone röhrig, 4spaltig, fast 2lippig. Blätter gegenständig. . . Verbena. 191.

Ord. II. *Fruchtknoten von aussen einfach.*

a. Kapsel 2fächerig, vielsamig. . . . . Scrophularineae. 194.
b. Fruchtknoten mit 3 eineiigen Fächern. Beere einsamig. Linnaea. 155.

Cl. XV. **Tetradynamia.**

Vier längere und zwei kürzere Staubfäden.

Fruchtknoten 2fächerig. Schote bald kurz (*Siliculosae*), bald lang (*Siliquosae*). Cruciferae. 91.

Cl. XVI. **Monadelphia.** *Staubfäden in eine Röhre verwachsen.*

Ord. I. *Vier oder fünf Staubfäden.*

a. Kelch und Krone freiblätterig. Kapsel 8—10fächerig. Griffel 4—5. *Lineae.* 47.

b. Kelch und Krone verwachsenblätterig. Kapsel 1fächerig. Griffel 1. *Lysimachia.* 209.

Ord. II. *Zehn Staubfäden.*

a. Kelch und Krone freiblätterig, regelmässig. Griffel 5.

1. Frucht sich in 5 einsamige Früchtchen theilend. . . Geraniaceae. 48.
2. Kapsel 5fächerig, 5spaltig. . . . . *Oxalis.* 46.

b. Kelch 5spaltig, Krone 5blätterig, schmetterlingsförmig. Griffel 1. *Papilionaceae* zum Theil. 1.

Ord. V. *Zahlreiche Staubfäden.*

Kelch doppelt, der innere und die Krone 5blätterig. Fruchtknoten vielfächerig. . . . . Malvaceae. 51.

Cl. XVII. **Diadelphia.** *Staubfäden in zwei Bündel verwachsen.*

Ord. I. 6 Staubfäden, je 3 und 3 zu einem Bündel verwachsen. Blatt getheilt. . . . . Fumariaceae. 115.

Ord. II. 8 Staubfäden, je 4 und 4 zu einem Bündel verwachsen. Blatt ungetheilt. . . . . Polygala. 117.

Ord. III. 10 Staubfäden: 9 verwachsen und einer frei. Schmetterlingsblüthe. Blatt zusammengesetzt. . . . . Papilionaceae. 1.

Cl. XVIII. **Polyadelphia.** *Staubfäden in 3 oder mehreren Bündeln.*

Staubfäden zahlreich, in 3—5 Bündel verwachsen. Kapsel 3fächerig. Griffel 3. Kelch und Krone 5blätterig. . . . . Hypericum. 83.

Cl. XIX. **Syngenesia.** *Antheren zu einer Röhre verwachsen.*

Blüthen in einem Köpfchen gehäuft, von einer Hülle umgeben. Compositae. 219.

Cl. XX. **Gynandria.** *Antheren dem Griffel eingefügt.*

a. Staubfäden 1 oder 2. Perigon aus 2 dreiblätterigen Kreisen, unregelmässig. Fruchtknoten einfächerig mit 3 wandständigen Samenleisten. Orchideae. 295.

b. Staubfäden 6. Perigon bauchig-röhrig, zungenförmig. Fruchtknoten 6fächerig. . . . . Aristolochia. 269.

Cl. XXI. **Monoecia.** *Männliche und weibliche Blüthen auf einem Stock.*

Ord. I. *Ein Staubfaden.*

a. Blüthen einzeln in den Blattwinkeln. Wasserpflanzen.

1. Blätter zerstreut, mit Scheiden. 4 Früchtchen mit 4 Griffeln in einem häutigen Perigon. . . . . Zannichellia. 323.

2. Blätter gegenständig, ohne Scheiden. Fruchtknoten 4fächerig mit 2 Griffeln. . . . . Callitriche. 59.

b. Blüthen nackt, in Aehren angeordnet.
1. an einem fleischigen Kolben mit einer Blüthenscheide. Blatt gestielt, grundständig. . . . . Arum. Calla. 319.
2. Männliche Blüthen in Kätzchen, weibliche in Zapfen. Blätter nadelförmig. . . . . Coniferae zum Theil. 351

c. Blüthen doldenartig oder kopfförmig, von einer becherförmigen Hülle umgeben. Blüthe nackt, männliche aus je einem Staubfaden, weibliche aus einem gestielten, 3fächerigen Pistill mit 3 Griffeln bestehend. Euphorbia. 42.

Ord. III. *Drei Staubfäden.*

a. Blatt linienförmig, nicht gestielt, parallelnervig.
1. Blüthen nackt im Winkel von Deckblättern, in mehrblüthigen Aehren. Weibliche Blüthe aus einem Pistill mit 2—3 Narben, in einem Schlauch eingeschlossen. . . . . Carex. 332.
2. Blüthen nackt, von Spelzen eingeschlossen, je 2 in einem Aehrchen. Die männlichen Aehrchen in endständiger Rispe, die weiblichen in seitenständigen Kolben. . . . . Zea. 351.
3. Blüthen mit einem Perigon versehen, in Kolben oder Köpfchen. Typhaceae. 317.

b. Blatt gestielt, mehr oder weniger eiförmig, netzaderig. Perigon. Blüthen in Knäueln und Aehren. Griffel 3. . . . . Amarantus. 77.

Ord. IV. *Vier Staubfäden.*

a. Blätter grundständig, lineal. Kelch und Krone unterschieden. Griffel 1. Kraut. . . . . Littorella. 267.

b. Blätter längs des Stengels, wechselständig. Perigon einfach oder fehlend. Holzgewächse.
1. Eiförmige Kätzchen einzeln, ohne Deckblätter. Die weiblichen eine Scheinbeere bildend. . . . . Morus. 278.
2. Längliche Kätzchen meist 2 oder mehrere zusammen. Blüthe je 2 oder 3 in einer Deckschuppe. Weibliche Kätzchen holzig. Betulineae. 290.

c. Blätter gegenständig.
1. Perigon einfach. Frucht einfächerig. Kraut. . . . . . Urtica. 276.
2. Kelch und Krone. Frucht 3fächerig. Strauch. . . . . . . Buxus. 42.

Ord. V. *Fünf oder mehr freie Staubfäden.*

a. Wassergewächse.
1. Kelch und Krone 4gliederig Staubfäden 8. Griffel 2. Fruchtknoten unterständig, 4fächerig. Blätter wirtelständig, fiedertheilig. Myriophyllum. 59.
2. Perigon vielblätterig. Staubfäden 12—16. Griffel 1. Fruchtknoten oberständig, eineiig. Blätter wirtelständig, gabelästig. Ceratophyllum. 60.
3. Kelch und Krone 3blätterig. Staubfäden und Pistille zahlreich. Blätter grundständig, pfeilförmig. . . . . Sagittaria. 321.

b. Krautartige Landpflanzen.
1. Weibliche Blüthe: je 2 nackte Pistille in einer 2theiligen stacheligen Hülle. Männliche Blüthen mit einem Perigon in Köpfchen. Blatt ganz. Xanthium. 262.

2. Blüthe in Knäueln und Aehren. Perigon 3—5theilig. Staubfäden 3—5. Griffel 3. Kapsel einsamig. Blatt ganz. . . . Amaranthus. 77.
3. Blüthe in rundlichen Aehren. Perigon röhrig, 4theilig. Staubfäden zahlreich. Pistille 2—3 in der Perigonröhre eingeschlossen. Blatt gefiedert. . . . . Poterium. 24.

c. Holzgewächse.
1. Männliche Blüthen (zahlreiche Staubfäden in einem Perigon) in langen Kätzchen; weibliche: mit unterständigem Fruchtknoten und 2 Narben, einzeln oder gehäuft an der Spitze des Zweiges. . . . . Juglans. 287.
2. Männliche Blüthen in Kätzchen, weibliche je eine oder mehrere in einer sich vergrössernden Hülle eingeschlossen. . . . Cupuliferae. 287.
3. Männliche und weibliche Blüthen nackt, in Kätzchen. Fruchtknoten einfächerig. Blätter mit Tuten. . . . . Platanus. 278.

Ord. VI. *Drei Staubfäden, 1 kleiner und 2 grosse.*

Perigon 5spaltig. Antherenfächer gewunden. Fruchtknoten unterständig. Beerenfrucht. Rankende Gewächse. . . . . Curcurbitaceae. 90.

Cl. XXII. Dioecia.

Männliche und weibliche Blüthen auf verschiedene Stöcke vertheilt.

A. Wasserpflanzen.
Kelch und Krone 3blätterig, oberständig. Staubfäden 9—12. Griffel 6, 2narbig. Beere 6fächerig. . . . . Hydrocharideae. 294.

B. Krautartige Landpflanzen.

a. Blätter zerstreut.
1. gelappt, mit Ranken. Kelch und Krone 5spaltig. Staubfäden 3, Griffel 3spaltig. Beere. . . . . Bryonia dioica. 90.
2. spiess- oder pfeilförmig, mit Tute. Kelch und Krone 3blätterig. Staubfäden 6. Griffel 3. Schliessfrucht 3kantig. Rumex-Arten. 271.
3. spiess- oder eiförmig, ohne Tute. Männliches Perigon röhrig, 4—5blätterig. Staubfäden 4—5. Weibliches Perigon röhrig, 2—3zähnig. Griffel 1 mit 4 Narben. Schliessfrucht einsamig. . . . Spinacia. 79.

b. Blätter gegenständig.
1. Einfaches Perigon 4—5theilig. Staubfäden 4—5. Frucht einsamig. Urticaceae zum Theil. 277.
2. Einfaches Perigon 3—4theilig. Staubfäden 8 oder mehr. Frucht 2—3fächerig. . . . . Mercurialis. 44.
3. Kelch 5zähnig. Krone 5blätterig. Staubfäden 10. Griffel 5. Blatt einfach. . . . . Silene. 67. Lychnis diurna und vespertina. 69.
4. Kelch als Haarkrone. Krone 5spaltig. Staubfäden 3. Griffel 1. Fruchtknoten unterständig. Blatt fiedertheilig. Valeriana dioica. 265.

C. Holzgewächse.
a. Perigon fehlend. Staubfäden schild- oder schuppenförmig. Frucht: Scheinbeere. Blätter nadelförmig. . . . . Juniperus. Taxus. 380.
b. Perigon fehlend oder becherförmig, ganzrandig. Blüthen in Kätzchen. Frucht kapselartig. Blätter flach, zerstreut. . . . . . . Salicineae. 279.
c. Perigon 4klappig. Blüthen endständig. Staubfäden 4. Beerenfrucht. Blätter gegenständig. Schmarotzerpflanze. . . . . Viscum. 153.
d. Perigon 2spaltig. Blüthen blattwinkelständig. Staubfäden 4. Griffel 1. Scheinbeere einsamig. Blatt lanzettlich, silberglänzend. Hippophaë. 269.

e. Kelch und Krone 3gliederig. Blüthen blattwinkelständig. Staubfäden 3. Griffel 6—9. Beere 6—9fächerig. Blatt nadelförmig . Empetrum. 42.

Cl. XXIII. Polygamia.

Zwitterblüthen und eingeschlechtige auf einem Stock.

Atriplex. Parietaria. Fraxinus. Acer. Poterium. Rhamnus etc. Die hierher gehörigen Gattungen sind nach der Zwitterblüthe in den übrigen Classen eingereiht.

Cl. XXIV. Kryptogamia.

Staubfäden fehlend. Samen (Sporen) ohne Keim.

Vergl. p. XLI.

Erste Abtheilung.

DICOTYLEDONEN.

1. Familie. PAPILIONACEAE L.

Schmetterlingsblüthler.

a. Uebersicht der Gruppen.

I. Blatt einfach, gedreit oder unpaarig-gefiedert (oder paarig-gefiedert, ohne Spitze oder Ranke endigend). Blätter zerstreut. Hülse 2klappig aufspringend. Blüthen achselständig oder in endständigen Inflorescenzen. Keimung epigäisch. . . . . 1. LOTEAE DC.

II. Blatt unpaarig-gefiedert. Hülse nicht aufspringend, einfächerig-einsamig oder mehrfächerig-gegliedert. Keimung epigäisch. . . . . 2. HEDYSAREAE DC.

III. Blatt paarig-gefiedert, mit einer Spitze oder Ranke endigend. Blätter zweizeilig. Hülse = I. Blüthen in achselständigen Trauben. Keimung hypogäisch. 3. VICIEAE Br.

IV. Stengel windend (bei I—III nicht). Blatt gedreit oder unpaarig-gefiedert, mit Nebenblättchen. Keimung epigäisch. . . . . 4. PHASEOLEAE Br.

b. Gattungen.

1. Gruppe LOTEAE DC.

I. *Alle zehn Staubfäden in eine Röhre verwachsen.*

A. Flügel an dem der Fahne zugekehrten Rande faltig. Blatt einfach, gedreit oder gefingert, ausser **Lupinus** Holzgewächse.

a. Kelch bis auf den Grund zweitheilig.

α. Hülse kurz, angeschwollen. Blatt stachelig. 1. **Ulex** L.

β. Hülse lang, nicht angeschwollen. Blatt nicht stachelig, fingerartig getheilt. . . . . 2. **Lupinus** L.

b. Kelch nur bis zur Mitte 2lippig. ♄

α. Griffel spiralig eingerollt. Blatt gedreit oder einfach. 3. **Sarothamnus** W.

β. Griffel nicht spiralig eingerollt.

1. Narbe nach Innen schief abschüssig. Schiffchen die Staubfäden zuletzt nicht mehr einschliessend. Blatt einfach. . . . . 4. **Genista** L.

2. Narbe nach Aussen schief abschüssig. Schiffchen die Staubfäden bis zuletzt einschliessend. Blatt gedreit. 5. **Cýtisus** L.

B. Flügel nicht faltig. ♃

a. Blatt gedreit. Kelch 5spaltig, offen bleibend. Hülse sitzend. . . . . 6. **Onónis** L.

b. Blatt gefiedert, mit grossem Endblättchen oder ohne Seitenblättchen. Kelch in der Reife bauchig, geschlossen, 5zähnig. Hülse gestielt. . . . . . . 7. **Anthyllis** L.

c. Blatt unpaarig-gefiedert. Schiffchen unterhalb der Spitze begrannt. Die samentragende Naht als unvollständige Scheidewand nach Innen vorspringend. Samen nierenförmig. . . . . 8. **Oxýtropis** DC.

II. *Neun Staubfäden verwachsen, der der Fahne zugekehrte frei.*

A. Blatt gedreit.

a. Hülse kurz, eiförmig, 1—2samig.

1. Hülse im Kelche verborgen, nicht aufspringend. Kronblätter unter sich und mit den Staubfäden am Grunde verwachsen, verwelkend stehen bleibend, der unterste Kelchzahn meist der längste. Blüthen in rundlichen oder ährigen Köpfchen. . . . . . . 9. **Trifólium** L.

2. Hülse etwas länger als der Kelch, aufspringend. Kron-

blätter frei, abfallend, der unterste Kelchzahn der kürzeste. . . . . 10. **Melilótus** Tourn.

b. Hülse viel länger als der Kelch, linienförmig, mehr als 3samig. (**Medicágo lupulina** einsamig.)

1. Hülse gerade, stielrund, aufspringend. Schiffchen geschnabelt. Kronblätter abfallend . . 11. **Lotus** L.

Die scheinbaren Nebenblätter sind streng genommen Fiederblättchen.

2. Hülse gerade, 4flügelig, nicht aufspringend, sonst wie voriger. . . . . . . 12. **Tetragonólobus** Scop.

3. Hülse sichelartig oder schneckenförmig gewunden, nicht aufspringend. Schiffchen nicht geschnabelt. Kronblätter abfallend. Kelchzähne gleich lang. 13. **Medicágo** L.

B. Blatt unpaarig-gefiedert.

a. Hülse einfächerig.

1. Hülse stielrund, vielsamig. Kelch 5zähnig. Der innere Staubfaden theilweise mit den übrigen verwachsen. ♃ . . . . 14. **Galéga** L.

2. Hülse aufgeblasen, nach unten zugespitzt, gestielt. Kelch 5spaltig. ♄ . . . . 15. **Colútea** L.

3. Hülse flach, vielsamig, gestielt. Kelch 2lippig. Fahne zurückgeschlagen. ♄ . . . . 16. **Robínia** L.

4. Hülse flach, 1—2samig. Kelch 5zähnig. Flügel und Schiffchen fehlend. ♄ . . . . 17. **Amorpha** L.

5. Hülse flach, 1—4samig, eiförmig. Kelch 2lippig. Schiffchen 2blättrig. ♃ . . . 18. **Glycyrrhíza** L.

b. Hülse der Länge nach (unecht-) 2fächerig, durch eine von der unteren Naht ausgehende unvollständige Scheidewand. Samen würfelförmig. ♃ . 19. **Astrágalus** L.

C. Blatt paarig-gefiedert, ohne Spitze oder Ranke. Hülse einfächerig. ♄ . . . . .20. **Caragána** L.

2. Gruppe HEDYSAREAE DC.

a. Hülse mehrfächerig. Blüthenstand doldenartig.

1. Schiffchen geschnabelt. Kelch kurzglockig.

* Hülse gerade, 4kantig. . . . . 21. **Coronilla** L.

** Hülse gekrümmt, flach, am Rande buchtig-ausgeschnitten. . . . . 22. **Hippocrépis** L.

2. Schiffchen abgerundet. Kelch lang röhrenförmig. Hülse gekrümmt, flach. . . . . 23. **Ornithopus** L.

b. Hülse einfächerig, einsamig, dornig. Blüthenstand traubig. Schiffchen stumpf. . . . 24. **Onóbrychis** Tourn.

3. Gruppe VICIEAE Br.

1. Griffel fadenförmig, flach-rundlich, ringsum gleichförmig oder auf der Schiffchenseite stärker behaart. Samen rundlich. Blatt paarig-gefiedert, meist rankend. 25. **Vicia** L.

2. Griffel flach zusammengedrückt, auf der Fahnenseite stärker behaart. Griffel und Schiffchen nicht gewunden. Blüthenstiel 1—4blüthig. Hülse 2samig. Samen platt, scharf gerandet. Blatt meist 6paarig, rankend. 26. **Ervum** L.

3. Griffel flach, auf der Schiffchenseite rinnig. Blatt rankend. Nebenblatt grösser als die Blättchen. 27. **Pisum** L.

4. Griffel flach zusammengedrückt. Griffel und Schiffchen meist gewunden. Hülse 3- und mehrsamig. Samen nicht scharfgerandet. Blatt 0—3- (meist ein-) paarig, rankend. . . . . 28. **Láthyrus** L.

5. Griffel flach zusammengedrückt. Griffel und Schiffchen nicht gewunden. Blatt mit kurzer Stachelspitze endigend, 2—6paarig. . . . . 29. **Orobus** L.

4. Gruppe PHASEOLEAE Br.

1. Blatt gedreit. Schiffchen gewunden. Traube achselständig. 30. **Phaséolus** L.

2. Blatt unpaarig-gefiedert. Schiffchen stumpf. Traube endständig. . . . . **Wistaria** Nutt.

W. (Glycine) chinensis DC. Trauben hängend, blau. Zierstrauch aus China.

1. **Ulex** L. *Hecksame.*

Zweige und die linealen Blätter dornig. Zwei Vorblättchen

am Grunde des grossen tief 2lippigen behaarten Kelches.
U. europaeus L.

Gelb. ♄ Mai, Juni. Felder und sandige Haiden. Sehr selten.

2. **Lupinus** L. *Feigbohne. Wolfsbohne.*

Sämmtliche Arten als Zierpflanzen in Gärten: Nr. 1–6 aus Südeuropa und dem Orient, Nr. 7 und 8 aus Nordamerika stammend. L. polyphyllus ♃ die übrigen ⊙

1. Blüthe weiss, spiralständig. Blättchen länglich verkehrteiförmig. . . . . **L. albus** L.
2. Blüthe blau, spiralständig, ohne Deckblätter. Blättchen linienförmig. . . . . **L. angustifolius** L.
3. Blüthe blau, halbquirlständig. Blättchen länglich. **L. varius** L.
4. Blüthe blau und roth, quirlständig. Kelch zottig. Blättchen länglich keilförmig. . . . . **L. pilosus** L.
5. Blüthe gelb, wohlriechend, quirlständig. Blättchen länglich. . **L. luteus** L.
6. Blüthe blau, einzeln oder zu 3. Ganze Pflanze lang behaart. . . . . **L. hirsútus** L.
7. Blüthe weiss, und gelb oder braun gefleckt, wohlriechend. **L. Cruikschankii** Hoor.
8. Blüthe weiss oder violett, in sehr langen Trauben. Blatt gross, schildförmig, vieltheilig. . . **L. polyphyllus** Lindl.

3. **Sarothamnus** Wimm. *Pfriemen. Besenstrauch.*

Blüthe einzeln, seitlich. Hülse schwarz, zottig. Zweige kantig. . . . . **S. vulgaris** Wimm.

(Spartium scoparium L.) Gelb. ♄ Mai, Juni. Hügel und Raine, besonders Sandboden. Sehr häufig.

4. **Genista** L. *Ginster.*

a. Pflanze mit Dornzweigen. Blüthen traubig.
1. Pflanze behaart. Nebenblatt halb so lang als der Blattstiel. **G. germanica** L.

   Gelb. ♄ Mai, Juni. Wälder, sonnige Abhänge. Hier und da.
2. Pflanze kahl. Nebenblatt länger als der Blattstiel. **G. anglica** L.

   Gelb. ♄ Mai, Juni. Torfige Haiden. Sehr selten.

b. Pflanze ohne Dornen.

1. Blüthen in Trauben. Blatt und Blüthentheile kahl. Stengel aufrecht. . . . . **G. tinctoria** L.
Gelb. ♄ Juni, Juli. Triften, Waldränder. Häufig.

2. Blüthen einzeln in den Blattwinkeln. Blatt und Blüthentheile behaart. Stengel liegend. . . . . . **G. pilosa** L.
Gelb. ♄ Mai, Juni. Haiden, Berge. Selten.

5. **Cýtisus** L. *Bohnenbaum.*

1. Baum. Blatt gedreit. Trauben hängend. **C. Laburnum** L.
Goldregen. Gelb. April, Mai. Zierbaum aus den Alpen.

2. Strauch. Blatt gedreit. Trauben aufrecht. **C. nigricans** L.
Gelb. Juni, Juli. Trockene Wälder. Sehr selten.

3. Strauch. Blatt einfach. Trauben kopfförmig, aufrecht. Stengel liegend, geflügelt-gegliedert. **C. sagittalis** Koch.
(**Genista sagittalis** L.) Gelb. Juni, Juli. Wälder, Triften. Selten. Von den Genista-Arten durch den geflügelten Stengel unterschieden.

6. **Onónis** L. *Hauhechel.*

a. Blüthen einzeln in den Blattwinkeln, unterbrochene Trauben bildend. Zweige meist dornig endigend.

1. Hülse so lang oder länger als der Kelch. Stengel aufrecht oder aufsteigend, einseitig behaart. Blatt fast kahl. . **O. spinosa** L.
Rosa. Selten die Blüthen paarweise. ♃ Juni, Juli. Triften und Raine. Gemein. — Var. ohne Dornen: **O. mitis** Wend.

2. Hülse kürzer als der Kelch. Stengel liegend, am Grund ausläuferartig, verholzend, oben ringsum zottig. Blatt oft drüsenhaarig. . . . . **O. repens** L.
Rosa. ♃ Juni, Juli. Triften und Raine, besonders auf Kalk. Hier und da.

b. Blüthen zu 2 in den Blattwinkeln, dichte Aehren an den Enden der Aeste bildend. Zweige nicht dornig. Stengel aufrecht oder aufsteigend, zottig. Blatt drüsenhaarig. Hülse kürzer als der Kelch. . . . . . . **O. hircina** Jacq.
(**O. arvensis** L.) Rosa. ♃ Juni, Juli. Triften, Wegeränder. Sehr selten.

7. **Anthyllis** L. *Wundklee.*

Blüthen in je 1—4 Köpfchen, behüllt. Kelch aufgeblasen, kurz gezahnt, behaart. . . . . **A. vulneraria** L.
Weissgelb, zuweilen mit rothem Kiel. ♃ Mai, Juni. Trockene Wiesen, sandige Hügel. Häufig.

8. **Oxýtropis** DC. *Spitzkiel. Fahnwicke.*
Pflanze aufrecht, zottig. Blüthenstiel länger als das Blatt. Hülse aufrecht, linienförmig, stielrund, zottig. **O. pilosa** DC.
(**Astragalus pilosus** L.) Gelb. ♃ Juni, Juli. Trockene sandige oder steinige Hügel. Sehr selten.

9. **Trifólium** L. *Klee.*

I. *Blüthen roth, im Köpfchen ungestielt.*

A. Kelch röhrig, nicht aufgeblasen.

a. Kelch so lang oder kürzer als die Krone. Krone purpurroth. Griffel oberhalb des Fruchtknotens am dünnsten. Köpfchen in den Winkeln von Laubblättern (Hülle).

α. Köpfchen kugelig oder oval.

1. Kelchröhre behaart. Köpfchen am Grunde behüllt.

* Blättchen eirund, fast ganzrandig. Nebenblätter breit, länglich oder eiförmig, häutig-durchsichtig, geadert, plötzlich in eine grüne, an der Spitze einen Haarbüschel tragende Granne zugespitzt. Pflanze 4axig. Die blüthentragenden Stengel seitlich aus einer ausdauernden Blattrosette entspringend, schlaff, unten liegend. . . . . **T. pratense** L.
Mit oberirdischen Laubtrieben perennirend. Mai—Sept. Wiesen und Triften. Gemein. Cult.: β. **sativum**, zuweilen mit gestielten Köpfchen.

** Blättchen länglich-lanzettlich, fein gezahnt. Der freie Theil der Nebenblätter lanzettlich-pfriemlich, grün, am Rande gewimpert. Kelch 20nervig, zottig. 3axig. Der blüthentragende Stengel = Hauptstengel, aufrecht, einfach, anliegend-behaart. **T. alpestre** L.
Mit unterirdischen Ausläufern perennirend. Juni—Aug. Lichte Gebirgswälder, Gebüsche, Raine. Hier und da zerstreut.

2. Kelchröhre kahl, 10nervig. Blättchen elliptisch, fast ganzrandig. Nebenblatt lanzettlich, am Rande gewimpert. 3axig. Der blüthentragende Stengel = Hauptstengel, aufsteigend, verzweigt, hin- und hergebogen, unten kahl, oben anliegend-behaart. . **T. medium** L.
(Tr. **flexuosum** Jacq.) Mit unterirdischen Ausläufern perennirend, Juni, Juli. Gebirgswiesen, Waldränder, Gebüsche. Häufig.

β. Köpfchen länglich oder ährenförmig. Stengel aufrecht.

1. Pflanze kahl. Blättchen länglich-linienförmig oder länglich-eiförmig, deutlich und scharf gesägt. Nebenblatt breitlanzettlich, zugespitzt, gezahnt. Kelch 20nervig, fast kahl, Kelchzähne mit langen abstehenden Wimpern, die 4 oberen Kelchzähne 2—3 mal so kurz als die Kelchröhre, der untere länger als die Kelchröhre. 3axig. Der blüthentragende Stengel = Hauptstengel. . . . . **T. rubens** L.

Mit unterirdischen, nicht ausläuferart. Niederblattsprossen perennirend. Juni, Juli. Triften, steinige Waldstellen in Gebirgen. Sehr selten.

2. Pflanze behaart. Blättchen breit-verkehrteiförmig. Nebenblatt breit, gestutzt oder spitzlich, gezahnt. Kelch 10nervig, behaart, die 4 oberen Kelchzähne etwas länger als die Kelchröhre. **T. incarnatum** L.

Incarnatklee. Purpurroth, seltener fleischroth oder weiss. ⊙ Juni. Juli. Aus Südeuropa, als Futterpflanze cultivirt oder verwildert.

b. Kelchzähne die Krone überragend. Kelch 10nervig. Köpfchen später walzenförmig, ohne Hülle. Ganze Pflanze bis zum Kelch zottig. Blättchen linienförmig-länglich. Stengel ausgebreitet verästelt. Blüthe blassroth. Ohne endständiges Köpfchen; die unteren Köpfchen vor den oberen aufblühend. . . . . **T. arvense** L.

⊙ Juli—Sept. Aecker, dürre Hügel. Gemein.

B. Kelch in der Reife bauchig aufgeblasen, behaart. Blüthe blassroth.

a. Kelchschlund eingeschnürt und durch Haare geschlossen. Kelch parallel-10rippig. Köpfchen eiförmig-walzlich. Stengel aufrecht. Pflanze behaart. Oberstes Köpfchen gleichsam endständig, vor den unteren aufblühend.

T. striatum L.

⊙ Juni, Juli. Triften und sonnige Hügel. Selten.

b. Kelchschlund nicht eingeschnürt, ohne Haarkranz. Kelch netzig-rippig, hautig. Köpfchen kugelig, langgestielt, oberstes nicht endständig, später als die unteren aufblühend. Stengel kriechend, kahl. 3axig.

T. fragiferum L.

Erdbeerklee. ♃ Juni—Sept. Feuchte Triften, Gräben, besonders auf Lehm- und Salzboden. Zerstreut.

II. *Blüthen weiss, im Köpfchen gestielt. Köpfchen endständig, ohne Hülle. Fruchtknoten allmählich in den Griffel übergehend.*

A. Kelch behaart, am Schlunde kahl. 4axig. Blüthenstengel seitlich an einer mittelständigen Blattrosette entspringend, aufrecht oder aufsteigend. Blättchen länglich, scharf gesägt, nach dem Rande hin mit zahlreichen verdickten Adern, der freie Theil des Nebenblattes eiförmig zugespitzt. Stengel und untere Blattfläche behaart. Blüthenstiel 3 mal so kurz als der Kelch. **T. montanum** L.
♃ Mai—Juli. Bergwiesen, Triften. Hier und da.

B. Kelch kahl, am Schlunde behaart; die beiden oberen Kelchzähne durch einen abgerundeten Winkel getrennt, weiter auseinander stehend als die übrigen. Der Stiel des Köpfchens c. 5 cm. lang. 3axig. Der blühende Stengel aufsteigend, die Hauptaxe der Pflanze darstellend. Blättchen rhombisch-elliptisch, freudiggrün, Nebenblätter eilanzettlich, lang zugespitzt, weiss mit grünem Adernetz, dem Blatte gegenüber höchstens 2 cm. hoch scheidig verwachsen. . . . . **T. hýbridum** L.
Erst weiss dann rosa. Stengel bald markig bald hohl. ♃ Mai—Sept. Wiesen, Ackerränder, Waldränder, Gräben. Häufig.

C. Kelch aussen kahl, am Schlunde fast ganz kahl, die beiden oberen Kelchzähne durch einen spitzen Winkel getrennt, mehr genähert als die übrigen. Stiel des Köpfchens meist 2—3 dm. lang. 4axig. Blühender Stengel als Seitenaxe aus den Blattwinkeln einer centralen (undeutlichen) Laubrosette, kriechend (wurzelnd). Blättchen meist verkehrteiförmig, ausgerandet, dunkelgrün. Nebenblätter zu einer rings geschlossenen Scheide verwachsen, welche länger ist als die freien pfriemförmigen Spitzen, meist mit parallelen röthlichen Adern, später meist trockenhäutig, mehr oder weniger zerstört. . . . **T. repens** L.
Blüthen jung oft röthlich, später weiss. ♃ Mai—Oct. Wiesen, Triften, Wegeränder. Gemein.

III. *Blüthen gelblichweiss, sitzend.*

Kelch 10nervig, behaart, die 4 oberen Kelchzähne kürzer,

der untere so lang als die Kelchröhre, deren Schlund durch einen drüsigen Ring verengert. Pflanze behaart.

T. ochroleucum L.

♃ Juni, Juli. Triften, Waldwiesen. Sehr selten.

IV. *Blüthen gelb oder braun, gestielt. Hülse im Kelche gestielt. Kelchröhre kahl.*

A. Köpfchen halbkugelig. Blüthen 6—20, locker (sich nicht deckend). Fahne gefaltet, so lang als die zusammenneigenden Flügel. Griffel endständig, 4 mal so kurz als die Hülse. Stengel fadenförmig, ausgebreitet. Nebenblatt eiförmig. . . . . **T. filiforme** L.

Blassgelb. ⊙ Mai—Sept. Wiesen, Triften, Aecker, Wegeränder. Gemein. Die sehr ähnliche **Medicago lupulina** unterscheidet sich durch die länglichen, nach dem Verblühen ährenförmigen Köpfchen, durch die immer aufrechten Blüthen, die abfallende, nicht verwelkende, sitzen bleibende Krone, die nicht mit der Krone verwachsenen Staubfäden und durch die mit einem Spitzchen versehenen Blättchen.

B. Köpfchen kugelig. Blüthen 40 und mehr, sich dachig deckend. Fahne gefurcht, länger als die Flügel.

a. Endblättchen länger gestielt als die seitlichen. Nebenblatt eiförmig, fast herzförmig. Fahne löffelförmig. Flügel auseinander stehend. Stengel niederliegend, der hakenförmige Griffel seitenständig, 3 mal so kurz als der länglich birnförmige Fruchtknoten, dessen Stiel so lang als dieser. . . . . **T. procumbens** L.

Blassgelb. ⊙ Mai—Sept. Felder, Wiesen, Raine. Häufig. Variirt mit grösseren sattgelben, das Blatt nicht überragenden Köpfchen, mit aufrechtem Stengel und abstehenden Zweigen: **Tr. proc. α. majus** K. — **Tr. campestre** Schreb. **Tr. agrarium** Gmel., — und mit kleineren schwefelgelben, das Blatt oft weit überragenden Köpfchen und liegendem Stengel: **Tr. proc. β. minus** K. — **Tr. proc.** Schreb. — Unterschied von **Medicago lupulina** wie bei **Tr. filiforme.**

b. Alle 3 Blättchen gleich kurz gestielt. Nebenblatt länglich-lanzettlich, nicht herzförmig. Fahne löffelförmig, Flügel auseinander stehend. Fruchtknotenstiel sowie der endständige Griffel so lang als der längliche, beiderseits verschmälerte Fruchtknoten. Köpfchen kugelig. Stengel aufrecht. . . . . **T. agrárium** L.

(**T. aureum** Poll.) Goldgelb, später braun. ⊙ (zuweilen ⊙). Juni—Sept. Bergwiesen und lichte Waldstellen. Hier und da.

c. Alle 3 Blättchen gleich kurz gestielt. Nebenblatt läng-

lich-lanzettlich, nicht herzförmig. Fahne gewölbt, Flügel zusammengeneigt. Der seitenständige Griffel viel kürzer als der birnförmige kurzgestielte Fruchtknoten. Köpfchen eiförmig, später walzlich. Stengel aufrecht. **T. spadiceum** L.
Fast von Anfang an kastanienbraun. ⊙ (zuweilen ⊙). Juli, August. Moorige Gebirgswiesen. Zerstreut.

10. **Melilótus** Tourn. *Steinklee. Honigklee.*

A. Blüthen hängend, in gestreckten Trauben, weiss oder gelb.

a. Hülse eiförmig, mehr oder weniger gespitzt. Nebenblatt ganzrandig, pfriemlich-borstlich.

α. Hülse kahl, stumpfkielig.

1. Flügel kürzer als die Fahne. Hülse netzaderig runzelig. . . . . **M. alba** Desr.
(**M. vulgaris** Willd., **Trifolium Melil. offic.** β. L.) Weiss. ⊙ Juli—Sept. Wege, Raine, Flussufer, Waldränder. Zerstreut.

2. Fahne und Flügel gleichlang. Hülse quer-runzelig, etwas netzartig. . . . . **M. officinalis** Desr.
(**M. arvensis** Wallr., **Trifol. Melil. offic.** α. L.) Gelb. Var. weiss: **M. Petitpierreana** Willd. ⊙ Juli—Sept. Wege, Ackerränder, Getreidefelder, Triften. Häufig.

β. Hülse flaumhaarig, die obere Naht zusammengedrückt, gekielt. Alle Kronblätter gleich lang, gelb.
M. macrorrhiza Pers
(**M. offic.** Willd., **Trifol. Melil. offic.** γ. L.) ⊙ Juli—Sept. Wiesen, Ufer, Gräben, Gebüsche. Häufig.

b. Hülse kugelig, ganz stumpf, netzig runzelig. Flügel und Schiffchen kürzer als die Fahne, gelb. Nebenblatt am Grunde schwach gezähnelt. . . **M. parviflóra** Desf.
(**Trifol. Melil. indica** δ. L.) ⊙ Juni, Juli. Wege, gebaute Orte. Selten. Wahrscheinlich eingeschleppt.

B. Blüthen aufrecht, in dichten rundlichen Aehren, blau. Flügel kürzer als die Fahne, länger als das Schiffchen. Hülse eiförmig, geschnabelt, längsstreifig. **M. caerulea** Lam.
⊙ Juni, Juli. Aus den Alpen, verwildert.

11. **Lotus** L. *Schotenklee.*

A. Stengel niederliegend, markig. Köpfchen c. 5blüthig. Kelchzähne vor dem Aufblühen anliegend.

a. Blättchen verkehrteiförmig. Schnabel des Schiffchens

unter stumpfem Winkel aufsteigend. Flügel das Schiffchen einschliessend. Lange unterirdische Ausläufer.

L. corniculatus L.

Gelb. ♃ Mai—Sept. Wiesen, Triften, Raine, Waldränder. Gemein. α. **vulgaris**, kahl; β. **ciliatus**, Blättchen und Kelch gewimpert; γ. **hirsutus** s. **villosus**.

b. Blättchen schmallanzettlich. Schnabel des Schiffchens unter rechtem Winkel aufsteigend. **L. tenuifolius** Rchb.

Gelb. ♃ Mai—Sept. Wiesen, besonders Salzboden. Selten.

B. Stengel mehr aufrecht, hohl. Köpfchen c. 12blüthig. Blatt verkehrteirund. Kelchzähne vor dem Aufblühen zurückgekrümmt. Schnabel des Schiffchens gerade aufsteigend. Keine unterirdischen Ausläufer.

L. uliginósus Schk.

(**L. major** Scop.) Gelb. ♃ Juli, Aug. Gräben, Sumpfwiesen, feuchte Waldstellen. Häufig.

12. **Tetragonólobus** Scop. *Spargelerbse.*

1. Blüthenstiel 2—3 mal so lang als das Blatt. Flügel der Hülse viel breiter als diese, nicht wellig. **T. siliquosus** Roth.

Gelb. ♃ Mai, Juni. Wiesen, feuchte Triften. Sehr selten.

2. Blüthenstiel so lang als das Blatt. Flügel der Hülse so breit als diese, wellig. . . . . **T. purpúreus** Mönch.

Roth. ⊙ Juli, Aug. Gemüsepflanze.

13. **Medicágo** L. *Schneckenklee.*

A. Hülse dornenlos.

a. Hülse einsamig, nierenförmig, runzelig. Blüthenstand eine gedrängte, nach der Blüthe längliche Aehre, etwa so lang als das Stützblatt. Stengel niederliegend, am Grund unterirdisch, ausläuferartig. . . . . . . **M. lupulina** L.

Gelb. ⊙ oder ⊖ Mai—Sept. Wiesen, Wegeränder. Gemein. Vergl. **Trif. filiforme**.

b. Hülse mehrsamig, sichelförmig gebogen bis kreisrund. Blüthenstand 2—3 mal länger als das Stützblatt. Aehre mehr gestreckt. Blüthe grösser als die vorige. Stengel niederliegend, am Grunde ausläuferartig. **M. falcata** L.

Gelb, zuweilen ins Grüne und Blaue. ♃ Juni—Sept. Trockene Wiesen, sonnige Hügel. Hier und da.

c. Hülse mehrsamig, mit 2—3 Schneckenwindungen. Blüthenstand (Aehre) nach dem Blühen kaum länger als das Stützblatt. Stengel aufrecht, buschig. **M. sativa** L.

Luzerne. Blau, zuweilen ins Gelbe. ♃ Juni—Sept. Futterpflanze, zuweilen verwildert. Ist von der vorigen nicht specifisch verschieden.

B. Hülse dornig, mehrsamig.

a. Hülse mit 2—3 Schneckenwindungen, netzaderig. Blüthenstand reichblüthig. Nebenblatt borstig-gezahnt. Pflanze kahl. . . . . **M. denticulata** Willd.

Gelb. ⊙ Mai, Juni. Im Getreide. Sehr selten.

b. Hülse mit c. 5 Windungen, nicht netzaderig. Blüthenstand 1—5blüthig. Nebenblatt ganzrandig oder kurz gezahnt. Pflanze flaumig, zottig oder drüsenhaarig. **M. minima** Lam.

Gelb. ⊙ Mai, Juni. Sonnige Hügel, Sandfelder. Selten.

14. **Galéga** L. *Geisraute.*

Blatt meist 7paarig. Blättchen und Nebenblatt breitlanzettlich, spitzlich. Blüthenstand: Traube, das Blatt überragend. **G. officinalis** L.

Gelblichweiss. ♃ Juli. Zierpflanze aus Osteuropa. Wild (oder verwildert?) sehr selten.

15. **Colútea** L. *Blasenstrauch.*

Blatt unpaarig-gefiedert. Blättchen meist 11, elliptisch, gestutzt oder ausgerandet. Blüthenstand 3—4blüthig. Fahne höckerig. Hülse geschlossen. . . . . . **C. arborescens** L.

Gelb, Fahne mit braunem Fleck. ♃ Mai, Juni. Zierstrauch aus Süddeutschland und der Schweiz.

16. **Robínia** L. *Falsche Akazie.*

a. Nebenblatt dornartig, bleibend. Zweige und Hülsen kahl. Trauben locker hängend. . . . . **R. Pseudacácia** L.

Weiss, wohlriechend. Juni. Zierbaum aus Nordamerika, seit 1600 in Europa eingeführt. Var.: δ. **umbraculifera**, Kugelakazie, dornlos, nicht blühend.

b. Nebenblatt nicht dornartig, abfallend. Trauben dicht, aufrecht.

1. Zweige und Hülsen drüsig klebrig. Traube reichblüthig. **R. viscosa** Vent.

Rosenroth, geruchlos. Juni. Zierbaum aus Nordamerika.

2. Zweige mit Stacheln dicht besetzt. Traube 4—10blüthig. **R. hispida** L.

Rosenroth, geruchlos. Juni und Sept. Zierstrauch aus Nordamerika. Meist auf **R. Pseudacácia** gepfropft, baumartig.

17. **Amorpha** L. *Unform.*

Blatt mit 9—19 elliptischen Fiederblättchen. Blüthen in langen dichten Trauben. . . . . **A. fruticosa** L.

Violett-braun mit goldgelben Staubfäden. Juni. Zierstrauch aus Nordamerika.

18. **Glycyrrhíza** L. *Süssholz.*

Fiederblättchen eiförmig, unterseits klebrig. Lockere verlängerte Blüthentrauben kürzer als das Blatt, Frucht kahl. **Gl. glabra** L.

Violett. ♃ Juni, Juli. Aus Südeuropa.

19. **Astrágalus** L. *Traganth, Stragel.*

1. Hülse linienförmig, 3kantig, an der oberen Naht rinnig, gekrümmt, kahl. Blatt 5—6paarig. Stengel fast kahl, niederliegend. . . . . **A. glycyphyllos** L.
   Blassgelb. ♃ Juni, Juli. Bergwiesen, Wälder, Gebüsch. Hier und da.
2. Hülse rundlich aufgeblasen, behaart. Blatt 8—14paarig. Stengel ausgebreitet, anliegend behaart, mit unterirdischen Ausläufern. . . . . **A. Cicer** L.
   Blassgelb. ♃ Juni, Juli. Triften, Hügel, Waldränder, Gebüsche. Selten.

20. **Caragána** L.

Blüthen einzeln an langen, meist büschelartig in den Blattwinkeln stehenden Stielen. Blatt 4- oder mehrpaarig. Blattstiel wehrlos. Blättchen unten etwas behaart. **C. arborescens** Lam.

(Robina Caragána Duham.) Gelb. April, Mai. Zierstrauch aus Sibirien.

21. **Coronilla** L. *Kronenwicke.*

1. Blüthe weiss und roth. Dolde 15—20blüthig. Blatt c. 10paarig. Nebenblatt lanzettlich. Stengel niederliegend. **C. varia** L.
   Fahne roth, Flügel weiss, Schiffchen weiss, an der Spitze dunkelroth. ♃ Juni, Juli. Sonnige Hügel, Sandfelder, Waldränder, trockene Wiesen. Selten.
2. Blüthe gelb. Dolde 15—20blüthig. Blatt c. 5paarig, das

unterste Paar am Grunde des Blattstiels. Nebenblatt fadenförmig. Stengel aufrecht. . . . . **C. montana** Scop.
♃ Juni. Auf Kalkbergen. Hier und da in Niederhessen.

3. Blüthe gelb. Dolde 6—10 blüthig. Blatt 3—6 paarig, das unterste Paar vom Grunde entfernt. Nebenblatt so gross als das Blatt. Stengel niedergestreckt. **C. vaginalis** Lam.
♃ Mai—Juli. Kalkhügel. Sehr selten.

22. **Hippocrépis** L. *Hufeisenklee, Pferdshuf.*

Stiele der 8—16 blüthigen Dolde länger als das 5—7 paarige Blatt. Stengel ausgebreitet. . . . . **H. comósa** L.
Gelb. ♃ Mai—Juli. Trockene Wiesen, sonnige Kalkhügel. Hier und da.

23. **Orníthopus** L. *Vogelfuss, Klauenschote.*

Blüthenstand das 5—15 paarige Blatt überragend. Fahne und Flügel roth und weiss. Schiffchen gelblich. **O. perpusillus.**
⊙ Mai, Juni. Sandfelder. Selten.

24. **Onóbrychis** Tourn. *Esparsette.*

Dornen der rundlichen Frucht kaum ½ so lang als der Kamm. Blatt 8—13 paarig. Blüthenstand das Blatt überragend.
O. sativa L.
(**Hedýsarum Onobrychis** L.) Roth. ♃ Mai—Juli. Hügel, Bergwiesen. Hier u. da.

25. **Vícia** L. *Wicke.*

1. Rotte. *Vicia. Griffel auf der äusseren, d. h. Schiffchen-Seite lang behaart, übrigens kahl oder flaumig.*

A. Blüthenstand 1—6 blüthig, gemeinschaftlicher Stiel kürzer als eine Blüthe.

a. Blatt 1—4 paarig, mit einfacher Stachelspitze endigend, oder nur die obersten rankend.

α. Kurze 2—6 blüthige Trauben. Die 3 unteren Kelchzähne viel länger als die oberen 2. Hülse lederig, flaumig. Blatt nicht rankend. Stengel aufrecht, stark, bis 1 m. hoch. . . . . **V. Faba** L.
Buff- oder Saubohne. Blüthe weiss mit schwarzem Fleck auf den Flügeln. ⊙ Juni, Juli. Culturpflanze aus dem Orient. Varietäten: α. **major** mit grösseren, etwas zusammengedrückten Hülsen (als Gemüse gebraucht); — β. **equina**, Hülse kleiner, fast walzlich (zur Mästung).

β. Blüthen einzeln in den Blattwinkeln, fast sitzend. Kelchzähne fast gleich lang. Hülse kahl. Samen fast würfelförmig, körnig rauh.. Die obersten Blätter zuweilen rankend. Stengel höchstens 3 dm. hoch, schwach, aufsteigend. **V. lathyroides** L.

Blüthe hellviolett, klein. ⊙ April—Juni. Sandfelder, trockene Hügel und Triften. Sehr selten.

b. Blatt 4—8 paarig, mit getheilter Ranke endigend.

α. Traube 3—5 blüthig. Kelchzähne ungleich, die 2 oberen zusammenneigend. Hülse kahl, abstehend, Fiederblatt eirund oder länglich-eirund, stumpf, stachelspitzig. Nebenblatt gezahnt. Mit Ausläufern. **V. sépium** L.

Schmutzig blau. ♃ April—Juni. Hecken, Gebüsche, Haine. Gemein.

β. Blüthen einzeln oder zu 2 in den Blattwinkeln, fast sitzend.

1. Blüthe blau, zum Theil weiss. Kelchzähne gleich lang. Fiederblättchen verkehrteiförmig, die der oberen Blätter länglich-linienförmig.

* Hülse länglich-rund, aufrecht, flaumig, gelbbraun. **V. sativa** L.

Fahne blau, Flügel purpurn, Schiffchen weisslich. Fiederblatt immer abgestutzt oder ausgerandet. ⊙ Mai, Juni. Cultivirt und verwildert.

** Hülse linienförmig, abstehend, flaumig, in der Reife kahl, schwarz. . . . . **V. angustifolia** Roth.

Blüthe gleichförmig purpurn, Fiederblatt abgestutzt oder abgerundet. ⊙ Mai, Juni. Saatfelder. Häufig. Varietät: α. **segetalis** = V. segetalis Thuill. mit linienlanzettlichen Fiederblatt der oberen Blätter.

2. Blüthe gelb, die 2 oberen Kelchzähne halb so lang als die übrigen. Hülse länglich, abwärts geneigt, warzig-rauhhaarig. Blättchen länglich linienförmig. **V. lútea** L.

⊙ Juni, Juli. Unter der Saat. Sehr selten.

B. Blüthenstand reich- (mehr als 5-) blüthig, gemeinschaftlicher Stiel viel länger als eine Blüthe.

a. Blatt 4—5 paarig. Fiederblatt eiförmig. Nebenblatt halbmondförmig, mit vielen langen spitzen Zähnen. Stengel kahl. Ohne Ausläufer. . . . . **V. dumetórum** L.

Rothviolett. ♃ Juli, August. Waldgebüsche in Gebirgsgegenden. Sehr selten.

b. Blatt c. 10 paarig. Fiederblatt linienlanzettlich, stachelspitzig. Nebenblatt halbspiessförmig, lineal, ganzrandig. Mit Ausläufern.

α. Platte der Fahne so lang als der Nagel. Traube etwa so lang als das Blatt. Nabel 1/3 des Umfangs vom Samen. Stengel und Blatt anliegend behaart. . . **V. Cracca** L.

Vogelwicke. Blau oder violett. Stengel kletternd, ♃ Juni—August. Wiesen, Hecken, Ufer, Gebüsche. Häufig.

β. Platte der Fahne doppelt so lang als der Nagel. Traube viel länger als das Blatt. Nabel 1/4 des Umfangs vom Samen. Stengel fast kahl. . . . . **V. tenuifolia** Roth.

Blau oder violett, Flügel weisslich. Stengel kletternd. ♃ Juni—August. Bergwiesen, Waldtriften. Selten. Zwischen V. Cracca und tenuifolia kein durchgreifender Unterschied.

2. Rotte. *Ervilia. Griffel ringsum gleichmässig behaart.*

A. Traube reichblüthig, langgestielt. Fiederblatt eiförmig.

a. Blatt mit einfacher Spitze endigend, vielpaarig. Nebenblatt halbspiessförmig, am Grunde etwas gezahnt. Hülse länglich lineal. Nabel des Samens 1/2 des Umfangs. Traube zuletzt das Blatt überragend. Stengel aufrecht, zottig. **V. Órobus** DC.

Weiss, blau geadert, Stengel aufrecht. ♃ Juni—September. Wiesen, Gebüsche. Sehr selten.

b. Blatt rankend, 3—5paarig, das unterste Fiederpaar dicht am Stengel (bei den verwandten Arten entfernt). Nebenblatt kurz gezahnt, gross, halbpfeilförmig. Hülse länglich-lineal. Nabel des Samens 1/2 des Umfangs. **V. pisiformis** L.

(Ervum pisiforme Peterm.) Gelblichweiss, Stengel lang kletternd. ♃ Juni, Juli. Bergwälder. Selten.

c. Blatt rankend, 6—8paarig. Nebenblatt mit vielen langen borstigen Zähnen, halbmondförmig. Hülse schmal-länglich lineal. Nabel des Samens 1/2 des Umfangs. Stengel kahl. **V. silvática** L.

(Ervum silvaticum Peterm.) Weiss, Fahne blau geadert. Stengel kletternd. ♃ Juli, August. Gebirgswälder. Selten.

d. Blatt rankend, 9—13paarig. Nebenblatt ganzrandig, halbpfeilförmig. Hülse länglich-rautenförmig. Nabel des

Samens ⅓ des Umfangs. Traube kürzer als das Blatt. Stengel und Blatt behaart. . . . . . **V. cassúbica** L.*
Blau oder violett. ♃ Juni, Juli. Wälder, Gebüsch. Sehr selten.

B. Traube arm- (1—6) blüthig, etwa so lang als das Blatt Blatt rankend. Fiederblättchen linienförmig. (*Ervum.*)

a. Blüthenstand 2—6 blüthig. Kelch so lang als die c. 4 mm. lange Krone. Blatt 6- oder mehrpaarig. Nebenblatt halbpfeilförmig. Hülse weichhaarig, 2 samig. **V. hirsuta** K.
(**Ervum hirsutum** L.) Bläulichweiss. ⊙ Mai—Juli. Aecker, Zäune, sandige Ufer. Gemein.

b. Blüthenstand 1—2 blüthig. Kelch viel kürzer als die c. 4 mm. lange Krone. Kelchzähne kürzer als die Röhre. Blatt 3—4paarig, Nebenblatt halbpfeilförmig. Hülse kahl, meist 4 samig. Samen fein punctirt, schwärzlich.
V. tetrasperma K.
(**Ervum tetrasp.** L.) Fahne lila-gestreift, Flügel weiss, Schiffchen weiss, an der Spitze mit blauem Fleck. ⊙ Juni, Juli. Unter der Saat, Gebüsche, Waldränder. Gemein.

c. Blüthenstand 1—4 blüthig. Kelchzähne kürzer als die Röhre. Hülse 6 samig. Uebrigens wie vorige.
V. gracilis Lois.
(**Ervum gracile** DC.) ⊙ Juni, Juli. Aecker. Selten.

d. Blüthenstand 2 blüthig. Kelchzähne länger als die Röhre. Blatt c. 12 paarig, mit einer Stachelspitze endigend. Hülse etwas gegliedert. . . . . **V. Ervilia** W.
(**E. Ervilia** L.) Weiss, Fahne lila-gestreift. ⊙ Saatfelder. Sehr selten.

e. Blüthenstand einblüthig. Kelch viel kürzer als die c. 1 cm. lange Krone. Kelchzähne so lang als die Röhre. Blatt 6—8 paarig, das eine Nebenblatt linienförmig, sitzend, das andere halbmondförmig, borstig-gezähnt, gestielt. Hülse kahl, meist 3samig. Samen glatt, braun. **V. monanthos** K.
(**Ervum monanthos** L.) Lila mit dunkleren Adern. ⊙ Juni, Juli. Ackerränder. Sehr selten.

26. **Ervum** L. *Linse.*

Blatt meist 6 paarig. Nebenblatt ganzrandig. Blüthenstand 1—3 blüthig, etwa so lang als das Blatt. Kelch so lang als die Krone. Hülse fast rautenförmig, 2samig, kahl. **E. Lens** L.
(**Lathyrus Lens** Peterm. **Lens esculenta** Mch.) *Gemeine Linse.* Weisslich. ⊙ Juni, Juli. Angebaut und verwildert.

27. **Pisum** L. *Erbse.*

a. Samen kantig, eingedrückt, graugrün, braun-punctirt. Fahne blau. Flügel roth. Blättchen fein gekerbt. **P. arvense** L.
Ackererbse, Stockerbse. ⊙ Mai—Juli. Angebaut.

b. Samen kugelig, gleichfarbig blass. Blüthe weiss. Blättchen ganzrandig. . . . . **P. sativum** L.
⊙ Mai—Juli. Spielarten: *Zwergerbse, Zuckererbse, Büschelerbse.*

28. **Láthyrus** L. *Platterbse.*

1. Rotte. *Fiederblättchen fehlend, Nebenblätter vorhanden.*

a. Nebenblatt sehr gross, eiförmig, am Grunde pfeilförmig. Blattstiel rankend. Blüthenstiel einblüthig, Blüthe gelb. Samen glatt. . . . . **L. Áphaca** L.
⊙ Juni, Juli. Saatäcker. Sehr selten.

b. Nebenblatt klein, pfriemlich. Blattstiel blattförmig lanzettlich, nicht rankend. Blüthenstiel 1—2 blüthig. Blüthe purpurn. Samen feinkörnig. . . . . **L. Nissólia** L.
⊙ Mai—Juli. Aecker. Sehr selten.

2. Rotte. *Fiederblättchen vorhanden, einpaarig.*

a. Stengel ungeflügelt. Blüthenstand reichblüthig, das Blatt überragend.

1. Blüthe gelb, die hinteren Kelchzähne pfriemlich. Nebenblatt breitlanzettlich. Stengel weichhaarig. Griffel, Staubfäden und Schiffchen nicht wie bei den meisten anderen Arten gedreht. . . . . **L. pratensis** L.
♃ Juni, Juli. Wiesen, Zäune, Ufer. Gemein.

2. Blüthe rosenroth, die hinteren Kelchzähne deltaförmig. Nebenblatt linienlanzettförmig. Stengel kahl. Wurzel und Ausläufer mit rundlichen Knollen. **L. tuberosus** L.
Dunkelrosa. Wohlriechend. ♃ Juni, Juli. Im Getreide. Hier und da.

b. Stengel geflügelt. Blüthenstand reichblüthig.

1. Blatt einpaarig. Blattstiel geflügelt. Stengel breit-geflügelt. Blüthentheile gedreht. Nabel des Samens 1/2 des Umfangs. . . . . **L. silvestris** L.
Blasspurpurn. ♃ Juli, August. Waldgebüsche, Bergabhänge. Zerstreut. — **L. angustifolius** Schk. Blüthenstand armblüthig, so lang als das einpaarige Blatt, Fiederblatt lineallanzettlich. — **L. odoratus** L. mit behaartem Blatt, sonst wie **L. silv.** Zierpflanze aus Italien. ⊙ Juni—Sept. —

L. latifolius L. Blattstiel fast ebenso breit geflügelt als der Stengel, Fiederblatt breit elliptisch, Nabel des Samens kaum ½ des Umfangs. Zierpflanze aus Italien. ♃ Juli, August.

2. Blatt 2—3 paarig. Blattstiel nicht geflügelt. Stengel schmal-geflügelt. Blüthentheile nicht gedreht. Nabel des Samens ¼ des Umfangs. . . . . **L. palustris** L.
Blau. ♃ Juli, August. Sumpfige Wiesen. Sehr selten.

c. Stengel geflügelt. Blüthenstand 1—2blüthig. Blatt einpaarig.

1. Blüthenstand kürzer als das Blatt. Hülse kahl, 2 flügelig. Samen kantig, glatt. . . . . **L. sativus** L.
Weiss, röthlich oder bläulich. ⊙ Mai, Juni. Angebaut.

2. Blüthenstand länger als das Blatt. Hülse rauhhaarig, nicht geflügelt. Samen kugelig, knötig-rauh. **L. hirsutus** L.
Blau oder violett. ⊙ Mai, Juni. In der Saat. Sehr selten.

29. **Órobus** L. *Walderbse.*

a. Blatt 2—3 paarig gefiedert.

1. Stengel kantig. Fiederblatt eiförmig, zuweilen lanzettlich, unterseits glänzend. . . . . **O. vernus** L.
Blau ins Rothe und Grünliche. ♃ April, Mai. Gebirgswälder. Zerstreut.

2. Stengel geflügelt. Fiederblatt länglich-lanzettlich, unterseits matt. Wurzelstock knotig verdickt. **O. tuberosus** L.
Violett. ♃ April, Mai. Wälder und Gebüsche. Häufig. Die schmalblätterige Varietät β. **tenuifolius** seltener.

b. Blatt 5—6 paarig-gefiedert. Stengel kantig. Blatt unterseits matt, länglich-eiförmig, beim Trocknen schwarz werdend. . . . . **O. niger** L.
Violett. ♃ Mai, Juni. Wälder und Gebüsche. Selten.

30. **Phaséolus** L. *Bohne.*

a. Traube armblüthig, kürzer als das Blatt. Hülse glatt.
Ph. vulgaris L.
Meist weiss. Stengel windend (*Stangenbohne*) oder niedrig, kaum windend (*Zwergbohne*, **Ph. nanus** L.). ⊙ Juni—Sept. Culturpflanze aus Ostindien.

b. Traube reichblüthig, länger als das Blatt. Hülse rauh.
Ph. multiflórus Willd.
Türkische Bohne. Varietäten mit rothen Blüthen und bunten Samen (Feuerbohne, **Ph. vulg.** β. **coccineus** L.) und mit weissen Blüthen und weissen Samen. ⊙ Juni—August. Meist als Zierpflanze, aus Südamerika.

2. Familie. AMYGDALEAE. Juss.

Gattungen.

a. Aeussere Schicht der Steinfrucht trocken, unregelmässig aufspringend. Blatt in der Knospung zusammengefaltet. Blüthe röthlich. . . . . 1. **Amygdalus** L.

b. Aeussere Schicht der Steinfrucht saftig, nicht aufspringend. Steinschale mit grubigen Puncten. Blatt in der Knospung zusammengefaltet. Blüthe röthlich. . 2. **Pérsica** Tourn.

c. Aeussere Schicht der Steinfrucht saftig, nicht aufspringend. Steinschale nicht grubig. Blüthe weiss. . 3. **Prunus** L.

1. **Amygdalus** L. *Mandel.*

a. Blatt drüsig-gesägt. Blattstiel so lang oder länger als die Blattbreite. Kelchröhre glockig. Steinschale grubig. **A. communis** L.

Rosenroth oder weiss. ♄ Februar—April. Angepflanzt. Variirt nach der Grösse der Frucht, Härte der Schale, mit süssem und bitterem Kern.

b. Blatt drüsenlos gesägt, kurz gestielt. Kelchröhre walzenförmig. Steinschale nicht grubig. . . . . . . **A. nana** L.

Zwergmandel. Rosenroth. ♄ März, April. Zierstrauch.

2. **Pérsica** Tourn. *Pfirsich.*

Blatt lanzettlich, scharfgesägt. Blattstiel kürzer als die halbe Blattbreite. . . . . **P. vulgaris** Mill.

Blassroth. ♄ März, April. Angebaut, aus Persien stammend.

3. **Prunus** L. *Pflaume.*

A. *Aprikose. Frucht sammthaarig. Blüthen einzeln oder paarweise ohne Blätter am Grunde, vor den Blättern entwickelt. Blatt in der Knospung gerollt.*

Blatt eiförmig, fast herzförmig, zugespitzt, doppelt gesägt, kahl. Blattstiel mit Drüsen. . . . . **P. Armeniaca** L.

Aprikose. Weiss und röthlich. ♄ März, April. Aus dem Orient.

B. *Pflaumen. Frucht kahl, bereift. Steinschale uneben. Blüthen einzeln oder zu 2, ohne Blätter am Grunde, vor den Blättern entwickelt. Blatt in der Knospung gerollt.*

a. Blüthenstiel kahl. Blüthen einzeln. Frucht kugelig.

1. Zweige dornig endigend. Frucht aufrecht, blau. **P. spinosa** L.

Schlehe, Schwarzdorn. ♄ April, Mai. Waldränder, Hecken. Gemein.

2. Zweige nicht dornig endigend. Frucht hängend, roth. **P. cerasifera** Ehrh.

Kirschpflaume. ♄ März, April. Angepflanzt.

b. Blüthenstiel flaumhaarig. Blüthen meist zu 2. Zweige meist dornlos.

1. Zweige kahl. Kronblatt länglich oval, an der Spitze etwas einwärts gewölbt, grünlich weiss. Frucht länglich, hängend, blau. . . . . **P. doméstica** L.

Zwetsche. ♄ April, Mai. Angepflanzt. Spielarten: *Damascener* oder *Eier-Pflaume* etc.

2. Zweige sammthaarig. Kronblatt rundlich, flach, reinweiss. Frucht fast kugelig, nickend. . . **P. insititia** L.

Pflaume. ♄ April, Mai. Angebaut: z. B. *gemeine Pflaume*, *Mirabelle*, *Reineclaude*, oder verwildert: *Haferschlehe.*

C. *Kirschen. Frucht kahl, nicht bereift. Steinschale glatt. Blüthen in 2- oder mehrblüthigen Dolden, fast gleichzeitig mit den Blättern entwickelt. Blatt in der Knospung zusammengefaltet.*

a. Am Grunde der Dolden meist nur spreitelose Schuppen. Blatt etwas runzelig, unterseits flaumig. Blattstiel drüsig. Aeste aufrecht. Wurzel ohne Ausläufer. . . **P. avium** L.

(**Cerasus avium** Mch.) *Süsskirsche*, *Vogelkirsche.* ♄ April, Mai. Wild in Bergwäldern, cultivirt in mehreren nach Grösse und Farbe der Frucht verschiedenen Spielarten.

b. Am Grunde der Dolden auch Laubblätter. Blatt kahl, glänzend. Blattstiel ohne Drüsen. Aeste hängend. Wurzel mit Ausläufern. . . . .**P. Cérasus** L.

(**Ceras. acida** Fl. wett.) *Sauerkirsche.* ♄ April, Mai. Stammt aus dem Orient. Cultivirt in verschiedenen Spielarten, z. B. α. **acida**, *Glaskirsche*; β. **austera**, *Morelle.* Zuweilen verwildert; δ. **semperflorens**, Doldenstiel verlängert, belaubt; blüht den ganzen Sommer.

D. *Traubenkirschen. Frucht kahl, nicht bereift, schwarz, rund, bitter. Blüthen in Trauben, welche am Grunde Blätter tragen, nach den Blättern entwickelt. Blatt in der Knospung zusammengefaltet.*

a. Traube gestreckt, hängend. Blatt eilanzettlich. **P. Padus** L.

(**Padus avium** Fl. W.) *Ahlkirsche*, *Elsebeere.* ♄ Mai. Haine, Gebüsche, Ufer. Zerstreut.

b. Traube schirmartig, aufrecht. Blatt herzeiförmig. **P. Mahaleb** L.

Weichsel. ♄ Mai, Juni. Selten. Holz und Blätter wohlriechend.

3. Familie. SPIRAEACEAE Bartl.

Spiraea L. *Spierstaude. Geisbart.*

a. Stengel krautartig. Blüthe zwitterig. Nebenblatt gross. Blatt unterbrochen-gefiedert. Blüthenstand wiederholt-ebensträussig.

1. Fiederblättchen eiförmig, gesägt, die Endblättchen grösser, handförmig 3—5 spaltig. Kapseln kahl, gewunden, meist mehr als 5. . . . . **Sp. Ulmaria** L.

(**Ulmaria palustris** Mch.) Weiss. Blatt unterseits bald kahl (α), bald weissfilzig (β). ♃ Juni, Juli. Feuchte Wiesen, Ufer. Häufig.

2. Fiederblättchen fiederartig-eingeschnitten. Kapseln flaumig, gerade, meist mehr als 5. . . **Sp. Filipendula** L.

(**Filipendula vulgaris** Mch.) Weiss oder röthlich. Wurzelfasern knollig angeschwollen. ♃ Juni, Juli. Wiesen, Triften. Sehr selten.

b. Stengel krautartig. Blüthe zweihäusig. Nebenblatt verschwindend. Blatt mehrfach zusammengesetzt. Blüthenstand rispig mit ährenförmigen Aesten. Kapseln zurückgekrümmt, meist 2 oder 3. . . . . **Sp. Aruncus** L.

(**Aruncus Capribarba** Wend.) *Geisbart.* Weiss. ♃ Juni, Juli. Feuchte Waldstellen, Ufer, Quellen. Sehr selten.

c. Stengel holzig. Blüthen zwitterig, in länglichen Rispen. Nebenblatt verschwindend. Blatt länglich lanzettlich, gesägt, kahl. . . . . **Sp. salicifolia** L.

Rosenroth. ♄ Juni. Zierstrauch aus dem südöstlichen Deutschland, zuweilen in Gebüschen, an Ufern verwildert.

Als Ziersträucher kommen noch folgende **Spiraea**-Arten vor: **Sp. ulmifolia** aus Kärnthen, **Sp. hypericifolia** aus Osteuropa, **Sp. chamaedryfolia**, **sorbifolia** aus Sibirien, **Sp. opulifolia** aus Nordamerika.

Kerria japonica DC. (**Corchorus jap.** Thunb.), Zierstrauch aus Japan mit gelben, meist gefüllten Blüthen.

4. Familie. SANGUISORBEAE Lindl.

Gattungen.

a. Perigon glockig mit 4 grösseren und 4 kleineren Zipfeln.

Staubfäden 4 (selten 1). Fruchtknoten 1. Griffel seitenständig. Narbe kopfförmig. Blüthen zwitterig. 1. **Alchemilla** L.

b. Perigon röhrig, an der Spitze verengt, 4 lappig. Staubfäden 4. Fruchtknoten 1. Griffel endständig. Narbe kopfförmig, pinselartig. Blüthe zwitterig. 2. **Sanguisorba** L.

c. Perigon wie voriges. Staubfäden 20—30. Fruchtknoten 2—3. Griffel endständig. Narbe pinselartig. Blüthen einhäusig. . . . . 3. **Potérium** E.

1. **Alchemilla** L. *Frauenmantel. Sinau.*

a. Blüthen in endständigem Ebenstrauss. Staubfäden 4. Wurzelblätter langgestielt, nierenförmig, 7—9 lappig. Lappen halbkreisrund, gesägt. . . . . . . **A. vulgaris** L.
Gelblich grün. ♃ Mai—Juli. Wiesen, Triften, Wälder. Häufig.

b. Blüthen in den Blattwinkeln geknäult. Staubfäden 1. Blätter handförmig 3 spaltig, am Grunde keilförmig. Lappen 3—5, eingeschnitten gezähnt. . . **A. arvensis** Scop.
(**Áphanes arvensis** L. **Alchemilla Aphanes** Leers.) Gelblich grün. ⊙ Mai—September. Aecker. Häufig.

2. **Sanguisorba** L. *Wiesenknopf.*

Blatt unpaarig gefiedert. Fiederblättchen länglich herzförmig (etwa doppelt so lang als breit), kurzgestielt. Blüthenstand kopfförmig-ährig. Staubfäden etwa so lang als das Perigon. Stengel aufrecht. . . . . **S. officinalis** L.
Röthlich braun. ♃ Juni—September. Wiesen. Häufig.

3. **Poterium** L. *Bibernelle. Becherblume.*

Blatt unpaarig-gefiedert. Fiederblättchen rundlich oder oval (etwa so lang als breit), langgestielt. Blüthenstand kopfförmig-ährig. Staubfäden länger als das Perigon. Stengel steif aufrecht. . . . . **P. Sanguisorba** L.
Grün, später braun. ♃ Mai—Juli. Wiesen, Triften, Raine. Varietäten: Blätter behaart: β. **hirtum** (seltener); — unterseits bläulich grün: γ. **glaucum** (häufig).

5. Familie. ROSACEAE Spenn.

Gattungen.

A. Pistille auf dem gewölbten Blüthenboden. Discus (Scheibe, Kelchröhre).

a. Kelch 5 blätterig. Kronblätter 5. Früchtchen steinbeerenartig, gesondert oder zu einer Scheinbeere verwachsen. Stengel stachelig, meist holzig. . . . . . 1. **Rubus** L.

b. Kelchblätter 8—9, gleich lang. Kronblätter 8—9. Früchtchen nussartig mit bleibendem federigen Griffel. Blüthe weiss. Stengel krautig. . . . . . 2. **Dryas** L.

c. Kelchblätter: 5 grössere mit 5 kleineren wechselnd. Kronblätter 5. Früchtchen nussartig. Stengel krautartig.

α. Griffel endständig, auswachsend, gekniet, das obere Glied abfallend. Blüthenboden trocken, walzenförmig. Blatt unterbrochen-leierförmig-gefiedert. Blüthe gelb. 3. **Geum** L.

β. Griffel seitenständig, verwelkend, nicht gekniet.

1. Blüthenboden saftig, vergrössert, abfallend. Blatt gedreit. Blüthe weiss. . . . . 4. **Fragaria** L.

2. Blüthenboden trocken-schwammig, vergrössert, bleibend. Blüthe roth. . . . . 5. **Cómarum** L.

3. Blüthenboden trocken, fest, nicht vergrössert. Blüthe gelb oder weiss. . . . . 6. **Potentilla** L.

B. Zwei Fruchtknoten in einem kreiselförmigen, oben verengten, später verhärteten, mit hakigen Borsten besetzten Discus eingeschlossen. Kelchzipfel und Kronblätter 5, gelb. Stengel krautartig. Blatt unterbrochen-gefiedert. 7. **Agrimónia** L.

Kann auch zu den **Sanguisorbeae** gezählt werden.

C. Zahlreiche Fruchtknoten (Nüsschen) in einem krugförmigen, später fleischigen (eine Scheinfrucht darstellenden) Discus eingeschlossen. Kelchzähne und Kronblätter 5. Stengel holzig, stachelig. Blatt gefiedert, Fiederblättchen gleichförmig. . . . . 8. **Rosa** L.

1. **Rubus** L. *Brombeere. Himbeere.*

A. Stengel krautig. Steinbeeren roth, gesondert, 2—6 auf dem halbkugeligen Blüthenboden.

a. Blatt einfach, herznierenförmig, 5 lappig. Blüthe 2 häusig, einzeln, endständig. Stengel einfach, aufrecht.

R. Chamaemórus L.

Weiss. ♃ Mai, Juni. Sumpfige Orte. Sehr selten.

b. Blatt gedreit, beiderseits grün. Rispe 3—6 blüthig. Stengel niedergestreckt. . . . . **R. saxátilis** L.

Weiss. ♃ Juni, Juli. Wälder und Gebüsche der Gebirgsgegenden. Zerstreut in allen Gebietstheilen.

B. Stengel strauchartig. Die zahlreichen Steinbeeren des kegelförmigen Blüthenbodens zu einer Scheinbeere verschmolzen.

a. Blatt 5 lappig. Stengel und Blüthenstiele roth-drüsig behaart. Blüthe roth. . . . . **R. odoratus** L.

Roth, wohlriechend. ♄ Juni. Zierstrauch aus Nordamerika.

b. Blatt gefiedert, die oberen gedreit, unterseits weissfilzig. Kronblätter aufrecht. Frucht roth, behaart. **R. Idaeus** L.

Himbeere. Weiss. ♄ Mai, Juni. Gebüsche und lichte Waldstellen. Häufig.

c. Blatt gefingert, 5- oder 3 zählig. Kronblatt ausgebreitet. Frucht schwarz, glänzend (nur bei **R. caesius** blau bereift). . . . . **R. fruticosus** L.

(**R. polymorphus** Spenn.) *Brombeere.* Weiss oder röthlich. ♄ Juli, August. Gebüsche. Die verschiedenen Abarten ungleich häufig.

Die wichtigsten unter den zahlreichen, von Manchen als eigene Arten angenommenen Abänderungen des **Rubus fruticosus** sind folgende.

(Unter „Stengel" sind die diesjährigen nicht blühenden, verholzenden Triebe zu verstehen. Beim Einsammeln muss ausser der Rispe ein Stück des „Stengels" mit einem Blatt genommen werden. Die Merkmale des Blattes und der Stacheln beziehen sich stets auf die Blätter des „Stengels".)

I. Stengel kahl (unbehaart und unbereift), aufrecht, an der Spitze bogig überhängend. Stacheln fast gleichförmig. Fruchtkelch zurückgeschlagen.

a. Blatt beiderseits grün. Rispe schlaff, gegipfelt.

α. Rispe fast einfach, verkürzt, doldentraubig. **R. suberectus** Anders.

Blättchen gefaltet: **R. plicatus** W. N.

β. Rispe zusammengesetzt.

1. Kelch am Grunde stachelig. Stacheln der Rispe sichelförmig. Stengel niedrig. . . . . **R. nitidus** W. N.
2. Kelch meist nicht stachelig. Stacheln der Rispe meist gerade. . . . . **R. affinis** W. N.

b. Blatt unterseits weissfilzig. Rispe verlängert, schmal, dichtblüthig.

α. Blatt oberseits grün. Endblättchen eiförmig oder länglich, am Grunde abgerundet oder herzförmig. Stacheln lang und stark. Kronblatt rundlich. . . . . **R. thyrsoideus** Wimm.

Hierher als weitere Abänderungen: **R. candicans** W., **R. rhamnifolius** W. N., **R. cordifolius** W. N. u. a.

β. Blatt oberseits graufilzig. Endblättchen verkehrteiförmig, am Grunde keilförmig. Stacheln kurz und schwach. Kronblatt verkehrteiförmig, gross. . . . . **R. tomentosus** Borkh.

II. Stengel behaart, ohne oder mit vielen kleinen punctförmigen Drüsen, nicht bereift, bogenförmig niederliegend. Stacheln meist gleichförmig. Fruchtkelch zurückgeschlagen.

a. Blatt beiderseits grün. Rispe ebensträussig, schlaff.

α. Stengel fast stielrund.

1. Blatt meist 3zählig, Blättchen eiförmig oder herzeiförmig. Rispe sparrig, armblüthig. Blüthe und Frucht klein. **R. Sprengelii** W. N.

2. Blatt meist 5zählig, Blättchen verkehrt-ei-keilförmig. Rispe beblättert. Frucht gross, walzenförmig. Blüthe gross. **R. Schlechtendalii** W. N.

β. Stengel kantig. Blatt 5zählig.

1. Stengel drüsenlos. Blättchen herz-eiförmig, zugespitzt. **R. vulgaris** W. N.

Weitere Abänderungen: **R. carpinifolius** W. N., **R. macrophyllus** W. N.

2. Stengel (aber nicht die Rispe) mit kleinen punctförmigen Drüsen. Blättchen verkehrt-ei-keilförmig. Rispe beblättert. **R. silvaticus** W. N.

b. Blatt unterseits weiss- oder graufilzig. Rispe verlängert, reichblüthig. Blatt oft 3zählig oder fussförmig 5zählig.

α. Stengel drüsenlos. Rispe schmal, mit zahlreichen kleinen Stacheln. . . . . **R. discolor** W. N.

Weitere Abänderungen: **R. macroacanthus** W. N., **R. pubescens** W. N.

β. Stengel (aber nicht die Rispe) mit kleinen punctförmigen Drüsen. Rispe gross, pyramidenförmig, mit zahlreichen grossen Stacheln besetzt. . . . . **R. villicaulis** W. N.

III. Stengel und Rispe mit langgestielten Drüsen besetzt. Stengel bogenförmig niederliegend. Stacheln meist ungleichförmig.

a. Fruchtkelch zurückgeschlagen oder abstehend.

α. Stacheln gleichförmig, gerade, rückwärts geneigt.

1. Stengel ausser den Drüsenborsten ohne Haare, purpurroth. **R. rudis** W. N.

2. Stengel behaart. Rispe beblättert. . . . . . **R. foliosus.** W. N.

β. Stacheln ungleich gross.

1. Grössere Stacheln gerade, abstehend, zerstreut. Stengel kantig.

Blatt unterseits weisshaarig, schimmernd. Kronblatt abgerundet. . . . . **R. vestitus** W. N.

2. Grössere Stacheln sichelförmig, rückwärts geneigt. Blatt unterseits grün.
   * Kronblatt vorn eingeschnitten. Stengel fast rund. Stacheln dicht gedrängt. . . . . **R. Schleicheri**, W. N.
   ** Kronblatt abgerundet. Stengel kantig, mit zerstreuten Stacheln. . . . . **R. Menkei** W. N.
3. Grössere Stacheln gerade, rückwärts geneigt, reichlich. Kronblatt abgerundet. Stengel fast rund.
   * Blättchen verkehrteiförmig. . . . . **R. apiculatus** W. N.
   ** Blättchen rundlich-herzförmig. . . . . . **R. thyrsiflorus** W. N.

b. Fruchtkelch angedrückt. Stengel rund. Rispe dicht-stachelig, -borstig, -drüsig, -haarig. Stacheln des Stengels ungleich, rückwärts geneigt.
   1. Stengel dicht behaart. Stacheln lang. Rispe straussförmig. Blättchen herz-eiförmig. . . . . **R. hirtus** W. N.
   2. Stengel spärlich behaart. Stacheln kurz. Rispe kurz. Blättchen elliptisch, meist 3zählig. . . . . . . **R. glandulosus** W. N.

IV. S t e n g e l b e r e i f t. Fruchtkelch aufrecht, anliegend. Rispe ebensträussig, armblüthig.

a. Frucht schwarz, glänzend. Blatt meist 5zählig mit sitzenden Seitenblättchen. Kronblatt rundlich. . . . **R. dumetorum** W. N.
b. Frucht blau bereift. Blatt 3zählig oder gefiedert-5zählig. Kronblatt oval. Stengel stielrund. . . . . **R. caesius** L.

Weiss. ♄ Juli, August. Aecker und Ufergebüsche. Häufig.

2. **Dryas** L. *Dryade.*

Blatt einfach, gekerbt, unterseits weissfilzig. **D. octopétala** L.

Weiss. ♄ Juli, August. Alpenpflanze auf dem Meissner.

3. **Geum** L. *Nelkenwurz. Benediktenkraut. Giraffel.*

a. Oberes Glied des Griffels nur am Grunde flaumig, 4 mal so kurz als das untere. Fruchtkelch zurückgebogen. Kronblätter unbenagelt, abgerundet. Fruchtköpfchen ungestielt. Blüthen aufrecht. . . . . **G. urbánum** L.

Gelb. ♃ Juli, August. Gebüsche, Hecken. Gemein.

b. Oberes Glied des Griffels zottig, fast so lang als das untere. Fruchtkelch aufrecht. Kronblätter benagelt, ausgerandet. Fruchtköpfchen gestielt. Blüthen nickend. **G. rivale** L.

Kelch purpurbraun, Krone gelb und roth. ♃ Mai, Juni. Feuchte Wiesen. Hier und da.

4. **Fragaria** L. *Erdbeere.*

a. Haare des Blüthenstiels aufrecht oder angedrückt.

1. Fruchtkelch abstehend oder zurückgebogen. Endzahn der Blättchen vorstehend. . . . . **F. vesca** L.

Gemeine Erdbeere. Weiss. ♃ Mai, Juni. Wälder, Gebüsche, Hügel. Gemein. Unterschied von der ähnlichen **Potentilla Fragariastrum** s. unten.

2. Fruchtkelch angedrückt. Endzahn der Blättchen von den (c. 8 spitzen) Seitenzähnen überragt.

G. collina Ehrh.

Weiss. ♃ Mai, Juni. Sonnige Hügel, Gebüsche. Zerstreut.

b. Haare des Blüthenstiels wagrecht abstehend. Fruchtkelch abstehend. Endzahn der Blättchen vorstehend.

F. elatior Ehrh.

Weiss. ♃ Mai, Juni. Gebirgswälder und Hügel. Selten. Auch in Gärten als „*Zimmterdbeere*" cultivirt.

Garten-Erdbeeren.

a. Fruchtkelch abstehend. Haare des Blüthenstiels angedrückt.

F. virginiana Ehrh.

Scharlacherdbeere aus Nordamerika.

b. Fruchtkelch aufrecht. Haare des Blüthenstiels aufrecht. Endzahn der Blättchen kleiner als die übrigen. . . . . **F. grandiflòra** Ehrh.

Ananaserdbeere aus Surinam.

c. Fruchtkelch aufrecht. Haare des Blüthenstiels abstehend.

F. chilensis Ehrh.

Aus Chili.

5. **Cómarum** L. *Blutauge. Siebenfingerkraut.*

Blatt gefiedert, meist 5—7zählig, am Grunde scheidenartig. Fiederblättchen länglich. Stengel aufsteigend. Wurzelstock kriechend. Kronblätter violett, viel kürzer als der Kelch. **C. palustre** L.

♃ Juni, Juli. Torfige Wiesen. In allen Gebietstheilen, aber selten.

6. **Potentilla** L. *Fingerkraut.*

1. Rotte. *Blatt unpaarig gefiedert. Früchtchen kahl.*

a. Wurzel 1- oder 2jährig, ohne Rosetten und Ausläufer. Blüthen gelb, in Trugdolden; Fiederblatt (meist 5) länglich, eingeschnitten-gesägt. Nebenblatt ganzrandig.

P. supina L.

Gelb. ☉ Juni—Sept. Wegeränder, feuchte Sandstellen. Sehr selten.

b. Wurzel ausdauernd, vielköpfig. Stengel ausläuferartig

kriechend. Blüthen gelb, einzeln. Blatt unterbrochen-vielpaarig gefiedert, unterseits weiss seitenhaarig. Nebenblatt vielspaltig. . . . . **P. anserina** L.

Gelb. ♃ Mai—Juli. Triften, Wegeränder, besonders in der Nähe von Dörfern, an Ufern. Gemein.

c. Wurzel ausdauernd, vielköpfig, mit Rosetten. Stengel aufrecht, Blüthen weiss, in Trugdolden. Fiederblättchen eiförmig rundlich. Obere Blätter gedreit. Nebenblatt ganzrandig. . . . . **P. rupestris** L.

Weiss. ♃ Mai—Juli. Felsen und steinige Orte.

2. Rotte. *Blatt gefingert, 5—7 zählig. Blüthe gelb. Fruchtboden und Früchtchen kahl.*

a. Stengel ohne Ausläufer. Blüthe 5gliederig. Blüthenstand reichblüthig.

α. Stengel einzeln, aufrecht oder aufsteigend. Pflanze zottig (oft drüsig). Blättchen länglich, am Grunde keilig, grobgezähnt. Früchtchen nach Innen häutig-gekielt.

P. recta L.

Schwefelgelb. ♃ Juni, Juli. Wälder, sonnige steinige Hügel. Sehr selten.

β. Pflanze mehrstengelig. Stengel und Unterseite des Blattes weissfilzig (nicht sternhaarig). Blättchen verkehrteiförmig, nach vorn tiefgesägt oder fiederspaltig, nach unten keilförmig. Früchtchen nach Innen abgerundet.

1. Stengel aufsteigend, oben ebenstraussförmig. Blüthenstiel gerade. Blättchen am Rande umgerollt.

P. argéntea L.

♃ Juni, Juli. Sonnige Orte, Wege, Wiesen. Häufig.

2. Stengel nach allen Seiten niederliegend, in der Mitte ein kurzer dicht beblätterter nicht blühender Terminaltrieb. Blüthenstengel von der Mitte an rispig. Blüthenstiele nach dem Verblühen abstehend oder zurückgekrümmt. Blättchen flach, an den Adern unterseits rauhhaarig. . . . . **P. collina** Wib.

♃ Mai. Trockene sandige Grasplätze. Sehr selten.

b. Stengel einzeln oder wenige aus der Wurzel, einfach, ausläuferartig, 3—6 dm. lang, wurzelnd, von Strecke zu Strecke langgestielte Blätter und in deren Achseln einzelne langgestielte Blüthen tragend. Blatt tiefgezahnt, kahl oder unterseits angedrückt-behaart. Blüthe 5gliederig; Früchtchen rauh-gekörnt. . . . . . **P. reptans** L.

♃ Juni—August. Feuchte Triften, Gräben, Weg- und Ackerränder, alte Mauern. Häufig.

c. Stengel mehrfach aus der Wurzel, niederliegend, zuweilen wurzelnd, jeder bestehend aus einem unfruchtbaren mit langgestielten mehr oder weniger gedrängten Blättern besetzten Mitteltriebe, welcher seitlich blühende Zweige trägt, deren ungestielte Blätter je eine langgestielte Blüthe stützen. Stengel und Blattstiele abstehend-behaart. Blüthe 5gliederig.

1. Fruchtstiel gerade. . . . . **P. verna** L.

(**P. varia** Wend.) ♃ April, Mai. Sonnige Hügel, Haiden, Waldränder. Gemein. Vielfach abändernd.

2. Fruchtstiel herabgebogen. . . . . **P. opáca** L.

(**P. varia** β. Wend.) ♃ Mai, Juni. Sonnige Hügel, Wege, steinige Orte, Gebüsche. Selten. — Haare lang, wagrecht abstehend. Stengel meist röthlich.

3. Stengel, Blattstiel und Blatt ausser der abstehenden Behaarung zugleich weiss-sternhaarig-filzig. Fruchtstiel gerade. . . . . **P. cinérea** Chaix.

(**P. incana** Fl. W.) ♃ April, Mai. Trockene sandige und steinige Plätze. Sehr selten.

d. Mehrere krautartige Stengel aus einem knollig verdickten Wurzelstock. Blüthe meist 4gliederig. Früchtchen runzelig.

1. Stengel niederliegend, oft wurzelnd. Blatt der blühenden Stengel deutlich gestielt. Nebenblatt ungetheilt oder 2—3zähnig. . . . . **P. procumbens** Sibth.

(**Tormentilla reptans** L.) ♃ Juni, Juli. Schattige Wälder. Sehr selten.

2. Stengel niederliegend oder aufstrebend, nicht wurzelnd. Blatt sitzend oder kurz gestielt. Nebenblatt 3- bis vielspaltig. . . . . **P. Tormentilla** Ehrh.

(**Tormentilla erecta** L.) *Blutwurz.* ♃ Juni—August. Wälder, Gebüsche, trockene Triften, Haiden. Gemein.

3. Rotte. *Blüthe weiss, Früchtchen rauhhaarig. Blatt gefingert 3—7zählig.*

a. Blatt gefingert 5—7zählig, Blättchen lanzettlich, nach dem Grunde verschmälert, nach vorn mit einigen zu-

sammenneigenden Sägezähnen, unterseits seidenglänzend. Stengel ohne Ausläufer. . . . . **P. alba** L.
♃ Mai, Juni. Wälder. Selten.

b. Blatt gedreit. Blättchen rundlich eiförmig, stumpf, unterseits zottig. Stengel mit kriechenden Ausläufern. **P. Fragariastrum** Ehrh.

(**Fragaria sterilis** L.) ♃ April, Mai. Grasige Stellen, Gebüsche, Hecken. Zerstreut durch das ganze Gebiet.

Potentilla Fragariastrum.	**Fragaria vesca.**
Blättchen fast rundlich, abgestutzt, Endzahn vor den Seitenzähnen zurücktretend, am Grunde bogig keilförmig, jederseits 3—5 abgerundete stachelspitzige Zähne.	Blättchen fast doppelt so lang als breit, spitz mit vorragendem Endzahn, am Grunde geradlinig keilförmig, jederseits 5—6 spitze Zähne.
Obere Blattfläche matt, untere abstehend behaart, Seitennerven sich in das Adernetz verlierend.	Obere Blattfläche glänzend, untere anliegend behaart, Seitennerven parallel in die Zähne auslaufend.
Kelch zottig behaart. Kronblatt ausgerandet.	Kelch angedrückt-behaart. Kronblatt abgerundet.
Früchtchen grünlich, mit einem fädlichen braunen bald welkenden Griffel. Fruchtboden langzottig, nicht fleischig.	Früchtchen und der dicke kurze Griffel lebhaft gelb, sehr zahlreich auf dem fleischigen kegelförmigen kahlen Fruchtboden.

7. **Agrimónia** L. *Odermennig.*

a. Fruchtkelch verkehrt-kegelförmig, bis auf die Basis tief gefurcht, die unteren Stacheln abstehend. Kronblatt eiförmig. Blatt unterseits grau. . . . . **A. Eupatória** L.
Gelb. ♃ Juni, August. Trockene Wiesen und Hügel. Gemein.

b. Fruchtkelch kreiselförmig-glockig, bis zur Mitte seicht gefurcht, die unteren Stacheln zurückgekrümmt. Kronblatt länglich verkehrt-herzförmig. Blatt unterseits grün, mit kleinen Drüsen. . . . . **A. procéra** Wallr.
(**A. odorata** Ait.) Gelb. ♃ Juni—August. Grasige Stellen, feuchte Abhänge. Sehr selten.

8. **Rosa** L. *Rose.*

I. Rotte. *Früchtchen innerhalb der Kelchröhre alle sitzend oder nur das unterste kurz gestielt. Griffel frei, viel kürzer als die Staubfäden. Kelchblätter kürzer als die Krone, Kelchröhre kugelig. Blüthen einzeln, ohne Deckblätter. Nebenblatt fast lineal-keilig mit abstehenden Oehrchen, Fiederblätter 5—9, eirundlich.*

(Pimpinellifolia.)

a. Krone gelb oder gelbroth. Kelchblatt gelappt, in der

Reife weit abstehend oder zurückgebogen. Reife Scheinfrucht gelbroth. Stacheln gerade, dicht, ungleich.

R. lútea Mill.

(**R. Eglanteria** L.) ♄ Juni, Juli. Zierstrauch, hier und da in Hecken und Gebüschen verwildert.

b. Krone weiss oder roth. Kelchblatt nicht gelappt, in der Reife aufrecht. Scheinfrucht schwarz. Fiederblatt klein. Stacheln wie vorige. . . . . **R. pimpinellifolia** DC.

c. 1 m. hoch. In manchen Varietäten, z. B. **spinosissima**, **myriacantha**. ♄ Juni, Juli. Sonnige Hügel, felsige Abhänge, Wege. Selten. Auch als Zierstrauch.

II. Rotte. *Früchtchen und Griffel wie in* I. *Kelch so lang als die Krone. Nebenblätter der blühenden Zweige breiter als die der nicht blühenden. Blüthen meist in 3—6 blüthiger Trugdolde mit Deckblättern.*

(Cinnamómea.)

a. Am Grunde des Blattstiels je 2 gekrümmte Stacheln. Nebenblätter der nicht blühenden Zweige tutenartig zusammenneigend, die der blühenden Zweige mit abstehenden Oehrchen. Kelchblatt ganzrandig, in der Reife zusammenneigend. Schösslinge drüsenlos, mit geraden Stacheln. Fiederblatt länglichverkehrteiförmig, unterseits grauflaumhaarig. Scheinfrucht kugelig, nebst dem Stiele kahl. Krone rosa. Stengel zimmtfarbig. . . . **R. cinnamómea** L.

Zimmtrose. Einfach oder gefüllt. ♄ Mai, Juni. Gebüsche, Waldränder. Hier und da verwildert. In Gärten als Zierpflanze.

b. Zweige ohne Stacheln. Nebenblätter der nichtblühenden Zweige flach, die der blühenden Zweige mit vorgestreckten Oehrchen. Kelchblatt wenig gelappt, in der Reife abstehend. Schösslinge mit drüsigen Borsten zwischen den später abfallenden, zum Theil sichelförmigen Stacheln. Fiederblatt herzeiförmig, blasig-runzelig. Scheinfrucht länglich, meist drüsenborstig. Krone violett. Stengel grün.

R. turbinata Ait.

Meist gefüllt. ♄ Juni, Juli. c. 1½ m. hoch. Häufig in Gärten, selten verwildert.

III. Rotte. *Früchtchen lang- (so lang als sie selbst) gestielt. Kelchblatt fiederspaltig. Nebenblätter flach, mit vorgestreckten Oehrchen, sonst wie* II. (*Canina.*)

a. Stacheln ziemlich gleich, derb, flachgedrückt, sichelförmig, am Grunde verbreitert. Blatt grün, drüsenlos, die vorderen Sägezähne bogig zusammenneigend, Kelch in der Reife abfallend. Scheinfrucht bis zum Winter hart. . . . . **R. canina** L.

Stamm 1—3 m. hoch. ♄ Juni. Hecken, Gebüsche, Wälder. — Var.:

α. **vulgaris** Koch. Blatt, Blattstiel, Blüthenstiel und Scheinfrucht kahl, letztere kugelig oder elliptisch. Ueberall gemein.

β. **dumetorum** Thuill. Blatt unterseits an den Adern, Blattstiel ganz behaart. Blüthenstiel und Scheinfrucht kahl. Hier und da.

γ. **collina** Koch. Blüthenstiel und zum Theil die Scheinfrucht drüsig-stachelborstig. Selten. Aendert weiter ab: **sempervirens** mit kahlem Blatt; — **collina** Jacq. mit unterseits flaumigem Blatt; — **psilophylla** Rau mit doppelt-gesägtem, kahlem Blatt; — **flexuosa** Rau mit dreifach-gesägtem, unterseits behaartem Blatt; — **alba** L. mit weisser Blüthe.

δ. **sepium** Thuill. Blatt unterseits drüsig. Blüthenstiel und Scheinfrucht kahl, letztere kugelig oder elliptisch. (Mittelform zwischen **R. canina** und **R. rubiginosa**.) Selten.

b. Stacheln ungleich, die stärkeren unten verbreitert, flachgedrückt. Blatt grün, doppeltgesägt, mit abstehenden Zähnen, unterseits drüsig-behaart, wohlriechend. Scheinfrucht rundlich, bis zum Winter hart. Kelch in der Reife abfallend. Krone dunkelrosa.

R. rubiginosa L.

♄ Stamm 1—4 m. hoch. Juni, Juli. Hecken. Durch das ganze Gebiet vereinzelt.

c. Stacheln ungleich, die stärkeren schlank, fast wagrecht-abstehend, gerade, am Grunde flachgedrückt. Blatt unterseits graugrün, fein behaart, drüsenlos, doppelt gesägt, mit abstehenden Zähnen. Scheinfrucht bis zum Winter hart, meist drüsenborstig, rundlich. Kelch lange bleibend. . . . . . . **R. tomentosa** Sm.

Stamm 2—3 m. hoch. ♄ Juni, Juli. Bergwälder. Hier und da.
R. hispida Borkh. mit eiförmiger Scheinfrucht.

d. Stacheln ungleich, die stärkeren derb, am Grunde verbreitert flachgedrückt, pfriemförmig, gerade. Blättchen länglich (doppelt so lang als breit, die vorhergehenden Arten eiförmig oder elliptisch), graugrün. Scheinfrucht kugelig, im Herbst fleischig, nickend.

Kelch zusammengeneigt, in der Reife bleibend. Kronblätter drüsig-gezahnt. . . . **R. pomifera** Herrm.

(**R. villosa** L.) ♄ Juni, Juli. Wälder und Hecken. Selten, wahrscheinlich verwildert, auch in Gärten gezogen (*Rosenäpfel*). Variirt mit kahlem Blüthenstengel: **R. farinosa** Bechst.

IV. Rotte. *Früchtchen alle sitzend. Nebenblätter alle gleich, schmal. (Nobiles.)*

a. Griffel untereinander verwachsen, etwa so lang als die Staubfäden. Stacheln zerstreut, derb, sichelförmig, fast gleich. Blatt kerbig-gesägt, unterseits blassgrün (glanzlos). Nebenblätter länglich-lineal, mit vorgestreckten Oehrchen. Kelch schwach-fiederspaltig, in der Reife abfallend. Krone weiss. Aeste verlängert, ruthenförmig, niederliegend. **R. arvensis** Huds.

(**R. repens** Wib.) Weiss. Stamm 1—2 m. hoch. ♄ Juni, Juli. Waldgebüsche. Sehr selten.

b. Griffel frei, viel kürzer als die Staubfäden.

1. Stacheln klein, ungleich, mit Drüsenborsten vermischt. Blatt fein-gesägt, unterseits etwas rauh und graugrün, lederartig; Nebenblätter länglich-lineal mit abstehenden Oehrchen. Kelchblatt fiederspaltig, in der Reife abfallend. Scheinfrucht fast kugelig. **R. gallica** L.

Essigrose. ♄ Juni. Stamm ½—1 m. hoch. Haine, Waldränder, Felder. Sehr selten wild. Varietäten: mit niedrigem rothen Stamm (**pumila**), mit gestrecktem grünen Stamm (**geminata**).

2. Stacheln derb, wenig gekrümmt. Blatt scharfgesägt, kahl. Kelchblatt meist ganzrandig. Blüthenknospe länglich-keilförmig. . . . . . . **R. semperflorens** Desf.

Monatsrose. Rosa. Stamm ½ m. hoch. Mai—Oct. Zierstrauch aus Syrien.

3. Stacheln etwas gekrümmt. Blatt weich, einfach-gesägt, am Rande drüsig, unterseits etwas feinhaarig. Kelchblatt fiederspaltig. Blüthenknospe kurz-eiförmig-kegelförmig. Blüthenstiel und Kelch drüsig. **R. centifolia** L.

Meist gefüllt. Stamm 1—4 m. hoch. ♄ Juni. Zierstrauch aus dem Orient. Varietäten: **R. provencialis** Ait., *Provencerröschen*, *Pfingströschen*; — **R. muscosa** Mill., *Moosrose*.

4. Stacheln zahlreich, fein, ungleich. Blatt steif, unter-

seits behaart, am Rande gewimpert. Blüthenstiel drüsig. Kelchblatt fiederspaltig. . **R. damascena** Mill.

Monatsrose. Meist roth, halbgefüllt. Stamm 1—2 m. Zierstrauch aus Syrien.

5. Stacheln zerstreut, gebogen. Blatt lederig, kahl. **R. indica** L.

Stamm $^1/_3$—1 m. hoch. Zierpflanze aus Ostindien. Var.: R. odoratissima, *Theerose.*

6. Familie. POMACEAE Lindl.

Apfelgewächse.

a) Uebersicht der Gattungen nach dem Fruchtbau.

a. Fruchtfächer steinartig.

1. Steine (1—5) im Fleisch der Scheinfrucht eingesenkt. Scheinfrucht mit enger Mündung. 1. **Crataegus** L.
2. Steine (5) im Fleisch der Scheinfrucht eingesenkt. Scheinfrucht mit breiter Mündung, beckenförmig. 2. **Méspilus** L.
3. Steine (3—5) der innern Wand der Scheinfrucht nur anliegend, nicht von Fleisch umhüllt, an der Spitze frei, unter sich zusammenhängend. 3. **Cotoneaster** Med.

b. Fruchtfächer pergamentartig (2—5).

1. Fächer 2samig. Kelch verwelkt. . . . . 4. **Pyrus** L.
2. Fächer mehrsamig. Kelch krautig. 5. **Cydónia** Tourn.

c. Fruchtfächer dünnhäutig (2—5).

1. Fächer durch eine falsche Scheidewand 2theilig. 6. **Arónia** Pers.
2. Fächer ungetheilt. . . . . 7. **Sorbus** Tourn.

b) Uebersicht der Gattungen für die Zeit der Blüthe.

a. Blatt einfach, ganzrandig oder einfach-gesägt.

α. Blüthen einzeln am Ende der Zweige. Kronblatt rundlich.

1. Griffel kahl. Kelchblatt laubartig, länger als das Kronblatt, ganzrandig, lanzettlich. 2. **Méspilus** L.
2. Griffel unten durch eine dichte Wolle verbunden. Kelchblatt laubartig, kürzer als das Kronblatt, eiförmig, drüsig-gesägt. . . . . . . 5. **Cydónia** Tourn.

β. Blüthen in Doldentrauben.

1. Kronblatt rundlich, abstehend. Krone mehr als 2½ cm. breit . . . . 4. **Pyrus** L.
2. Kronblatt rundlich, aufrecht. Krone weniger als 2½ cm. breit. Laubblatt unterseits weissfilzig. 3. **Cotoneaster** Med.
3. Kronblatt lanzettlich keilförmig (4—5 mal so lang als breit). Laubblatt unten weissfilzig. 6. **Arónia** Pers.

b. Blatt gefiedert, gelappt oder doppelt gesägt. Blüthen in Doldentrauben.

1. Zweige dornig. Blatt 3lappig. Kronblatt hohl. 1. **Crataegus** L.
2. Zweige nicht doruig. Kronblatt flach. 7. **Sorbus** Tourn.

1. **Crataegus** L. *Weissdorn.*

1. Blatt 3—5lappig (Einschnitte nicht bis zur Hälfte reichend). Lappen vorgestreckt, rundlich, unterseits grün. Blüthenstiel kahl. Kelch abstehend. Griffel meist 2. **Cr. Oxyacantha** L.

Blüthe weiss oder röthlich. Frucht roth. ♄ Mai, Juni. Wälder, Hecken. Gemein.

2. Blatt tief 3—5spaltig (Einschnitte bis über die Hälfte, zuweilen bis zum Mittelnerv reichend), Lappen abstehend, spitz, unterseits bleichgrün. Blüthenstiel behaart. Kelch zurückgeschlagen. Griffel meist 1. **Cr. monogyna** Jacq.

Blüthe weiss oder röthlich. Frucht roth. ♄ Mai, Juni. 14 Tage später als vorige.

2. **Méspilus** L. *Mispel.*

Blatt länglich-lanzettlich, ganzrandig, unterseits weissfilzig. Blüthen einzeln endständig. Scheinfrucht wallnussgross, braun . . . . **M. germanica** L.

Weiss. Mai, Juni. Strauch oder Baum. Angepflanzt. Selten in Gebüschen und Wäldern verwildert.

3. **Cotoneaster** Medik. Lindl. *Steinmispel.*

Blatt rundlich-eiförmig, ganzrandig, unterseits weissfilzig. Blüthen zu 3—5. Scheinfrucht erbsengross, roth. **C. vulgaris** Lindl.

(**Mespilus Cotoneaster** L.) Rosa. ♄ April, Mai. Steinige Orte in Gebirgsgegenden. Selten.

4. **Pyrus** L. *Birne* und *Apfel.*

1. Griffel frei. Scheinfrucht nach unten allmählich verdünnt oder abgerundet. Blatt eiförmig, Stiel etwa so lang als die Spreite. Krone weiss. Staubbeutel roth. **P. communis** L.

Birne. Stamm im wilden Zustande dornig, strauch- oder baumartig. April, Mai. Hier u. da wild in Hecken u. Gebüschen; cult. in zahlreichen Abarten.

2. Griffel am Grunde verwachsen. Scheinfrucht am Grunde vertieft. Blattstiel halb so lang als die Spreite. Krone röthlichweiss. Staubbeutel gelb. . . . . . . **P. Malus** L.

Apfel. (**Malus acerba** Merat. u. **M. silv.** Mch.) Stamm im wilden Zustande dornig. ♄ Mai. Wild in Wäldern und Gebüschen, cultivirt in zahlreichen Abarten. — Varietät mit kahlem Blatt und Kelchröhre: **M. acerba,** selten.

5. **Cydónia** Tourn. *Quitte.*

Blatt eiförmig, ganzrandig, unterseits wie die Scheinfrucht weissfilzig. Blüthen einzeln, endständig. Kelchblatt drüsig-gezähnelt. . . . . **C. vulgaris** Pers.

Röthlichweiss. Nach der Gestalt der Scheinfrucht variirend als *Apfel-Quitte* und *Birn-Quitte.* ♄ Mai. Culturbaum aus dem Orient. Selten verwildert.

6. **Arónia** Pers. *Felsenbirne.*

Blatt eirund, schwach gesägt, stumpf, in der Jugend weissfilzig. Blüthen in kurzen filzigen Trauben. Kronblatt lanzettlich-keilig. Scheinfrucht erbsengross, blauschwarz, mit aufrechtem Kelch. . . . . **A. rotundifolia** Pers.

(**Mespilus Amelanchier** L.; **Amelanchier vulgaris** Mch.) Weiss. April, Mai. Strauch. Bergabhänge, Felsen. Selten.

7. **Sorbus** Tourn. *Eberesche.*

a. Blatt unpaarig gefiedert. Fiederblatt länglich, scharf-gesägt, im Alter kahl.

1. Winterknospe filzig. Scheinfrucht kugelig, erbsengross, roth. . . . . **S. Aucupária** L.

Vogelbeere. Weiss. Griffel 3—4. Mai, Juni. Strauch oder Baum. In Wäldern und Gebüschen häufig, an Chausseen angepflanzt.

2. Winterknospe kahl, klebrig. Scheinfrucht birnförmig, bräunlich-grün. . . . . **S. domestica** L.

Zahme Eberesche, Sperberbaum. Weiss. Mai, Juni. Hin und wieder angepflanzt an Chausseen.

b. Blatt länglich-eiförmig, gegen die Spitze gesägt, gegen die Basis gefiedert oder fiederspaltig, unterseits etwas weissfilzig; Fiederblatt gegen die Spitze gesägt, sonst ganzrandig. Scheinfrucht roth. . . . . **S. hybrida** L.

Griffel 2—3. Wahrscheinlich ein Bastard von S. Aucuparia und Aria. Sehr selten.

c. Blatt eiförmig, doppelt gesägt oder seicht gelappt (nach dem Grunde hin weniger), unterseits weissfilzig. Scheinfrucht roth oder rothgelb, innen gelb mehlig.

S. Aria Crantz.

Mehlbeere. Weiss. Griffel 2. ♄ Mai. Gebirgswaldungen. In allen Gebietstheilen, doch selten.

d. Blatt breiteiförmig, gelappt und doppelt-gesägt. Lappen nach unten an Grösse zunehmend, abstehend, im Alter kahl. Scheinfrucht eiförmig, braun- und weiss-punktirt.

S. torminális Crantz.

Elsebeere. Weiss. ♄ Mai. Gebirgswälder. In allen Gebietstheilen, doch selten.

7. Familie. CASSUVIEAE RBr.

Rhus L. *Sumach.*

1. Blatt einfach, fast kreisrund, ganzrandig, kahl. Blüthen in lockeren Rispen mit abstehend-behaarten Stielen. Blüthe zum Theil verkümmernd. . . . . **Rh. Cótinus** L.

Perückenstrauch. Grünlich gelb. Juni, Juli. Zierstrauch aus Südeuropa.

2. Blatt 8—10 paarig-gefiedert, Fiederblatt lanzettlich, scharf-gesägt. Junge Aeste drüsig-filzig. Blüthen in gedrängten Rispen. . . . . **Rh. typhinum** L.

Hirschkolben. Grünlich gelb. Juni, Juli. Zierbaum aus Nordamerika.

3. Blatt gedreit, kahl, ganzrandig. Zweige kahl. Blüthen in kleinen lockeren Rispen mit kahlen Stielen.

Rh. Toxicodendron L.

Giftsumach. Gelb, oft mit rothen Adern. ♄ Juni, Juli. Aus Nordamerika.

8. Familie. RUTACEAE Juss.

Gattungen.

a. Kelch und Krone 4gliederig (Gipfelblüthe 5gliederig). Staubfäden 8 (10). Fruchtknoten 4 (5)-fächerig, mit 4 (5) Furchen. Blüthe gelb. . . . . 1. **Ruta** L.

b. Kelch und Krone 5gliederig. Krone etwas unregelmässig.

Staubfäden abwärts geneigt. Frucht in 5 Abtheilungen, auf einem Fruchtträger. Blüthe roth oder weiss.
2. **Dictamnus** L.

1. **Ruta** L. *Raute.*

Blatt wiederholt fiederspaltig mit länglichen ganzrandigen Lappen. Kronblatt hohl. . . . . **R. gravéolens** L.
♃ Juni, Juli. Steinige Hügel. Sehr selten. In Gärten cultivirt.

2. **Dictamnus** L. *Diptam.*

Blatt gefiedert. Fiederblatt elliptisch, ganzrandig. Kronblatt flach. Pflanze drüsig. . . . . **D. Fraxinella** Pers.
(**D. albus** L.) Rosa mit dunkleren Adern. ♃ Mai, Juni. Gebirgsfelsen. Sehr selten.

9. Familie. ZANTHOXYLEAE Juss.

1. **Zanthóxylon** Kunth. *Gelbholz.*

Blatt gefiedert 7—9 blätterig, am Grund des Blattstiels je 2 Stacheln. Fiederblatt eirund. Blüthen in einfachen sitzenden Dolden. . . . . **Z. fraxineum** Willd.
Grün. Blüht vor der Belaubung. Strauch aus Nordamerika.

2. **Ptélea** L. *Lederblume.*

Blatt gedreit, langgestielt. Blüthen in gipfelständigen Trugdolden. Kelch und Krone aussen flaumig. **Pt. trifoliata** L.
Grünlich weiss. ♄ Juni. Zierstrauch aus Nordamerika.

10. Familie. CELASTRINEAE RBr.

1. **Staphyléa** L. *Pimpernuss.*

1. Fiederblatt (5—7) länglich-elliptisch, zugespitzt, Endblättchen gestielt, kahl. Blüthen in hängenden endständigen Rispen. Samen rundlich mit grossem Nabel.
St. pinnata L.
Weiss. Mai, Juni. Zierstrauch aus Süddeutschland, zuweilen verwildert.
2. Blatt gedreit, Blättchen eirund, lang zugespitzt, unterseits flaumig, scharf- und kleingesägt. . . **St. trifolia** L.
Weiss. Mai, Juni. Zierstrauch aus Nordamerika.

2. **Evónymus** L. *Spindelbaum.*

1. Aeste 4kantig, Kanten korkig. Blatt elliptisch-lanzettlich. Kronblatt länglich. Kapsel 4kantig, mennigroth. Die fleischige äussere Samenhaut den Samen ganz umgebend. **E. europaeus** L.

Pfaffenkäpplein. Blassgrün. ♄ Mai, Juni. Waldränder, Hecken, Gebüsche. Hier und da.

2. Aeste stielrund, warzig. Kronblatt rundlich. Kapsel 4kantig, gelblich. Aeussere Samenhaut den Samen nur halb umgebend. . . . . **E. verrucosus** Scop.

Grün mit rothen Punkten. Mai, Juni. Zierstrauch aus dem östl. Deutschland.

3. Aeste stielrund, glatt. Kronblatt rundlich. Kapsel 5kantig, roth. Aeussere Samenhaut den Samen ganz umgebend. **E. latifolius** Scop.

Grünlich gelb. Mai, Juni. Zierstrauch aus den Voralpen.

11. Familie. AQUIFOLIACEAE DC.

Ilex L. *Hülsen. Stechpalme.*

Blatt eirund, spitz, dornig-gezahnt oder ganzrandig, steiflederig, kahl, glänzend. Blüthenstiel achselständig, mehrblüthig. . . . . **I. Aquifólium** L.

Stechpalme. Schmutzig weiss. ♄ Mai, Juni. Gebirgswälder. Selten.

12. Familie. RHAMNEAE RBr.

Rhamnus L. *Wegedorn.*

a. Zweige gegenständig, in Dornen endigend. Blatt feingesägt, c. 3 Paar Seitennerven von der untern Hälfte des Hauptnervs aus bogenartig und convergirend nach der Spitze zu verlaufend. Blüthe 4gliederig, zum Theil eingeschlechtig. Griffel 4spaltig. . . . . **Rh. cathártica** L.

Kreuzdorn. Gelblich grün. ♄ Mai, Juni. Hecken, Gebüsche. Hier und da.

b. Zweige wechselständig, ohne Dornen. Seitennerven des Blattes längs des ganzen Hauptnervs fiederartig, parallel bogenartig nach dem Rande zu verlaufend.

1. Blatt mit 12 Paar Seitennerven, fein gesägt. Blüthe meist 4gliedrig, zum Theil eingeschlechtig. Griffel 2—3spaltig. **Rh. alpina** L.

♄ Juni, Juli. Gebirge. Sehr selten.

2. Blatt mit 6—8 Paar Seitennerven, ganzrandig. Blüthe 5gliederig, zwitterig. Griffel ungetheilt. **Rh. Frángula** L.

Faulbaum. Grünlich weiss. ♄ Mai, Juni. Gebüsche, Hecken. Häufig.

13. Familie. EMPETREAE Nutt.

Émpetrum L. *Rauschbeere. Krähenbeere. Beerhaide.*

Blatt linienförmig, am Rande umgerollt, je 3—4 im Wirtel. Zweige fadenförmig, niederliegend. Blüthen einzeln in den Blattwinkeln. Beere kugelig, schwarz. . . . **E. nigrum** L.

Weisslich oder röthlich. ♄ Mai—Juli. Torfmoore, felsige Orte. Sehr selten.

14. Familie. EUPHORBIACEAE Juss.

1. Buxus L. *Buxbaum.*

Blatt gestielt, elliptisch, stumpf, ganzrandig, lederartig, immergrün. . . . . **B. sempervirens** L.

Weisslich. ♄ März, April. Zierstrauch aus Südeuropa.

2. Euphórbia L. *Wolfsmilch.*

I. *Randdrüsen der becherförmigen Hülle rundlich oder quer-elliptisch.*

a. Samen netzförmig-runzelig. Kapsel glatt.

Dolde 5-, 3-, 2strahlig. Blatt keilig-verkehrteiförmig, gegen die Spitze gesägt. . . . . **E. helioscópia** L.

⊙ Mai—September. Wege, Felder. Gemein.

b. Samen glatt. Kapsel warzig.

α. Die oberen Laubblätter mit herzförmigem Grunde sitzend, keilig-verkehrt lanzettlich, nach vorn ungleich-feingesägt, die oberen spitz. Dolde 3- oder 5-, 3-, 2strahlig Drüsen gelb. Stock einjährig.

1. Warzen der Kapsel walzenförmig. Samen eiförmig, röthlich-braun. . . . . **E. stricta** L.

⊙ Juni—September. Feuchte Stellen, Gebüsche. Sehr selten.

2. Warzen der Kapsel halbkugelig. Samen rundlich, graubraun. . . . . E. platyphylla L.
⊙ Juli—September. Aecker, Gräben, Triften, bes. auf Kalk. Hier u. da.

β. Die oberen Laubblätter am Grunde nicht herzförmig, meist granzrandig, stumpf.

1. Blatt länglich, kurzgestielt. Dolde 3- oder 5-, 2strahlig. Oberste Deckblätter delta-herzförmig, kurz-stachelspitzig. Drüsen grünlich, später dunkelroth. Warzen der Kapsel ungleich, stumpf, dunkelroth. Wurzelstock kriechend. E. dulcis L.
♃ April, Mai. Laubwälder, Gebüsche, Ackerränder. Sehr selten.

2. Blatt lanzettlich, sitzend. Hauptdolde mehr als 5strahlig. Oberste Deckblätter elliptisch, nach dem Grunde verschmälert, stumpf. Drüsen braungelb. Warzen der Kapsel kurz-walzenförmig. Wurzelstock senkrecht. E. palustris L.
♃ Mai—Juli. 2—4 m. hoch. Feuchte Orte, Ufer. Gräben. Sehr selten.

c. Samen glatt. Kapsel glatt oder etwas scharf. Blatt linienlanzettlich, stachelspitzig, bläulich-grün. Dolde vielstrahlig. Deckblätter breit-deltaförmig, stachelspitzig. Drüsen gelb. Stengel am Grunde verzweigt. E. Gerardiana Jacq.
♃ Juni, Juli. Sandfelder, Wege, Ufer. Sehr selten.

II. *Randdrüsen der becherförmigen Hülle halbmondförmig oder zweihörnig.*

a. Samen glatt. Dolde mehr als 5strahlig. Blätter wechselständig.

α. Die breitförmigen, gegenüberstehenden oberen Deckblätter am Grunde zusammengewachsen. Blatt verkehrteiförmig-länglich, in den Blattstiel verschmälert, weichhaarig. . . . . E. amygdaloides L.
♃ April—Juni. Gebirgswälder. Sehr selten.

β. Obere Deckblätter frei, breiteiförmig. Kapsel körnig rauh.

1. Blatt schmal linienförmig, fast gleich breit, ganzrandig, kahl. . . . . E. Cyparissias L.
♃ April—September. Trockene Triften, Wege, besonders auf Kalk.

2. Blatt linienlanzettlich, am Grunde verschmälert, nach vorn am Rande scharf. . . . . E. Ésula L.
♄ Juni, Juli. Wege, Gräben, Triften. Sehr selten.

b. Samen runzelig, knotig oder grubig. Dolde 3- oder 5strahlig.

α. Blätter wechselständig.

1. Dolde 5strahlig. Blatt linienförmig, sitzend, zugespitzt, blaugrün. Deckblätter breitherzförmig. Samen grubig netzartig. Kapsel punktirt-rauh **E. segetális** L.
⊙ Juni, Juli. Saatfelder. Sehr selten.
2. Dolde 3strahlig. Blatt verkehrteiförmig, stumpf, gestielt. Deckblätter eiförmig. Kapsel auf jedem der 3 Rücken mit 2 Flügelleisten. Samen mit 4 Reihen Grübchen und 2 Längsfurchen . . . . . **E. Peplus** L.
⊙ Juli—October. Gärten, Brachäcker. Gemein.
3. Dolde 3strahlig. Blatt verkehrt ei-lanzettlich, zugespitzt, die untersten stumpf. Die Blätter eiförmig. Kapsel glatt und eben. Samen mit 4 Reihen von Querfurchen.
⊙ Juli—October. Saatfelder. Sehr selten.
4. Dolde meist 3strahlig. Blatt lineal oder lineal-keilig, sitzend. Deckblätter aus herzförmigem Grunde lineal, spitz. Kapsel glatt. Samen unregelmässig-vielgrubig, mit einer feinen Längsfurche. . . . . . **E. exigua** L.
⊙ Juni—October. Aecker. Häufig. Varietäten: β. **truncata** mit gestutztem Blatt: γ. **tricuspidata** mit 3spitzigem Blatt.

β. Blätter gegenständig (in 5 Längsreihen am Stengel), länglich-linienförmig, stumpf, stachelspitzig, graugrün bereift. Deckblätter eiförmig-lanzettlich. Dolde 4strahlig mit mehrfach wiederholter Gabeltheilung. Kapsel runzelig, auf jedem Rücken eine tiefe Furche. **E. Láthyris** L.
⊙ Juni, Juli. Gärten, hier und da verwildert.

3. **Mercurialis** L. *Bingelkraut.*

Blatt lanzettlich oder ei-lanzettlich, gestielt.

a. Stengel einfach, stielrund. Weibliche Blüthen langgestielt. Ausdauernd. . . . . **M. perennis** L.
Grün. April, Mai. Gebirgswälder. Häufig.

b. Stengel verzweigt, 4kantig. Weibliche Blüthen sitzend. Einjährig. . . . . **M. annua** L.
Grün. Juli—October. Aecker, Gärten. Stellenweise sehr häufig.

15. Familie. HIPPOCASTANEAE.

Aésculus L. *Rosskastanie.*

a. Kapsel stachelig. 5 Kronblätter, mit breiter Platte. Weiss mit rothen und gelben Flecken. Blättchen des gefingerten Blattes sitzend. . . . . **A. Hippocástanum** L.

Mai, Juni. Zierbaum aus Asien. Variirt rothblühend, mit 4 Kronblättern: A. rubiounda Lois.

b. Kapsel glatt. 4 Kronblätter, mit schmaler aufrechter Platte. Blättchen des gefingerten Blattes gestielt.

1. Blattstiel kahl. Blättchen länglich-elliptisch, am Grunde keilig. Roth. . . . . **A. Pavia** L.

(Pavia rubra Lam.) Mai, Juni. Zierbaum aus Nordamerika.

2. Blattstiel flaumhaarig. Blättchen länglich-lanzettlich. Blassgelb. . . . . **A. flava** Ait.

(Pavia flava Lam.) Juni. Zierbaum aus Nordamerika.

16. Familie. ACERINEAE DC.

Acer L. *Ahorn.*

a. Blüthenstand hängend. Staubfäden der männlichen Blüthe doppelt so lang als die Kronblätter. Fruchtflügel vorgestreckt.

1. Blüthenstand traubig oder rispig. Fruchtknoten zottig. Lappen des 5 handlappigen Blattes spitz mit convexen, stumpf gesägten Rändern, Winkel spitz.

A. Pseudoplátanus L.

Bergahorn. Grün. Baum. Mai, Juni. Hier und da in Gebirgswäldern und in Anlagen.

2. Blüthen in Trugdolden. Blatt 3lappig, mit stumpfen, ganzrandigen Lappen und Winkeln.

A. monspessulanum L.

Gelbgrün. Baum. April. In Nassau hier und da.

b. Blüthen in aufrechten Trugdolden. Fruchtflügel weit auseinanderspreizend. Staubfäden der männlichen Blüthe so lang als die Kronblätter. Blatt 5handlappig.

1. Lappen der Blätter lang zugespitzt, 3—5zahnig, Winkel buchtig. Fruchtknoten kahl. . . . . **A. platanoides** L.
Spitzahorn. Gelbgrün. Baumförmig. April, Mai. Hier und da in Gebirgswäldern und als Zierbaum.

2. Lappen der Blätter stumpf, ganzrandig, der mittlere 3lappig. Fruchtknoten behaart. . . . **A. campestre** L.
Massholder. Grün. Strauch, selten baumförmig. Mai. Gebüsche, Hecken. Hier und da.

17. Familie. AMPELIDEAE Kunth.

Gattungen.

a. Kronblätter in der Blüthezeit an der Spitze zusammenhängend, als Mütze abfallend. . . . . 1. **Vitis** L.
b. Kronblätter in der Blüthezeit ausgebreitet.
2. **Ampelopsis** Michx.

1. Vitis L. *Weinrebe.*

Blatt herzförmig-rundlich, 5lappig. Ranken und Trauben den Blättern gegenüberstehend. Blüthen in Rispen. **V. vinifera** L.
Gelblich grün. ♄ Juni, Juli. In sehr vielen Abarten nach der Frucht und Blattform. Im Kleinen und im Grossen angepflanzt und hier und da verwildert. Varietäten: **silvestris** und **laciniosa.**

2. Ampelopsis Michx. *Jungfernrebe. Zaunrebe.*

Blatt 3—5zählig, gefingert. Blättchen eiförmig, zugespitzt. Blüthen in Trugdolden. . . . . **A. hederácea** Michx.
Kletternder Strauch. Juni. Aus Nordamerika. Blätter beim Welken hochroth. Beeren schwarzblau.

18. Familie. OXALIDEAE DC.

Oxalis L. *Sauerklee.*

a. Blatt gedreit. Blüthe weiss oder gelb.
α. Blätter und lange Blüthenstiele an einem unterirdischen horizontalen schuppigen Wurzelstock unmittelbar aus dem Boden entspringend. Blüthe weiss ins Röthliche.
O. acetosella L.
Hasenklee. ♃ April, Mai. Feuchte Wälder, Hecken. Ueberall gemein.

β. Blätter und Blüthen aus einem gestreckten Laubstengel. Blüthe gelb.

1. Stengel aufrecht, meist mit unterirdischen Ausläufern. Nebenblätter fehlend. . . . . **O. stricta** L.
♃ Juni—October. Aecker und Gärten. Aus Amerika eingebürgert. Hier und da gemein.

2. Stengel niederliegend, am Grunde wurzelnd, ohne Ausläufer. Nebenblätter vorhanden. . . **O. corniculata** L.
⊙ Juni—October Aecker und Gärten. Selten.

b. Blatt 4zählig, grundständig. Blüthe roth, in Dolden.
O. esculenta O. et D. und **O. tetraphylla** Cav.
Zier- und Nutzpflanzen, zu Rabatteneinfassungen. Zwiebel essbar. Aus Mexico.

19. Familie. LINEAE DC.

Gattungen.

a. Kelch bis auf den Grund 5theilig, Zipfel ungetheilt. Kronblätter 5. Kapsel 10fächerig, 5klappig. 1. **Linum** L.

b. Kelch bis zur Mitte 4theilig mit 2—3spaltigen Zipfeln. Kronblätter 4. Kapsel 8fächerig, 8klappig. 2. **Radíola** Dill.

1. Linum L. *Lein.*

a. Blätter wechselständig.

α. Blatt am Rande kurzstachelig-gewimpert. Kelch drüsig-gewimpert. Blüthe röthlich. . . . . **L. tenuifolium** L.
♃ Juni, Juli. Trockene Kalkhügel. Sehr selten in Hessen, in der Wetterau häufig.

β. Blatt am Rande kahl. Kelch drüsenlos. Blume blau.

1. Stengel einzeln. Blatt lanzettlich. Kelchblatt zugespitzt, drüsenlos-bewimpert, fast so lang als die Kapsel.
L. usitatissimum L.
⊙ Juli, August. Varietäten: α. **vulg.** *Schiess-Lein:* Stengel höher, Blüthe u. Kapsel kleiner, Kapsel geschlossen, Samen dunkler; β. **crepitans** = **L. humile** Mill., *Spring-Lein:* Blüthe u. Kapsel grösser, Samen blasser.

2. Stengel mehrere aus einer Wurzel. Blatt linien-lanzettlich. Kelchblatt unbewimpert, die inneren sehr stumpf, kürzer als die Kapsel . . . . **L. perenne.** L.
♃ Juni, Juli. Sonnige Hügel, Sandfelder. Sehr selten.

b. Blätter gegenständig. Kelchblatt drüsig-bewimpert, zugespitzt. Blume weiss. . , ... **L. catharticum** L.
⊙ Juli, August. Wiesen, Triften. Ueberall häufig.

2. **Radíola** Gmel. *Zwergflachs.*

Stengel gabelig verzweigt. Blätter gegenständig. Blüthe weiss. . . . . **R. linoides** Gmel.
(**R. millegrana** Sm.) ⊙ Juli — September. Feuchte Sandstellen. Ueberall zerstreut.

20. Familie. GERANIACEAE DC.

Gattungen.

a. Blume regelmässig. Kelch ohne röhrenartige Vertiefung.
  1. 10 Staubfäden mit Staubbeuteln (ausgen. **G. pusillum**). Granne der Früchtchen innen kahl, sich aufwärts rollend. Blatt handförmig-gelappt oder getheilt.
    1. **Gerânium** L.
  2. Die 5 äusseren Staubfäden ohne, die 5 inneren mit Staubbeuteln, Granne der Früchtchen innen bärtig, korkzieherartig aufgerollt. Blatt fiedertheilig.
    2. **Eródium** L'Hér.

b. Blume etwas unregelmässig. Das hintere Kelchblatt in eine dem Blüthenstiel angewachsene Röhre verlängert. Granne der Früchtchen innen zottig, sich spiralig abrollend.
    3. **Pelargónium** L'Hér.
Zahlreiche aus Südafrika stammende Arten als Topfpflanzen cultivirt und durch Bastardbildung ins Unbegrenzte vervielfältigt.

1. **Gerânium** L. *Storchschnabel.*

A. Blüthe meist einzeln, gross, ausgebreitet. Kronblätter ausgerandet. Kelch begrannt. Blüthenstiel nach dem Verblühen etwas abwärts gebogen. Stengel ausgebreitet, wie der Blüthenstiel mit wagerecht abstehenden drüsenlosen Haaren. Blatt bis fast auf den Grund 5—7theilig, mit linienförmigen, mehrfach gelappten Abschnitten. Früchtchen oben borstig-behaart, glatt. (Samen fein punktirt.) . . . . **G. sanguineum** L.
Purpurn. ♃ Juni—September. Sonnige, steinige Hügel. Zerstreut im ganzen Gebiete.

B. Blüthen zu zweien. Kronblatt abgerundet (selten etwas ausgerandet).

a. Krone gross (doppelt so lang als der Kelch, etwa 2 cm. im Durchmesser), ausgebreitet. Kronblatt am Nagel behaart. Blatt nicht bis zum Grunde getheilt. Mit einem schuppigen Wurzelstock ausdauernd.

α. Früchtchen querrunzelig, kahl. Staubfäden abwärts geneigt. Kelch kugelig-aufgeblasen. Blattzipfel und deren Zähne stumpf. . . . . **G. macrorrhizon** L.
Blutroth oder dunkelrosa. ♃ April—Juli. Sehr selten.

β. Früchtchen nach vorn querrunzelig, drüsenlos behaart. Krone flach, zurückgebogen. Staubfäden am Grunde gewimpert. Blattzipfel und deren Zähne stumpf.
G. phaeum L.
Dunkelviolett lila. ♃ Mai, Juni. Sehr selten.

γ. Früchtchen glatt, drüsenlos behaart. Blüthenstiel nach dem Verblühen abwärts geneigt. Kelch ausgebreitet. Staubfäden lanzettlich. Stengel ausgebreitet, oberwärts mit abwärts gerichteten drüsenlosen Haaren. Blattzipfel und deren Zähne ziemlich stumpf. . . . **G. palustre** L.
Purpurroth. ♃ Juli, August. Feuchte Wiesen, Gebüche. Hier und da.

δ. Früchtchen glatt, drüsig behaart. Stengel aufrecht, oberwärts abstehend-drüsenhaarig. Blattzipfel spitz.

1. Verblühte Blüthenstiele abwärts gebogen. Staubfäden am Grunde breit-(kreisförmig-)geflügelt. **G. pratense** L.
Blau oder violett. ♃ Juli, August. Wiesen, Ufer. Hier und da.

2. Verblühte Blüthenstiele meist aufrecht bleibend. Staubfäden am Grunde schmal-geflügelt (lanzettlich).
G. silvaticum L.
Röthlich violett. Kronblatt zuweilen ausgerandet. ♃ Juni, Juli. Wälder. Selten.

b. Krone klein (1 cm. im Durchmesser oder kleiner). Kronblatt am Nagel kahl. Einjährig.

α. Blatt etwa bis zur Hälfte eingeschnitten, 5—7lappig.

1. Früchtchen glatt, behaart. Kelch offen, wie der Stengel und Blatt abstehend flaumhaarig. Samen punktirt.
G. rotundifolium L.
Hellroth. ⊙ Mai—September. Aecker, Zäune. Sehr selten.

2. Früchtchen netzig-runzelig, nach oben behaart. Kelch geschlossen, 5kantig, querrunzelig, kahl. Samen glatt. Stengel und Blatt fast ganz kahl. . . **G. lúcidum** L.
Purpurroth. ⊙ Mai—August. Felsen. Sehr selten.

3. Früchtchen querrunzelig, kurzhaarig. Kelch offen, flaumhaarig. Kronblatt verkehrt-herzförmig. Samen glatt. Stengel und Blatt abstehend behaart, obere Blätter 3spaltig, der eine Seitenlappen länger.
G. divaricátum L.
Hellrosa. ⊙ Juli, August. Steinige Orte. Sehr selten.

β. Blatt bis auf den Grund eingeschnitten, 3—5zählig, mit gestielten doppelt-fiederspaltigen Abschnitten. Früchtchen netzig-runzelig. Samen glatt. **G. Robertianum** L.
Purpurroth. ⊙ Juni—September. Wälder, Felsen, Zäune. Ueberall gemein.

C. Blüthen zu zweien. Kronblatt deutlich und regelmässig ausgerandet, am Grunde mehr oder weniger behaart. Blüthe klein. Einjährig oder perennirend mit spindelförmiger Wurzel.

a. Blatt etwa bis zur Hälfte getheilt mit stumpfen Abschnitten. Kelchblatt ohne Granne. Samen glatt.

α. Früchtchen glatt, behaart.

1. Krone wenigstens doppelt so lang als der Kelch. Kronblätter am Grund bebartet. Staubfaden abstehend-behaart. Stengel abstehend behaart. Wurzel ausdauernd, mehrköpfig . . . . . **G. pyrenáicum** L.
Purpurviolett. ♃ Juni—September. Wälder, Zäune. Sehr selten.

2. Krone kaum länger als der Kelch, ohne Bart. Stengel fein behaart. Einjährig. . . . . . . **G. pusillum** L.
Blasslila. ⊙ Juli—October. Wege, Zäune. Häufig.

β. Früchtchen runzelig, kahl. Krone kaum länger als der Kelch. Stengel lang-abstehend-behaart. . **G. molle** L.
Roth. ⊙ Mai—August. Wege, Aeckerränder. Hier und da.

b. Blatt fast bis auf den Grund getheilt, mit linealen Zipfeln. Früchtchen glatt. Samen grubig punktirt. Krone kaum länger als der begrannte Kelch.

α. Blüthenstiele länger als das Blatt (ungleich). Früchtchen kahl oder flaumig. . . . . . **G. columbinum** L.
Roth. ⊙ Juni, Juli. Aecker, Weinberge, Zäune. Hier und da.

β. Blüthenstiele kürzer als das Blatt (gleichlang). Früchtchen abstehend-drüsenhaarig. . . . **G. dissectum** L.
Roth. ⊙ Juni—August. Aecker, Zäune. Häufig.

2. **Eródium** L'Hér. *Reiherschnabel.*

Blüthen in vielblüthiger Dolde. Blatt gefiedert, Blättchen fiederspaltig. . . . . **E. cicutárium** L'Her. Roth. ⊙ März—October. Aecker, Wege. Ueberall gemein.

21. Familie. TROPAEOLEAE Juss.

Tropaéolum L. *Kapuzinerkresse.*

a. Blatt am Ende der Hauptrippen etwas ausgerandet. Kronblätter abgerundet, die 3 vorderen am Grunde gewimpert. Orangegelb, roth, braun. . . . . **T. majus** L.
b. Hauptnerven stachelspitzig am Rande vortretend. Kronblätter stachelspitzig, bis zur Mitte gewimpert. Orangegelb. . . . . **T. minus** L.
Beide Arten: ⊙ Juni—October. Kletternd. Zierpflanzen aus Peru.

22. Familie. BALSAMINEAE Rich.

Impatiens L. *Springkraut.*

a. Blüthen in gestielten armblüthigen Trauben. Kapsel kahl. Blatt schmal-eiförmig. . . . . **I. Noli tangere** L.
Gelb mit rothen Punkten. ⊙ Juli, August. Feuchte Wälder und Gebüsche. Hier und da.
b. Blüthen büschelig in den Blattwinkeln. Kapsel rauhhaarig. Blatt lanzettlich. . . . . **I. Balsamina** L.
Balsamine. Roth, weiss u. bunt. ⊙ Juli, August. Zierpflanze aus Ostindien.

23. Familie. MALVACEAE RBr.

Gattungen.

a. Griffel und Fruchtfächer zahlreich.
 1. Aussenkelch 3blätterig. . . . . 1. **Malva** L.
 2. Aussenkelch 6—9spaltig. . . . . 2. **Althaea** L.

3. Aussenkelch 3—6spaltig. . . . . . . 3. **Lavatéra** L.
b. Griffel 5, Kapsel 5fächerig. Aussenkelch vielblätterig. . 4. **Hibiscus** L.

1. **Malva** L. *Malve.*

a. Obere Blätter bis fast auf den Grund handförmig getheilt. Blüthen einzeln in den Blattwinkeln.
1. Früchtchen kahl, schwach querrunzelig. Aussenkelchblätter eilänglich. Stengel mit angedrückten Sternhaaren. . . . . **M. Alcaea** L.
Rosenroth, geruchlos. ♃ Juni—August. Sonnige Hügel, Zäune. Hier und da.
2. Früchtchen borstig-behaart, glatt. Aussenkelchblätter länglich-lineal. Stengel mit einfachen abstehenden Haaren. . . . . **M. moscháta** L.
Rosenroth, bisamartig riechend. ♃ Juli — September. Steinige Hügel, Zäune, Wege. Hier und da.

b. Obere Blätter höchstens bis zur Hälfte gespalten, herzförmig-kreisrund. Blüthen in Büscheln.
1. Krone etwa 4mal so gross als der Kelch. Früchtchen berandet, kahl, netzig-runzelig. Blatt bis fast zur Hälfte 5—7lappig. Fruchtstiel aufrecht. Aussenkelchblätter elliptisch-eiförmig. . . . . . . **M. silvestris** L.
Rosa, dunkelgestreift. ⊙ Juli, August. Wege, Schutt. Häufig. — **M. mauritiana**, Zierpflanze, Stengel fast kahl, Blatt oberseits filzig.
2. Krone etwa 2mal so gross als der Kelch. Früchtchen ohne vortretenden Rand, fein punktirt, kurzflaumig. Blatt seicht 5—7lappig. Fruchtstiel abwärts gebogen. Aussenkelchblätter lineal-lanzettlich. **M. rotundifólia** L.
(**M. vulgaris** Fr.) *Kleine Käsepappel.* Blassrosa. ⊙ (♃?) Schutt, Wege. Gemein.
3. Krone so lang als der Kelch, schwach ausgerandet. Früchtchen berandet, stark netzig-runzelig, behaart. Blatt seicht 5—7lappig. Fruchtstiel abwärts gebogen. Aussenkelchblätter lineal-lanzettlich. **M. boreális** Wallm.
Blassrosa. ⊙, (♃?) Schutt, Wege. Selten.

2. **Althaea** L. *Eibisch.*

a. Früchtchen nicht rinnig, mit abgerundeten Seitenrändern.

1. Blatt weichfilzig. Blüthenstiele mehrblüthig, viel kürzer als das Blatt. . . . . **A. officinalis** L.
Röthlich weiss. ♃ Juli, August. Feuchte Wiesen. Sehr selten.

2. Blatt rauhhaarig mit abstehenden Haaren. Blüthenstiele einblüthig, länger als das Blatt. . . . . **A. hirsúta** L.
Rosa oder violett. ⊙ Juli, August. Aecker, Raine. Sehr selten.

b. Früchtchen auf dem Rücken mit einer Rinne und mit scharfen Seitenrändern. Stengel und Blatt rauhhaarig. Blüthenstand traubenförmig. . . . . **A. rósea** Cav.
Stockrose, Stockmalve. Farbe sehr variirend. ⊙ und ⊙ Juli—September. Zierpflanze aus dem Orient.

3. Lavatéra L.

1. Fruchtsäule kegelförmig in die Früchtchen übergehend. Untere Blätter winkelig 3—5 lappig, obere 3 lappig mit stumpfen Mittellappen. Kronblatt 2 spaltig.
L. thuringíaca L.
Blassrosa. ♃ Juli, August. Hügel, Waldränder. Sehr selten. Auch Zierpflanze.

2. Fruchtsäule über den Früchtchen als breite vertiefte Scheibe ausgebreitet. Untere Blätter rundlich-herzförmig, gekerbt, die oberen gelappt mit spitzem Mittellappen. Kronblatt stumpf ausgerandet. . . . . . **L. trimestris** L.
Rosa oder weiss. ⊙ Juni—August. Zierpflanze aus Spanien.

4. Hibiscus L.

Blatt eiförmig-keilförmig, 3 lappig, gezahnt. Aussenkelch 6—7 blätterig. . . . . **H. syríacus** L.
In allen Farben. August—October. Zierstrauch aus Syrien.

24. Familie. TILIACEAE.

Tilia L. *Linde.*

a. Staminodien innerhalb der Staubfäden fehlend. Staubfäden 20—40, länger als die Kronblätter. Antherenhälften verbunden. Krone radförmig ausgebreitet. Griffel kürzer als die Staubfäden, nach der Blüthe nicht verlängert.

1. Blüthenstand meist 3—5blüthig, hängend. Frucht mit holziger Schale, mit 5 starken Kanten. Blatt beiderseits hellgrün, unterseits kurzhaarig, in den Nervenwinkeln mit weissen Haarbüscheln. . . . . **T. grandifolia** Ehrh.
(**T. europaea** β. L.; **T. platyphyllos** Scop.) *Sommerlinde*. Gelb. ♄ Juni, Juli. In Bergwäldern hier und da wild, sonst angepflanzt.

2. Blüthenstand 4—9blüthig, vorgestreckt. Frucht dünnschalig mit schwachen Kanten, schief. Blatt unterseits blaugrün, kahl, nur in den Nervenwinkeln mit rostfarbigen Haarbüscheln. . . . . . . **T. parvifolia** Ehrh.
(**T. europaea** γ. L.; **T. ulmifolia** Scop.) *Winterlinde*. Blasser gelb als vorige. ♄ Juli (14 Tage später als vorige). In Wäldern seltener, angepflanzt häufiger als vorige.
T. vulgaris Hayne (**T. europ.** β. L.). Blüthenstand 5—7 blüthig, Blatt grösser, unterseits nicht blaugrün, kurz gestielt. Frucht elliptisch, deutlich-kantig. Mittelform (Bastard?) zwischen 1 u. 2.

b. Innerhalb der Staubfäden ein Kreis von spatelförmigen Staminodien. Staubfäden mehr als 50. Krone nicht radförmig. Griffel so lang oder länger als die Staubfäden, nach der Blüthe verlängert. (Ausländische Linden.)

α. Blüthenstand reich- (bis 30-)blüthig, hängend. Knospe, Zweig und Blatt fast kahl.

1. Kronblätter weit geöffnet, so lang als die Staubfäden. Antherenhälften fast ganz verbunden. Frucht dünnschalig, fast kugelig. Blatt unterseits hellgrün.
T. flavescens ABr.
♄ Juli, August. An Alleen. Vaterland unbekannt.

2. Kronblätter fast aufrecht, länger als die Staubfäden. Antherenhälften getrennt. Frucht dickschalig, holzig, meist eiförmig. Blatt beiderseits gleichfarbig.
T. nigra Borkh.
♄ Juli, August. Alleen und Parkanlagen. Amerika.

β. Blüthenstand armblüthig, hängend. Knospe, Zweig und Blatt unterseits sternhaarig-weissfilzig.
T. argentea Desf.
♄ Juli, August. Zierbaum aus Ungarn.

25. Familie. PHILADELPHEAE Don.

Philadelphus L. *Pfeifenstrauch.*

Blatt elliptisch, zugespitzt, gesägt. Griffel tief 4spaltig, kürzer als die Staubfäden . . . . **Ph. coronárius** L.

Wilder Jasmin. Grünlich weiss, starkriechend. Mai, Juni. Zierstrauch aus Südeuropa. Ausserdem einige andere Arten aus Nordamerika, z. B. **Ph. grandiflorus** mit grösseren reinweissen, fast geruchlosen Blüthen.

26. Familie. ONAGRARIEAE Juss.

Gattungen.

a. Kelch am Grunde röhrenförmig, 4theilig, abfallend. Kronblätter 4. Staubfäden 8. Frucht 4fächerig, vielsamig.

1. Kapsel linienförmig. Samen mit einem Haarschopf. Roth. 1. **Epilóbium** L.

2. Kapsel linienförmig, 4kantig. Samen ohne Haarschopf. Gelb . . . . 2. **Oenothéra** L.

3. Fruchtknoten kugelig oder eiförmig, gefärbt, Frucht beerenartig. Kelch gefärbt. Roth. . . . . **Fuchsia** L.

Mehrere Arten, z. B. **F. coccinea**, mit rothem Kelch und violetter Krone, rothgeaderten Blättern und weissen Antheren, als Zierpflanze aus Chili und Peru.

b. Kelch am Grunde nicht röhrenförmig.

1. Kelch bleibend, 4theilig. Krone oft fehlend. Staubfäden 4. Kapsel 4fächerig, vielsamig, grünlich. 3. **Isnárdia** L.

2. Kelch abfallend, 4theilig. Ein Staubfaden. Krone unregelmässig. Blüthen in Trauben. . . . **Lopézia** L.

L. racemosa Cav., roth, Blatt eilanzettlich, gesägt. Zierpflanze aus Mexico. ⊙ August—October.

3. Kelch abfallend, 2theilig. Kronblätter 2, Staubfäden 2. Frucht nicht aufspringend, 2fächerig, je einsamig. Samen aufrecht. Blüthe weiss oder röthlich. 4. **Circaea** L.

4. Kelch bleibend, 4theilig, dornartig. Kronblätter 4. Staubfäden 4. Fruchtknoten halbunterständig, 2fächerig. Samen hängend. Frucht nussartig, einsamig. 5. **Trapa** L.

1. **Epilóbium** L. *Weidenröschen.*

A. Kronblatt stumpf-ausgerandet. Staubfäden und Griffel abwärts gebogen. Blätter alle wechselständig. Krone ausgebreitet, gross, in Trauben. Blatt lanzettlich, ganzrandig, Seitennerven verbunden. . **E. angustifolium** L. Roth. ♃ Juli, August. Lichte Wälder. Häufig.

B. Kronblatt scharf-ausgerandet. Staubfäden und Griffel aufrecht. Untere Blätter gegenständig. Krone trichterförmig. Blüthen achselständig. Seitennerven des Blattes nicht verbunden.

a. Stengel ohne Leisten. Narben ausgebreitet.

α. Kelchblätter (und Knospe) stachelspitzig. Stengel abstehend-behaart, mit Ausläufern. Blatt länglich-lanzettlich, umfassend, etwas herablaufend, klein gesägt. Blume c. 2 cm. gross. . . . . **E. hirsútum** L. Roth. ♃ Juni, Juli. Ufer, feuchte Gebüsche. Häufig.

β. Kelchblätter (und Knospe) meist ohne Stachelspitze. Ausläufer fehlen. Blume klein (wie alle folgenden).

1. Stengel weichhaarig oder zottig. Blatt länglich-lanzettlich, fein gezahnt, die unteren etwas gestielt. **E. parviflórum** Schreb. (**E. hirsutum** β. L.) Lila oder weiss. ♃ Juni, Juli. Feuchte Wiesen, Ufer. Hier und da.

2. Stengel kahl oder anliegend-flaumig. Blatt eiförmig, stark- und ungleich-gezahnt, die unteren gestielt. **E. montanum** L. Fleischroth. ♃ Juni—August. Gebüsche. Häufig. Variirt mit viel kleineren zusammengedrängten, mehr eiförmigen Blättern: ζ. **collinum** seltener.

b. Stengel ohne Leisten. Narben keulenförmig-zusammengeneigt. Blatt schmal-lanzettlich, fast ganzrandig, mit keilförmigem Grunde sitzend. Samen oben in eine Spitze vorgezogen, am Grunde verschmälert. Ausläufer. **E. palustre** L. Blassroth. ♃ Juli, August. Sumpfwiesen, Gräben. Hier und da.

c. Stengel mit 2—4 erhabenen Leisten. Narben keulenförmig-zusammengeneigt.

α. Blatt sitzend oder kaum gestielt. Samen elliptisch, warzig punktirt.

1. Die mittleren Blätter umfassend, herablaufend, schmal-lanzettlich, dicht gezahnt, glänzend. Stengel sehr ästig. . . . . **E. tetragónum** L.
Rosa. ♃ Juni, Juli. Sumpfige Stellen. Hier und da.

2. Blätter am Grunde abgerundet, nicht umfassend, länglich, weitläufig-buchtig-gezähnelt. Narben später auseinanderstehend. . . . . **E. virgatum** Fries.
Blassrosa. ♃ Juli, August. Feuchte Wiesen und Wälder. Selten.

3. Blätter fast sitzend am Grunde verschmälert, ganzrandig oder undeutlich gezahnt, elliptisch, stumpf. Stengel einfach, am Grunde gekrümmt. Frucht grauflaumig. . . . . **E. nutans** Tausch.
(**E. alpinum** β. L.) ♃ Juli, August. Sehr selten.

β. Blatt deutlich gestielt, länglich, spitz, am Grunde keilförmig, ungleich-drüsig-gesägt. Narben keulenförmig oder zuletzt abstehend. . . . . **E. róseum** Schreb.
Rosa. ♃ Juli, August. Sumpfige Stellen, Gräben. Hier und da.

2. **Oenothéra** L. *Nachtkerze.*

Blatt lanzettlich, gezähnelt. Blüthen in einer Aehre. Kronblätter länger als die Staubfäden. . . . . . . **O. biennis** L.
Gelb. ⊙ Juni—August. Schutt, Wege, Ufer. Hier und da. Seit 1614 aus Virginien eingebürgert.

3. **Isnárdia** L. *Isnardie.*

Stengel unten niederliegend, wurzelnd. Blatt rautenförmig, spitz, gestielt. Blüthen einzeln, nicht gestielt. Krone fehlend. . . . . **I. palustris** L.
♃ Juli, August. Gräben, sumpfige Stellen. Sehr selten.

4. **Circaea** L. *Hexenkraut.*

a. Blüthenstiel ohne Deckblatt. Blatt am Grunde abgerundet oder schwach herzförmig, entfernt-gezähnelt. Blattstiel rinnig. Stengel fein behaart. . . . **C. lutetiana** L.
Weiss oder röthlich weiss. ♃ Juli, August. Feuchte und schattige Waldstellen. Hier und da.

b. Blüthenstiel mit einem borstlichen Deckblatt. Blatt am Grunde herzförmig, spitzbuchtig-gezahnt. Blattstiel schwach rinnig. Stengel kahl.

1. Frucht kugelig (meist unreif abfallend). Blatt eiherzförmig. Stengel mindestens 3 dm. hoch. **C. intermedia** Ehrh.

(**C. lutetiana** γ. L.) Weiss oder röthlich weiss. ♃ Juni—August. Feuchte und schattige Waldstellen. Hier und da.

2. Frucht keulig (reifend). Blatt breit-eiförmig, tief herzförmig. Stengel höchstens 15 cm. hoch. **C. alpina** L.

(**C. lutetiana** β. L.) Weiss oder röthlich weiss. ♃ Juni—August. Feuchte und schattige Waldstellen. Selten.

5. **Trapa** L. *Wassernuss.*

Die untergetauchten Blätter gegenständig, lineal-schuppenförmig, abfallend, die oberen wechselständig, rautenförmig, buchtig-gezahnt, mit blasigem Blattstiel. Frucht mit 4 dornigen Zähnen. **T. natans** L.

Weiss. ⊙ Juni, Juli. Langsam fliessende Wässer, Teiche. Selten.

27. Familie. LYTHRARIEAE Juss.

1. **Lythrum** L. *Weiderich.*

a. Blüthen büschelig in den Winkeln der Deckblätter gehäuft, scheinbar ährenförmig. Vorblättchen unter dem Kelch frühzeitig abfallend. Staubfäden 12. Blatt am Grunde herzförmig. . . . . **L. Salicária** L.

Violett. ♃ Juli—September. Ufer. Gemein.

b. Blüthen einzeln im Winkel der Stengelblätter. Blüthenstiel mit 2 bleibenden Vorblättchen. Staubfäden 6. Blatt am Grunde abgerundet oder verschmälert. **L. Hyssopifolia** L.

Hellviolett. ⊙ Juni—September. Ueberschwemmte Stellen. Sehr selten.

2. **Peplis** L. *Afterquendel.*

Stengel niederliegend, wurzelnd. Blätter gegenständig, verkehrt-eiförmig, keilig. Blüthen in den Blattwinkeln, meist einzeln. . . . . **P. Pórtula** L.

Röthlich weiss. Stengel röthlich. ⊙ Juli—September. Feuchte Stellen. Häufig.

28. Familie. HALORAGEAE RBr.

1. **Myriophyllum** L. *Tausendblatt.*

a. Alle Deckblätter kammförmig fiederspaltig, meist länger als die Blüthen. Blätter meist zu 5—6 im Quirl.

M. verticillatum L.

Röthlich weiss. ♃ Juli, August. Stehende Wasser. Selten. Variirt in der Grösse der Deckblätter.

b. Die oberen Deckblätter ungetheilt, kürzer als die Blüthen. Blätter meist zu 4 im Quirl. . . . . . . **M. spicatum** L.

Röthlich weiss. ♃ Juli, August. Stehende Wasser. Hier und da.

2. **Hippúris** L. *Tannenwedel.*

Blatt linienförmig in reichen Wirteln. Blüthen quirlständig.

H. vulgaris L.

Grünlich. ♃ Juli, August. Stehende Gewässer. Sehr selten.

3. **Callítriche** L. *Wasserstern.*

Bem. Die Angaben über Gestalt der Vorblätter beziehen sich auf die Blüthezeit, die über die Frucht auf die Fruchtreife.

a. Alle Blätter linienförmig, am Grunde etwas breiter, vorn schmäler, die obersten nicht rosettenförmig. Frucht geflügelt. Griffel zuletzt zurückgebogen. **C. autumnalis** L.

♃ August, September. Stehende Gewässer. Selten.

C. minima Hoppe, nach Koch eine Landform der übrigen Arten, unterscheidet sich von **C. autumnalis** durch die stumpfe Spitze der Blätter Selten.

b. Alle Blätter verkehrt-eiförmig. Vorblätter sichelförmig, mit den Spitzen zusammenneigend. Griffel bleibend, zuletzt zurückgebogen. Frucht geflügelt. **C. stagnalis** Scop.

♃ Mai—September. Stehende Gewässer und Bäche. Hier und da.

c. Die oberen Blätter keilig-verkehrteiförmig, rosettenförmig, die unteren linienförmig.

1. Griffel bleibend, zuletzt zurückgebogen. Vorblätter sichelförmig. Frucht geflügelt. . . . . . **C. platycarpa** Kütz.

♃ Mai—September. Stehende Gewässer und Bäche. Hier und da.

2. Griffel bleibend, ausgespreizt. Vorblätter sichelförmig-kreisförmig gebogen. Frucht schmal-geflügelt.

C. hamulata Kütz.

♃ Mai—September. Stehende Gewässer und Bäche. Selten.

3. Griffel abfallend. Vorblätter sichelförmig, lanzettlich oder eiförmig, stumpf. Frucht gekielt. **C. vernalis** Kütz.
♃ Mai—September. Stehende Gewässer und Bäche. Häufig.

4. **Ceratophyllum** L. *Hornkraut.*

a. Blatt durch 3malige Gabeltheilung in 5—8 borstenförmige Lappen getheilt. Der dornartige Griffel an der Frucht mehrmal kürzer als diese; am Grunde keine Dornen. **C. submersum** L.
♃ Juli, August. Stehende Gewässer. Selten.

b. Blatt durch 1—2malige Gabeltheiluug in 2—4 dickere fadenförmige Lappen getheilt. Der dornartige Griffel an der Frucht so lang oder länger als diese, ausserdem 2 Dornen am Grunde.
1. Frucht ungeflügelt. . . . . **C. demersum** L.
♃ Juli. August. Stehende Gewässer. Hier und da.
2. Frucht geflügelt. . . . . **C. platyacanthum** Chamisso.
♃ Juli, August. Stehende Wasser. Selten.

29. Familie. SAXIFRAGEAE Vent.

1. **Saxifraga** L. *Steinbrech.*

a. Keine ausdauernden Laubtriebe.
α. Wurzelblatt herz-nierenförmig. Stock ausdauernd.
1. Kelch halboberständig, aufrecht. Kronblatt länglich-verkehrt-eiförmig. Am Grunde des Stengels ein Haufe Zwiebelchen. . . . . **S. granulata** L.
Weiss. Mai, Juni. Grashügel u. s. w. Ueberall gemein.
2. Kelch unterständig abstehend. Die lanzettlichen Kronblätter strahlig ausgebreitet. Wurzelzwiebeln fehlen. **S. rotundifolia** L.
Weiss, gelb und roth punktirt. Juni—August. Sehr selten.
β. Wurzelblatt verkehrt-eiförmig spatelig, mehr oder weniger 3spaltig. Fruchtstiel vielmal länger als die Frucht, mit 2 Deckblättchen. Einjährig. . . . **S. tridactylites** L.
Weiss. Stengel einzeln, niedrig. April, Mai. Sandige Orte, Mauern. Sehr zerstreut.

b. Niederliegende Laubtriebe bilden einen ausdauernden Rasen.

1. Stengel mit handförmig 3spaltigen Blättern besetzt. Wurzelblätter handförmig 5—9spaltig. Kelch halboberständig, aufrecht oder abstehend. . . **S. caespitosa** L.
Weiss. ♃ Mai—Juli. Felsspalten. Sehr selten.
2. Stengel nackt, rispig. Blatt verkehrt-eiförmig knorpelig-gekerbt, in einen breiten, flachen, am Rande zottig bewimperten Blattstiel verschmälert. Kelch unterständig, zurückgebrochen. Staubfäden oberwärts verbreitert. Rispenäste röthlich. . . . . **S. umbrosa** L.
Jehovahblümchen. Kronblatt weiss mit mehr als 12 rothen und einem oder mehreren gelben Punkten. Juni—August. Zierpflanze aus Spanien, England. — Aehnlich: **S. Geum** mit grüner Rispe, 5—6 rothen und 1—2 gelben Punkten auf dem Kronblatte. Kerbzähne des Blattes sehr breit, abgestutzt oder ausgerandet. Alpen. — **S. hirsuta** mit rother Rispe. Kerbzähne stumpf gespitzt. Kronblatt wie **S. Geum**. Alpen, Sibirien.

c. Mit Wurzelstock ausdauernd. Blätter wurzelständig, eirundlich, gekerbt, dick, kahl. Stengel nackt, eine Rispe tragend. Kelch fast ganz unterständig. Krone glockig. **S. crassifolia**. L.
Roth. ♃ April, Mai. Zierpflanze aus Sibirien.

2. Chrysosplénium L. *Milzkraut.*

a. Blätter wechselständig, nierenförmig, tiefgekerbt. **Chr. alternifolium** L.
Goldgelb. ♃ März, April. Feuchte Waldstellen. Hier und da.

b. Blätter gegenständig, halbkreisrund, am Grunde gestutzt, seicht gekerbt. . . . . **Chr. oppositifolium** L.
Grünlich gelb. ♃ April, Mai. Feuchte Waldstellen. Hier und da.

30. Familie. CRASSULACEAE DC.

Gattungen.

a. Kelch und Krone 5zählig. Staubfäden 10. Unterweibige Schuppen 5. Fruchtknoten 5. . . . . . 1. **Sedum** L.

b. Kelch und Krone 6—20zählig. Ebenso viele zahnförmige unterweibige Schüppchen und Fruchtknoten. Staubfäden 12—24. . . . . 2. **Sempervivum** L.

1. Sedum L. *Fetthenne.*

A. Blatt flach, breit. Blüthe weiss oder roth. Ausdauernd ohne kriechende Sprosse.

a. Blatt gesägt oder gezahnt.

1. Untere Blätter mit breitem Grunde sitzend, obere etwas herzförmig, länglich oder eiförmig, stumpf, gegenständig oder wirtelig zu 3. Die inneren Staubfäden am Grunde der Kronblätter eingefügt. . . . . . **S. maximum** Sut.
(**S. Telephium** δ et ε. L.) Gelblich grün. Kronblätter an der Spitze deutlich kappenförmig gehöhlt. ♃ Aug., Sept. Felsen, Mauern. Hier und da.

2. Untere Blätter kurz gestielt, obere mit abgerundetem Grunde sitzend, oft gegenständig oder wirtelig zu 3. Innere Staubfäden den Kronblättern in 1/6 ihrer Höhe eingefügt. Früchtchen auf dem Rücken mit einer seichten Furche. . . . . **S. purpurascens** Koch.
(**S. Telephium** β. L.) Meist röthlich. Kronblätter an der Spitze undeutlich kappenförmig. ♃ Juli, August. Sonnige Hügel, Mauern. Häufig.

3. Blätter mit keilförmigem Grunde in einen kurzen Stiel verschmälert, länglich-lanzettlich, wechselständig. Innere Staubfäden den Kronblättern in 1/3 deren Höhe eingefügt. Früchtchen auf dem Rücken ohne Furche.
S. Fabaria Koch.
(**S. Telephium** γ. L.) Roth. ♃ Juni—August. Sehr selten.

b. Blatt ganzrandig, verkehrt-eiförmig, sehr stumpf. Stengel niederliegend. . . . . **S. Anacámpseros** L.
Roth oder weiss mit grünem Kiel. ♃ Juni, Juli. Steinige Orte. Sehr selten.

B. Blatt schmal und dick, mehr oder weniger eirund. Wurzel dünn, 1- oder 2jährig.

a. Blüthe weiss oder röthlich.

α. Blatt drüsig behaart, linienförmig-walzlich, aufrecht. Nichtblühende Sprosse fehlend. . . . **S. villosum** L.
Röthlich. ⊙ Juli, August. Sumpfige Wiesen. Zerstreut.

β. Blatt kahl. Stengel mit einem Rasen von nicht blühenden Sprossen.

1. Blatt walzlich, stumpf, wechselständig, abstehend. Rispe kahl. Kronblätter lanzettlich, 3 mal länger als der Kelch. . . . . **S. album** L.
Weiss oder röthlich. Staubbeutel roth. ♃ Juli August. Mauern, Felsen. Nicht überall.

2. Blatt kurz, elliptisch, meist gegenständig. Rispe drüsig-

flaumig. Kronblätter eiförmig, doppelt so lang als der Kelch. . . . . **S. dasyphyllum** L.

Weiss mit rother Rückenlinie. ♃ Juni, Juli. Mauern, Felsen. Sehr selten.

b. Blüthe gelb.

α. Blatt ohne Stachelspitze.

1. Blatt eiförmig, fast so breit als lang, auf dem Rücken höckerig-gewölbt, die über die Ansatzstelle abwärts fortgesetzte Basis stumpf. Blätter an nicht blühenden Trieben deutlich in 6 schiefen Zeilen, blassgrün.

* Blätter etwas abstehend, locker. Trugdolde meist 4—6 blüthig. Geschmack scharf . . . . **S. acre** L.

Mauerpfeffer. ♃ Juni, Juli. Mauern, Bergabhänge. Häufig.

** Blätter aufrecht, dicht-dachig. Trugdolde meist 2—3doldig. Geschmack wässerig.. **S. sexangulare** L.

♃ Juni, Juli. Mauern, trockene Felder. Gemein.

2. Blatt lineal, walzlich (4 mal so lang als dick), die abwärts verlängerte Basis mit einem Spitzchen nach hinten. Blätter an den blühenden Stengeln locker, rein grün, geschmacklos. Aeste der Trugdolde 6—10-blüthig. . . . . **S. boloniense** Lois.

(S. sexangulare M. u. K.) ♃ Juli—September. Mauern, Felsen, trockene Anhöhen. Häufig.

β. Blatt lineal, stachelspitzig, am Grunde spornartig verlängert, die der nichtblühenden Triebe abstehend oder zurückgebogen. Stengel derb, aufsteigend.

1. Blatt fast stielrund. Trugdolde mit Deckblättern. Kelchblätter spitz. Blumenblätter lanzettlich.

S. reflexum L.

♃ Juli, August. Felsen, Mauern, Triften. Hier und da. Varietät mit blaugrünen Blättern: β. **glaucum** = **S. rupestre** L.

2. Blatt etwas flach. Trugdolde ohne Deckblätter. Kelchblätter stumpf. Blumenblätter länglich. **S. elegans** Lej.

♃ Juli, August. Felsen, Mauern. Sehr selten.

2. Sempervivum L. *Hauslauch.*

a. Kronblätter c. 12, sternförmig ausgebreitet, roth. Staubfäden zum Theil in Fruchtknoten übergehend.

S. tectórum L.

♃ Juli, August. Auf Mauern und Dächern verwildert.

b. Kronblätter 6, aufrecht, glockenförmig zusammenneigend, gelblichgrün. Die Sprossen von der Mutterpflanze zeitig abfallend. . . . . **S. soboliferum** Sims.
♃ Juli, August. Aus den Alpen, auf Mauern und Dächern verwildert.

31. Familie. SILENEAE Bartl.

Gattungen.

A. Griffel 2. Kapsel 1fächerig, 4zähnig-aufspringend.

a. Kelch röhrenförmig, am Grunde mit 1 oder 2 Paar Vorblättern. Kronblatt benagelt. Samen auf der einen Seite erhaben, auf der andern vertieft (schildförmig). 1. **Dianthus** L.

b. Kelch kreisselförmig, ohne Vorblätter. Kronblatt keilförmig verschmälert. Samen rundlich-nierenförmig. 2. **Gypsóphila** L.

c. Kelch walzlich oder kantig, ohne Vorblätter. Kronblatt mit einem langen deutlich abgesetzten flügelrandigen Nagel. Samen rundlich-nierenförmig. 3. **Saponaria** L.

B. Griffel 3. Kronblatt benagelt.

a. Kelch 5spaltig, glockig. Frucht nicht aufspringend, beerenartig. . . . . 4. **Cucúbalus** Sm.

b. Kelch 5zahnig, röhrig oder aufgeblasen. Kapsel unten 3fächerig, mit 6 Zähnen aufspringend . 5. **Siléne** L.

C. *Griffel* 5. Kronblatt benagelt.

a. Kelchzähne kurz. Narben nicht behaart. Griffel vor den Kelchzähnen. Krone mit Schlundkranz. 6. **Lychnis** L.

b. Kelchzipfel laubartig verlängert. Narben ringsum behaart. Griffel vor den Kronblättern. Krone ohne Schlundkranz. . . . . 7. **Agrostemma** L.

1. **Dianthus** A. *Nelke.*

I. *Blüthen in Köpfchen vereinigt, gemeinschaftlich von 6 grossen abgerundet-stumpfen Vorblättern umgeben.* Kelch durchscheinend häutig, undeutlich gezahnt. **D. prólifer** L.
Blüthen rosenroth, klein. ⊙ oder ♃ (?) Juli, August. Sonnige Hügel, Sandfelder, Mauern. Zerstreut im ganzen Gebiete.

II. *Blüthen ohne gemeinschaftliche Hülle; jede am Grunde mit 2—4 besonderen Kelchschuppen.* Kelchzähne lanzettlich, nicht häutig.

A. Blüthen kopf- oder büschelartig beisammen. Kronblatt ohne Flügelleisten.

a. Kelchschuppen rauhhaarig, so lang als der Kelch, lanzettlich-pfriemlich. Blatt linienförmig, stumpf, flaumig. **D. Arméria** L.

Roth mit dunkeln Punkten. ⊙ Juli, August. Gebüsche. Zerstreut im ganzen Gebiete.

b. Kelchschuppen kahl, so lang als der Kelch, eirund, begrannt. Deckblätter zurückgebogen-abstehend. Blatt lanzettlich, kurz gestielt. . . . . **D. barbatus** L.

Blasspurpurn. ♃ Juli, August. Zierpflanze aus den Alpengegenden. Hier und da verwildert.

c. Kelchschuppen kahl, halb so lang als der Kelch, verkehrteiförmig, begrannt, trocken, braun. Blatt linienförmig. . . . . **D. Carthusianorum** L.

Purpurroth. ♃ Juni—August. Trockene Wiesen, Hügel. Selten.

B. Blüthen einzeln oder in lockeren Rispen.

a. Kronblatt ganzrandig oder gezahnt; Nagel mit Flügelleisten.

α. Kelchschuppen (meist 2) elliptisch mit aufgesetzter Granne oder verschmälert, halb so lang als der Kelch. Stengel flaumig, mehrblüthig, mit aufrechten Trieben, nicht rasig. . . . . **D. deltoides** L.

Purpurroth mit dunklerem Ringe. ♃ Juni—September. Triften, Wegeränder. Häufig. — Var. mit blaugrünem Blatt und hellrother oder weisser Blüthe: **D. glaucus** L., selten.

β. Kelchschuppen (4) rundlich, kurz-stachelspitzig, 4 mal so kurz als der Kelch. Blatt graugrün.

1. Stengel mehrblüthig, kahl, mit niederliegenden Laubtrieben. Blatt spitz, am Rande glatt. **D. Caryophyllus** L.

Sehr verschiedenfarbig. Wohlriechend. ♃ Juli, August. Topf-Zierpflanze aus Südeuropa.

2. Stengel meist einblüthig, durch wurzelnde Laubtriebe rasig. Kronblatt bebartet. Blatt am Rande rauh, meist stumpf. . . . . **D. caésius** Sm.

Fleischroth, wohlriechend. ♃ Mai—Juli. Felsspalten. Sehr selten.

b. Kronblatt tief fingerartig zerschlitzt, das ungetheilte Feld verkehrt-eiförmig; Nagel mit Flügelleisten. Kelchschuppen rundlich-eiförmig, kurz zugespitzt, 4 mal so kurz als der Kelch. Blatt blaugrün, am Rande scharf. Stengel dichtrasig mit wurzelnden Laubtrieben.

D. plumarius L.

Federnelke. Weiss oder röthlich. ♃ Juli, August. Zierpflanze aus Süddeutschland.

c. Kronblatt tief fiederigzerschlitzt, Mittelfeld schmal länglich; Nagel ohne Flügelleisten. Kelchschuppen eiförmig, kurz zugespitzt, 3—4 mal so kurz als der Kelch. Blatt grün.

1. Stock nicht rasig. Stengel 3- oder mehrblüthig.

D. superbus L.

Fleischroth mit purpurrothen Härchen. ⊙ und ♃ Juni—August. Selten.

2. Stock dicht rasig. Stengel einblüthig. **D. arenarius** L.

Weiss mit röthlichen Härchen. ♃ Juli—Sept. Sandfelder. Sehr selten.

2. Gypsóphila L. *Gypskraut.*

Stengel aufrecht, von der Mitte an gabelig-rispig, Blüthen einzeln. Krone länger als die Staubfäden. **G. murális** L.

(**G. serotina** Hayne.) Blassroth. ⊙ Juli, August. Triften, Wege, Aecker. Hier und da häufig.

Gypsophila fastigiata L. Stengel aufsteigend, nach oben dicht-ebensträussig, klebrig-flaumig. Staubfäden länger als die Kronblätter. Weiss. ♃ Sandfelder. Angrenzendes Gebiet, sehr selten.

Gypsophila repens L. Stengel aufsteigend, locker-ebensträussig, kahl. Staubfäden kürzer als die Kronblätter. Weiss. ♃ Juni—August. Kalkberge. Sehr selten. Vorkommen zweifelhaft.

3. Saponaria L. *Seifenkraut.*

a. Kelch walzlich, ohne Kanten. Krone mit Schlundkranz. Blüthen büschelig-ebensträussig. Blatt eilanzettlich, am Grunde schmal-zusammenhängend . . . . **S. officinalis** L.

Weiss oder fleischroth. ♃ Juli, Aug. Ufer, sandige Wege, Hecken. Häufig.

b. Kelch krugförmig, 5kantig. Krone ohne Schlundkranz. Blüthen locker-ebensträussig. Blatt lanzettlich, am Grunde breit-zusammenhängend. . . . . **S. Vaccária** L.

Fleischroth. ⊙ Juni, Juli. Getreidefelder, bes. auf Kalkboden. Hier und da.

4. Cucúbalus Sm. *Taubenkropf.*

Stengel kletternd oder niederliegend, Zweige weit abstehend.

Blatt länglich-eiförmig spitz, kurz gestielt. Beere langgestielt. . . . . **C. bacciferus** L.
Weiss. ♃ Juli—September. Ufergebüsche, feuchte Waldstellen. Sehr selten.

5. **Siléne** L. *Leimkraut.*

A. Krone ohne Schlundkranz.

a. Kronblatt ungetheilt, linienförmig. Kelch glockig. Blüthenstand rispig-traubig mit quirlartigen Aesten. Rispe kahl. Blüthe grünlich. . . . . **S. Otites** Sm.
♃ Mai—Juli. Sandfelder, Wegeränder. Selten.

b. Kronblatt gespalten. Kelch aufgeblasen-eiförmig, vielnervig und netzaderig. Blüthenstand ebensträussig, kahl. Blüthe weiss. . . . . **S. infláta** Sm.
(**Cucubalus Behen** L.) ♃ Juli, August. Gebüsche, steinige Orte, trockene Wiesen. Häufig. — Var. mit breitem, selten mit schmal-lanzettlichem Blatte.

c. Kronblatt gespalten. Kelch keulenförmig, 10nervig. Rispe mit gegenüberstehenden Aesten, flaumig, an dem Knoten klebrig. Blüthe weiss. . . . . **S. nemoralis** W. K.
♃ Juni, Juli. Wälder. Sehr selten.

B. Krone mit einem Schlundkranze.

a. Kelch 30nervig, nicht netzaderig, kegelförmig. Kronblatt ausgerandet, verkehrt-herzförmig. Blatt linienlanzettlich. Ganze Pflanze flaumig. Kapsel länglich-eiförmig. Blüthe rosenroth. . . . . **S. cónica** L.
⊙ Mai—Juli. Sandäcker. Selten. — **S. conoidea** L. verschieden durch plattkugelige Kapsel und drüsig-flaumige Oberfläche.

b. Kelch 10nervig. Kronblatt 2spaltig.

1. Kelch kegelförmig, nach unten verbreitert. Blüthenstand ebensträussig-aufrecht. Untere Blätter spatelig, obere länglich-lanzettlich. Ganze Pflanze klebrig-zottig. Blüthe rosa. Kapsel einfächerig . . . . **S. noctiflóra** L.
⊙ Juli—September. Aecker. Hier und da.

2. Kelch röhrig oder keulenförmig. Rispe verlängert mit einseitig nickenden Zweigen. Untere Blätter lanzettlich-elliptisch, in den Stiel verschmälert. Ganze Pflanze flaumig, oberwärts klebrig. Blüthe weiss. Kapsel am Grunde 3fächerig. . . . . **S. nutans** L.
♃ Juni, Juli. Hügel, Waldränder, Hecken, Mauern. Häufig.

b. Kelch 10nervig. Kronblatt ungetheilt.

1. Rispe gedrängt-büschelig. Kelch röhrig, nach oben verbreitert. Blatt eiförmig. Pflanze kahl. Blüthe roth.

S. Armēria L.

⊙ Juli, August. Steinige und sandige Stellen. Zierpflanze, hier und da verwildert.

2. Blüthenstiel ährig. Kelch eiförmig, nach oben verbreitert. Blatt spatelig. Pflanze behaart (oft klebrig). Blüthe weiss oder fleischroth. . . . . . . **S. gallica** L.

⊙ Juni, Juli. Aecker. Sehr selten. Var.: β. **quinquevulnera**, Blumenblätter dunkelroth, weissberandet; γ. **anglica**, Stengel ästig, ausgebreitet.

6. Lychnis DC. *Lichtnelke.*

A. Kapsel mit 5 vor den Kelchblättern stehenden Zähnen aufspringend, unten 5fächerig. Kronblatt ungetheilt. Stengel kahl, unter den Knoten klebrig. Blatt lanzettlich, am Grunde zottig. Blüthenstand verlängert-traubig.

L. Viscāria L.

(**Viscaria vulgaris** Röhl.) *Pechnelke.* Roth. ♃ Mai, Juni. Sonnige Abhänge, trockene Waldstellen. Selten. Gefüllt als Zierpflanze.

B. Kapsel mit 5 vor den Kronblättern stehenden Zähnen aufspringend, einfächerig.

a. Kronblatt ungetheilt. Schlundkranz stechend. Kelch walzlich-glockig. Blüthen lang gestielt. Pflanze dichtfilzig. . . . . **L. coronāria** Lam.

(**Agrostemma coronaria** L.) *Stechnelke.* Roth. ⊙ Juni, Juli. Zierpflanze aus Südeuropa. Verwildert.

b. Kronblatt 2spaltig. Blüthen in dichter Trugdolde.

1. Pflanze rauhhaarig. Blatt elliptisch-eiförmig. Blüthe scharlachroth. . . . . **L. chalcedonica** L.

(**Agrostemma chalcedonica** Br. u. D.) *Brennende Liebe.* ♃ Juli, August. Zierpflanze aus dem Orient und Sibirien.

2. Pflanze wollig-filzig. Blatt eilanzettlich. Blüthe rosa.

L. Flos Jovis Lam.

♃ Juni. Zierpflanze aus Piemont.

c. Kronblatt 4spaltig, rosa. Stengel rauhhaarig. Stengelblatt linienlanzettlich. . . . . **L. Flos cúculi** L.

Kukuksnelke. ♃ Mai—Juli. Wiesen, Ufer. Gemein.

C. Kapsel mit 10 Zähnen aufspringend. Stengel gabelästig. Blüthen einzeln, end- und seitenständig.

a. Kapsel einfächerig. Blüthe 2häusig.

1. Stengel, Blatt und Kelch zottig. Blatt elliptisch. Kapselzähne zurückgerollt. Blüthe meist roth.
L. diurna Sibth.
(**L. dioica** α. L.) ♃ Mai—Juli. Wiesenzäune, Waldränder. Gemein.

2. Stengel oberwärts nebst dem Kelch drüsig-rauh. Blatt eilanzettlich. Kapselzähne aufrecht. Blüthe meist weiss.
L. vespertina Sibth.
(**L. dioica** β.) ⊙ Juni—Aug. Triften, Anhöhen, Ackerränder. Zerstreut.

b. Kapsel unten 5fächerig. Blüthe zwitterig. Blatt linienförmig. Pflanze kahl. Blume roth. **L. Coeli rosa** Desr.
Himmelsröschen. ⊙ Juli, August. Zierpflanze aus dem Orient und Sicilien.

7. Agrostemma L. *Raden.*

Kronblatt abgestutzt. Stengel und die linienförmigen Blätter rauh. Blume roth. . . . . **A. Githágo** L.
Kornraden. ⊙ Juni, Juli. Unter der Saat. Gemein. Giftig.

32. Familie. ALSINEAE DC.

Gattungen.

A. Griffel 3. Kapsel 3klappig aufspringend. Kronblatt ganz. Blatt pfriemförmig. Samen nierenförmig, flügellos. Staubfäden meist 10. . . . . 1. **Alsíne** Wahlb.

B. Griffel 3. Kapsel 6klappig aufspringend.

a. Kronblatt ganz oder schwach-ausgerandet.

1. Staubfäden 3—5. Samen schildförmig. Blüthen doldig.
2. **Holósteum** L.

2. Staubfäden 8—10. Samen nierenförmig, mit einem weisslichen Anhängsel, glatt. . . 3. **Moehringia** L.

3. Staubfäden 10. Samen nierenförmig, ohne Anhängsel, etwas rauh. . . . . 4. **Arenaria** L.

b. Kronblatt tiefgespalten. Staubfäden 3—10.
5. **Stellaria** L.

C. Griffel 4—5. Kapsel 4—5klappig aufspringend. Kronblatt ganz. Staubfäden 4—10. Griffel mit den Kelchzähnen w e c h s e l n d. Samen nierenförmig. Blatt pfriemförmig. . . . . 6. **Sagína** L.

D. Griffel 4. Kapsel 3klappig aufspringend. Kelch, Krone

und Staubfäden 4zähnig. Kronblatt ganz, kürzer als der Kelch. Griffel den Kelchzähnen entsprechend. 7. **Moénchia** Ehrh.

E. Griffel 5. Kapsel 10klappig aufspringend. Kelch und Krone 5-, Staubfäden 10(5)zählig.

a. Griffel vor den Kronblättern. Kronblatt 2spaltig oder scharf-ausgerandet . . . . 8. **Cerástium** L.

b. Griffel vor den Kelchzipfeln. Kronblatt bis auf den Grund 2theilig. . . . . 9. **Maláchium** Fr.

1. **Alsíne** Wahlenb. *Miere.*

Kelchblätter pfriemlich, 3nervig, länger als die Krone, kürzer als die reife Kapsel. Blüthenstiel länger als das Deckblatt. Blatt pfriemlich, 3nervig. Stengel von unten an gabelästig. . . . . **A. tenuifolia** Wahlb.

(**Arenaria tenuif.** L.) Weiss. ⊙ Mai—August. Sandfelder, Mauern, Wege. Sehr selten. Varietät: β. **viscosa,** drüsig behaart, Kelch länger als die Kapsel, Stengel einfacher. Sehr selten.

Alsine verna Bartl. Kelchblätter eilanzettlich, kürzer als die Kronblätter. Weiss. ♃ Juni—August.

Alsine Jacquini Koch. Kelchblätter pfriemlich, länger als die Kronblätter. Blüthenstiel kürzer als das Deckblatt. Stengel nach oben verzweigt. Weiss. ⊙ Juli, August. Trockene Hügel, sandige Felder. Grenzgebiet, sehr selten.

2. **Holósteum** L. *Spurre. Sparre. Schachtkohl.*

Kronblatt an der Spitze gezahnt. Klappen zurückgerollt. Fruchtstiele zurückgeschlagen, zuletzt aufrecht. Blatt elliptisch, kahl. Stengel einfach. . . . . . . **H. umbellatum** L.

Weiss oder röthlich. ⊙ April, Mai. Aecker, Raine, Mauern. Ueberall häufig.

3. **Moehríngia** L.

Kelchblätter 3nervig, länger als die rundlichen Kronblätter und als die Kapsel. Blatt eiförmig, 3—5nervig, mit plattem gewimperten Stiel. . . . . **M. trinervia** Clairv.

(**Arenaria trinervia** L.) Weiss. ⊙ Mai, Juni. Gebüsch. Hier und da.

4. **Arenaria** L. *Sandkraut.*

Kelchzipfel 3nervig, länger als die spitzen eirunden Kronblätter. Blatt eiförmig, zugespitzt, sitzend. **A. serpyllifolia** L.

Weiss. ⊙ Juli, August. Sandige Orte, Mauern. Häufig.

5. **Stellaria** A. *Sternmiere.*

A. Stengel stielrund. Untere Blätter an den blühenden Stengeln gestielt.

a. Stengel einreihig-behaart. Blatt eiförmig. Krone kürzer als der Kelch. Blüthen einzeln, gabelständig. Staubfäden meist nur 3—5. . . . . **St. media** Vill.

(**Alsine media** L.) *Vogelkraut.* Weiss. ⊙ Blüht das ganze Jahr. Bebaute Orte. Gemein. — Varietät: β. **major** K. mit 10 Staubfäden. Selten.

b. Stengel ringsum zottig-behaart, selten kahl. Blatt herzförmig. Krone doppelt so lang als der Kelch. Blüthen in einer gabeltheiligen Rispe. . . . . **St. némorum** L.

Weiss. ♃ Mai—Juli. Feuchte Waldstellen, Quellen u. s. w. Hier und da.

B. Stengel 4kantig. Sämmtliche Blätter der blühenden Stengel sitzend.

a. Kronblatt bis zur Mitte 2spaltig, doppelt so lang als der Kelch. Kelchblatt nervenlos. Kapsel kugelig. Blatt lanzettlich, lang-zugespitzt, Kiel und Ränder scharf. Deckblätter krautartig, hellgrün. **St. Holóstea** L.

Weiss. ♃ April, Mai. Wälder, Zäune. Häufig.

b. Kronblatt bis an den Grund 2theilig. Kelchblatt 3nervig. Blatt nicht scharfrandig. Deckblätter häutig.

α. Blatt fast lineal, am Grunde am breitesten, allmählich verschmälert. Kelch am Grunde abgerundet. Kapsel unten abgerundet.

1. Deckblätter am Rande und die linien-lanzettlichen Blätter am Grunde kahl. Krone länger, zuweilen so lang als der Kelch, Kelch so lang als die Kapsel. Stengel aufrecht, meist blaugrün. **St. glauca** With.

Weiss. ♃ Juni, Juli. Sumpfige Wiesen, Gräben. Hier und da. Var. mit grünem Blatt und 1—3blüthigen Stengel: **St. Dilleniana** Mch.

2. Deckblätter am Rande und die lanzettlichen Blätter am Grunde bewimpert. Krone meist so lang, Kapsel grösser als der Kelch. Stengel ausgebreitet, grasgrün. . . . . **St. graminea** L.

Weiss. ♃ Mai — Juli. Triften, Ackerränder. Häufig. Var. mit grösseren und kleineren Blüthen, mit langen und kurzen Blättern.

β. Blatt länglich-lanzettlich (die gröste Breite in der Mitte oder darüber), am Grunde gewimpert. Deck-

blätter am Rande kahl. Kelch am Grunde kurz-trichterförmig. Kapsel am Grunde verdünnt (länglich-verkehrteiförmig). Krone kürzer als der Kelch. Stengel ausgebreitet, graugrün. . . . . **St. uliginosa** Murr.
Weiss. ⊙ Juni, Juli. Sumpfstellen, Quellen, Gräben. Hier und da.

6. **Sagína** L. *Mastkraut.*

a. Blüthe 4gliederig. Krone kürzer als der Kelch.

α. Zweige niederliegend. Blüthenstiele beim Verblühen hakig gebogen, in der Reife aufrecht.

1. Die 2 äusseren Kelchblätter zugespitzt, stachelspitzig. Zweige aufsteigend. Blatt am Grunde oft gewimpert. **S. ciliata** Fr.
Weiss. ⊙ Juni, Juli. Aecker. Sehr selten.

2. Kelchblätter stumpf. Zweige wurzelnd. Blatt kahl. **S. procumbens** L.
Weiss. ♃ Mai—October. Aecker, Wege. Gemein.

β. Stengel und Zweige aufrecht. Blüthenstiele stets aufrecht. Kelchblätter stumpf. Kronblätter abfallend. Blatt am Grunde gewimpert. . . . . **S. apétala** L.
Weiss. ⊙ Mai—August. Aecker, Triften, Wege. Hier und da.

b. Blüthe 5gliederig. Krone länger als die stumpfen Kelchblätter. In den oberen Blattwinkeln kurze Blattbüschel. Zweige ausgebreitet. Blüthenstiele stets aufrecht. **S. nodósa** Bartl.
(**Spergula nodosa** L.) Weiss. ♃ Juli, August. Sumpfige Wiesen, Gräben. Hier und da.

7. **Moénchia** Ehrh.

Stengel 1—2blüthig, aufrecht, meist einfach. Wurzelblätter rosettenartig, lineal-spatelförmig, obere schmal. Staubfäden 4, selten 8. . . . . **M. erecta** Fl. Wett.
(**M. quaternella** Ehrh.) Weiss. ⊙ April, Mai. Triften, Raine. Zerstreut.

8. **Cerástium** L. *Hornkraut.*

a. Krone kürzer oder kaum länger als der Kelch. Blatt rundlich oder länglich-eiförmig. Einjährig.

α. Alle Deckblätter krautig, nebst den Kelchblättern an der Spitze bärtig. Kronblätter am Grunde gewimpert.

1. Blüthenstiele kürzer oder kaum länger als die Deckblätter. Kronblätter so lang als der Kelch. Staubfäden kahl. Kapsel doppelt so lang als der Kelch.

C. glomeratum Thuill.

Weiss, zuweilen ohne Krone. Mai—August. Aecker, feuchte Stellen. Hier und da.

β. **eglandulosum**, mit drüsenlosen Haaren: γ. **apetalum**, ohne Kronblätter.

2. Blüthenstiele viel länger als die Deckblätter. Kronblätter länger als der Kelch. Staubfäden am Grunde behaart. Kapsel $1\frac{1}{2}$ mal so lang als der Kelch.

C. brachypétalum Desp.

Weiss. Mai, Juni. Trockene Hügel in Gebirgsgegenden. Selten.

β. Kelchblätter nicht bärtig, spitz. Blüthenstiel deutlich länger als das Deckblatt. Stengel meist nicht wurzelnd. Kronblätter und Staubfäden kahl. Samen am Rande punktirt, abgerundet.

1. Fruchtstiel zurückgebogen. Alle Deckblätter mit sehr breitem Hautrande. Kelchblätter randhäutig, an der Spitze gezähnelt. Kronblätter kürzer als der Kelch.

C. semidecandrum L.

Weiss. Fruchtstiel viel länger als das Deckblatt, Staubfäden meist 5. April—Juli. Felder, trockene Hügel. Häufig.

2. Fruchtstiel abstehend. Meist nur die oberen Deckblätter und die Kelchblätter schmalrandhäutig. Krone so lang oder länger als der Kelch. **C. glutinosum** Fr.

Weiss. April, Mai. Felder, trockene Hügel. Hier und da.

γ. Kelchblätter nicht bärtig, stumpf, ganzrandig. Untere Deckblätter meist krautartig, die oberen meist randhäutig. Kronblätter meist so lang oder länger als der Kelch, 2 spaltig, zuweilen am Grunde gewimpert. Staubfäden kahl. Same an dem dem Nabel entgegengesetzten Rande platt oder rinnig, an beiden Flächen durch eine Kante getrennt, deutlich warzig-punktirt. Blüthenstiel viel länger als das Deckblatt. Stengel meist wurzelnd.

C. triviale Lk.

(**C. vulgatum** Wahlb.) Weiss. ⊙ ⊝ (♃?) Mai—September. Aecker, Wege, Wiesen. Gemein.

b. Krone doppelt so lang als der Kelch. Blatt lanzettlich.

Fruchtstiele aufrecht. Deckblätter und Kelchblätter randhäutig. Ausdauernd. . . . . **C. arvense** L.
Weiss. Mai—Juli. Sonnige Hügel, Wegeränder. Gemein. — **C. tomentosum** L. mit gerader Kapsel, zurückgerollten Zähnen, weissfilzig, Alpenpflanze.

9. **Maláchium** Fr. *Weichkraut.*

Krone länger als der Kelch. Blatt herzeiförmig oder länglich-lanzettlich mit herzförmigem Grunde. Blüthenstiel und Kelch drüsig-flaumhaarig. . . . . **M. aquaticum** Fr.
(**Cerastium aquat.** L.) Weiss. ♃ Juni—Aug. Feuchte Gebüsche, Ufer. Häufig.

33. Familie. ELATINEAE Combess.

Elatíne L. *Tännel.*

a. Blätter kürzer als ihr Stiel, gegenständig. Kelch 4theilig. Kronblätter 4. Staubfäden 8. Samen halbkreisförmig gekrümmt. **E. Hydrópiper** L.
Weiss oder röthlich. ⊙ Juni—August. Ufer, überschwemmte Orte. Sehr selten.

b. Blätter länger als ihr Stiel, gegenständig. Kronblätter 3. Samen schwach gekrümmt.

1. Blüthen sitzend. Kelch 2theilig. Staubfäden 3. **E. triandra** Schk.
Weiss oder röthlich. ⊙ Mai—August. Gräben, Ufer. Sehr selten.

2. Blüthen gestielt. Kelch 3theilig. Staubfäden 6. **E. hexandra** DC.
⊙ Juli—September. Teichränder. Sehr selten.

c. Blätter sitzend, 3—4 im Quirl. Kelch 4theilig. Kronblätter 4. Staubfäden 8. . . . . **E. Alsinastrum** L.
Weiss. ♃ Juli, August. Sümpfe, Gräben. Sehr selten.

34. Familie. PORTULACEAE.

Gattungen.

a. Kelch über dem Grunde abfallend. Kronblätter fast bis zum Grunde frei. Staubfäden 8—15. Fruchtknoten rundlich. Kapsel ringsum aufspringend. 1. **Portuláca** L.

b. Kelch bleibend. Krone trichterförmig, an einer Seite aufgeschlitzt; 3 Zipfel kleiner als die 2 anderen. Staubfäden 3(—5). Fruchtknoten kreisselförmig. Kapsel in 3 Klappen aufspringend. . . . . 2. **Móntia** L.

1. **Portuláca** L. *Portulak.*

Blatt fleischig, die unteren gegenständig, die oberen wechselständig. Blüthen je 1—3 sitzend. . . . . **P. oleracea** L.

Gelblich. ⊙ Juni—September.

Var. α. **silvestris**, Stengel und Aeste niedergestreckt. Blatt länglich-keilig. Kelchzipfel stumpf gekielt. Hier und da verwildert.

β. **sativa**, Stengel aufrecht. Aeste aufstrebend. Blatt verkehrt-eiförmig. Kelchzipfel flügelartig-gekielt. Gemüsepflanze.

Zierpflanzen aus Chili, mit grosser, rother Blume: **Portulaca grandiflora** Camb., **Thellusonii** Lindl., **Gilliesii** Hook.

2. **Móntia** L.

Blätter gegenständig, länglich-verkehrteiförmig, kahl. Blüthen in 2—5blüthigen Trauben. . . . . . **M. fontána** L.

Var. α. **minor**, Blatt blass- oder röthlich-grün. Stengel aufstrebend, 2—8 cm. lang. Samen knötig-rauh, fast glanzlos. ⊙ Mai—Juli. Weisslich. Feuchte Sandorte.

β. **major** (**M. rivularis** Gmel.). Blatt grün. Stengel verlängert, fluthend, 1—0 cm. lang. Samen glänzend. Blüthe weisslich. ♃ Mai—Juli. Quellen, Bäche.

35. Familie. PARONYCHIEAE. St. Hil.

Gattungen.

A. Kelch 5blätterig. Frucht vielsamig, aufspringend.

a. Griffel 3spaltig. Kapsel 3klappig. Staubfäden 10, die äusseren am Grunde mit 2 Drüsen versehen. Blatt etwas fleischig. . . . . 1. **Lepígonum** Wahlb.

b. Griffel 5. Kapsel 5klappig. Staubfäden 5 oder 10, ohne Drüsen. Blatt pfriemlich-linienförmig; in den Achseln kurze Blattbüschel. . . . . 2. **Spérgula** L.

B. Kelch 5theilig. Frucht einsamig.

a. Blätter wechselständig. Staubfäden 5. 3 sitzende Narben. Frucht nicht aufspringend. . . . . . 2. **Corrigíola** L.

b. Blätter gegenständig. Staubfäden 10, wovon 5 unfruchtbar. Ein kurzer Griffel mit 2 Narben.

1. Frucht nicht aufspringend. . . . . 4. **Herniaria** L.
2. Frucht mit 5 oder 10 an der Spitze zusammenhängenden

Klappen aufspringend. Kelch aus 5 dicken weissen in eine Haarspitze zugespitzten Zipfeln. 5. **Illécebrum** L.

1. Lepígonum Wahlenb. *Schuppenmiere.*

a. Krone kürzer als der Kelch, weiss. Kelchblätter mit grünem Rückennerv. Staubfäden 5—3. Samen birnförmig, ungeflügelt. Blatt so lang als das Internodium. Stengel aufrecht. Pflanze kahl. . . . . **L. segetale** Koch.
(**Alsine** . . L., **Arenaria** . . Lam.) ⊙ Juni, Juli. Getreidefelder. Selten.

b. Krone so lang als der Kelch, meist roth. Kelchblätter nervenlos. Staubfäden 10. Stengel liegend oder aufsteigend.

1. Blatt beiderseits flach, stachelspitzig (kürzer als das Internodium). Stengel und Blatt meist drüsig behaart. Nebenblätter lang zugespitzt. Blüthe meist langgestielt. Samen ungeflügelt. . . . . **L. rubrum** Wahlb.
(**Arenaria rubra** α. L.) Roth. ⊙ Mai—September. Sandige Orte. Häufig.

2. Blatt beiderseits convex, stumpflich, meist länger als das Internodium. Stengel und Blatt kahl. Nebenblätter kurzzugespitzt. Blüthe kurzgestielt. Samen fast alle ungeflügelt. . . . . **L. medium** Wahlb.
(**Arenaria rubra** β. **marina** L.) Roth. ⊙ Juni—Aug. An Gradierhäusern.

3. Blatt halbcylindrisch, stumpflich. Samen alle geflügelt. Sonst wie vorige Art. . . . . **L. marginatum** K.
(**Arenaria media** L.) Weiss oder rosa. ⊙ Juli, August. Auf Salzboden. Sehr selten.

2. Spérgula L. *Spark.*

a. Blatt unterseits mit einer Furche. Staubfäden meist 10. Samen mit gekieltem, schmalgeflügeltem, glattem Rande. **Sp. arvensis** L.
Weiss. ⊙ Juni, Juli. Sandige Aecker. Gemein. — Var.: α. **sativa**, Samen schwarz, glatt, fein punktirt: β. **vulgaris**, Samen mit weisslichenbraunen Wärzchen: γ. **maxima**, Samen 3 mal grösser (Leinfelder).

b. Blatt ohne Furche. Staubfäden meist 5. Samen mit breitflügeligem, strahlig-gestreiftem, im Umfange des Samens körnig-rauhem Hautrande. . . . . **Sp. pentandra** L.
Weiss. ⊙ April, Mai. Auf trockenem Sandboden. Sehr selten. Var.: α. **genuina**, Kronblatt schmaleiförmig oder länglich-lineal. Samen glatt mit weissem Flügelrand. β. **Morisonii** Bor., Kronblatt eiförmig. Samen am Rand mit erhabenen Pünktchen und hellbraunem Flügelrand.

3. **Corrigíola** L. *Hirschsprung.*

Zahlreiche Stengel aus der Wurzel, nach allen Seiten hin niedergestreckt. Krone so lang oder länger als der Kelch. Blatt lineal-keilig. Ebenstrauss beblättert. . **C. litorális** L.
Weiss. ⊙ Juli, August. Kiesige Flussufer. Zerstreut durch das ganze Gebiet.

4. **Herniaria** L. *Bruchkraut.*

Zweige nach allen Seiten ausgebreitet. Blatt elliptisch oder länglich, am Grunde verschmälert. Knäuel c. 10 blüthig, in den Blattwinkeln.

a. Zweige völlig niederliegend. Blatt und Kelch kahl oder flaumig. . . . . **H. glabra** L.
Gelbgrün. ♃ Juli—September. Sandige Orte. Häufig.

b. Zweige an den Enden aufstrebend. Blatt und Kelch rauhhaarig. Kelchzipfel an der Spitze mit einer Borste. **H. hirsúta** L.
Gelbgrün. ♃ Juli—September. Sandige Orte. Selten.

5. **Illécebrum** L. *Knorpelblume.*

Zweige nach allen Seiten hin niedergestreckt. Blatt gestielt, verkehrteiförmig. Blüthen scheinbar quirlig. **I. verticillatum** L.
Weiss. ♃ Juli—September. Feuchter Sandboden. Sehr selten.

36. Familie. SCLERANTHEAE Link.

Scleranthus L. *Knauel.*

a. Perigonzipfel spitz, krautig, in der Reife flach und abstehend. **Sc. annuus** L.
Grün. ⊙ und ⊖ Juni—September. Aecker und sandige Stellen. Gemein.

b. Perigonzipfel stumpf, mit breitem weissen Rand, in der Reife zusammengeneigt mit eingebogener Spitze und Rand. **Sp. perennis** L.
Grün. ♃ Mai—October. Sandfelder, dürre Hügel. Selten.

37. Familie. AMARANTACEAE Juss.

1. **Amarantus** L. *Amarant. Fuchsschwanz.*

a. Stengel niedergestreckt, kahl. Blatt ei-rautenförmig, sehr

stumpf oder ausgerandet. Blüthenknäuel in den Blattwinkeln, die oberen eine Aehre bildend. Vorblätter kürzer als die Blüthen. Blüthen 3männig. . . . **A. Blitum** L.
Grün. Blatt oft gefleckt. Stengel 2—3 dm. hoch. ⊙ Juli, August. Schutt, Wege, Dörfer. Häufig im Hanauischen.

b. Stengel aufrecht, behaart. Blatt eiförmig, nach der Spitze verschmälert. Blüthenknäuel in einer endständigen zusammengesetzten Aehre. Vorblätter länger als die Blüthen, dornig-stachelspitzig. Blüthen 5männig. **A. retroflexus** L.
Grün. Stengel bis 1 m. hoch. ⊙ Juli—September. Schutt, Wege, Dörfer. Selten.

c. Gartenpflanzen. Stengel aufrecht. Blatt ei-lanzettlich. Blüthenstand dicht rispig, dunkelroth.
1. Aehre herabhängend. Blattrippen weiss. **A. caudatus** L.
⊙ Aus Ostindien, Persien, Südamerika.
2. Seitliche Aehren abstehend, nickend. Stengel blutroth, Blattrippen röthlich. . . . . **A. cruentus** L.
⊙ Aus Ostindien, China, Nordamerika.

2. **Polycnémum** L. *Knorpelkraut.*

Blatt 3kantig-pfriemlich-borstig, unten gegenständig, oben wechselständig. Stengel ästig. . . . . **P. arvense** L.
Grünlich. ⊙ Juni—August. Aecker, Hügel, sandige Stellen. Selten. Var.: α. **minus**, Deckblättchen viel kürzer als das Perigon. Aeste dünn, meist liegend. β. **majus**, Deckblättchen länger als das Perigon. Aeste steif aufrecht.
In diese Familie gehört auch der *Hahnenkamm* (**Celosia cristata**), und der *Kugelamarant* (**Gomphrena globosa**), Zierpflanzen aus Ostindien.

38. Familie. CHENOPODIEAE DC.

Gattungen.

A. Blüthen zwitterig.

a. Stengel gegliedert. Blüthen in den Aushöhlungen der ährenförmigen Zweig-Enden. Perigon fleischig, nur mit einer Spalte sich öffnend. Keim den Eiweisskörper ringförmig umgebend. . . . . 1. **Salicórnia** L.

b. Stengel nicht gegliedert. Perigon 5spaltig oder 5theilig, ohne Anhängsel. Keim den Eiweisskörper ringförmig umgebend.
1. Perigon von der Frucht frei, nicht verdickt. Staubfäden

dem Grunde des Perigons eingefügt. Samen mit einer krustigen Fruchtschale bekleidet. Blüthen in Knäueln.
2. **Chenopodium** L.

2. Perigon 4spaltig, mit der Frucht verwachsen, verdickt und verhärtet. Staubfäden einem unterweibigen Wulste eingefügt. Samen wagerecht, mit lederartiger Fruchtschale umgeben. Blüthen meist zu 2—3 verwachsen.
3. **Beta** L.

c. Stengel nicht gegliedert. Perigonblätter auf der Aussenseite mit einem Anhängsel.

1. Perigon krugförmig, 5spaltig. Blüthen etwa je 2 in den Blattwinkeln sitzend. Samen wagerecht. Keim im Umkreise des Eiweisskörpers. . . . . **Kochia** Roth.

K. arenaria Roth. Blatt linealfadenförmig. ⊙ Juli, August. Sandboden.

2. Perigon 5blätterig. Blüthen einzeln in den Blattwinkeln. Keim spiralig, Eiweisskörper fehlend. . . . **Sálsola** L.

S. Kali L. Steifästig. Blatt pfriemlich nadelförmig, steifstachelspitzig. ⊙ Juli, August. Sandfelder.

B. Blüthen alle oder gröstentheils eingeschlechtig.

a. Blüthen einhäusig. Weibliches Perigon flach, 2klappig, von der flachen, senkrechten Frucht frei. Griffel 2.
4. **Atriplex** L.

b. Blüthen zweihäusig. Weibliches Perigon röhrig, 2—3-zahnig, verhärtend und mit der Frucht verwachsend. Griffel 4theilig. . . . . 5. **Spinácia** L.

1. **Salicórnia** L. *Glasschmelz.*

Stengel ästig. Blüthen je 3 in den Ausschnitten der Spindel.
S. herbácea L.

⊙ August, September. An Salinen. Selten.

2. **Chenopodium** L. *Gänsefuss.*

A. Alle Früchte von oben her flachgedrückt, wagerecht liegend. Stengel mit einer blattlosen Rispe endigend. Griffel kurz.

a. Blatt herzförmig, tiefbuchtig gezahnt, mit lang zugespitzter Spitze und Zähnen, rein grün. Endständige Rispen ebensträussig, mit abstehenden Aesten. Samen grubig punktirt. . . . . **Ch. hýbridum** L.

Grün. ⊙ Juli, August. Schutt, Wege, Aecker. Häufig.

b. Blatt am Grunde in den Blattstiel übergehend, buchtig gezahnt, dreieckig oder rautenförmig.

α. Blatt glänzend, ganze Pflanze rein grün, nicht drüsig flaumig.

1. Rispe länglich mit steif aufrechten anliegenden dünnen ährenförmigen Aesten. Samen stumpfkielig, glänzend dreieckig. . . . . **Ch. úrbicum** L.

Grün. ⊙ August. Schutt, Wege. Sehr selten. Var.: α. mit kurzen, dreieckigen, spitzen Blattzähnen; β. **intermedium** mit lanzettlichen, zugespitzten Blattzähnen. Das ähnliche **Ch. rubrum** unterscheidet sich durch beblätterte Achren, kleinere grösstentheils senkrechte Samen.

2. Rispen ebensträussig mit kurzen abstehenden Aesten. Samen breit- und scharfkielig-berandet, fast glanzlos. Blatt ei-rautenförmig. . . . . **Ch. murale** L.

Grün. ⊙ Juli—September. Schutt, Wege, an Mauern. Häufig. (**Ch. rubrum** hat stumpfkielige Samen.)

β. Blatt matt, gelblich grün, unterseits, sowie der Blüthenstand mehr oder weniger weiss bestäubt von kleinen, runden, abwischbaren Härchen, nicht drüsig-flaumig. Samen stumpfkielig, glänzend.

1. Blatt eirautenförmig, buchtig gezahnt mit vorwärts gerichteten Zähnen, die oberen Blätter ganzrandig. Samen glatt. . . . . **Ch. album** L.

⊙ Juli—September. Aecker, Wege, Schutt. Gemein. — Varietäten: α. **spicatum**, Pflanze wie mehlig bestäubt, Traube gedrängt mit wenigen kurzen aufrechten Aestchen. β. **cymigerum** (**Ch. viride** L.), nicht bestäubt, Traube mit verlängerten abstechenden Aesten. γ. **opulifolium** (**Ch. opulifolium** Schrad.), Blatt rundlich-rautenförmig (so breit als lang), fast 3lappig, sehr stumpf. δ. **lanceolatum**, Bl. alle lanzettlich ganzrandig.

2. Länglich-lanzettlich, buchtig gezahnt, stumpf 3lappig, seitliche Lappen abstehend, Mittellappen verlängert, fast gleich breit, stumpf. Samen grubig punktirt. **Ch. ficifolium** Sm.

⊙ Juli, August. Schutt, Wege. Sehr selten.

γ. Pflanze drüsig-flaumhaarig. Blätter (die unteren buchtig-fiederspaltig, stumpf. Blüthenknäuel in seitenständigen Ebensträusschen. Samen fast kugelig, im Umfang mit 3—4 Gruben. . . . . **Ch. Botrys** L.

⊙ Juli, August. Gebaute Orte. Verwildert. — Alle andern Arten haben linsenförmige Samen.

c. Blatt ganzrandig.

α. Blatt eiförmig oder ei-rautenförmig, in den Blattstiel verschmälert, ganz kahl. Perigon in der Fruchtreife ausgebreitet. Samen stumpfrandig. Blüthenstand locker rispig. . . . . **Ch. polyspermum** L.

⊙ August, Sept. Ackerränder, Wege, Ufer. Gemein. Var.: α. **cymoso-racemosum**, Knäuel ebensträussig, Ebensträusschen in einer Traube. β. **spicato-racemosum** (**Ch. acutifolium** Kch.), Knäuel ährig, Aehrchen in einer Rispe.

β. Blatt breit-ei-rautenförmig, mit abgesetztem Stiel, beiderseits graugrün und schülferig. Trauben gedrängt, end- und seitenständig. . . . . **Ch. Vulvaria** L.

(**Ch. olidum** Curt. **Ch. foetidum** Lam.) Nach Häring riechend. ⊙ Juli, August. Schutt, Wege. Zerstreut.

B. Früchte theils (in den oberen 5gliedrigen Blüthen des Knäuels) wagerecht liegend, gröstentheils (in den seitlichen 3—4gliedrigen Blüthen) aufrecht stehend, seitlich zusammengedrückt. Samen glänzend, stumpfrandig. Stengel fast bis oben beblättert. Blatt gezahnt. Griffel kurz.

a. Blatt grün, glänzend, rautenförmig, tiefbuchtig gezahnt mit lanzettlichen Zähnen, fast spiessförmig 3lappig. Aehrchen beblättert. Früchte gröstentheils aufrecht. **Ch. rubrum** L.

(**Blitum rubrum** Rchb.) Stengel und Blattnerven oft röthlich. ⊙ Juli—September. Wege, Dörfer. Zerstreut. Varietäten: β. **acuminatum**, Blatt in eine lange Spitze ausgezogen; γ. **paucidentatum**, untere Blätter 3eckig-spiessförmig, obere lanzettlich ganzrandig.

b. Blatt oberseits hellgrün, glatt, glanzlos, unterseits graugrün, länglich oder ei-länglich, stumpf, stumpf-buchtig gezahnt. Aehrchen blattlos. Früchte gröstentheils wagerecht. . . . . **Ch. glaucum** L.

(**Blitum glaucum** Koch.) Stengel liegend und aufsteigend. ⊙ Juli—September. Schutt, Wege. Zerstreut. Von **Ch. album** durch die zum Theil aufrechten Früchte, die blattwinkelständigen, meist lappigen und kürzeren Blüthenähren, und durch die Samen unterschieden. Schülferchen unregelmässig rundlich, bei **Ch. album** regelmässig linsenförmig.

C. Früchte sämmtlich aufrecht stehend. Griffel fadenförmig.

Blatt 3eckig spiessförmig, fast ganzrandig. Endständig blattlose Traube. Samen stumpfrandig.

Ch. Bonus Henricus L.

(**Blitum Bonus Henricus** major. ♃ Mai—August. Wüste Plätze, in Dörfern. Gemein.

Blitum virgatum L., Perigon meist 3spaltig fleischig, Blüthenknäuel kugelig, beerenartig, roth, in den Blattwinkeln sitzend. Staubfäden meist 1(—5). Uebrigens wie vor. *Erdbeerspinat.* ⊙ aus Südeuropa hier und da verwildert auf Schutt und Schnee.

3. Beta L. *Mangold.*

Stengel einzeln, aufrecht, gefurcht. Blatt herzeiförmig, glänzend. Narben eiförmig. . . . . **B. vulgaris** L.

⊙ und ⊙ Juni—August. Strandpflanze. Cultivirt in folgenden Abarten:

β. **Cicla** L., *Gartenmangold.* Pfahlwurzel walzlich, hart, unter der Erde bleibend. Blatt grün.

γ. **rapacea,** *Runkelrübe.* Pfahlwurzel länglich oder rundlich, zum Theil über dem Boden, fleischig, ändert ab mit weisser Wurzel *(Zuckerrunkelrübe)* und mit rother Wurzel und grünlich rothen Blättern *(Rothe Rübe).*

4. Átriplex L. *Melde.*

A. Polygamisch, Perigon der Zwitterblüther 3—5spaltig, der weiblichen Blüthen bis auf den Grund 2klappig, Klappen rundlich-eiförmig, ganzrandig, häutig, stark netzrippig, nackt. Frucht der Zwitterblüthen wagerecht, die der weiblichen aufrecht. Blatt dreieckig-herzförmig, gezahnt, die oberen ei-länglich, ganzrandig, alle matt, gelblich-grün oder roth. . . . . **A. hortensis** L.

Gartenmelde. ⊙ Juli, August. Gemüsepflanze aus dem Orient, in Gärten angebaut und verwildert.

A. nitens Rebent., Blatt spiessförmig, buchtig-gezahnt, oberseits glänzend, grün, unterseits silbergrau.

B. Monoecisch. Fruchtkelch bis auf den Grund 2klappig, krautartig. Früchte sämmtlich aufrecht.

a. Blatt länglich-eiförmig bis länglich-lineal, graugrün, die unteren gezahnt, fast spiessförmig, die oberen ganzrandig. Aeste aufrecht, wechselständig. Aehren locker, blattlos. Fruchtkelch ei-rautenförmig, glatt, ganzrandig, dünn krautartig, schülferig. Frucht berandet mit 2 bleibenden federförmigen Griffeln. Samen rothbraun, scheibenförmig, im Umfang hohl, 2kielig. . . . . **A. tatarica** L.

(**A. oblongifolia** W. K.) ⊙ Juli, August. Wege, Schutthaufen. Selten.

b. Untere Aeste zum Theil gegenständig, sparrig abstehend.

Aehren zum Theil blättertragend. Blüthen geknäuelt. Fruchtkelch krautartig, schülferig, 3eckig-rauten- oder spiessförmig, meist am Rande und auf dem Rücken gezahnt. Fruchtwand nicht berandet, als dünnes Häutchen den Samen bekleidend. Griffel abfallend. Samen linsenförmig mit abgerundetem Rande, schwarz.

1. Blatt lanzettlich oder lineal, nur die untersten fast spiessförmig mit keilförmiger Basis. Fruchtkelch spiess-rautenförmig. . . . . **A. pátula** L.

(**A. angustifolia** Sm.) ⊙ Juli, August. Schutt, Wege. Häufig.

2. Fast alle Blätter spiessförmig mit deutlich abgesetztem Stiele, gezahnt. Kelch 3eckig-rautenförmig.

A. latifolia Wahlb.

⊙ Juni—August. Schutt, Wege. Häufig. Varietät: γ. **salina**, grauschülferig, an Salinen.

c. Monoecisch. Fruchtkelch nur bis zur Mitte 2klappig, unten knorpelig, am Rande und auf dem Rücken gezahnt. Blatt eiförmig, untere rautenförmig, buchtiggezahnt, silberweiss schülferig. . . . . . . **A. rósea** L.

⊙ Juli, August. Schutt, Wege. Sehr selten.

5. Spinácia L. *Spinat.*

Blüthen geknäuelt in den Blattwinkeln. Männlicher Kelch 4-, weiblicher 4—3spaltig. . . . . **Sp. oleracea** L.

⊙ ⊖ Mai, Juni. Küchenpflanze aus dem Orient. Varietäten: α. **inermis** Mch., *Sommerspinat*, mit 3eckigem oder länglich eiförmigem Blatt und glatter Frucht: β. **spinosa** Mch., *Winterspinat*. mit spiessförmigem Blatt und höckeriger Frucht.

39. Familie. HYPERICINEAE DC.

Hypéricum L. *Hartheu. Johanniskraut.*

A. Schuppen zwischen den 3 Staubfadenbündeln fehlend. Kapseln 3fächerig.

a. Kelchblatt am Rande ganz.

α. Stengel fadenförmig niederliegend. Kelchblatt stumpf, doppelt so lang als der Fruchtknoten. Blüthenstand ein- oder wenigblüthig. Blatt durchsichtig-punktirt.

H. humifúsum L.

Gelb. ♃ Juni—September. Triften. Sandhügel. Häufig.

β. Stengel aufrecht. Kelchblatt lanzettlich, spitz. Blüthenstand reichblüthig. Blatt dicht-durchsichtig-punktirt.

1. Stengel 2kantig. Blatt länglich-oval. **H. perforatum** L.
Gelb. ♃ Juli, August. Haiden, Wegeränder. Gemein.

2. Stengel 4flügelig. Blatt oval. . . **H. tetrápterum** Fr.
Gelb. ♃ Juli, August. Feuchte Wiesen, an Gräben. Hier und da.

γ. Stengel aufrecht, meist 4kantig. Kelchblatt elliptisch, stumpf, kurz-stachelspitzig. Blatt oval, zerstreut-punktirt. Reichblüthig. . . . . **H. quadrangulum** L.
Gelb. ♃ Juli, August. Feuchte Wälder, Ufer. Häufig.

b. Kelchblatt drüsig-gewimpert oder gezahnt. Stengel rund.

α. Stengel kahl. Blatt am Grunde herzförmig.

1. Kelchblatt verkehrt-eiförmig, stumpf. **H. pulchrum** L.
Gelb. ♃ Juli—September. Wälder, Haiden. In der Sandsteinformation häufig.

2. Kelchblatt lanzettlich, spitz. Deckblätter drüsig-bewimpert. Nur die oberen Blätter durchsichtig-punktirt.
H. montanum L.
Gelb. ♃ Juni—August. Gebirgswälder. Zerstreut.
H. elegans mit zweikantigem Stengel.

β. Stengel und das eiförmige Blatt rauhhaarig. Kelchblatt lanzettlich, spitz. . . . . **H. hirsutum** L.
Gelb. ♃ Juni—August. Gebirgswälder, Gebüsche. Zerstreut.

B. Schuppen mit den 3 Staubbündeln abwechselnd. Kapseln einfächerig.

Stengel am Grunde liegend. Blatt rundlich-eiförmig, durchsichtig-punctirt. Pflanze behaart. Kelch drüsig-gewimpert. Armblüthig. . . . . **H. elódes** L.
Gelb. ♃ August, September. Sumpf- und Torfwiesen. Sehr selten.

40. Familie. DROSERACEAE DC.

Gattungen.

a. Nectarien fehlen. 3—5 zweitheilige Griffel. Blätter alle grundständig, mit rothen Drüsenborsten. Stengel nackt. Blüthentraube eingerollt. . . . . 1. **Drósera** L.

b. Innerhalb der Krone 5 mit Drüsenborsten gewimperte Nectarien. Stengel mit einem Blatt. Blätter kahl.
2. **Parnássia** L.

1. **Drósera** L. *Sonnenthau.*

a. Schaft aufrecht, viel länger als die Blätter.

1. Blattscheibe kreisrund, langgestielt, weitabstehend. **D. rotundifolia** L.

Weiss. ♃ Juli—September. Sümpfe und Sumpfwiesen, zwischen Torfmoos. Häufig.

2. Blattscheibe lanzettlich, keilförmig in den langen Blattstiel verschmälert. Blatt aufrecht oder aufsteigend. **D. longifolia** L.

Weiss. ♃ Juli, August. Torfmoore. Sehr selten. Var.: β. **obovata**, Blatt verkehrteiförmig.

b. Schaft am Grunde niederliegend, aufsteigend, kaum länger als die Blätter. Blattscheibe verkehrt ei-keilförmig. **D. intermedia** Dr. et H.

Weiss. ♃ Juli, August. Sümpfe. Sehr selten.

2. **Parnássia** L. *Herzblatt. Leberkraut.*

Wurzelblätter langgestielt, herzförmig, ganzrandig; ein stengelständiges umfassendes Blatt. . . . . **P. palustris** L.

Krone weiss, Nectarien gelbgrün. ♃ Juli, August. Wiesen. Häufig.

41. Familie. VIOLARIEAE DC.

Víola L. *Veilchen.*

I. *Seitliche Kronblätter abstehend, am Grunde meist bärtig. Griffel gerade oder wenig geneigt. Narbe nicht krugförmig.*

A. Blüthen aus den Blattwinkeln gestauchter Laubstengel. Kelchblatt stumpf.

a. Blatt kahl. Griffel oben etwas verdickt. Narbe schief abgestutzt oder in ein schiefes Schüsselchen ausgebreitet, neben welchem nach hinten ein aufrechtes Spitzchen. Fruchtstiel aufrecht. Kapsel länglich, kahl

1. Blatt nierenförmig, Blattstiel ungeflügelt, Nebenblätter lanzettlich, wimperzähnig oder ganzrandig, frei. Kronblatt unbenagelt, am Grunde nicht behaart. **V. palustris** L.

Blasslila. ♃ Mai, Juni. Sumpfstellen. Häufig.

2. Blatt herzförmig, Blattstiel geflügelt, Nebenblatt lanzettlich, drüsig gezähnelt, bis über die Mitte dem Blattstiel

angewachsen. Kronblatt benagelt, am Grunde lang behaart. . . . . **V. uliginosa** Schrad.

Blasslila. ♃ März, April. Sumpfstellen, Moorwiesen. Sehr selten.

b. Blatt behaart. Griffel nach oben verdünnt. Narbe in ein herabgebogenes Schnäbelchen verschmälert. Fruchtstiel niedergestreckt. Kapsel kugelig, flaumhaarig. **V. Martii** Spenn.

Unterarten.

α. Mit langen Ausläufern. Blatt flaumig, breitherzförmig. Wohlriechend. . . . . **V. odorata** L.

Meist dunkelviolett, selten weiss. ♃ März, April. Gebüsche, Zäune. Ueberall.

β. Ohne Ausläufer. Blatt rauhhaarig, herzeiförmig oder lanzettlich. Geruchlos. . . . . **V. hirta** L.

Meist hellblau. ♃ April, Mai. Wiesen, Triften, Gebüsche. Hier und da.

B. Blüthen aus den Blattwinkeln gestreckter Laubstengel, welche aus den Blattwinkeln des vorjährigen Hauptstengels entspringen. Kelchblatt spitz.

a. Der vorjährige Hauptstengel stirbt an der Spitze ab, keine unfruchtbaren Laubblätter an der Spitze. Kapsel abgestumpft mit aufgesetztem Griffel. Geruchlos. **V. canina** Br. et Döll.

♃ April, Mai. Triften, Waldgebüsche.

Unterarten.

α. Sporn fast doppelt so lang als die Kelchanhängsel. Stengel niederliegend oder aufsteigend. Nebenblätter der mittleren Stengelblätter vielmal kürzer als der Blattstiel.

1. Blatt herzförmig, länglich-eiförmig. Blattstiel ungeflügelt. . . . . **V. pumila** G.

(**V. canina** A.) Dunkelblau mit gelblich weissem Sporn. Gemein, besonders Var. β Varietäten: α) **ericetorum** Schr. Stengel niedrig (1—1½ dm.), Zweige niederliegend. β) **lucorum** Rchb. Stengel aufrecht (1½–3 dm. hoch), Zweige aufsteigend, Blatt langgestreckt. γ) **Ruppii** All. Stengel aufrecht, Blatt länger und schmäler.

2. Blatt nicht herzförmig, ei-lanzettlich. Blattstiel schmalgeflügelt. Selten. . . . . **V. lancifolia** Thore (**lactea** Sm.).

β. Sporn 2—3 mal so lang als die Kelchanhängsel, zugespitzt, hakig aufwärts gekrümmt, gespalten. Stengel aufrecht. Mittlere Nebenblätter halb so lang als der Blattstiel. Blatt schmal-herzeiförmig. Weiss. Sümpfe, Gräben. Sehr selten. . . . . **V. Schultzii** Bill.

γ. Sporn etwa so lang als die Kelchanhängsel. Stengel aufrecht.

1. Mittlere Nebenblätter etwa halb so lang als der Blattstiel.

* Blatt herzförmig-länglichlanzettlich. Blattstiel schmal geflügelt. Weiss oder lila. Selten.
V. stagnina Kit.

** Blatt herzeiförmig, zugespitzt-verschmälert, Blattstiel geflügelt. Lila. Selten. . . **V. stricta** Hornem.

2. Mittlere Nebenblätter länger als der geflügelte Blattstiel. Blatt lanzettlich.

* Blattgrund seicht herzförmig. Pflanze in der Jugend anliegend-behaart. Blasslila. Selten.
V. elatior Fr.

** Blattgrund nicht herzförmig. Pflanze kahl. Hellblau. Selten. . . . . **V. pratensis** M. K.

b. Der vorjährige Hauptstengel endigt in einer nicht absterbenden Knospe und trägt oberhalb der Blüthenstengel einige Laubblätter, die keine Zweige erzeugen. Zweige aufsteigend. Kapsel länglich spitz. Blatt herzförmig, Nebenblätter vielmal kürzer als der ungeflügelte Blattstiel. Geruchlos. . . . . **V. silvestris** Lk.

Unterarten.

α. Blatt breitherzförmig, kurz zugespitzt. Nebenblatt lanzettlich. Sporn zusammengedrückt. Stengel meist kahl oder flaumig. . . . . **V. silvestris** Lam.

♃ April, Mai. Wälder, Gebüsche. Varietäten: a) **silvestris** Rchb., mit kleinen blassvioletten Blumen, kleinem gefärbten Sporn, häufig; b) **Riviniana** Rchb., mit grossen, sehr blassen Blumen, grossem weissen Sporn, seltener.

β. Blatt rundlich herzförmig. Nebenblatt eilanzettlich. Stengel und Blattstiel meist grauflaumig.
V. arenaria DC.

♃ Mai, Juni. Sandfelder. Sehr selten.

C. Blüthen sowohl aus den Blattwinkeln des Gipfeltriebes des gestauchten vorjährigen Stengels, als aus den gestreckten Seitentrieben in der Achsel eines der beiden nach oben zu stehenden Blätter. Blatt breitherzförmig oder fast nierenförmig. Stengel und Blattstiel oft einzeilig behaart. Stengel aufrecht. Wohlriechend.

V. mirabilis L.

Blass rothviolett. ♃ Mai, Juni. Gebirgswälder. Selten.

II. *Seitliche und hintere Kronblätter aufgerichtet. Griffel oberwärts keulenförmig, mit grosser krugförmiger, ringsum behaarter Narbe.*

Stengel aufrecht oder aufstrebend. Untere Blätter rundlich-elliptisch oder herzeiförmig, obere lanzettlich. Nebenblatt gross, leierförmig-fiederspaltig. Endlappen meist gekerbt. . . . . **V. tricolor** L.

Unterarten.

a. Krone länger als der Kelch, blau und gelb. **V. vulgaris.**
b. Krone so lang oder kürzer als der Kelch, meist gelb oder weiss. . . . . **V. arvensis** Murr.
c. Mittellappen des Nebenblattes ganzrandig. Pflanze abstehend rauhhaarig. . . . . **V. rothomagensis** Desf.

Stiefmütterchen. ⊙ Mai — October. Aecker, Raine. a) Seltener wild, als Zierpflanze in mannigfaltigen Abänderungen; b) häufig; c) sehr selten.

42. Familie. CISTINEAE Dun.

Heliánthemum Tourn. *Sonnenröschen.*

Blätter gegenständig eirund oder länglich-lineal, mit Nebenblättern. Griffel 2—3 mal so lang als der Fruchtknoten. Innere Kelchblätter stumpf, mit Spitzchen. **H. vulgare** Gärtn.

Gelb. ♃ Juni — August. Var. mit kahlem, unterseits weissfilzigem und mit steifhaarigem Blatt. Haiden, Triften, Waldränder. Ueberall zerstreut. Var. **E. albiflorum** (**H. appeninum** DC.), mit weisser Blüthe, sehr selten.

Helianthemum polifolium Koch. Blatt länglich-lineal, am Rand umgerollt, oberseits grau, unterseits filzig, mit Nebenblättern. Innere Kelchblätter ohne Spitzchen. Weiss. Uebrigens wie **H. vulgare.** ♄ Juni — August., Grenzgebiet. Sehr selten.

Helianthemum fumana Mill. Blätter wechselständig, lineal, ohne Nebenblätter. Aeussere Staubfäden unfruchtbar. Kapsel fast 3fächerig. Gelb. ♃ Juni, Juli. Sonnige Hügel. Grenzgebiet. Sehr selten.

43. Familie. GROSSULARIEAE DC.

Ribes L. *Stachel- und Johannisbeere.*

A. Blüthenstand 1—3blüthig. Am Grunde des Blattstiels ein 1- oder 3zackiger Stachel. Kelch glockenförmig. Kronblatt verkehrt-eiförmig. . . . . . **R. Grossularia** L.

Stachelbeere. Grünlich gelb. ♄ April, Mai. Felsen, Mauern und in Gärten cultivirt.

Varietäten: α. **Grossularia**, Frucht drüsig-borstig; β. **Uva crispa**, Frucht flaumig, später kahl; γ. **glabrum**, die Blattorgane gewimpert, sonst die ganze Pflanze kahl.

B. Lange reichblüthige Trauben. Stacheln fehlend.

a. Kelch glockenförmig oder beckenförmig.

α. Trauben aufrecht, drüsig. Deckblätter länger als der Blüthenstiel. Blüthen zum Theil 2häusig. Beere roth. **R. alpinum** L.

Grünlich gelb. ♄ Mai, Juni. Gebirgswälder, Hügelgebüsche. Hier u. da.

β. Trauben hängend. Deckblätter viel kürzer als der Blüthenstiel.

1. Trauben drüsig. Kelch glockig, flaumig, drüsig-punktirt. Blatt spitz, unterseits drüsig-punktirt. Beere schwarz. . . . . **R. nigrum** L.

Kelch grünlich, Krone blassröthlich. ♄ April, Mai. Gartenstrauch.

2. Trauben kahl. Kelch beckenförmig, kahl. Blatt stumpf, nicht drüsig-punktirt. Beere roth oder weiss. **R. rubrum** L.

Johannisbeere. Gelbgrün. ♄ April, Mai. In Gärten cultivirt.

Varietät: β. **silvestre**, Kelch am Grunde bräunlich oder braun-punktirt, Blüthentheile und Beere kleiner.

b. Kelch röhrenförmig. Traube 5—8blüthig, hängend.

α. Blatt und Traube kahl oder flaumhaarig. Kelch und Krone goldgelb. . . . . **R. aureum** Pursh.

♄ Mai, Juni. Zierstrauch aus Nordamerika. Beeren schwarz, orange oder roth.

β. Blatt unterseits weissfilzig. Traube rauhhaarig. Kelch und Krone roth. . . . . **R. sanguineum** Pursh.

♄ Mai, Juni. Zierstrauch aus Nordamerika.

44. Familie. CUCURBITACEAE Juss.

Gattungen.

a. Beere grösser als die Krone, 3fächerig, jedes Fach 2theilig. Samen zahlreich. Blüthen einhäusig.

1. Staubbeutel in eine Röhre verwachsen, welche viel kürzer ist als die Staubfadenröhre. Samen flach mit wulstigem Rande. Ranken verzweigt. 1. **Cucúrbita** L.
2. Staubbeutel zusammenschliessend, länger als ihre Träger. Samen flach mit scharfem Rande. Ranken einfach. 2. **Cúcumis** L.

b. Beere kleiner als die Krone.

1. Fruchtfächer 1—2samig. Staubbeutel frei. Blüthen 1- oder 2häusig. . . . . 3. **Bryónia** L.
2. Beere einsamig. Staubbeutel verwachsen. 4. **Sícyos** L.

In diese Familie gehört auch die Zierpflanze: **Lagenaria vulgaris** L., der *Flaschenkürbis*.

1. **Cucúrbita** L. *Kürbis.*

Stengel steifhaarig. Blatt herzförmig, 5lappig. Frucht rundlich oder eiförmig, glatt. . . . . **C. Pepo** L.

Gelb. Frucht gross, gelb oder grün gestreift. ⊙ Juli, August. Aus Asien, in Gärten.

Ausserdem kommen folgende andere Arten in Gärten vor:

Frucht niedergedrückt kugelig, um die Spitze herum ein knotiger Rand, hart. **C. Melopepo** L.
Frucht niedergedrückt kugelig, weich, sehr gross. . . . **C. maxima** Duch.
Frucht rundlich-elliptisch, klein, warzig oder knotig. . . **C. verrucosa** L.
Frucht kugelig, klein, pomeranzengelb. . . . . **C. aurantiaca** Willd.
Frucht ei- oder birnförmig, oft bunt gestreift. . . . . . . **C. ovifera** L.

2. **Cúcumis** L. *Gurke.*

a. Blatt 5eckig, Ecken spitz. Frucht länglich, warzig. **C. sativus** L.

Gurke. Gelb. ⊙ Juni—August. Küchenpflanze aus Asien.

b. Blatt 5eckig, Ecken abgerundet. Frucht kugelig, knotig und netzig. . . . . **C. Belo** L.

Melone. Blassgelb. ⊙ Juni—August. Culturpflanze aus Asien.

3. **Bryónia** L. *Zaunrübe. Gichtrübe.*

a. Beide Geschlechter auf einem Stock. Kelch der weiblichen

Blüthe so lang als die Krone. Narben kahl. Beere schwarz. . . . . **B. alba** L.
Schmutzig weiss. ♃ Juni, Juli. An Hecken. Selten.

b. Beide Geschlechter auf verschiedenen Stöcken. Kelch der weiblichen Blüthe halb so lang als die Krone. Narben behaart. Beere roth. . . . . **B. dioica** Jacq.
Schmutzig weiss. ♃ Juni, Juli. An Hecken. Hier und da.

4. **Sicyos** L. *Haargurke. Stichling.*

Stengel sehr hoch kletternd. Blatt herzförmig 3—5eckig. Blüthen in achselständigen Trauben. Frucht klein, borstig und weichhaarig. . . . . **S. angulatus** L.
Grünlich weiss. ☉ Juli—September. Aus Nordamerika. Zur Bekleidung von Mauern, Lauben u. s. w.

45. Familie. CRUCIFERAE Juss.

Kreuzblüthler.

a. Uebersicht der Gruppen und Gattungen, mit Berücksichtigung der reifen **Frucht**.

Erste Reihe. *Frucht mit 2 nebeneinanderliegenden Fächern, meist 2klappig aufspringend.*

I. Schote (wenigstens 4 mal länger als breit).

A. Würzelchen des Keims am **Rande** der flachen Keimblätter (*radicula accumbens*) [=O]. . . ARABIDEAE.

a. Narbe tief 2spaltig.

α. Narbe aus 2 aufrechten auf dem Rücken gewölbten Plättchen. Samen einreihig. . . 1. **Matthiola** RBr.

β. Narbenlappen zurückgekrümmt. Schote 4kantig durch je einen auf dem Rücken der Klappen hervorragenden Längsnerv. Samen einreihig. (Gelb.)
2. **Cheiranthus** DC.

b. Narbe seicht ausgerandet oder stumpf.

α. Samen in jedem Fach in 2 Längsreihen nebeneinanderliegend.

1. Klappen gewölbt oder flach, ohne Nerv oder am

Grunde mit verschwindendem Nerv. Schote bei manchen elliptisch.. (Gelb oder weiss.)

3. **Nasturtium** RBr

2. Klappen flach mit starkem Mittelnerv. Schote linienförmig. (Gelblich weiss.) . . . . . . 5. **Turrítis** L.

β. Samen in jedem Fach in einer Längsreihe übereinanderliegend.

1. Klappen flach, nervenlos oder nur am Grunde mit kurzem Nerv. (Weiss oder röthlich.)

* Keimblätter flach. Kelch etwas abstehend, nicht sackartig. Samenstrang fadenförmig.

7. **Cardamíne** L.

** Keimblätter gestielt, das eine an der Spitze einwärts gebogen. Samenstrang flügelig verbreitert. Kelch aufrecht, am Grunde sackartig. Wurzelstock fleischig, schuppig-gezahnt. . . . 8. **Dentaria** L.

2. Klappen convex durch einen starken Mittelnerv. (Gelb.). . . . . 4. **Barbaraea** RBr.

3. Klappen flach oder kaum gewölbt, mit einem Mittelnerv und mehreren schwachen Seitennerven. (Weiss.)

6. **Árabis** L.

B. Würzelchen des Keims a u f d e m R ü c k e n d e r f l a c h e n Keimblätter, *radicula incumbens* [ǁ O]. . SISYMBRIEAE.

a. Narbe tief 2spaltig mit 2 flachen aufrechten Plättchen. Am Grunde eines jeden kürzeren Staubfadens eine Drüse. (Lila oder weiss.). . . . . 9. **Hésperis** L.

b. Narbe wenig oder gar nicht ausgerandet. (Gelb.)

α. Samen in jedem Fach einreihig.

1. Klappen convex mit 3 Nerven. 10. **Sisýmbrium** L.

2. Klappen durch einen hervorragenden Mittelnerv gekielt, Schote 4kantig. . . . . . 11. **Erýsimum** L.

β. Samen in jedem Fach 2reihig. Schote durch einen hervorragenden Mittelnerv 4kantig. 12. **Syrenia** Andrz.

C. Würzelchen in der Rinne der g e f a l t e t e n Keimblätter [<<O]. Narbe ausgerandet. (Blüthe gelb).

BRASSICEAE.

a. Samen in jedem Fache einreihig.

1. Klappen convex mit einem Mittelnerv und seitlichem Adernetz. Schote walzlich, in einem flachen, kegelförmigen Schnabel auslaufend. Samen kugelig. Kelch aufrecht, anliegend. . . . . 13. **Brássica** L.

2. Klappen convex mit 3 oder 5 starken Längsnerven. Schote walzlich, in einen langen platten nervigen Schnabel auslaufend. Samen kugelig. Kelch wagerecht abstehend. . . . . 14. **Sinápis** L.

3. Klappen durch einen Mittelnerv gekielt. Schote in einen kegelförmigen Schnabel verschmälert. Samen eiförmig oder länglich, zusammengedrückt. Kelch abstehend. . . . . 15. **Erucastrum** Schimp.

b. Samen in jedem Fache 2reihig, eiförmig oder länglich, zusammengedrückt. Klappen gekielt mit einem Mittelnerv. Schote 4kantig, in einen kurzen dicken Schnabel verdünnt. Kelch abstehend. . . 16. **Diplotáxis** DC.

II. Schötchen (fast so breit als lang).

A. Schötchen vom Rücken her zusammengedrückt (Scheidewand den grossen Durchmesser bildend) [( )] oder fast kugelig.

a. Würzelchen am Rande der flachen Keimblätter, *radicula accumbens* [=O]. . . . . ALYSSINEAE.

α. Staubfäden am Grunde mit einem Zahn oder Borste oder einem flügelartigen Anhang. Schötchen aufgeblasen. Blatt sternhaarig.

1. Fächer 2samig *). Schötchen rundlich. Kronblatt gelb, ganz oder ausgerandet. . . . 17. **Alyssum** L.

2. Fächer 6- oder mehrsamig. Schötchen elliptisch. Kronblatt weiss, gespalten. . . 18. **Farsétia** RBr.

β. Staubfäden ohne Anhängsel oder Zahn. Schötchen flach, länglich oder elliptisch.

---

*) Hier wie im Folgenden zählen die Samen oder bei deren Fehlschlagung die Samenstränge.

1. Schötchen mit fadenförmigem Stiel auf dem Fruchtboden sitzend, platt. Samenstränge an der Scheidewand ansitzend. (Blau) . . . . . . 19. **Lunária** L.
2. Schötchen auf dem Fruchtboden nicht gestielt, etwas convex. Samenstränge frei. (Weiss.) 20. **Draba** L.

γ. Staubfäden ohne Anhängsel oder Zahn. Schötchen bauchig. Griffel bleibend.

1. Schötchen kugelig. Klappen mit einem Längsnerv. (Weiss. Blatt einfach.) . . . . 21. **Cochleária** L.
2. Schötchen kugelig. Klappen ohne Längsnerv. (Weiss. Blatt zum Theil fiederspaltig.) 22. **Armorácia** Fl. Wett.
3. Schötchen elliptisch. Klappen ohne Längsnerv. Samen 2reihig in den Fächern. (Gelb. Blatt zum Theil fiederspaltig): manche Arten von *Nasturtium*, cf. oben.

b. Würzelchen auf dem Rücken der flachen Keimblätter [| O]. CAMELINEAE. Schötchen bauchig, birnförmig, in ein den Griffel tragendes Spitzchen verschmälert. Griffel beim Aufspringen an der einen Klappe sitzen bleibend. Am Grunde der kleinen Staubfäden je eine grosse Drüse. Schötchen 2fächerig, je 10- oder mehrsamig *). (Gelb.) 23. **Camelína** Crantz.

B. Schötchen von der Seite zusammengedrückt (Scheidewand den kleinen Durchmesser bildend) [<>].

a. Würzelchen am Rande der flachen Keimblätter *radicula accumbens* [= O]. . . . . . . THELASPIDEAE.

α. Schötchen rundlich oder verkehrt-eiförmig, mit einem deutlichen Flügelrand, an der Spitze mehr oder weniger ausgerandet. (Weiss.)

1. Kronblätter gleich. Fächer 2—mehrsamig. 24. **Thlaspi** L.
2. Kronblätter ungleich. Fächer 2samig. Am Grunde der längeren Staubfäden eine Schuppe. 25. **Teesdália** RBr.

---

*) Unterschied von *Neslia*.

3. Kronblätter ungleich. Fächer einsamig. Staubfäden ohne Schuppe. . . . . 26. **Ibéris** BBr.

β. Schötchen oben und unten ausgerandet, aus 2 kreisrunden scheibenförmigen Klappen, welche sich trennen ohne sich zu öffnen. Fächer einsamig. (Gelb.)
27. **Biscutella** L.

b. Würzelchen auf dem Rücken der flachen Keimblätter, *radicula incumbens* [¦¦ O]. Schötchen aufspringend. (Weiss.) . . . . EPIDINEAE.

1. Fächer einsamig. Schötchen rundlich, länglich oder eiförmig. . . . . 28. **Lepídium** RBr.

2. Fächer vielsamig. Schötchen 3eckig-verkehrteiförmig, ohne Flügelrand. . . . . 29. **Capsella** Med.

c. Würzelchen auf dem Rücken der rückwärts gefalteten Keimblätter. . . . . . BRACHYCARPEAE.
Schötchen nicht aufspringend, nierenförmig, stark runzelig, Fächer einsamig. (Weiss.) 30. **Senebiéra** Pers.

Zweite Reihe. *Frucht einfächerig, einsamig oder mit 2 oder mehreren übereinanderliegenden einsamigen Fächern, nicht aufspringend.*

A. Schötchen einfächerig, einsamig. Würzelchen auf den flachen Keimblättern liegend [O]. . . . ISATIDEA.

a Schötchen von der Seite zusammengedrückt, flügelrandig. (Gelb.) . . . . 31. **Isatis** L.

b. Schötchen fast kugelig. (Gelb.) . 32. **Neslia** Desr.

B. Schötchen mit 2 übereinanderliegenden, sich nicht trennenden Fächern. Würzelchen auf den spiralig eingerollten Keimblättern liegend. . . . . . . BUNIADEAE.
Schötchen eirund oder länglich. (Gelb) 33. **Búnias** L.

C. Frucht gegliedert, Fächer sich quer-abschnürend. Keimblätter zusammengefaltet [<<o] RAPHANEAE.

a. Schötchen mit 2 übereinanderliegenden Fächern, von denen das untere stielartig verdünnt, das obere kugelig. (Gelb.) . . . . 34. **Rapistrum** Boerh.

b. Schote (viel länger als breit) mit mehr als 2 übereinanderstehenden Fächern. . . . 35. **Ráphanus** L.

b. Schlüssel zum Bestimmen der Gattungen ohne Rücksicht auf Frucht- und Samen-Reife.

I. SILICULOSAE L., Fruchtknoten kurz, 1—3 mal so lang als breit.

A. *Blüthe weiss oder roth.*

a. Kronblätter ungleich.

α. Blätter am Stengel vertheilt, Stengel ästig. . . . . 26. **Ibéris.**

β. Blätter rosettenartig am Grund des Stengels, Stengel einfach. 25. **Teesdália.**

b. Kronblätter gleich gespalten.

α. Blätter stengelständig. . . . . 18. **Farsétia.**

β. Blätter rosettenartig. . . . . 20. **Draba.**

c. Kronblätter gleich, ganzrandig oder schwach ausgerandet.

α. Obere Blätter einfach, nicht stengelumfassend, nicht herzförmig, am Grunde verschmälert.

1. Schötchen seitlich zusammengedrückt mit gekielten Klappen [<|>]. Fächer einsamig. . . . . Arten von 28. **Lepidium.**
2. Schötchen kugelig mit gewölbten Klappen [( )]. Fächer einsamig. Stengel verzweigt. Blatt gesägt, kahl . . . . 22. **Armorácia.**
3. Schötchen vom Rücken zusammengedrückt, kreisrund, sternhaarig Stengel mehrere, einfach. Blatt ganzrandig, sternhaarig rauh. Blüthe nach dem Verblühen weiss. . . . . 17. **Alyssum calycinum.**

β. Obere Blätter einfach, nicht umfassend, am Grunde herzförmig. Schötchen flach seitlich zusammengedrückt. Blüthe meist violett. 19. **Lunaria.**

γ. Obere Blätter einfach, herz- oder pfeilförmig umfassend.

1. Schötchen flach, seitlich zusammengedrückt, an der Spitze ausgeschnitten.
   * Schötchen geflügelt.
     ° Fächer einsamig. Blatt grauhaarig. . . 28. **Lepidium campestre**
     °° Fächer mehrsamig. Blatt kahl. . . . . 24. **Thlaspi.**
   ** Schötchen nicht geflügelt. Fächer vielsamig. Blatt behaart. 29. **Capsella.**
2. Schötchen kugelig mit gewölbten Klappen, an der Spitze abgerundet. Fächer 4samig. Wurzelblätter langgestielt, kahl. 21. **Cochleária.**

δ. Obere Blätter fiedertheilig.

1. Schötchen flach, am Grunde abgerundet, glatt. 28. **Lepidium sativum u. ruderale.**
2. Schötchen flach, nierenförmig, netzartig runzlig, am Rande kammartig gezahnt. . . . . 30. **Senebiéra.**
3. Schötchen kugelig . . . . 22. **Armorácia.**

B. *Blüthe gelb.*

a. Obere Blätter pfeilförmig, ganzrandig.

α. Blätter kahl.

1. Schötchen seitlich flach gedrückt, verkehrt-eilänglich, einsamig. 31. **Isátis.**
2. Schötchen rundlich oder verkehrt-eiförmig, Fächer mehrsamig. 23. **Camelina.**

β. Blätter sternhaarig rauh. Schötchen fast kugelig, einsamig. 32. **Néslia.**

b. Obere Blätter nicht pfeilförmig.

α. Sternhaarig grau. Blatt ganzrandig, am Grunde verschmälert. Schötchen kreisrund, vom Rücken her flach. . . . . 17. Alyssum.
β. Nicht sternhaarig. Blatt grob gezahnt. Schötchen breit, oben und unten ausgerandet, seitlich flach. Fächer einsamig . . . 27. Biscutella.
γ. Kahl. Untere Blätter fiedertheilig oder alle ungetheilt. Schötchen elliptisch, Klappen gewölbt. Fächer mehrsamig. Wasserpflanze.
3. Nasturtium amphibium.

II. SILIQUOSAE L. Fruchtknoten mehrmal länger als breit.

A. *Blüthe weiss, bläulich oder roth.*

a. Obere Blätter einfach, nicht stengelumfassend, am Grunde verschmälert.
1. Blatt graufilzig. Stengel verzweigt, ohne Blattrosette. Narbe aus 2 gewölbten Plättchen. Roth oder weiss. Gartenpflanze.
1. Matthiola.
2. Blatt grün. Stengel oben verzweigt, ohne Blattrosette. Narbe aus 2 flachen Plättchen. Roth oder weiss. . . . . 9. Hésperis.
3. Blatt grün, die unteren rosettenartig. Stengel nach oben einfach. Narbe stumpf. Weiss. . . . . 10. Sisymbrium Thalianum.
b. Obere Blätter einfach, nicht stengelumfassend, am Grunde herzförmig.
1. Blüthe weiss, klein. Schote linienförmig, stielrund.
10. Sisymbrium Alliaria.
2. Blüthe meist violett, gross. Schote fast so breit als lang, vom Rücken her flach. . . . . 19. Lunaria.
c. Obere Blätter einfach, herz- oder pfeilförmig stengelumfassend.
1. Untere Blätter schrotsägeförmig, dicht-sternhaarig-rauh, die oberen ganzrandig. Schote aufrecht, anliegend. . . . . 5. Turritis.
2. Alle Blätter ganzrandig, kahl, die mittleren herzförmig, die unteren nicht rosettenartig. Schote 4kantig.
11. Erysimum orientale und austriacum.
3. Untere Blätter rosettenartig. Stengelblätter meist gezahnt. Schote vom Rücken her etwas flach gedrückt. . . . . 6. Árabis.
d. Obere Blätter fiederspaltig, fiedertheilig oder gefiedert.
α. Blatt fiedertheilig. Kelch wagerecht abstehend.
1. Samen in jedem Fach 2reihig. Blume klein, weiss.
3. Nasturtium officinale.
2. Samen in jedem Fach einreihig. Blume theilweise gross, weiss oder lila.
7. Cardamíne.
β. Blatt leierförmig-fiederspaltig, rauhhaarig. Kelch aufrecht anliegend. Schote walzlich, zum Theil eingeschnürt . . . . 35. Rháphanus sativus.
γ. Blatt gefiedert. Kelch aufrecht-anliegend. Blume gross, lila oder weiss. Horizontaler gezahnter Wurzelstock . . . . .8. Dentaria.

B. *Blüthe gelb.*

a. Alle Blätter meist ungetheilt. Samen einreihig.
α. Blatt lanzettlich. Schote kurz- oder gar nicht geschnabelt.
1. Narbe tief 2lappig, Lappen zurückgekrümmt. Schote zusammengedrückt-4kantig. Klappen einnervig . . . . 2. Cheiranthus.
2. Narbe ganz oder seicht-ausgerandet.
* Schote meist rechtwinkelig-4kantig, Klappen einnervig. Blatt rauhhaarig. . . . . 11. Erysimum z. Th.
** Schote stielrundlich. Klappen 3—5nervig.
10. Sisymbrium strictissimum.

β. Blatt eiförmig. Schote fast 4kantig, in einen langen Schnabel auslaufend . . . . 14. Sinapis arvensis.

b. Blätter alle oder zum Theil fiederspaltig.

α. Samen in 2 Reihen übereinanderliegend.

1. Klappen nervenlos oder nur am Grunde mit dem Ansatze zu einem Nerv. Schote elliptisch oder lineal. Blatt fiedertheilig, leierförmig oder ganzrandig, kahl (meist an feuchten Orten). 3. Nasturtium.

2. Klappen mit deutlichem Mittelnerv. Untere Blätter buchtig-fiederspaltig, obere buchtig-gezahnt. Griffel lang (etwa ⅓ so lang als die Schote), Narbe tief 2lappig. Kelch aufrecht. 12. Syrenia.

3. Klappen mit deutlichem Mittelnerv. Alle Blätter tief fiederspaltig. Griffel kurz, Narbe ganz oder kurz-2lappig. Kelch abstehend. 16. Diplotaxis.

β. Samen in einer Reihe übereinanderliegend.

1. Blatt leierförmig (mit grossem Endlappen), die oberen meist herzförmig umfassend.

* Griffel kurz (= Schotenbreite). Kelchblätter gleich, aufrecht. Blatt grasgrün, fast stets kahl. . . . . 4. Barbaraea.

** Griffel viel länger als die Breite der Schote. 2 Kelchblätter am Grunde sackartig, aufrecht.

° Blatt graugrün oder behaart. Schote mit Mittelnerv. 13. Brássica.

°° Blatt grasgrün, behaart. Schote eingeschnürt-gegliedert, vielstreifig. . . . . 35. Ráphanus Raphanistrum.

*** Griffel viel länger, einen breiten flachen Schnabel bildend. Klappen 5nervig, steif behaart, grasgrün. Kelch nicht sackartig, wagrecht abstehend . . . . 14. Sinápis alba.

2. Blatt tief fiederspaltig nicht leierförmig. Kelch aufrecht-abstehend.

* Klappen 1nervig. Schote mit kegelförmigem Schnabel. Fiederlappen stumpf . . . . 15. Erucastrum.

** Klappen 3nervig. Schote nicht geschnabelt (Griffel sehr kurz). Fiederlappen spitz, zum Theil wiederholt fiederspaltig. 10. Sisymbrium.

1. **Matthíola** RBr. *Levkoje.*

Blatt lanzettlich, graugrün. Stengel ästig. . **M. incana** RBr.

Einfach und gefüllt, in allen Farben. Zierpflanze aus Südeuropa.
Var.: α. **annua**, *Sommerlevkoje.* ⊙ Blatt meist gezahnt;
β. **perennis**, *Winterlevkoje.* ⊙ oder ♃ Halbstrauchartig. Blatt ganzrandig.

2. **Cheíranthus** DC. *Goldlack.*

Blatt lanzettlich, spitz, anliegend behaart, die unteren etwas gezahnt. . . . . **Ch. Cheiri** L.

Goldgelb, zum Theil braun. ♃ Mai, Juni. Auf Mauern. Selten. Häufig als Zierpflanze.

3. **Nasturtium** RBr. *Brunnenkresse.*

a. Blume weiss. Schote linienförmig, etwas länger als der Stiel. Samen netzadrig. Blatt fiedertheilig. das Endchen geschweiftrandig, die seitlichen elliptisch, Blattblättchen eiförmig, fast herzförmig.

N. officinale RBr.

♃ Mai—October. Bäche, Quellen, Teiche. Häufig. Var.: **microphyllum** ausser dem Wasser, Pflanze klein, Blättchen gestielt. Stengel unten liegend, Staubbeutel gelb, Traube gestreckt, Schote abstehend. (Unterschied von **Cardamine amara.**)

b. Blume gelb, grösser als der Kelch. Samen punktirt.

1. Schote linienförmig, meist etwas gebogen, ungefähr so lang als der Stiel (fast 1 cm. lang). Griffel viel kürzer als die Schote. Blätter alle tief fiederspaltig oder fiedertheilig, Abschnitte lanzettlich oder lineal, meist gezahnt. . . . . **N. silvestre** RBr.

(**Rórippa silvestris** Rchb.) ♃ Juni. Juli. An feuchten Stellen. Häufig.

2. Schote länglichlineal oder lineal, an beiden Rändern zusammengedrückt, halb so lang als der Stiel. Griffel etwa halb so lang als die Schote. Untere Blätter leierförmig, obere fiederspaltig mit länglichlanzettlichen gesägten Abschnitten oder ungetheilt.

N. anceps DC.

(**Róripa anceps** Rchb.) Wahrscheinlich Bastard der vorigen und der folgenden, bald der einen, bald der andern ähnlicher.

3. Schote elliptisch, fast kugelig, 3—4 mal kürzer als der Stiel. Griffel fast so lang als die Schote. Obere Blätter ungetheilt, lanzettlich, gesägt-gezahnt, die unteren (eingetauchten) kammförmig fiederspaltig.

N. amphibium. RBr.

(**Róripa amph.** Rchb.) Stengel am Grunde wurzelnd, im Wasser röhrig. ♃ Mai—Juli. Stehende Gewässer, Ufer. Häufig. — Var.: Blatt ungetheilt, — Blattstiel geöhrt, — untere Blätter gefiedert.

b. Blume gelb, so gross als der Kelch. Schote länglich, aufgedunsen, beiderseits stumpf, meist so lang als der Stiel. Griffel kurz. Samen punktirt. Blatt tief fiederspaltig, Abschnitte länglich, gezahnt, mit dem oberen Rande sich an der Blattspindel emporziehend, Endlappen gross. . . . . **N. palustre** DC.

(**Róripa palustris** Rchb.) ⊙ (♃) Juni—September. Feuchte Orte. Hier und da. — Var.: **rivulare**: Schoten länger als der Stiel.

4. Barbaraea RBr. *Barbarakraut. Winterkresse.*

Untere Blätter leierförmig mit 2—4 Paar Fiederlappen und grossem herzeirundem Endlappen. Stengelblätter pfeilförmig sitzend, obere ungetheilt, gezahnt. Traube in der Blüthezeit dicht. . . . . **B. vulgaris** RBr.

Goldgelb. ⊙ Mai—Juli. Feuchte Orte. Var.: α. **vulgaris**, Schote aufrecht-abstehend, Blume gross, häufig: — β. **arcuata** Rchb., Schoten bogenartig aufsteigend, seltener; — γ. **stricta** Rchb., Schoten aufrecht angedrückt, Blume kleiner, seltener.

5. Turrítis L. *Thurmkraut. Waldkohl.*

Stengel aufrecht. Untere Blätter ganzrandig oder buchtig-gezahnt, länglich, durch Sternhaare rauh, obere herzpfeilförmig umfassend, kahl. Schoten steif aufrecht, anliegend, 6 mal länger als der Stiel. . . . . **T. glabra** L.

Gelblich weiss. ⊙ Juni, Juli. Wälder, Abhänge. Häufig.

6. Árabis L. *Gänsekraut.*

Stengel weiss, mit einfachen abstehenden, Blätter mit sternförmigen Haaren (ausser **A. brassicaeformis**). Stengelblätter herzförmig - stengelumfassend, Wurzelblätter ganzrandig (**A. brassicaeformis**), gezahnt oder fiederspaltig (**A. arenosa**), ohne oder (**A. Turrita**) mit Oehrchen. Kronblatt lineal-länglich, aufrecht weiss (ausser **A. arenosa**). Samen schmal oder nicht geflügelt (ausser **A. Turrita**).

a. Stengel und die ganzrandigen Blätter kahl. Wurzelblätter länglich oder eirund, langgestielt, blaugrün. Schoten auf abstehenden Stielchen. Klappen convex mit starkem Nerv. . . . . **A. brassicaeformis** Wallr.

Weiss. ♃ Mai, Juni. Steinige Abhänge. Gebüsch. Sehr selten.

b. Wurzelblätter länglich, in den kurzen Blattstiel verschmälert. Oehrchen der Stengelblätter stumpf, etwas abstehend. Schoten aufrecht, flach mit schwachem Nerv. **A. hirsúta** Scop.

Weiss. ⊙ Mai, Juni. Sonnige Abhänge, Wälder. Hier und da zerstreut. — Var.:

A. **sagittata** DC. Stengelhaare anliegend, Oehrchen der Stengelblätter angedrückt, spitz.

A. **Gerardi** Bess. Stengelhaare angedrückt, gabelig. Stengelblätter angedrückt, pfeilförmig. Schoten fast nervenlos. Namen netzaderig.

A. **Allioni** Becker. Stengel aufwärts gebogen. Wurzelblätter kahl, verkehrteiförmig. Die Varietäten selten.

c. Wurzelblätter länglich-verkehrteiförmig. Schoten abstehend, flach, nervenlos. Stock rasenförmig, mit niedergestreckten Stengeln. . . . . **A. alpina** L.

♃ Blüht im ersten Frühjahr. Zierpflanze aus den Alpen.

d. Wurzelblätter elliptisch, in einen Stiel verschmälert, geöhrt. Schoten gekrümmt, etwas gegliedert, flach. Samen breit-geflügelt. . . . . **A. Turrita** L.

Blume gelblich weiss, etwas flach. ⊙ Mai, Juli. Felsen, Mauern. Sehr selten.

e. Wurzelblätter leierförmig, Stengelblätter am Grund verschmälert. Schoten abstehend, mit schwachem Nerv. **A. arenosa** Scop.

Lila, selten weiss. ⊙ Mai, Juli. Sandfelder. Sehr selten.

7. **Cardamine** L. *Schaumkraut.*

a. Krone doppelt so lang als der Kelch, weiss. Blatt fiedertheilig mit grösserem Endlappen, die Blättchen der oberen lanzettlich, ganzrandig.

1. Blattstiel mit pfeilförmigen Oehrchen. Griffel länger als die Breite der Schote, pfriemlich. Stengel kahl. **C. impatiens** L.

Krone oft fehlend. ⊙ Mai—Juli. Feuchte Wälder. Hier und da.

2. Blattstiel ohne Oehrchen. Griffel so lang als die Breite der Schote, dünn. Wurzelblätter wenige. Schotenstiel abstehend. . . . . **C. silvatica** L.

⊙ April—Juni. Feuchte, schattige Wälder. Selten.

3. Blattstiel ohne Oehrchen. Griffel kürzer als die Breite

der Schote, dick. Dichte Blattrosette. Mehrstengelig. Stengelblätter wenige. . . . . **C. hirsúta** L.

⊙ April—Juni. Wälder, feuchte Orte. Selten.

b. Krone 3 mal so lang als der Kelch, über 6 mm. lang. Blätter alle fiedertheilig, mit grösserem Endlappen, ohne Oehrchen.

1. Staubfaden halb so lang als die Krone. Staubbeutel gelb. Griffel kurz, stumpf. Blättchen der Stengelblätter ganzrandig, lineal. Stengel stielrund, oben schwach gerieft. . . . . **C. pratensis** L.

Weiss oder lila. ♃ April, Mai. Feuchte Wiesen. Gemein. Hiermit verwandt **C. nemorosa** Wend.

2. Staubfäden etwa so lang als die Krone. Staubbeutel roth. Griffel spitz, länger als die Breite der Schote. Blättchen der Stengelblätter länglich, eckig gezahnt. Stengel kantig-gefurcht. . . . . **C. amara** L.

Weiss. ♃ April, Mai. Quellen, Bäche. Häufig.

8. **Dentaria** L. *Zahnwurz.*

Untere Blätter gefiedert mit 5—7 lanzettlichen gesägten Blättchen, die oberen ungetheilt. In den Blattwinkeln Zwiebelchen. Wurzelstock wagrecht, gezahnt.

D. bulbifera L.

Lila oder weiss. ♃ April, Mai. Wälder. Hier und da.

9. **Hésperis** L. *Nachtviole.*

a. Stengel oberwärts ästig. Blatt eilanzettlich-gezahnt. Blüthenstiele abstehend. Schoten aufrecht, stielrund.

H. matronalis L.

(**H. inodora** L.) Weiss oder lila. Abends wohlriechend. ⊙ und ♃ Juni, Juli. Selten. Häufig als Zierpflanze, besonders weiss gefüllt.

b. Stengel von unten an mit abstehenden Aesten. Blatt ganzrandig oder schwachgezahnt. Schoten abstehend, zusammengedrückt. . . . . **H. tristis** L.

Schmutzig gelb, violett geadert. Abends wohlriechend. ⊙ Zierpflanze aus Oesterreich.

10. **Sisymbrium** L. *Rauke.*

A. Blatt getheilt. Blüthe gelb.

a. Blatt einfach-schrotsägeförmig-fiederspaltig. Schote 4-kantig, pfriemlich zugespitzt, behaart, angedrückt. **S. officinale** Scop.

⊙ Juni—August. Schutt, Wege. Gemein.

b. Blatt einfach-schrotsägeförmig-fiederspaltig. Schote stielrund.

1. Kahl oder mit einzelnen Borsten. Blattzipfel meist breit-3eckig. Schoten gedrängt, etwas abstehend, etwa doppelt so lang als der Stiel. Griffel $1\frac{1}{2}$—3 mal so lang als die Breite der Schote. . . . . . **S. austriacum.** Jacq.

⊙ Mai, Juni. Steinige Hügel. Sehr selten. Var. mit kürzeren Schoten auf gekrümmten Stielen: **S. acutangulum** DC. verwildert.

2. Steifhaarig. Blattzipfel meist lanzettlich, grossgesägt. Schote auf zartem Stiele abstehend, oft bogig aufwärts gekrümmt, fast doppelt so lang als der Stiel. Griffel so lang als die Breite der Schote. Traube reichblüthig, die jüngeren Schoten kürzer als die convexe Doldentraube. **S. Loeselii** L.

⊙ Mai, Juni. Schutt, Hügel, Mauern. Sehr selten.

3. Meist kahl. Griffel sehr kurz. Schote wenigstens 4 mal so lang als der Stiel, aufrecht-abstehend, die jüngeren die flachen Doldentrauben überragend . . . **S. Irio** L.

⊙ Mai, Juni. Wege, Ackerränder. Sehr selten.

c. Blatt mehrfach fiedertheilig, mit linienförmigen Lappen, graugrün. Schote stielrund, auf dem 2—3 mal so kurzen abstehenden Stiele etwas aufwärts gebogen. **S. Sophia** L.

⊙ Mai—September. Wege, Schutt, Sandfelder. Häufig.

B. Blatt ungetheilt. Blüthe gelb.

Blatt länglich-lanzettlich, gezahnt, durch einfache Haare flaumig. Schote etwas holperig. . **S. strictissimum** Scop.

♃ Juni, Juli. Gebüsche, Ufer, feuchte Orte. Sehr selten.

C. Blatt ungetheilt. Blüthe weiss.

a. Blätter längs des Stengels, die unteren nierenförmig, die oberen eiherzförmig, kahl oder mit einfachen Haaren. Schote abstehend. Samen gestreift. . . **S. Alliaria** Scop. (Erysimum Alliaria L. = Alliaria officinalis DC.) *Knoblauchskraut.* ⊖ April, Mai. Gebüsche. Gemein.

b. Untere Blätter rosettenartig, lanzettlich, in den Stiel verschmälert, obere sitzend, sternhaarig. Schote auf abstehendem Stielchen aufstrebend. Samen nicht gestreift. Stengel glatt, nur am Grunde rauh. **S. Thaliánum** Gaud. (Arabis Thaliana L.) ⊙ April—Sept. Mauern, Sandplätze, Felder. Gemein.

11. **Erýsimum** L. *Hederich. Schotendotter.*

A. Blatt länglich-lanzettlich, nicht herzförmig. Blüthe gelb.

a. Blüthenstiel länger als der Kelch. Fruchtstiel etwa halb so lang als die Schote. Krone kaum länger als der Kelch. Schote aufrecht-abstehend, fast wagrecht, 4kantig, kahl. Blatt entfernt-gezahnt, rauh von lauter Sternhaaren. . . . . **E. cheiranthoides** L. Dottergelb. ⊙ Juni—Sept. Felder, Wege, Ufer. Hier und da.

b. Blüthenstiel so lang oder kürzer als der Kelch. Fruchtstiel wenigstens 6 mal kürzer als die Schote. Krone meist doppelt so gross als der Kelch.

α. Schote aufrecht-abstehend, oft wagrecht, stumpfkantig, rauh. Blatt buchtig gezahnt oder ganzrandig, mit zurückgebogener Spitze, mit Stern- und einfachen Haaren. Blüthenstiel 2—3 mal kürzer als der Kelch.

1. Krone wenigstens doppelt so gross als der Kelch. Schote dicker als das aufrecht abstehende Fruchtstielchen, durch den verdickten Blüthenboden deutlich abgesetzt. Narbe kopfförmig, stark 2lappig. Kelchblätter nach unten sackförmig. . . . **E. crepidifolium** Rchb. Schwefelgelb. ⊖ Juni, Juli. Sonnige Abhänge. Sehr selten.

2. Krone nicht doppelt so gross als der Kelch. Schote in das fast gleich dicke, fast wagrechte Stielchen gleichmässig übergehend, stark ausgespreizt, endlich fast abwärts gekrümmt. Narbe so dick als die Schote. Stengel zwischen den Schoten meist hin und her gebogen. Untere Blätter meist fiederspaltig. **E. repandum** L. Schwefelgelb. ⊙ Juni, Juli. Felder, Kalkhügel. Sehr selten.

β. Schote auf aufrecht abstehendem Stiel steif aufgerichtet, dem Stengel parallel, scharf 4kantig. Blatt mit lauter Sternhaaren.

1. Blatt ganzrandig. Blüthenstiel so lang als der Kelch. Kronblatt mit keilförmig-verkehrteiförmiger Platte. Schote gleichmässig grau und scharf. **E. virgatum** Rchb.
Schwefelgelb. ⊙ Juni, Juli. Sonnige Hügel. Sehr selten.

2. Blatt schwach-ausgeschweift-gezahnt, sonst wie die vorige. . . . . **E. strictum** Fl. Wett.
(**E. hieracifolium** L.) Citrongelb. ⊙ Juni, Juli. Mauern, Dämme, sandige Ufer. Selten.

3. Blatt buchtig gesägt. Blüthenstiel höchstens halb so lang als der Kelch. Schote mit grünen kahlen Kanten. **E. odoratum** Ehrh.
Citron- oder schwefelgelb, wohlriechend. ⊙ Juni, Juli. Felsen und Mauern. Sehr selten.

B. Blatt eiförmig, tiefherzförmig umfassend. Blüthe weiss oder gelblich-weiss. Schote abstehend, mit einem Rückennerv. Blatt ganzrandig. . . . . **E. orientale** RBr.
(**Coringia orientalis** Pers. = **E. perfoliatum** Crantz.) Weiss oder gelblichweiss. ⊙ Mai—August. Aecker. Hier und da.

12. **Syrenia** Andrz.

Schote 3 mal so lang als der Griffel, anliegend. Blüthen kurz gestielt. Wurzelblätter gestielt, verkehrteirund, obere Blätter sitzend, lanzettlich, buchtig gezahnt, sternhaarig. **S. cuspidata** DC.
Gelb. ⊙ Mai—Juli. Trockene Stellen. Sehr selten (angesät).

13. **Brássica** L. *Kohl.*

a. Obere Blätter herzförmig-umfassend. Kürzere Staubfäden abstehend-aufstrebend. Schote abstehend.

1. Traube beim Aufblühen flach (die offenen Blüthen die Knospen überragend). Kelch zuletzt wagrecht abstehend. Untere Blätter grasgrün, rauhhaarig, obere kahl, ganzrandig. . . . . **B. Rapa** L.
Rübenkohl. Gelb. Aus Schweden und Russland. Verwildert und in folgenden Abarten cultivirt:
α. **oleifera annua** (**Br. campestris** L.), *Sommerrübsen.* Oelfrucht mit dünner Wurzel. ⊙ Juni, Juli.
β. **oleifera biennis**, *Winterrübsen.* Oelfrucht. ⊙ April, Mai.
γ. **rapifera**, *weisse Rübe.* Mit dicker Wurzel. ⊙ April, Mai.

2. Traube beim Aufblühen verlängert (Knospen höher als die offenen Blüthen). Kelch zuletzt halb offen. Untere Blätter meergrün, feinhaarig oder kahl, obere ungleich gesägt. . . . . **B. Napus** L.

Raps. Gelb. Aus Schweden und Russland. Verwildert und in folgenden Abarten cultivirt:

α. **annua** K., *Sommerraps.* Oelpflanze. ☉ Mai, Juni.
β. **oleifera** DC., *Winterraps.* Oelpflanze. ⊖ April, Mai.
γ. **esculenta** K. = **rapifera** Metzg., *unterirdische Kohlrabi.* ⊖ Mai.

b. Obere Blätter sitzend, nicht herzförmig. Staubfäden alle aufrecht. Traube verlängert. Kelch aufrecht anliegend. Schote abstehend. Blatt ganz kahl. . . **B. oleracea** L.

Gartenkohl. Gelb (selten weiss). Wild an Seeküsten. Cultivirte Abarten:
In Köpfen: α. **capitata,** *Weiss- und Rothkraut,* — β. **sabauda,** *Wirsing.* ⊖
Mit Seitenköpfchen: γ. **gemmifera,** *Rosenkohl.* ⊖
Ohne Köpfe: δ. **integrifolia,** *Schnittkohl;* ε. **crispa,** *Braunkohl.* ⊖
Stengel verdickt: ζ. **gongylodes,** *oberirdische Kohlrabi.* ⊖
Blüthenstand verdickt: η. **botrytis,** *Blumenkohl.* ⊙

b. Alle Blätter gestielt. Schoten aufrecht angedrückt, mit 2schneidigem Schnabel, fast 4kantig. Oberste Blätter ganzrandig. Kelch abstehend. . . . . . . **B. nigra** Koch.

(**Sinapis nigra** L. = **Br. sinapoides** Roth.) *Schwarzer Senf.* Gelb. ⊙ Juni, Juli. Angebaut und verwildert auf Schutthaufen, an Flussufern.

14. **Sinápis** L. *Senf.*

a. Blatt eiförmig, zum Theil gelappt, die unteren am Grunde geöhrt. Schote beiderseits 3nervig, meist kahl. Schnabel meist kürzer als die Schote. . . . . **S. arvensis** L.

Gelb. ⊙ Juni, Juli. Ackerunkraut. Gemein.

b. Blatt fiedertheilig. Schote beiderseits 5nervig, steifhaarig. Schnabel wenigstens so lang als die Schote. **S. alba** L.

Weisser Senf. Gelb. ⊙ Juni, Juli. Hier und da auf Aeckern verwildert.

15. **Erucastrum** Sch. et Sp. *Wildrauke. Rempe.*

Blatt tieffiederspaltig mit länglichen gezahnten Abschnitten. Untere Blüthenstiele mit laubartigen Deckblättern. Schote abstehend. . . . . **E. Pollichii** Sch. et Sp.

Weissgelb, oft grünlich. ⊙ oder ⊖ April—October. Aecker, Schutt, Mauern. Selten.

16. **Diplotáxis** DC. *Doppelsame.*

a. Stengel beblättert, meist ganz kahl. Endlappen des Blattes linienförmig. Blüthenstiel doppelt so lang als die Blume. Kronblatt rundlich-verkehrteiförmig, wagrecht abstehend. Schote auf abstehendem Stiele aufrecht, den Gipfel nicht erreichend. . . . . **D. tenuifolia** DC.

Gelb. ♃, unten oft strauchig. Juni—October. Unbebaute Hügel, Mauern. Selten.

b. Stengel nur am Grunde beblättert, mit abwärts abstehenden Haaren. Endlappen des Blattes verbreitert. Blüthenstiel so lang als die Blume. Schote den Gipfel erreichend oder überragend.

1. Kronblatt rundlich, in den Nagel plötzlich verschmälert, aufrecht abstehend. Schote auf abstehendem Stiele aufrecht. Griffel zusammengedrückt, keilförmig. Narbe ausgerandet. . . . . **D. muralis** DC.

Gelb. ⊙ Mai—October. Felder, Wege, Schutt. Selten.

2. Kronblatt länglich-verkehrteiförmig, in den Nagel allmählich verschmälert. Schote abstehend. Griffel walzlich. Narbe nicht ausgerandet. . . . . **D. viminea** DC.

Gelb. ⊙ Juni, Juli. Wegeränder, Weinberge, Aecker. Selten.

17. Alyssum L. *Steinkraut.*

Traube einfach. Schötchen sternhaarig-grau. Stengel krautartig.

a. Kelch nach dem Verblühen abfallend. Krone doppelt so lang als der Kelch. Längere Staubfäden mit 3zähnigem Anhängsel, die kürzeren am Grunde geflügelt, ungezahnt. Griffel etwa halb so lang als das Schötchen.

A. montanum L.

Gelb. ♃ Mai, Juni. Sonnige Kalkberge, Felsspalten. Sehr selten.

b. Kelch bleibend. Krone kaum länger als der Kelch. Längere Staubfäden ungezahnt, kürzere am Grunde mit 2borstlichen Zähnen. Griffel viel kürzer als das Schötchen. . . . . **A. calýcinum** L.

Gelb, später weiss. ⊙ April—Juli. Sonnige Hügel, Felder, Wege. Häufig.
A. saxatile L. Blüthenstand rispig. Schötchen kahl. Stengel strauchartig. Staubfaden am Grunde nach innen mit einem stumpfen Zahne. Blatt weich, filzig. Blume gelb. April, Mai. Kalkberge.

18. **Farsétia** RBr.

Längere Staubfäden am Grunde geflügelt, die kürzeren gezahnt. Schötchen elliptisch, flaumig. Blatt lanzettlich. (Kronblatt 2spaltig.) . . . . **F. incana** RBr.

(**Alyssum incanum** L.) Weiss. ⊙ Juni—September. Sonnige Hügel, Ackerränder. Sehr selten.

19. **Lunária** L. *Mondviole.*

a. Fruchtknoten nach dem Verblühen linienförmig mit kahlem abgerundeten Rande. Stempelträger meist so lang als der Fruchtknoten. Das reife Schötchen verkehrteiförmig, beiderseits verschmälert, etwas schief. Samen nierenförmig, doppelt so breit als lang. Blatt ungleich gezahnt, die obersten gestielt. Kronblatt mit rundlicher Scheibe. . . . . **L. rediviva** L.

Helllila, wohlriechend. Blatt mit helldurchscheinendem Adernetz. Stengel zerstreut-haarig. ♃ Mai, Juni. Bergwälder. Selten.

b. Fruchtknoten nach dem Verblühen lanzettlich, beiderseits mit einer erhabenen bewimperten Leiste berandet. Stempelträger kürzer als der Fruchtknoten. Reifes Schötchen breitelliptisch, an beiden Enden abgerundet. Samen so lang als breit, am Grunde etwas herzförmig. Blatt ziemlich gleichmässig grobgezahnt, die obersten sitzend, stengelumfassend. . . . . **L. biennis** Mönch.

Dunkellila oder weiss. Geruchlos. Blatt mit undeutlich durchscheinendem Adernetz. Stengel borstig behaart. ⊙ April, Mai. Zierpflanze. Hier und da verwildert.

20. **Draba** L. *Hungerblümchen.*

Wurzelblätter rosettenartig, am Grunde verschmälert. Schötchen lanzettlich oder fast rundlich, kürzer als der Stiel. Griffel sehr kurz.

a. Stengel nackt. Kronblatt gespalten. Blätter lanzettlich.
D. verna L.

Weiss. ⊙ März, April. Aecker und sonnige Hügel. Sehr gemein. Var. α. **americana**, Schötchen länglich, fast 3 mal so lang als breit.

b. Stengel beblättert. Kronblatt ganz. Blätter länglich.
D. muralis L.

Weiss. ⊙ April, Mai. Sonnige Stellen. Sehr selten.

21. **Cochlearia** L. *Löffelkraut.*

Wurzelblätter langgestielt, breiteiförmig oder rundlich, am Grunde etwas herzförmig. Stengelblätter stumpf-gezahnt, die obersten sitzend, tief herzförmig umfassend. **C. officinalis** L.

Weiss. Kraut von scharfem Geschmack. ⊙ Mai—Juli. An süssem Wasser: Rhön, sonst nur an Salzquellen, oder in Küchengärten.

22. **Armoracia** Fl. Wett. *Meerrettig.*

Wurzelblatt länglich-eiförmig oder herzförmig, gekerbt, untere Stengelblätter fiederspaltig, die obersten lanzettlich, gekerbt-gesägt oder ganzrandig. . . . **A. rusticana** Fl. Wett.

(**Cochlearia Armoracia** L.) Weiss. ♃ Juni, Juli. In Gärten cultivirt aus Südrussland.

23. **Camelina** Crantz. *Leindotter.*

a. Mittlere Blätter länglich-lanzettlich, ganzrandig oder schwach gezahnt, pfeilförmig. Lappen 3eckig. Griffel wenigstens so lang als die halbe Breite des reifen Schötchens. . . . . **C. sativa** Cr.

(**Myagrum sativum** L.) Gelb. ⊙ Mai—Juli. Var.: α. behaart, Schötchen oben abgerundet, bläulich bereift, 5 mm. lang: **C. microcarpa** Andrz. auf unbebauten Hügeln und Aeckern hier und da; — β. fast kahl, Schötchen abgestutzt, glänzend, 8 mm. lang; als Oelpflanze gebaut oder hier und da verwildert auf Leinfeldern.

b. Mittlere Blätter lineal-länglich, buchtig gezahnt oder fiederspaltig. Pfeilförmige Lappen zugespitzt, abstehend. Griffel kürzer als die halbe Breite des reifen Schötchens. Schötchen mit mehr als 15 Samen. . **C. dentata** Pers.

(**Myagrum sativum** γ. L.) Gelb. ⊙ Juni, Juli. Leinfelder. Hier und da.

24. **Thlaspi** L. *Täschelkraut. Hellerkraut.*

Stengelblätter mit herz- oder pfeilförmigem Grunde umfassend, Wurzelblätter gestielt, ganze Pflanze kahl. Krone weiss, kaum länger als der Kelch (ausser **Th. montanum**). Staubfäden gelb (ausser **Th. alpestre**). Schötchen verkehrtherzförmig oder (**Th. arvense**) fast kreisrund. Samen glatt (ausser **Th. arvense**).

a. Einjährig. Griffel sehr kurz.

1. Stengel kantig. Blätter buchtig gezahnt. Schötchen fast kreisrund, die breiten Flügel vorn zusammenneigend, eine schmale Bucht bildend. Fläche 6—12 samig. Samen concentrisch-gerieft. . . . . **Th. arvense** L.
Weiss. ⊙ Mai—September. Aecker, Schutt. Gemein.

2. Stengel stielrund. Blätter schwach-buchtig gezahnt oder ganzrandig. Die nicht breiten Flügel des verkehrtherzförmigen Schötchens eine etwas breite Bucht bildend. Fächer 3—4 samig. . . . . **Th. perfoliatum** L.
Weiss. ⊙ April, Mai. Aecker, wüste Stellen (Kalk). Hier und da.

b. Ausdauernd, vielköpfig, mit Ausläufern. Blätter fast ganzrandig. Schötchen mit spitzer Bucht und mit deutlichem Griffel.

1. Griffel länger als die Bucht. Fächer meist 2samig. Krone doppelt so lang als der Kelch. **Th. montanum** L.
Weiss oder röthlich. ♃ April, Mai. Kiesige Orte (Kalk). Sehr selten.

2. Griffel so lang als die Bucht. Fächer 4—9samig. Antheren roth, zuletzt schwarz. . . . . **Th. alpestre** L.
Weiss oder röthlich. ♃ April—Juni. Felsboden. Wiesen. Selten.

25. **Teesdália** RBr.

Wurzelblatt tief-leierförmig-fiederspaltig, selten ungetheilt rundlich. Stengel fast nackt. Schötchen verkehrteirund.
T. nudicaulis RBr.
(**Iberis nudicaulis** L.) Weiss. ⊙ April, Mai. Sandfelder. Hier und da.

26. **Ibéris** RBr. *Bauernsenf.*

Blatt länglich stumpf, in den Stiel verschmälert, beiderseits mit 2—3 grossen stumpfen Zähnen. Blüthenstand später traubig. Schötchen rundlich, ausgerandet mit spitzen vorgestreckten Lappen. . . . . **I. amára** L.
Weiss ins Violette spielend. ⊙ Juni—August. Aecker. Sehr selten.

Iberis intermedia Guers. Blatt fast ganzrandig. Schötchen mit lang zugespitzten, etwas auseinanderspreizenden Lappen. Weiss oder röthlich. ⊙ Juni, Juli. Weinberge. Grenzgebiet. Selten.

Als Zierpflanzen in Gärten: **I. umbellata**, mit ganzrandigem spitzem Blatt, gedrängter Traube, ⊙, meist violett. **I. sempervirens** und **I. semperflorens**, strauchartig, weiss.

27. **Biscutella** L. *Brillenschote.*

Blatt buchtig-gezahnt oder ganzrandig, die unteren in den Stiel verschmälert. Stengel oberwärts ästig. **B. laevigata** L.
Gelb. ♃ Mai—August. Aendert ab in Behaarung und Form des Blattes, mit glatten und rauhen Samen. Sonnige Abhänge. Sehr selten.

28. **Lepidium** RBr. *Kresse.*

a. Stengelblatt pfeilförmig-umfassend.

1. Schötchen breiteiförmig spitz, flügellos, aufgedunsen. Griffel so lang als das Schötchen. Blatt länglich, buchtig-gezahnt oder ganzrandig, behaart. **L. Draba** L.
Weiss. ♃ Mai, Juni. Triften, Wege. Sehr selten.
2. Schötchen elliptisch-eiförmig, von der Mitte an breitgeflügelt, oben ausgerandet, warzig punktirt, auf weitabstehendem Stiele. Griffel vielmal kürzer als das Schötchen. Blatt lineal-länglich, buchtig-gezahnt, graulich. . . . . **L. campestre** RBr.
Weiss. ⊙ Juni, Juli. Felder, Wege, Flussufer, Schutt. Häufig.

b. Stengelblatt nicht pfeilförmig-stengelumfassend.

α. Schötchen an der Spitze ausgebuchtet. Griffel sehr kurz. Untere Blätter einfach- oder doppelt-fiederspaltig oder fiedertheilig, die oberen ganz.

1. Schötchen abstehend, mit schmalem Hautrande, rundlich-eiförmig. Krone kaum so lang als der Kelch, meist fehlend. Staubfäden meist 2. Keimblätter ungetheilt. . . . . **L. ruderale** L.
Weiss, übelriechend. ⊙ Juni—August. Schutt, Wege, Mauern. Hier und da.
2. Schötchen angedrückt, mit deutlichem Flügelrande. Krone doppelt so lang als der Kelch. Keimblätter 3theilig. **L. sativum** L.
Gartenkresse. Weiss, Staubfäden violett. ⊙ Mai—Juli. Hier und da verwildert.

β. Schötchen kaum ausgerandet, ungeflügelt. Griffel sehr kurz. Krone kurz. Keimblätter ungetheilt.

1. Schötchen eiförmig, spitz, kahl, aufrecht-abstehend. Wurzelblätter spatelförmig, gesägt oder am Grunde

fiederspaltig, obere lineal meist ganzrandig. Stengel verzweigt. Traube gestreckt. . **L. graminifolium** L.
Weiss. ⊙ Juni—October. Wege, Schutt. Sehr selten.

2. Schötchen rundlich, sehr seicht ausgerandet, flaumhaarig. Wurzelblätter eiförmig, langgestielt, gekerbt, obere breit-lanzettlich. Blüthenstand gedrängt-rispig. **L. latifolium** L.
Weiss. ♃ Juni, Juli. Salinen. Sehr selten.

29. **Capsella** Med. *Hirtentäschel.*

Wurzelblatt meist buchtig-gezahnt oder fiederspaltig, selten ganzrandig oder doppelt gefiedert, sternhaarig, obere Blätter pfeilförmig-umfassend. . . . . . . **C. Bursa pastoris** Mch.
(Thlaspi B. p. L.) Weiss. ⊙ März—October. Wege, Felder. Gemein.

30. **Senebiéra** Pers. *Krähenfuss.*

Stengel ästig, am Boden ausgebreitet. Blatt tieffiederspaltig mit linealen Zipfeln. Blüthe sehr kurzgestielt. Schötchen am Grunde mit bleibendem Griffel. . . **S. Corónopus** Poiret.
(Cochlearia Corónopus L.) Weiss. ⊙ Juli, August. Triften, Gräben, Salinen. Selten.

31. **Ísatis** L. *Waid.*

Schötchen verkehrt-eilänglich, abgerundet oder ausgerandet. Wurzelblatt länglich-lanzettlich, Stengelblatt pfeilförmig. Stengel verzweigt. . . . . **I. tinctoria** L.
Gelb. Pflanze bläulichgrün. ⊙ Mai, Juni. Sonnige Hügel, Ufer. Sehr selten.

32. **Néslia** Desvaux.

Schötchen langgestielt. Traube locker. Stengel oben verzweigt. Untere Blätter am Grunde verschmälert, obere pfeilförmig-umfassend, sternhaarig rauh. . **N. paniculata** Desv.
Blüthen klein, gelb. ⊙ Mai—Juli. Felder. Selten.

33. **Búnias** L. *Zackenschote.*

Schötchen schiefeiförmig, flügellos, warzig. Unterste Blätter länglich-lanzettlich, am Grunde schrotsägeförmig, obere fiedertheilig, oberste ganz. . . . . **B. orientalis** L.
Gelb. ⊙ Juni, Juli. Grasige Orte. Sehr selten. Eingeschleppt.

34. **Rapistrum** Boerhave. *Rapsdotter. Windsbock.*

a. Griffel kurz-kegelförmig, kürzer als das obere Glied des Schötchens. Blatt fiederspaltig. . . . . . **R. perenne** All.
Gelb. ♃ Juni, Juli. Aecker, Wege. Sehr selten. Zweifelhaft.

b. Griffel fadenförmig, wenigstens so lang als das obere Glied des Schötchens. Blatt leierförmig. **R. rugosum** All.
Gelb. ⊙ Juni, Juli. Aecker. Sehr selten. Grenzgebiet.

35. **Ráphanus** L. *Rettich.*

a. Schote walzlich, zugespitzt, glatt, nicht in Glieder zerfallend. Samen netzig-runzelig. Blatt leierförmig, rauhhaarig. . . . . **R. sativus** L.
Violett oder weiss. ⊙ Juni—September. Culturpflanze aus Spanien, Griechenland etc. Var. α. mit graulichschwarzer Wurzel: *schwarzer Rettich*; β. mit röthlicher oder weisser Wurzel: *Radieschen* (**Radiola**).

b. Schote rosenkranzförmig-eingeschnürt, gestreift. Samen glatt. Blatt wie vorige Art. . . . **R. Raphanistrum** L.
Krübelrettich, Hederich. Gelb oder weisslich gelb mit violetten Adern. ⊙ Juni—August. Gemeines Ackerunkraut.

46. Familie. PAPAVERACEAE DC.

Gattungen.

a. Kapsel eirundlich, mit Löchern aufspringend, einfächerig mit 4—20 wandständigen flügelartigen Samenleisten, dadurch scheinbar vielfächerig. Narbe scheibenförmig-strahlig. . . . . 1. **Pápaver** L.

b. Kapsel schotenförmig, 2klappig, einfächerig mit 2 wandständigen Samenleisten. Narbe 2lappig.

1. Narben schmal. Kapsel von unten nach oben aufspringend, ohne Scheidewand. Samen mit kammförmigem Anhängsel. . . . . 2. **Chelidonium** L.
2. Narben breit. Kapsel von unten nach oben aufspringend, mit einer schwammigen, falschen Scheidewand. Samen ohne Anhängsel. . . . . 3. **Glaucium** Tourn.

1. **Pápaver** L. *Mohn.*

a. Kapsel steifhaarig. Staubfäden nach oben verbreitert. Stengel und das fiedertheilige Blatt steifhaarig.

1. Kapsel länglich-keulenförmig mit aufrechten Borsten. Narbe 4—5strahlig. . . . . **P. Argemóne** L.
Hochroth ⊙ Mai—Juli. Aecker, Sandfelder. Hier und da. Var. seltener mit kahler Kapsel.
2. Kapsel länglich-rund mit abstehenden Borsten. Narbe 6—8strahlig. . . . . **P. hýbridum** L.
Hochroth. ⊙ Mai—Juli. Aecker. Sehr selten.

b. Kapsel kahl. Staubfäden pfriemlich. Stengel und die fiedertheiligen Blätter steifhaarig.
1. Fruchtknoten urnenförmig, unten abgerundet, höchstens doppelt so hoch als breit. Narbe kegelförmig, so hoch als der Fruchtknoten, 6—14strahlig, freie Lappen mit den häutigen Rändern sich gegenseitig deckend, über den Rand der Kapsel herabgebogen. Haare des Blüthenstiels abstehend oder anliegend. Die letzten Blattabschnitte grob gesägt, lang zugespitzt. **P. Rhoeas** L.
Klatschrose. Hochroth. ⊙ Juni, Juli. Saatfelder, Hügel. Häufig.
2. Fruchtknoten keulenförmig, nach unten verschmälert, 3—4mal so hoch als dick. Narbe 1/3 von der Höhe des Fruchtknotens, 6- oder weniger-strahlig. Lappen mit den nicht häutigen Rändern sich nicht oder kaum deckend, nicht übergebogen. Haare des Blüthenstiels anliegend, die letzten Blattabschnitte meist ganzrandig, stumpf-gespitzt. . . . . **P. dubium** L.
Hochroth ⊙ Mai—Juli. Saatfelder und Hügel. Hier und da.
3. Fruchtknoten verkehrteiförmig, die kegelförmige Narbe c. 1/3 der Kapselhöhe einnehmend. Narbenstrahlen am Rande als getrennte Kerben überstehend und herabgebogen. Stengel einblüthig. Fiederlappen der Blätter gesägt. Ausdauernd. . . . . **P. orientale** L.
Mennigroth. ♃ Juni—August. Zierpflanze aus Armenien. — Var.: **bracteatum** mit einer Art Hülle unter dem Kelche. Blüthe grösser, hochroth. Stengel höher.

c. Kapsel und die übrige Pflanze kahl. Staubfäden nach oben verbreitert. Blatt nicht fiedertheilig. Kapsel fast kugelig. Obere Blätter herzförmig-stengelumfassend, ganzrandig, die unteren ungleich gezahnt. Blaugrün. **P. somniferum** L.
Rosa, violett. Samen schwarz. ⊙ Var.: **P. officinale** Gmel. Blüthe und Samen weiss. Zier- und Oelpflanze aus dem Orient.

2. **Chelidonium** L. *Schöllkraut.*

Blüthen doldig. Stengel ästig. Blatt buchtig-fiedertheilig, eingeschnitten gezahnt. Die ganze Pflanze mit gelbem Milchsaft. . . . . **Ch. majus** L.

Gelb. ♃ Mai—August. Wege, Schutt, schattige Orte. Ueberall gemein.

3. **Glaucium** Tourn. *Hornmohn.*

Blüthen einzeln, endständig. Frucht warzig-rauh. Blatt fiederspaltig mit spitzen Zähnen. Die ganze Pflanze graugrün mit safranfarbigem Milchsaft. . . . . **G. luteum** Scop.

Gelb. ⊙ Juni, Juli. Sonnige Hügel. Sehr selten.

Glaucium corniculatum Curt. Blüthe gelbroth. Frucht borstig-rauh. Getreidefelder. Sehr selten.

47. Familie. FUMARIACEAE DC.

Gattungen.

a. Frucht einsamig, nicht aufspringend. Krone mit einem Sporn. Samen ohne Anhängsel. . . . . 1. **Fumaria** DC.

b. Frucht vielsamig, aufspringend. Krone mit einem Sporn. Samen mit Anhängsel. . . . . 2. **Corydalis** DC.

c. Frucht vielsamig, aufspringend. Die 2 äusseren Kronblätter je in einen stumpfen Sack erweitert. Staubfaden ungespornt. . . . . **Eucapnos** S. et Zucc.

E. spectabilis S. et Zucc. (**Diclytra spect.** DC.) Einseitige verlängerte Traube seiten- und endständig. Der äussere Kelch roth, der innere weiss. ♃ Juni. Zierpflanze aus Sibirien.

1. **Fumaria** DC. *Erdrauch.*

a. Frucht breiter als hoch, abgestutzt oder eingedrückt. Kelchblätter halb so lang als die Krone, breiter als der Blüthenstiel. . . . . **F. officinalis** L.

Blume hellroth, an der Spitze dunkelroth. ⊙ Mai—September. Auf Feldern. Gemein. — Var. mit fast rankendem Blattstiel, mehrfach fiedertheiligem Blatt, schmal-lanzettlichen Zipfeln, verlängerter Traube: **F. media** Lois., hier und da in der Wetterau.

b. Frucht kugelig, mit aufgesetzten Spitzchen. Kelch wie bei voriger Pflanze höher und kräftiger. **F. Wirtgeni** K.

Hell- oder dunkelroth. ⊙ Gärten und Felder.

c. Frucht kugelig, oben abgerundet. Kelchblätter 6 mal kürzer als die Krone, schmäler als der Blüthenstiel.

V. Vaillantii Lois.

Blume wie vorige. ⊙ Juli—September. Felder. Hier und da.

d. Frucht kugelig mit einem Spitzchen. Kelchblätter 6 mal kürzer als die Krone, so breit als der Blüthenstiel.

F. parviflóra Lam.

Blume weiss, an der Spitze dunkel. ⊙ Mai—September. Felder. Selten.

2. Corýdalis DC. *Lerchensporn.*

a. Deckblatt länger als der Blüthenstiel. Blume purpurroth oder weiss. Stengel fast einfach, am Grunde knollig. Blatt doppelt-3zählig.

1. Deckblatt fingerig gespalten. Knolle rundlich, nicht hohl. Stengel unten mit einem Schuppenblatte. Fruchtstiel so lang als die Kapsel. Traube reichblüthig, in der Reife aufrecht. . . . . **S. sólida** Sm.

(**C. digitata** Pers. = **Fumaria bulbosa** γ. L.) ♃ April. Gebüsche, Obstgärten. Hier und da.

2. Deckblatt ganzrandig. Knolle länglich, hohl. Stengel ohne Schuppenblatt. Fruchtstiel 3 mal kürzer als die Kapsel. Traube reichblüthig, in der Reife aufrecht. Sporn gekrümmt. . . . . **C. cava** Schweigg.

(**C. tuberosa** DC., **Fumaria bulbosa** α. L.) ♃ April, Mai. Gebüsche. Obstgärten. Häufig.

3. Deckblatt ganzrandig, breitförmig. Knolle nicht hohl. Stengel mit Schuppenblatt. Fruchtstiel 2—3 mal kürzer als die Kapsel. Traube 4—5blüthig, in der Reife überhängend. Sporn gerade. . . . . **C. fabácea** Pers.

(**C. intermedia** Mer., **Fumaria bulbosa** β. L.) ♃ März—Mai. Haine, Wiesengebüsche in Gebirgsgegenden. Sehr selten.

b. Deckblatt kürzer als der Blüthenstiel, haarspitzig. Blume gelb. Stengel sehr verzweigt, ohne Knolle. Blatt doppelt-fiedertheilig. . . . . **C. lútea** DC.

Blume citronengelb, an der Spitze ganzrandig. ♃ Juli—September. Mauern, Felsspalten. Selten.

48. Familie. RESEDACEAE DC.

Reséda L. *Wau.*

a. Kelch und Krone 6gliederig. Griffel 3. Staubfäden weniger als 30. Fruchtknoten gestielt.

1. Blatt doppeltfiederspaltig. Stengel niederliegend. **R. lútea** L.

Grünlich blassgelb. ⊙ Juli. August. Wege, steinige Hügel, Weinberge. In allen Gebietstheilen, jedoch selten.

2. Blatt ungetheilt oder 3lappig. Stengel aufrecht oder aufsteigend . . . . **R. odorata** L.

Weissgelb, wohlriechend. ⊙ und ⊙ Juli—October. Zierpflanze aus Nordafrika. Zuweilen verwildert.

b. Kelch und Krone 4gliederig. Griffel 4. Staubfäden 30 und mehr. Fruchtknoten sitzend oder kurzgestielt. Blatt lanzettlich, ganzrandig. Stengel aufrecht. **R. Lutéola** L.

Gelblich. ⊙ Juli, August. Felder, Mauern, Wege, Ufer. Hier und da.

49. Familie. POLYGALEAE. Juss.

Polýgala L. *Kreuzblume.*

a. Die 3 Hauptnerven der grossen seitlichen Kelchblätter (Flügel) durch Queradern miteinander verbunden, die seitlichen nach aussen mit verzweigten netzartig verbundenen Venen. Die unteren Blätter bilden keine Rosette. Geschmack nicht bitter.

α. Traube reichblüthig. Alle Blätter zerstreut, die unteren kleiner.

1. Obere Blätter lanzettlich, untere elliptisch. Mittelnerv der Flügel meist unverzweigt.

* Die 2 Vorblätter der Blüthe kaum halb so lang als der Blüthenstiel, die Knospen nicht überragend. **P. vulgaris** L.

Blau, röthlich oder weiss. ♃ Mai, Juni. Wiesen, Triften. Gemein. — Var. mit Flügeln schmäler als die Kapsel: **P. oxyptera** Rchb.

** Die 2 Vorblätter der Blüthe so lang als der Blüthenstiel, die jungen Triebe schopfartig überragend. **P. comosa** Schr.

Meist rosa. ♃ Mai, Juni. Triften, Haine. Ziemlich häufig.

2. Untere und mittlere Blätter verkehrteiförmig, stumpf, obere schmallanzettlich. Zweige verlängert, am Grunde entblättert. Mittelnerv der Flügel von der Mitte an verzweigt. . . . . **P. calcárea** F. W. Schltz.

Blau. ♃ April—Juni. Kalkhügel und trockene Torfwiesen. Sehr selten.

β. Traube arm-(3—10-)blüthig. Die sehr kleinen unteren Blätter gegenständig. Stengel fadenförmig niedergestreckt. Trauben später scheinbar seitenständig. **P. depressa** Wdr.

Blassblau. ♃ Mai, Juni. Moorige Orte. Selten.

b. Die 3 Hauptnerven der Flügel unverzweigt und nicht verbunden, oder die Venen unter sich nicht verbunden. Untere Blätter keilig-verkehrteiförmig, sehr stumpf, eine Rosette bildend. Geschmack bitter. . . . . . **P. amára** L.

Meist blau. ♃ Juni—August. Feuchte Wiesen, Berge (besonders Kalk). In allen Theilen sehr zerstreut. Var.: α. Flügel stumpf, so breit und kaum länger als die Kapsel: **amplyptera**. — β. alle Blätter elliptisch, Rosette oft fehlend; Stengel niedrig: **alpestris**. — γ. Stengel liegend: Blume klein; Flügel meist kürzer und schmäler als die Kapsel: **austriaca** (**P. uliginosa**) Rchb.

50. Familie. NYMPHAEACEAE DC.

Gattungen.

a. Kelch 4blätterig, kürzer als die Krone. Kronblatt ohne Honiggrübchen. Staubfäden und Kronblätter aussen am Fruchtknoten entspringend. Weiss. 1. **Nymphaea** L.

b. Kelch 5blätterig, länger als die Krone. Kronblatt mit einem Honiggrübchen auf dem Rücken. Staubfäden auf dem Blüthenboden entspringend. Gelb. 2. **Nuphar** Sm.

1. **Nymphaea** L. *Seerose. Seelilie.*

Blatt rundlich-tiefherzförmig, schwimmend. Narbe 12—20-strahlig. Blüthe 1—2 dm. gross. . . . . **N. alba** L.

♃ Juni—August. Stehende und langsam fliessende Wasser. In allen Gebietstheilen sehr zerstreut.

Folgende Abänderungen der Hauptart lassen sich unterscheiden:

a. Blatt oval rundlich, die inneren Ränder der Blattlappen gerade, entfernt stehend. Narbe in der Blüthe trichterförmig, in der Reife flach kronenförmig auf der breitrundlichen Frucht, Zwischenstrahlen (zwischen je 2 Narbenzähnen) als einfache Furchen bis zum Narbengrunde gehend. Schneeweiss. **N. splendens** Hentze.

b. Blatt rundlich, die inneren Ränder der Lappen gebogen, abstehend. Narbe auch in der Reife tieftrichterförmig, mit hakig nach innen gekrümmten Strahlen, Zwischenstrahlen aus je einer Furche mit aufgeworfenen Rändern oder 4furchig, bis zur halben Trichtertiefe hinabreichend. Frucht unten verschmälert. . . . . **N. urceolata** Hentze.

c. Blatt fast kreisrund, oben ausgerandet. Lappen genähert, innere Ränder derselben gebogen. Narbe später flach, Strahlen aufrecht, wagerecht einwärts geknickt, Zwischenstrahlen einfurchig, bis fast zum Grunde laufend. . . . . **N. rotundifolia** Hentze.

d. Blatt oval, unterseits röthlich; innere Ränder der Lappen gerade, genähert. Narbe in der Reife flach-trichterförmig, Strahlen nach innen geknickt, Zwischenstrahlen 4furchig, bis zum Grunde reichend. Blüthe kleiner als bei den übrigen (höchstens 1 dm.). . . . **N. parviflora** Hentze.

e. Blatt rundlich oval, oberseits dunkelgrün, unterseits gelbgrün oder braunroth, jung röthlich. Lappen stumpf, einander berührend. Narbe flach trichterförmig, Strahlen hakenförmig nach innen gebogen, Zwischenstrahlen als breite einfache flachrandige Furchen, halb hinabreichend. Krone meist rein weiss. Frucht käseförmig, aussen und innen roth. . . . . **N. erythrocarpa** Hentze.

f. Blatt rundlich-oval, jung röthlich. Frucht breiter als hoch. Narbe flach-trichterförmig, die vertiefte Spitze kurz . . . . **N. venusta** Hentze.

2. **Nuphar** Sm. *Teichrose.*

Blatt eirund herzförmig, schwimmend. Narbe vertieft, 10—20strahlig. Blüthe 3—5 cm. gross . **N. luteum** Sm.

(**Nymphaea** B.) ♃ Juni—August. Stehende und langsam fliessende Wasser. Häufig.

51. Familie. RANUNCULACEAE Juss.

Uebersicht der Gruppen und Gattungen.

A. Viele einsamige Nüsschen (nicht aufspringend).

a. Blüthendecke in der Knospe klappig. Früchtchen durch den bartig gefiederten Griffel geschnabelt oder geschwänzt. Blätter gegenständig. CLEMATIDEAE. Einfaches Perigon, 4blätterig. . . . . 1. **Clématis** L.

b. Blüthendecke in der Knospe dachig. Blätter wechselständig. Kronblatt ohne Honiggrube. ANEMONEAE.

1. Einfaches Perigon, 4—5blätterig. Blüthenboden klein, scheibenförmig. Früchtchen nicht geschwänzt. 2. **Thalictrum** L.

2. Einfaches Perigon, 5- oder mehrblätterig. Blüthen-

boden verdickt kugel- oder kegelförmig. Früchtchen meist geschwänzt. Unterhalb der Blüthe eine 3blätterige Hülle. . . . . 3. **Anemóne** L.

3. Kelch und Krone, letztere 5—15blätterig. Blüthenboden kugelig, ei- oder walzenförmig. Früchtchen geschnabelt. . . . . 4. **Adónis** L.

c. Blüthendecke in der Knospe dachig. Blätter wechselständig. Kronblatt am Grunde mit einer Honiggrube. . . . . RANUNCULEAE.

1. Honiggrube röhrenförmig. Kelchblatt am Grunde spornartig verlängert. Staubfäden meist 5. Blüthenboden walzlich verlängert. . . . . 5. **Myosúrus** L.

2. Honiggrube offen oder mit einer Schuppe bedeckt. Staubfäden zahlreich. Blüthenboden halbkugelig oder niedrig-kegelförmig . . . . 6. **Ranunculus** L.

B. Früchtchen mehrsamig, an der Bauchnaht aufspringend. Blüthendecke in der Knospe dachig. Kelch meist blumenartig, abfallend (ausser **Helleborus**). Kronblätter fehlend oder als röhren- oder spornförmige Néctarien. . . . . HELLEBOREAE.

a. Blume regelmässig.

1. Krone fehlend. Kelch 5—8blätterig, gelb. Früchtchen 5—10. . . . . 7. **Caltha** L.

2. Kronblätter klein, lineal, flach, mit offener Honiggrube, gelb. Kelchblätter 5—15, gelb, abfallend. Früchtchen zahlreich. . . . . 8. **Trollius** L.

3. Kronblätter röhrig, 2lippig, kürzer als der 5blätterige Kelch.

* Blüthe von einer krautartigen Hülle umgeben. Kelch abfallend. Früchtchen gestielt. . **Eranthis** Salisb.

E. hiemalis S. Gelb. ♃ Februar, März. In Gärten. Zuweilen verwildert.

** Hülle fehlend. Kelch bleibend. 9. **Helléborus** L.

4. Kronblätter 8, klein, benagelt, gespalten, mit einer bedeckelten Honiggrube. Kelchblätter 5, benagelt, abfallend, zum Theil von gefiederten Hüllblättern um-

geben. Früchtchen 5—10, grösstentheils unter einander verwachsen. . . . . 10. **Nigella** L.

5. Kronblätter 5, trichterförmig, nach unten je in einen Sporn ausgezogen. Kelchblätter 5, bleibend. Die inneren Staubfäden unfruchtbar. Früchtchen 5, frei. 11. **Aquilegia** Tourn.

b. Blätter symmetrisch. Früchtchen 1—5, frei.

1. Das obere der 5 Kelchblätter gespornt. Kronblätter 1—4, die 1 oder 2 oberen gespornt, in den Kelchsporn eingeschlossen. . . . . . 12. **Délphinium** Tourn.
2. Das obere Kelchblatt helmförmig, die 2 oberen Kronblätter langgenagelt, kapuzenförmig (Nectarien), die unteren klein oder fehlend. . . 13. **Aconítum** Tourn.

1. **Clématis** L. *Waldrebe.*

a. Blüthen in Trauben, weiss. Griffel der reifen Frucht verlängert, bärtig.

1. Stengel aufrecht, Blatt einfach-gefiedert. Kronblatt kahl, am Rande flaumig. . . . . **Cl. recta** L.
   ♄ Juni, Juli. Wiesen. Sehr selten.
2. Stengel kletternd. Blatt doppelt gefiedert. Kronblatt aussen am Rande filzig. . . . . **Cl. Flammula** L.
   ♄ Juni, Juli. Felsige Orte in Gebirgsgegenden. Sehr selten.
3. Stengel kletternd. Blatt einfach-gefiedert. Kronblatt beiderseits filzig. . . . . **Cl. Vitalba** L.
   ♄ Juni, Juli. Hecken und Waldgebüsch. Häufig.

b. Blüthen einzeln, violett oder roth, länger als die Blätter. Griffel der reifen Frucht kurz, nicht langhaarig. Stengel kletternd. Fiederblättchen 3zählig oder gefiedert. **Cl. Viticella** L.
♄ Juni—August. Zierstrauch aus Südeuropa. Hier und da verwildert.

2. **Thalictrum** L. *Wiesenraute.*

a. Früchtchen gestielt, 3flügelig, sonst glatt. Blatt 3fach gefiedert, an den Verzweigungen mit Nebenblättchen. Fiederblättchen verkehrteirund, 3lappig. **Th. aquilegifolium** L.
Grünlich weiss. Staubfäden lila. ♃ Mai, Juni. Zierpflanze.

b. Früchtchen sitzend, gerieft.

α. Rispe pyramidenförmig. Blüthen an den Zweigen nicht dichtbüschelig. Blüthen und Staubfäden meist nickend oder überhängend. Keine Nebenblättchen an den Verzweigungen des Blattes.

1. Fiederblättchen rundlich, unterseits graugrün. Oehrchen der Blattscheide kurz, abgerundet. Stengel gerieft. Blüthen überhängend. . . . . **Th. minus** L.

Grünlich mit Lila. ♃ Mai, Juni. Trockene Wiesen, dürre Hügel. Selten.

Thalictrum majus Koch, von vorigem nur durch höheren und gestreckteren Stengel, rechtwinkelige Verzweigung des Blattes, breitere Blättchen, weniger abstehende Rispenäste verschieden.

Thalictrum Jacquinianum Koch, Stengel glänzend. Blatt grün, mit Nebenblättchen. Rispenäste sehr ausgebreitet, am Grunde beblättert, mit gleichmässig vertheilten Büthen. Juni, Juli. Sehr selten.

2. Fiederblättchen lineal glänzend, grün. Oehrchen der Blattscheide eiförmig-länglich, zugespitzt. Stengel gefurcht. Blüthen nickend. . . . . **Th. galioides** Nestl.

Röthlichgelb. ♃ Juli. Wiesen, Haiden. Sehr selten.

β. Rispe ebensträussig. Blüthen an den Zweigen in dichten Büscheln. Blüthen und Staubfäden aufrecht. Nebenblättchen vorhanden. Fiederblättchen verkehrteirundkeilförmig, unterseits mattgrün. Oehrchen der Blattscheide länglich-eiförmig. Stengel gefurcht.

Th. flavum L.

Gelblich weiss. ♃ Juni, Juli. Feuchte Wiesen. Sehr selten.

Thalictrum Jacquinianum Koch. s. oben.

3. Anemóne L. *Anemone.*

a. Hüllblätter sitzend, ungetheilt, dicht unter der Blüthe (kelchähnlich). Früchtchen ungeschwänzt. Blatt 3lappig, ganzrandig. **H. Hepática** L.

(**Hepatica triloba** DC., **H. nobilis** Mch.) *Leberblümchen.* Blau und roth. ♃ März, April. Laubwälder. Zerstreut. Häufig als Zierpflanze, meist gefüllt.

b. Hüllblätter sitzend, fingerartig-vieltheilig. Früchtchen langgeschwänzt. Wurzelblatt 3fach-fiederspaltig mit linealen Lappen. Stengel zottig.

1. Blüthe fast aufrecht. Perigon doppelt so lang als die Staubfäden, glockig, oben aufrecht abstehend.

A. Pulsatilla L.

(**Pulsatilla vulgaris** Mill.) *Kuhschelle.* Hellviolett. ♃ April, Mai. Sonnige Hügel. Selten.

2. Blüthe überhängend. Perigon kaum länger als die Staubfäden, glockig, mit zurückgerollten Spitzen.

A. pratensis L.

(**Pulsatilla pratensis** Mill.) Dunkelviolett. ♃ April, Mai. Sandige Hügel und Haiden. Sehr selten.

c. Hüllblätter gestielt, von der Gestalt der Wurzelblätter, von der Blüthe entfernt. Früchtchen ungeschwänzt.

α. Blüthe weiss, einzeln. Stiel der Hüllblätter fast halb so lang als die Scheibe oder länger.

1. Perigonblätter meist 5, aussen zottig. Früchtchen filzig.

A. silvestris L.

(**Oriba silvestris** Wdr.) ♃ Mai. Juni. Sonnige Hügel und Gebüsche. Kalkboden. Hier und da.

2. Perigonblätter meist 6, aussen kahl. Früchtchen flaumig.

A. nemorosa L.

Windröschen. Weiss ins Röthliche. ♃ März, April. Wälder, Hecken, Grasgärten. Ueberall gemein.

β. Blüthe gelb, oft zu 2. Stiel der Hüllblätter viel kürzer als deren Scheibe. Perigon meist 5blätterig, aussen flaumig. Früchtchen flaumig. . . **A. ranunculoides** L.

♃ Mai. Wälder. Zerstreut in allen Gebietstheilen.

4. **Adónis** L. *Adonisröschen. Teufelsauge.*

a. Kelch kahl, abstehend. Krone halbkugelig, zusammenneigend, 6—8blätterig. Fruchtstand eiförmig-kopfförmig. Früchtchen mit schmalem Grunde ansitzend, auf der oberen Seite convex ohne Zahn, auf der unteren stark gewölbt ohne Zahn. Schnabel gerade, an der Spitze hakenförmig nach unten gekrümmt. . **A. autumnalis** L.

Blutströpfchen. Dunkelblutroth, am Grunde schwarz. ⊙ Juni—September. Zierpflanze aus Südeuropa, hier und da verwildert.

b. Kelch kahl, der ausgebreiteten (meist 8blätterigen) Krone anliegend. Fruchtstand walzlich-ährenförmig. Früchtchen an der Ansatzstelle so breit als lang, mit schief aufsteigendem grünem Schnabel, auf der oberen Seite mit einem Zahn, der vom Schnabel entfernt ist.

A. aestivalis L.

Mennigroth oder gelb. ⊙ Juni, Juli. Saatfelder. Hier und da.

c. Kelch flaumig, der ausgebreiteten (3—8blätterigen) Krone

anliegend. Fruchtstand walzlich-ährenförmig. Früchtchen an der Anheftungsstelle verschmälert, am oberen Rande mit einem Zahn dicht neben dem senkrecht aufsteigenden schwarzen Schnabel. . . . . **A. flámmea** Jacq.
Mennigroth. ⊙ Juni—August. Saatfelder. Sehr selten.

Adonis vernalis L. Krone 12—20blätterig, hellgelb. Stengel am Grunde schuppenförmig. Kelch flaumig. Früchtchen rundlich-verkehrteiförmig, flaumig, mit hakigem Schnabel. ♃

5. Myosúrus L. *Mauseschwanz.*

Schaft einblüthig. Blätter lineal, grundständig. **M. minimus** L.
Gelblich grün. ⊙ Mai, Juni. Feuchte Aecker. Häufig.

6. Ranunculus L. *Hahnenfuss.*

I. *Wasserpflanzen. Honiggrube ohne Schuppe. Früchtchen querrunzelig, unberandet. Blüthe weiss.*

a. Blätter alle nierenförmig, mit 3—5 stumpfen, ganzrandigen Lappen. Früchtchen kahl, stumpf. . **R. hederáceus** L.
♃ Mai—Juli. Quellen, Bäche. Selten.

b. Obere Blätter nierenförmig, gelappt, die untergetauchten vieltheilig mit borstenförmigen, nach allen Seiten abstehenden Zipfeln, ausserhalb des Wassers pinselartig zusammenfallend. Staubfäden 20 und mehr. **R. aquátilis** L.
(**R. heterophyllus** Wigg.) ♃ Mai—August. Stehende Wasser und Bäche. Häufig. Aendert sehr ab in der Blattform (Var. **peltatus, truncatus, quinquelobus, tripartitus**) und mit kurzem, dicht beblättertem Stengel, durchweg vieltheiligen, saftigen Blättern, auf Schlammboden ausserhalb des Wassers: ε. **succulentus**, — mit nur wenig an den Blattstiel angewachsenen Nebenblättern: ζ. **Petiveri** Koch.)

c. Blätter alle untergetaucht, vieltheilig mit borstenförmigen Zipfeln.

1. Zipfel kurz, nach allen Seiten abstehend, weich, ausserhalb des Wassers pinselartig zusammenfallend. Staubfäden 8—15. . . . . **R. paucistamineus** Tausch.
(**R. aquatilis** var.) ♃ Mai—August. Stehende Gewässer und Bäche. Seltener als der vorige.

2. Zipfel kurz, einen Kreis oder Kegel bildend, steif, auch ausserhalb des Wassers steif ausgespreitzt. Staubfäden 20 und mehr. . . . . **R. divaricatus** Schrk.
(**R. circinatus** Sibth.; **R. aquatilis** β. L.) ♃ Juni—August. Stehende Wasser. Hier und da.

3. Zipfel haarförmig verlängert, parallel vorgestreckt, fluthend. Staubfäden kürzer als das Fruchtköpfchen (bei den übrigen Arten länger). Früchtchen kahl.

R. flúitans Lam.

(**R. aquatilis** δ. L.) ♃ Juni—August. In fliessendem Wasser. Häufig. β. **Bachi** Wtg. Blüthe kurzgestielt, kleiner, Kronblätter 5—7, mehr aufrecht.

II. *Landpflanzen. Honiggrube mit einer Schuppe bedeckt. Früchtchen nicht querrunzelig.*

A. Blüthe weiss. Früchtchen aderig gerunzelt, nicht berandet. Blatt handförmig 3—7theilig, Zipfel 3spaltig, eingeschnitten gesägt. . . . . **R. aconitifolius** L.

Var. **platanifolius.** ♃ Mai—August. Gebirgswälder. Sehr selten.

B. Blüthe gelb.

a. Blatt ungetheilt. Früchtchen glatt, berandet.

α. Blatt elliptisch oder lanzettlich, in den Blattstiel verschmälert.

1. Griffel kurz, stumpf; Früchtchen am Grunde breit. Stengel aufsteigend oder niedergestreckt. **R. Flámmula** L.

Blüthe hellgelb, 1 cm. gross. ♃ Juni—September. Feuchte Wiesen, Gräben. Gemein.

2. Griffel gerade, am Ende zurückgekrümmt. Stengel fadenförmig, kriechend (an dem Knoten wurzelnd), die Glieder bogig aufwärts gekrümmt. **R. reptans** L.

(**R. Flammula** β. **reptans.**) Blüthe hellgelb, klein. ♃ Juni—September. Teiche und Sümpfe. Sehr selten.

3. Griffel breit, sichelförmig gekrümmt. Früchtchen am Grunde verschmälert. Stengel aufrecht. **R. Lingua** L.

Blüthe goldgelb, 2—3 cm. gross. ♃ Juli, Aug. Stehende Gewässer. Selten.

β. Blatt herzeirund, ausgeschweift-eckig. Kelch meist 3-, Krone 6—8blätterig. . . . . **R. Ficaria** L.

(**Ficaria ranunculoides** Roth.) *Feigwarzenkraut*, *Scharbockskraut.* ♃ April, Mai. Wiesen, Hecken. Gemein.

b. Blatt getheilt.

α. Blüthenboden nackt. Früchtchen glatt. Blüthenstiel nicht gefurcht.

1. Die bauchigen Früchtchen flaumig. Wurzelblatt rundlich nierenförmig, meist wenig oder gar nicht getheilt;

die oberen (selten auch die unteren) tief-handförmig getheilt mit schmalen Lappen. Krone oft unvollständig . . . . **R. auricomus** L.
♃ April, Mai. Wiesen, Gebüsche. Gemein.

2. Die flachen, berandeten Früchtchen kahl. Griffel viel kürzer als das Früchtchen. Stengel und Blüthenstiel kurz und anliegend-behaart, nach oben kahl. **R. acris** L.
♃ Mai—August. Wiesen, Grasplätze. Gemein.

3. Früchtchen kahl. Fruchtgriffel eingerollt, in das Früchtchen verbreitert. Blatt tief-handförmig getheilt mit rautenförmigen, eingeschnitten-gesägten Lappen. Stengel und Blatt gelblich-langhaarig. **R. lanuginosus** L.
♃ Mai, Juni. Feuchte Waldränder, Gebüsche. Hier und da.

β. Blüthenboden d i c h t - und l a n g - b o r s t i g. Früchtchen g l a t t, k a h l, g e k i e l t. Blüthenstiel g e f u r c h t.

1. Kelch etwas abstehend, der Krone anliegend. Stengel aufrecht, ohne Ausläufer, nicht knollig. Stengel abstehend behaart.

* Reichblüthig. Lappen der Wurzelblätter lineal-keilförmig. Fruchtgriffel hakig. **R. polyánthemus** L.
♃ Mai—Juli. Wälder, Waldwiesen. Zerstreut. — Zwischen den Blattabschnitten weissliche schwielenartige Flecke (bei **R. acris** fehlend).

** Armblüthig. Lappen der Wurzelblätter verkehrteiförmig. Fruchtgriffel lang eingerollt. **R. nemorosus** DC.
(**R. aureus** Schleich.) ♃ Mai, Juni. Gebirgswälder. Selten.

2. Kelch locker-abstehend. Stengel mit wurzelnden Ausläufern, aufsteigend. Fruchtgriffel fast gerade. **R. repens** L.
♃ Mai—Juli. Wiesen, Aecker, Wälder. Häufig.

3. Kelch zurückgeschlagen. Stengel am Grunde knollig verdickt, ohne Ausläufer. Fruchtkriffel kurz, fast gerade . . . . **R. bulbosus** L.
♃ Mai—Juli. Aecker, Grasplätze. Gemein.

γ. Früchtchen u n e b e n. Stengel nicht knollig, ohne Ausläufer.

1. Blüthenboden borstig. Früchtchen breit berandet, vor dem Rande mit einer Reihe Knötchen. Griffel gekrümmt. Köpfchen kugelig. Kelch zurückgeschlagen. Wurzelblatt 3zählig oder doppelt-3zählig.

R. Philonótis L.

Blassgelb. ⊙ Mai—August. Feuchte Orte. Selten.

2. Blüthenboden kahl.

* Früchtchen nicht gekielt, feinrunzelig, sehr klein. Griffel fast fehlend. Köpfchen länglich walzlich. Blüthenboden hohl. Kelch zurückgeschlagen. Wurzelblatt handförmig-getheilt; Zipfel der oberen lineal.

R. sceleratus L.

Blassgelb. ⊙ Juni—September. Giftig. Feuchte Orte. Hier u. da.

** Früchtchen flach, berandet mit dorniger oder körniger Oberfläche, gross, langgeschnabelt. Fruchtköpfchen kugelig. Kelch abstehend. Wurzelblatt eirund, ganz oder 3spaltig, Zipfel der oberen Blätter lineal.

R. arvensis L.

Blassgelb. ⊙ Mai—Juli. Saatfelder. Häufig.

7. **Caltha** L. *Dotterblume. Butterblume.*

Blüthen einzeln in den Blattwinkeln. Blatt herzeirund, gekerbt. . . . . **C. palustris** L.

Blüthe gross, goldgelb. ♃ April—Juli. Feuchte Wiesen. Gemein. (Von den **Ranunculus**-Arten durch das Blatt und die kapselartige Frucht unterschieden.)

8. **Trollius** L. *Trollblume.*

Blatt tief-handförmig getheilt, Zipfel rautenförmig, 3spaltig, eingeschnitten oder gesägt. Aeussere Perigonblätter 12, kugelig zusammengeneigt, die inneren meist kürzer als die Staubfäden. . . . . **T. europaeus** L.

Gelb. ♃ Juni. Bergwiesen. Hier und da.

9. **Hellěborus** L. *Niesswurz.*

a. Kelch grün, ausgebreitet. Blüthe überhängend. Stengel verzweigt, an den Verzweigungen beblättert, arm-(c. 4-) blüthig. **H. viridis** L.

♃ März, April. Giftig. Gebüsche. Selten.

b. Kelch grün, roth berandet, zusammengeneigt. Blüthe

überhängend. Stengel verzweigt, beblättert. Blätter nach oben in eiförmige Deckblätter übergehend. . **H. foetidus** L.

♃ März—Mai. Giftig. Steinige Berge, Wälder. Sehr selten.

c. Aeussere Blüthendecke weiss oder röthlich, ausgebreitet. Stengel blattlos und mit wenigen eiförmigen Schuppen. Wurzelblatt fussförmig-getheilt. . . . . **H. niger** L.

Christblume. ♃ December—März. Giftig. In Gärten. Aus Süddeutschland und den Alpen.

10. **Nigella** L. *Schwarzkümmel.*

a. Hülle fehlend. Staubbeutel stachelspitzig. Kapseln zusammengedrückt, bis zur Mitte verwachsen, meist glatt. Samen höckerig punktirt. Stengel kahl, gefurcht. Aeste abstehend. **N. arvensis** L.

Kelch und Krone bläulich weiss. Blatt wiederholt fiedertheilig. ⊙ Juli—September. Saatfelder. Selten.

b. Hülle fehlend. Staubbeutel ohne Stachelspitze. Kapseln bis obenhin verwachsen, drüsig-rauh. Samen querrunzelig. Kronblätter mit Anhängseln. Stengel flaumig, Aeste aufrecht. . . . . **N. sativa** L.

Kelch und Krone bläulich weiss. Blatt wie vorige. ⊙ Juni, Juli. Zuweilen in Gärten. Aus Südeuropa.

c. Hülle aus vieltheiligen lineal-zipfeligen Blättern. Staubbeutel ohne Stachelspitze. Kapseln fast bis obenhin verwachsen, aufgeblasen, kahl. Stengel kantig gefurcht. Aeste aufrecht. . . . . **N. damascena** L.

„*Jungfer im Grünen.*" Blüthe und Blatt wie vorige. ⊙ Juni, Juli. Zierpflanze aus Südeuropa. Zuweilen verwildert.

11. **Aquilégia** Tourn. *Akelei.*

Blatt wiederholt 3theilig, Blättchen 3lappig, gekerbt. Blüthen nickend. Sporn der Kronblätter am Ende hakig.

A. vulgaris L.

Blau oder violett. ♃ Juni, Juli. Gebüsche, Waldwiesen. Hier und da. Auch in Gärten als Zierpflanze.

12. **Delphinium** Tourn. *Rittersporn.*

Nur ein Kronblatt vorhanden, gespornt, mit 2 Seitenlehnen. Fruchtknoten 1. Einjährig.

a. Blüthenstand armblüthig. Blüthenstiel länger als das Deckblatt. Kapsel kahl. . . . . **D. Consólida** L.

Meist blau. ⊙ Juni—August. Saatfelder. Hier und da häufig.

b. Blüthenstand reichblüthig. Blüthenstiel so lang als das Deckblatt. Kapsel flaumhaarig. . . . . . **D. Ajácis** L.

Blau, weiss, roth oder bunt. ⊙ Juni—August. Zierpflanze aus dem Orient. Die als Zierpflanzen cultivirten Arten: **D. grandiflorum** L., **azureum** Mich. u. s. w. haben 2 gesporute und 2 nicht gesporute Kronblätter, 3—5 Früchtchen und sind meist perennirend.

13. **Acónitum** Tourn. *Sturmhut. Eisenhut.*

a. Helm höchstens doppelt so hoch als breit. Blume blau.

1. Die jungen Früchtchen auseinander spreitzend. Samen mit stumpfen Runzeln. . . . . **A. Napellus** L.

♃ Juli—September. Feuchte Stellen, Flussufer. Selten. Auch als Zierpflanze in Gärten. Giftig.

2. Die jungen Früchtchen einwärts gekrümmt. Samen mit scharfen Runzeln. . . . . **A. Stoerkeanum** Rchb.

(**A. Cammarum** L.) Mit der vorigen. Sehr selten. Giftig.

3. Die jungen Früchtchen parallel. Samen mit häutig-geflügelten Rückenfalten. . . . . . . **A. variegatum** L.

Meist blau und weiss gefleckt. Rispe ausgebreitet. ♃ Sehr selten.

b. Helm fast cylindrisch, etwa 3 mal so hoch als breit. Blume gelb. . . . . **A. Lycóctonum** L.

♃ Juni, Juli. Bergwälder. Selten.

52. Familie. PAEONIACEAE Bartl.

1. **Actaea** L. *Christophskraut.*

Blatt doppelt- oder 3fach-3zählig. Blättchen eirund, eingeschnitten-gesägt. Traube eiförmig. Beere rundlich-eiförmig, schwarz. . . . . **A. spicata** L.

(**Christophoriana spicata** Mch.) Weiss. ♃ Mai—Juli. Wälder, Gebüsche. Ueberall zerstreut.

2. **Paeonia** Tourn. *Pfingstrose.*

Blatt doppelt-3zählig. Blättchen 2—3spaltig. Früchte

2—3, auseinanderstehend. Nebenwurzeln länglich-knollenförmig verdickt. . . . . **P. officinalis** L.
(**P. peregrina** Mill.) Dunkelroth. ♃ Mai, Juni. Zierpflanze aus Südeuropa. Hier und da verwildert.

P. Moutan Sims. mit grossen rosenrothen oder weissen Blüthen, unterseits blaugrünem Blatt, unterwärts holzigem Stengel. Zierpflanze aus China.

53. Familie. MAGNOLIACEAE DC.

Liriodendron L. *Tulpenbaum.*

Blatt lederig, langgestielt, fast quadratisch, herzförmig, 3-lappig, der mittlere Lappen breit-ausgerandet. **L. Tulipifera** L.
Grünlich gelb. ♄ Juni, Juli. Zierbaum aus Nordamerika.

54. Familie. BERBERIDEAE Vent.

1. **Bérberis** L. *Sauerdorn. Berberitze.*

Blatt verkehrteiförmig, wimperig-gesägt, in Büscheln, an deren Grunde 2zackige Dornen. Blüthen in hängenden Trauben. Beere länglich-walzlich, roth. . . . . **B. vulgaris** L.
Gelb. ♄ Mai, Juni. Hecken, Gebüsche. Gemein. Meist angepflanzt.

2. **Epimedium** L. *Sockenblume.*

Blatt doppelt- oder 3fach-3zählig, Blättchen herzeiförmig, wimperig-gesägt. . . . . **E. alpinum** L.
Kronblätter roth, Sporne gelb. ♃ April, Mai. Zierpflanze aus Südeuropa.

55. Familie. UMBELLIFERAE Juss.

Erklärung der für diese Familie eigenthümlichen Kunstausdrücke.

Dolde = der allgemeine Blüthenstand.
Döldchen = der besondere Blüthenstand bei der Doppeldolde.
Hülle = die Hülle der allgemeinen Dolde.
Hüllchen = die Hülle des Döldchens.
Stempelpolster oder *Polster* = die dem Fruchtknoten aufsitzende polsterartige Verdickung der Griffel.
Die Dolden-*Frucht* theilt sich in 2 *Früchtchen.*
Jedes derselben hat auf der Oberfläche 5 *Hauptrippen*, deren mittlere den *Rücken* des Früchtchens bildet, und zuweilen 4 *Nebenrippen*, welche mit jenen abwechseln.
Thälchen = die Vertiefung zwischen je 2 Hauptrippen.
Striemen = Balsamkanäle in der Fruchtwand, den Thälchen entsprechend,

theils von aussen als dunklere oder etwas erhabene Linien, theils auf dem Querschnitte als Oeffnungen, aus welchen sich der Balsam drücken lässt, zu erkennen.

Eiweiss = der die Höhle eines jeden der beiden Früchtchen ausfüllende weissliche Körper, gleichbedeutend mit dem Samen, welcher hier zum grösten Theil aus dem Eiweiss besteht.

Fruchthalter = die stielartige Fortsetzung des Blüthenstiels, welche nach der Spaltung der reifen Frucht zwischen beiden Theilfrüchten stehen bleibt und die letzteren an deren oberem Theil trägt.

a. Uebersicht der Gruppen.

I. *Blüthen in einfachen (oder unregelmässig zusammengesetzten) Dolden oder Köpfchen.*

A. Frucht seitlich flach zusammengedrückt, Rücken gekielt [<|>]. Kelch undeutlich. Kronblatt ausgebreitet, ganz spitz. . . . . 1. HYDROCOTYLEAE.

B. Frucht im Querschnitte rundlich [(|)]. Kelch 5zähnig. Kronblatt aufrecht, mit eingebogenem Läppchen ausgerandet. Frucht mit Schuppen oder Stacheln besetzt. Hüllchen mehrblätterig. . . . . 2. SANICULEAE.

II. *Blüthen in zusammengesetzten Dolden.*

A. Früchtchen mit 5 gleichen, nicht geflügelten Rippen. Frucht stielrund oder seitlich etwas zusammengedrückt. Fruchthalter sich von den Früchtchen ablösend.

a. Eiweiss auf der Berührungsfläche convex oder eben.

1. Frucht von der Seite etwas zusammengedrückt, durch Einziehung der Berührungsfläche 2knöpfig. Das einzelne Früchtchen im Querschnitte rundlich [∞]. 3. AMMINEAE.

2. Frucht im Querschnitte rundlich (Früchtchen mit breiter Fläche zusammenhängend) [(|)]. 4. SESELINEAE.

b. Eiweiss auf der Innenfläche tiefgefurcht. Frucht seitlich etwas zusammengedrückt [∞]. Blüthe weiss.

1. Frucht viel länger als breit, oft in einen Schnabel verlängert. Hülle fehlend. Hüllchen mehrblätterig. Kelch fehlend. . . . . 5. SCANDICINEAE.

2. Frucht kugelig oder eiförmig (kaum länger als breit). 6. SMYRNIEAE.

B. Früchtchen mit 5 ungleichen Rippen: die 3 Rückenrippen fadenförmig oder schmal-geflügelt, die 2 Randrippen breit-geflügelt. Frucht vom Rücken her flach zusammengedrückt [(|)].

a. Die Randflügel doppelt, klaffend. Thälchen ein- oder vielstriemig. Hüllchen vielblätterig. 7. ANGELICEAE.

b. Die Randflügel verbunden, einen einzigen Flügel bildend. Thälchen 1—3striemig. . 8. PEUCEDANEAE.

C. Früchtchen mit 5 Hauptrippen und 4 Nebenrippen. Kelch 5zähnig. Aeussere Kronblätter grösser, strahlend.

a. Frucht vom Rücken her linsenförmig zusammengedrückt [(|)]. Alle Rippen ohne Flügel und Stacheln. Eiweiss auf der Berührungsfläche eben. . . . 9. SILERINEAE.

b. Frucht vom Rücken her wenig zusammengedrückt, fast stielrund. Die 5 Hauptrippen fadenförmig, die 4 Nebenrippen flügelartig. . . . . 10. THAPSIEAE.

c. Die Haupt- und Nebenrippen mit Stacheln besetzt.

1. Eiweiss auf der Berührungsfläche eben. Frucht vom Rücken her mehr oder weniger zusammengedrückt. 11. DAUCINEAE.

2. Eiweiss auf der Berührungsfläche rinnenförmig. Frucht von den Seiten zusammengezogen oder stielrund. 12. CAUCALINEAE.

d. Frucht kugelig. Rippen ohne Flügel und Stacheln. Hauptrippen flach, schlängelig, Nebenrippen erhaben. Eiweiss (oder Früchtchen) auf der Berührungsfläche hohl, beckenförmig [(())]. . . . . CORIANDREAE.

Coriandrum sativum L. *Koriander*. Fiederläppchen der unteren Blätter eiförmig, die der oberen lineal, wiederholt fiederspaltig. ⊙ Juni, Juli. Aus Südeuropa.

b. Uebersicht der Gattungen.

1. Gruppe. HYDROCOTYLEAE Spr.

Kelch undeutlich. Dolde kopfförmig, etwa 5blüthig. Striemen fehlend. . . . . **Hydrocótyle** L.

2. Gruppe. SANICULEAE K.

a. Frucht fast kugelig, mit hakigen Stacheln dicht besetzt, rippenlos. Thälchen mehrstriemig. Frucht sich nicht spaltend. Döldchen kopfförmig. Dolde 4—5strahlig.
2. **Sanícula** L.

b. Frucht verkehrteiförmig, schuppig oder höckerig. Rippen und Striemen fehlend. Blüthenstand kopfförmig mit Spreublättchen und grossen Hüllblättern. 3. **Erýngium** L.

c. Frucht länglich, mit 5 erhabenen, faltig-gezahnten hohlen Rippen. Striemen fehlend. Fruchthalter sich von den Früchtchen nicht ablösend. Dolde büschelförmig. Hüllblätter gefärbt. . . . . 4. **Astrántia** L.

3. Gruppe. AMMINEAE K.

A. Blatt ungetheilt, ganzrandig. Kronblatt rundlich, nicht ausgerandet, mit breitem abgestutztem eingerolltem Läppchen, gelb. Hüllchen so lang oder länger als die Blüthen.
5. **Bupleurum** L.

B. Blatt fiedertheilig. Hüllchen kürzer als die Blüthen oder fehlend.

a. Kelch undeutlich.

α. Kronblatt nicht ausgerandet, mit eingebogenem Läppchen. Thälchen einstriemig. Hülle fehlend oder armblätterig.

1. Hüllchen fehlend. Läppchen des Kronblattes dicht-eingerollt. Stempelpolster flach. Fruchthalter ungetheilt. Frucht rundlich. . . . . . . 6. **Apium** L.

2. Hüllchen 5—8blätterig. Läppchen des Kronblattes einwärts gebogen. Fruchthalter gespalten. Frucht eiförmig. . . . . 7. **Petroselínum** Hoffm.

3. Hüllchen vielblätterig. Dolden blattgegenständig Stengel hohl, hin- und hergebogen. Fruchthalter ungetheilt. Kelch undeutlich-5zähnig.
8. **Helosciádium** Koch.

β. Kronblatt ausgerandet mit eingebogenem Läppchen, weiss oder röthlich.

1. Hülle und Hüllchen mehrblätterig. Hüllblätter 3- oder fiederspaltig. Läppchen des Kronblattes ausgerandet, 2lappig. Kronblätter ungleich gross. Thälchen einstriemig. Frucht länglich-eiförmig. . . 9. **Ammi** L.
Hüllblätter einfach. . . . . 12. **Carum Bulbocastanum** K.

2. Hülle und Hüllchen fehlend, selten aus 1—3 ungetheilten Blättchen. Läppchen des Kronblattes ungetheilt.

* Thälchen striemenlos. Frucht länglich. Griffel zurückgekrümmt. . . . . 10. **Aegopodium** L.

† Blatt wiederholt 3zählig.

†† Blatt mehrfach-fiedertheilig. 11. **Trinia** Hofm.

** Thälchen einstriemig. Frucht länglich, beiderseits gleichverschmälert. Griffel zurückgekrümmt. Blatt mehrfach-fiedertheilig. . . . . 12. **Carum** L.

*** Thälchen mehrstriemig. Frucht eiförmig, nach unten mehr verbreitert. Griffel abstehend. Blatt einfach fiedertheilig. . . . . 13. **Pimpinella** L.

b. Kelch 5zähnig. Kronblatt ausgerandet, mit eingebogenem Läppchen, weiss oder röthlich.

α. Thälchen einstriemig.

1. Frucht breit-rundlich, mehr breit als lang, Ränder stark eingezogen. Eiweiss an der Berührungsfläche convex. Griffel abstehend. Blatt 3fach-fiedertheilig. 14. **Cicúta** L.

2. Frucht länglich, Ränder kaum eingezogen. Eiweiss an der Berührungsfläche eben. Griffel zurückgerollt. Blatt einfach oder 3zählig. . . 15. **Falcaria** Host.

β. Thälchen 3striemig. Blatt einfach-fiedertheilig.

1. Frucht breit-rundlich. Eiweiss rundlich. Striemen tiefliegend. Randrippen vom Rande getrennt. Stempelpolster kegelförmig. Dolde scheinbar blattgegenständig. . . . . 16. **Bérula** Koch.

2. Frucht länglich. Eiweisskörper auf der Berührungs-

fläche eben. Striemen oberflächlich. Randrippen randständig. Stempelpolster flach. Dolde endständig.
17. Sium L.

4. Gruppe. SESELINEAE K.

a. Kelch undeutlich. Griffel zurückgekrümmt.

α. Blume gelb.

1. Beide Hüllen fehlend. Kronblatt rundlich, nicht ausgerandet, mit eingebogenem Läppchen. Rippen stumpfgekielt. Thälchen meist einstriemig.
18. **Foeniculum** Hoffm.

2. Hülle 1—2blätterig. Hüllchen vielblätterig. Kronblatt verkehrteiförmig, mit breitem Grunde sitzend. Läppchen eingebogen. Rippen scharf, fast geflügelt. Thälchen 3—4striemig. . . . . . . 19. **Silaus** Bess.

β. Blume weiss.

1. Hüllchen-Blättchen 3—8, randhäutig, aufrecht. Kronblatt elliptisch, spitz, nicht ausgerandet. Frucht länglich. Rippen scharf-gekielt. Thälchen 3—4striemig.
20. **Meum** Tourn.

2. Hüllchen-Blättchen 3, nicht randhäutig, einseitig, herabhängend, länger als das Döldchen. Kelch aus 5 kleinen, ziemlich deutlichen Zähnen. Kronblatt ausgerandet, mit eingebogenem Läppchen. Frucht kugelig-eiförmig. Rippen stumpf gekielt. Thälchen mit einem oberflächlichen Striemen. 21. **Aethusa** L.

Cnidium venosum Koch. Hüllchen aufrecht, Kronblatt ausgerandet. Frucht länglich, mit geflügelten Rippen. Blätter langscheidig. Weiss. ♃ Juli, August. Feuchte Wiesen. Grenzgebiet.

b. Kelch 5zähnig. Hüllchen vielblätterig. Rippen stumpfgekielt. Blume weiss oder röthlich.

α. Griffel lang, aufrecht. Thälchen mit einem tiefliegenden Striemen. . . . . 22. **Oenanthe** L.

β. Griffel kurz, zurückgekrümmt. Thälchen 1—3striemig.
23. **Séseli** L.

5. Gruppe. SCANDICINEAE K.

a. Fruchtschnabel 2—4 mal so lang als die Frucht. 5 stumpfe Rippen. Striemen undeutlich oder fehlend. Griffel kurz, aufrecht. . . . . 24. **Scandix** L.

b. Fruchtschnabel kürzer als die Frucht. Rippen nur am Schnabel vorhanden. Striemen fehlend. Griffel kurz, aufrecht. . . . . 25. **Anthriscus** Hoffm.

c. Frucht kurz geschnabelt, mit 5 scharfgekielten, hohlen Rippen. Thälchen striemenlos. Eiweiss eingerollt. Griffel lang, gerade, abstehend. . . . . . . 26. **Myrrhis** Scop.

d. Frucht nicht geschnabelt, mit 5 stumpfen Rippen. Thälchen einstriemig. Eiweiss tiefgefurcht. Griffel kurz, abstehend. . . . . 27. **Chaerophyllum** L.

6. Gruppe. SMYRNIEAE DC.

a. Kelch undeutlich. Kronblatt ausgerandet mit eingebogenem Läppchen. Griffel kurz, zurückgebogen. 5 stumpfe, gekerbte Rippen. Thälchen striemenlos. Eiweiss tiefgefurcht. . . . . 28. **Conium** L.

b. Kelch 5zähnig. Kronblatt nicht ausgerandet. Griffel gerade, aufrecht-abstehend. 5 gekielte, gekerbte, hohle Rippen. Thälchen 1—2striemig. Eiweiss halbmondförmig. Aeussere Fruchtwand sich von der inneren trennend.
29. **Pleurospermum** Hoffm.

7. Gruppe. ANGELICEAE K.

a. Fruchtwand vom Samen sich ablösend. Thälchen vielstriemig. Kelch 5zähnig. Die 3 mittleren Rippen erhaben, scharfgekielt, die Randrippen doppelt so breit geflügelt. Kronblatt elliptisch, spitz, eingebogen, nicht ausgerandet, grünlich. Hülle fehlend. Hüllchen einseitig.
30. **Archangélica** Hoffm.

b. Fruchtwand dem Samen anhängend. Thälchen einstriemig. Kelch undeutlich.

α. Die 3 mittleren Rippen erhaben, stumpf. Die Randrippen geflügelt. Kronblatt lanzettlich, nicht ausgerandet, ohne Läppchen, weiss. Hülle fehlend. 31. **Angélica** L.

β. Alle Rippen geflügelt, die randständigen doppelt so breit als die übrigen. Kronblatt mit eingebogenem Läppchen.

1. Kronblatt ausgerandet, weiss. Fiederblättchen lanzettlich. Hülle fehlend. . . . . 32. **Selínum** L.
2. Kronblatt nicht ausgerandet, gelb. Fiederblättchen breit. Beide Hüllen vielblätterig. 33. **Levísticum** Koch.

8. Gruppe. PEUCEDANEAE DC.

a. Beide Hüllen meist vorhanden. Kelch meist deutlich 5zähnig. Kronblatt verkehrteiförmig mit eingebogenem Läppchen, meist ausgerandet (bei den meisten weiss).

α. Die 5 Rippen gleich weit entfernt. Thälchen 1—3-striemig.

1. Striemen der Berührungsfläche oberflächlich, von aussen sichtbar. Krone weiss oder gelb. 34. **Peucédanum** L.
2. Striemen der Berührungsfläche tiefliegend. Krone weiss. Beide Hüllen vielblätterig, zurückgeschlagen. 35. **Thysselínum** Hoffm.

β. Die 2 Randrippen von den mittleren entfernt. Blüthen weiss, die äusseren grösser.

1. Flügelrand flach. Striemen je einer, oberflächlich, in der halben Höhe keulenförmig endigend. Hülle fehlend oder armblätterig. Hüllchen vielblätterig. 36. **Heracléum** L.
2. Flügelrand verdickt, runzelig-knotig. Striemen je 1—3, tiefliegend, fadenförmig. Beide Hüllen mehrblätterig. . . . . 37. **Tordylium** L.

b. Beide Hüllen fehlend oder armblätterig. Kelch undeutlich. Kronblatt rundlich, abgestutzt, eingerollt, nicht ausgerandet, gelb. Randrippen von den drei mittleren entfernt.

α. Die mittleren Rippen scharfgekielt. Striemen je einer, breit. Blattfiedern lineal. . . . . . 38. **Anethum** L.

β. Die mittleren Rippen zart, gewölbt. Striemen je einer, erhaben. Blattfiedern eiförmig. . . 39. **Pastináca** L.

9. Gruppe: SILERINEAE K.

Kronblatt mit eingebogenem Läppchen, ausgerandet. Thälchen einstriemig. Hüllen fehlend oder abfallend.
'40. **Siler** Scop.

10. Gruppe. THAPSIEAE K.

Kronblatt mit eingebogenem Läppchen, ausgerandet. Thälchen einstriemig. Hüllen vielblätterig. 41. **Laserpitium** L.

11. Gruppe. DAUCINEAE K.

a. Die Nebenrippen mit 2—3 Reihen von Stacheln besetzt. Hüllblättchen ganz, breit-randhäutig. Frucht linsenförmig.
42. **Orlaya** Hoffm.

b. Die Nebenrippen mit einfacher Stachelreihe. Hüllblättchen fiederspaltig. Frucht fast stielrund. 43. **Daucus** L.

12. Gruppe. CAUCALINEAE K.

a. Kelchzähne lanzettlich. Hauptrippen borstig, Nebenrippen stärker, in einfacher Reihe stachelig. Hülle einblätterig oder fehlend. Dolde blattgegenständig. 44. **Caúcalis** L.

b. Kelchzähne 3eckig-lanzettlich. Hauptrippen und Thälchen dichtstachelig. Nebenrippen undeutlich. Hüllchenblätter (1—5) gewimpert. Dolde blattgegenständig.
45. **Tórilis** Adans.

c. Kelchzähne borstenförmig. Frucht 2knotig. Die 3 mittleren Hauptrippen und die Nebenrippen 2—3reihig-, Randrippen einreihig-stachelig. Hüllchen-Blätter (5—7) randhäutig. Hülle 2—5blätterig. Dolde endständig.
46. **Turgenia** Hoffm.

c. Schlüssel zum Bestimmen der Gattungen ohne Berücksichtigung der reifen Frucht (nur mit Vergleichung der vorhergehenden Uebersicht zu gebrauchen).

I. Blatt länglich, ungetheilt, ganzrandig. Doppeldolde. Blume gelb.
5. Bupleurum.

II. Blatt kreisrund, schildförmig.
a. Blatt ganz, gekerbt. Dolde einfach, kopfförmig. Hülle 3- bis 5blätterig. Blume weiss. . . . . 1. Hydrocótyle.

b. Blatt handförmig gelappt. Dolde einfach. Blüthen gestielt, röthlich. Hülle vielblätterig. . . . . 4. Astrantia.
c. Blatt handförmig getheilt. Doppeldolde. Döldchen kopfförmig. Blume weiss. . . . . 2. Sanicula.

III. Blatt doppelt-3zählig, Blättchen breit, stachelig-gezahnt. Dolde einfach, kopfförmig. . . . . 3. Eryngium.

IV. Blatt zusammengesetzt, nicht stachelig-gezahnt. Doppeldolde.

A. Blume gelb oder grünlich.

a. Beide Hüllen fehlend oder 1—3blätterig.

α. Stengel glatt. Blattzipfel fadenförmig. Kelch undeutlich. Kronblatt eingebogen, nicht ausgerandet. Gelb. Gartenpflanzen.
1. Scheiden breit mit vorstehenden Lappen. Frucht im Querschnitt rundlich . . . . 18. Foeniculum.
2. Scheiden schmal ohne vorstehende Lappen. Frucht linsenförmig flach, berandet. . . . . 38. Anethum.

β. Stengel gefurcht. Blattzipfel linienförmig. Frucht flach, schmal geflügelt. Kelch meist 5zähnig. Gelblich weiss oder grünlich. 34. Peucedanum Chabraei.

γ. Stengel kantig-gefurcht. Blattzipfel eiförmig. Frucht linsenförmig, geflügelt. Kelch undeutlich. . . . . 39. Pastinaca.

b. Hülle fehlend oder 1—2blätterig. Hüllchen vielblätterig.

α. Kelch undeutlich. Frucht nicht geflügelt.
1. Blattzipfel lanzettlich. Frucht eiförmig, 2knöpfig, glatt. Grünlich gelb. . . . . 7. Petroselinum.
2. Blattzipfel lineal. Frucht eilänglich, auf dem Querschnitt rundlich, scharf-gerippt. Blassgelb. . . . . 19. Silaus.

β. Kelch 5zähnig. Frucht am Rande geflügelt.
1. Blattzipfel lineal. Frucht flach. Randflügel einfach. Gelb. 34. Peucedanum officinale.
2. Blattzipfel breit. Frucht wenig zusammengedrückt. Randflügel doppelt. Hüllchen einseitig. Grünlich. . . . . . . 30. Archangelica.

c. Beide Hüllen mehrblätterig. Gelb.

α. Blattzipfel breit. Kelch undeutlich. Früchtchen 5flügelig. (Gartenpflanze.) . . . . 33. Levisticum.

β. Blattzipfel lineal-lanzettlich. Kelch meist 5zähnig. Frucht randflügelig, flach. . . . . 34. Peucedanum alsaticum.

B. Blume weiss oder röthlich.

a. Beide Hüllen fehlend oder 1—3blätterig.

α. Kelch undeutlich.
1. Hüllchen einseitig, 1—3blätterig.
* Frucht länglich, geschnabelt. . . . . 25. Anthriscus zum Theil.
** Frucht rundlich, nicht geschnabelt. . . . . 21. Aethusa.
2. Hüllchen fehlend.
* Blatt wiederholt 3theilig. Blattzipfel eiförmig. Frucht länglich, seitlich-zusammengedrückt. . . . . 10. Aegopodium.
** Blatt einfach-fiedertheilig.
o Kronblatt eingerollt, nicht ausgerandet, grünlich weiss. Frucht rundlich, 2knöpfig. . . . . 6. Apium.
oo Kronblatt eingebogen-ausgerandet, weiss. Frucht eiförmig, seitlich-zusammengedrückt. . . . . 13. Pimpinella.

*** Blatt mehrfach-fiedertheilig. Blattzipfel lineal. Frucht länglich, seitlich-zusammengedrückt.
° Blätter graugrün . . . . 11. **Trinia.**
°° Blätter hellgrün, Fiederäste gekreuzt. . . . . 12. **Carum Carvi.**

β. Kelch deutlich 5zähnig.
1. Blatt wiederholt 3theilig. Blattzipfel breit, gelappt. Frucht länglich, flach . . . . 20. **Siler.**
2. Blatt doppelt-fiedertheilig. Blättchen lineal. Frucht kugelig. **Coriandrum sativum** (vergl. oben p. 132).

b. Hülle fehlend oder 1—3blätterig. Hüllchen 3- und mehrblätterig.
α. Kelch undeutlich. Frucht länglich oder eiförmig.
1. Frucht im Querschnitt rundlich. Kronblatt nicht ausgerandet. 20. **Meum.**
2. Frucht seitlich zusammengedrückt, eiförmig oder länglich. Kronblatt nicht ausgerandet. Dolden blattgegenständig. 8. **Helosciadium.**
3. Frucht seitlich zusammengedrückt, länglich-lineal. Kronblatt ausgerandet.
* Frucht langgeschnabelt, glatt. Dolde blattgegenständig. 24. **Scandix.**
** Frucht kurzgeschnabelt, glatt. Schnabel gerieft. 25. **Anthriscus silvestris.**
*** Frucht ungeschnabelt, stumpf-gerippt. . . . . 26. **Chaerophyllum.**
**** Frucht ungeschnabelt, scharf-kielig-gerippt. . . . . 27. **Myrrhis.**
4. Frucht flach linsenförmig.
* Jedes Früchtchen mit 5häutigen Flügeln. Kronblatt ausgerandet. 32. **Selinum.**
** Jedes Früchtchen mit 2 breiten Randflügeln. Kronblatt nicht ausgerandet. . . . . 31. **Angelica.**

β. Kelch 5zahnig.
1. Pflanze kahl.
* Blatt rundlich, eiförmig oder lanzettlich.
° Kronblatt nicht ausgerandet. Frucht länglich-eiförmig, seitlich-zusammengedrückt. . . . . 8. **Helosciadium.**
°° Kronblatt ausgerandet. Frucht breitrundlich, 2knöpfig. Hüllchenblättchen borstenförmig. . . . . 14. **Cicuta.**
** Blatt schmal-lineal. Kronblatt ausgerandet. Frucht länglich-eiförmig, im Querschnitt rundlich.
° Kelchzähne gross. Griffel lang, aufrecht. . . . . 22. **Oenanthe.**
°° Kelchzähne klein. Griffel zurückgekrümmt. 23. **Seseli coloratum.**
2. Stengel wenigstens unten behaart.
* Frucht vom Rücken her flachgedrückt, nicht stachelig. 36. **Heracléum.**
** Frucht seitlich etwas zusammengedrückt, hakig-stachelig. Dolde blattgegenständig.
° Nebenrippen einzeilig-stachelig. Thälchen kahl. Stengel gefurcht. . . . . 44. **Caucalis.**
°° Nebenrippen undeutlich. Thälchen dichtstachelig. Stengel gestreift. 46. **Torilis zum Theil.**

c. Beide Hüllen 3- oder mehrblätterig.
α. Kelch undeutlich.

1. Frucht länglich-eiförmig, seitlich-zusammengedrückt. Hüllchenblätter gespalten. Blattzipfel linien-lanzettlich, scharf-gesägt. 9. Ammi.
2. Frucht rundlich-eiförmig, seitlich etwas zusammengedrückt, mit gekerbten Rippen. Hüllchen einseitig. Blattzipfel eiförmig, stumpfgesägt. . . . . 28. Conium.
3. Frucht eiförmig, vom Rücken her flachgedrückt, geflügelt.
   * Ausdauernd. . . . . 34. Peucedanum zum Theil.
   ** Ein- oder zweijährig. Stengel gefurcht. Hülle zurückgeschlagen. 35. Thysselinum.

β. Kelch 5zahnig.
1. Blatt einfach oder 3zählig. Blättchen lineal-lanzettlich, scharfgesägt. 15. Falcaria.
2. Blatt 3zählig, Blättchen fiedertheilig, Zipfel gelappt. Hüllblättchen randhäutig. Kronblatt nicht ausgerandet. 29. Pleurospermum.
3. Blatt einfach-fiedertheilig. Blättchen länglich-eiförmig-lanzettlich. Frucht rundlich, 2knöpfig.
   * Dolde endständig. Stengel scharfkantig-gefurcht. . . 17. Sium.
   ** Dolde blattgegenständig. Stengel gestreift. . . . . . 16. Berula.
4. Blatt 1—2fach-fiedertheilig. Blättchen rautenförmig. Stengel kantig-gefurcht. Frucht länglich oder eiförmig, stielrund. Kelchzipfel abfallend . . . . 23. Seseli Libanotis.
5. Blatt mehrfach-fiedertheilig.
   * Frucht am Rande geflügelt, linsenförmig.
   31. Peucedanum. 35. Thysselinum. (S. oben.)
   ** Jedes Früchtchen 4flügelig. . . . . 41. Laserpitium.
   *** Frucht stachelig, Stacheln nicht hakig.
      ° Frucht linsenförmig mit runzelig-verdicktem Rande, übrigens borstig-rauh . . . . 37. Tordylium.
      °° Frucht linsenförmig mit verdicktem Rande. Hauptrippen borstig. Nebenrippen 2—3reihig-stachelig. Hüllblätter ganz. Randblumen sehr gross. . . . . 42. Orlaya.
      °°° Frucht im Querschnitt rundlich. Hauptrippen borstig. Nebenrippen stachelig. Hüllblätter fiederspaltig. . . . . 43. Daucus.
      °°°° Frucht seitlich-zusammengedrückt.
         † Jedes Früchtchen mit 7 stacheligen Rippen. 45. Turgenia.
         †† Jedes Früchtchen auf dem Rücken dicht-stachelig, mit 3 kurz-borstigen Rippen . . . . 46. Toritis Anthriscus.

1. **Hydrocótyle** L. *Wassernabel.*

Blatt schildförmig, kreisrund, ungleich-gekerbt. Stengel kriechend. **H. vulgaris** L.
Weiss. ♃ Juli, August. Sumpfige Stellen. Sehr selten.

2. **Sanícula** L. *Sanikel.*

Wurzelblätter handförmig mit keilförmigen 2—3spaltigen scharf-eingeschnittengesägten Lappen. . . **S. europaea** L.
Röthlich weiss. ♃ Mai, Juni. Schattige Wälder. Zerstreut.

3. **Eryngium** L. *Mannstreu.*

Blatt wiederholt-fiedertheilig, stachelig-gesägt. Hüllblätter lanzettlich, stachelig-gezahnt, länger als das Köpfchen. Stengel sparrig. . . . . **E. campéstre** L.

Weisslich grün. ♃ Juli, August. Wegeränder. Sehr selten.

4. **Astrantia** L. *Astränze.*

Wurzelblätter handförmig-5theilig. Lappen 3spaltig, eingeschnitten-gesägt. Kelchzähne eilanzettlich, stachelspitzig. Stengel aufrecht. . . . . **A. major** L.

Röthlich. ♃ Juni—August. Gebirgswälder. Sehr selten. Auch Zierpflanze.

5. **Bupleurum** L. *Hasenohr.*

a. Frucht körnig-rauh. Blatt lineal-lanzettlich.

B. tenuissimum L.

Gelb. ♃ Juli, August. An Salinen. Sehr selten.

b. Frucht nicht körnig-rauh.

1. Die mittleren und oberen Blätter beiderseits verschmälert, lanzettlich oder eiförmig. Hüllchen so lang als die Döldchen. Thälchen 3striemig. . . **B. falcatum** L.

   Gelb. ♃ Juli—October. Gebüsche, Raine. Selten.

2. Die mittleren und oberen Blätter tief-herzförmig-umfassend, länglich-eiförmig. Hüllchen 1—2 mal so lang als die Döldchen. Rippen scharf. Thälchen 3striemig.

   B. longifolium L.

   Gelb. ♃ Juli, August. Steinige und waldige Hügel. Selten.

3. Die mittleren und oberen Blätter durchwachsen-stengelumfassend, eiförmig. Hüllchen länger als die Döldchen. Thälchen striemenlos. . . . . **B. rotundifolium** L.

   Gelb. ⊙ Juni, Juli. Saatfelder. Zerstreut.

6. **Apium** L. *Sellerie.*

Blatt fiedertheilig; Blättchen am Grunde keilförmig, vorn eingeschnitten-gezahnt oder gelappt. . . . **A. gravéolens** L.

Weiss. ⊙ Juli—September. Feuchte Stellen, besonders auf Salzboden. Selten Auch cultivirt.

7. **Petroselinum** Hoffm. *Petersilge.*

Blatt 2—3fach-fiedertheilig; Blättchen eiförmig, keilig, 3-spaltig oder gezahnt, glänzend. . . . . . . **P. sativum** Hoffm.

Grünlich gelb. ⊙ Juni, Juli. In Gärten gebaut. — Aendert ab mit krausem Blatt.

8. **Helosciádium** Koch. *Sumpfschirm.*

a. Blätter alle gleichförmig-fiedertheilig. Dolde mehrstrahlig. Hülle 1—2blätterig.

1. Blättchen eiförmig oder lanzettlich, gleichförmig-stumpflich-gesägt. . . . . **H. nodiflórum** Koch.

(**Sium nodiflorum** L.) Grünlich weiss. ♃ Juli — September. Gräben, Bäche, Teiche. Sehr selten.

2. Blättchen rundlich-eiförmig, ungleich-gezahnt oder gelappt. . . . . **H. repens** Koch.

(**Sium repens** L.) Weiss. ♃ Aug.—Oct. Sumpfige Stellen. Sehr selten.

b. Die untergetauchten Blätter in fadenförmige Lappen getheilt. Dolde 2strahlig. Hülle fehlend. **H. inundatum** Koch.

(**Sison inundatum** L.) Weiss. ♃ Juni, Juli. Gräben. Sehr selten.

9. **Ammi** L.

Obere Blätter wiederholt-getheilt; Blättchen lineal-lanzettlich, scharfgesägt, mit knorpelspitzigen Zähnen. Stengel stumpfkantig. . . . . **A. majus** L.

Weiss. ⊙ Juli, August. Gräben. Sehr selten.

10. **Aegopódium** L. *Geissfuss. Giersch.*

Blatt 1—3mal wiederholt 3theilig; Blättchen eiförmig, zugespitzt, gesägt. . . . . **A. Podagraria** L.

Weiss. ♃ Mai—Juli. An Hecken. Gemein.

11. **Trinia** Hoffm. *Trinie.*

Stengel ästig. Blatt 2—3fach fiedertheilig mit linealen Lappen. Ganze Pflanze graugrün, kahl. Kronblätter der weiblichen und Zwitter-Blüthen eiförmig mit eingebogenen Spitzchen, die der männlichen Blüthen grösser, lanzettlich.
T. vulgaris DC.

Weiss oder röthlich. ⊙ April, Mai. Trockene Abhänge. Sehr selten.

12. **Carum** L. *Kümmel.*

a. Hülle und Hüllchen fehlend. Blatt doppelt fiedertheilig, die unteren Fiederäste eines Blattes ins Kreuz gestellt. Stengel kantig. . . . . **C. Carvi** L.

Weiss oder röthlich. ⊙ April, Mai. Wiesen, Triften. Häufig.

b. Hülle und Hüllchen mehrblätterig. Blatt 3fach fiedertheilig. Stengel stielrund, am Grunde knollig.

C. Bullbocástanum Koch.

Erdnuss. Weiss. ♃ Juni, Juli. Saatfelder. Hin und wieder.

13. **Pimpinella** L. *Bibernelle.*

a. Frucht kahl. Alle Blätter fiedertheilig.

1. Stengel gefurcht, beblättert, Griffel länger als der Fruchtknoten. . . . . **P. magna** L.

Weiss. ♃ Mai, Juni. Wiesen. Häufig. Aendert ab: α. Blättchen ungetheilt. β. **rosea,** mit rother Blume. γ. **laciniata,** Blättchen handförmig-fiederspaltig. δ. **dissecta,** Blättchen handförmig-doppeltfiederspaltig.

2. Stengel fein gerieft, oben blattlos. Griffel kürzer als der Fruchtknoten. . . . . **P. saxifraga** L.

Weiss. ♃ Juli, August. Triften, sonnige Hügel, Wege. Gemein. — Aendert ab: α. **major,** Blättchen der unteren Blätter eiförmig, die der oberen oft zerschnitten. β. **dissectifolia,** Blättchen bei allen Blättern zerschnitten. δ. **alpestris,** Blättchen rundlich, fast handförmig eingeschnitten, Abschnitte lanzettlich, zugespitzt. ε. **nigra,** ganz dicht-flaumig, Blättchen eiförmig, Wurzel dunkel, mit blauem Milchsaft. Selten.

b. Frucht anliegend-flaumig. Die untersten Blätter rundlich-herzförmig, eingeschnitten-gesägt, die mittleren fiedertheilig mit keilförmigen Blättchen, die obersten 3theilig.

P. Anisum L.

Anis. Weiss. ⊙ Juli, August. In Gärten cultivirt.

14. **Cicúta** L. *Wasserschierling. Wütherich.*

Stock hohl, mit Querwänden, an den Knoten mit Nebenwurzeln. Blatt 3fach-fiedertheilig; Blättchen linien-lanzettlich. . . . . **C. virosa** L.

Weiss. ♃ Juli, August. Gräben, Teiche. Zerstreut.

15. **Falcaria** Host. *Sicheldolde.*

Blatt einfach oder 3theilig; Blättchen 2—3spaltig, Lappen linien-lanzettlich, dicht-stachelig-gesägt. **F. Rivini** Host.

(**Sium Falcaria** L.) Weiss. ♃ Juli, August. Aecker, Wegeränder. Zerstreut.

16. **Bérula** Koch. *Berle.*

Blatt fiedertheilig; Blättchen eilänglich oder länglich-lanzettlich, eingeschnitten gesägt oder gelappt. Dolde 15—20-strahlig. Schenkel des Fruchthalters an die Früchtchen angewachsen. Hülle aus vielen meist fiederspaltigen Blättchen.

B. angustifolia M. et K.

(**B. serratifolia** Wdr.) Weiss. ♃ Juli, August. Gräben. Häufig.

17. **Sium** L. *Merk.*

a. Blatt fiedertheilig; Blättchen lanzettlich, scharf-gesägt oder gelappt. Stock mit Ausläufern. Dolde 20—30strahlig. Schenkel des Fruchthalters an die Früchtchen angewachsen. Hülle vielblätterig. . . . . . . **S. latifolium** L.
(**S. palustre** Wdr.) Weiss. ♃ Juli, August. Stehende Wasser. Selten.

b. Blätter, die unteren fiedertheilig mit länglich-lanzettlichen Blättchen, die oberen 3theilig. Schenkel des Fruchthalters frei. Hülle 1—5blätterig. Wurzel knollig.

S. Sisarum L.

Zuckerrübe. Weiss. ♃ Juli, August. Hier und da in Gärten cultivirt.

18. **Foeniculum** Hoffm. *Fenchel.*

Blattscheiden lang, randhäutig, vielstreifig. Blatt vielfach-fiedertheilig, Lappen fadenförmig. Stengel schwach-gestreift.

F. officinale All.

Gelb. ♃ Juli, August. Culturpflanze aus Südeuropa.

19. **Sílaus** Bess. *Silau.*

Stengel kantig. Blatt 3—4fach-fiedertheilig, Zipfel linienförmig, stachelspitzig. . . . . **S. pratensis** Bess.

Blassgelb. ♃ Juni—August. Wiesen. Häufig.

20. **Meum** Tourn. *Bärenwurz.*

Stengel gefurcht. Blatt mehrfach-fiedertheilig, Zipfel fadenförmig. . . . . **M. athamanticum** Jacq.

Weiss. ♃ Juli, August. Gebirgswiesen. Sehr selten.

21. **Aethusa** L. *Gleisse.*

Stengel stielrund, gestreift. Blatt doppelt-fiedertheilig-fiederspaltig; Blättchen eingeschnitten oder gesägt.

A. Cynápium L.

Hundspetersilge. Weiss. ⊙ Juni—Herbst. Unkraut in Gärten und Aeckern. Häufig.

22. **Oenánthe** L. *Rebendolde.*

a. Blattstiel aufgeblasen, länger als die doppelt-fiedertheilige Blattscheibe, Blättchen lineal. Dolde 2—3strahlig. Wurzel büschelig, Wurzelfasern mehr oder weniger knollig-verdickt. **O. fistulosa** L.
Weiss oder röthlich. ♃ Juni, Juli. Gräben, Teiche. Selten.

b. Blattstiel nicht aufgeblasen, kürzer als die 1—2fach fiedertheilige Blattscheibe. Blättchen lineal. Wurzel büschelig. Wurzelfasern mehr oder weniger knollig verdickt. Dolde 7—10strahlig. Randblumen strahlend. Griffel so lang als die Frucht. **O. peucedanifolia** Poll.
Weiss. ♃ Juni, Juli. Feuchte Wiesen. Sehr selten.

c. Blattstiel nicht aufgeblasen, länger als das 2—3fach fiedertheilige Blatt, Blättchen eiförmig, Wurzel rübenförmig. Fasern fadenförmig, an den Knoten wirtelständig. Stengel sparrig-ästig. Dolde blattgegenständig, vielstrahlig. Randblumen nicht strahlend. Griffel kürzer als die Frucht. . . . . **O. Phellandrium** Lam.
(**Phellandrium aquaticum** L.) *Wasserfenchel.* Weiss. ♃ oder ⊙ Juli, August. Sümpfe, Gräben. Häufig.

23. **Séseli** L. *Sesel.*

a. Kelch mit kurzen dicken Zähnen, bleibend. Hülle fehlend. Blättchen des 2—3fach-fiedertheiligen Blattes linienförmig. . . . . **S. coloratum** Ehrh.
Weiss oder röthlich. ⊙ oder ♃ Juli, August. Trockene Wiesen, sonnige Hügel. Sehr selten. — **S. Hippomarathrum** DC. mit verwachsenen Hüllchen.

b. Kelch mit langen pfriemförmigen Zähnen, abfallend. Hülle vielblätterig. Blättchen des 1—2fach-fiedertheiligen Blattes rautenförmig, fiederspaltig mit lanzettlichen stachelspitzigen Zipfeln. Blatt unterseits blaugrün. Frucht kurzhaarig. . . . . **S. Libanótis** Meyer.
(**Libanotis montana** All.; **L. vulgaris** DC.) *Heilwurz.* Weiss oder röthlich. ⊙ Juli, August. Gebirgswälder. Sehr selten.

24. **Scandix** L. *Nadelkerbel.*

Blatt 3fach-fiedertheilig; Blättchen fiederspaltig; Zipfel

lineal. Dolde blattgegenständig, 1—3strahlig. Hüllchen meist aus 5 oft gespaltenen Blättchen. **S. Pecten Veneris** L.
Weiss. ⊙ Mai—Juli. Aecker, besonders auf Kalkboden. Zerstreut.

25. **Anthriscus** Hoffm. *Klettenkerbel.*

a. Frucht meist ganz kahl. Griffel länger als das Stempelpolster.

1. Schnabel 4 mal so kurz als die übrige, längliche, oft etwas warzige Frucht. Hüllchen allseitig, 5—6blätterig. Dolde endständig, 8—15strahlig. Blatt 2—3fach-fiedertheilig mit fiederspaltigen Blättchen. Stengel unten rauhhaarig. . . . . **A. silvestris** Hoffm.
(Chaerophyllum silv. L.) Weiss. ♃ Mai—Juli. Wiesen, Gebüsche. Gemein.
2. Schnabel fast halb so lang als die übrige, linienförmige, kahle Frucht. Hüllchen 1—4blätterig, einseitig. Dolde seitenständig, sitzend, 3—5strahlig. Blatt 3fach-fiedertheilig mit fiederspaltigen Blättchen, stumpfen, stachelspitzigen Zipfeln. Stengel über den Knoten flaumig. **A. Cerefolium** Hoffm.
(Scandix Cerefolium L.) *Gartenkerbel.* ⊙ Mai—Juli. Angebaut und verwildert.

b. Frucht mit hakigen Stacheln besetzt, eiförmig. Schnabel 1/3 der übrigen Frucht. Stempelpolster und Griffel sehr kurz. Hüllchen 2—4blätterig, einseitig. Blatt 2—3fach-fiedertheilig mit fiederspaltigen Blättchen. Stengel kahl. **A. vulgaris** Pers.
Weiss. ⊙ Mai, Juni. Schutt, Wege. Sehr selten.

26. **Chaerophyllum** L. *Kälberkropf.*

a. Stengel an den Knoten angeschwollen. Kronblatt nicht gewimpert. Griffel zurückgekrümmt. Blatt wiederholt-fiedertheilig.

α. Hüllchenblätter nicht gewimpert. Griffel länger als das Polster. Blatt 3—4fach-fiedertheilig; Blättchen fiederspaltig, lanzettlich, die der oberen Blätter lineal, spitz. Stengel unterwärts gefleckt, steifhaarig, am Grunde knollig-verdickt. . . . . **Ch. bulbosum** L.
Weiss. ⊙ Juni—August. Gebüsche, Ufer. Zerstreut.

β. Hüllchenblätter gewimpert.

1. Griffel so lang als das Polster. Blatt doppelt-fiedertheilig; Blättchen länglich-eiförmig, fiederspaltig; Zipfel stumpf, kurz-stachelspitzig. Stengel rauhhaarig. **Ch. témulum** L.

Weiss, röthlich. ⊙ Juni, Juli. Gebüsche, Hecken. Sehr häufig. Giftig.

2. Griffel länger als das Polster. Blatt 3fach-fiedertheilig; Blättchen aus eiförmigem Grunde langzugespitzt, am Grunde fiederspaltig, nach vorn gesägt. **Ch. áureum** L.

Weiss. ♃ Juni, Juli. Gebüsche, Waldränder. Selten.

Ch. aromaticum L. Blatt doppelt-3theilig. Blättchen länglich-eiförmig, ungetheilt, gesägt, zugespitzt. Am Kreuzberge.

b. Stengel an den Knoten nicht angeschwollen. Kronblätter und Hüllchenblätter gewimpert. Griffel gerade, länger als das Polster. Blatt wiederholt-3theilig; Blättchen gelappt oder eingeschnitten-gesägt. Stengel meist rauhhaarig. . . . . **Ch. hirsutum** L.

Weiss oder röthlich. ♃ Juli, August. Bäche, feuchte Wälder. Selten.

27. **Myrrhis** Scop. *Süssdolde.*

Blatt 2—3fach-fiedertheilig, feinzottig. Hüllchenblätter gewimpert, zurückgeschlagen. . . . . **M. odorata** Scop.

Weiss. ♃ Juni, Juli. Gebirgswiesen. Sehr selten.

28. **Conium** L. *Schierling.*

Blatt 3fach-fiedertheilig; Blättchen breiteiförmig, tiefgesägt oder fiederspaltig, Zipfel stumpf. Blattstiel stielrund, hohl. Hüllchen einseitig. Stengel bereift, oft gefleckt. Die ganze Pflanze kahl. . . . . **C. maculatum** L.

Weiss. ⊙ Juli, August. Schutt, Wege. Zerstreut.

29. **Pleurospermum** Hoffm. *Rippenfruchtdolde.*

Blatt 3theilig mit länglichen gesägten Blättchen. Hülle zurückgeschlagen. Hüllchen vielblätterig. Stengel gestreift, kahl, hohl. . . . . **P. austriacum** Hoffm.

Weiss. ♃ Juni—August. Wälder. Sehr selten.

30. **Archangelica** Hoffm. *Engelwurz.*

Blatt doppelt-fiedertheilig; Blättchen eiförmig, etwas herz-

förmig, 2—3lappig, ungleich gesägt. Doldenstiel mehlig-weichhaarig. Stengel gestreift, kahl. . . **A. officinalis** Hoffm.
(**Angelica Archangelica** L.) Grünlich. ⊙ Juni, Juli. Feuchte Gebüsche, Ufer. Sehr selten. Zuweilen in Gärten gebaut.

31. **Angélica** L. *Brustwurz.*

Blatt 3fach-fiedertheilig; Blättchen eiförmig oder lanzettlich, zuweilen 2—3spaltig, scharfgesägt. **A. silvestris** L.
Weiss. ♃ Juli, August. Wiesen, Ufer, feuchte Waldstellen. Zerstreut.

32. **Selínum** L. *Silge.*

Blatt doppelt-fiedertheilig-fiederspaltig, Zipfel kurzstachelspitzig. Stengel kantig-gefurcht. . . . . . **S. Carvifolia** L.
Weiss. ♃ Juli, August. Waldwiesen, Gebüsche. Zerstreut.

33. **Levísticum** Koch. *Liebstöckel.*

Blatt 1—3fach-fiedertheilig; Blättchen verkehrteiförmig, keilig, eingeschnitten gezahnt, glänzend. Stengel gestreift, hohl. . . . . **A. officinale** Koch.
(**Ligusticum Levisticum** L.) Blassgelb. ♃ Juli, August. Aus Südeuropa, in Dorfgärten zum Theil verwildert.

34. **Peucédanum** L. *Haarstrang.*

a. Hülle fehlend oder 1—3blätterig.

α. Blatt 3—5fach-3theilig, mattglänzend; Blättchen lineal, ganzrandig. Doldenstrahlen kahl. Stengel gestreift. **P. officinale** L.
Gelb. ♃ Juli, August. Wiesen. Sehr selten.
P. Ostruthium Koch, Umb. = **Imperatoria Ostruthium** L., die *Meisterwurzel* mit doppelt-3zähligem Blatt, breiteiförmigen, doppeltgesägten Blättchen. Frucht breitflügelrandig. Zuweilen gebaut.

β. Blatt fiedertheilig; Blättchen vielspaltig oder ungetheilt, schmallinienförmig, beiderseits glänzend, die unteren gekreuzt. Hüllchen 1—3blätterig. Doldenstrahlen auf der inneren Seite rauh. Stengel gefurcht. **P. Chabraei** Rchb.
Gelblich-weiss oder grünlich. ♃ Juli, August. Wiesen. Sehr selten.

b. Hülle vielblätterig. Blatt 2—3fach-fiedertheilig.

α. Stengel gestreift. Hülle zurückgebogen. Doldenstrahlen innerseits rauh.

1. Blättchen eilanzettlich, oft gelappt, stachelig-gesägt. Blatt blaugrün. Striemen der Berührungsfläche fast gerade, parallel genähert. . . . . . **P. Cervaria** Lap.
Gelblich weiss. ♃ Juli, August. Trockene Wiesen, Hügel, Bergwälder. Selten.

2. Blättchen elliptisch, keilförmig, spitz, eingeschnittengezahnt oder fiederspaltig, oberseits glänzend. Striemen der Berührungsfläche bogenartig längs des Randes laufend. . . . . **P. Oreoselinum** Mch.
Grundheil. Gelblich weiss. ♃ Juli, August. Trockene Wiesen, sonnige Hügel. Sehr selten.

β. Stengel kantig gefurcht. Hülle wagrecht abstehend. Doldenstrahlen kahl. Blättchen eiförmig, fiederspaltig mit linienlanzettlichen Lappen, am Rande scharf.
P. alsaticum L.
Blassgelb. ♃ Juli, August. Trockene, steinige Hügel. Sehr selten.

35. **Thysselínum** Hoffm. *Olscnik.*

Blatt 3fach-fiedertheilig. Blättchen eingeschnitten-fiederspaltig, Zipfel länglich-lineal. Stengel gefurcht.
Th. palústre Hoffm.
Peucedanum palustre Mch.; **P. silvestre** DC.) Weiss. ⊙ Juni, Juli. Sumpfige Wiesen, Gräben. Selten.

36. **Heracléum** L. *Bärenklaue. Heilkraut.*

Blatt fiedertheilig; Blättchen gespalten. Pflanze rauhhaarig.
H. Sphondylium L.
Weiss. ♃ Juni—September. Wiesen. Gemein.

37. **Tordýlium** L. *Zirmet.*

Blatt fiedertheilig; Blättchen der unteren Blätter eiförmig, der oberen lanzettlich, gezahnt. Früchtchen auf dem Rücken, sowie der Stengel steifhaarig. . . . . **T. maximum** L.
Weiss. ⊙ Juli. August. Trockene Stellen. Sehr selten.

38. **Anethum** L. *Dill.*

Blatt doppelt-fiedertheilig; Blättchen in fadenförmige Zipfel gespalten. Stengel gestreift, kahl. Scheiden schmal.
A. gravéolens L.
Gelb. ⊙ Juli, August. Aus Südeuropa. In Gärten gebaut.

39. **Pastináca** L. *Pastinak.*

Blatt fiedertheilig; Blättchen eiförmig oder länglich, gezahnt, zum Theil gelappt oder 3theilig, oberseits glänzend, unterseits flaumig. Stengel kantig-gefurcht. **P. sativa** L.
Gelb. ⊙ Juli, August. Wiesen, Aecker, Wege. Häufig. Zuweilen gebaut.

40. **Siler** Scop. *Roskümmel.*

Blatt 1—3fach-3theilig; Blättchen rundlich, oft 2—3lappig, gekerbt, das mittlere gestielt, die seitlichen sitzend, kahl. Stengel glatt und kahl. . . . . . . **S. trilobum** Scop.
Weiss. ♃ Juni, Juli. Gebirgswälder. Sehr selten.

41. **Laserpitium** L. *Laserkraut.*

a. Blatt wiederholt-3zählig; Blättchen breit-eiherzförmig, ungetheilt, gekerbt, scharf. Stengel gestreift, kahl. **L. latifolium** L.
Weisser Enzian. Weiss. ♃ Juli, August. Gebirge. Selten.

b. Blatt 3fach-fiedertheilig; Blättchen lanzettlich, ganzrandig, kahl. Stengel gestreift, kahl. . . . . . **L. Siler** L.
Weiss. ♃ Juli, August. Gebirge. Sehr selten.

c. Blatt doppelt-fiedertheilig; Blättchen fiederspaltig mit lanzettlichen Lappen, meist rauhhaarig. Stengel kantig, gefurcht, oft rauhhaarig. . . . . **L. pruthenicum** L.
Weiss. ⊙ Juli, August. Feuchte Waldstellen. Sehr selten.

42. **Orlaya** Hoffm. *Breitsame.*

Blatt 2—3fach-fiedertheilig; Blättchen tieffiederspaltig; Zipfel lineal. Stengel gefurcht, kahl. . . . . **O. grandiflóra** Hoffm.
(**Caucalis grandiflora** L.) Weiss. ⊙ Juli, August. Aecker, besonders auf Kalkboden. Hier und da.

43. **Daucus** L. *Möhre.*

Blatt 2—3fach-fiedertheilig; Blättchen fiederspaltig, Zipfel lanzettlich. Dolde nach dem Blühen zusammengezogen. Stengel rauhhaarig. . . . . **D. Carota** L.
Weiss. In der Mitte der Dolde meist ein rothes unfruchtbares Blüthchen. ⊙ und ⊙ Juni—August. Wiesen, Triften. Häufig. — Cultivirt (β. **sativa**) mit gelber fleischiger Wurzel.

44. **Cáucalis** Hoffm. *Haftdolde.*

Blatt 2—3fach-fiedertheilig.

a. Blättchen fiederspaltig mit linealen Zipfeln. Stacheln der Nebenrippen einreihig, kahl, hakenförmig. **C. daucoides** L.

Weiss. ⊙ Juni, Juli. Getreidefelder, besonders auf Kalkboden. Hier und da.

b. Blättchen lineal. Stacheln der Nebenrippen 3reihig, scharf, widerhakig. . . . . **C. leptophylla** L.

Weiss. ⊙ Juni, Juli. Getreidefelder. Sehr selten.

45. **Tórilis** Adans. *Borstdolde.*

a. Dolden langgestielt. Blatt 2—3fach-fiedertheilig; Blättchen eingeschnitten-gesägt.

1. Hülle vielblätterig. Stacheln der Frucht eingekrümmt, nicht widerhakig. . . . . **T. Anthriscus** Gmel.

   Weiss oder röthlich. ⊙ Juni, Juli. Wälder, Gebüsche, Hecken. Gemein.

2. Hülle fehlend oder einblätterig. Stacheln widerhakig. **T. helvetica** Gmel.

   Weiss mit Violett. ⊙ ⊙ Juli, August. Saatfelder, Wege. Selten.

b. Dolden sitzend, gehäuft, blattgegenständig. Stacheln der äusseren Früchte widerhakig, die der inneren körnig-rauh. Blatt doppelt-fiedertheilig mit fiederspaltigen Blättchen. **T. nodosa** Gärtn.

Weiss. ⊙ Aecker, sonnige Hügel. Sehr selten.

46. **Turgénia** Hoffm.

Blatt fiedertheilig, Blättchen länglich-lineal, eingeschnitten-gesägt. Stacheln der Frucht feinhakig. Stengel oberwärts kurz borstig. . . . . **T. latifolia** Hoffm.

(**Caucalis latifolia** L.) Weiss, röthlich. ⊙ Juli, August. Unter der Saat. Selten.

56. Familie: ARALIACEAE Juss.

Hédera L. *Epheu.*

Stengel mit Luftwurzeln kletternd. Blatt lederig, kahl, glänzend, rundlich 5lappig, die obersten oder die der Blüthenzweige eiförmig, ganz. Blüthen in Dolden. . . **H. Helix** L.

Grünlich. ♄ October. Wälder, Hecken, Mauern. Häufig.

57. Familie. CORNEAE DC.

Cornus L. *Hartriegel. Hornstrauch.*

a. Blüthen gelb, in kleinen mit einer Hülle versehenen doldenähnlichen Blüthenständen, vor der Belaubung blühend. Steinbeere roth. . . . . **C. mascula** L.
Kornelkirsche, Dürlitze. ♄ März, April. In Hecken, Gärten angepflanzt oder verwildert.

b. Blüthen weiss, in grossen Trugdolden ohne Hülle, gleichzeitig mit den Blättern erscheinend.

1. Blatt beiderseits grün. Aeste gerade. Steinbeere schwarz. **C. sanguinea** L.
♄ Juni, Juli. In Hecken, Gebüschen. Häufig.

2. Blatt unterseits graugrün. Aeste abwärts gebogen, am Ende aufsteigend. Steinbeere weiss. . . . . **C. alba** L.
♄ Juni, Juli. Angepflanzt oder hier und da verwildert.

58. Familie. VISCACEAE Meyer.

Viscum L. *Mistel.*

Stengel vielfach gabelästig. Blätter gegenständig, spatelförmig, lederig, immergrün. Blüthen zu 1 oder 3 an den Spitzen der Zweige. Beere weiss. . . . . . . **V. album** L.
Gelblich grün. ♄ März, April. Auf Bäumen schmarotzend. Zerstreut.

59. Familie. OLEACEAE Lindl.

Gattungen.

a. Blüthe vollständig, Kelch und Krone 4theilig. Blüthenrispen dicht straussförmig, nach der Belaubung auftretend. Blatt einfach.

1. Frucht beerenartig. . . . . 1. **Ligustrum** L.
3. Frucht kapselartig, 2klappig aufspringend. 2. **Syringa** L.

b. Blüthe unvollständig. Kelch und Krone fehlend. Gedrängte Blüthenrispen, vor der Belaubung entwickelt.

Blatt gefiedert. Frucht geflügelt, flach, nicht aufspringend, einsamig. . . . . 3. **Fráxinus** L.

1. Ligustrum L. *Rainweide.*

Blatt länglich-lanzettlich, ganzrandig kahl. **L. vulgare** L.
Weiss, wohlriechend. Beere schwarz. ♃ Mai, Juni. In Hecken gemein.

2. Syringa L. *Flieder. Syrene.*

a. Blatt herzeiförmig, zugespitzt, ganzrandig. **S. vulgaris** L.
Lilak, Nägelchen, spanischer Flieder, spanischer Hollunder, Weinblume. Lila, röthlich, weiss. Wohlriechend. ♄ Mai, Juni. Zierstrauch aus Persien.

b. Blatt eirund oder eilanzettlich, langgespitzt. Aeste schlank. **S. chinensis** Willd.
Lila, roth. Wohlriechend. Mai, Juni. Kleiner als die vorige. Zierstrauch aus China oder Persien.

c. Blatt lanzettlich. Aeste schlaff. . . . . . **S. persica.** L.
Lila, röthlich, weiss. Mai, Juni. Niedriger als die vorige. Zierstrauch aus Persien. Var. **laciniata.**

3. Fráxinus L. *Esche.*

Blatt 3—7paarig gefiedert mit einem Endblättchen. Blättchen sitzend, länglich-lanzettlich, gesägt. **F. excelsior** L.
Staubbeutel roth. Baum. Blüthe: Ende April bis Anfang Mai, Belaubung Mitte Mai, Laubabfall Mitte October. Laubwälder. Häufig. Aendert ab mit hängenden Aesten: **Fr. pendula,** *Traueresche,* — mit ganzen Blättern u. s. w.
Ornus europaea Pers., *Mannaesche,* mit grosser, viertheiliger, weisser Blumenkrone, überhängenden Rispen. Blatt meist 3paarig-gefiedert. Südeuropa.

60. Familie. CAPRIFOLIACEAE Juss.

Gattungen.

A. Krone kurzröhrig, regelmässig. Griffel 3—5. Steinbeere. Blatt meist getheilt. . . . . SAMBUCEAE.

a. Krone radförmig, nur am Grunde zusammenhängend. Fruchtknoten halbunterständig. Staubfäden 8—10. Anthere einfächerig. Griffel 4—5. Blatt dreitheilig-fiederspaltig, ohne Nebenblätter. . . . . . . 1. **Adoxa** L.

b. Krone präsentirtellerförmig mit kurzer Röhre. Fruchtknoten unterständig. Staubfäden 4—5. Griffel oder Narben 3. Blüthen in Rispen oder Trugdolden.

1. Blatt fiedertheilig. Fruchtknoten 3—5fächerig. Steinbeere mit 3—5 einsamigen Steinkernen. 2. **Sambucus** L.

2. Blatt ganz oder gelappt. Fruchtknoten einfächerig. Steinbeere mit einem Kern. . . . 3. **Viburnum** L.

B. Krone röhren- oder trichterförmig, etwas symmetrisch. Griffel 1 mit kopfförmiger Narbe. Fruchtknoten unterständig. Staubfäden 5. Blatt einfach, ganzrandig. LONICEREAE.

a. Krone röhrig, 2lippig. Fruchtknoten 2—3fächerig. Beere. 4. **Lonicéra** L.

b. Krone trichterförmig, fast regelmässig. Fruchtknoten 4—5fächerig. Beere . . 5. **Symphoricarpos** Dill.

c. Krone trichterförmig, fast regelmässig. Fruchtknoten 2fächerig. Frucht kapselartig, vielsamig. **Diervilla** Tourn.

D. rosea Lindl. (**Weigelia rosea** Lindl.). Krone rosa, flaumig. Blatt länglich, kurzgestielt, gesägt. Zierstrauch aus Japan.
D. canadensis W., grünlich gelb, aus Nordamerika.

d. Krone glockig-trichterförmig, etwas lippig, 5spaltig. Fruchtknoten 3fächerig. Saftlose Beere, einsamig. Staubfäden 2 länger und 2 kürzer oder 5. 6. **Linnaea** Gr.

1. **Adoxa** L. *Bisamkraut.*

Blatt 3theilig, Blättchen 3—5theilig. Blüthen am Gipfel zu 5—7 gehäuft. Wurzelstock fleischig-schuppig. **A. moschatellina** L.

Grünlich gelb. Moschusgeruch. ♃ April, Mai. Hecken, Gebüsche. Zerstreut.

2. **Sambucus** L. *Hollunder.*

a. Eiförmige Rispe. Am Grunde des Blattes 2 Wärzchen. Strauch oder Baum. . . . . **S. racemósa** L.

Traubenhollunder. Gelblich. Beere roth. April, Mai. Wälder, Gebüsche. Zerstreut.

b. Trugdolde, schirmartig.

1. Trugdolde mit 5 Hauptästen. Anthere gelb. Am Grunde des Blattes 2 Wärzchen. Strauch oder Baum **S. nigra** L.

Flieder. Weiss. Beere schwarzpurpurn. Juni, Juli. Häufig in Gärten und Hecken. Var. mit zerschlitzten Blättern.

2. Trugdolde mit 3 Hauptästen. Anthere roth. Am Grunde des Blattes 2 eiförmige gesägte Nebenblätter. Kraut. **S. Ébulus** L.

Attich. Röthlich weiss. Beere schwarz. ♃ Juli, August. Hecken, Gebüsche. Selten.

3. **Viburnum** L. *Schneeball.*

a. Blatt handförmiggelappt, kahl. Die äusseren Blüthen der Trugdolde unfruchtbar, strahlend. . . **V. Ópulus** L.

Weiss. Beere roth. ♄ Mai, Juni. Feuchte Gebüsche, Ufer. Zerstreut. In Gärten mit lauter grossen unfruchtbaren Blüthen: Var. **roseum.**

b. Blatt ganz, eiförmig, gesägt, graufilzig. Blüthen nicht strahlend. . . . . **V. Lantána** L.

Weiss, wohlriechend. Beere roth, zuletzt schwarz. Bergwälder. Selten. Auch Zierstrauch.

4. **Lonicéra** L. *Geissblatt.*

a. Stengel windend. Blüthen in Köpfchen oder Wirteln. Kelch bleibend.

α. Obere Blattpaare am Grunde verwachsen. Endständiges Köpfchen sitzend. . . . . **L. Caprifolium** L.

Jelängerjelieber. Weiss, gelb, röthlich. Wohlriechend. ♄ Mai, Juni. Hecken, Lauben. Hier und da verwildert.

β. Alle Blätter frei. Endständiges Köpfchen gestielt. **L. Periclýmenum** L.

(**Caprifolium Pericl.** R. et S.) *Deutsches Geissblatt.* Gelblich röthlich. Wohlriechend. Beere roth. ♄ Juni—August. Waldränder, Hecken. Häufig. Aendert ab mit gelapptem Blatt.

b. Stengel nicht windend. Blüthen paarweise in den Blattwinkeln. Kelch abfallend.

α. Die Fruchtknoten der beiden Blüthen ganz getrennt. Blatt herzeiförmig, kahl. Blüthenstiel wenig länger als die Blüthen. . . . . **A. tatarica** L.

Gelblich oder röthlich. Beere roth. ♄ April, Mai. Zierstrauch aus Sibirien, zuweilen verwildert.

β. Beide Fruchtknoten am Grunde unter einander verwachsen.

1. Blüthenstiel zottig, so lang als die Blüthen. Blatt rundlich-elliptisch, flaumig. . . . . . **L. Xylósteum** L.

Heckenkirsche. Blassröthlich, dann gelblich. Beere roth. ♃ April—Juni. Hecken. Häufig.

2. Blüthenstiel kahl, viel länger als die Blüthen. Blatt länglich-elliptisch, kahl. . . . . **L. nigra** L.
Röthlich gelb. Beere schwarz. ♄ April, Mai. Gebirgswälder. Selten.

5. **Symphoricarpos** Dill. *St. Peters-Strauch.*

a. Blüthen in endständigen Trauben. Blume rosa. Beere weiss. . . . . **S. racemosus** Michx.
(**Symphoria rac.** Pursh.) *Schneebeere.* Juli. Zierstrauch aus Nordamerika.

b. Blüthen in achselständigen Köpfchen. Blume gelblich weiss. Beere roth, erbsengross. . . . **S. vulgaris** Michx.
(**Symphoria glomerata** Pursh.) Juni, Juli. Zierstrauch aus Nordamerika.

6. **Linnaea** Gronov.

Blatt rundlich-eiförmig, gekerbt. Stengel fadenförmig, kriechend. Zweige mit endständigem Blüthenstiel, je mit 2 überhängenden Blüthen. Blüthenstiel mit 3 Hochblatt-Paaren. **L. borealis** Gron.
Weiss mit rothen Streifen. ♃ Mai—Juli. Gebirge. Sehr selten.

61. Familie. STELLATAE L.

(RUBIACEAE DC.)

Gattungen.

a. Kelch deutlich 4—6zähnig. Krone röhrig-trichterförmig. 1. **Sherardia** L.

b. Kelch undeutlich-zähnig.
 1. Krone trichterförmig oder glockig. Frucht trocken. 2. **Aspérula** L.
 2. Krone radförmig. Frucht trocken. . . 3. **Galium** L.
 3. Krone trichterförmig mit sehr kurzer Röhre. Frucht beerenartig. . . . . 4. **Rúbia** L.

1. **Sherárdia** L.

Die unteren Blätter eiförmig, die oberen lanzettlich, stachelspitzig, am Rande borstig behaart. Blüthen je 4—6 in endständigen Köpfchen, von einer Hülle umgeben. **Sh. arvensis** L.
Lila. ⊙ und ⊙ Juni—August. Aecker. Sehr häufig.

2. **Aspérula** L. *Meister. Meier.*

a. Frucht mit steifen hakigen Borsten. Blüthen in gestielten Ebensträussen. Kronsaum länger als die Röhre. Blatt je 6—8, lanzettlich, kahl. . . . . **A. odorata** L.
Waldmeister. Weiss. Wohlriechend. ♃ Mai, Juni. Schattige Wälder. Hier und da.

b. Frucht nicht borstig.

α. Blüthen büschelig von den 6—8 borstig-bewimperten Hüllblättchen überragt. Blatt, je 6—8, linienlanzettlich, stumpf. **A. arvensis** L.
Blau. ⊙ Juni, Juli. Aecker. Selten.

β. Blüthen in gestielten ebensträussigen Rispen ohne überragende Hüllen. Blatt schmal-lineal.

1. Krone glockig, Röhre kürzer als der 4spaltige Saum. Blätter meist zu 8. Frucht glatt. **A. galioides** MBieb.
(**Galium glaucum** L.) Weiss. ♃ Juni, Juli. Sonnige Hügel, Felsen. Sehr selten.

2. Krone trichterförmig, Röhre so lang als der 3spaltige Saum. Blätter zu 4—6. Frucht glatt. **A. tinctoria** L.
Weiss. ♃ Juni, Juli. Gebüsche in Gebirgsgegenden. Sehr selten.

3. Krone trichterförmig, Röhre so lang als der 4spaltige Saum. Blätter zu 4. Frucht körnig. Stengel an den Knoten verdickt. . . . . **A. cynánchica** L.
Fleischfarbig. ♃ Juni, Juli. Sonnige und steinige Stellen. Selten.

3. **Galium** L. *Labkraut.*

A. Stengel und Blatt kahl oder weichbehaart, nicht rückwärts stachelig.

a. Blume gelb. Blätter in der Fruchtreife zurückgeschlagen. Frucht kahl.

α. Blätter zu 4, länglich-elliptisch, 3nervig, flach. Stengel 4kantig, abstehend-behaart. Blüthen in gestielten achselständigen Trugdolden mit Deckblättern, kürzer als die Blätter. Fruchtstiele bogig-zurückgekrümmt. Frucht gross. Blüthen polygamisch. **G. Cruciata** Scop.
(**Valantia cruciata** L.) ♃ April—Juni. Hecken, Waldwiesen. Hier und da häufig.

β. Blätter zu 6—12, schmal-lineal, am Rande zurückgerollt, einnervig, unterseits weisslich-flaumig. Stengel fast stielrund, rauhflaumig. Blüthen in endständigen Rispen. Fruchtstiele gerade. Frucht klein. Blüthen sämmtlich zwitterig. . . . . **G. verum** L.

Wahres Labkraut, unsrer Liebfrauen Bettstroh. Goldgelb. ♃ Juni—September. Triften, Wegeränder. Gemein.

Bastard: **G. vero** × **Mollugo** Wallr. (**G. ochroleucum** Wolf) mit weissgelben Blüthen, kantigem Stengel, Blatt oberseits rauh, selten.

b. Blume weiss. Pflanze kahl oder flaumig. Frucht klein. Blüthen zwitterig.

α. Blätter zu 4, dreinervig. Rispe endständig. Fruchtstiele gerade.

1. Blatt lanzettlich, ohne Stachelspitze. Stengel steifaufrecht. . . . . **G. boreale** L.

♃ Juli, August. Haiden, Waldwiesen. Selten. — Var. mit kahler und borstiger Frucht.

2. Blatt oval, stachelspitzig. Stengel schlaff. **G. rotundifolium** L.

♃ Juli, August. Wälder. Sehr selten.

β. Blätter zu 6—8, einnervig, flach, stachelspitzig.

1. Kronzipfel haarfein-zugespitzt. Frucht kahl, fast glatt. Blätter meist zu 8, lanzettlich oder verkehrteiförmig-lanzettlich, scharfrandig. Stengel 4kantig. **G. Mollúgo** L.

Darunter 2 Formen (Arten?) zu unterscheiden:
G. elatum Thuill. Stengel, Aeste und Rispe ausgebreitet. Fruchtstiel kaum länger als die Frucht. Blatt glanzlos. 6 dm. hoch und höher. Blume schmutzig weiss. ♃ Juni—August. Wege, Hecken, Felsen.
G. erectum Thuill. Stengel, Aeste und Rispe aufrecht. Fruchtstiel viel länger als die Frucht. Blatt glänzend. Höchstens 6 dm. hoch. Blume milchweiss. ♃ Blüht früher als die vorige. Wiesen.

2. Kronzipfel kurzgespitzt.

* Stengel fast stielrund, aufrecht. Blätter meist zu 8, länglich-lanzettlich, scharfrandig, unterseits graugrün. Rispe ausgebreitet. . . . . **G. silvaticum** L.

♃ Juni, Juli. Wälder. Häufig. — Von **Asperula odorata** durch die radförmige Krone und die kahle Frucht unterschieden.

** Stengel scharf-4kantig, schlaff. Rispe ebensträussig.

⁰ Blätter meist zu 6, lanzettlich-keilförmig, die unteren verkehrteiförmig. Frucht mit spitzen deut-

lich zu unterscheidenden Körnchen rauh. Stengel liegend, rasenförmig, kahl. . . . . **G. saxátile** L.

(**G. hercynicum** Weig.) ♃ Juni. Juli. Gebirgstriften, Haiden. Zerstreut. Verwandt: **G. Mönchianum** Wdr.

⁰⁰ Blätter meist zu 8, gleichlang, linien-lanzettlich, nach vorn meist breiter, dunkelgrün, dünn, deutlich genervt. Frucht dicht-feinkörnig. Anthere weiss. Stengel aufsteigend. . . **G. silvestre** Poll.

♃ Juni, Juli. Haiden, Waldränder. Gemein. Sehr veränderlich. Als besondere Arten werden unterschieden:

G. commutatum Jord. Blatt hellgrün, dicklich, ohne vortretende Nerven.

G. montanum Vill. Blatt mit starkem Mittelnerv, Rispe armblüthig.

G. anisophyllon Vill. Blätter des Wirtels ungleich, am Rande gewimpert, hellgrün. Rispe oval. Juli—Sept. Gebirgswälder.

B. Stengel durch abwärts gerichtete Stacheln rauh. Blatt einnervig. Blume meist weiss.

a. Blüthenstiele 3—4blüthig, achselständig, in der Fruchtreife abwärts gekrümmt. Frucht warzig, kugelig, gross. Blatt linien-lanzettlich, stachelspitzig.

α. Fruchtstiele so lang als die Blätter. Diese meist 6-zählig, am Rande und Kiele aufwärts-stachlig. Seitliche Blüthen zum Theil männlich. Früchtchen meist einzeln.

G. saccharatum All.

Weiss. ⊙ Juni, Juli. Aecker. Sehr selten.

β. Fruchtstiele kürzer als die Blätter. Diese meist 8-zählig, am Rande und Kiele rückwärts-stachelig. Blüthen alle zwitterig. Früchtchen zu 1—3.

G. tricorne With.

Weiss. ⊙ Juli—Sept. Aecker, besonders auf Kalkboden. Zerstreut.

b. Blüthenstiele mehr als 4blüthig, in der Fruchtreife gerade.

α. Reife Frucht grösser als die Krone. Blatt stachelspitzig (6—8).

1. Blüthenrispen kurz, armblüthig, achselständig. Blatt auf der Oberseite aufwärts-borstig, am Kiele rückwärts-borstig, am Rande in der unteren Hälfte rückwärts-, nach der Spitze zu aufwärts-borstig (stachelspitzig). Stengel kletternd, an den Knoten zottig behaart. Frucht meist hakig-borstig. **G. Aparine** L.

Weiss oder grünlich. ⊙ Juni—September. Aecker, Hecken. Gemein.

Var. α. G. agreste mit zarterem Stengel, kahlen Stengelknoten, im Sommergetreide.
β. G. Vaillantii mit borstiger kleinerer Frucht. Selten.
γ. G. spurium, Frucht kahl, kleiner als bei der Hauptart. Häufig.

2. Blüthenrispen ausgebreitet, end- und seitenständig. Blatt (meist 6zählig) überall aufwärts-borstig. Stengel niederliegend. Frucht körnig-rauh oder steifhaarig. **G. parisiense** L.

(G. anglicum Huds.) Blume grüngelb, aussen röthlich, kleiner als bei G. Aparine, Wuchs zarter. ⊙ Juni—August. Aecker. Sehr selten.

β. Reife Frucht schmäler als die Krone. Blatt am Rande rückwärts-stachelig. Rispen ausgebreitet, end- und seitenständig.

1. Blatt stachelspitzig, meist 6zählig. Frucht feinkörnig-rauh. . . . . **G. uliginosum** L.

Weiss. ♃ Juni—August. Gräben, sumpfige Wiesen. Häufig.

2. Blatt stumpf, ohne Stachelspitze, meist 4zählig. Frucht glatt und kahl. . . . . **G. palustre** L.

Weiss. ♃ Juni—August. Gräben, Ufer, Wiesen. Häufig.

4. Rubia L. *Röthe.*

Blatt 4—6zählig, lanzettlich, am Rande rückwärts-stachelig, Blüthenstände achselständig. Kronzipfel mit einem Anhängsel. **R. tinctorum** L.

Färberröthe, Krapp. Gelb. ♃ Juni, Juli. Culturpflanze aus dem Orient.

62. Familie. APOCYNEAE RBr.

Vinca L. *Sinngrün. Immergrün.*

Stengel liegend. Blätter gegenständig, eirund-lanzettlich, kahl, lederig. Blüthen einzeln. . . . . **V. minor** L.

Meist blau. ♃ März—Mai. Wälder, Gebüsch. Zerstreut.

Anm. In diese Familie gehört auch Nerium Oleander, der *Oleander*, Zierstrauch aus Südeuropa.

63. Familie. ASCLEPIADEAE RBr.

Cynanchum RBr. *Hundswürger. Schwalbenwurz.*

Stengel aufrecht. Blätter gegenständig, kurzgestielt, herz-eiförmig-lanzettlich, ganzrandig. Blüthen in Dolden. **C. Vincetoxicum** RBr.

(Vincetoxicum officinale Mönch.) Weiss. ♃ Juni—August. Lichte und steinige Waldstellen. Hier und da.

64. Familie. GENTIANEAE Juss.

Gattungen.

A. Kronsaum in der Knospung eingefaltet-klappig. Krone abfällig. Kapsel unregelmässig zerreissend. Samenschale holzig. Sumpf- und Wassergewächse.

a. Krone trichterförmig, Saum innen bärtig. Gewimperter Drüsenring am Grunde des Fruchtknotens. Narbe ausgerandet. Blätter wechselständig, gedreit. 1. **Menyanthes** L.

b. Krone radförmig, Schlund bärtig. 5 Drüsen am Grunde des Fruchtknotens Narbe gespalten. Blätter gegenständig, einfach. . . . . **Limnánthemum** Gmel.

B. Kronsaum in der Knospung gewunden, später wagrecht ausgebreitet. Krone verwelkend. Kapsel durch Randtheilung 2klappig. Samenschale häutig. Blätter gegenständig, einfach. Landgewächse.

a. Staubbeutel nach dem Verblühen nicht gewunden.

α. 2 Griffel oder 2 Narben. Blüthentheile meist 5gliederig. Blau oder violett. . . . . **Gentiana** L.

β. Narbe kopfförmig. Blüthentheile 4gliederig. Gelb. 4. **Cicendia** Adans.

b. Staubbeutel nach dem Verblühen rechts gewunden. Krone hellroth. . . . . 5. **Erythraea** Ren.

1. Menyanthes L. *Bitterklee. Zottenblume.*

Stock kriechend. Blatt langgestielt, gedreit, wellig-gekerbt oder ganzrandig. Blüthen in einer Traube. **M. trifoliata** L. Weiss, schwach röthlich. ♃ April, Mai. Gräben, sumpfige Wiesen. Zerstreut.

2. Limnánthemum Gmel. *Seekanne.*

Stengel lang, schwimmend. Blatt langgestielt, herzförmig-kreisrund, schwimmend. Blüthen büschelig.

L. nymphaeoides Lk.

(**Villarsia nymphaeoides** Vent.) Krone gelb, gefranst. ♃ Juli, August. Stehende und langsame Wasser. Sehr selten.

3. **Gentiana** L. *Enzian.*

a. Krone am Schlunde und an den Rändern nackt.

α. Krone 4spaltig, bauchig-röhrig. Blüthen wirtelständig. Blatt lanzettlich, 3nervig, am Grunde scheidenartig verbunden. **G. cruciata** L.

Blau. ♃ Juli—September. Trockene Wiesen, sonnige Hügel. Selten.

β. Krone meist 5spaltig. Blüthen einzeln oder end- und seitenständig.

1. Kronröhre glockig. Staubbeutel verwachsen. Blatt länglich-lineal, stumpf, die unteren schuppenförmig. Stengel aufrecht, ein- bis mehrblüthig. **G. Pneumonanthe** L.

Blume innen azurblau mit 5 grün punktirten Streifen. ♃ Juli—October. Sumpfige Wiesen. Sehr selten.

2. Kronröhre glockig. Staubbeutel verwachsen. Blatt elliptisch oder lanzettlich, spitz, die unteren rosettenartig. Stengel gestaucht, einblüthig. . **G. acaulis** L.

Blume sehr gross, azurblau. ♃ Juni, Juli. Zierpflanze aus den Alpen zur Einfassung von Beeten.

3. Kronröhre walzlich. Staubbeutel frei. Kelch 5kantig-geflügelt. Sonst wie die vorige. . . . . **G. verna** L.

Dunkelblau. ♃ April, Mai. Feuchte Wiesen. Sehr selten.

Gentiana utriculosa L. Kelch aufgeblasen, flügelkantig. Dunkelblau. ⊙ Mai, Juni. Wiesen. Sehr selten.

b. Krone am Schlunde bärtig.

α. Kelch und Krone meist 4spaltig, Kelchzähne viel breiter als die übrigen. Kronzipfel stumpf. Narbenlappen nach dem Blühen abstehend oder zurückgerollt. Obere Blätter eilanzettlich. . . . . **G. campestris** L.

Bläulich violett. ⊙ Juli—October. Triften und Wiesen. Hin und wieder.

β. Kelch und Krone meist 5spaltig. Kelchzähne gleichbreit. Kronzipsel spitz. Narbenlappen aufrecht. Stengelblatt eilanzettlich.

1. Blume gross (etwa 2½ cm. lang). Kelch halb so lang als die Kronröhre, Zipfel am Rande zurückgerollt. Kapsel meist undeutlich gestielt. **G. germanica** Willd.

Kronröhre weisslich. Saum violett. ⊙ Juli—September. Feuchte Wiesen. Hin und wieder.

2. Blume kaum 1 cm. lang. Kelch fast so lang als die Kronröhre, Kelchzipfel flach. Kapsel deutlich gestielt.
G. Amarella L.

Kronröhre weisslich, Saum violett. Stengel meist niedriger und einfacher als die vorige. ⊙ Juli—October. Feuchte Wiesen und Triften. Sehr selten.

c. Kronlappen 4, gefranst, Schlund kahl. Blatt linienlanzettlich. **G. ciliata** L.

Schön blau. ♃ Juli—October. Grasige Stellen, Waldränder. Auf Kalkboden häufig.

4. **Cicendia** Adans.

Stengel vom Grunde an verzweigt. Blüthenstiele nackt, verlängert. Schlund nackt. Kelch kurzglockig. Blatt lanzettlich oder linien-lanzettlich. . . . . . . **C. filiformis** Rchb.

(**Gentiana filiformis** L.) Gelb. ⊙ Juli, August. Feuchte Triften. Sehr selten.

5. **Erythraea** Ren. *Tausendgüldenkraut.*

a. Stengel nach oben trugdoldenartig verzweigt; die gabelständigen Blüthen fast sitzend. Kronzipfel rundlich-eiförmig. Untere Blätter meist rosettenartig.
E. Centaurium Pers.

Fleischroth. 1—3 dm. hoch. ⊙ Juli, Aug. Triften, lichte Waldstellen. Häufig.

b. Stengel von unten an gabelästig; die gabelständigen Blüthen gestielt. Kronzipfel eilanzettlich. Meist ohne Rosette. **E. pulchella** Fr.

F. **ramosissima** Pers.) Fleischroth. 15 cm. hoch oder niedriger. ⊙ Juli—September. Feuchte Triften, Wiesen. Zerstreut.

65. Familie. BORAGINEAE Juss.

Gattungen.

A. Nüsschen 4, dem Grunde des Griffels angewachsen. Schlund der Krone durch 5 hohle Höcker geschlossen.
CYNOGLOSSEAE.

a. Kelch nach dem Verblühen flach zusammengedrückt, 5spaltig mit buchtig-getheilten Lappen. Nüsschen warzig.
1. **Asperúgo** L.

b. Kelch regelmässig, 5theilig mit ungetheilten Zipfeln.
1. Nüsschen 3kantig, am Rande lang-hakig-stachelig.
2. **Echinospermum** Sw.
2. Nüsschen rundlich platt, auf der äusseren Fläche kurzborstig, Borsten 4—5hakig . 3. **Cynoglossum** L.
3. Nüsschen platt, von einem häutigen becherförmig eingebogenen Rande umgeben . . **Omphalódes** Tourn.
O. verna Mch. Wurzelblatt gestielt, herzeiförmig, fast kahl, die oberen eilanzettlich. Traube armblüthig. Himmelblau. ♃ April, Mai. Zierpflanze aus Oesterreich.

B. Nüsschen 4, vom Griffel frei, dem Fruchtboden angewachsen, am Grunde ausgehöhlt. Schlund mit 5 Höckern oder Schuppen geschlossen. . . . . ANCHUSEAE.
a. Schlundschuppen ausgerandet, stumpf, hohl. Staubfäden nach aussen mit einem knorpeligen Anhängsel. Krone radförmig (flach mit sehr kurzer Röhre). 4. **Borágo** L.
b. Schlundzähne pfriemlich, spitz, kegelförmig zusammengeneigt. Krone walzlich-glockenförmig.
5. **Sýmphytum** L.
c. Schlundhöcker stumpf, hohl. Nüsschen runzelig.
1. Kronröhre gerade, trichterförmig, Saum regelmässig.
6. **Anchúsa** L.
2. Kronröhre gekrümmt, Saum unregelmässig.
7. **Lycopsis** L.

C. Nüsschen 4 (oder 2), vom Griffel frei, dem Fruchtboden angewachsen, am Grunde nicht ausgehöhlt.
LITHOSPERMEAE.
a. Kronröhre kurz, scharf abgesetzt, durch 5 stumpfe, hohle, kahle Schlundhöcker geschlossen. Saum flach oder trichterförmig. . . . . 8. **Myosótis** L.
b. Kronröhre scharf abgesetzt, verlängert. Schlund offen. Saum trichterförmig.
1. Schlund behaart, mit schwachen Querfalten. Kelch 5-spaltig. . . . . 9. **Pulmonaria** Tourn.
2. Schlund mit 5 behaarten Längsfalten. Kelch 5theilig.
10. **Lithospermum** L.
c. Krone trichter- oder glockenförmig, allmählich in die

meist scharf abgesetzte Röhre verengt, ohne alle Schlundhöcker.

1. Nüsschen 4. Staubbeutel oval, frei. 11. **Echium** Tourn.

2. Nüsschen 4. Staubbeutel pfeilförmig, zusammenhängend. **Onosma** L.

O. arenarium W. K. Aestig. Blatt lineal-lanzettlich, borstig behaart. Gelb. ⊙ Juni, Juli. Sandplätze. Grenzgebiet, sehr selten.

3. Nüsschen 2, je 2fächerig. Staubbeutel pfeilförmig, zusammenhängend. . . . . **Cerinthe** L.

C. major L. *Wachsblume.* Zähne der schmutzig violetten Krone zurückgeschlagen, klein. Pflanze blaugrün, kahl, rauh. ⊙ Juli, August. Zierpflanze aus den Alpen. Auch verwildert.

D. Fruchtknoten einfach, an der Spitze den Griffel tragend, bei der Reife in 4 Nüsschen zerfallend.

HELIOTROPEAE.

Krone trichterförmig, Schlund nackt, Saum gefaltet. **Heliotropium** B.

(**H. europaeum** L.) Blatt eiförmig, langgestielt, flach, unterseits aderig. Aehren einzeln oder paarweise. Weiss oder lila, geruchlos. ⊙ Juli, Aug. Weinberge. Sehr selten.

H. peruvianum L. Blatt kurzgestielt, runzelig. Aehren je 3 oder mehrere zusammen. Wohlriechend. ♄ Zierpflanze aus Peru.

1. **Asperugo** L. *Scharfkraut.*

Stengel liegend, mit abwärts gekrümmten Stacheln. Blatt eilanzettlich, schwachgezahnt, borstig gewimpert. **A. procumbens** L.

Dunkelviolett. ⊙ Mai—Juli. Dürre, sonnige Stellen, Schutt. Sehr selten.

2. **Echinospermum** Sw. *Igelsame.*

Blatt lanzettlich, gestriegelt-haarig, gewimpert. Nüsschen mit 2 Reihen hakigen Stacheln. . . . . . **E. Láppula** Lehm.

Blassblau. ⊙ Juli, August. Trockene Hügel, Wegeränder. Selten.

3. **Cynoglossum** L. *Hundszunge.*

a. Blatt beiderseits weichfilzig, grau, elliptisch, spitz, die oberen lanzettlich. Nüsschen mit einem erhabenen Rande. **C. officinale** L.

Rothviolett, selten weiss. ⊙ Mai—Juli. Sonnige Hügel, Wegeränder. Häufig.

b. Blatt unterseits mit zerstreuten Haaren, oberseits glänzend, elliptisch, spitz, die oberen länglich.

C. montanum Lam.

Rothviolett, zuletzt blau. ⊙ Juni. Bergwälder. Sehr selten.

4. **Borágo** L. *Boretsch.*

Untere Blätter elliptisch, stumpf, am Grunde verschmälert, rauhhaarig. Kronzipfel eiförmig, zugespitzt. **B. officinalis** L.

Himmelblau. ⊙ Juni. Juli. In Gärten gebaut und auf Schutthaufen verwildert.

5. **Sýmphytum** L. *Beinwell. Beinheil.*

a. Blatt sehr weit herablaufend, eilanzettlich. Stengel ästig. Wurzel spindelförmig, ästig. . . . . **S. officinale** L.

Weiss oder violett. ♃ Mai, Juni. Feuchte Wiesen, Ufer. Häufig. — Var.: Kelch abstehend, kürzer als die Röhre, Schlundzähne stumpf, Griffel unter der Narbe geknickt, Blüthen meist violett: **S. patens** Sibth. Selten.

b. Blatt kurz herablaufend, oval. Stengel fast einfach. Wurzelstock knotig, fleischig, mit starken Fasern, schief.

S. tuberosum L.

Gelblich weiss. ♃ April, Mai. Wälder und Gebüsche. Sehr selten.

6. **Anchúsa** L. *Ochsenzunge.*

Blatt lanzettlich, steifhaarig. Schlundhöcker sammthaarig. Kelch abstehend-behaart. . . . . **A. officinalis** L.

Violett, dann blau. ⊙ und ♃ Wegeränder, trockene Hügel. Selten.

7. **Lycopsis** L. *Krummhals.*

Steifhaarig. Blatt lanzettlich, ausgeschweift-gezähnelt.

L. arvensis L.

(**Anchusa arvensis** MB.) Himmelblau. ⊙ Juni—Sept. Aecker, Schutt. Häufig.

8. **Myosótis** L. *Mauseohr. Vergissmeinnicht.*

A. Kelch mit angedrückten Haaren. Krone gross, flach.

M. palustris With.

Vergissmeinnicht. Himmelblau, selten fleischroth. ♃ Mai—Juli. Wiesen, Gräben, Sümpfe. Gemein. Aendert in folgenden zwei Formen ab:

α. **genuina**. Kelch trichterförmig mit kurzen 3eckigen Zipfeln. Blüthenstiel etwa so lang als der Kelch. Griffel fast so lang als der Kelch. Traube kurz gedrängt. Stengel kantig. Blatt spitzlich. Var. mit angedrückten Stengelhaaren: **M. strigulosa** Rchb.; — mit lockeren Trauben: **M. laxiflora** Rchb.

β. **caespitosa** Schultz. Kelch walzlich (bis zur Blüthe 5theilig mit länglich-linealen Zipfeln). Blüthenstiel viel länger als der Kelch. Griffel viel kürzer als der Kelch. Traube verlängert, lockerblüthig. Stengel rund. Blatt stumpf. Selten.

B. Kelch mit abstehenden Haaren, die unteren derselben hakig.

a. Fruchtkelch offen.

1. Fruchtstiel wagrecht abstehend, etwa so lang als der Kelch. Krone nicht länger als der Kelch. Griffel halb so lang als der Kelch. Haare nicht hakig. Am Grunde der Haare ein dunkler Fleck. **M. hispida** Schlchtd. (**M. collina** Rchb.) Himmelblau. ⊙ Mai, Juni. Sonnige Hügel, sandige Stellen, Aecker. Häufig.

2. Fruchtstiel abwärts gebogen, die unteren viel länger als der Kelch. Traube armblüthig, unten beblättert. **M. sparsiflóra** Mikan. Himmelblau. ⊙ Mai, Juni. Wälder, feuchte Gebüsche. Sehr selten.

b. Fruchtkelch geschlossen oder zusammengeneigt.

α. Fruchtstiel so lang oder länger als der Kelch, abstehend.

1. Kronsaum flach, aus dem zusammengeneigten Kelche hervorragend. . . . . **M. silvatica** Hoffm. Blume gross, himmelblau. ♃ Mai—Juli. Bergwälder. Hier und da. Var.: β. **alpestris** mit kürzerer, dichter anliegend-behaarter Traube. γ. **lactea**, ebenso und mit grossen milchweissen Blumen.

2. Kronsaum hohl, so lang als der geschlossene Kelch. **M. intermedia** Lk. Himmelblau. ⊙ Juni—August. Aecker, Waldränder, Hügel. Gemein.

β. Fruchtstiel kürzer als der Kelch, aufrecht.

1. Kronröhre später weit aus dem Kelche hervortretend. Schlund mit 5 dicken Schuppen verengt. Griffel fast so lang als der Kelch. . . **M. versicolor** Pers. Anfangs gelb, dann roth und blau. ⊙ Mai, Juni. Sandige Aecker, Grabenränder. Häufig.

2. Kronröhre im Kelche eingeschlossen. Griffel höchstens $^1/_3$ so lang als der Kelch. Stengel von unten an mit Blüthen besetzt, straff ährenförmig. Haare der unteren Blattfläche hakig gekrümmt. **M. stricta** Lk. (**M. arvensis** Sibth.) Himmelblau. ⊙ April—Juni. Sandige Aecker, Wege. Häufig.

9. **Pulmonaria** Tourn. *Lungenkraut.*

a. Blätter der (nach der Blüthe erscheinenden) Laubtriebe herzförmig. Blattstiel schmal geflügelt. Stengelblätter elliptisch, die oberen sitzend. Stengel mit Borsten und kurzen durchsichtigen, an der Spitze verdickten Härchen besetzt. . . . . **P. officinalis** L.

Roth, dann violett. Blätter zuweilen weissgefleckt. ♃ März, April. Gebüsche, Wälder, Grasgärten. Zerstreut.

b. Blätter der Laubtriebe elliptisch-lanzettlich, in den breitgeflügelten Stiel verschmälert. Stengelblätter länglich-lanzettlich oder lanzettlich.

1. Stengel mit weichen, durchsichtigen, zum Theil drüsentragenden Haaren und wenigen schwachen Borsten. Kelch glockig, weichhaarig. . . . . . **P. mollis** Wolff.

   Roth, dann violett. ♃ April, Mai. Waldgebüsche. Sehr selten.

2. Stengel mit Borsten und wenigen weichen, durchsichtigen Haaren. Kelch röhrig-glockig, borstig. **P. angustifolia** L.

   Roth, dann violett. ♃ März, April. Wälder, Gebüsche. Zerstreut.
   Pulmonaria azurea Besser. Kronröhre azurblau, innen unterhalb des Schlundkranzes kahl (bei **P. angustifolia** behaart).

10. **Lithospermum** L. *Steinsame.*

a. Blume gelblich weiss oder weiss. Kronröhre kürzer als der Kelch, länger als der Saum.

1. Nüsschen glatt, glänzend, weisslich. Stengel von unten auf ästig. Blätter dicht stehend, spitz, mit deutlichen Seitennerven. . . . . **L. officinale** L.

   Gelblich weiss. ♃ Mai—Juli. Wälder, Gebüsche. Selten.

2. Nüsschen runzelig rauh, schwarz. Stengel nach oben ästig. Blätter entfernt, stumpflich, mit undeutlichen Seitennerven. . . . . **L. arvense** L.

   Weiss. ⊙ April, Mai. Felder. Gemein.

b. Blume roth, dann blau. Kronröhre länger als der Kelch, so lang als der Saum. Nüsschen glatt, weisslich. Stengel nach oben ästig. Laubtriebe kriechend. **L. purpureo-caeruleum** L.

♃ Mai, Juni. Gebirgswälder. Selten.

11. **Échium** Tourn. *Natterkopf.*

Borstig steifhaarig. Blatt lanzettlich. Kelch länger als die Kronröhre. Staubfäden niedergebogen. **E. vulgare** L. Roth, dann blau. ⊙ Juni—September. Anhöhen, Mauern, Brachfelder. Gemein.

66. Familie. SOLANEAE Juss.

Gattungen.

A. Frucht beerenartig.

a. Krone radförmig mit kurzer Röhre. Staubbeutel zusammengeneigt, hervorragend. Kelch nicht vergrössert.

α. Staubbeutel an der Spitze mit 2 Poren aufspringend. Blüthen in Trugdolden. . . . . 1. **Solánum** L.

β. Staubbeutel in Längsspalten aufspringend.

1. Staubbeutel an der Spitze verwachsen. Blüthen in Trugdolden. . . . . **Lycopérsicum** Tourn.

L. esculentum Mill. *Paradiesapfel.* Gelb. Blatt gefiedert-eingeschnitten. Beere apfelförmig, rothgelb, essbar. ⊙ Juni, Juli. Culturpflanze aus Südamerika.

2. Staubbeutel frei. Blüthen einzeln in den Gabelwinkeln des Stengels. . . . . **Cápsicum** Tourn.

C. annuum A. *Spanischer Pfeffer.* Weiss. Beere orangegelb. Blatt länglich ganzrandig. ⊙ August. Culturpflanze aus Ostindien u. Südamerika.

b. Krone trichter-radförmig, 5spaltig. Staubbeutel nicht zusammengeneigt, eingeschlossen, längs-aufspringend. Kelch in der Reife blasig vergrössert und gefärbt, die Beere verbergend. . . . . 2. **Phýsalis** L.

c. Krone glockig gefaltet, fast ganzrandig. Kelch scharf 5kantig mit pfeilförmigen Lappen, die Kapsel einschliessend. . . . . **Nicandra** Adans.

N. physaloides Gärtn. Blatt eiförmig, buchtig gezahnt. Blüthe hellblau. ⊙ Juli—September. Zierpflanze aus Peru, zuweilen verwildert.

d. Krone glockig, 5lappig, nicht gefaltet. Kelch 5theilig, offenstehend. Staubbeutel zusammengeneigt, längs aufspringend, eingeschlossen. . . . . 3. **Atropa** L.

e. Krone trichter- oder röhrenförmig mit abstehendem Saume. Kelch becherförmig, klein. Staubbeutel vorragend, längs aufspringend. . . . . 4. **Lycium** L.

B. Frucht kapselartig. Krone trichterförmig.

a. Kapsel mit einem Deckel aufspringend, 2fächerig. Krone nicht gefaltet. Kelch krugförmig, bleibend. Staubfäden abwärts gekrümmt. Keim gekrümmt. 5. **Hyoscýamus** Tourn.

b. Kapsel 2klappig, 2fächerig. Kelch bleibend. Keim gerade.

1. Staubfäden gleichlang, am Grunde der gefalteten Krone eingefügt. Kelch seicht 5spaltig. Fruchtklappen 2spaltig. 6. **Nicotiana** L.

2. Staubfäden ungleich lang, in der Mitte der Krone eingefügt. Kelch 5theilig. Klappen ganz. **Petunia** Juss.

P. nyctaginiflora Juss. Weiss. Saumlappen stumpf. Blatt eiförmig, ganzrandig. Ganze Pflanze drüsenartig-klebrig. — **P. violacea** Lindl. Roth, mit spitzen Saumlappen. Beide ⊙ Juli—Oct. Zierpfl. aus Südamerika.

c. Kapsel 4klappig, unecht 4fächerig. Kelch von der bleibenden Basis ringsum abspringend. Krone gefaltet. Keim gekrümmt. . . . . 7. **Datúra** L.

1. Solánum L. *Nachtschatten.*

a. Stengel krautartig. Blatt eirautenförmig, buchtig gezahnt oder ganzrandig. Beere kugelig. Blume weiss. **S. nigrum** L.

α. **nigrum.** Flaumig mit aufwärts gebogenen Härchen. Beere schwarz. ⊙ Juli—September. Schutt, Ackerränder. Gemein. Giftig.
β. **villosum.** Filzig-wollig, Beere gelb, später braun. Auf Schutt. Selten.
γ. **miniatum.** Abstehend-wollig. Beere mennigroth. Sehr selten.
δ. **humile.** Fast kahl. Beere gelb-grünlich. Sehr selten.

b. Stengel krautartig, am Grunde Knollen tragend. Blatt fiedertheilig. Fiederblättchen ungleich. Blume weiss oder violett. Beere kugelig, grün . . **S. tuberosum** L.

Kartoffel. ♃ Juli, August. Nutzpflanze aus Südamerika (Chili).

c. Stengel holzig. Blatt herzeiförmig, die oberen spiessförmig. Blume violett. Beere länglich rund, roth. **S. Dulcamara** L.

Bittersüss. ♄ Juni—August. Feuchte Gebüsche, Ufer. Häufig.

2. Phýsalis L. *Judenkirsche. Schlutte.*

Blatt eiförmig, langgestielt, fast ganzrandig, meist paarweise. Blumen einzeln, nickend. . . . . **Ph. Alkekengi** L.

Weisslich. Kelch und Beere orangeroth. ♃ Juni, Juli. Trockene Hügel, Weinberge. Selten.

3. **Átropa** L. *Tollkirsche.*

Blatt eiförmig, zugespitzt, ganzrandig, flaumig-klebrig. Blüthen einzeln, hängend. . . . . **A. Belladonna** L.

Violettbraun. Beere schwarz. ♃ Juli. Lichte Bergwälder. Hier und da. Giftig.

4. **Lycium** L. *Bocksdorn.*

Aeste ruthenförmig, herabhängend, gefurcht. Blatt gestielt, ei-lanzettlich oder länglich, ganzrandig. Staubfäden über dem Grunde zottig. Beere kugelig-elliptisch, mennigroth. **L. bárbarum** L.

Hellviolett. ♄ Juni—August. Zierstrauch aus der Berberei. An Zäunen und Lauben angepflanzt oder verwildert.

5. **Hyoscýamus** Tourn. *Bilsenkraut.*

Klebrig-zottig. Blatt länglich-eiförmig, buchtig-fiederspaltig, obere stengelumfassend. Blüthen blattwinkelständig, fast sitzend. . . . . **H. niger** L.

Schmutziggelb, der Saum violett-geadert. (Var. **pallidus** mit blassgelben Blumen.) ⊙ u. ⊝ Juni, Juli. Schutt, Ackerränder, sonnige Hügel. Zerstreut. Giftig.

6. **Nicotiana** L. *Tabak.*

a. Kronröhre nach oben bauchig erweitert, Saum mit 5 spitzen Zipfeln. Blüthe hellroth.
   1. Blatt länglich lanzettlich, zugespitzt, mit der verschmälerten Basis herablaufend. . . . . **N. Tabácum** L.
   2. Blatt breit eiförmig oder eilanzettlich, aus geöhrtem Grunde herablaufend. . . . . **N. latissima.** Mill.

b. Kronröhre walzlich, Saum mit rundlichen stumpfen Zipfeln, gelbgrün. Blatt gestielt, eiförmig stumpf. **N. rústica** L.

Alle 3 Arten ⊙ Juni—September. Angebaut. Aus Amerika stammend. Giftig.

7. **Datúra** L. *Stechapfel.*

Stengel ästig. Blatt eiförmig, tiefbuchtig gezahnt mit zugespitzten Zähnen, kahl. Blüthe an den Zweigen endständig. Kapsel stachelig. . . . . **D. Stramónium** L.

Weiss. ⊙ Juni—September. Auf Schutt, in Gärten als Unkraut. Zerstreut. Aus dem Orient eingeschleppt. Giftig.

67. Familie. CUSCUTEAE Presl.

Gattungen.

a. Narbe lineal oder keulig. Kapsel rundum abgeschnitten, Blüthen in Knäueln sitzend. . . . . . . 1. **Cúscuta** L.

b. Narbe kopfförmig. Kapsel an der Spitze aufspringend. Blüthen in Büscheln, gestielt. . . . . 2. **Cuscutína** Pfr.

1. **Cúscuta** L. *Flachsseide.*

a. Krone glockig, Kronröhre etwa so lang als der Saum. Kelch 4—5spaltig. Narbe lineal. Kapsel 2fächerig. Stengel ästig.

1. Schuppen am Grund der Staubfäden klein, 2- oder mehrspaltig, aufrecht, der Kronröhre anliegend. Kapsel verkehrtbirnförmig. Griffel kürzer als der Fruchtknoten, oben gelblich. . . . . **C. europaea** L.

Röthlich. Stengel grün, roth angelaufen. ⊙ Juli — September. Auf Nesseln, Hanf, Hopfen, Weiden schmarotzend. Häufig.

2. Schuppen fehlend. Kapsel eiförmig, oben stumpf. **C. Schkuhriana** Pfr.

Röthlich. ⊙ Juli—September. Auf Nesseln u. s. w. Sehr selten.

3. Schuppen gross, gefranst, einwärts gegen einander geneigt und die Kronröhre verschliessend. Griffel viel länger als der Fruchtknoten und als die Krone, oben dunkelroth. Kapsel fast kugelig. . . **C. Epithymum** L.

Weissröthlich. Stengel roth. ⊙ Juli—September. Triften, Haiden, Gebüsche. Auf Quendel, Haide, Ginster u. s. w. schmarotzend. Zerstreut.

β. **Trifolii**, Blüthen grösser, in grösseren, gedrängteren Knäueln, weisslich. Auf Klee und Luzerne.

b. Krone fast kugelig, Kronröhre doppelt so lang als der Saum. Kelch tief 5- (4-) spaltig. Zipfel in der Mitte fleischig verdickt gekielt. Narben keulig verdickt, gelblich, kürzer als der Fruchtknoten. Kapsel halb-2fächerig. Schuppen klein, aufrecht-anliegend. Stengel fast einfach. **C. Epilinum** Weihe.

(**Epilinella cuscutoides** Pfr.) Weiss. Stengel grünlich gelb. ⊙ Juli, August. Auf Leinfeldern schmarotzend. Selten.

C. approximata Bal. Kronröhre bauchig, doppelt so lang als der Saum, kaum länger als der Kelch. Schuppen genähert, 2spaltig, die Lappen abstehend, an der Spitze abgestutzt und gewimpert. Narben fadenförmig, so lang als der eiförmige Fruchtknoten. Auf Luzerne. Sehr selten.

2. **Cuscutína** Pfr. *Luzerneseide.*

Kronröhre glockig. Saumzipfel ausgebreitet mit tutenförmig ausgehöhlter Spitze. Schuppen geschlitzt, zusammenneigend, die Röhre verschliessend. Staubfäden hervorragend.

C. suavéolens Pfr.

(**Cuscuta suaveolens** Ser.; **C. racemosa** Mart.) Weiss. Stengel gelb, ästig. ⊙ August, September. Auf Luzernefeldern schmarotzend. Selten. Eingeschleppt.

68. Familie. CONVOLVULACEAE Vent.

Convólvulus L. *Winde.*

a. Zwei grosse herzförmige Vorblätter dicht unter dem Kelche. Narbe kurz 2lappig. Kapsel einfächerig mit unregelmässigen Längsritzen aufspringend. Blatt gestielt, pfeilförmig mit winkelig abgerundeten Lappen. Stengel windend. **C. sepium** L.

Blume 6 cm. gross, weiss, einzeln. ♃ Juli—September. Hecken, Ufergebüsche. Gemein.

b. Vorblätter klein, lanzettlich, vom Kelche entfernt. Narben fädlich. Kapsel durch Randtheilung 2klappig aufspringend.

1. Stengel windend. Blatt gestielt, pfeilförmig. **C. arvensis** L.

Blume 3 cm. gross, weiss oder röthlich, einzeln oder zu 2. ♃ Juni, Juli. Wege, Aecker. Gemein.

2. Stengel niedergebogen, nicht windend. Blatt sitzend, lanzettlich-verkehrteiförmig, stumpf. . . . **C. tricolor** L.

Blau, weiss, unten gelb. ⊙ Juni—September. Zierpflanze aus Südeuropa.

c. Vorblätter klein, vom Kelch entfernt. Narbe kopfförmig. Kapsel durch Randtheilung 3klappig aufspringend. Stengel windend. Blatt herzförmig, zugespitzt. **C. purpureus** L.

Violett, roth, blau, weiss. ⊙ Juni—August. Zierpflanze aus Amerika.

Andere Arten: **C. violaceus**, **C. pubescens**, **Ipomoea coccinea** u. s. w., ebenfalls Zierpflanzen aus Amerika.

69. Familie. POLEMONIACEAE Lindl.

a. Krone trichterförmig, kurzröhrig. Staubfäden hervorragend, am Grunde behaart. Fächer mehrsamig. Blüthenstand ebensträussig. Blatt fiedertheilig. . . . **Polemonium** L.

P. caeruleum, *Sperrkraut, Himmelsleiter*. Blüthe blau oder weiss. ♃ Juni. Zierpflanze aus Süddeutschland.

b. Staubfäden dem Schlunde eingefügt. Fächer mehrsamig. Blatt fiedertheilig. . . . . **Gilia** Rz. P.

G. tricolor Benth. Krone sehr kurzröhrig, Röhre gelb, Schlund schwarzviolett, Zipfel weiss, rundlich eiförmig. 3—6blüthige Trugdolden. ⊙ Juli, August. Zierpflanze aus Californien. — **G. capitata** Dougl. Blüthe blau mit längerer Röhre, in langgestielten Köpfchen. ⊙ Juni. Zierpflanze aus Nordamerika; — und andere Zierpflanzen dieser Gattung.

c. Kelch prismatisch. Krone langröhrig mit flachem Saume. Staubfäden ungleich, der Röhre eingefügt. Fächer mehrsamig. Blatt einfach. . . . . **Phlox** L.

Phl. paniculata L. Blatt herzeiförmig. Kelchblatt gerade. Rispe reichblüthig. Blassroth, blassviolett-weiss. ♃ August, September. Zierpflanze aus Nordamerika. — **Phl. glaberrima** Willd. Blatt lineal-lanzettlich. Traube armblüthig. Kelchblatt an der Spitze etwas zurückgebogen. Blassroth. ♃ Juni—August. Zierpflanze aus Nordamerika; — und andere **Phlox**-Arten in Gärten.

70. Familie. LABIATAE Juss.

Lippenblüthler.

a. Uebersicht der Gruppen.

A. Krone trichterförmig, fast regelmässig-4spaltig, ohne innere Haarleiste. Staubfäden 4 (**Lycopus** 2), gerade, von einander entfernt, meist gleichlang, nach oben auseinanderweichend. Antherenfächer getrennt, meist parallel, in Längsritzen aufspringend. . . . 1. MENTHOIDEAE.

B. Krone 2lippig, mit abgesetzter Röhre.

a. Fruchtbare Staubfäden 2, unter der gewölbten Oberlippe gleichlaufend. . . . . 2. MONARDEAE.

b. Staubfäden 4, der Unterlippe anliegend. Anthere nierenförmig, mit zusammenfliessenden Fächern, durch Längsritzen aufspringend, alsdann eine runde Scheibe darstellend. . . . . 3. OCIMOIDEAE.

c. Staubfäden 4, die oberen von einander **entfernt**, vor dem Verstäuben divergirend oder convergirend, die oberen kürzer:

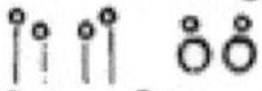

α. Antherenfächer dem verbreiterten Connectiv schief anhängend, an den Spitzen getrennt. Beide Lippen flach, obere ausgerandet, untere 3spaltig. 4. SATUREJEAE.

β. Antherenfächer mit den Spitzen zusammenfliessend, nach unten divergirend, zuletzt scheinbar in gerader Linie übereinanderliegend. (Kelch 13- oder mehrnervig. Keine Haarleiste in der Kronröhre.) 5. MELISSEAE.

Da von den **Melisseae** nur die beiden Gartenpflanzen: die *Melisse* (mit kleinen weissen Blüthen und gestieltem, grobgesägtem Blatt) und *Ysop* (mit grossen blauen Blumen und lanzettlichem ganzrandigem Blatt) in Betracht kommen, so kann für die einheimischen Pflanzen von den in α. und β. aufgestellten Unterschieden bezüglich der Stellung der Antherenfächer abgesehen werden.

d. Staubfäden 4, die oberen am Grunde einander **genähert**, parallel unter der Oberlippe, nach dem Verblühen zuweilen gekrümmt. Antheren wie bei c. β.

α. Kelch röhrig, meist gleichmässig 5zähnig.

1. Die oberen Staubfäden länger: 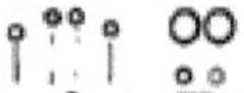 Oberlippe flach. Haarleiste fehlend. Zähne des Fruchtkelches zusammenneigend. . . . . 6. NEPETEAE.
2. Die unteren Staubfäden länger:  Oberlippe meist gewölbt. Zähne des Fruchtkelches mehr oder weniger abstehend. . . . . 7. STACHYDEAE.

β. Kelch 2lippig, durch Zusammenneigen der Lippen nach der Blüthe platt-geschlossen. Oberlippe der Krone helmartig. . . . . 8. SCUTELLARINEAE.

C. Krone scheinbar einlippig. Kelch 5zähnig. Antherenfächer verschmolzen, durch bogige Längsritzen aufspringend. Früchtchen netzig-runzelig. . . . . . . 9. AJUGOIDEAE.

b. Uebersicht der Gattungen.

1. Gruppe. MENTHOIDEAE Benth.

a. Kelch 5zähnig, Schlund offen. Kronröhre allmählich erweitert, obere Kronlappen ausgerandet.

1. Staubfäden 4. Antherenfächer parallel. 1. **Mentha** L.
2. Staubfäden 4. Antherenfächer divergirend. **Elsholtzia** W.

E. cristata W. Blatt gestielt, länglich-eiförmig. Endständige einseitige Aehre mit breiten, gewimperten Deckblättern. Blassroth. ☉ Juli, Aug. Hier und da verwildert.

3. Nur 2 fruchtbare Staubfäden. . . . . 2. **Lýcopus** L.

b. Kelch 2lippig (3,2), in der Reife durch einen Haarkranz geschlossen. Kronröhre plötzlich in den bauchigen, nach vorn gekielten Schlund erweitert; obere Kronlappen ganzrandig. . . . . 3. **Pulegium** Mill.

2. Gruppe. MONARDEAE Benth.

a. Kelch eiförmig-glockig, 2lippig. Krone rachenförmig, stark-2lippig. Die 2 fruchtbaren Staubfäden mit fadenförmig verbreitertem Connectiv, welches an dem einen Ende ein fruchtbares, am andern ein unfruchtbares, mehr oder weniger rudimentäres Antherenfach trägt.

1. Oberlippe der Krone 2spaltig, von den Staubfäden überragt. Staubfäden gekrümmt, am Grunde mit je einem rückwärts gerichteten Zahn. **Rosmarinus** L.

R. officinalis L. *Rosmarin.* Blatt sitzend, lineal-lanzettlich, oberseits grün, unterseits grau, grubig-geadert. Blüthen quirlständig, hellblau. ♄ April, Mai. Topfpflanze aus Südeuropa.

2. Oberlippe der Krone ganzrandig oder schwach ausgerandet. Staubfäden gerade, in der Oberlippe verborgen, schief oder wagerecht stehend. . . . . . 4. **Sálvia** L.

b. Kelch röhrig, verlängert, 5zähnig, 15streifig. Seitenlappen der Unterlippe stumpf, Mittellappen verlängert. Antheren 2fächerig ohne verbreitertes Connectiv. **Monarda** L.

M. didyma L. Blatt eiförmig, entfernt-spitzgesägt. Blüthen roth, in Quirlen und endständigen Köpfchen. ♃ Juni—August. Zierpflanze aus Nordamerika.

3. Gruppe. OCIMOIDEAE Benth.

a. Oberlippe des Kelchs ganz, Unterlippe tief 4zähnig. Oberlippe der Krone 4lappig, Unterlippe ungetheilt, schmal. Staubfäden hervorragend. . . . . **Ocimum** L.

O. basilicum L. Blatt gestielt, eiförmig oder länglich, entfernt-gezahnt.

Die 2 hinteren Zipfel der Kelchunterlippe zugespitzt. Weiss. ⊙ Juli, August. Topfpflanze aus Ostindien. — O. minimum L. Blatt ganzrandig, die hinteren Zipfel der Kelchunterlippe spitzlich, nicht zugespitzt. ⊙ Juni—September. Aus Ostindien.

b. Kelch röhrig, kurz- und stumpf-5zähnig, der obere Zahn eine rundliche Platte tragend. Oberlippe der Krone 2-lappig, Unterlippe 3lappig. Staubfäden in der Röhre verborgen. . . . . **Lavándula** Tourn.

L. vera DC. (**L. Spica** α. L.) *Lavendel.* Blatt länglich-lineal, mit umgebogenem Rande. Aehre meist unterbrochen. Deckblätter rautenförmig, zugespitzt. Kronröhre walzlich, gestreift. Hellblau. ♃ Juli, August. Zierpflanze aus Südeuropa.

4. Gruppe. SATUREJEAE Benth.

a. Staubfäden oben auseinanderweichend.

1. Blüthen in Aehrchen, einzeln in den Winkeln der Deckblätter. 5. **Oríganum** L.
2. Blüthen in Ebensträusschen. Kelch 2lippig, 10rippig, nach dem Verblühen durch einen Kranz von Wimpern geschlossen. . . . . 6. **Thymus** L.

b. Staubfäden oben zusammenneigend. Kelch 2lippig, 10-rippig, nach dem Verblühen durch einen Kranz von Wimpern geschlossen (ausser **Calamintha off.**).

1. Deckblätter an den Verzweigungen der arm- und lockerblüthigen Ebensträusschen sehr klein. 7. **Calamintha** Mönch.
2. Deckblätter an den Verzweigungen der reich- und dichtblüthigen (kopfförmigen) Ebensträusschen fadenförmig, eine Hülle um den Scheinquirl bildend. 8. **Clinopodium** L.

c. Staubfäden oben zusammenneigend. Kelch gleichmässig 5zähnig, 10rippig. . . . . **Satureja** L.

S. hortensis L. *Bohnenkraut.* Stengel aufrecht, ästig, drüsenhaarig. Blatt linien-lanzettlich. Ebensträusschen blattwinkelständig, c. 5blüthig. Lila. Juli—September. Küchenkraut aus Europa.

5. Gruppe. MELISSEAE Benth.

a. Staubfäden mit den Spitzen unter der Oberlippe bogenartig paarweise gegen einander geneigt, nicht länger als die hohle ausgerandete Oberlippe. Kelch 2lippig, obere

Lippe flach, die beiden seitlichen Zähne kielartig gefaltet. . . . . **Melissa** L.

M. officinalis L. *Melisse.* Stengel ästig. Blatt gestielt, eiförmig, stumpf, kerbig-gesägt, die unteren herzförmig. Ebensträusschen der Quirle einseitswendig. Weiss. ♃ Juli, August. Arzneipflanze, in Gärten.

b. Staubfäden nach oben auseinanderweichend, den Kronsaum überragend. Oberlippe flach 2spaltig; Mittellappen der Unterlippe gross, verkehrtherzförmig. Kelch röhrig, 5zähnig. . . . . 9. **Hýssopus** L.

6. Gruppe. NEPETEAE Benth.

a. Kelch 5zähnig, Oberlippe der Krone flach, gerade, 2-spaltig.

1. Staubfäden nach dem Verstäuben auswärts gekrümmt. Staubbeutel in gerader Linie liegend mit einer gemeinschaftlichen Spalte aufspringend. Der grosse Mittellappen der Unterlippe hohl. . . . . . . 10. **Népeta** L.
2. Staubbeutel paarweise anliegend, durch die divergirenden Fächer ein Kreuz bildend. Der grosse Mittellappen der Unterlippe flach. . . . . 11. **Glechóma** L.

b. Kelch 2lippig. Oberlippe der Krone etwas gewölbt. Staubfäden nach vorn gekrümmt. . . . **Dracocéphalum** L.

D. Moldavica L. Kelch nach dem Verblühen geschlossen. Scheinquirle von Laubblättern gestützt. Blatt lanzettlich, gestielt, tiefgesägt. Violett. ⊙ Juli, August. Küchenpflanze.

7. Gruppe. STACHYDEAE Benth.

a. Mittellappen der Unterlippe gross, verkehrtherzförmig, Seitenlappen klein, zahnförmig. . . . . 12. **Lamium** L.

b. Unterlippe mit 3 spitzen Lappen. Haarleiste in der Kronröhre vorhanden. . . . . 13. **Galeóbdolon** Huds.

c. Unterlippe mit 3 stumpfen oder ausgerandeten Lappen.

α. Haarleiste innerhalb der Kronröhre fehlend.

1. Unterlippe am Grunde beiderseits mit einem hohlen Zahn. Staubbeutel mit Querspalten aufspringend. . . . . 14. **Galeopsis** L.
2. Staubbeutel mit Längsspalten aufspringend, mit diver-

girenden Fächern, zum Theil paarweise ins Kreuz gestellt.

* Kelch weitglockig, 2lippig mit krautartig-lappigen Zähnen. Nüsschen abgerundet. . . . . **Melittis** L.

M. Melissophyllum L. *Immenblatt.* Untere Blätter herzförmig, obere ei-länglich. Roth und weiss. ♃ Mai—Juli. Waldgebüsche. Sehr selten.

** Kelch 5zähnig. Nüsschen abgerundet.

16. **Betónica** L.

*** Kelch 5zähnig. Nüsschen oben mit einer 3eckigen Fläche abgestutzt. . . . . **Chaitúrus** Willd.

Ch. Marrubiastrum Rchb. *Katzenschwanz.* Etwas filzig. Blatt länglich, gezahnt. Deckblatt steifborstenförmig. Krone kaum länger als der Kelch. Hellroth. ♃ Juli, August. Schutt, Wege. Sehr selten.

β. Getrennte Haarbüschel am Ansatzpunkt der Staubfäden. Diese und der Griffel ganz in der Röhre verborgen. Nüsschen mit einer 3eckigen Fläche abgestutzt. Fruchtkelch mit 10 zurückgekrümmten Zähnen.

17. **Marrubium** L.

γ. Zusammenhängender Haarring innerhalb der Kronröhre vorhanden. Staubfäden und Griffel hervorragend.

1. Staubbeutelfächer in gerader Linie liegend. Nüsschen abgerundet.

* Staubfäden nach dem Verstäuben gedreht und auswärts gekrümmt. . . . . 15. **Stachys** L.

** Staubfäden nach dem Verstäuben gerade bleibend.

18. **Ballóta** L.

2. Staubbeutelfächer divergirend oder parallel. Nüsschen mit 3eckiger Endfläche abgestutzt, berandet.

19. **Leonúrus** L.

8. Gruppe. SCUTELLARINEAE Benth.

a. Beide Kelchlippen ganzrandig, die Oberlippe mit einer hohlen aufgesetzten Schuppe. Oberlippe der Krone scheinbar 3lappig, untere einlappig. Haarleiste fehlend. Nüsschen auf einem stielförmigen Fruchtträger. Keim gekrümmt. . . . . 20. **Scutellária** L.

b. Oberlippe des Kelches 3-, Unterlippe 2zähnig, erstere

ohne Schuppe. Unterlippe der Krone 3lappig. Haarleiste vorhanden. Nüsschen grundständig. . . 21. **Prunella** L.

9. Gruppe. AJUGOIDEAE Benth.

a. Oberlippe aus 2 sehr kleinen Zähnen bestehend, Unterlippe 3spaltig. Haarleiste vorhanden. . 22. **Ajúga** L.
b. Kronsaum nach hinten tief gespalten, Oberlippe fehlend, Unterlippe 5lappig. Haarleiste fehlend. 23. **Teucrium** L.

1. **Mentha** L. *Minze.*

a. Blüthenquirle mit kleinen Stützblättern, zu einer endständigen Aehre vereinigt. Kronröhre innen kahl.
α. Blatt sitzend. Aehren dünn walzlich. Nüsschen punktirt, warzig oder an der Spitze borstig.
1. Blatt rundlich-eiförmig, kerbig-gesägt, runzelig, besonders unterseits dicht-zottig. Deckblatt lanzettlich. Fruchtkelch kugelig-bauchig mit pfriemlich-lanzettlichen zusammenneigenden Zähnen. **M. rotundifolia** L.
Lila. ♃ Juli, August. Gräben, Sümpfe. Sehr selten.
2. Blatt eiförmig-lanzettlich, sägezähnig. Deckblatt lineal-pfriemlich. Fruchtkelch länglich-bauchig mit etwas zusammenneigenden Zähnen. . . . . . . **M. silvestris** L.
Lila. ♃ Juli, August. Gräben, Ufer. Aendert sehr in Blattform und Behaarung ab, insbesondere: α. **vulgaris**, Blatt filzig; — β. **undulata** = **M. crispa** Geiger, Blatt am Rande wellig gebogen, ungleich-eingeschnitten-gezahnt, filzig, selten; — γ. **candicans**, Blatt lanzettlich, unterseits wie der Stengel dickfilzig, oberseits fast kahl; — δ. **incana**, Blatt lanzettlich, beiderseits filzig, oben grünlich grau, unten grau oder weiss; — ε. **nemorosa**, Blatt breiteiförmig oder elliptisch, unterseits schwach filzig, oberseits fast kahl. — ζ. **glabra** = **M. viridis** L. Blatt nur an den Nerven spärlich behaart, Nüsschen glatt, sehr selten; — η. **crispata** Schrad. Blatt kahl, blasig runzelig, eingeschnitten-gezahnt. Sehr selten.
β. Blatt gestielt, länglich oder eilänglich. Aehre länglich-walzlich aus zahlreichen Quirlen. Obere Deckblätter lanzettlich. Kelchzähne lanzettlich-pfriemlich. Nüsschen glatt. . . . . **M. piperita** L.
Pfefferminze. Lila. ♃ Juli, August. Meist cultivirt (kahl), selten verwildert, alsdann flaumhaarig.
Sehr ähnlich damit ist **M. nepetoides** Lej., ein Bastard zwischen **M. silvestris** und **M. aquatica.** Deckblatt lineal-pfriemlich. Kelchzähne lineal-borstenförmig. Blatt eiförmig oder länglich, behaart, sonst wie **M. piperita.**

γ. Blatt gestielt, eiförmig. Aehre kopfförmig aus wenigen Quirlen zusammengesetzt, mit einer regelmässigen Gipfelblüthe. Kelchzähne aus 3eckigem Grunde pfriemlich. vorgestreckt, Kronröhre innen behaart. **M. aquatica** L.

Blassroth-lila. ♃ Juli—September. Aendert sehr ab, namentlich: α. kurzhaarig (häufig); — β. **hirsuta**, dicht- und langbehaart; — γ. **glabrata** = **M. odorata** Sole, kahl, Kelchrand gewimpert, pomeranzenartig riechend; — δ. **crenata** Beck., Blatt zottig, beiderseits punktirt, untere klein, kreisrund, ganzrandig, obere eirund, seicht-kerbig-gezahnt. — Hierher gehört auch **M. crispa** Valerii Cordi s. Lin., die *Krausemünze*.

b. Blüthenquirle entfernt, von Laubblättern gestützt. Stengel mit Laubblättern endigend. Blatt gestielt.

α. Fruchtkelch röhrig-glockig, gefurcht, Zähne lanzettlich zugespitzt. Blatt gestielt, eiförmig oder elliptisch, die oberen kleiner werdend, mit abstehenden Sägezähnen. Kronröhre innen behaart. . . . . **M. sativa** L.

Lila. ♃ Juli—September. Ufer, Gräben, Gebüsche. Var.: α. **vulgaris** mit anliegenden Haaren (gemein); — β. **glabra** = **M. rubra** L., fast ganz kahl, Kronröhre innen fast kahl: — γ. **hirsuta**, mit wagerecht abstehenden Haaren; — δ. **dentata** Roth, Blatt fast sitzend, breit-eiförmig, blasig-runzelig, unterseits und am Rande behaart (selten). — **M. sativa** L. wird von Manchen für eine kopflose Form von **M. aquatica**, von Anderen für Bastardform zwischen **M. aquatica** und **arvensis** gehalten.

β. Fruchtkelch röhrig-glockig (weniger stark gefurcht), Zähne lanzettlich zugespitzt. Blatt kurzgestielt, elliptisch oder lanzettlich, am Grunde verschmälert, mit zugespitzten vorwärts gerichteten Sägezähnen. Kronröhre innen kahl. Nüsschen glatt. . . . . **M. gentilis** L.

(**M. pratensis** Sole.) Blassroth. Wohlriechend. ♃ Juli, August. Ufer, Gräben, Aecker. Sehr selten.

γ. Fruchtkelch kurz-glockig oder krugförmig, Zähne dreieckig, so lang als breit. Blatt gestielt, eiförmig oder elliptisch, am Grunde fast herzförmig oder abgerundet, gesägt, die oberen kaum kleiner werdend. Kronröhre innen behaart. . . . . **M. arvensis** L.

Lila. Stengel und Blatt zuweilen braunroth. ♃ Juli, August. Aecker, Gräben. Gemein. Aendert ab mit aufrechtem und mit niederliegendem Stengel, — zottig behaart, seltener kahl, — mit rhombisch-lanzettlichen, am Grunde keilförmigen Blättern (**M. parietariaefolia** Beck.)

Bastarde, kommen häufig zwischen den verschiedenen Mentha-Arten vor und werden an den verkümmerten Antheren und Nüsschen erkannt, z. B. **M. silvestris** und **aquatica** Döll (**M. nepetoides** Lej.), Aehre walzenförmig oder länglich, Blatt gestielt, Kelchzähne vorgestreckt.

2. **Lycopus** L. *Wolfsfuss.*

Blatt eiförmig-länglich, gestielt, grob eingeschnitten-gezahnt, am Grunde fiederspaltig. Mittellappen der Unterlippe gerade, abgestutzt, doppelt so breit als die seitlichen.

L. europaeus L.

Weiss, innen roth punktirt. ♃ Juli—Sept. Ufer, feuchte Stellen. Gemein. **L. exaltatus** mit tieffiedertheiligem Blatt und kleiner Blüthe, sehr selten. Mainspitze bei Mainz.

3. **Pulegium** Mill. *Polei.*

Stengel aufsteigend. Blatt gestielt, elliptisch, stumpf, schwach gezahnt, durchscheinend punktirt, zurückgebogen. Blüthen in kugeligen blattwinkelständigen Quirlen. Kelch röhrig, 10nervig, die oberen 3 Zähne zurückgekrümmt.

P. vulgare Mill.

(**P. verum** DC., **Mentha-Pulegium** L.) Violett. Ueberall bis zur Blüthe behaart. ♃ Juli, August. Ufer, feuchte Stellen. Sehr selten.

4. **Salvia** L. *Salbei.*

a. Kronröhre an der inneren Wand mit einem haarigen oder häutigen Ringe.

1. Blatt eilanzettlich, gekerbt, runzelig, graufilzig. Quirle 6—12blüthig. Deckblätter hinfällig. Connectiv beiderseits ein Antherenfach tragend. . . . . **S. officinalis** L.
   Blassblau oder weiss. ♄ Juni, Juli. Zier- und Arzneipflanze aus Südeuropa.
2. Blatt 3eckig-herzförmig, grob gezahnt, glatt, grün, behaart, die unteren Blattstiele geöhrt. Quirle mehr als 12blüthig. Deckblätter verwelkend. Der hintere Connectivarm zahnförmig, antherenlos. . **S. verticillata** L.
   Blau. ♃ Juli, August. Trockene Hügel, Wege. Sehr selten im Gebiet.

b. Kronröhre ohne Haarring. Blatt herzförmig. Quirl c. 6-blüthig. Hinterer Connectivarm flügelartig verbreitert, antherenlos.

α. Kelchzähne vorgestreckt, lang-dornig begrannt. Pflanze weisswollig. Blatt herzeiförmig, grobgekerbt und buchtig, sehr runzelig. Deckblatt gross, breitherzförmig.

. **S. Aethiopis** L.

Weiss, bläulich. ⊙ Juni, Juli. Hügel. Sehr selten.

β. Kelchzähne der Oberlippe klein, zusammenneigend. Pflanze nicht weisswollig.

1. Stengel, Deckblatt und Blüthen klebrig-behaart. Blatt eiförmig oder länglich runzelig, grün, unterseits flaumig. Deckblatt grün. Kronröhre kürzer als die Oberlippe. . . . . **S. pratensis** L.

Dunkelblau, selten röthlich. ♃ Mai, Juni. Wiesen, Wege. Hier und da.

2. Ganze Pflanze grauflaumig (nicht klebrig). Deckblatt gefärbt. Kronröhre nicht kürzer als die Oberlippe. **S. silvestris** L.

Violettblau. ♃ Juli, August. Hügel, Wege. Sehr selten.

5. **Oríganum** L. *Dosten.*

a. Kelchzähne gleichgross, spitz. Aehrchen später traubig verlängert. Blatt eiförmig spitz, fast kahl. **O. vulgare** L.

Hellroth, selten weiss. Blüthen zum Theil eingeschlechtig, die weiblichen kleiner. ♃ Juli — September. Sonnige Stellen, Waldränder, Gebüsche. Häufig. — Aehnlich **O. paniculatum** K., *Wintermajoran*, mit 2lippigem Kelch. In Gärten.

b. Kelch fast ganzrandig, 2lippig, durch die verschwindend kleine Unterlippe fast einlippig. Aehrchen eiförmig dicht, nebst dem elliptisch-stumpfen Blatt graufilzig. **O. Majorána** L.

Meiran. Röthlich weiss. ⊙ und ♃ Juli, August. Küchenkraut aus Nordafrika.

6. **Thymus** L. *Thymian. Quendel.*

a. Stengel aufstrebend-aufrecht. Blatt elliptisch, spitz, am Rande umgerollt, unterseits feinfilzig. In den Blattwinkeln Blattbüschel. . . . . **Th. vulgaris** L.

Gartenquendel. Blassroth. ♄ Mai, Juni. Gewürzpflanze aus Südeuropa.

b. Stengel liegend. Blatt stumpf, flach, gewimpert. Keine Blattbüschel. . . . . **Th. Serpyllum** L.

Feldquendel. Purpurroth. ♄ Juli—September. Hügel, Triften, Wege. Gemein. Var.: α. **Chamaedrys**, Stengel 2reihig behaart, Blatt elliptisch oder verkehrt-eiförmig, (gemein): — β. **pulegioides**, Blüthen gross; — δ. **angustifolius**, Stengel ringsum behaart, Blatt lanzettlich-lineal (auf Bergen).

7. **Calamintha** Mönch.

a. Blüthen einfach gestielt, je 6 im Quirl. Blatt eiförmig,

gesägt. Kelch am Grunde bauchig-höckerig, an der Spitze zusammenneigend. . . . . **C. Ácinos** Clairv.
(Thymus Acinos L.) Hellblau. ⊙ Juni—August. Triften, Haiden, Hügel. Hier und da.

b. Die beiden Blüthenstiele des Quirls gabelig getheilt, meist je 3—5blüthig. Kelch röhrig, offen. **C. officinalis** Mch.
Purpurroth. ♃ Juli, August. Wälder. Sehr selten.

8. **Clinopodium** L. *Wirbelborste.*

Quirl reich- und dichtblüthig. Stengel zottig-behaart. Blatt eiförmig, stumpf, seicht-gekerbt. . . . . **Cl. vulgare** L.
Purpurn oder weiss. ♃ Juli, August. Zäune, Waldränder, Wege. Häufig.

9. **Hýssopus** L. *Ysop.*

Quirle einseitswendig, genähert-ährenförmig. Blatt lanzettlich, ganzrandig, dunkelgrün. . . . .**H. officinalis** L.
Meist dunkelblau. ♃ Juli, August. Sonnige felsige Orte. Sehr selten wild. Auch Zierpflanze, aus Südeuropa.

10. **Népeta** L. *Katzenminze.*

Ebensträusschen der Quirle gestielt. Quirle genähert. Kelch eiförmig, etwas schief. Blatt herzeiförmig, gestielt, spitz, tief-kerbiggesägt, unterseits graufilzig. . . . . **N. Cataria** L.
Röthlich oder weiss mit röthlichen Flecken. ♃ Juni—August. Wüste Plätze, Wege. Hier und da.

11. **Glechóma** L. *Gundelrebe. Gundermann.*

Scheinquirle 2—6blüthig. Stengel liegend. Blatt gestielt, herz-nierenförmig, gekerbt. Kelchzähne stachelspitzig.
C. hederácea L.
Blassblau. ♃ April, Mai. Gebüsche, Hecken, Wege. Ueberall gemein.

12. **Lamium** L. *Taubnessel.*

a. Kronröhre gerade, ohne Haarring. Blatt rundlich-herzeiförmig, gekerbt, obere sitzend umfassend. Kelchzähne vor und nach der Blüthe zusammenneigend.
L. amplexicaule L.
Krone purpurn, schmal, aus dem Kelch lang hervorragend. ⊙ März—Oct. Aecker, Gärten. Gemein.

b. Kronröhre fast gerade, wenig eingeschnürt, innen mit einem Haarring. Blätter herzeiförmig, etwas spitz, alle gestielt, gekerbt. Kelchzähne nach der Blüthe sparrig abstehend. . . . . **L. purpúreum** L.

Krone purpurn, klein. Gesammtblüthenstand pyramidal. ⊙ April—October. Aecker, Gärten, Wege. Gemein.

c. Kronröhre über dem Grunde eingeschnürt, stark gekrümmt und oberhalb bauchig erweitert, innen mit einem Haarring. Blatt gestielt, herzeiförmig, zugespitzt, gesägt.

1. Haarring horizontal, Einschnürung ohne Kerbe. **L. maculatum** L.

Krone c. 1½ cm. lang, purpurn, Unterlippe dunkel gefleckt. Blatt zuweilen weiss gefleckt. ♃ April, Mai. Gebüsche, Wege, Obstgärten. Häufig.

2. Haarring und die gekerbte Einschnürung schief. **L. album** L.

Krone c. 1½ cm. lang, weiss. ♃ April—September. Zäune, Gebüsche. Sehr gemein.

13. Galeóbdolon Huds. *Waldnessel.*

Blatt gestielt, herzeiförmig, kerbig-gezahnt, etwas rauhhaarig. Quirl 6- oder mehrblüthig. . . . . **G. lúteum** Huds.

Gelb, Unterlippe braun-punktirt. ♃ Mai, Juni. Wälder, feuchte Gebüsche. Häufig.

14. Galeopsis L. *Hohlzahn. Daun.*

a. Stengel angedrückt-flaumig, unter den Knoten nicht merklich verdickt. Blatt lanzettlich oder schmal-eiförmig, jederseits mit 3—8 Sägezähnen oder ganzrandig. Kelchzähne etwa halb so lang als die Kelchröhre, schwach begrannt.

1. Blume roth (selten weiss). Blatt lanzettlich, fast ganzrandig. . . . . **G. Ládanum** L.

⊙ Juli—September. Aecker. Häufig. Var.: α. **latifolia,** Blatt länglich oder eiförmig; — β. **parviflóra,** Blatt ebenso, Blüthe klein; γ. **canescens,** Stengel oberwärts- und Kelch kurz-dicht-abstehend-behaart; — δ. **angustifolia,** Blatt schmallanzettlich.

2. Blume weissgelb. Unterlippe gelb oder violett gefleckt. Blatt eiförmig, die oberen länglich-lanzettlich. **G. ochroleuca** Lam.

(**G. grandiflora** Roth.) ⊙ Juni, Juli. Felder und unbebaute Stellen. Selten. Aendert verschieden ab.

b. Stengel rückwärts-steifhaarig, unter den Knoten angeschwollen. Blatt eiförmig zugespitzt, beiderseits mit

10—15 Sägezähnen. Kelchzähne etwa so lang als die Kelchröhre, stark begrannt.

1. Roth oder weiss. Kronröhre meist so lang oder kürzer als der Kelch. . . . . **G. Tetrahit** L.

⊙ Juli—September. Aecker, Zäune, Schutt. Gemein. Var.: β. **bifida** Bönningh., Mittellappen der Unterlippe ausgerandet, gelb gefleckt, weiss gerandet: — γ. **pubescens** Bess., ausser den Knoten flaumig, Kronröhre 2—3 mal so lang als die behaarte Kelchröhre, sehr selten. Hierher scheint auch **G. variegata** Wend., mit bunt gefleckter Krone, oberwärts flaumigem Stengel, zu gehören.

2. Schwefelgelb. Mittellappen der Unterlippe violett. Kronröhre 4 mal so lang als die Kelchröhre.

G. versicolor Curt.

⊙ Juli, August. Aecker, Gebüsche, Ufer. Sehr selten.

15. Stachys L. *Ziest.*

a. Blume roth. Quirl 12- und mehrblüthig. Deckblätter wenigstens halb so lang als der Kelch. Blatt gestielt.

1. Pflanze weiss-wollig-filzig. Stengel meist einfach. Blatt herzeiförmig bis lanzettlich, gekerbt. Kelchzähne zugespitzt, stachelspitzig. . . . . **St. germanica** L.

Hellroth. ⊙ Juni—August. Wege, wüste Plätze. Zerstreut.
Var.: Blatt länglich-lanzettlich, am Grunde kaum ausgerandet, entfernt-scharf-gesägt.

2. Stengel rauhhaarig, oberwärts drüsenhaarig, ästig. Blatt herzeiförmig, spitz, gesägt, schwach graufilzig. Kelchzähne eirund, stachelspitzig. . . . . **St. alpina** L.

Dunkelroth. ♃ Juli, August. Gebirgswälder. Selten.

b. Blume roth. Quirl meist 6blüthig. Deckblätter sehr klein. Stengel abwärts-steifhaarig.

1. Blatt breitherzeiförmig, langgestielt, zugespitzt, kerbig-gesägt, rauhhaarig. Kelchzähne pfriemlich. Kronröhre länger als der Kelch. . . . . **St. silvatica** L.

Braunroth. ♃ Juli, August. Wälder, Gebüsche, Hecken. Häufig.
Var.: **mollis**, dicht-weich-wollig (selten).

2. Blatt herzförmig-lanzettlich, spitz, kurzgestielt, die oberen sitzend, kerbig gesägt, flaumig. Quirle 6—12 blüthig. Kelchzähne pfriemlich. Kronröhre länger als der Kelch. . . . . **St. palustris** L.

Hellroth. ♃ Juli, August. Ufer, feuchte Aecker. Häufig.

3. Blatt herzeiförmig bis länglich, stumpf, kurzgestielt, die oberen sitzend, gekerbt, flaumig. Kelchzähne lanzettlich. Kronröhre kürzer als der Kelch. . . . **St. arvensis** L.
Blassroth. ⊙ Juli—Sept. Unkraut in Gärten und Aeckern. Gemein.

c. Blume blassgelb. Quirl armblüthig. Deckblätter sehr klein. Blatt gestielt, kerbig-gesägt, eiförmig-länglich bis lanzettlich. Kelchzähne lanzettlich.

1. Quirl 4—6blüthig. Kelchzähne mit flaumhaariger Stachelspitze. Pflanze fast kahl. Oberlippe kraus. **St. annua** L.
Gelb, weiss gefleckt. ⊙ Juli—September. Aecker, Wege, wüste Stellen. Zerstreut.

2. Quirl 6—12blüthig. Kelchzähne mit kahler Stachelspitze. Pflanze rauhhaarig. Oberlippe nicht kraus. **St. recta** L.
Blassgelb. ♃ Mai—August. Dürre Stellen. Selten.

16. **Betónica** L. *Betonie.*

Untere Blätter langgestielt, herzeiförmig, obere eiförmig-länglich, gekerbt. Quirle eine längliche Aehre bildend. **B. officinalis** L.
Roth. ♃ Juli, August. Wiesen, sonnige Höhen.
Var.: α. **hirta**, Stengel kurzhaarig, häufig; — β. **glabrata**, Stengel und Kelch kahl; — γ. **stricta**, grösser, Stengel rauhhaarig, Blatt breiter, Selten.

17. **Marrubium** L. *Andorn.*

Pflanze weissfilzig. Blatt eiförmig, gestielt, gekerbt, runzelig. Quirle reichblüthig, kugelig. Deckblätter und die 10 Kelchzähne pfriemlich, oben kahl, hakig zurückgekrümmt. **M. vulgare** L.
Weiss. ♃ Juli—September. Schutt, Wege, Mauern. Zerstreut.

18. **Ballóta** L. *Schwarznessel. Gottesvergiss.*

Blatt eiförmig, stumpf gesägt. Kelchzähne eiförmig, grannenartig zugespitzt. . . . . **B. nigra** L.
Violett, selten weiss. ♃ Juni—August. Hecken, Schutt.
Var.: α. **foetida**, Kelchgrannen kaum so lang als die Zähne (seltener).
β. **ruderata**, Grannen länger als die Kelchzähne (häufig).

19. **Leonúrus** L. *Löwenschweif. Herzgespann.*

Blatt gestielt, die unteren 5-, die oberen 3lappig. **L. Cardíaca** L.
Blassroth. Mittellappen der Unterlippe am Grunde gelb, röthlich gefleckt. ♃ Juli, August. Wege, Hecken, Schutt. Häufig.

20. **Scutellaria** L. *Schildkraut.*

a. Krone vielmal länger als der meist kahle Kelch, kürzer als die stützenden Laubblätter, Kronröhre am Grunde rechtwinkelig gebogen. Blatt herzförmig-länglichlanzettlich, gekerbt. . . . . **Sc. galericulata** L.

Blassblau. ♃ Juli, August. Ufer, feuchte Waldstellen. Hier und da.

b. Krone vielmal länger als der drüsenhaarige Kelch, länger als die stützenden Hochblätter, eine endständige Traube bildend, Röhre am Grunde fast rechtwinkelig gebogen. Blatt spiessförmig-länglich-lanzettlich, ganzrandig. **Sc. hastifolia** L.

Violett. ♃ Juli, August. Gräben, feuchte Stellen. Selten.

Sc. peregrina L., Deckblätter der verlängerten Traube kaum länger als der Kelch. Blatt eiförmig, gekerbt. Blüthe violett, flaumig. ♃ Eingeschleppt.

c. Krone nur 3—4 mal so lang als der drüsenlos behaarte Kelch, so lang oder kürzer als die stützenden Laubblätter. Kronröhre etwas bauchig, gerade. Blatt fast spiessförmig-länglich-lanzettlich, fast ganzrandig. . . . **Sc. minor** L.

Blassviolett. ♃ Juli, August. Sumpfige und moorige Wiesen. Selten.

21. **Prunella** L. *Brunelle. Braunheil.*

a. Kelch kaum doppelt so lang als breit, obere Kelchzähne kurz und breit, untere schwachbewimpert. Seitennerven des Kelches gebogen. Krone höchstens doppelt so lang als der Kelch. Staubfaden mit geradem dornförmigem Zahn. Aehre von 2 Blättern gestützt. . **P. vulgaris** L.

Violett, selten weiss. ♃ Juli, August. Wiesen, Triften, Wege. Gemein. — Var. mit fiederspaltigem Blatt.

b. Kelch doppelt so lang als breit, obere Kelchzähne breiteiförmig langzugespitzt, untere kurz gewimpert. Seitennerven des Kelches gekrümmt. Krone 3—4 mal so lang als der Kelch. Staubfaden mit kurzem stumpfem Zahn. Blüthenröhre gestielt. . . . . **P. grandiflóra** Jacq.

Violett. ♃ Juli, August. Sonnige und steinige Orte. Zerstreut.

c. Kelch 3 mal so lang als breit, obere Kelchzähne breiteiförmig, langzugespitzt, untere stachelig-kammartig ge-

wimpert. Alle Nerven der Kelchlippe gerade. Staubfäden mit gebogenem Zahn. . . . . **P. alba** Pallas.
Gelblich weiss. ♃ Juli, August. Trockene Wiesen und Hügel. Sehr selten.

22. Ajúga L. *Günsel.*

a. Quirle mehrblüthig, von Hochblättern gestützt, eine endständige Aehre bildend. Zusammenhängender Haarring unterhalb des Ursprungs der Staubfäden. Blume meist blau. Blatt ungetheilt.

1. Stock meist mit Ausläufern. Aehre locker, verlängert. Stützblätter der Quirle ungetheilt, fast ganzrandig, die obersten kürzer als die Blüthen, untere Blätter rosettenartig. . . . . **A. reptans** L.
Blau, selten roth oder weiss. ♃ Juni, Juli. Wiesen, Grasplätze, Wege. Gemein.

2. Keine Ausläufer. Aehre dicht. Stützblätter der Quirle kürzer als die Blüthen, meist 3lappig. Oberlippe der Krone seicht und stumpf ausgerandet. Pflanze behaart. **A. genevensis** L.
Blau, selten rosa oder weiss. ♃ Mai—Juli. Sandfelder, Haiden, Triften. Zerstreut. Aendert ab in Behaarung, Grösse der Wurzelblätter, Zertheilung der Stützblätter u. s. w.

3. Keine Ausläufer. Aehre dicht. Stützblätter noch ein mal so lang als die Quirle, ungetheilt. Pflanze behaart. **A. pyramidalis** L.
Blau. ♃ Mai, Juni. Lichte Waldstellen. Sehr selten.

b. Blüthen einzeln achselständig, gelb. Getrennte Haarbüschel am Ursprung der Staubfäden. Blatt (wenigstens die oberen) 3spaltig mit linealen Zipfeln. **A. Chamaépitys** Schreb.
Kronröhre weisslich, Unterlippe gelb, braun punktirt. ⊙ Juni—September. Felder. Sehr selten.

23. Teucrium L. *Gamander.*

a. Kelch 2lippig, Oberlippe eiförmig, ganz, Unterlippe 4zähnig. Blüthen in einseitswendiger lockerer Aehre. Blatt gestielt, herzeiförmig, gekerbt, runzelig. **T. Scorodónia** L.
Gelblich weiss. ♃ Juli, August. Steinige Orte, Waldränder. Häufig.

b. Kelch gleichmässig 5zähnig.

α. Quirle 2—6blüthig, entfernt, von Laubblättern gestützt.

1. Blatt doppelt-fiederspaltig, gestielt. Kelch etwas aufgeblasen. Keine Ausläufer. . . . . . . **T. Botrys** L.
Röthlich. ☉ Juli—September. Sonnige Hügel, Felder. Hier und da.

2. Blatt länglich bis lanzettlich, sitzend, grobkerbig gesägt. Kelch glockig-walzlich. Kriechende Ausläufer. **T. Scordium** L.
Purpurn. Geruch nach Knoblauch. ♃ Juli—Sept. Sumpfwiesen. Selten.

β. Quirle 4—6blüthig, von Hochblättern gestützt, traubenartig genähert. Blatt länglich bis eiförmig, am Grunde keilförmig, kerbig-gesägt, kurzgestielt. Stengel aufsteigend, wechselwendig 2zeilig behaart. **T. Chamaedrys** L.
Hellpurpurn. ♃ Juli—September. Sonnige Hügel, besonders auf Kalk. Sehr selten.

γ. Quirle, von Hochblättern gestützt, in endständige Köpfchen zusammengedrängt. Blatt linienförmig-lanzettlich, ganzrandig, unterseits graufilzig, Rand umgebogen. Stengel niedergestreckt. . . . . **T. montanum** L.
Weiss. ♃ Juni—August. Sonnige und felsige Hügel, besonders auf Kalk. Sehr selten.

71. Familie. VERBENACEAE Juss.

Verbéna L. *Eisenkraut. Eisenhart.*

Stengel 4kantig, aufrecht, straff, ästig, rauh. Blatt eiförmig-länglich, tief 3spaltig, Zipfel eingeschnitten und gekerbt. Blüthen in langen, dünnen Aehren. . . . **V. officinalis** L.
Blassroth. ♃ Juni—September. Wüste Plätze, Triften. Schutt. Häufig.

Zierpflanzen:

α. Stengel weitschweifig, stielrund. Blatt länglich-lanzettlich, eingeschnitten-gesägt, rauhhaarig. Blüthe in Ebensträussen, scharlachroth. Aus Südamerika. . . . . **V. Melindres** Gillies.

β. Stengel aufsteigend. Blatt eirund, 3spaltig, fast kahl. Blüthe in schlaffen Aehren, hellpurpurroth. Südliches Nordamerika. . . . **V. Aubletia** L.

72. Familie. OROBANCHEAE Juss.

Gattungen.

Krone rachenförmig. Kapsel einfächerig mit 2 wandständigen Samenträgern.

a. Krone zuletzt von der bleibenden Basis ringsum abspringend. Kelch 4—5spältig oder 2blätterig mit gespaltenen Blättchen. . . . . 1. **Orobanche** L.

b. Krone bis auf den Grund abfallend. Am Grunde des Fruchtknotens eine freie Drüse. Kelch 4spaltig.
2. **Lathraea** L.

1. **Orobanche** L. *Sommerwurz.*

A. *Ausser dem Deckblatt keine Vorblätter am Grunde der Blume. Kelch aus 2 meist 2spaltigen Blättern.*

OROBANCHE.

a. Staubfäden kahl oder nur zerstreuthaarig oder nur am Grunde dichter behaart. Kelch etwa so lang als die Kronröhre.

α. Staubfäden an der Basis eingefügt, oben drüsenhaarig. Kronröhre glockig, mit spitz gezähneltem Saum. Kelchzipfel mehrnervig. Traube locker.

1. Narbe dunkelroth. Staubfäden am Grunde zerstreuthaarig. . . . . **O. Epithymum** DC.
Röthlich gelb. ♃ Juni—August. Trockene Hügel, auf **Thymus Serpyllum** u. a. Selten.

2. Narbe gelb. Staubfäden am Grunde kahl.
O. Rapum Thuill.
Hellroth oder gelblich roth. ♃ Juni, Juli. Auf **Sarothamnus vulgaris.** Selten.

β. Staubfäden unterhalb der Narbe eingefügt, am Grunde etwas behaart, oben kahl. Narbe braun. Krone röhrig, von der Mitte an wagerecht vorgestreckt. Kelchzipfel mehrnervig. Traube gedrungen. **O. amethystea** Thuill.
Pflanze blau angelaufen. Blume weisslich oder lila mit dunkelrothen Adern. ♃ Juni, Juli. Auf **Eryngium campestre.** Sehr selten.

γ. Kelchzipfel pfriemlich, 1—2nervig. Kronröhre aufrecht abstehend. Narbe gelb.

1. Staubfäden in halber Höhe eingefügt. Kronröhre nur an der Spitze bogig geneigt, Saum vorgestreckt. Stengel 3 dm. hoch und höher. . . **O. Bartlingii** Grieseb.
Blassroth. ♃ Juli, August. Auf **Libanotis montana,** in Gebirgsgegenden, sehr selten.

2. Staubfäden über der Basis eingefügt. Kronröhre mit bogigem Rücken, Saum abstehend. Stengel handhoch.

O. apiculata Wallr.

Bläulich gelb. ♃ Juli, August. Mit der vorigen. Sehr selten.

b. Staubfäden wenigstens in der unteren Hälfte dicht behaart. Kelchzipfel mehr als 2nervig, halb so lang als die Kronröhre. Krone und Griffel drüsenhaarig.

α. Narbe dunkelroth, tiefausgerandet. Krone von der Mitte an sanft gekrümmt, vorn stark erweitert. Lappen gerade vorgestreckt. . . . . **O. Galii** Duby.

Hellbraun oder röthlich weiss. ♃ Juni, Juli. Trockene Anhöhen. Auf **Galium** u. s. w. Selten.

β. Narbe gelb, seicht ausgerandet. Krone von unten an gekrümmt, an der Spitze abschüssig, mit flach ausgebreiteten Lippen. . . . . **O. rubens** Wallr.

Bräunlich. ♃ Mai, Juni. Trockene Anhöhen. Auf **Medicago** u. s. w. Selten.

c. Staubfäden am Grunde spärlich behaart, unterhalb der Mitte eingefügt. Kelchzipfel mehrnervig, halb so lang als die Kronröhre, diese über der Basis plötzlich gekrümmt, auf dem Rücken gebogen. Narbe gelb.

O. Buekiana K.

Pflanze hellbraun gelb. Blume röthlich gelb. ♃ Juni, Juli. Auf **Medicago sativa**. Sehr selten.

B. *Ausser dem Deckblatt am Grunde der Blume 2 Vorblätter. Kelch röhrig, 4spaltig.* PHELIPAEA.

a. Stengel ästig. Kelch 4spaltig. Krone oben plötzlich erweitert, mit stumpfen Lappen. Anthere kahl. Narbe weiss oder etwas bläulich. . . . . **O. ramosa** L.

Hanfwürger. Weiss oder hellblau. ♃ Juli, Aug. Auf Hanf, Tabak. Selten.

b. Stengel einfach. Kelch 5spaltig. Krone oben sehr erweitert mit sehr stumpfen zurückgebogenen Lappen. Anthere an dem Rande langhaarig. Narbe blassgelb.

O. arenaria Borkh.

Blume gross, bläulich. ♃ Juli, August. Triften. Auf **Artemisia campestris**. Sehr selten.

c. Stengel einfach. Kelch 5spaltig. Krone röhrig, fast

gleichmässig weit, vorn gekrümmt, mit spitzen flachen Lappen. Anthere kahl. Narbe weiss. **O. caerulea** Vill.
Amethystfarbig. ♃ Juni — August. Auf Artemisia camp., Achillea Millefolium.

2. **Lathraea** L. *Schuppenwurz.*

Wurzelstock verzweigt, schuppig. Blüthen in einer einseitswendigen nickenden dichten Aehre. Oberlippe helmförmig, Unterlippe 3lappig. . . . . **L. Squamaria** L.
Fleischroth. ♃ März, April. Feuchte Laubwälder, auf Baumwurzeln schmarotzend. Sehr zerstreut.

73. Familie. SCROPHULARINEAE RBr.

Gattungen.

A. Staubfäden 5. Staubbeutel einfächerig, queraufspringend. Krone radförmig 5lappig. Kelch 5theilig. Staubfäden zum Theil behaart. Kapsel 2klappig fachspaltig.
1. **Verbascum** L.

B. Staubfäden 2 längere und 2 kürzere. Staubbeutel einfächerig, queraufspringend. Kapsel durch Spaltung der Scheidewand aufspringend.

a. Krone mit bauchiger Röhre, ungleich-5lappig. (Kelch 5spaltig). Kapsel 2klappig, 2fächerig.
2. **Scrophularia** L.

b. Krone 5spaltig, regelmässig, flach. Kapsel scheinbar einfächerig mit centralem Samenträger, 2klappig.
3. **Limosella** L.

C. Staubfäden 2 längere und 2 kürzere. Staubbeutel mit 2 divergirenden ungespornten Fächern.

a. Kronröhre offen. Saum 2lippig. Kapsel 2klappig, durch Spaltung der Scheidewand aufspringend.

1. Krone röhrig, Saum ausgebreitet. Narbe kopfförmig. Kapsel einfächerig. Blumen einzeln, achselständig. Blätter gegenständig. . . . . 4. **Lindernia** L.

2. Krone röhrig-glockig, Saum kurz. Narbe 2lappig. Kapsel 2fächerig. Samen ungeflügelt. Blätter zerstreut.
6. **Digitalis** L.

3. Kronröhre hinten gewölbt, Oberlippe ausgehöhlt. Ein 5ter, unfruchtbarer Staubfaden. Samen häutig-geflügelt. Blüthenstiel mit 2 Vorblättern. . . . . **Chelóne** L.

Ch. glabrata L. Blatt gestielt, lanzettlich, gesägt. Blüthen weiss, in Aehren. ♃ August, September. Zierpflanze aus Nordamerika.

4. Krone röhrig-glockig. Ein 5ter, bärtiger unfruchtbarer Staubfaden. Samen unberandet. Blüthenstiel mit 2 Vorblättern. . . . . **Pentástemon** Trautv.

Mehrere Arten z. B. **P. campanulatus** Willd. (violett), **P. barbatus** Nutt. (zinnoberroth) u. s. w. Zierpflanzen aus Nordamerika, besonders Mexico.

5. Krone röhrig-trichterförmig, 2lippig rachenförmig. Kelch prismatisch-kantig. . . . . **Mímulus** L.

M. luteus L. Blatt eirund, gesägt. Blüthen einzeln, achselständig, gelb. ♃ Juni—Oct. Zierpflanze aus Chili, auch verwildert.

b. Kronröhre durch einen Gaumen geschlossen, Saum 2lippig. Kelch 5theilig. Kapsel mit Löchern aufspringend.

1. Krone am Grunde höckerig. Kapsel an der Spitze mit 3 Löchern aufspringend. . 7. **Antírrhinum** L.

2. Krone am Grunde gespornt. Kapsel mit 2 gezahnten Löchern aufspringend. . . . . . . 8. **Linária** Tourn.

D. Staubfäden 2 (fruchtbar), mit parallelen, ungespornten Staubbeutelfächern.

a Ausser den fruchtbaren noch 2 unfruchtbare Staubfäden. Krone röhrig mit 2lippigem Saume. Narbe 2lappig, Blüthenstiel mit 2 Vorblättern. . . . 5. **Gratíola** L.

b. Keine unfruchtbaren Staubfäden. Krone radförmig, 4spaltig, etwas ungleich. Narbe einfach. Vorblätter fehlen. . . . . 9. **Verónica** L.

E. Staubfäden, 2 längere und 2 kürzere, mit 2 parallelen, am Grunde g e s p o r n t e n Staubbeutelfächern. Krone nicht geschlossen, 2lippig, mit helmförmiger Oberlippe. Kapsel 2klappig, fachspaltig. Blätter (mit Ausnahme von d.) gegenständig, ganz.

a. Kelch 4zähnig, röhrig. Oberlippe der Krone zusammengedrückt mit zurückgebogenen Rändern. Kapselfächer 1—2samig. Samen ungeflügelt. 10. **Melampýrum** L.

Tozzia alpina L. Kelch 5spaltig. Krone undeutlich-2lippig, gelb, Unterlippe roth-punktirt. Fruchtknotenfächer je 1eiig. Kapsel 1samig.

b. Kelch 4zähnig, aufgeblasen. Oberlippe helmförmig, zusammengedrückt. Kapselfächer mehrsamig. Samen geflügelt. Blume gelb. . . . . . . 11. **Rhinanthus** L.

c. Kelch 4spaltig, glockig. Kapsel stumpf oder ausgerandet, vielsamig. Samen gestreift, ungeflügelt. 12. **Euphrasia** L.

d. Kelch 5zähnig, röhrig oder aufgeblasen. Krone helmförmig, aufgeblasen. Kapsel schief geschnabelt, vielsamig. Samen kantig, netzig grubig. Blätter zerstreut, fiedertheilig. Blume roth. . . . . 13. **Pedicularis** L.

1. Gruppe. VERBASCEAE Bartl.

1. **Verbascum** L. *Wollkraut.*

a. Blüthen zu 3 oder mehren doldig in den Achseln der Deckblätter.

α. Blätter bis zu den nächst unteren herablaufend. Die 3 kürzeren Staubfäden stark weissbehaart, die 2 grösseren fast kahl. Blatt beiderseits dicht-gelbfilzig.

1. Kronsaum trichterförmig, $1\frac{1}{2}$—2 cm. im Durchmesser. Die 2 längeren Staubfäden 3—4 mal länger als die wenig herablaufenden Antheren. Blatt feingekerbt. **V. Schraderi** Meyer.

(**V. Thapsus** L.) Gelb. ⊙ Juli, August. Sonnige Hügel, Sandfelder. Hier und da.

2. Kronsaum flach, 3—4 cm. im Durchmesser. Die 2 längeren Staubfäden kaum doppelt so lang als die tiefherablaufenden Antheren. Blatt grobgekerbt. **V. thapsiforme** Schrad.

Gelb, wohlriechend. ⊙ Juli, Aug. Sonnige Hügel. Sandfelder. Häufig.

β. Blätter kurz- oder halb-herablaufend. Die 3 kürzeren Staubfäden stark weissbehaart, die 2 grösseren fast kahl. Antheren lang herablaufend. Krone radförmig, gross. Blatt beiderseits dicht gelbfilzig. . . **V. phlomoides** L.

Gelb. ⊙ Juli, Aug. Hügel, wüste Plätze. Zerstreut.

γ. Blätter nicht herablaufend. Alle Staubfäden stark behaart. Antheren nicht herablaufend.

1. Wolle der Staubfäden weiss. Untere Blätter in den Blattstiel verschmälert.
 * Blatt oberseits fast kahl, unterseits staubig-filzig. Stengel und Zweige scharfkantig . . **V. Lychnitis** L.
 Gelb, selten weiss. (V. album Mnch.) ⊙ Juli, August. Sonnige Hügel, Wege, Gebüsch. Hier und da.
 ** Blatt beiderseits nebst dem Stengel mit dichtflockigem abfallenden Filz bedeckt. Stengel und Zweige stielrund. **V. floccosum** W. K.
 Gelb. ⊙ Juli, August. Sonnige Hügel. Selten.
2. Wolle der Staubfäden violett. Untere Blätter herzförmig, langgestielt, unterseits feinfilzig. Blüthenstiel 2 mal so lang als der Kelch. . . . . . **V. nigrum** L.
 Gelb. ⊙ Juni—August. Wege, Gebüsche, Hügel. Häufig.
3. Wolle der Staubfäden violett. Blätter in den Blattstiel verschmälert, beiderseits filzig. Blüthenstiel so lang als der Kelch. . . . . **V. ruderale** Pfeiff.
 Gelb. ⊙ Juli, August. Uncultivirte Orte. Sehr selten. (Bastard?)

b. Blüthen einzeln oder zu 2 in den Winkeln der Deckblätter. Blätter nicht herablaufend, kahl, die unteren länglich-verkehrteiförmig, am Grunde verschmälert, ausgeschweift. Traube drüsig-behaart. Wolle der Staubfäden violett. **V. Blattaria** L.
 Gelb oder weiss. ⊙ Juni, Juli. Feuchte Stellen, Wege. Sehr selten.

Bastarde. Antheren der kürzeren Staubfäden verkümmert. Fruchtknoten unfruchtbar.

a. Wolle der Staubfäden violett.
 α. Blätter kurz- oder halbherablaufend. Stengel oberwärts scharfkantig.
 1. Blätter gelblich filzig. Staubbeutel nicht herablaufend. Blume klein. (Steinige Orte. Selten.)
 V. Thapso-nigrum Schied. = V. nigro-Thapsus Wtg. = V. collinum Schrad.
 2. Blätter weisslichfilzig. Staubbeutel der längeren Staubfäden herablaufend. (Flusskies, Triften. Selten.)
 V. thapsiformi-nigrum Schied. = V. adulterinum Koch.
 β. Blätter nicht herablaufend, in den Blattstiel verschmälert oder sitzend, am Grunde stumpf, fast kahl. (Selten.)
 V. nigro-Lychnitis Schied. = V. Schiedeanum?

b. Wolle der Staubfäden weiss. Blätter halbherablaufend. Stengel kantig.
 α. Staubbeutel nicht herablaufend. Blüthenstielchen so lang als der Kelch. (Selten.) . . . . . V. Thapso-Lychnitis M. et K. = V. spurium K.
 β. Staubbeutel der längeren Staubfäden auf der einen Seite kurzherablaufend. Blüthenstielchen länger als der Kelch. (Selten.)
 V. thapsiformi-Lychnitis Schied. = V. ramigerum Schrad.
 γ. Stengel und Blatt wie bei V. nigrum. . . . . . V. Lychniti-nigrum? Pfr.

2. Gruppe. ANTIRRHINEAE Juss.

2. **Scrophularia** L. *Braunwurz.*

a. Blüthen in einer endständigen Rispe, braun oder roth.

α. Stengel und Blattstiel scharf 4kantig, nicht geflügelt. Blatt doppeltgesägt, die unteren Sägezähne länger und spitzer. Kelchzipfel kaum berandet. Kronröhre bauchig, Oberlippe gerade vorgestreckt. Anhängsel unter der Oberlippe (Rudiment des 5. Staubfadens) schwachausgerandet. Stock knollig. . . . . **S. nodosa** L.

Grünlich braun. Laub dunkelgrün. ♃ Juni—August. Gräben, Gebüsche, Zäune. Häufig.

β. Stengel 4kantig geflügelt. Blattstiel so breit als der geflügelte Stengel. Kelchzipfel breit-häutig-berandet. Kronröhre walzlich, Oberlippe aufwärts gebogen.

1. Blatt scharfgesägt, untere Sägezähne kleiner. Anhängsel unter der Oberlippe verkehrtherzförmig-2spaltig. **S. Ehrhartii** Stev.

(**S. aquatica** Aut.) Grünlich braun. Laub hellgrün. ♃ Juni—August. Gräben, Ufer. Zerstreut.

2. Untere Blätter gekerbt. Anhängsel der Oberlippe 3 mal so breit als hoch, schwach ausgerandet. **S. Neesii** Wirtg.

Hellroth-grünlich. ♃ Juli—September. Ufer. Sehr selten.

3. Blatt stumpf-gekerbt. Anhängsel der Oberlippe rundlich-nierenförmig, kaum ausgerandet. **S. Balbisii** Hornem.

S. aquatica L. Purpur-braun, am Grunde grünlich. ♃ Juni, Juli. An Gräben und Sümpfen. Sehr selten.

b. Trugdolden seitlich in den Blattwinkeln, 2—7blüthig. Gelb. Anhängsel unter der Oberlippe fehlend. Stengel und Blattstiel zottig. Blatt doppelt gesägt. **S. vernalis** L.

⊙ Mai, Juni. An Mauern. Sehr selten.

3. **Limosella** L. *Sumpfkraut.*

Blätter grundständig, langgestielt, schmal-spatelförmig. Stengel mit Ausläufern. Blüthenstiele lang, einzeln in den Blattwinkeln. . . . . **L. aquatica** L.

Gelbgrün mit röthlichem Saume. Juli—September. ⊙ oder ♃ (durch Ausläufer, zwischen Blatt und Blüthenstiel entspringend.) An schlammigen Stellen zerstreut.

4. **Lindernia** L.

Stengel liegend. Blatt länglich-eiförmig, sitzend, ganzrandig. Blüthenstiele einzeln in den Blattwinkeln. **L. pyxidaria** All.
Röthlich. Juli, August. ⊙ An überschwemmten Orten. Sehr selten.

5. **Gratíola** L. *Gnadenkraut.*

Blätter gegenständig, sitzend, lanzettlich, 3nervig, nach der Spitze zu schwachgesägt. Blüthen einzeln in den Blattwinkeln. Stock kriechend. . . . . **G. officinalis** L.
Weiss und gelblich. ♃ Juli—September. Feuchte Wiesen, Gräben. Selten.

6. **Digitalis** L. *Fingerhut.*

a. Blume roth oder rothgefleckt. Blatt gekerbt, runzelig, unterseits netzaderig-filzig. . . . . **D. purpurea** L.
⊙ Juli, August. Bergwälder. Stellenweise häufig.

b. Blume blassgelb, weit-glockig, über 3 cm. lang, aussen drüsig-flaumig. Oberlippe flach ausgerandet. Traube einseitig. Blatt gesägt. . . . . **D. grandiflóra** Lam.
(**D. ambigua** Murr.) ♃ Juni, Juli. Gebirge. Sehr zerstreut. Var. mit spitzen und mit stumpfen Zipfeln der Unterlippe.
D. lutea L. Krone röhrig, klein, kahl, Oberlippe tief und scharf ausgerandet.

7. **Antírrhinum** L. *Löwenmaul.*

a. Kelchlappen stumpf, viel kürzer als die Krone. Blumen traubig. . . . . **A. majus** L.
Röthlich, gelb gefleckt. ♃ Juni—August. Zierpflanze. An Mauern verwildert.

b. Kelchlappen lanzettlich, länger als die Krone. Blumen entfernt. . . . . **A. Oróntium** L.
Roth. ⊙ Juli—September. Aecker. Häufig.

8. **Linaria** Tourn. *Leinkraut.*

a. Blatt breit, abgesetzt-gestielt. Stengel liegend. Blüthen einzeln, langgestielt in den Blattwinkeln. Schlund nicht völlig geschlossen.

1. Blatt nierenförmig, 5lappig. Pflanze kahl. **L. Cymbalária** Mill.
(**Antirrhinum Cymbalaria** L.) Blassviolett, Gaumen weiss mit 2 gelben Höckerchen. ♃ Juni—August. An Mauern kletternd. Selten.

2. Blatt spiessförmig. Pflanze behaart. Blüthenstiel kahl. Sporn gerade. . . . . **L. Elatine** Mill.
Oberlippe violett, Unterlippe gelblich, Röhre weisslich. ⊙ Juli—Sept. Saatfelder, wüste Plätze. Selten.

3. Blatt rundlich, ganzrandig. Pflanze behaart. Blüthenstiel zottig. Sporn gekrümmt. . . . . **L. spuria** Mill.
Blume wie vorige. ⊙ Juli—September. Mit der vorigen. Selten.

b. Blatt schmal, lanzettlich-lineal, sitzend. Stengel aufrecht. Blüthenstiel drüsig-flaumig.

α. Blüthen langgestielt in den Blattwinkeln. Schlund nicht ganz geschlossen. Ganze Pflanze drüsig-behaart.
L. minor Desf.
Blassviolett, Lippen gelblich. Sporn gerade. ⊙ Juli, August. Aecker, Mauern, Schutt. Häufig.

β. Blüthen in Trauben. Schlund enggeschlossen. Samen mit einem Flügelrande umgeben.

1. Unterste Blätter quirlförmig zu 4. Traube gestielt, anfangs kopfförmig. . . . . **L. arvensis** Desf.
Hellblau. ⊙ Juli, August. Aecker. Selten.
L. striata DC., ganz kahl, Traube locker, Kelchzipfel spitz, Samen flügellos.
L. triphylla Mill., kahl, Blätter in 3zähligen Winkeln, länglich-eiförmig, sitzend. Blüthe gelb mit violettem Sporn. Samen 3kantig, grubig. ⊙ Gebaute Orte. Selten. Eingeschleppt.

2. Alle Blätter wechselständig, gedrängt. **L. vulgaris** Mill.
Hellgelb, Gaumen dunkelgelb. ♃ Juli—September. Felder, Wege, Dämme. Gemein. Zuweilen regelmässig, 5spornig: „Pelorie".

9. **Verónica** L. *Ehrenpreiss.*

I. *Blüthen einzeln in den Winkeln gewöhnlicher Laubblätter. Pflanze zweiaxig*), einjährig. Fruchtstiel lang, nach unten gebogen. Kelch 4theilig. Samen beckenförmig.*

A. Kelchblatt herzförmig, spitz, am Rande auswärts gebogen, lang bewimpert. Kelch pyramidenförmig geschlossen. Kapsel rundlich, kaum ausgerandet, im Querschnitt stumpf-4eckig, nach der einen Richtung etwas breiter

*) Zweiaxig, wenn die Blüthe als zweite Sprossgeneration, d. h. seitlich an der Hauptaxe entspringt.
Dreiaxig, wenn die Blüthe als dritte Sprossgeneration, d. h. seitlich an einem Seitenspross entspringt.

als nach der andern, 4samig. Blatt herzförmig, 3—5-lappig, der mittlere Lappen viel breiter als die seitlichen. **V. hederaefolia** L.

Hellblau. ⊙ März—Juni. Wege, Aecker. Gemein.

B. Kelchblatt am Grunde nicht herzförmig. Kapsel verkehrt-herzförmig ausgerandet, vielsamig. Blatt gekerbt-gesägt.

a. Kapsel aufgedunsen, wenigstens halb so dick als breit, spitz-ausgerandet. Blüthenstiel so lang als das Stützblatt.

α. Staubfäden am Grunde der Kronröhre eingefügt.

1. Kapsel stumpf-gekielt, nur oberwärts drüsenhaarig, Fächer 4—5samig. Griffel meist kürzer als der sehr spitze Kapselausschnitt. Kelchblätter länglich-lanzettlich, am Grunde sich berührend, nicht deckend. Blatt länglich-eiförmig, gelblich grün, behaart. **V. agrestis** L.

Oberlippe röthlich oder blassblau, Unterlippe weiss mit schwachen bläulichen Streifen. ⊙. März—Mai und October. Aecker. Gemein.

2. Kapsel am Rande abgerundet oder sehr stumpf-gekielt, dicht flaumig mit abstehenden Drüsenhaaren. Fächer 5—10samig. Griffel länger als der breite Kapselausschnitt. Kelchblätter breiteiförmig, am Grunde auch nach der Blüthe sich deckend. Blatt rundlich-herzförmig, tiefkerbig gesägt, etwas fleischig, sattgrün, wie der Kelch meist kahl, glänzend. **V. polita** Fr.

Dunkelblau. ⊙ April, Mai und October. Aecker. Selten.

β. Staubfäden am Schlunde der Kronröhre eingefügt. Kapsel stumpf-gekielt, kraus-flaumig, doppelt so breit als hoch, breit und tief ausgerandet, Fächer 3—5samig. Kelchblätter stumpf, sich nicht deckend. Blatt rundlich-eiförmig, nebst dem Stengel zottig behaart. **V. opáca** Fr.

Dunkelblau. ⊙ März—Mai und October. Aecker. Selten.

b. Kapsel nicht aufgedunsen, wenigstens 3 mal so breit als dick, doppelt so breit als hoch, stumpf ausgerandet mit auseinanderspreitzenden Lappen, netzaderig. Griffel fast so lang als die Kapsel. Die oberen Blüthenstiele länger als die Stützblätter. Blatt eiherzförmig, tiefkerbig gesägt. . . . . **V. Buxbaumii** Ten.

Blau. ⊙ April — Juni und September, October. Auf gebautem Land. Selten.

II. *Blüthen in den Winkeln von Hochblättern, welche nach unten in die Laubblätter übergehen (eine nicht scharf begrenzte Traube bildend). Pflanze zweiaxig, meist einjährig. Blüthenstiele aufrecht oder aufsteigend. Kronröhre sehr kurz.*

A. Samen auf der einen Seite hohl. Kapsel gedunsen. Blüthenstiel so lang oder länger als der Kelch und das Deckblatt.

a. Die mittleren Stengelblätter fiederig getheilt mit 3—5 länglichen Abschnitten. Kapsel rundlich, kürzer als der Kelch. **V. triphyllos** L.

Krone dunkelblau, fast so lang als der Kelch. ⊙ März—Mai. Aecker. Häufig. Von V. verna durch die langen Blüthenstiele zu unterscheiden.

b. Alle Stengelblätter herzeiförmig, gekerbt. Kapsel länglich, länger als der Kelch. . . . . **V. praecox** All.

Dunkelblau. ⊙ März—Mai. Aecker. Selten.

B. Samen beiderseits flach. Kapsel zusammengedrückt.

a. Blüthenstiel fast so lang oder länger als das Deckblatt.

1. Blüthenstiel etwa so lang als der Kelch, aufrecht. Kapsel stumpf-ausgerandet. Griffel etwa so lang als die Kapsel. Pflanze ausdauernd, fast kahl. Blatt schwach gekerbt oder ganzrandig. **V. serpyllifolia** L.

Weiss mit blauen Adern. ♃ April—September. Aecker, Triften, Gräben. Gemein.

2. Blüthenstiel doppelt so lang als der Kelch, abstehend. Kapsel spitz-ausgerandet, fast bis zur Hälfte 2spaltig. Griffel so lang als der Einschnitt. Pflanze einjährig, fein behaart. Blatt kerbig-gesägt. . . **V. acinifolia** L.

Blau. ⊙ April, Mai. Aecker. Sehr selten.

b. Blüthenstiel kürzer als das Deckblatt oder fehlend.

α. Blatt gekerbt oder gezahnt.

1. Blatt eiherzförmig, behaart. Kapsel verkehrt-herzförmig, etwa so breit als lang. . . . **V. arvensis** L.

Blau. ⊙ März, April. Aecker, Wege. Gemein.

2. Blatt in den Blattstiel keilförmig verschmälert, undeutlich gekerbt. Deckblatt lineal-länglich, ganzrandig, länger als der Kelch. Traube reichblüthig. Kapsel breiter als lang, schwach-ausgerandet, etwas angeschwollen. Griffel sehr kurz. . . . **V. peregrina** L.
Blassblau. ⊙ April, Mai. Angebaute Orte. Sehr selten.

β. Blatt fiederspaltig mit 5—7 Lappen, von denen der mittelste am grösten. Kapsel fast doppelt so breit als hoch. . . . . **V. verna** L.
Krone blassblau, kleiner als der Kelch. ⊙ März—Mai. Sandige Aecker, Hügel. Hier und da.

III. *Blüthen in einer endständigen (oder ausserdem auch seitenständigen) scharfbegrenzten dichten Traube. Pflanze zweiaxig, ausdauernd. Kronröhre länger als breit.*

a. Blatt länglich eirund, stumpf, kerbig-gesägt, nach vorn ganzrandig, am Grunde meist verschmälert, gegenständig zu 2. Stengel aufsteigend. . . . . **V. spicata** L.
Blau. ♃ Juni—September. Sonnige Orte. Sehr selten.

b. Blatt lanzettlich, lang zugespitzt, am Grunde meist herzförmig, bis zur Spitze doppelt-scharfgesägt, meist gegenständig zu 2. Stengel aufrecht. . . . . . **V. longifolia** L.
Blau. Juni—September. ♃ Flussufer, feuchte Wiesen. Sehr selten.

c. Blatt länglich-lanzettlich, spitz, sägezähnig, am Grunde verschmälert, meist quirlständig zu 3 oder 4. **V. spuria** L.
Blau. ♃ Juli, August. Zierpflanze.

IV. *Blüthen in seitenständigen Trauben, Hauptaxe in einem Laubtriebe endigend, d. h. Pflanze dreiaxig, ausdauernd.*

A. Kelch 4theilig.

a. Blatt lineal-lanzettlich, 4—8 mal so lang als breit, sitzend, weitläufig-rückwärtsgesägt oder ganzrandig, kahl. Blüthen auf langen, weit abstehenden Stielen in lockeren Trauben. Kapsel zusammengedrückt, ausgerandet, mit den Seitenrändern aus dem Kelche hervortretend. **V. scutellata** L.
Bläulich, lila, röthlich. Stengel liegend. ♃ Mai—August. Gräben. Zerstreut.

b. Blatt 2—4 mal länger als breit, kahl, etwas fleischig. Kapsel nicht seitlich aus dem Kelche hervorragend.

1. Blatt sitzend, halbumfassend, länglich-eiförmig oder lanzettlich, spitz, schwach gezahnt oder ganzrandig. Stengel undeutlich-4kantig, aufrecht. **V. Anagallis** L.

Blassblau, dunkler gestreift. ♃ Mai—August. Gräben, Ufer. Zerstreut.

2. Blatt gestielt, elliptisch, stumpf, kerbig-gesägt. Stengel rund, aufsteigend. . . . . **V. Beccabunga** L.

Bachbunge. Blassblau, dunkler gestreift. ♃ Mai—August. Gräben, Bäche. Häufig. ●

c. Blatt höchstens doppelt so lang als breit, behaart, kerbig-gesägt. Stengel aufsteigend. Kronröhre kurz.

1. Stengel gewöhnlich zweizeilig behaart. Kapsel kürzer als der Kelch, seitlich nicht hervorragend, verkehrt-herzförmig. Fruchtstiel aufrecht. Traube reichblüthig. **V. Chamaedrys** L.

Krone gross, blau, dunkel geadert. ♃ April—Juni. Gebüsche, Wälder, Wiesen. Gemein.

2. Stengel gleichmässig behaart. Kapsel länger als der Kelch, seitlich nicht hervorragend, verkehrtherzförmig. Fruchtstiel aufrecht, kürzer als die Kapsel. Traube reichblüthig. . . . .**V. officinalis** L.

Blassblau. ♃ Mai—Juli. Triften, Wälder. Sehr häufig.

3. Stengel gleichmässig behaart. Kapsel länger als der Kelch, seitlich hervorragend, mehr breit als hoch, oben und unten ausgerandet, flach. Fruchtstiel so lang oder länger als die Kapsel, abstehend. Traube locker, 4—5blüthig. . . . . **V. montana** L.

Weisslich, violett-gestreift. ♃ Mai, Juni. Wälder, Berge. Zerstreut.

B. Kelch mit 5 linealen Zipfeln, der obere viel kürzer. Fruchtstiel so lang als die verkehrteiförmige Kapsel.

a. Blatt kurz-gestielt, linien-lanzettlich, schwach gesägt-gezahnt. Stengel niederliegend. . . . . **V. prostrata** L.

(**V. Teucrium** Wallr. γ. **prostrata.**) Hellblau. ♃ Mai, Juni. Sonnige Hügel, Triften. Zerstreut.

b. Blatt sitzend, eiförmig oder länglich, eingeschnitten-gesägt. Stengel aufrecht. . . . .**V. latifolia** L.

Himmelblau. ♃ Juni, Juli. Sonnige Grashügel. Zerstreut.

3. Gruppe. RHINÁNTHEAE DC.

10. **Melampýrum** L. *Wachtelweizen.*

a. Blüthen in gleichseitiger Aehre. Schlund der Krone geschlossen. Blätter sitzend.

1. Aehre dicht, 4kantig. Deckblätter aufwärts zusammengefaltet, an der Spitze zurückgebogen, kammartig gezahnt, röthlich. Kelch behaart, halb so lang als die Kronröhre. . . . . **M. cristatum** L.

Weiss oder röthlich, Unterlippe gelb. ⊙ Juni, Juli. Gebüsche, trockene Waldplätze. Selten.

2. Aehre locker. Deckblätter eilanzettlich, borstig-gezahnt, aufrecht abstehend, flach, unterseits mit 2 Reihen von schwarzen Punkten, roth. Kelch behaart, so lang als die Kronröhre. . . . . **M. arvense** L.

Roth oder gelb. ⊙ Juni, Juli. Aecker. Hier und da.

M. barbatum W. K. Deckblätter meist grün, unterseits nicht punktirt, Kelch zottig, dreimal so kurz als die Kronröhre. Blume gelb. Sonst wie **M. arvense**. ⊙ Mai, Juni. Kornäcker, aus Oesterreich eingeschleppt.

b. Blüthen einseitswendig in lockerer Traube. Krone gelb. Blätter deutlich gestielt.

α. Obere Deckblätter herzförmig-lanzettlich, flach, gezahnt, blau oder weiss. Kelch behaart, kürzer als die Kronröhre. Schlund der Krone offen. . **M. nemorosum** L.

Goldgelb, Kronröhre meist rostbraun. ⊙ Juli, August. Wälder, Gebüsche. Zerstreut.

β. Obere Deckblätter lanzettlich, grün. Kelch kahl.

1. Deckblätter am Grunde mit 2—4 pfriemlichen Zähnen. Kelchzähne lineal, halb so lang als die gerade Kronröhre. Schlund geschlossen. Blüthe abstehend.

M. pratense L.

Gelb, dann weiss, zuweilen lila. Unterlippe mit 2 orangegelben Flecken. ⊙ Juni—August. Wälder, Gebüsche. Gemein.

2. Deckblätter ganzrandig oder mit kurzen Zähnen. Kelchzähne eilanzettlich, so lang als die gekrümmte Kronröhre. Schlund weitgeöffnet. Blüthen aufrecht.

M. silvaticum L.

Dunkelgelb, kleiner als die vorigen. ⊙ Juni—August. Gebirgswälder. Selten.

11. **Rhinanthus** L. *Klappertopf.*

a. Deckblätter dunkelgrün oder röthlich. Kronröhre gerade, kürzer als der Kelch. Zähne der Oberlippe so breit als lang, weisslich. Griffel eingeschlossen, nicht blau. Kelch kahl. Stengel nicht gefleckt. . . . . . **Rh. minor** Ehrh.
(**Rh. crista galli** α. L.) Dunkelgelb. ⊙ Mai—Juli. Wiesen. Gemein.

b. Deckblätter weissgrün. Kronröhre etwas gekrümmt, so lang oder länger als der Kelch. Zähne der Oberlippe länger als breit, blau. Griffel vorragend, unter der Narbe blau. Stengel schwarz gefleckt.

1. Kelch kahl. Flügelrand des Samens halb so breit als der Samen. . . . . **Rh. major** Ehrh.
(**Rh. crista galli** β. L.) Blassgelb. Mai—Juli. ⊙ Wiesen, Triften. Häufig.

2. Kelch weisszottig. Flügelrand des Samens schmäler.
Rh. Alectorólophus Poll.
(**Rh. crista galli** γ. L.) Blassgelb. ⊙ Mai—Juli. Aecker. Zerstreut.
[Die drei Arten wahrscheinlich nur als Abarten zu betrachten.]
Rh. alpinus Baumg. β. **angustifolius**. Deckblätter mit langen linealen Zähnen, oft schwarz-punktirt. Kelch kahl. Seitliche Zähne der Oberlippe länglich-lineal, blau. Flügelrand des Samens breit. Blatt lineal. Juli, Aug. Trockene Bergwiesen. Grenzgebiet. Selten.

12. **Euphrásia** L. *Augentrost.*

a. Jeder der 3 Lappen der Unterlippe ausgerandet. Oberlippe kürzer als die Unterlippe, mit 2 ausgebreiteten Lappen. Aeussere Antherenfächer der kürzeren Staubfäden nach unten kürzer zugespitzt als die inneren.
E. officinalis L.

α. **pratensis**. Krone gross, weiss, violett gestreift, Schlund gelb. Lappen der Unterlippe gleichlang. Oberlippe beiderseits 3kerbig. Zweige schlaff aufsteigend. Abstehend - drüsig behaart. Blatt breit-eiförmig, stachelspitzig gezahnt. ⊙ Juli—September. Wiesen. Gemein.

β. **nemorosa**. Krone kleiner, bläulich weiss, Schlund gelb. Seitenlappen der Unterlippe kürzer. Oberlippe beiderseits spitz 2zahnig. Zweige steifaufrecht. Anliegend krausflaumig. Blatt breiteiförmig, haarspitzig gezahnt, getrocknet: gefaltet. Trockene Waldwiesen. Häufig.

γ. **alpestris** (**micrantha** Rchb.). Krone sehr klein, weisslich, Schlund gelb. Seitenlappen der Unterlippe kurz. Oberlippe beiderseits stumpf-3kerbig. Zweige zart, aufrecht. Kraushaarig. Blatt lanzettlich. Triften, Haiden. Selten.

b. Die Lappen der Unterlippe nicht ausgerandet. Oberlippe länger als die Unterlippe, helmförmig, schwach ausgerandet. Antherenfächer aller Staubfäden nach unten gleichmässig zugespitzt.

1. Stützblätter gesägt. Blüthe roth. Antheren an der Spitze zottig . . . . **E. Odontites** L.
(Odontites vulgaris Mch.) ⊙ Juni—September. Aecker, Triften. Sehr häufig.

2. Stützblätter ganzrandig. Blüthe goldgelb. Antheren kahl. . . . . **E. lútea** L.
⊙ August, September. Trockene Kalkberge. Sehr selten.

13. Pedicularis L. *Läusekraut.*

a. Stengel von unten an blüthentragend, am Grunde mit niederliegenden Aesten. Kelch gleichmässig-5zähnig. **P. silvatica** L.
Rosa. Stengel 1—2 dm. ⊙ Mai—Juli. Nasse Wiesen und Weiden. Gemein.

b. Stengel von unten an verästelt. Aeste aufrecht abstehend. Kelch 2lappig, Lappen kraus. . **P. palustris** L.
Rosa. Stengel fusshoch. ⊙ Mai—Juli. Sumpfige Orte. Häufig.

74. Familie. LENTIBULARIEAE Rich.

Gattungen.

a. Kelch 5theilig. Krone rachenförmig (Schlund offen). Blatt ganz. . . . . 1. **Pinguícula** L.

b. Kelch 2theilig. Krone maskirt (Schlund durch einen Gaumen geschlossen). Blatt fadenförmig zertheilt mit schlauchförmigen Anhängseln). . . . 2. **Utricularia** L.

1. Pinguícula L. *Fettkraut.*

Blätter rosettenförmig, fleischig, schleimig, gelbgrün. Blüthe langgestielt. Sporn pfriemlich . . . . **P. vulgaris** L.
Violett. ♃ Mai—Juli. Torfsümpfe. Sehr selten.

2. Utricularia L. *Wasserschlauch.*

a. Blätter zerstreut, nach allen Seiten ausgebreitet, im Umriss eiförmig. Schläuche zwischen den Zipfeln. Trauben 3—7blüthig. Oberlippe von der Länge des Gaumens.

α. Sporn lang kegelförmig. Unterlippe mit den Rändern

zurückgebogen. Unterlippe der Narbe gewimpert. Blatt wiederholt-fiedertheilig mit entfernt-feinzähnigen Zipfeln. **U. vulgaris** L.

Blume wenigstens 1 cm. gross, dottergelb, Gaumen braunroth gestreift. ♃ Juni—August. Stehende Gewässer. Zerstreut.

β. Sporn sehr kurz und stumpf. Unterlippe der Narbe ganzrandig. Blatt handförmig-gabelig-vieltheilig mit ungezahnten Zipfeln.

1. Unterlippe der Krone eiförmig, am Rande zurückgeschlagen. . . . . **U. minor** L.

Blume höchstens 1 cm. gross, blassgelb, Gaumen ockergelb gestreift. ♃ Juni—August. Stehende Gewässer. Sehr selten.

2. Unterlippe kreisrund, flach. . . . . . **U. Bremii** Heer.

Im Uebrigen wie vorige.

b. Blätter zweizeilig, handförmig gabelig-vieltheilig, im Umriss nierenförmig, mit genäherten dornspitzigen Zähnen. Schläuche an besonderen blattlosen Zweigen. Trauben 2—3blüthig. Oberlippe doppelt so lang als der Gaumen. Sporn lang kegelförmig. . . . . . . **U. intermedia** Hayne.

Blume wenigstens 1 cm. gross, blassgelb. Gaumen roth gestreift. ♃ Juli, August. Stehende Wasser. Sehr selten.

75. Familie. PRIMULACEAE Vent.

a. Uebersicht der Gruppen.

A. Samen schildförmig. Keim wagerecht.

a. Kapsel klappig aufspringend: PRIMULEAE. [**Primula, Androsace, Trientalis, Lysimachia, Glaux.**]

b. Kapsel deckelartig-aufspringend: ANAGALLIDEAE. [**Anagallis, Centunculus.**]

B. Samen verkehrteiförmig. Keim aufrecht. Kapsel in Spalten aufspringend: HOTTONIEAE. [**Hottonia.**]

C. Samen kugelig. Keim aufrecht. Kapsel halbunterständig, klappig-aufspringend: SAMOLEAE. [**Samolus.**]

b. Uebersicht der Gattungen.

I. Kelch und Krone, unterständig.

A. Blüthe 4gliederig. Kronröhre bauchig, Saum offen. Kapsel deckelartig aufspringend. Blätter zerstreut. 7. **Centúnculus** L.

B. Blüthe 5gliederig.
a. Stengel gestreckt und beblättert. Kelch 5theilig.
α. Blätter zerstreut. Blüthenstand traubenförmig mit quirlförmigen Aesten. Kapsel mit 5 Spalten aufspringend. Krone tellerförmig. . . 8. **Hottonia** L.
β. Blätter gegenständig oder wirtelig. Krone radförmig.
1. Kapsel mit 5 oder 10 Klappen aufspringend. (Blume gelb.) . . . . 4. **Lysimáchia** L.
2. Kapsel deckelartig aufspringend. (Blume roth oder blau.) . . . . 6. **Anagallis** L.
b. Stengel verkürzt. Blätter grundständig, rosettenartig. Kelch 5zähnig oder 5spaltig. Krone trichterförmig oder tellerförmig. Kapsel 5klappig aufspringend. Blüthen einzeln oder doldenartig.
1. Kronröhre walzenförmig. . . . . 1. **Prímula** L.
2. Kronröhre unter dem Saum eingeschnürt, mit Schlundhöckerchen. . . . . 2. **Andrósace** L.
C. Blüthe 6—8gliederig. Staubfäden nach dem Verstäuben zurückgekrümmt. . . . . 3. **Trientális** L.
II. Einfaches Perigon, unterständig, glockig. Kapsel klappig aufspringend . . . . 5. **Glaux** L.
III. Kelch und Krone, halboberständig, 5spaltig. Krone kurzglockig mit offenem 5spaltigem Saum. Kapsel klappig aufspriugend. . . . . . . 9. **Sámolus** L.

1. **Primula** L. *Primel. Schlüsselblume.*

a. Blatt runzelig, unterseits behaart, in der Knospung am Rande zurückgerollt. Schlund der Krone mit Höckerchen. Kelch scharfkantig.
α. Blüthenstiele einblüthig, grundständig, zuweilen in einer gestielten Dolde mit lanzettlichen Hüllblättchen. Kronröhre walzlich, allmählich etwas erweitert. Saum breit und flach. Blatt verkehrteiförmig, allmählich in den Blattstiel verschmälert. . . . . **P. acaulis** Jacq.
Primel. Schwefelgelb, weiss, roth. ♃ März, April. Zierpflanze.
β. Blüthen fast stets doldenartig. Hüllblättchen aus breitem

Grunde abgesetzt-pfriemlich. Kronröhre oben abgesetzt-erweitert. Blatt eiförmig, am Grunde abgestutzt und mit schmaler Fläche allmählich in den etwas geflügelten Blattstiel verschmälert.

1. Kronsaum flach, schwefelgelb, geruchlos. **P. elatior** Jacq.

(**P. veris** β. L.) *Schlüsselblume.* ♃ März, April. Waldwiesen, Grasgärten Häufig. Auch Zierpflanze, mit bunten Farben (*Primel*).

2. Kronsaum concav, zusammengeneigt, goldgelb mit gelbrothen Flecken, wohlriechend. Kelchzähne kurz-zugespitzt. . . . . **P. officinalis** Jacq.

(**P. veris** α. L.) ♃ März—Mai. Wiesen, Wälder, Grasgärten. Gemein.

b. Blatt eben, kahl, bereift, verkehrteiförmig, fast sitzend, in der Knospung nicht zurückgerollt. Blüthen doldenartig. Hüllblättchen stumpf. Kelch bereift, nicht scharfkantig. Schlund der Krone ohne Höckerchen. Saum breit und flach. . . . . **P. Auricula** L.

Aurikel. ♃ März—Juni. Zierpflanze aus den Alpen. In vielen Farben.

2. **Andrósace** L. *Mannsschild.*

Blüthen doldenartig. Blätter lanzettlich.

a. Schlund durch die Höckerchen verengt. Kelch kürzer als die Krone. Dolde, Schaft und Blätter kurzsternhaarig. **A. septentrionalis** L.

Weiss mit gelbem Schlund. ⊙ Mai, Juni. Sandige Brachäcker. Sehr selten.

b. Schlund nicht verengt. Kelch länger als die Krone. Dolde, Schaft und Blätter mit gegliederten Haaren. **A. maxima** L.

Weiss mit gelbem Schlund. ⊙ April, Mai. Saatfelder. Sehr selten.

A. elongata L. Schlund verengt. Kelch länger als die Krone. Pflanze sternhaarig. ⊙ Juli, August. Sonnige Hügel, sandige Aecker. Sehr selten.

3. **Trientális** L. *Siebenstern.*

Blätter elliptisch, ganzrandig, oben am Stengel wirtelig zusammengedrängt. Blüthen langgestielt. . **T. europaea** L.

Weiss. ♃ Mai—Juli. Gebirgswälder. Selten.

4. **Lysimachia** L. *Zahlkraut. Friedlos. Egelkraut.*

a. Blüthen einzeln (oder zu 2) in den Blattwinkeln. Stengel

niederliegend. Staubfäden frei oder nur am Grunde verwachsen. Keine Läppchen zwischen den Kronzipfeln.

1. Kelchzipfel aus breitem, fast herzförmigem Grunde zugespitzt. Blüthenstiel meist kürzer als das Stützblatt. Blatt rundlich-eiförmig, fast herzförmig, stumpf, fiedernervig. Stengel wurzelnd. . . . . . **L. Nummularia** L.
Dunkelgelb, wohlriechend. ♃ Juni, Juli. Raine, feuchte Waldplätze. Gemein.

2. Kelchzipfel schmal-lanzettlich. Blüthenstiel meist viel länger als das Stützblatt. Blatt eilanzettlich, spitz, 3-nervig. Stengel nicht wurzelnd. . . . **L. némorum** L.
Hellgelb. ♃ Mai—Juli. Feuchte Laubwälder. Zerstreut.

b. Blüthen in gipfelständiger Rispe. Stengel aufrecht. Staubfäden bis zur Mitte verwachsen, den Fruchtknoten bedeckend. Kein Läppchen zwischen den ganzrandigen Kronzipfeln. Blätter länglich-eiförmig, gegenständig oder wirtelig. . . . . **L. vulgaris** L.
Dunkelgelb. ♃ Juli—September. Ufer, sumpfige Orte. Häufig. Var.: **L. guestphalica** Weihe, mit grossen unteren Stützblättern der Endtraube. **L. punctata** L. Blüthenstiele 1—4, doldig in den Blattwinkeln. Kronzipfel drüsig gewimpert. Gartenpflanze, hier und da verwildert. **L. ciliata** L. Staubfäden 10. Kronzipfel gezahnt. Blattstiel gewimpert. Sonst wie vorige. Gartenpflanze aus Nordamerika.

c. Blüthen in dichten, gestielten achselständigen Trauben. Zwischen den Kronzipfeln je ein zahnförmiges Läppchen. Stengel aufrecht. Blatt lanzettlich. . . **L. thyrsiflóra** L.
Blume klein, gelb. ♃ Juni, Juli. An Gräben, Teichen. Sehr selten.

5. **Glaux** L. *Milchkraut.*

Blatt länglich-lanzettlich, etwas fleischig, eingedrückt-punktirt, randhäutig, dichtstehend, unten gegenständig, nach oben zerstreut. **G. maritima** L.
Weiss oder röthlich. ⊙ Mai, Juni. Um Salinen. Selten.

6. **Anagallis** L. *Gauchheil.*

a. Krone mennigroth, am Rande fein-drüsig-gewimpert. Kelch ungefähr so lang als die Kapsel. Blüthenstiele einzeln in den Winkeln der Blätter, länger als diese. Stengel niederliegend. . . . . **A. arvensis** L.
⊙ Juni—September. Aecker, Gärten. Sehr häufig.

b. Krone blau, fast drüsenlos. Kelch länger als die Kapsel.

Blüthenstiele ungefähr so lang als die Stützblätter. Stengel meist aufrecht. . . . . **A. caerulea** Schreb.
⊙ Juni—September. Aecker, Gärten, besonders auf Kalkboden. Zerstreut.

7. **Centúnculus** L. *Kleinling.*

Blatt eiförmig, ganzrandig. Blüthe einzeln achselständig sitzend. . . . . **C. minimus** L.
Weiss ⊙ Juni—August. Auf feuchtem Sandboden, Ackerfurchen u. s. w. Hin und wieder.

8. **Hottónia** L.

Stengel untergetaucht. Blatt kammförmig-fiedertheilig. Blüthen gestielt, wirtelförmig in endständiger Traube.
H. palustris L.
Weiss und röthlich. ♃ Mai, Juni. Teiche, Gräben. Selten.

9. **Sámolus** L. *Bunge. Pungen.*

Wurzelblätter rosettenartig, spatelförmig; Stengelblätter verkehrt-eiförmig, fast sitzend, zerstreut, ganzrandig. Lockere Traube. . . . . **S. Valerandi** L.
Weiss, klein. ♃ Juni—September. Feuchte Stellen. Sehr selten.

76. Familie. ERICACEAE RBr.

A. Am Grunde des Fruchtknotens eine drüsige Scheibe. Holzige Gewächse. Blatt meist linienförmig.

a. Krone einblätterig, 4theilig, verwelkend. Staubfäden 8. Antheren 2hörnig. Kapsel 4klappig. Blätter nadelförmig, gegenständig oder wirtelig. Winterknospe n a c k t. ERICEAE DC.

1. Kapsel wandspaltig-aufspringend (Scheidewände an der Mittelsäule bleibend). Aeussere Blüthendecke (Kelch) wie die innere kleinere gefärbt. Blüthenstiel mit 3 Paar Deckblättchen. . . . . 1. **Callúna** Salisb.
2. Kapsel fachspaltig-aufspringend (Scheidewände in der Mitte der Klappen sitzend). Kelch grün, kleiner als die Krone. Blüthenstiel mit ein Paar Deckblättchen. 2. **Eríca** L. emend.

b. Krone einblätterig, krugförmig, abfallend. Staubfäden 10, Antheren an der Spitze mit Löchern aufspringend, gehörnt. Blätter zerstreut.

1. Frucht eine 5klappig, fachspaltig aufspringende Kapsel. ANDROMEDEAE. DC. . . . . . 3. **Andrómeda** L.

2. Frucht eine 5steinige Steinfrucht. ARBUTEAE DC. 4. **Arctostáphylos** Adans.

c. Krone 5blätterig, abfallend. Staubfäden 10. Antherenfächer an der Spitze mit einem Loch aufspringend. Kapselwand 5spaltig vom Grund an in 5 oben hängenbleibenden Klappen aufspringend. Blätter zerstreut. RHODOREAE DC. . . . . 5. **Ledum** L.

B. Unterweibige Scheibe fehlend. Krautartige Pflanzen. Blätter breit, flach, zerstreut. Krone 5blätterig oder tief 5theilig. Staubfäden 10. Antherenfächer am Grund mit einem Loch aufspringend. Kapsel von oben her fachspaltig in 5 Längsritzen aufspringend. PYROLEAE DC. 6. **Pýrola** L.

1. **Callúna** Salisb. *Haidekraut.*

Blätter am Grunde pfeilförmig, kahl, gegenständig, dichtstehend 4zeilig. Blüthenstand traubenartig, einseitig.

C. vulgaris Salisb.

(**Erica vulgaris** L.) Blassroth, zuweilen weiss. ♄ August, September. Wälder. Haiden. Gemein.

2. **Eríca** L. *Haide.*

Blätter kurzgestielt, am Rande umgerollt, steifhaarig-gewimpert, wirtelig zu 3—4. Blüthen in kopfförmiger Traube.

E. Tetrálix L.

Glockenhaide. Blassroth. ♄ Juni—September. Sumpfige Waldplätze. Sehr selten.

3. **Andrómeda**. *Gränke.*

Stengel niederliegend. Blatt lineal-lanzettlich, zugespitzt, am Rande zurückgerollt, lederig, unterseits bläulich-grün. Blüthen gestielt, nickend, an der Spitze fast doldenartig.

A. polifolia L.

Blassroth. ♄ Juni—Juli. Torfboden. Sehr selten.

5. **Arctostáphylos** Adans. *Bärentraube.*

Stengel niederliegend. Blätter spatelförmig, ganzrandig, lederartig, kahl, netzaderig. Blüthentraube endständig, kurz. **A. officinalis** Wimm. Grab.

(Arbutus uva ursi L.) blassroth. Frucht roth. ♄ Mai, Juni. Steinige Orte. Sehr selten.

5. **Ledum** L. *Porst.*

Stengel aufrecht. Blatt lineal-lanzettlich, am Rande umgerollt, lederig, unterseits rostfarben-filzig. Blüthen in endständigen Doldentrauben. . . . . **L. palustre** L.

Weiss oder röthlich. Laub starkriechend. ♄ Mai—Juli. Torfboden. Sehr selten.

6. **Pýrola** L. *Wintergrün.*

a. Blüthen traubenartig. Krone 5blätterig. Narbe 5eckig. Kapselspalten an den Rändern zottig. Adernetz auf der oberen Blattfläche vortretend.

α. Krone ausgebreitet. Staubfäden aufwärts gekrümmt. Griffel abwärts geneigt, an der Spitze gebogen. Traube allseitswendig.

1. Kelchzipfel lanzettlich, halb so lang als die Krone, an der Spitze zurückgebogen. Krone weiss. Blattstiel länger als die Scheibe. . . . . **P. rotundifolia** L.

♃ Juni, Juli. Wälder, Vorhölzer. Zerstreut.

2. Kelchzipfel eirund, 4 mal kürzer als die Krone, anliegend. Krone grünlich weiss. Blattstiel nicht länger als die Scheibe. . . . . **P. chlorantha** Sw.

Kleiner als vorige. ♃ Juni, Juli. Wälder, Vorhölzer. Selten.

β. Krone geschlossen. Staubfäden zusammenneigend. Griffel gerade.

1. Krone kugelig, weiss oder röthlich. Traube allseitswendig.

* Griffel etwas schief, länger als die Krone. Narbe schmäler als der Ring an der Spitze des Griffels. Traube locker. . . . . **P. media** Sw.

Weiss. ♃ Juni, Juli. Wälder. Sehr selten.

** Griffel senkrecht, in der Krone eingeschlossen. Narbe

doppelt so breit als der Griffel. Traube dichtblüthig. . . . . **P. minor** L.

Krone halb so gross als **P. media** (etwa ½ cm.), etwas offen, weiss oder röthlich. ♃ Juni, Juli. Wälder. Häufig. — Var.: grösser, Traube lockerer: **P. rosea** Sm. Häufig.

2. Krone eiförmig, grünlich weiss. Traube einseitswendig dicht. Griffel vorragend.. . . . . **P. secunda** L.

♃ Mai—Juli. Wälder. Zerstreut.

b. Blüthen doldenständig. Krone 5blätterig. Staubfäden in der Mitte verbreitert. Griffel kurz. Narbe kreisrund. Kapselspalten kahl. — Blatt lanzettlich-keilförmig, nach vorn weitläufig- und scharf-gesägt, wirtelartig zusammengedrängt. Adernetz auf der oberen Blattfläche vertieft. **P. umbellata** L.

Röthlich weiss. ♃ Juni, Juli. Wälder. Sehr selten.

c. Blüthe einzeln, endständig, langgestielt. Krone einblätterig, 5spaltig, ausgebreitet. Griffel lang, Narbe 5strahlig. Kapselspalten an den Rändern kahl. Blatt rundlich, kerbig-gesägt. Adernetz auf der obern Blattfläche vortretend. **P. uniflóra** L.

Weiss. ♃ Juni, Juli. Wälder. Sehr selten.

77. Familie. MONOTROPEAE. Nutt.

Monótropa L. *Ohnblatt.*

Stengel nur mit Schuppen besetzt. Ganze Pflanze gelblich weiss. Blüthen in endständiger dichter nickender Traube. **M. Hypópitys** L.

Fichtenspargel. ♃ Juli, August. In Laub- und Nadelwaldungen. Zerstreut. Var.: α. **glabra**, Traube kahl: β. **hirsuta**, Traube behaart.

78. Familie. VACCINIEAE DC.

Vaccínium L. *Heidelbeere.*

a. Krone kugelig oder glockig mit kurzgezahntem Saume Kelch kurzgezahnt oder ganzrandig.

α. Blatt krautartig, abfallend. Krone unter der Mündung eingeschnürt. Beere schwarzblau, bereift. Anthere 2-hörnig.

1. Stengel kantig. Blatt eiförmig, gesägt, glänzend, beiderseits grün. Kelch ganzrandig. Blüthen einzeln. **V. Myrtillus** L.

Heidelbeere, schwarze Beere, Bickbeere. Röthlich grün. ♄ Juni, Juli. Wälder. Gemein.

2. Stengel stielrund. Blatt verkehrt-eiförmig, ganzrandig, stumpf, matt, unterseits bläulich. Kelch 5zähnig. Blüthen je 3 aus einer Knospe . . . . **V. uliginosum** L.

Rauschelbeere. Röthlich. Juni, Juli. ♄ Moorboden, Wälder. Sehr selten.

β. Blatt lederig, immergrün, verkehrt-eiförmig, stumpf, am Rande umgebogen, unterseits schwarz-punktirt. Stengel stielrund. Blüthen traubig. Anthere nicht gehörnt. Beere roth glänzend. . . . . **V. Vitis Idaea** L.

Preisselbeere, Kronsbeere. Röthlich weiss. ♄ Mai—Juli. Wälder, Haiden in Gebirgsgegenden. Hier und da.

b. Krone radförmig, tief getheilt, zurückgeschlagen. Anthere nicht gehörnt. Kelch 4spaltig. Blatt eiförmig, am Rande umgerollt, unterseits bläulich, lederartig, immergrün. Stengel und Aeste kriechend. Blüthen langgestielt zu 2—4. Beere roth. . . . . **R. Oxycoccos** L.

Moosbeere. Röthlich. ♄ Mai—Juli. Sumpf- und Moorboden. Selten.

79. Familie. CAMPANULACEAE DC.

Gattungen.

a. Krone bis zum Grunde 5theilig mit linealen, anfangs, besonders an der Spitze verbundenen Zipfeln. Blüthenstand kopf- oder walzenförmig, mit gemeinschaftlicher Hülle.

1. Staubfäden am Grunde nicht verbreitert. Antheren zusammenhängend. Kapsel 2fächerig, an der Spitze mit einer Spalte aufspringend . . . . 1. **Iasióne** L.

2. Staubfäden am Grunde verbreitert. Antheren frei. Kapsel oben mit seitlichen Löchern aufspringend. 2. **Phyteuma** L.

b. Krone mit breiten, freien Zipfeln. Blüthenstand ohne gemeinschaftliche Hülle. Antheren frei.

1. Krone glockig. Staubfäden am Grunde verbreitert. Kapsel kreisselförmig, mit seitlichen Löchern aufspringend. 3. **Campánula** L.

2. Krone radförmig. Staubfäden nicht verbreitert. Kapsel länglich-prismatisch, unter dem Kelch mit Spalten aufspringend. . . . . **4. Specularia** Heist.

Anm. **Wahlenbergia hederacea** Schrad. Staubfäden nicht verbreitert. Kapsel mit Klappen aufspringend, sonst wie **Campanula**. Blatt 5lappig. ♃.

1. **Iasióne** L. *Jasione. Schaf-Scabiose.*

Blatt lineal. Blüthen klein in halbkugeligen Köpfchen.

I. montana L.

Meist blau. ⊙ Juni, Juli. Trockene sonnige Abhänge. Häufig. Von **Scabiosa** durch den einfachen Kelch, die linealen Blumenzipfel und die 5 verwachsenen Antheren zu unterscheiden.

2. **Phyteuma** L. *Rapunzel.*

a. Blüthenähre nach dem Verblühen länglich oder walzlich. Hüllblätter lanzettlich oder pfriemlich.
   1. Aehre weisslich, walzlich. Blatt doppelt-kerbig-gesägt.
      P. spicatum L.
      ♃ Juni. Juli. Bergwiesen. Häufig.
   2. Aehre violett, eiförmig. Blatt einfach-kerbig-gesägt. Krone runzelig. . . . . **P. nigrum** Schmidt.
      ♃ Mai, Juni. Bergwiesen. Zerstreut.

b. Kugeliges Köpfchen, dunkelblau. Hüllblätter am Grunde eiförmig, etwas gesägt. . . . . **P. orbiculare** L.
   ♃ Mai—August. Bergwiesen. Hier und da.

3. **Campánula** L. *Glockenblume.*

A. Blüthen gestielt, traubig oder rispig.
   a. Stengelblätter schmal, linienförmig.
      α. Grundständige Blätter oder die der nicht blühenden Schösslinge rundlich-eiförmig. Kapsel nickend, am Grunde aufspringend. . . . . **C. rotundifolia** L.
         Blau. ♃ Mai—September. Mauern, Triften, Wege. Gemein. Aendert vielfach ab, z. B. δ. **lancifolia** mit schmal-linealen unteren Stengelblättern.
      β. Grundständige Blätter länglich, in den Blattstiel verschmälert. Kapsel aufrecht, seitlich an der Spitze aufspringend.
         1. Kelchzipfel pfriemlich. Blüthen meist rispig. Krone weniger als 2 cm. breit.

* Rispe ausgebreitet, ebenstraussförmig, armblüthig. Blüthen nur oberhalb der Mitte der Rispenäste entspringend. Blatt flach. Wurzel ästig, holzig.

C. pátula L.

Violett. ⊙ Mai—Juli. Wiesen, Gebüsche. Gemein. Var. mit drüsig-punktirtem Kelch: β. **punctata**, und mit halb so grossen Blumen: γ. **flaccida**.

** Rispe verlängert, reichblüthig. Blüthen unterhalb der Mitte der aufrechten Rispenäste entspringend. Blatt lang-zugespitzt, am Rande zurückgebogen, etwas wellig. Wurzel einfach spindelförmig, fleischig.

C. Rapúnculus L.

Rapunzel. Violett. ⊙ Mai—Juli. Wiesen, Wege. Gemein.

2. Kelchzipfel lanzettlich. Blüthen traubig, nur 3—5 Krone über 2 cm. breit. . . . . . **C. persicifolia** L.

Meist blau. ♃ Mai—Juli. Gebirgswälder. Zerstreut.

b. Stengelblätter breit (eiförmig oder eilanzettlich). Blüthen traubig.

α. Kelchbuchten ohne Anhängsel. Kelchzipfel lanzettlich. Blatt grob-gesägt.

1. Stengel scharfkantig, nebst den Blättern steifhaarig, die unteren herzförmig, langgestielt. . **C. Trachélium** L.

Krone blau, innen bärtig. ♃ Juni—August. Waldränder, Hecken. Häufig.

2. Stengel rund oder stumpfkantig, nebst den Blättern meist rauh; die unteren herzförmig, langgestielt.

C. rapunculoides L.

Blau. ♃ Juni—August. Hecken, Aecker, Gärten. Häufig.

3. Stengel stumpfkantig, kahl. Untere Blätter in den kürzeren Blattstiel verschmälert oder herzförmig. Traube einseitig . . . . **C. latifolia** L.

Blau. ♃ Juni—August. Gebirgswälder. Sehr selten.

β. Kelchbuchten mit herabgebogenen Anhängseln. Stengel rauhhaarig . . . . **C. Medium** L.

Blau, weiss. ⊙ Juli—September. Zierpflanze aus Italien.

B. Blüthen sitzend, knäuelartig.

a. Steifhaarig. Wurzelblätter lanzettlich, in den Blattstiel verschmälert. Kelchzipfel eiförmig, stumpf.

C. Cervicaria L.

Hellblau. ♃ Juni—August. Wälder. Selten.

b. Rauhhaarig oder kahl. Wurzelblätter am Grunde abgerundet oder herzförmig. Kelchzähne lanzettlich, spitz.

C. glomerata L.

Dunkelblau. ♃ Juni—August. Wiesen, Waldränder. Zerstreut.
Var.: β. **farinosa**, weissfilzig; γ. **aggregata**, seitenblüthig, Blattstiel geflügelt.

4. **Specularia** Heist. *Venusspiegel.*

a. Kelchzipfel lineal, etwa so lang als die Krone und der Fruchtknoten. Stengel ästig. Pflanze behaart.

Sp. Spéculum A. DC.

Violett, zum Theil weiss. ⊙ Juli—August. Saatfelder. Zerstreut.

b. Kelchzipfel lanzettlich, länger als die Krone, halb so lang als der Fruchtknoten. Stengel meist einfach.

Sp. hýbrida A. DC.

Purpurn, aussen weisslich. ⊙ Juni—August. Saatfelder. Sehr selten.

80. Familie. COMPOSITAE Adans.

[**Synanthereae** Rich.]

a. Uebersicht der Sippen und Gruppen.

I. Sippe. CORYMBIFERAE Vaill. *Griffel oben nicht verdickt und nicht bekränzt. Randblumen zungenförmig, Scheibenblumen röhrig, oder alle Blumen röhrig.*

A. Griffelschenkel sehr lang, in der oberen Hälfte fast stielrund, etwas keulenförmig und nach Aussen papillös-flaumig. EUPATORIACEAE Less.

a. Alle Blüthen zwitterig. . . . . EUPATORIEAE.
Eupatorium.

b. Randblüthen weiblich, Scheibenblüthen zwitterig. TUSSILAGINEAE.
Tussilago. Petasites.

B. Griffelschenkel der Zwitterblüthen nach aussen etwas flach, oberwärts flaumig, meist spitz. Randblüthen zungenförmig, meist weiblich, Scheibenblüthen röhrig, zwitterig. ASTEROIDEAE Less.

a. Antheren ohne Anhängsel. . . . . ASTEREAE.
Linosyris. Aster. Bellis. Stenactis. Erigeron. Solidago.

b. Antherenhälften unten schwanzförmig verlängert. INULEAE.

Inula. Conyza. Pulicaria.

C. Griffelschenkel der Zwitterblüthen lang, an der Spitze abgestutzt und pinselhaarig oder über dem Pinsel kegelförmig oder pfriemlich verlängert. Randblüthen weiblich, Scheibenblüthen zwitterig. . . . . SENECIONIDEAE Less.

a. Antherenfächer nach unten mit schwanzförmigen Anhängseln. Blumen meist alle röhrig. . GNAPHALIEAE.

Filago. Gnaphalium. Helichrysum.

b. Antheren ohne Anhängsel. Randblüthen zungenförmig (ausgenommen: *Emilia*).

1. Fruchtkranz verschieden, aber nicht haarförmig. Antheren meist schwärzlich. . . . . . . HELIANTHEAE.

Galinsoga. Madia. Zinnia. Ximenesia. Dahlia. Tagetes. Bidens. Coreopsis. Helianthus. Rudbeckia. Calliopsis. Emilia.

2. Fruchtkranz fehlend oder kronenförmig. Antheren gelb. ANTHEMIDEAE.

Artemisia. Tanacetum. Achillea. Anthemis. Matricaria. Chrysanthemum.

3. Fruchtkranz haarförmig. Antheren gelb. SENECIONEAE.

Doronicum. Arnica. Senecio. Emilia.

II. Sippe. CYNAREAE Less. *Der Griffel der Zwitterblüthen unterhalb der Theilungsstelle knotig verdickt und meist mit einem Haarkranze versehen. Griffelschenkel meist kurz und stumpf, aussen flaumig.*

A. Die Blüthen des Köpfchens frei neben einander.

a. Strahlblüthen fruchtbar, weiblich, zungenförmig. Scheibenblüthen unfruchtbar, röhrig. . . . . CALENDULEAE.

Calendula.

b. Alle Blüthen röhrig, Randblüthen meist geschlechtlos. Fruchtkranz bleibend, mehrreihig, die vorletzte Reihe am längsten, oder Fruchtkranz fehlend. CENTAUREAE.

Carthamus. Centaurea. Cnicus.

c. Alle Blüthen röhrig, zwitterig.

1. Fruchtkranz verästelt, einreihig, abfallend. CARLINEAE. *Carlina. Xeranthemum.*

2. Fruchtkranz haarförmig oder gefiedert. CARDUACEAE. *Cirsium. Carduus. Onopordon. Silybum. Cynara. Lappa. Serratula. Jurinea.*

B. Jede Blüthe des Köpfchens von einer besonderen Hülle umgeben (d. h. zahlreiche einblüthige Köpfchen zu einem zusammengesetzten Köpfchen vereinigt). ECHINOPSIDEAE *Echinops.*

III. Sippe. CICHORIACEAE Juss. *Griffel oben nicht verdickt. Schenkel fadenförmig, zurückgerollt. Alle Blüthen zwitterig, zungenförmig.*

A. Fruchtkranz fehlend. Blüthendolden nackt. LAMPSANEAE. *Lampsana.*

B. Fruchtkranz kronenförmig. Blüthenb. nackt. CICHORIEAE. *Arnoseris. Cichorium.*

C. Fruchtkranz haarförmig. Blüthenboden nackt.

a. Frucht stielrund oder kantig. . . . . CREPIDEAE. *Barkhausia. Crepis. Hieracium. Tolpis.*

b. Frucht platt. . . . . LACTUCEAE. *Lactuca. Prenanthes. Sonchus.*

c. Frucht geschnabelt, am Grunde des Schnabels ein Kranz von Schuppen. . . . . CHONDRILLEAE. *Chondrilla. Taraxacum.*

D. Fruchtkranz gefiedert.

a. Blüthenboden nackt. Haare des Fruchtknotens frei. LEONTODONTEAE. *Leontodon. Thrincia. Picris. Helminthia.*

b. Blüthenboden nackt. Haare des Fruchtknotens verwebt. SCORZONEREAE. *Tragopogon. Scorzonera. Podospermum.*

c. Blüthenboden spreublätterig. . . . . HYPOCHOERIDEAE. *Hypochoeris.*

b. Uebersicht der Gattungen.

1. Ord. *Alle Blüthen des Köpfchens zwitterig und von gleicher Gestalt.* (Polygamia aequalis L.)

A. Blumen zungenförmig.

a. Fruchtkranz aus gefiederten Borsten.

α. Blüthenboden spreublätterig. Frucht geschnabelt. Hülle dachziegelig. . . . . 54. **Hypochoeris** L.

β. Blüthenboden nackt (ohne Spreuschuppen).

1. Hülle einreihig, aus 8—12 gleichhohen Blättchen. Frucht geschnabelt. Fruchtkranz verwebt. Stengel oben beblättert. . . . . 51. **Tragopógon** L.

2. Hülle 2reihig oder dachig.

* Fruchtkranz verwebt. Stengel beblättert. Hüllschuppen anliegend.

⁰ Frucht allmählich zugespitzt, am Grunde mit einer schiefen Ringwulst. Blüthen doppelt so hoch als die Hülle . . . . 52. **Scorzonéra** L.

⁰⁰ Frucht nicht verschmälert, am Grunde mit einer langen hohlen Schwiele, welche breiter ist als die Frucht. . . . . 53. **Podospermum** DC.

** Federchen des Fruchtkranzes frei, bei allen Früchtchen gleich.

⁰ Frucht allmählich verschmälert. Fruchtkranz bleibend. Hülle dachig, anliegend. Schaft fast blattlos. 47. **Leóntodon** L.

⁰⁰ Frucht fast schnabellos. Fruchtkranz am Grunde ringförmig verbunden, abfällig. Aeussere Reihe der Hülle vielblätterig, abstehend. Stengel beblättert. . . . . 49. **Picris** L.

⁰⁰⁰ Frucht lang-geschnabelt. Fruchtkranz bleibend. Aeussere Reihe der Hülle aus 5 herzförmigen Blättchen. Stengel beblättert. 50. **Helminthia** Juss.

*** Fruchtkranz der Randfrüchte kurz, kronenförmig, bei den mittleren Früchten fiederborstig, frei. Hülle einreihig und am Grunde mit mehreren lockeren Schuppen. Schaft blattlos. 48. **Thrincia** Roth.

b. Fruchtkranz aus einfachen Haaren.

α. Frucht langgeschnabelt.

1. Am Grunde des Schnabels mehrere Borsten oder Schüppchen.
   * Hülle einreihig aus c. 8 Blättchen, am Grunde mit einigen Schuppen. Köpfchen 5—12blüthig. Stengel ästig, mehrköpfig. . . . . 45. **Chondrilla** L.
   ** Hülle dachig, am Grunde mit abstehenden Schuppen. Köpfchen vielblüthig. Schaft nackt, einköpfig. 46. **Taráxacum** Juss.
2. Frucht ohne Borsten oder Schuppen am Grunde des Schnabels.
   * Frucht stielrund. Hülle einreihig-gleichlang und am Grunde mit einer kleineren Reihe von Blättchen. 39. **Barkhausia** Mönch.
   ** Frucht flach zusammengedrückt. Hülle dachig, anliegend. . . . . 42. **Lactúca** L.

β. Frucht nicht oder kurz-geschnabelt.

1. Köpfchen aus 3—5 Blüthen. Frucht etwas zusammengedrückt. . . . . 43. **Prenanthes** L.
2. Köpfchen reichblüthig.
   * Frucht flach-zusammengedrückt. 44. **Sonchus** L.
   ** Frucht stielrund.
      ° Fruchtkranz mehrreihig, meist schneeweiss, biegsam *). Frucht nach oben verschmälert, 10—20-riefig. Hülle am Grunde mit einem Kranz von kleinen Blättchen. Blatt meist **) pfeilförmig-stengelumfassend . . . . 40. **Crepis** L.
      °° Fruchtkranz einreihig, schmutzig-weiss, spröde. Frucht gleichmässig-dick, am Gipfel schwach berandet, 10riefig. Hülle dachig, ohne Blättchen am Grunde. Blatt nicht pfeilförmig-umfassend. 41. **Hieracium** L.

---

*) Mit Ausnahme von **Crepis paludosa**.

) Mit Ausnahme von **Crepis praemorsa und **Crepis succisaefolia**.

⁰⁰⁰ Fruchtkranz der inneren Blüthen kurzborstig, 2 Strahlen desselben viel länger als die übrigen. Frucht kreisselförmig. Hülle am Grunde mit einer Aussenhülle. . . . . **Tolpis** Bivona.

T. barbata Gärtn. Stengel ästig. Blatt lanzettlich, gezahnt, kahl. Deckblätter und äussere Hüllblättchen pfriemlich, stielrund, die inneren überragend. Schwefelgelb oder die mittleren Blumen schwarzbraun. ⊙ Juli, August. Zierpflanze aus Nordafrika.

c. Fruchtkranz als kurzer häutiger oder schuppiger Rand.

1. Blume blau. Innere Hülle 8-, äussere 5blätterig, abstehend. Stengel beblättert. . . 38. **Cichórium** L.

2. Blume gelb. Hülle vielblätterig, dachig, mit Aussenhülle, anliegend. Schaft nackt, röhrig, keulig verdickt. Frucht 5riefig. . . . . 37. **Arnóseris** Gärtn.

d. Fruchtkranz fehlend.

Blume gelb. Hülle 8—12 blätterig, walzlich, mit kurzer anliegender Aussenhülle, armblüthig. Frucht 20riefig. Stengel beblättert. . . . . 36 **Lampsana** L.

B. Blumen röhrenförmig.

a. Fruchtkranz vorhanden. Blüthenboden spreuschuppig, borstig oder tiefwabig.

α. Borsten des Fruchtkranzes einfach, nicht gefiedert.

1. Blatt nicht stachelig.

* Fruchtkranz lang, die innerste Reihe am längsten. Hüllblättchen nicht hakig. Blatt fiederspaltig oder gesägt.

⁰ Die Strahlen des Fruchtkranzes später einzeln abfallend. . . . . 33. **Serratula** L.

⁰⁰ Fruchtkranz durch einen Knopf an der Frucht befestigt und mit denselben später abfallend.
34. **Jurinea** Cass.

** Fruchtkranz kürzer als die Frucht, dessen Borsten einzeln abfallend. Hüllblättchen hakig. Blatt ganz.
32. **Lappa** Tourn.

2. Blatt stachelig. Fruchtkranz lang, am Grunde ringförmig-verwachsen und zusammen abfallend.

* Blüthenboden tiefwabig, Wabenränder gezahnt.

31. **Onopordon** L.

** Blüthenboden eben, borstig.

⁰ Staubfäden verwachsen. Fruchtkranz etwas gefiedert . . . . **Sílybum** Vaill.

S. marianum Gärtn. (**Cardúus mar.** L.) *Mariendistel.* Stengel nicht geflügelt. Blatt buchtig-eckig oder fiederspaltig, stachelig-gezahnt, glänzend, meist weissgefleckt, kahl. Hüllblättchen aus breitem Grunde lanzettlich, abstehend-zurückgebogen. Purpurn. ⊙ Juli, August. Zier- und Arzneipflanze aus Südeuropa, zuweilen verwildert.

⁰⁰ Staubfäden frei. . . . . 30. **Carduus** L.

β. Borsten des Fruchtkranzes einfach, gefiedert. Blüthenboden borstig und spreuschuppig.

1. Frucht länglich, zusammengedrückt.

29. **Cirsium** Tourn.

2. Frucht verkehrteiförmig, zusammengedrückt-4kantig.

Cýnara L.

C. Scólymus L. *Artischocke.* Aestig. Blatt ungetheilt oder fiederspaltig, stachelig, graugrün. Köpfchen einzeln, gross, kugelig. Hülle und Blüthenboden fleischig. Blau. ♃ Juli, August. Gemüsepflanze.

γ. Borsten des Fruchtkranzes am Grunde ästig, Aeste gefiedert. Spreuschuppen des Blüthenbodens vielspaltig. Die inneren Hüllblättchen trockenhäutig, einen Kranz bildend, die äusseren fast laubartig, dornig gezahnt. Blattzähne stachelig. . . . . 28. **Carlina** L.

b. Fruchtkranz fehlend. Blüthenboden borstig-spreublätterig. Früchtchen 4kantig. Aeussere Hüllblätter abstehend, laubartig, stumpf. . . . . **Cárthamus** L.

C. tinctorius L. *Färberdistel, Saflor.* Blatt stachelig gesägt, nebst dem Stengel kahl. Dunkelorange. ⊙ Juli, August. Zier- und Nutzpflanze aus dem Orient.

c. Fruchtkranz aus einfachen Borsten. Blüthenboden nackt.

1. Hülle einreihig. Griffelschenkel mit kurz-kegelförmiger behaarter Spitze. Frucht 5kantig, steifhaarig. Staubfadenröhre hervorragend. Blätter wechselständig. (Blume dunkelroth.) . . . . **Emilia** Cass.

E. sonchifolia DC. (**Cacalia sonchifolia** L.) Unterste Blätter gestielt, fast leierförmig, obere lanzettlich, umfassend. Köpfchen langgestielt. Dunkelroth oder orange. ⊙ Juli, August. Zierpflanze aus Ostindien.

2. Hülle dachig, anliegend, walzlich. Griffelschenkel fadenförmig, feinhaarig, auseinanderstehend. Staubfadenröhre eingeschlossen. Kronzipfel aufrecht. Blätter gegenständig. (Blume hellroth.) . . . . 1. **Eupatorium** L.
3. Hülle dachig, locker. Griffelschenkel nach oben verschmälert, zusammenneigend. Staubfadenröhre hervorragend. Kronzipfel abstehend. Blätter wechselständig. (Blume gelb.) . . . . 4. **Linósyris** DC.

d. Fruchtkranz fehlend (oder 2—4strahlig: **Bidens**). Blüthenboden nackt.

Alle wegen der Verkümmerung der weiblichen Randblüthen scheinbar hierher gehörigen Gattungen: **Tussilago, Senecio, Conyza, Filago, Gnaphalium, Artemisia, Tanacetum** u. s. w. suche man in der II. Ordnung (Superflua), — **Bidens** in der III. Ordnung (Frustranea).

II. Ord. *Randblüthen weiblich, Scheibenblüthen zwitterig, röhrig.* (Polygamia superflua L.)

A. Randblumen nicht zungenförmig, sondern röhrig, fädlich oder 2lippig.

a. Fruchtkranz haarförmig. Blüthenboden nackt.

α. Hülle einreihig oder mit einer kleinen Aussenhülle. Köpfchen bald vorherrschend männlich, bald vorherrschend weiblich. Blüthenstand straussförmig. 3. **Petasítes** Tourn.

β. Hülle dachig.

1. Randblumen röhrig, 3zähnig. Hüllschuppen mit der Spitze abstehend. Blüthenstand ebensträussig, gelb. 11. **Conýza** L.
2. Randblumen fadenförmig, gezahnt. Hülle anliegend oder nur die inneren Blättchen ausgebreitet. Pflanze weissfilzig.

* Hüllblättchen krautig oder nur am Rande häutig. Köpfchen kegelförmig. Die äusseren Blüthen zwischen den inneren trockenhäutigen Hüllblättchen stehend. Blüthenboden erhaben oder verlängert. Fruchtkranz mehrreihig. . . . . . . 23. **Filago** L.

** Hüllblättchen sämmtlich trockenhäutig. Köpfchen

walzlich oder halbkugelig. Die äusseren Blüthen nicht zwischen den Hüllblättchen stehend. Blüthenboden flach. Fruchtkranz einreihig.

⁰ Weibliche Randblüthen mehrreihig.

24. **Gnaphálium** L.

⁰⁰ Weibliche Randblüthen einreihig.

25. **Helichrýsum** Gärtn.

b. Fruchtkranz kurzborstig. Blüthenboden mit 3zähnigen Spreublättchen besetzt. Hüllblättchen dachig, trockenhäutig, die inneren gefärbt, strahlend. Randblumen 2lippig, wenige. Scheibenblumen zahlreich.

Xeránthemum Tourn.

X. annuum L. *Spreublume.* Blatt lanzettlich, nebst dem Stengel und den Blüthenstielen graufilzig. Köpfchen halbkugelig, langgestielt. Strahlende Hüllblättchen roth oder weiss. ⊙ Juli—September. Zierpflanze aus Süd- und Osteuropa.

a. Fruchtkranz fehlend oder als kurzes Krönchen. Randblumen fadenförmig. Blüthenboden nackt oder zottig. Hülle dachig.

1. Frucht stielrund, mit schmaler Endfläche. Köpfchen klein, eiförmig oder kugelig, ährig oder traubig geordnet.

14. **Artemísia** L.

2. Frucht kantig, gestreift, Endfläche so breit als die Frucht. Köpfchen halbkugelig in flacher Trugdolde.

15. **Tanacétum** L.

B. Randblumen zungenförmig, meist einen hervorragenden Kranz bildend.

a. Fruchtkranz der Scheibenblüthen haarförmig. Blüthenboden spreulos.

α. Alle Blüthen des Köpfchens gelb.

1. Weibliche Blüthen mehrreihig. Griffelschenkel fädlich, feinhaarig. Einblüthiger Schaft mit Schuppen besetzt, früher als die Blätter entwickelt. 2. **Tussilago** L.

2. Weibliche Blüthen einreihig. Stengel mehrblüthig, beblättert.

* Hüllblättchen in 2—3 Reihen, gleichhoch, ohne kleine Aussenhülle.

° Köpfchen halbkugelig. Griffelschenkel kopfförmig abgestutzt. Randfrüchte ohne Fruchtkranz. Zungenblumen 5nervig. Blätter zerstreut.
20. **Dorónicum** L.

°° Köpfchen walzlich. Griffelschenkel in einer kegelförmigen Spitze endigend. Früchte sämmtlich mit einem Fruchtkranze. Zungenblumen 10nervig. Blüthenboden wabig und kurzhaarig. Blätter gegenständig. . . . . 21. **Arnica** L.

** Hülle einreihig, oft mit einer kurzen Aussenhülle am Grunde. Hüllblättchen mit häutigem, oft schwarzem Rande. Köpfchen walzlich. Griffelschenkel am Ende gestutzt, pinselartig behaart. Blüthenboden kahl. Blätter zerstreut. . . . . . 22. **Senécio** L.

*** Hüllblättchen dachig, ungleich hoch. Griffelschenkel fadenförmig (ausser **Pulicaria**).

° Zahlreiche Strahlblüthen. Antheren nach unten mit zwei borstenförmigen Fortsätzen.

† Haare des Fruchtkranzes gleichförmig.
10. **Inula** L.

†† Die äussere Reihe des Fruchtkranzes als kurzes Krönchen, die inneren haarförmig.
12. **Pulicaria** Gärtn.

°° Strahlblüthen 5—10. Antheren ohne Anhängsel.
9. **Solidago** L.

β. Blüthen des Strahles von anderer Farbe als die der Scheibe.

1. Hüllblättchen 2reihig, gleichhoch. Fruchtkranz der Randblüthen einfach, kurzborstlich, der Scheibenblüthen doppelt: äussere Reihe kurzborstlich, innere aus längeren Haaren. . . . . 7. **Stenactis** Cass.

2. Hülle dachig. Fruchtkranz gleichförmig.

* Zungenblüthen in einfacher Reihe, breit. 5. **Aster** L.

** Zungenblüthen in mehrfacher Reihe, schmal, meist kaum länger als die Scheibenblüthen. 8. **Erígeron** L.

b. Fruchtkranz fehlend oder als kleiner Rand. Strahlblüthen meist weiss. (Wildwachsende Pflanzen.)

α. Blüthenboden spreublätterig, markig. Röhre der Scheibenblumen zusammengedrückt, 2flügelig.

1. Zungenblumen rundlich-eiförmig. Köpfchen in reichblüthigem Ebenstrauss. . . . . 16. **Achilléa** L.

2. Zungenblumen bandförmig. Stengel einfach oder verzweigt, nicht ebensträussig. . . . . 17. **Ánthemis** L.

β. Blüthenboden nackt.

1. Hüllblättchen dachig, randhäutig. Griffelschenkel fadenförmig, an der Spitze gestutzt, mit einem Büschel von Papillen. Stengel beblättert.

* Blüthenboden hoch-kegelförmig, hohl.

18. **Matricaria** L.

** Blüthenboden flach gewölbt, nicht hohl.

19. **Chrysánthemum** L.

2. Hüllblättchen 2reihig, gleichhoch, ohne Hautrand. Frucht platt zusammengedrückt. Griffelschenkel der Scheibenblüthen stumpf-kegelförmig endigend. Blätter rosettenförmig. Schaft nackt. . . . . 6. **Bellis** L.

c. Fruchtkranz fehlend oder anders als haarförmig. Köpfchen ansehnlich, meist mit bunten Randblüthen. (Meist Cultur- oder Ziergewächse.)

α. Blüthenboden spreublätterig.

1. Fruchtkranz aus häutigen gefransten Blättchen. Randblüthen 6—9. . . . . **Galinsóga** Ruiz et Pavon.

G. parviflora Cav. Blätter gegenständig, kurzgestielt, herzeiförmig, seicht-sägezähnig. Köpfchen ebensträussig. Strahl weiss. Scheibe gelb. ⊙ Juli—September. Zierpflanze aus Peru, zuweilen verwildert.

2. Fruchtkranz aus 1—3 Borsten oder fehlend. Frucht 2- oder 3kantig, etwas geflügelt. Hüllschuppen stumpf, schwarzberandet. Blüthenboden kugelig. . **Zinnia** L.

Z. elegans Jacq. Blätter gegenständig, sitzend. Spreublättchen gesägt. Frucht unbegrannt. Köpfchen gestielt. Strahl violett. Scheibe gelb. Aus Mexico.

Z. pauciflora L. Blätter gegenständig, sitzend. Spreublättchen ganzrandig, stumpf. Frucht 1—2grannig. Köpfchen sitzend. Strahl gelb.

Z. verticillata L. Blätter wirtelig oder zerstreut, sonst wie vor. Mexico.

Z. multiflora L. Blätter gegenständig, kurzgestielt, am Grunde herzförmig. Spreublättchen ganzrandig. Strahl oberseits roth. Nordamerika. Sämmtlich Zierpflanzen. ⊙ Juli—October.

3. Fruchtkranz fehlend oder als kleines Krönchen.

* Hülle fast kugelig, einreihig, Blättchen rinnig, gekielt. Blüthenboden am Rande spreublätterig, in der Mitte nackt. . . . . **Madia** Mol.

M. sativa Mol. Klebrig-drüsenhaarig. Blatt umfassend, ganzrandig. Köpfchen traubig-ebensträussig. Gelb. ⊙ Juni—August. Aus Chili. Als Oelpflanze gebaut.

** Hülle 2reihig, gleichförmig. Kronröhre steifhaarig. Frucht der Scheibenblüthen platt, nach oben 2flügelig. **Ximenesia** Cav.

S. encelioides Cav. Aestig. Blatt eiförmig, umfassend, mit Oehrchen, gesägt. Strahlblüthen breit-verkehrteiförmig, gelb. ⊙ August—October. Zierpflanze aus Mexico.

*** Hülle doppelt, die innere häutig, anliegend, am Grunde verwachsen, die äussere laubartig, abstehend. **Dahlia** Cav.

D. variabilis Desf. (**Georgina var.** Willd.) Blätter gegenständig, fiederspaltig mit gesägten, zugespitzten Lappen. Köpfchen vor dem Aufblühen nickend. Strahlblüthen in den verschiedenartigsten Farben, in den „gefüllten" Köpfchen die Röhrenblüthen verdrängend. ♃ August, September. Zierpflanze aus Mexico.

β. Blüthenboden nackt.

1. Fruchtkranz aus 5 trockenen Blättchen. Hülle einreihig, verwachsen. . . . . **Tagétes** Tourn.

T. patula L. *Sammtblume.* Abstehend-ästig. Blatt fiederspaltig mit lanzettlichen, wimperig gesägten Lappen. Hülle glatt. Blüthenstiel nach oben verdickt. Strahlblüthen breit. Blass-orange. Strahl zum Theil braun. Uebelriechend. ⊙ August—October. Zierpflanze aus Mexico.
T. erecta L. Aufrecht-ästig. Hülle etwas kantig, sonst wie vorige.

2. Fruchtkranz fehlend oder als kleines Krönchen. Hülle dachig. . . . . 19. **Chrysánthemum** L.

Chr. segetum und **Chr. coronarium**, s. unten S. 240.

III. Ord. *Randblüthen geschlechtlos (unfruchtbar-weiblich). Scheibenblüthen zwitterig, röhrig.*

(Polygamia frustranea L.)

A. Blüthenboden spreublätterig. Strahlblumen fast immer zungenförmig.

a. Fruchtkranz aus 2—5 rückwärts-stacheligen, steifen Borsten oder Zähnen. Frucht verkehrteiförmig. Strahlblumen zungenförmig oder röhrig. Aeussere Hülle abstehend. . . . . 13. **Bidens** L.

b. Fruchtkranz aus 2 glatten oder vorwärts-stacheligen steifen Borsten oder Zähnen. Frucht geflügelt. **Coreopsis** L.

C. tenuifolia Ehrh. Blätter gegenständig, 3theilig, Abschnitte vieltheilig mit linealen Lappen. Zungenblumen spitz, ganzrandig, gelb. Scheibe gelb.

C. verticillata L. Scheibe braun. — Beide Arten Zierpflanzen aus Nordamerika. ♃ August—October.

c. Fruchtkranz aus abfälligen Schuppen. Hülle dachig, Blättchen spitz. Blüthenboden flach oder gewölbt. Strahl gelb. . . . . **Helianthus** L.

H. annuus L. *Sonnenblume.* Alle Blätter herzförmig. Blüthenstiel verdickt, gefurcht. Köpfchen nickend. ⊙ Juli—September. Zierpflanze aus Peru.

H. tuberosus L. Untere Blätter herzeiförmig, obere lanzettlich. Köpfchen aufrecht. Wurzelstock kriechend mit K n o l l e n (*Topinambour*, essbar). Aus Brasilien. ♃ September.

H. multiflorus L. Untere Blätter herzförmig, obere eirund. Stengel ästig. Köpfchen zahlreich. ♃ Juli—October. Zierpflanze aus Nordamerika.

d. Fruchtkranz aus einem ungleich gezahnten Rande oder fehlend. Hülle 2reihig, abstehend. Blüthenboden kegelförmig. . . . . **Rudbeckia** Cass.

R. laciniata L. Untere Blätter fiedertheilig mit 3lappigen Abschnitten, die obersten eiförmig. Stengel kahl. Zungenblumen etwas abstehend, gelb, Scheibe gelbgrün. ♃ Juli, August. Wie die folgenden: Zierpflanzen aus Nordamerika.

R. fulgida Ait. Alle Blätter ungetheilt. Stengel steifhaarig. Zungenblumen gelb, Scheibe schwarzroth. ♃ Juli—September.

R. purpurea L. Alle Blätter ungetheilt. Stengel kahl. Zungenblumen 2spaltig, herabhängend, purpurn. ♃ Juli—September.

e. Fruchtkranz als kleines Krönchen oder fehlend. Hülle 2reihig, die äussere schuppenförmig, sparrig, die innere aufrecht, verwachsen. Blüthenboden flach. Frucht ungeflügelt. . . . . **Calliopsis** Rchb.

C. bicolor Rchb. (**C. tinctoria** DC.) Blatt 1—2fach fiedertheilig, die oberen 3theilig-vielspaltig, Lappen lineal. Zungenblumen 3spaltig, goldgelb, am Grunde dunkelgefleckt. Scheibe dunkelroth. ⊙ August, September. Zierpflanze aus Nordamerika.

f. Fruchtkranz fehlend. Aeussere Hülle abstehend, innere häutig, anliegend, verwachsen. **Dahlia** Cav. (s. S. 230).

B. Blüthenboden borstig. Randblumen röhrig.

a. Fruchtkranz gleichförmig-borstenartig. Randblumen schieftrichterförmig-erweitert, strahlend. Hüllblättchen trocken oder randhäutig. . . . . 27. **Centauréa** L.

b. Fruchtkranz aus 3 verschiedenen Reihen: äussere ein gezahnter Rand, 10 lange Borsten und nach innen 10 kürzere gewimperte Borsten. Randblumen kaum strahlend Hüllblättchen grün, an der Spitze mit einem gefiederten Dorn. **Cnicus** Vaill.

C. benedictus Gärtn. *Dorndistel, Benedictenkraut.* Blatt buchtig, stachelig-gezahnt. Ganze Pflanze wollig. Gelb. ⊙ Juni, Juli. In Gärten als Arzneipflanze gebaut. Aus Südeuropa.

IV. Ord. *Randblüthen weiblich, Scheibenblüthen männlich.* (Polygamia necessaria L.)

a. Randblumen zungenförmig, strahlend. Frucht gekrümmt, ohne Fruchtkranz. Köpfchen halbkugelig. 26. **Calendula** L.

b. Randblumen fadenförmig, nicht strahlend. Frucht gerade, mit Fruchtkranz. Köpfchen walzlich. 3. **Petasites.**

V. Ord. *Die einzelnen Blüthen des Köpfchens je von einer besonderen Hülle umgeben.* (Polygamia segregata L.)

Blumen röhrig. Fruchtkranz kronenförmig, kurz-gewimpert. Allgemeine Hülle des kugeligen Köpfchens zurückgebogen. Jedes einblüthige Köpfchen am Grund mit einem Borstenkranz. . . . . 35. **Echínops** L.

c. Uebersicht der Arten.

I. Sippe. CORYMBIFERAE Vaill.

1. EUPATORIACEAE Less.

a. EUPATORIEAE.

1. **Eupatórium** L. *Wasserdost. Kunigundenkraut.*

Blätter gegenständig, gestielt, 3—5theilig. Zipfel lanzettlich, scharfgesägt. Köpfchen in dichten Ebensträussen. **E. cannábinum** L.

Fleischfarben. ♃ Juli, August. Feuchte Waldstellen, Ufer. Hier und da.

b. TUSSILAGINEAE.

2. **Tussilago** L. *Huflattich.*

Blatt rundlich-herzförmig, eckig, ungleich-buchtig-gezahnt, unterseits weissfilzig. Schaft einköpfig. . . . **T. Fárfara** L.
Gelb. ♃ März, April. Lehmige Aecker und Wegeränder. Häufig.

3. **Petasítes** Tourn. *Pestwurz. Neunkraft.*

Blätter grundständig, gestielt, rundlich-herzförmig, später als die Blüthe. Blüthenstrauss eiförmig oder länglich.

a. Blatt ungleich-gezahnt, unterseits flaumig, graugrün. Griffelschenkel der Zwitterblüthen kurz-eiförmig.
P. officinalis Mncht.
(Tussilago Petasites L.) Blassroth. Kommt vor: a hermaphroditus mit grösstentheils Zwitterblüthen, eiförmigem Strauss. b. femineus mit fast sämmtlich weiblichen Blüthen und lockerem länglichem Strauss. ♃ März, April. Feuchte Wiesen, Ufer. Hier und da.

b. Blatt winkelig, buchtig-stachelspitzig gezahnt, unterseits wollig-filzig. Griffelschenkel der Zwitterblüthen verlängert-zugespitzt. . . . . **P. albus** Gärtn.
Gelblich weiss. ♃ März, April. Feuchte Wiesen. Sehr selten.

2. ASTEROIDEAE Less.

c. ASTEREAE.

4. **Linósyris** DC. *Goldhaar.*

Blatt lineal, scharf und fein gesägt, kahl, dicht gestellt. Hülle locker, sparrig. . . . . **L. vulgaris** Cass.
(Chrysocoma Linosyris L.) Goldgelb. ♃ Juli — September. Sonnige Hügel. Sehr selten. Auch Zierpflanze.

5. **Aster** L. *Aster.*

a. Hüllblättchen länglich, stumpf.

α. Hüllblättchen abstehend, am Rande gewimpert. Stengel und Blatt rauhhaarig. Blatt dünn.

1. Fruchtkranz 2reihig, äussere Reihe sehr kurz. Griffelschenkel länglich-lineal. Untere Blätter spatelförmig, gestielt, grobgezahnt, obere ganzrandig. Köpfchen an den verlängerten Aesten einzeln.. . . **A. chinensis** L.
Farbe sehr verschieden. Kommt vor gefüllt: als *Röhren-Aster* mit lauter Röhrenblumen, und als *Band-Aster* mit lauter Zungenblumen, u. s. w. ☉ Juli—September. Zierpflanze aus China.

2. Fruchtkranz mehrreihig, gleichlang. Griffelschenkel lanzettlich. Blatt länglich-lanzettlich oder verkehrteiförmig, am Grunde 3nervig. Ebenstrauss 1—6köpfig.

A. Amellus L.

(**A. Pseud-Amellus** Wdr.) Strahl blau-violett. ♃ August — October. Felsige Kalkberge. Sehr selten.

β. Hülle anliegend. Pflanze kahl. Blatt etwas fleischig, linien-lanzettlich, ganzrandig, die unteren an der Spitze gesägt. Frucht fast kahl, am Grunde mit einem Kranze kurzer Haare. . . . . **A. Tripólium** L.

Strahl violett. ⊙ August, September. An Salinen. Selten.

b. Hüllblättchen lineal-lanzettlich, spitz, randhäutig, anliegend, nur mit der äussersten Spitze abstehend, ziemlich gleichlang. Fruchtkranz mehrreihig, gleichlang. Stengelblätter lanzettlich, spitz, kahl, mit wenigen abstehenden Sägezähnen, am Grunde nicht umfassend.

A. salignus W.

Strahl weiss, später lila. ♃ Juli, August. Flussufer. Sehr selten.

Zierpflanzen aus Nordamerika, hier und da verwildert. ♃ August—October:

A. Novi Belgii Nees. Aeussere Hüllblättchen abstehend, die mittleren länglich-lanzettlich. Stengelblätter umfassend, Zweigblätter in die Hülle übergehend. Strahl violett oder fleischroth.

A. parviflorus Nees. Die inneren Hüllblättchen länger als die äusseren. Stengelblätter lanzettlich, sitzend, mit entfernten, anliegenden Zähnen. Zweigblätter länglich-lanzettlich. Köpfchen klein. Strahl so lang als die Hülle, weiss, später roth.

A. abbreviatus Nees. Hüllblättchen vom Grunde an abstehend, lineal-lanzettlich, die inneren länger als die äusseren. Stengelblätter oval-lanzettlich, oberseits rauh. Blassblau oder violett.

A. leucanthemus Desf. Hüllblättchen lineal, locker dachziegelförmig, die inneren länger als die äusseren. Stengelblätter lineal-lanzettlich, Zweigblätter lineal. Stengel haarstreifig. Strahl weiss, später blasslila. Köpfchen kleiner als **A. salignus**.

Im Uebrigen stimmen vorstehende Arten mit **A. salignus** überein.

6. Bellis L. *Gänseblume. Maasslieb.*

Wurzelblatt spatelförmig, gekerbt. Stengel nackt, einköpfig.

B. perennis L.

Strahlblüthen weiss, zuweilen röthlich, in der Garten-Spielart fast alle Scheibenblüthen röthlich, zungenförmig. ♃ Fast das ganze Jahr hindurch blühend. Grasplätze. Gemein.

7. **Stenactis** Cass. *Feinstrahl.*

Köpfchen ebensträussig. Hülle rauhhaarig. Untere Blätter verkehrteiförmig gesägt, obere lanzettlich. **St. bellidiflóra** ABr. (**St. annua** Cass., **Aster annuus** L.) Strahl weiss. ⊙ ⊙ Juni—August. Grasplätze, Hecken, Waldränder. Sehr selten. Aus Amerika eingewandert.

8. **Erígeron** L. *Berufskraut. Baldgreis.*

a. Trugdolde, 1—5köpfig. Blatt linienlanzettlich. **E. acris** L.
Blassroth. ⊙ und ♃ Mai—Sept. Sonnige Hügel, Brachäcker, Mauern. Häufig.
Var. β. ästig, mehrköpfig, mit weissem Fruchtkranz: **E. corymbosus** Wallr.
γ. einköpfig, mit verlängerten Strahlblüthen, röthlichem Fruchtkranz: **E. serótinus** Weihe.

b. Rispe schmal, reichköpfig. Blatt linienlanzettlich. **E. canadensis** L.
Schmutzigweiss. ♃ Juli, August. Unbebaute Orte, kiesige Ufer. Häufig. Aus Canada seit 1500 in Europa eingeschleppt und eingebürgert.

9. **Solidago** L. *Goldruthe.*

a. Blüthenstand traubig oder rispig-traubig mit aufrechten Trauben. Strahlblüthen verlängert. **S. Virga aúrea** L.
Gelb. ♃ Juli, August. Lichte Wälder, Gebüsche. Häufig.

b. Blüthenstand eine pyramidenförmige Rispe. Rispenäste traubig mit einseitswendigen Köpfchen, übergebogen. Strahlblüthen kurz. . . . . **S. canadensis** L.
Gelb. ♃ Juli—September. Zierpflanze aus Nordamerika.

c. Blüthenstand ebensträussig, endständig. Blatt linienlanzettlich. . , ... **S. graminifolia** Ell.
Gelb. ♃ August. Zierpflanze aus Nordamerika. Zuweilen verwildert.

d. INULEAE.

10. **Inula** L. *Alant.*

a. Aeussere Hüllblättchen breiteiförmig. Frucht 4kantig, kahl. Blatt eirund, unterseits filzig, die unteren gestielt, die oberen herzförmig umfassend. . . . . . **I. Helénium** L.
Gelb. ♃ Juli, August. Flussufer, Bauerngärten, angepflanzt und verwildert. Hier und da.

b. Alle Hüllblättchen lineal oder lanzettlich. Frucht stielrund.

1. Frucht rauhhaarig. Stengel und die Unterseite der lan-

zettlichen Blätter und Hülle zottig. Untere Blätter in den Blattstiel verschmälert, obere herzförmig-halbumfassend. Stengel 2- bis mehrköpfig. . **I. britannica** L.
Goldgelb. ♃ Juli, August. Ufer, feuchte Wiesen. Zerstreut.

2. Frucht kahl. Ganze Pflanze rauhhaarig, Haare wagrechtabstehend, am Grunde verdickt. Blatt länglich oder lanzettlich, nach unten verschmälert. Stengel meist einköpfig. . . . . **I. hirta** L.
Gelb. ♃ Mai, Juni. Sonnige Hügel, felsige Orte. Sehr selten.

3. Frucht kahl. Stengel und die lanzettlichen Blätter meist kahl, obere Blätter herzförmig umfassend. Hüllblättchen kahl, gewimpert, mit der Spitze etwas zurückgebogen. Stengel ein bis mehrköpfig. . **I. salicina** L.
Gelb. ♃ Juli—October. Wiesen, Gräben, Gebüsch. Selten.
I. ensifolia mit lineal-lanzettlichem parallelnervigem, nicht umfassendem Blatt.

11. Conýza L. *Dürrwurz.*

Frucht behaart. Hüllblättchen abstehend. Blatt länglich-elliptisch, unterseits schwachfilzig. . . . . **C. squarrosa** L.
(**Inula Conyza** DC.) Gelb. ⊙ Juli, August. Steinige Hügel. Häufig.

12. Pulicária Gärtn. *Flohkraut.*

a. Zungenblumen kaum länger als die röhrigen Scheibenblumen. Aeusserer Fruchtkranz in kleine Borsten zerschlitzt. Hülle borstlich-behaart. Blatt lanzettlich, mit abgerundetem Grunde halbstengelumfassend, wellig.
P. vulgaris Gärtn.
(**Inula Pulicaria** L.) Gelb. ⊙ Juli, August. Wege, Gräben, Bauernhöfe, feuchte Triften. Häufig.

b. Zungenblumen weit länger als die Scheibenblumen. Aeusserer Fruchtkranz feingekerbt. Hülle filzig. Blatt länglich, mit tiefherzförmigem Grunde umfassend, wellig.
P. dysentérica L.
(**Inula dysenterica** L.) Gelb. ♃ Juli—September. Feuchte Wiesen. Ufer, Sümpfe. Selten.

3. SENECIONIDEAE.

e. HELIANTHEAE.

13. **Bidens** L. *Zweizahn. Wasserdost.*

a. Blatt 3theilig, Lappen lanzettlich, gesägt. Frucht verkehrteiförmig. . . . . **B. tripartitus** L.

Gelb. ⊙ Juli—September. Gräben, feuchte Stellen. Gemein. Meist ohne, seltener mit Strahlblüthen: β. **radiatus.**

b. Blatt einfach, lanzettlich, gesägt. Frucht verkehrtei-keilförmig. Köpfchen nickend. . . . . **B. cernuus** L.

Gelb. ⊙ August, September. Gräben, feuchte Stellen. Gemein. Kommt vor ohne (**discoideus**) oder seltener mit Strahlblüthen (**radiatus**): — einköpfig: **minimus.**

f. ANTHEMIDEAE.

14. **Artemisia** L. *Beifuss.*

a. Blüthenboden zottig. — Blatt 1—3fach-fiedertheilig mit lanzettlichen stumpfen Zipfeln, am Grunde ohne Oehrchen, seidenartig behaart, graugrün. Köpfchen kugelig, nickend. . . . . **A. Absinthium** L.

Wermuth. Gelb. ♃ Juli—September. Wege, wüste Plätze. Häufig.

b. Blüthenboden kahl.

α. Blatt am Grunde geöhrt, fiedertheilig oder fiederspaltig.

1. Blatt einfach-fiederspaltig, Lappen lanzettlich, eingeschnitten-gesägt, unterseits weissfilzig. Köpfchen eiförmig, filzig. Stengel aufrecht, ästig, oben rispig. **A. vulgaris** L.

Gelblich oder röthlich. Stengel c. 1 dm. hoch. ♃ Juli—September. Wege, Ufer, Gebüsche. Gemein.

2. Blatt 2—3fach-fiederspaltig, Lappen schmal-lineal, seidenhaarig oder kahl. Köpfchen eiförmig, kahl. Stengel rasenförmig, blühende Stengel aufsteigend, einfach, oben einseitig-rispig mit einseitig-traubigen Aesten. **A. campestris** L.

Röthlich gelb oder braun. Stengel $^1/_3$—$^1/_2$ m. hoch. ♃ Juli, August. Sandboden. Selten.

3. Blatt 2fach-fiedertheilig mit linealen Lappen, unterseits weisslich-filzig. Köpfchen kugelig, nickend, grau. Stengel aufrecht, nach oben rispig. . . **A. póntica** L.

Gelb. Stengel $^2/_3$—1 m. hoch. ♃ Juli, August. Bergabhänge. Sehr selten.

β. Blatt am Grunde **nicht geöhrt**, doppelt fiedertheilig oder 3theilig, Zipfel schmal-lineal. Köpfchen rundlich, nickend, grau. . . . . **A. Abrótanum** L.
Gartenhain, Eberreis. Gelb. ♃ August, September. Kraut wohlriechend. Gartenpflanze.

γ. Blatt einfach (die untersten 3spaltig), lineal-lanzettlich, kahl. Köpfchen kugelig, nickend. **A. Dracúnculus** L.
Dragon, Estragon. Gelblich weiss. ♃ Aug., Sept. Küchenpflanze aus Sibirien.

15. Tanacétum L. *Rainfarn.*

a. Blatt doppelt-fiederspaltig mit gesägten Lappen.
T. vulgare L.
Gelb, ohne Strahl. ♃ Juli, August. Ufer, Wege. Waldränder. Gemein. Aendert ab mit krausem Blatte.

b. Blatt einfach, elliptisch, gesägt, am Grunde geöhrt.
T. Balsamita. L.
Frauenmünze. Gelb, ohne Strahl. ♃ Aug., Sept. Gartenpflanze aus Oberitalien.

16. Achilléa L. *Schafgarbe.*

a. Blatt einfach, lineal-lanzettlich, klein und scharfgesägt. Randblüthen 8—10. . . . . **A. Ptármica** L.
Randblüthen weiss. ♃ Juli, August. Ufer, sumpfige Wiesen, Gebüsche. Häufig. Var.: β. pectinato-serrata Meyer.

b. Blatt doppelt-fiederspaltig. Randblüthen 4—5.

1. Blattstiel ungezahnt oder nur oben etwas gezahnt. Blatt im Umriss lanzettlich oder lineal-lanzettlich, mit mehr als 15 Fiederpaaren. . . . . **A. Millefólium** L.
Schafrippe. Randblüthen weiss oder röthlich. ♃ Juni—October. Grasplätze, Wegeränder, Mauern. Gemein. Aendert ab kahl oder zottig.

2. Blattspindel von der Spitze bis zur Mitte zwischen den Fiederchen gezahnt. Blatt im Umriss eiförmig, mit 8—12 Fiederpaaren. . . . . **A. nóbilis** L.
Randblüthen gelblich weiss. ♃ Juli. August. Sonnige Hügel, Mauern. Selten.

17. Ánthemis L. *Rindsauge.*

a. Spreuschuppen lanzettlich mit steifer Stachelspitze.

1. Strahl gelb. Blüthenboden halbkugelig. Blatt flaumig, doppelt-fiedertheilig mit lanzettlichen gesägten Lappen. Frucht 4kantig-zusammengedrückt, schwach-randflügelig.
A. tinctória L.
♃ Juni—September. Trockene Hügel, Mauern. Häufig.

2. Strahl weiss. Blüthenboden hochkegelförmig, markig. Blatt wollig flaumhaarig, doppelt-fiedertheilig mit lineal-lanzettlichen ganzrandigen oder 2—3zähnigen Zipfeln. Frucht stumpf-4kantig. . . . . **A. arvensis** L.

Falsche Kamille. ⊙ Juni—September. Aecker, Wege, Schutt. Gemein.

b. Spreuschuppen lineal-borstlich. Blatt fast kahl, 2—3fach-fiedertheilig mit linealen Zipfeln. Frucht fast stielrund. Sonst wie vorige. . . . . **A. Cótula** L.

Hundskamille. Stinkend. ⊙ Juni—Sept. Aecker, Wege, Schutt. Gemein.

18. Matricaria L. *Kamille. Mutterkraut.*

Blatt doppeltfiedertheilig mit lineal-fadenförmigen Zipfeln, kahl. Frucht 6kantig mit häutigem Fruchtkranze. Blüthenstiel gefurcht. Strahlblumen schlaff-herabhängend, weiss.

M. Chamomilla L.

Wohlriechend. ⊙ Juni—August. Aecker. Gemein. Von Chrysanthemum inodorum durch den hohlen, von den Anthemis-Arten ausserdem durch den spreulosen Blüthenboden zu unterscheiden.

19. Chrysánthemum L. *Wucherblume.*

A. Strahl weiss. Frucht ungeflügelt.

a. Blatt einfach, gekerbt-gesägt, selten einfach-fiederspaltig. Untere Blätter langgestielt, spatelförmig, obere sitzend, länglich lineal. Köpfchen meist einzeln oder wenige.

Chr. Leucánthemum L.

Johannisblume. ♃ Juni, Juli. Wiesen, Wegeränder. Gemein.

b. Blatt fiedertheilig mit länglichen oder lanzettlichen fiederspaltigen Abschnitten. Köpfchen in Trugdolden. Frucht stielrund, 5—10riefig.

1. Fiederlappen länglichrund mit stumpfen, kurz-stachelspitzigen Zähnen. Blatt flaumig, harzig-punktirt. Fruchtkranz sehr kurz, kronenförmig. . **Chr. Parthénium** Pers.

(Pyrethrum Parth. Sm.) ♃ Juni—August. Schutt, Wege. In Gärten gefüllt als Zierblume.

2. Fiederlappen lanzettlich, spitz, scharf- und stachelspitzig-gesägt. Blatt nicht punktirt. Fruchtkranz deutlich, häutig . . . . **Chr. corymbosum** L.

(Pyrethrum cor. Willd.) ♃ Juni—August. Gebirgswälder. Stellenweise.

c. Blatt 2—3fach-fiedertheilig mit fadenförmig-linealen,

ganzrandigen Zipfeln, kahl. Frucht 3—4kantig, mit kurzem Krönchen. . . . . **Chr. inodórum** L.

(**Pyrethrum inodorum** Sim.) ⊙ Juli—October. Schutt, Aecker. Hier und da. Der *Kamille* ähnlich.

B. Strahl gelb. Randfrüchte 3kantig oder 3flügelig.

a. Blatt länglich-lanzettlich, eingeschnitten-gezahnt, sitzend, kahl, die oberen umfassend. Köpfchen einzeln. Fruchtkranz fehlend. . . . . **Chr. ségetum** L.

⊙ Juli, August. Unkraut unter der Saat. Häufig, doch nicht überall.

b. Blatt doppelt-fiederspaltig mit linien-lanzettlichen scharfeingeschnittenen Zipfeln, am Grunde geöhrt, kahl. Frucht in einen Dorn vorgezogen. . . . . **Chr. coronarium** L.

(**Pinardia coronaria** Less.) ⊙ August—October. Zierpflanze aus Südeuropa. Hier und da aus den Gärten verwildert.

g. SENECIONEAE.

20. Dorónicum L. *Gemswurz.*

Blätter zerstreut, gezahnt, zottig, die unteren gestielt, herzförmig, die oberen sitzend, umfassend. **D. Pardalianches** L.

Gelb. ♃ Mai, Juni. Bergwälder. Sehr selten. Auch als Zierpflanze in Gärten und von da aus zuweilen verwildert.

21. Árnica L. *Wohlverleih.*

Blatt länglich-verkehrteiförmig, sitzend, ganzrandig, 5nervig, scharf; die meisten grundständig, am Stengel meist ein Paar gegenständig. Köpfchen: eins endständig und meist 2 seitenständig. **A. montana** L.

Orangegelb. ♃ Juni—August. Gebirgswiesen. Hier und da.

22. Senécio L. *Greiskraut. Baldgreis. Kreuzkraut.*

I. *Am Grunde des Köpfchens kleine äussere Hüllblättchen.* (SENECIO).

A. Blatt fiederspaltig.

a. Zungenförmige Strahlblumen (meist) fehlend. Aeussere Hüllblättchen 21, sehr kurz, mit schwarzer Spitze. Köpfchen in kleinen gedrängten Doldentrauben. Frucht schwach-flaumig. Pflanze nicht klebrig, liegend.

S. vulgaris L.

Gelb. ⊙ Fast das ganze Jahr hindurch blühend. Unkraut in Gärten und

Feldern, auf Schutt. Gemein. — Kommt auch vor mit Strahlblumen: var. radiata.

b. Zungenförmige Strahlblumen 13, zurückgerollt, schmal. Stengel aufrecht.

1. Aeussere Hüllblättchen 13, sehr kurz, anliegend, meist nicht schwarz. Frucht behaart. Pflanze spinnewebhaarig, drüsenlos. . . . . **S. silvaticus** L.
   Gelb. ⊙ Juli, August. Wälder, Wegeränder. Häufig.

2. Aeussere Hüllblättchen meist 21, halb so lang als die inneren, linienförmig, locker, wie die inneren an der Spitze schwärzlich. Frucht kahl. Pflanze drüsenhaarig-klebrig. . . . . **S. viscosus** L.
   Gelb. ⊙ Juli—October. Schutt, Sandplätze, Waldränder. Häufig.

c. Zungenförmige Randblumen 13, strahlig ausgebreitet (selten ohne Strahl). Innere Hüllblättchen 13.

1. Alle Blätter fiederspaltig mit linealen ganzrandigen oder gezahnten Fiederlappen; die oberen mit ungetheilten Oehrchen stengelumfassend. Blatt und Stengel graugrün, spinnewebig-wollig. Blüthenstiele filzig. Aeussere Hüllblättchen mehrere, halb so lang als die inneren. Frucht behaart. Wurzelstock kriechend. . . . . . **S. erucifolius** L.
   Gelb. ♃ Juli, August. Waldränder, Gebüsche. Hier und da. Var. mit schmal-linealen Fiederlappen.

2. Wurzelblätter ganzrandig oder leierförmig; die mittleren fiederspaltig mit grösserem eiförmigem Endlappen, grobeingeschnitten-gezahnten oder gespreitzt-fiederspaltigen, vorn 2spaltigen Seitenlappen und meist vielspaltigen Oehrchen des umfassenden Grundes. Stengel und Blatt grün, fast kahl. Aeussere Hüllblättchen nicht halb so lang als die inneren, an den zuerst aufblühenden Köpfchen 6 und mehr, an denen der weiteren Verzweigung weniger als 6. Randfrüchte kahl. Wurzel abgebissen. **S. Jacobaea** L.
   Gelb. ⊙ Juli—September. Wiesen, Raine, Ufer. Gemein. — Kommt auch ohne Strahl vor.

3. Wurzel und untere Stengelblätter ungetheilt, die oberen leierförmig, die obersten ohne grösseren Endlappen;

16

Seitenlappen gezähnelt; Oehrchen gespalten. Stengel und Blatt grün, fast kahl. Aeussere Hüllblättchen kurz. Alle Früchte fast kahl. Stock abgebissen. . . . . **S. aquaticus** L.

Gelb. ⊙ Juli, August. Feuchte Wiesen. Häufig.

B. Blatt ungetheilt.

a. Strahlblumen 5 oder 8. Blatt ei-lanzettlich, die unteren gestielt.

1. Blatt weich, mit abstehenden Sägezähnen, oft unterseits flaumig. Stützblätter der Blüthenäste lanzettlich, in einen kurzen Blattstiel verschmälert. Aeussere Hüllblättchen wenige, fast so lang als die (8) inneren. Frucht kahl. Stengel schlank, etwas hin und her gebogen. Wurzelstock nicht kriechend. **S. nemorensis** L.

Gelb. ♃ Juli, August. Gebirgswälder. Hier und da.
Var.: α. **genuinus** mit 5—6, δ. **octoglossus** mit 7—8, ε. **Fuchsii** mit 5—6 Strahlen und gestielten Blättern.

2. Blatt steif, lederartig, mit vorwärts gekrümmten Sägezähnen, kahl. Stützblätter der Blüthenäste aus breitem Grunde lanzettlich. Aeussere Hüllblättchen kaum halb so lang als die (13) inneren. Frucht kahl. Stengel steif. Wurzelstock kriechend. **S. saracenicus.**

Gelb. ♃ Juli, August. Strahl 7—8blüthig. Ufergebüsche. Zerstreut.

3. Blatt ganzrandig oder kleingesägt, kahl, bläulich grün. Stützblätter aus fast herzförmigem Grunde lineal-pfriemlich. Aeussere Hülle sehr kurz. Frucht flaumhaarig. **S. Doria** L.

Gelb. ♃ Juli, August. Sehr selten.

b. Strahlblumen 13—21. Blatt schmal-lanzettlich, sitzend, scharfgesägt. Aeussere Hüllblättchen meist 10, halb so lang als die (21) inneren. Frucht feinhaarig. **S. paludosus** L.

Gelb. ♃ Juli, August. Sumpfige Orte, Wiesen. Gräben. Selten.

II. *Aeussere Hüllblättchen fehlen.* [CINERARIA].

Wurzelblätter eiförmig, am Grunde gestutzt, untere Stengelblätter in den breitgeflügelten Blattstiel verschmälert, die oberen lanzettlich, sitzend, unterseits sowie die Köpfchen weisswollig, Frucht kurzhaarig. . . **S. spathulaefolius** DC.

(Cineraria spath. Gmel.) Gelb. ♃ April—Juni, Gebirgswälder. Sehr selten. — **S. cordatus** K. mit herzeiförmigem Blatt.

h. GNAPHALIEAE.

23. **Filágo** L. *Filzkraut. Schimmelkraut.*

a. Stengel gabelig verzweigt. Köpfchen je 12 und mehr zu grossen kugeligen Köpfchen gehäuft. Köpfchen nicht deutlich kantig. Hüllblättchen etwas wollig, am Rande und oben kahl, trockenhäutig, grannenartig lang zugespitzt, abstehend, die Spitze meist röthlich.

F. germanica L.

☉ Juli, August. Aecker, Triften. Häufig. — Var.: β. **pyramidata** DC., weissfilzig, Hüllblättchen mit blassgelber Spitze; — δ. **spatulata** DC., Köpfchen je 12—15, nur am Grunde wollig, scharf-5kantig; Spitzen blass.

b. Stengel gabelig verzweigt. Köpfchen einzeln oder zu 2—6 gehäuft. Hüllblättchen stumpf, krautig, an der Spitze häutig, dünn und anliegend-behaart, oben kahl, mit einem scharf hervortretenden grünen Mittelnerv, dadurch das Köpfchen scharf-5kantig. **F. minima** Fr.

☉ Juli, August. Triften, Sandfelder, Hügel. Häufig. Var. einfach und verzweigt.

c. Stengel traubig- oder rispig-verzweigt mit aufrechten Zweigen. Köpfchen einzeln oder zu 2—6 gehäuft. Hüllblättchen stumpf, krautig, in eine dicke Wolle gehüllt, ohne hervortretenden grünen Mittelnerv; daher das Köpfchen nicht kantig. . . . . **F. arvensis** L.

☉ Juli, August. Sandige Felder. Triften. Häufig.

24. **Gnaphálium** L. *Ruhrkraut.*

a. Köpfchen in blattwinkelständigen Knäueln. Hülle aus dem Grünen ins Braune oder Schwärzliche übergehend.

1. Stengel einfach, aufrecht, ährenförmig. Blatt lanzettlich, die oberen kleiner, unterseits weissfilzig.

G. silvaticum L.

Gelblich weiss. ♃ Juli, August. Lichte Wälder, Haiden, besonders auf Sandboden. Häufig.

Var.: β. **lutescens** Wdr., durchaus silberweiss-filzig, klein, mit gelbglänzenden, in gedrängter Aehre stehenden Köpfchen. — γ. **comosum** Wdr., wollig-filzig, grösser mit vielen kleinen Seitenähren und langer, mit vielen langen abstehenden Blüthen untermischter Endähre. — δ. **conferta** Meyer, Blatt in einen Stiel verschmälert, die oberen ebenso gross als die unteren, Aehre gedrängt.

2. Stengel vom Grunde an ästig ausgebreitet. Blatt linien-lanzettlich, nebst dem Stengel graufilzig. Blüthenknäuel beblättert. . . . . **G. uliginosum** L.

Gelblich weiss. ⊙ Juli—September. Feuchte Aecker, Ufer, überschwemmte Plätze. Häufig. Var.: **nudum.**

b. Köpfchen in endständigem, gedrängtem Ebenstrausse am einfachen, aufrechten Stengel. Hülle weiss, roth oder gelblich.

1. Köpfchen der verschiedenen Pflanzen gleichartig androgynisch. Hülle weisslich- oder grünlich gelb, mit breitem weissem Hautrande. Haare des Fruchtkranzes gleichmässig-dünn. Blatt schmal-lanzettlich, beiderseits wollig. Stengel ohne nichtblühende Sprosse. **G. luteo-album** L.

Trüb-röthlich. ⊙ Juli, August. Feuchte Sandstellen, Haiden, Teiche. Sehr selten.

2. Köpfchen der einen Pflanze mit vorherrschenden weiblichen, die der andern mit vorherrschenden zwitterigen Blüthen. Hülle weiss. Haare des Fruchtkranzes der Zwitterblüthen oben keulig-verdickt. Blatt lineal, langzugespitzt, unterseits wie der Stengel filzig.

G. margaritáceum L.

Gelblich. ♃ Juli, August Wiesen. Sehr selten (verwildert).

3. Köpfchen der einen Pflanze mit bloss weiblichen (Köpfchen roth), die der andern Pflanze mit bloss männlichen Blüthen (Köpfchen weiss). Haare des Fruchtkranzes der männlichen Blüthen an der Spitze verdickt. Wurzelblätter spatelförmig, oberseits kahl. Am Grunde liegende nichtblühende Sprosse. . . . . **G. dioicum** L.

(**Antennaria dioica** Gärtn.) *Katzenpfötchen.* ♃ Mai, Juni. Haiden. Gemein.

25. **Helichrysum** Gärtn. *Strohblume. Immortelle.*

Köpfchen in endständigem Ebenstrausse. Blatt lanzettlich. Stengel filzig. . . . . **H. arenarium** DC.

Hüllblätter goldgelb, Blumen orange. ♃ Juli—Sept. Sandboden, Triften, Hügel. Selten.

Zierpflanzen:

a. Köpfchen büschelig. Blatt an der Spitze trockenhäutig. **H. orientale** Tourn.

Immortelle. Strahl gelb oder orange. Zierpflanze aus dem Orient.

b. Köpfchen einzeln, 2—3 cm. gross. Aeussere Hüllblättchen kurz, stumpf, mittlere lanzettlich, strahlend. **H. bracteatum** Willd.

Strohblume. Strahl gelb oder weiss. ⊙ Juli—October. Zierpflanze aus Neuholland.

II. Sippe. CYNAREAE Less.

i. CALENDULEAE.

26. **Caléndula** L. *Ringelblume.*

a. Früchte zum Theil ganz glatt, sämmtlich gekrümmt, die meisten kahnförmig und geflügelt. . . . **C. officinalis** L.

Todtenblume. Dunkelgelb. ⊙ Juni—September. Zierpflanze aus Südeuropa; auch verwildert.

b. Früchte stachelig, nur die inneren gekrümmt und wenige kahnförmig, die äusseren gerade. . . . . **C. arvensis** L.

Hellgelb. ⊙ Juli—October. Schutt, Weinberge. Sehr selten.

k. CENTAUREAE.

27. **Centauréa** L. *Flockenblume.*

a. Hüllblättchen mit deutlich abgesetzten, andersgefärbten, trockenen Endlappen, wodurch die krautigen Theile der nächstoberen Hüllblättchen vollständig bedeckt werden. Stengel einfach, einköpfig oder mit wenigen Aesten. Blume roth. Blatt ungetheilt oder die unteren buchtig-gezahnt oder etwas fiederspaltig.

α. Endlappen aller oder wenigstens der innersten Hüllblättchen rundlich, gewölbt, hellbraun, mit breitem, weisshäutigem Rande, ungetheilt oder an der Spitze unregelmässig zerschlitzt. Haarkrone fehlend. . **C. Jacéa** L.

♃ Juni—October. Trockene Wiesen, Hügel. Gemein. — Aendert vielfach ab: mit fiederig gewimperten Endlappen der äusseren Hüllblättchen; — ohne strahlende Randblüthen; — die Endlappen die Hüllblättchen nicht deckend; — Pflanze weissfilzig; — Stengel gestaucht; Blume heller und dunkler roth. — Hierher gehört auch C. **angustifolia** Schrk.

β. Endlappen der Hüllblättchen schmal, spitz, dunkelbraun

oder schwarz, kammartig gefranst, mit langen gezähnelten, sämmtlich gleichstarken Fransen. Haarkrone vorhanden.

1. Endlappen lang-pfriemlich, zurückgebogen. Randblüthen gross, geschlechtslos. . . . . . **C. phrygia** L.
   ♃ Juli—September. Gebirgswiesen, Wälder, Ufer. Hier und da.
2. Endlappen lanzettlich, aufrecht. Meist keine grösseren geschlechtslosen Randblüthen. . . . . . . **C. nigra** L.
   ♃ Juli, August. Gebirgswiesen, Wälder, Raine. Stellenweise.
   C. nigrescens W., eine Mittelform zwischen **C. nigra** und **Jacea**. Fast alle Hüllblättchen mit kammförmig gefransten Endlappen, Fransen ungewimpert (bei **nigra** gewimpert) Haarkrone kurzborstig. Blüthe purpurroth. ♃ Wiesen. Sehr selten.

b. Hüllblättchen ohne abgesetzten Endlappen, abgerundet, mit der schwärzlichen Spitze oder dem Rande den krautigen Theil des nächstoberen Blättchens nicht bedeckend, am Rande kurz-gewimpert; Endwimper breiter und fester als die übrigen.

α. Alle Blumen des Köpfchens roth. Hüllblättchen rundlich, mit einer dreieckigen, schwarzen, am Rande kurzgewimperten Spitze. Blätter sämmtlich 1—2fach fiederspaltig oder fiedertheilig.

1. Köpfchen kugelig, einzeln an dem Ende der wenigen Hauptäste. Blätter fiederspaltig mit breiten Lappen. Fruchtkranz so lang als die Frucht. **C. Scabiosa** L.
   ♃ Juli, August. Trockene Hügel, Weinberge, Triften. Häufig.
2. Köpfchen eiförmig, rispig. Blatt tief-fiedertheilig mit linealen Zipfeln. Fruchtkranz etwa halb so lang als die Frucht. . . . . **C. maculosa** L.
   (**C. paniculata** Jacq.) ⊙ Juli—September. Sonnige Hügel, Feldränder. Selten.

β. Randblumen blau. Hüllblättchen schwarzbraun-berandet, am ganzen Rande gewimpert. Obere Blätter meist ungetheilt, ganzrandig. Stengel oder Aeste einköpfig.

1. Blatt länglich-lanzettlich, herablaufend, alle ungetheilt. Köpfchen gross. Stengel einköpfig . . **C. montana** L.
   ♃ Juli. August. Gebirgswiesen und Wälder. Hier und da.
2. Blatt lineallanzettlich, nicht herablaufend, die unteren fiederspaltig. Stengel ästig. . . . . **C. Cyanus** L.
   Blaue Kornblume. Selten roth oder weiss. ⊙ und ⊙ Juni, Juli. Im Getreide. Gemein.

c. Hüllblättchen mit einem langen verzweigten Dorn endigend.

α. Blatt tief-fiederspaltig, nicht herablaufend. Köpfchen kahl, die (scheinbar) seitlichen sitzend. Fruchtkranz fehlend. Hellroth. . . . . **C. Calcitrapa** L.

⊙ Juli, August. Trockene Hügel, wüste Plätze. Selten.

β. Blätter gröstentheils ungetheilt, herablaufend. Fruchtkranz vorhanden. Gelb.

1. Seitliche Köpfchen sitzend, flaumhaarig. **C. melitensis** L.

⊙ Juli—September. Raine, Felder. Sehr selten. Eingeschleppt.

2. Alle Köpfchen endständig auf den Zweigen, wollig. . **C. solstitialis** L.

⊙ Juli, August. Aecker, sonnige Hügel. Selten. Eingeschleppt.

l. CARLINEAE.

28. **Carlína** L. *Eberwurz.*

a. Stengel einköpfig, meist gestaucht mit bodenständigem Köpfchen, oder gestreckt. Blatt tief-fiederspaltig mit gelappten Zipfeln. . . . . **C. acaulis** L.

Gelblich weiss-röthlich, strahlende Blättchen silberweiss. ♃ Juli, August. Kalkhügel, Wegeränder. Selten. — Var.: **caulescens.**

b. Stengel 2- oder mehrköpfig, gestreckt. Blatt buchtig-gezahnt. Hülle spinnewebig. . . . . . . **C. vulgaris** L.

Blassgelb, an der Spitze dunkelroth; strahlende Blättchen strohgelb, bis zur Mitte gewimpert. ⊙ Juli, August. Häufig.

m. CARDUACEAE.

29. **Círsium** Tourn. *Kratzdistel.*

A. Köpfchen einzeln (oder zu 2) am Ende des Stengels oder auf langen Stielen. Purpurroth.

a. Hüllblättchen abstehend, in starke Stacheln endigend, von spinnewebartiger Wolle durchwebt. Blatt oberseits stachelborstig, mit starken Randstacheln, fiederspaltig, Lappen 2—3spaltig, dornspitzig.

1. Köpfchen eiförmig. Hüllblättchen lanzettlich, pfriemförmig in einen Dorn auslaufend. Blatt herablaufend, Lappen gespreizt. . . . . **C. lanceolatum** Scop.

⊙ Juni—September. Wege, wüste Plätze, Hecken. Gemein.
Var. β. **nemorale** mit unterseits-weissfilzigem Blatt, sehr hochstengelig (selten).

2. Köpfchen kugelig. Hüllblättchen lanzettlich, vor der Spitze verbreitert. Blatt nicht herablaufend.
C. erióphorum Scop.
⊙ Juli, August. Wege, Schutt, Ufer. Sehr selten.

b. Hüllblättchen anliegend, kurz-stachelspitzig, kahl.

α. Blüthenschaft lang, nackt, weisswollig oder filzig. Blatt oberseits zerstreuthaarig, unterseits etwas spinnewebwollig. Randstacheln weich. Wurzelfasern spindelförmig, verdickt.

1. Untere Blätter etwas herablaufend, buchtig-gezahnt, seltener fiederspaltig. Blumenzipfel so lang oder kürzer als der Röhrentheil. . . . . **C. canum** MB.
♃ Juli, August. Bergwiesen. Sehr selten.

2. Untere Blätter nicht herablaufend, tieffiederspaltig. Blumenzipfel länger als der Röhrentheil.
C. bulbosum DC.
(C. tuberosum Ait.) ♃ Juli, August. Wiesen. Sehr selten.

β. Meist stengellos. Köpfchen auf kurzem (selten verlängertem und alsdann beblättertem) Stengel meist einzeln, mit kahlen, anliegenden, abstehend-zugespitzten Hüllblättchen. Stengel und Blatt kahl. Randstacheln stark. . . . . **C. acaule** All.
♃ Juli, August. Triften. Häufig. Var.: β. **caulescens**, seltener.

B. Köpfchen am Ende des Stengels oder der Aeste gehäuft, kahl.

a. Roth. Köpfchen ohne grössere Deckblätter. Blatt mit steifen Randstacheln.

1. Köpfchen sitzend. Blatt ganz herablaufend (Stengel stachelig-geflügelt), fiederspaltig mit 2spaltigen Lappen. Blüthen zwitterig. Fruchtkranz kürzer als die Krone. . . . . **C. palustre** Scop.
Purpurroth, zuweilen weiss. ⊙ Juli, August. Feuchte Wiesen, feuchte lichte Waldstellen. Häufig.

2. Köpfchen gestielt. Blatt nur theilweise herablaufend, ungetheilt oder buchtig-fiederspaltig mit einfachen spreitzenden Lappen. Köpfchen einhäusig. Fruchtkranz zuletzt um 1/3 länger als die Krone. **C. arvense** Scop.
Lila, zuweilen weiss. ♃ Juli, August. Saatfelder, Wege. Gemein. — Var. ε. **vestitum** mit unterseits weissfilzigem Blatt, seltener.

b. Gelblich. Köpfchen von grossen bleichen Deckblättern überragt. Hüllblättchen weissgekielt, in einen kurzen weichen Dorn allmählich verschmälert. Blatt stengelumfassend, nicht herablaufend, einfach-fiederspaltig, die oberen ganz, Randstacheln weich. Ganze Pflanze bleichgrün. **C. oleráceum** Scop.

♃ Juli, August. Feuchte Wiesen, Gräben. Häufig.

Mittelformen (Bastarde) zwischen obigen **Cirsium**-Arten tragen die Merkmale theils der einen theils der anderen je zweier Stammeltern, z. B.:
C. Lachenalii K. = **oleraceo-bulbosum** Näg. oder **oleraceo-acaule** Näg.
C. rigens Wallr. (**C. decoloratum** K.) = **C. acauli-oleraceum** Schiede.
C. hybridum K. = **C. palustri-oleraceum** Schiede.

30. **Carduus** L. *Distel.*

a. Köpfchen meist einzeln auf langem nacktem Stiele (nickend). Blatt lanzettlich, ungetheilt oder unterwärts fiederspaltig, gezahnt-gesägt, dornig-gewimpert, unterseits bläulich-grün, kahl, halb-herablaufend. Hüllblättchen lanzettlich mit kaum stechender Spitze etwas abstehend.

C. defloratus L.

Purpurroth. ♃ Juli, August. Felsige Kalkberge. Sehr selten.

C. Personata Jacq. Stengel beblättert, schwach geflügelt. Köpfchen gehäuft. Blatt eiförmig, kurz-stachelig-gewimpert, unterseits spinnenwebig, nur die untersten fiederspaltig. ♃ Juli, August. Rhön.

b. Stengel verzweigt, auch oberwärts beblättert, kraus- und dornig-geflügelt. Blatt tief-fiederspaltig, dornig-gezahnt, meist ganz herablaufend. Hüllblättchen mit steifer Dornspitze.

α. Köpfchen kugelig, meist einzeln an den Aesten. Blatt kahl oder unterseits an den Adern zottig.

1. Köpfchen auf filzigem, unterhalb des Köpfchens ungeflügeltem Stiele nickend. Hüllblättchen lanzettlich, oberhalb der Basis zurückgebogen oder wagerecht abstehend. . . . . **C. nutans** L.

Purpurroth. ♃ Juli, August. Triften, Wege und Ackerränder. Gemein.

2. Köpfchen auf dem bis obenhin geflügelten Stiele aufrecht. Hüllblättchen lineal, anliegend oder abstehend, aber nicht zurückgebrochen. **C. acanthoides** L.

Purpurn, blassroth oder weiss. ⊙ Juli, August. Wege, wüste Plätze. Selten.

β. Köpfchen eiförmig, meist gehäuft auf dem bis obenhin geflügelten Stiele. Hüllblättchen pfriemlich, abstehend, die oberen angedrückt. Blatt oberseits zerstreut-haarig, unterseits weissfilzig. **C. crispus** L.
Purpurroth, selten weiss. ⊙ Juli, August. Wege, wüste Plätze. Flussufer. Zerstreut.

Mittelformen (Bastarde) zwischen den 3 letztgenannten Arten, z. B.:
C. multiflorus Gaud. = **C. crispo-nutans**. Köpfchen nickend, je 1—3, die äusseren Hüllblättchen zurückgebrochen. Blatt unterseits etwas spinnewebig behaart. Blüthen unfruchtbar. Pflanze 2—3 m. hoch, sehr kräftig und ästig. Sehr selten.

31. **Onopordon** L. *Eselsdistel.*

Stengel und Blüthenstiele breit-geflügelt. Blatt buchtig, stachelig-gezahnt, spinnewebig-wollig. Hüllblättchen linienlanzettlich, die äusseren weitabstehend. **O. Acánthium** L.
Purpurroth. ⊙ Juli, August. Schutt, Wegeränder. Hier und da.

32. **Lappa** Tourn. *Klette.*

a. Alle Hüllblättchen pfriemlich, hakig, grün, fast kahl Blüthenstand ebensträussig. Blatt sehr gross. . **L. major** Gärtn.
(**Arctium Lappa** α. L.) Roth. Stengel 1—2 m. hoch. ⊙ Juli, Aug. Hecken, Gebüsch, Wälder. Zerstreut.

b. Alle Hüllblättchen pfriemlich, hakig, etwas spinnewebig-zottig, die inneren an der Spitze roth, nicht strahlend. Blüthenstand traubig. . . . . **L. minor** DC.
(**Arctium Lappa** β. L.) Roth. Stengel $\frac{1}{2}$—1 m. hoch. ⊙ Juli, August. Hecken, Wege, wüste Plätze. Häufig.

c. Die inneren Hüllblättchen lanzettlich, mit gerader Stachelspitze, strahlend, roth. Hülle stark spinnewebig-zottig. Blüthenstand ebensträussig. . . . . . **L. tomentosa** Lam.
(**Arctium Bárdana** Willd.) Roth. Stengel $\frac{1}{2}$—1 m. hoch. ⊙ Juli, Aug. Schutt, Hecken, Wege. Häufig.

33. **Serrátula** L. *Scharte.*

Blatt ungetheilt oder (besonders unterwärts) fiederspaltig, scharf-gesägt, beiderseits grün. Blüthenstand ebensträussig. Hüllblättchen dachig, anliegend, an der Spitze roth. Köpfchen länglich. . . . . **S. tinctoria** L.
Purpurn, selten weiss. ♃ Juli, August. Wälder und Wiesen in Gebirgen.

34. **Jurinéa** Cass.

Blatt fiederspaltig mit wenigen linealen ganzrandigen Lappen, unterseits sowie der Stengel weissfilzig. Köpfchen 1 oder wenige, fast kugelig. Hülle etwas locker, weissfilzig.
J. cyanoides Rchb.

(**Serratula** DC.) Purpurn. ♃ Juli, August. Sandfelder, trockene Hügel. Sehr selten.

n. ECHINOPSIDEAE.

35. **Echínops** L. *Kugeldistel.*

Blatt fiederspaltig, unterseits weissfilzig; Fiederlappen buchtig- und dornig-gezahnt. Aeussere Hüllblättchen drüsigbehaart. . . . . **E. sphaerocéphalus** L.

Weiss mit blauen Staubbeuteln. ♃ Juli, August. Steinige Orte, Weinberge. Sehr selten.

III. Sippe. CICHORIACEAE Juss.

o. LAMPSANEAE.

36. **Lampsana** L. *Rainkohl.*

Stengel ästig. Untere Blätter leierförmig, obere eckig-gezahnt. Blüthenstand rispig . . . . **L. communis** L.

Gelb. ⊙ Mai—September. Hecken, Wege. Gemein.

p. CICHORIEAE.

37. **Arnóseris** Gärtn. *Lammkraut.*

Schaft 1—3köpfig. Blatt verkehrteiförmig, gezahnt.
A. pusilla Gärtn.

(**A. minima** E. Meyer, **Hyoseris minima** L.) Gelb. ⊙ Juli, August. Sandige Aecker. Selten.

38. **Cichórium** L.

a. Stengel rauh. Untere Blätter schrotsägeförmig, am Kiele steifhaarig; blüthenständige ganz, aus breitem umfassendem Grunde lanzettlich. . . . . **C. Intybus** L.

Cichorie. Blau. Seltener röthlich. ♃ Juli—Sept. Wegeränder, Triften. Häufig. Auch gebaut mit fleischiger Wurzel.

b. Stengel fast kahl. Untere Blätter buchtig oder gezahnt,

kahl, blüthenständige aus herzförmigem Grunde breit-eiförmig. . . . . **C. Endivia** L.
Winter-Endivien. Blau. ⊙ Juli — September. Gemüsepflanze. Var. mit krausem Blatte.

q. CREPIDEAE.

39. Barkhausia Mönch.

a. Randfrüchte viel kürzer als die der Mitte, kurz- oder nicht geschnabelt; Schnabel der mittleren sehr lang. Köpfchen vor dem Aufblühen nickend.
 1. Stengel beblättert, kurz rauhhaarig. Blatt schrotsägeförmig. Innere Hüllblättchen zottig grau. Blume gelb.
 B. foetida DC.
 (**Crepis foetida** L.) ⊙ Juni—August. Wege und Ackerränder, trockene Hügel. Zerstreut.
 2. Stengel nicht beblättert, fast kahl. Innere Hüllblättchen drüsenhaarig. Blume rosenroth. . . . . . **B. rubra** DC.
 (**Crepis rubra** L.) ⊙ Juni, Juli. Zierpflanze aus Südeuropa.

b. Alle Früchte ziemlich gleichgross; Schnabel kürzer als die Frucht. Köpfchen vor dem Aufblühen aufrecht, doldentraubig, nebst der Hülle steifborstig. Gelb.
B. setosa DC.
(**Crepis setosa** Hall. f.) ⊙ Juli, August. Aecker, Wegeränder. Sehr selten.

40. Crepis L. *Pipau. Grundfeste.*

a. Alle Blätter grundständig, am Grunde verschmälert (nicht pfeilförmig-sitzend), gezähnelt. Stengel vielköpfig. Die äusseren Hüllblättchen kurz, angedrückt. Stengel und Blatt kurzhaarig. Stock wie abgebissen. Fruchtkranz biegsam, reinweiss. Frucht 10—13riefig.
C. praemorsa Tausch.
(**Hieracium praemorsum** L.) Gelb. ♃ Mai, Juni. Steinige Berge, Gebirgswiesen. Selten.

b. Stengel beblättert. Blatt lanzettlich, nicht pfeilförmig-sitzend, oft gezähnelt. Stengel hohl, einfach, oberwärts ebensträussig. Aeussere Hüllblättchen angedrückt, halb so lang als die inneren. Fruchtkranz biegsam, reinweiss. Frucht 20riefig. . . . . **C. succisaefolia** Tausch.
Goldgelb. ♃ Juli, August. Gebirgswiesen. Sehr selten.

c. Stengel beblättert. Untere Blätter gezahnt oder schrotsägeförmig, obere herz- oder pfeilförmig stengelumfassend. Frucht 10—15riefig.

α. Fruchtkranz gelblich weiss, sehr zerbrechlich. — Hülle meist schwarzdrüsig-behaart; äussere Hüllblättchen 3 mal so kurz als die inneren. Stengel hohl, kantig. Blüthenstand rispig. . . . . **C. paludosa** Mch.

(**Hieracium paludosum** L., **Aracium paludosum** Monn.) Gelb. ♃ Juni, Juli. Nasse Wiesen, Sumpfstellen. Häufig.

β. Fruchtkranz rein weiss, biegsam.

1. Blüthenstiel oberwärts kaum verdickt. Köpfchen 3 cm. im Durchmesser. Aeussere Hüllblättchen abstehend, wenigstens halb so lang als die inneren, innere kürzer als der Fruchtkranz, innerseits anliegend-behaart. Blüthenboden bewimpert. Randblumen reingelb. Griffel gelb. Frucht 10—15riefig. Stengel gefurcht. Ganze Pflanze etwas scharf. **C. biennis** L.

⊖ Stengel c. 1 m. hoch. Wiesen, Wegeränder. Gemein.

2. Blüthenstiel dünn, oberwärts nicht verdickt. Köpfchen 1 cm. im Durchmesser. Aeussere Hüllblättchen angedrückt, innere so hoch als der Fruchtkranz, innerseits kahl. Blüthenboden kahl. Randblumen röthlich-gestreift. Griffel gelb. Frucht stumpf, kaum verschmälert, 10riefig, glatt, hellbraun. Blatt flach, Oehrchen abwärts gerichtet, oft eingeschnitten. Ganze Pflanze grün, kahl. . . . . **C. virens** L.

⊙ Juni—Sept. Stengel c. $1/2$ m. hoch. Wegeränder, Grasplätze. Gemein.

3. Blüthenstiel dick, oberwärts verdickt. Köpfchen 1 cm. im Durchmesser. Aeussere Hüllblättchen abstehend, innere so hoch als der Fruchtkranz, innerseits anliegend-behaart. Blüthenboden kurzhaarig. Randblumen reingelb. Griffel braun. Frucht oberwärts deutlich verschmälert, 10riefig, rauh, kastanienbraun. Blatt am Rande umgebogen. Oehrchen aufwärts gerichtet. Ganze Pflanze graugrün, etwas rauh.

C. tectorum L.

⊙ Mai—Aug. Stengel c. $1/3$ m. hoch. Wegeränder, Aecker, Mauern. Hier u. da.

4. Hüllblättchen beiderseits anliegend-behaart. Randblumen reingelb. Frucht gleichmässig dick, goldgelb, 4kantig, gefurcht und gerieft, kahl. Blatt beiderseits rauhborstig, am Rande und Kiele stachelborstig-gewimpert. Stengel tiefgefurcht. . . . **C. calcárea** Wdr.
Juni—August. Raine, Hügel (Kalkboden). Selten.

41. **Hieracium** L. *Habichtskraut.*

A. *Stengel am Grunde mit rosettenförmigen Wurzelblättern, nach oben fast blattlos. Blatt ganzrandig, meist graugrün, mit einfachen oder gespaltenen Haaren. Fruchtkranz gelblich weiss aus gleichlangen Haaren. Meist mit Ausläufern.*

a. Schaft einköpfig, blattlos. Köpfchen walzlich. Blatt länglich- oder spatelig-lanzettlich, borstig-behaart, unterseits graufilzig. . . . . **H. Pilosella** L.
Schwefelgelb. Randblumen auf der Aussenseite röthlich-gestreift. ♃ Juni—September. Triften, Wegeränder. Gemein. — Aendert vielfach ab in der Gestalt des Blattes und Behaarung. Zuweilen 2köpfig (**H. stoloniferum** W. K.?).

b. Schaft mit 2—5 langgestielten Köpfchen, einblätterig. Köpfchen ei-kegelförmig, etwas bauchig. Blatt verkehrt-eilanzettlich, borstig-behaart, unterseits grau-sternhaarig. **H. bifurcum** MB.
Rein schwefelgelb. ♃ Mai—Juli. Sonnige Hügel. Sehr selten. Wird als Bastard zwischen **H. Pilosella** und **praealtum** betrachtet.

c. Schaft mit einer Trugdolde aus 2—5kurzgestielten Köpfchen, nackt oder mit einem Blatte. Blätter spatelig-lanzettlich, kahl, nur am Grunde mit zerstreuten Borsten gewimpert. . . . . **H. Auricula** L.
Rein gelb. ♃ Juni—September. Wiesen, Triften, Ackerränder. Häufig.

d. Schaft mit einer 12- und mehrköpfigen Trugdolde, unterwärts armblätterig. Wurzel abgebissen.

1. Blatt lineal-lanzettlich, graugrün, am Rande oder auf der Fläche mit steifen Borsten. Trugdolde locker ästig. Hülle walzenförmig, graulich-grün, nebst dem Stiele zum Theil mit braunen oder schwarzen Haaren. Stengel

kahl oder mit zerstreuten Borstenhaaren und Sternhaaren. . . . . **H. praealtum** Koch.

Reingelb. ♃ Juni, Juli. Sonnige Hügel. Selten.

Aendert vielfach ab mit und ohne Ausläufer, sowie in der Behaarung. Hierher gehört unter Anderem: **H. Bauhini** (mit Ausläufern), **H. fallax** DC. (mit Ausläufern, Blatt dicht-borstenhaarig), **H. florentinum** (ohne Ausläufer).

2. Blatt länglich oder verkehrteiförmig, fast grasgrün mit langen weichen, weissen Haaren. Trugdolde gedrungen oder knäuelartig. Hülle nebst dem Stiele lang-borstig und drüsenhaarig. Stengel mit langen schlanken wagerechten Haaren, mit oder ohne Sternhaare, oberwärts drüsig-behaart. . . . . **H. pratense** Tausch.

(**H. cymosum** Willd., **H. collinum** Gochn.) Reingelb. ♃ Juni—August. Haine, Waldwiesen. Selten.

e. Schaft mit 2—vielköpfiger Trugdolde, unterwärts armblätterig, rauhhaarig. Blatt grasgrün, länglich oder verkehrteiförmig-lanzettlich, steifhaarig. Hülle und Stiel schwärzlich-steif-drüsenhaarig. . . . **H. aurantiacum** L.

Orangefarbig. ♃ oder ⊙ Juni—August. Zierpflanze aus den Alpen, zum Theil verwildert.

B. *Stengel mit Wurzelblättern und oberwärts mit ein oder mehreren Stengelblättern. Wurzelblätter gestielt und mehr oder weniger gezahnt, meist grasgrün. Fruchtkranz zuletzt fuchsroth, äussere Reihe kurzborstig oder schuppig. Köpfchen in Trugdolden. Ohne Ausläufer.*

a. Haare der Blätter und des Stengels gezähnelt-rauh, nicht oder nur einzelne drüsentragend. Zähne der Blumenkrone kahl. Stengelblätter nicht umfassend.

α. Stengel oberwärts meist einblätterig. Untere Zähne der Blätter spreitzend oder rückwärts gekrümmt.

1. Blatt bläulich grün, eilanzettlich (am Grunde oft verschmälert mit vorwärts gerichteten Zähnen). Blüthenstiel und Hülle angedrückt-sternhaarig und schwarzdrüsenhaarig. . . . . **H. Schmidtii** Tausch.

Gelb. ♃ Juni—August. Felsspalten. Sehr selten. — Var.: **vulcanicum** Griseb., niedrig, fast blattlos, 1—2köpfig. Hülle unbehaart, drüsig. Blatt beiderseits wollhaarig.

2. Blatt bläulich grün, eiherzförmig. Blüthenstiel und

Hülle von einfachen kurzen grauen, am Grunde schwarzen Haaren rauh. Hüllblättchen zugespitzt.

H. incisum K.

(**H. murorum** var. Wdr.) Dunkelgelb. ♃ Juni—August. Berge. Hier und da.

3. Blatt grasgrün, eiherzförmig. Blüthenstiel und Hülle angedrückt-sternhaarig und schwarz-drüsenhaarig.

H. murorum L.

Gelb. ♃ Juni, Juli. Mauern, Felsen, Hügel, Wälder. Häufig. Kommt vor mit dunkelgefleckten Blättern.

β. Stengel oberwärts mit mehreren Blättern. Blatt grasgrün, eiförmig oder eilanzettlich, am Grunde verschmälert mit vorwärts gerichteten Zähnen. Blüthenstiel und Hülle sternhaarig-grau und schwarz-drüsenhaarig.

H. vulgatum Koch.

(**H. silvaticum** Sm.) Gelb. ♃ Juni, Juli. Wälder, Gebüsche. Hier u. da. **H. ramosum** W. et K. Stengel von unten an verästelt, Blatt zerschlitzt. Selten.

b. Haare der Blätter alle oder grösstentheils drüsentragend. Zähne der Blumenkrone nach Aussen behaart. Blatt grasgrün.

1. Wurzelblätter elliptisch oder lanzettlich, in den Blattstiel verschmälert, Stengelblätter sitzend. Blüthenstiel und Hülle sternhaarig-grau und (zum Theil drüsig-) langzottig. . . . . **H. alpinum** L.

Gelb. ♃ Juni, Juli. Gebirgswiesen. Sehr selten.

2. Wurzelblätter elliptisch, in den Blattstiel verschmälert mit vorwärts gerichteten Zähnen. Stengelblätter herzförmig-stengelumfassend. Aeussere Hüllblätter abstehend.

H. amplexicaule L.

Gelb. ♃ Juni. Juli. Alpenpflanze, in Gärten und verwildert.

C. *Stengel zur Blüthezeit ohne Wurzelblätter, mit zahlreichen Stengelblättern. Stengel und Blatt ohne Drüsenhaare, Blatt oberseits sternhaarig.*

a. Hüllblättchen anliegend, nebst dem Blüthenstiele graugrün. Blatt eiförmig oder eilanzettlich. Blüthenstand rispig oder ebensträussig.

α. Hüllblättchen weisslich-berandet, beim Trocknen nicht schwarz werdend. Blüthenstiel nicht verdickt.

1. Blatt eiförmig, die oberen herzförmig-umfassend. Köpfchen am Grunde sehr stumpf, fast genabelt, doppelt so gross als bei den folgenden Arten. **H. sabaudum** L.
Gelb. ♃ August, September. Gebüsche. Sehr selten.

2. Blatt eilanzettlich bis lanzettlich, die oberen allmählich abnehmend, sitzend, nicht umfassend. **H. rigidum** Hartm.
(**H. laevigatum** K.) Gelb. ♃ Juni, Juli. Sonnige und waldige Hügel. Hier und da.

β. Hüllblättchen gleichfarbig, beim Trocknen schwarz werdend. Blüthenstiel unter dem Köpfchen verdickt. Blatt eiförmig-lanzettlich, Stengelblätter dichtstehend, nach oben an Grösse abnehmend, sitzend, nicht umfassend. **H. boreale** Fr.
(**H. sabaudum** L. fl. suec.) Gelb. ♃ August—October. Gebüsche, Wälder. Hier und da.

b. Hüllblättchen spitz, an der Spitze zurückgekrümmt, gleichfarbig. Blatt lanzettlich oder lineal, sitzend, nicht umfassend. Blüthenstand fast doldig. . . **H. umbellatum** L.
Gelb. ♃ Juli, August. Wiesen, Wald- und Wegeränder. Gemein.
Var.: **coronopifolium**, mit 1—2köpfigem Stengel; **limonium** Griseb., mit halbkugeliger, schwarzgrüner Hülle, rostbraunem Griffel, ein- bis wenigköpfigem Stengel.

r. LACTUCEAE.

42. **Lactúca** L. *Lattich.*

a. Köpfchen mehr als 5blüthig. Hülle 2—4reihig, die äusseren Blättchen halb so lang als die inneren. Schnabel meist länger als die Frucht. Blatt mit herz- oder pfeilförmigem Grunde sitzend.

1. Die unteren Blätter lanzettlich, fiederspaltig, die oberen lineal, ganzrandig. Rispe ährig-traubig. Frucht nicht berandet. . . . . **L. saligna** L.
Gelb. ⊙ Juli, August. Wiesenränder, steinige Plätze. Selten.

2. Blatt länglich-eiförmig, meist ungetheilt, am Grunde herzförmig mit abgerundeten Oehrchen, meist kahl.

Rispe ebensträussig. Frucht oberwärts schmal-geflügelt, braun, am Kiele etwas behaart. . . . . . **L. sativa** L.
Gelb. ⊙ Juli, August. In mehreren Spielarten cultivirt (z. B. *Kopfsalat, Sommerendivien*). Hier und da auch verwildert.

3. Blatt breit-länglich, meist buchtig-fiederspaltig oder gezahnt, am Rande und am Mittelnerv stachelig, pfeilförmig mit zugespitzten Oehrchen, durch Drehung vertikal gestellt. Rispe verlängert. Frucht oberwärts schwachgeflügelt, braun, am Kiele etwas behaart. Schnabel $1\frac{1}{2}$ mal so lang als die Frucht. . . **L. Scariola** L.
Gelb. ⊙ Juli, August. Wegeränder, wüste Plätze, Aecker. Selten.

4. Blatt länglich-eiförmig, stachelig gezahnt oder buchtig, nicht fiederspaltig, pfeilförmig mit zugespitzten Oehrchen, am Mittelnerv stachelig. Rispe locker. Frucht ringsum geflügelt, schwarz, am Kiele etwas scharf. Schnabel so lang als die Frucht. . . . . **L. virosa** L.
Giftlattich. Gelb. ⊙ Juli, August. Steinige Abhänge. Selten.

c. Köpfchen 5blüthig. Hülle am Grunde mit sehr kleinen äusseren Blättchen. Frucht ungeflügelt, 2—3 mal so lang als der Schnabel. Blatt leierförmig-fiederspaltig, in einen pfeilförmig umfassenden Blattstiel verschmälert. Rispe locker. . . . . **L. muralis** Fresen.
(**Prenanthes muralis** L.) Gelb. ⊙ Juli, August. Lichte Wälder, Gebüsche, steinige Orte. Häufig.

43. **Prenanthes** L. *Hasenlattich.*

Blatt herzförmig-stengelumfassend, winkelig-buchtig oder ganzrandig, kahl, unterseits blaugrün. Blüthenstand rispig. **P. purpúrea** L.
Purpurroth. ♃ Juli, August. Bergwälder. Sehr selten.

44. **Sonchus** L. *Gänsedistel. Saudistel.*

A. Gelb. Fruchtkranz weich-biegsam, ohne Borstenkrönchen. Blatt schrotsägeförmig oder ungetheilt. (**Sonchus.**)

a. Blüthenstiel und Hülle kahl oder mit zerstreuten drüsenlosen Borsten besetzt. Stengel ästig, doldig-ebensträussig, 1—2jährig mit spindelförmiger Wurzel.

1. Frucht querrunzelig. Oehrchen der oberen herzförmig-umfassenden Blätter zugespitzt. . . **S. oleraceus** L.
⊙ Juli—Oct. Unkraut in Gärten und Aeckern. Auf Schutt. Gemein.

2. Frucht nicht runzelig. Blattöhrchen abgerundet, löffelförmig eingebogen. . . . . **S. asper** Vill.
Blatt steifer, stacheliger, weniger getheilt als der vorige. ⊙ Juni—Oct. Aecker, Gärten, Schutt. Häufig.

b. Blüthenstiel und Hülle drüsenhaarig. Stengel einfach, oben ebensträussig. Ausdauernd.

1. Frucht querrunzelig, hellbraun. Haare gelbdrüsig. Mittlere Stengelblätter schrotsägeförmig. Stengel glatt. Stock kriechend. . . . . **S. arvensis** L.
♃ Juni—August. Saatfelder. Häufig.

2. Frucht nicht runzelig, schwarz. Haare schwarz-drüsig. Mittlere Stengelblätter lanzettlich, ungetheilt. Stengel flügelstreifig. Stock mehrköpfig. . . . **S. palustris** L.
♃ Juli, August. Gräben, Sumpfstellen. Sehr selten.

B. Blau. Fruchtkranz steif zerbrechlich, am Grunde mit einem kurzen Borstenkrönchen. (**Mulgedium.**)
Blatt leierförmig mit grossem spiessförmigem Endlappen. Blüthenstand traubig, drüsig-behaart. . . . **S. alpinus** L.
(**Mulgedium alpinum** Cass.) ♃ Juli, August. Schattige Orte im Gebirge. Sehr selten.

s. CHONDRILLEAE.

45. **Chondrilla** L. *Knorpelsalat. Krümling.*

Stengel vom Grunde an ästig, Aeste ruthenförmig. Wurzelblatt schrotsägeförmig. Stengelblatt lineallanzettlich. Köpfchen zu 1—4, seitenständig fast sitzend oder endständig.
Ch. júncea L.
Gelb. ♃ Juli, August. Sandfelder, sonnige Hügel. Selten.
Var.: β. **spinulosa** (**Ch. acanthophylla** Borkh.) Stengel nach unten und Blattränder borstig-rauh.

47. **Taráxacum** Juss.

Kuhblume. Pfaffenröhrlein. Löwenzhan.

Blatt schrotsägeförmig, gezahnt oder ganzrandig. Schaft hohl. . . . . **T. officinale** Wigg.
(**Leontodon Taraxacum** L.) Gelb. ♃ Mai—Sept. Wiesen, Triften, Wegeränder.

Var.: **T. laciniatum** mit linealzipfelig-fiederspaltigem Blatt; — **T. palustre** DC. mit eiförmig-zugespitzten angedrückten äusseren Hüllblättchen und fast ganzrandigem Blatte (selten).

t. LEONTODONTEAE.

47. Leóntodon L. *Löwenzahn.*

a. Innere Strahlen des Fruchtkranzes federig, äussere kürzer, rauh. Schaft einköpfig, unterhalb des Köpfchens verdickt. Blatt buchtig-gezahnt oder fiederspaltig.

L. hastilis L.

Gelb. Randblumen aussen röthlich. ♃ Juni—August. Wiesen, Triften, Wegeränder. — Var.: α. **vulgaris** (**L. hispidus** L., **Apargia hispida** Willd.) Blatt oder ganze Pflanze durch gabelige Haare kurzhaarig (gemein): — β. **glabratus** (**L. hastilis** L.) Blatt kahl (selten).

b. Alle Strahlen des Fruchtkranzes gleichlang, federig. Schaft 1—5köpfig. Blüthenstiel oberwärts allmählich verdickt, mit Schuppen besetzt. Blatt buchtig-gezahnt oder fiederspaltig, kahl oder mit einfachen Haaren.

L. autumnalis L.

(**Apargia autumnalis** Willd.) Gelb. ♃ Juli—September. Wiesen, Triften. Gemein.

48. Thríncia Roth. *Hundslattich.*

Blatt lanzettlich, buchtig, rauhhaarig. Blüthenstiele grundständig, bogig aufsteigend, unterwärts rauhborstig.

Th. hirta Roth.

Gelb, am Rücken grün. ♃ Juni—September. Triften, wüste Plätze. Selten.

49. Picris L. *Bitterkraut.*

Stengel gefurcht-kantig, ästig, beblättert, ebensträussig. Blatt länglich-lanzettlich, die unteren in den Stiel verschmälert, die mittleren etwas umfassend. Pflanze widerhakig-borstig.

P. hieracioides L.

Gelb. ⊙ Juli—September. Wegeränder, Grasplätze. Häufig.

50. Helmínthia Juss. *Wurmkraut.*

Stengel ästig. Blüthenstiel oben verdickt, kahl. Wurzelblatt verkehrteiförmig, obere länglich-lanzettlich, umfassend. Pflanze steifborstig. . . . . **H. echioides** Gärtn.

Gelb. ⊙ Juni—August. Aecker, Wege. Sehr selten. Eingeschleppt.

u. SCORZONEREAE.

51. **Tragopógon** L. *Bocksbart. Haferwurz.*

a. Blüthenstiel fast gleichmässig dick. Hülle 8blätterig.

1. Randständige Früchte knotig-rauh, nicht länger als ihr Schnabel. Blüthen so lang oder kürzer als die Hülle. **T. pratensis** L.

Gelb. ⊙ Mai—August. Wiesen. Wegeränder. Häufig. — Var.: **tortilis**, mit spiralig gewundenen Blättern. — Var. **minor** (**T. minor** Fr.) Blüthen halb so lang als die Hülle. Sehr selten.

2. Randständige Früchte oberwärts schuppig, länger als ihr Schnabel. Blüthen länger als die Hülle. **T. orientalis** L.

Gelb. ⊙ Mai—August. Trockene Wiesen und Anhöhen. Sehr selten.

b. Blüthenstiel keulenförmig angeschwollen, allmählich in das Köpfchen verdickt, hohl. Blüthen länger als die Hülle.

1. Köpfchen oben vertieft. Frucht schuppig. **T. major** Jacq.

Gelb. ⊙ Juni, Juli. Trockene Wiesen, sonnige Hügel. Selten.

2. Köpfchen oben flach. . . . . **T. porrifolius** L.

Blauroth. ⊙ Juni, Juli. Gemüsepflanze aus Südeuropa.

52. **Scorzonéra** L.

a. Blüthe gelb. Wurzelschopf schuppig.

1. Aeussere Hüllblättchen eilanzettlich zugespitzt mit stumpfer Spitze. Randfrüchte glattstreifig. Stengel meist einköpfig, mehr oder weniger wollig. Blatt länglich oder lineallanzettlich. . . . . **S. húmilis** L.

♃ Mai, Juni. Feuchte Wiesen. Sehr selten.

2. Aeussere Hüllblättchen ei-deltaförmig, fast kahl. Randfrüchte höckerig-rauh. Stengel meist mehrköpfig. Blatt länglich oder lineal-lanzettlich. . . . . **S. hispánica** L.

Schwarzwurz. ♃ Juli, August. Wiesen, grasige Hügel. Selten. Als Gemüsepflanze gebaut.

3. Hülle weichhaarig, fast seidenhaarig. Randfrüchte glatt. Blatt schmal, kaum 2 cm. breit. Stengel 3—4köpfig. **S. linarifolia** Wdr.

Juli. Sehr selten.

b. Blüthe rosenroth. Aeussere Hüllblättchen eilanzettlich. Früchte glattstreifig. Blatt lineal oder lineal-lanzettlich. Wurzelschopf faserig. . . . . **S. purpúrea** L.

Mai, Juni. Hügel. Sehr selten.

53. **Podospermum** DC. *Stielsame.*

Blatt fiederspaltig mit linealen zugespitzten Lappen, der Endlappen lanzettlich verlängert. Hülle ebenso lang als die Randblumen . . . . **P. laciniatum** DC.

Gelb. ⊙ Mai, Juni. Ackerränder, sonnige Hügel. Selten.

v. HYPOCHOERIDEAE.

54. **Hypochoeris** L. *Ferkelkraut.*

a. Fruchtkranz 2reihig, die äusseren Strahlen kurz, rauh, die inneren lang, gefiedert. Stengel blattlos, verästelt, kahl. Wurzelblatt buchtig-gezahnt oder -fiederspaltig.

1. Blüthen so lang als die Hülle. Die Randfrüchte meist schnabellos. Blatt kahl oder am Rande gewimpert. **H. glabra** L.

Gelb. ⊙ Juni, Juli. Sandfelder, trockene Abhänge. Zerstreut.

2. Blüthen länger als die Hülle. Alle Früchte langgeschnabelt. Blatt rauhhaarig. . . . . . **H. radicata** L.

Gelb. ♃ Juli, August. Wiesen, Triften, Raine. Gemein.

b. Fruchtkranz einreihig, alle Strahlen gefiedert. Stengel 1—3köpfig, meist einblätterig, behaart. Blatt gezahnt oder ganzrandig, meist braungefleckt. . **H. maculata** L.

(**Achyrophorus maculatus** Scop.) Gelb. ♃ Juni, Juli. Wiesen u. Triften in Gebirgen. Selten.

81. Familie. AMBROSIACEAE Link.

a. Hülle des männlichen Köpfchens aus einer Reihe feiner Blättchen. Weibliches Köpfchen 2blüthig, Hülle 2fächerig, 2schnäbelig, mit widerhakigen Stacheln besetzt. Köpfchen in knäuelartigen Aehren, oben männlich, unten weiblich. . . . . 1. **Xánthium** L.

b. Hülle des männlichen Köpfchens verwachsenblätterig. Weibliches Köpfchen 1blüthig, Hülle 1schnäbelig. dornig oder warzig. . . . . 2. **Ambrósia** Tourn.

1. **Xánthium** L. *Spitzklette.*

Blatt langgestielt, eiherzförmig, 3—5lappig, grob-gezahnt. **X. strumarium** L.

Hülle grün. ⊙ Juli—Oct. Wege, Schutt. Stellenweise.

2. **Ambrósia** Tourn.

Blatt doppelt-fiederspaltig, graufilzig. Fruchthülle mit kurzen spitzen Dornen. . . . . **A. artemisiaefolia** L.
Hülle grün. ⊙ Sept. Hier und da, besonders auf Kleeäckern. Aus Nordamerika eingeschleppt.

82. Familie. DIPSACEAE DC.

Gattungen.

a. Unterständiger Kelch der einzelnen Blüthe 4kantig, 8furchig, mit kurzem häutigem gezahntem Saume. Oberständiger Kelch beckenförmig. Krone 4theilig. Grosse Spreublättchen zwischen den Blüthen. Hülle steif, länger als die Spreublättchen. Blatt ganz oder schwach-fiederspaltig. 1. **Dípsacus** L.

b. Unterständiger Kelch gefurcht, glockenförmig oder radförmig mit häutigem Saume; oberständiger Kelch schüsselförmig mit 5 borstlichen Zähnen. Krone 5theilig. Randblumen strahlend. Blüthenboden spreublätterig. Untere Blätten spatelförmig, ganz, obere tieffiederspaltig. 2. **Scabiosa** R. et. Sch.

c. Unterständiger Kelch gefurcht, mit 4theiligem krautartigem Saume. Krone 4theilig. Randblumen nicht strahlend. Blatt länglich-lanzettlich, spitz, sonst wie vorige. 3. **Succisa** M. et K.

d. Unterständiger Kelch nicht gefurcht, 4zähnig; oberständiger Kelch mit 5—16 borstenförmigen Zähnen. Krone 4theilig. Blüthenboden ohne Spreublättchen. 4. **Knautia** Coult.

1. **Dípsacus** L. *Karden.*

a. Blatt sitzend, die mittleren am Grunde verwachsen, kahl oder mit zerstreuten Stacheln. Stengel stachelig. Köpfchen eiförmig.

1. Hüllblättchen bogig aufstrebend. Spreublättchen biegsam, mit gerader Granne, länger als d. Blüthen. **D. silvestris** Mill.
Blasslila. ⊙ oder ⊙ Juli, August. Wege, Gräben, Wiesenränder. Häufig.
D. laciniatus L. Blätter am Rande kurzlanzettlich gewimpert, die stengel-

ständigen fiederspaltig. Stacheln kürzer und schwächer als bei **D. silv.** Köpfchen kleiner. Blüthen weisslich. ⊙ Juli—Sept. Triften, Wege. Grenzgebiet.

2. Hüllblättchen abstehend oder zurückgebogen. Spreublättchen steif, mit zurückgekrümmter Spitze, so lang als die Blüthen . . . . **D. Fullónum** Mill.
Weberkarden. Lila. ⊙ und ♃ Juli, August. Cultivirt.

b. Blatt gestielt, am Grunde der Spreite geöhrt. Stengel stachelig und steifhaarig. Hüllblättchen abwärts gerichtet. Spreublättchen biegsam, gerade, borstig gewimpert. Köpfchen halbkugelig. . . . . **D. pilosus** L.
Weisslich mit dunklen Antheren. ⊙ Juli, August. Gebüsche, Waldränder, Ufer. Vereinzelt.

2. **Scabiosa** Röm. et Schult. *Scabiose.*

a. Hüllblättchen am Rande dünn, häutig.

1. Borsten des oberständigen Kelches braunschwarz, 3—4 mal länger als der Saum des unterständigen Kelches. Stengel fast kahl. . . . . **S. Columbária** L.
Blau-röthlich. ⊙ und ♃ Juni—October. Wegeränder, trockene Hügel. Selten. — Var. **ochroleuca**, blassgelb.

2. Borsten des oberständigen Kelches weissgelb, doppelt so lang als der Saum des unterständigen Kelches. Stengel feinhaarig grau. . . . . **S. suavéolens** Desf.
Hellblau, wohlriechend. ♃ Juli—November. Sonnige Hügel. Sehr selten.

b. Hüllblättchen am Rande schwammig verdickt.
S. atropurpúrea L.
Schwarzroth. ⊙ Juli—September. Zierpflanze aus dem Orient.

3. **Succisa** M. et K. *Teufelsabbiss.*

Köpfchen halbkugelig. Blatt länglich-lanzettlich. Stock wie abgebissen. . . . . **S. pratensis** Mönch.
Scabiosa succisa L.) Blau. ♃ August, September. Wiesen. Häufig.

4. **Knautia** Coult.

a. Mittlere Stengelblätter meist fiederspaltig, behaart, blassgrün. Stengel von kurzen Haaren grau, von längeren rückwärts-steifhaarig. Randblüthen meist strahlend.
K. arvensis Coult.
(**Scabiosa arvensis** L., **Trichera arvensis** Schrad.) Blassblau oder röthlich. ♃ Juni—August. Wiesen, Hügel, Wegeränder. Gemein.

b. Alle Blätter ungetheilt, elliptisch lanzettlich, langhaarig. Stengel unterwärts grün, steifhaarig, oberwärts grauflaumig und langhaarig. Randblüthen nicht strahlend.

K. silvatica Dub.

(**Scabiosa silvatica** L.) Bläulich roth. ♃ Juli—September. Gebirgswälder, Hügel. Sehr selten.

83. Familie. VALERIANEAE DC.

Gattungen.

a. Kelch gezahnt, bleibend. Krone ohne Sporn und Höcker. Staubfäden 3. . . . . 1. **Valerianella** Mönch.

b. Kelch zur Blüthezeit als wulstiger Ring, in der Reife gefiedert.

1. Krone am Grunde höckerig. Staubfäden 3.

2. **Valeriana** L.

2. Krone am Grunde gespornt. Staubfaden 1.

Centranthus DC.

C. ruber DC. *Spornblume*. Untere Blätter eilanzettlich, obere eiförmig, graugrün. Trugdolde gedrängt. Roth oder weiss. ♃ Juni—August. Zierpflanze aus Südeuropa.

1. Valerianella Mönch. *Feldsalat.*

a. Frucht ohne Kelch, mit einem undeutlichen Zahn.

1. Frucht fast kugelig, von der Seite flachgedrückt. Fruchtwand auf dem Rücken des samentragenden Faches stark (bis zum Durchmesser der Frucht) verdickt. Die leeren Fächer so gross als das samentragende.

V. olitoria Pollich.

(**V. Locusta** α. **olitoria** L.: **Fedia olitoria** Vahl.) *Feldsalat*. Bläulich weiss. ☉ April, Mai. Aecker, Wege. Gemein. — Var. **lasiocarpa** mit flaumiger Frucht.

2. Frucht länglich, fast 4kantig, auf der hinteren Wand eine tiefe, durch das Auseinanderweichen der beiden grossen leeren Fächer gebildete Rinne. **V. carinata** Lois

Bläulich weiss. ☉ April, Mai. Aecker. Gemein.

b. Frucht mit 3 (oder 5) deutlichen Kelchzähnen gekrönt, von denen der hintere der gröste.

α. Frucht kugelig-eiförmig, mit 5 Riefen, vorn mit einer schwachen Furche. Die 2 leeren Fächer grösser

als das samentragende. Kelchrand schief-abgestutzt, 3 mal so schmal als die Frucht, beiderseits mit einem sehr kleinen Zähnchen oder zahnlos. **V. Auricula** DC.
Bläulich weiss. ⊙ Juni, Juli. Aecker und sandige Ufer. Zerstreut.
Var. **tridentata** Koch. (**V. dentata** DC.). Kelchsaum mit 5 deutlichen spitzen Zähnen.

β. Frucht kegelförmig-eiförmig, vorn flach, fein 3-rippig. Leere Fächer viel enger als das samentragende, von aussen als 2 fadenförmige Leisten auf der vorderen Seite erscheinend, welche ein längliches flaches Feld zwischen sich lassen.

1. Kelch schief abgestutzt, gezahnt, halb so breit als die Frucht. Blüthenstiele gefurcht, Blüthen locker. **V. Morisonii** DC.
(**V. dentata** Poll.) Bläulich weiss. ⊙ Juli, Aug. Saatfelder. Hier u. da.
2. Kelch glockig, schief, gezahnt, ebenso breit und fast ebenso hoch als die Frucht, netzaderig. Blüthenstiele flügelkantig. Blüthenstand gedrungen. **V. eriocarpa** Desv.
Dunkellila. ⊙ Mai–Juli. Felder. Sehr selten.

2. **Valeriana** L. *Baldrian.*

a. Stengel 4kantig mit Ausläufern. Unterste Blätter ganz, die übrigen leierförmig-fiederspaltig. Blüthen 2häusig. **V. dioica** L.
Röthlich weiss, selten weiss. ♃ Mai, Juni. Feuchte Wiesen, Gräben. Häufig.

b. Stengel stielrund, gefurcht. Alle Blätter fiedertheilig. **V. officinalis** L.
Fleischroth. ♃ Feuchte Gebüsche. Var.:
α. **vulgaris**. Stock einstengelig, mit kurzen unterirdischen Ausläufern. Blatt 7–11paarig. Blättchen gesägt-gezahnt oder ganzrandig, nicht herablaufend. Mai, Juni. Häufig.
β. **sambucifolia** Mik. Stock einstengelig, mit langen oberirdischen Ausläufern. Blatt 4–5paarig. Juli, August. Hier und da.
γ. **exaltata**. Stock vielstengelig, ohne Ausläufer. Blatt 7–11paarig, gezahnt gesägt. Juni–August. Hier und da.
δ. **uliginosa** Wdr.
Valeriana Phu L. Stengel stielrund, glatt, Wurzelblätter länglich-lanzettlich, in den Blattstiel verschmälert, obere 3–4paarig fiedertheilig. Weiss ♃ Juni, Juli. Gebirgswälder. Zweifelhaft im Gebiete.

84. Familie. PLUMBAGINEAE Vent.

Státice. *Strandnelke. Grasnelke. Widerstoss.*

Schaft einköpfig, nackt. Blatt lineal, einnervig, bewimpert.

a. Blatt spitzlich. Aeussere Hüllblättchen zugespitzt, innere stumpf mit einem Spitzchen. Schaft 3—4 dm. hoch. **St. elongata** Hoffm.

(**St. Armeria** L., **Armeria vulgaris** Willd.) Rosa. ♃ März—September. Sandfelder. Sehr selten.

St. plantaginea All. mit 3—7nervigem Blatt. Sehr selten.

b. Blatt stumpf. Alle Hüllblättchen stumpf. Schaft höchstens 1 dm. hoch. . . . . **St. maritima** Mill.

(**St. Ameria** L.) Lila. ♃ Juni, Juli. Strandpflanze. In Gärten als Einfassung.

85. Familie. GLOBULARIEAE DC.

Globularia L. *Kugelblume.*

Wurzelblätter rosettenartig, gestielt, spatelförmig, an der Spitze ausgerandet, Stengelblätter sitzend, lanzettlich, spitz. Blüthenstand kopfförmig. . . . . **G. vulgaris** L.

Blau. ♃ Mai, Juni. Sonnige Hügel. Selten.

86. Familie. PLANTAGINEAE Vent.

Gattungen.

a. Blüthe zwitterig. Kelch tief-4theilig. Kronröhre eiförmig. Saum 4theilig, zurückgebrochen. Staubfäden in der Röhre eingefügt. Kapsel ringsum aufspringend mit freiem, 2—4flügeligem Samenträger. . . . . . 1. **Plantago** L.

b. Blüthe monöcisch. 2 weibliche Blüthen an der Basis des männlichen Blüthenstiels in den Achseln von je 1 Vorblatt sitzend. Männliche Blüthe mit 4blätterigem Kelche, walzlicher Kronröhre und 3theiligem Saume gestielt. Staubfäden dem Blüthenboden eingefügt. Weibliche Blüthe mit 2—4blätterigem Kelche, bauchig-röhriger, 3—4zähniger Krone und einsamigem Nüsschen. 2. **Littorella** L.

1. **Plantago** L. *Wegerich. Wegebreit.*

A. Blätter grundständig. Schaft nackt.

a. Blatt oval oder elliptisch, 5—9nervig. Schaft nicht kantig. Aehre walzlich. Deckblatt randhäutig. Kronröhre kahl.

1. Blatt mit abgesetztem langem Stiele, meist kahl, fast so lang als der Schaft. Aehre wenigstens 20 mal so lang als breit. Deckblätter stumpf. Kapsel 8samig. **P. major** L.

Weisslich, Antheren röthlich. ♃ Juli—Sept. Wege, Schutt. Häufig. Var. **P. minima** DC. in allen Theilen zwergartig.

2. Blatt in den kurzen Stiel verschmälert, kurzhaarig, viel kürzer als der Schaft. Aehre höchstens 12 mal so lang als breit. Deckblätter spitzlich. Kapsel 2samig. **P. media** L.

Weisslich, Antheren violett. Wohlriechend. ♃ Mai — Juli. Wege, Triften. Gemein.

b. Blatt lanzettlich, 3—6nervig. Schaft gefurcht. Aehre gedrungen, eiförmig. Deckblatt trockenhäutig, zugespitzt. Kronröhre kahl. Kapsel 2samig. . . **P. lanceolata** L.

Weisslich, Antheren weisslich. ♃ April—Sept. Wege, Triften. Gemein. Var. in der Grösse z. B. **P. altissima** Pers., — β. **capitellata** mit rauhhaarigem Blatte, fingerhohem Schafte, kugeliger Aehre.

c. Blatt lineal, 3nervig, rinnig fleischig. Schaft stielrund. Aehre schmal. Deckblatt randhäutig, spitz. Kronröhre behaart. Kapsel 2samig. . . . . **P. maritima** L.

Weisslich. ♃ Juni—October. An Salinen. Sehr selten. Var. mit ganzrandigem und gezahntem Blatte.

B. Stengel beblättert, ästig. Blatt lineal. Vordere Kelchzipfel schief-spatelförmig stumpf. . . . . **P. arenaria** WK.

⊙ Juli, August. Sandplätze. Sehr selten.

2. **Littorella** L. *Strandling.*

Blatt schmal-lineal, am Grunde scheidig. . **L. lacustris** L.

Weisslich. 5 — 10 cm. hoch. ♃ mit Ausläufern. Juni, Juli. Teichränder. Sehr selten.

87. Familie. THYMELEAE Juss.

Gattungen.

a. Perigon abfallend. Frucht steinbeerenartig, einsamig. Sträucher. . . . . 1. **Daphne** L.

b. Perigon welkend und bleibend. Frucht nussartig. Kräuter. 2. **Passerina** L.

1. **Daphne** L. *Kellerhals. Seidelbast.*

a. Blüthen ährenförmig längs der vorjährigen Zweige, von einem nach der Blüthe entwickelten Laubtriebe überragt. Blatt lanzettlich-keilig, weich. . . . . **D. Mezereum** L.
Roth, wohlriechend. Steinbeere roth. ♄ Febr.—Apr. Wälder. Häufig. Giftig.

b. Blüthen in endständigen Büscheln. Blatt lineal-keilig, lederartig, glänzend, immergrün. . . . . **D. Cneorum** L.
Purpurn. Steinbeere braun. ♄ Mai—Juli. Sonnige Hügel, Wälder. Sehr selten.

2. **Passerina** L. *Sperlingszunge.*

Stengel aufrecht. Blatt lineal, zerstreut. Blüthen in den Blattwinkeln. **P. annua** Wickst.
Grünlich. ⊙ Juli, August. Trockene Kalkabhänge. Sehr selten.

88. Familie. ELAEAGNEAE BRr.

a. Blüthen zwitterig. Perigon röhrig, mit glockigem, 4—5spaltigem Saume. Schlund durch einen kegelförmigen Ring verengt. **Elaeagnus** L.
E. angustifolius L. *Oleaster.* Blatt lanzettlich, schülferig-silberweiss. Blüthen gestielt in den Blattwinkeln. Zweige zum Theil dornig. Blüthe aussen schülferig-silberweiss, innen orange. Scheinbeere gelblich. ♄ Juni, Juli. Zierstrauch aus Südeuropa.

b. Blüthe 2häusig. Perigon 2spaltig. Schlund ohne Ring. **Hippophaë** L.
H. rhamnoides L. *Sanddorn.* Blatt gebüschelt, lineal, unterseits schülferig-silberweiss, wie die ganze Pflanze. Pflanze mit Dornzweigen. Blüthe rostfarben, die weiblichen sitzend in den Blattwinkeln. Scheinbeere orange. ♃ März—Mai. Zierstrauch aus Deutschland, zuweilen verwildert.

89. Familie. ASARINEAE RBr.

1. **Ásarum** L. *Haselwurz.*

Stengel kriechend. Blätter gegenständig (an jedem Triebe ein Paar), langgestielt, herz-nierenförmig, ganzrandig, glänzend. Blüthen einzeln gipfelständig, überhängend. **A. europaeum** L.
Dunkelroth. ♃ März—Mai. Laubwälder, Gebüsch. Hier und da.

2. **Aristolóchia** L. *Osterluzei.*

1. Stengel einfach, aufrecht, krautartig. Blatt tief herzförmig.

Blüthen meist büschelig in den Blattwinkeln. Perigon gerade, in eine längliche Lippe verlängert. **A. Clematitis** L.
Gelb. ♃ Mai—Juli. Gebüsche, Mauern, Weinberge, Gräben. Zerstreut.

2. Stengel ästig, windend, holzig. Blatt wie vorige. Blüthen einzeln in den Blattwinkeln. Perigon gebogen, am Rande 3lappig. . . . . **A. Sipho** L.
Pfeifenkopf. Grünlich braun. ♄ Juli, August. Als Laubenbekleidung. Aus Nordamerika.

90. Familie. SANTALACEAE RBr.

Thésium L. *Leinblatt. Verneinkraut.*

Steinbeere trocken, mit dem verwelkten Perigon gekrönt. Perigon grün, innen weiss. Blüthen längs des Stengels traubig oder rispig, je von 3 Deckblättern gestützt.

a. Perigon nach dem Verblühen bis auf die Frucht eingerollt, einen runden Knopf darstellend, der viel kürzer als die Frucht ist.

1. Stengel aufrecht 3—6 dm. hoch. Blatt lanzettlich, meist 5nervig. Griffel kürzer als die Staubfäden. Frucht kugelig. . . . . **Th. montanum** Ehrh.
♃ Juni, Juli. Gebirgswiesen. Sehr selten.

2. Stengel liegend oder aufstrebend $1\frac{1}{2}$—3 dm. Blatt lineal, 3nervig. Griffel so lang als die Staubfäden. Frucht oval. . . . . **Th. intermedium** Schrd.
(**Th. linophyllum** L.) ♃ Juni, Juli. Gebirgswiesen. Sehr selten.

b. Perigon nach dem Verblühen röhrenförmig, so lang oder länger als die kugelige Frucht.

1. Traube einfach oder mit einseitig-aufrecht-abstehenden einblüthigen Fruchtästchen. Perigonröhre so lang als die 4 Zipfel. Blatt einnervig. . . . . **Th. alpinum** L.
♃ Juni, Juli. Gebirgstriften und Haiden. Sehr selten.

2. Traube meist ästig mit ausgesperrten Fruchtästchen. Perigonröhre kaum halb so lang als die Zipfel. Blatt fast 3nervig. . . . . **Th. pratense** Ehrh.
(**Th. linophyllum** Mch.) ♃ Juni, Juli. Bergwiesen. Selten.

91. Familie. POLYGONEAE Juss.

Gattungen.

a. Kelch 3blätterig. Krone 3blätterig, gefärbt, in der Reife vergrössert, die 3kantige Nuss umschliessend. Staubfäden 6. Narben pinselförmig. . . . . . . 1. **Rumex** L.

b. Perigon 4—5spaltig, gefärbt, verwelkt das Nüsschen umschliessend. Staubfäden 5—8. . 2. **Polýgonum** L.

c. Perigon aus 6 gleichen Blättern, verwelkend. Staubfäden 9. **Rheum** L.

Rhabarber. Verschiedene Arten, z. B. **Rh. rapondicum** L., **Rh. palmatum** L., **Rh. undulatum** L., ersteres vom Schwarzen Meere, letztere beiden aus China. ♃ Mai, Juni. Zierpflanzen.

1. **Rumex** L. *Ampfer.*

I. *Blüthen zwitterig. Griffel frei. Blatt nicht spiessförmig, nicht sauer.*

A. Kronblatt *) ganzrandig oder schwach gezähnelt.

a. Kronblätter lineal-länglich, stumpf, am Grunde nicht breiter noch herzförmig. Alle 3 oder nur 1 mit einer Schwiele. Unterste Blätter herzförmig oder eiförmig. **R. Nemolápathum** Wallr.

Variirt:

α. **R. conglomeratus** Murr. Alle 3 Klappen mit Schwielen, Aeste abstehend, Quirle meist mit Stützblättern. ♃ Juli, August. Ufer, Wege. Gemein.

β **R. sanguineus** L. Nur eine Klappe mit einer Schwiele. Aeste aufrecht. Nur die untersten Quirle mit Stützblättern. Mittlere Stengelblätter oft geigenförmig. ♃ Juli, August. Wälder, Ufer. Stengel und Blattrippen grün (**R. nemorosus** Schrad.), seltener roth. (**R. sanguineus** L.).

b. Kronblatt breit, wenigstens halb so breit als lang, nach dem Grunde zu breiter als vorn, mehr oder weniger herzförmig. Trauben blattlos, Quirle genähert.

α. Kronblätter rundlich, so breit als lang, ganz stumpf, etwas herzförmig.

1. Kronblätter meist alle 3 mit Schwielen (am Grunde zuweilen gezähnelt). Blatt am Rande wellig-kraus,

*) Die im Folgenden angegebenen Merkmale der Kronblätter beziehen sich auf den Zustand der Fruchtreife.

länglich-lanzettlich, spitz, die unteren mit herzförmiger Basis. . . . . **R. crispus** L.

♃ Juni—August, Wege, Wiesen. Gemein.

2. Nur ein Kronblatt mit einer Schwiele. Untere Blätter länglich oder länglich-eiförmig, nicht wellig, am Grunde meist verschmälert. Blattstiel rinnig. **R. Patientia** L.

Englischer Spinat. ♃ Juli, August. Angebaut.

β. Kronblatt eiförmig, fast doppelt so lang als breit, in eine stumpfe Spitze vorgezogen, am Grunde gezähnelt.

1. Alle drei Kronblätter mit Schwielen. Blatt lanzettlich, in den Blattstiel verschmälert. Blattstiel oberseits flach. . . . . **R. Hydrolápathum** Huds.

♃ Juli, August. Gräben, Teiche, Sümpfe. Selten. Variirt: **R. maximus** Schreb. Kronblatt am Grunde herzförmig. Untere Blätter mit schief-herzförmiger oder abgerundeter Basis. Blattstiel beiderseits mit einem vortretenden Nerv berandet. Die meisten Blüthen unfruchtbar. Wahrscheinlich Bastard zwischen **R. Hydrolapathum** und **aquaticus**. Mit vorigem. Sehr selten.

2. Alle 3 Kronblätter ohne Schwiele, häutig.

1. Wurzelblatt breit-eiherzförmig, spitz; Blattstiel stielrund, oberseits rinnig. . . . . . . **R. aquaticus** L.

♃ Juli, August. Ufer, Gräben, Sumpfstellen. Zerstreut.

2. Wurzelblatt rundlich-herzförmig, abgerundet. Sonst wie vorige Art. . . . . **R. alpinus** L.

♃ Juli, August. Gebirge. Sehr selten.

B. Kronblatt mit meist pfriemlichen Zähnen besetzt. Meist alle 3 mit Schwielen.

a. Kronblatt lanzettlich, spitz, mehr als doppelt so lang als breit, beiderseits 2zahnig. Die meisten Quirle mit Blättern gestützt. Blätter sämmtlich lineal-lanzettlich, in den Blattstiel verschmälert. . . . **R. maritimus** L.

Kronblatt zur Fruchtzeit goldgelb, fast rautenförmig, Zähne so lang oder länger als die lanzettliche, ungezahnte Spitze. ⊙ Juli, August. Teichränder, Gräben, Ufer. Hier und da. Variirt:

α. **R. palustris** Sm. Nur die unteren Quirle mit Blättern. Kronblatt zur Fruchtzeit braun, Zähne kürzer als die ungezahnte Spitze.

β. **R. Steinii** Beck. Untere Stengelblätter breit-länglich, am Grunde herzförmig. Kronblatt eiförmig, Zähne kürzer als die ungezahnte Spitze. Quirle entfernt, die oberen blattlos. ♃ Juli, August. Flussufer. Sehr selten. Zwischenform zwischen **R. maritimus** und **obtusifolius**.

b. Kronblatt länglich, 3eckig mit breiter Spitze, höchstens

doppelt so lang als breit, beiderseits mit 3—5 Zähnen, alle 3 oder nur eins mit Schwiele. Trauben nach oben blattlos. Untere Blätter herz-eiförmig, meist stumpf.

R. obtusifolius L.

♃ Juli, August. Ufer, Schutt, Wege. Gemein.

Variirt: α. **R. silvestris** Wallr. Kronblatt halb so gross, spärlicher gezahnt. Mit der Hauptart. β. **R. pratensis** MK. Kronblatt breit-herzförmig, bis über die Mitte mit zahlreicheren, stumpferen Zähnen. ♃ Juli, August. Waldränder, Wiesen. Selten.

II. *Blüthen zweihäusig oder polygamisch. Griffel mit den Kanten des Fruchtknotens verwachsen. Blatt spiess- oder pfeilförmig. Trauben locker. Kronblatt rundlich-herzförmig ganzrandig. Geschmack sauer.*

A. Blüthen polygamisch. Blatt graugrün, rundlich-spiessförmig, fast geigenförmig. Kronblatt schwielenlos. Quirle sehr armblüthig. . . . . **R. scutatus** L.

♃ Juni—August. In Gärten gebaut und an Mauern und Steinhaufen verwildert.

B. Blüthen zweihäusig. Blatt grasgrün.

a. Kelch zurückgeschlagen. Kronblätter am Grunde mit einer herabgeschlagenen Schuppe. Blatt eiförmig, meist pfeilförmig. . . . . **R. Acetosa** L.

Sauerampfer. Stengel 3—6 dm. hoch; oft die ganze Pflanze roth. ♃ Juni—August. Wiesen, Schutt, Wege. Gemein. Angebaut. — **R. arifolius** All. Blatt mit abgerundeten Lappen, Nerven vom Grunde an strahlig auseinandergehend. Gebirge. Juli, August. Sehr selten.

b. Kelch zurückgeschlagen. Kronblätter mit einer länglichen, nicht zurückgeschlagenen Schwiele.

R. hispanicus Munt.

♃ Mai, Juni. In Gärten gebaut.

c. Kelch aufrecht. Kronblätter ohne Schwiele. Blatt lanzettlich oder lineal, spiessförmig mit vorwärts gerichteten Lappen. . . . . **R. Acetosella** L.

♃ Mai—August. Oft die ganze Pflanze roth. Aecker, Wege, besonders Sandboden. Gemein.

2. **Polýgonum** L. *Knöterich.*

A. Einzelne endständige Aehre am einfachen Stengel. Staubfäden meist 8. Blatt länglich-eiförmig, am Grunde herzförmig, mit langem geflügeltem Stiel. Eiweiss mehlig. Würzelchen anliegend. . . . . **P. Bistorta** L.

Blassroth. Aehre dicht, walzlich. Blatt wellig, unterseits graugrün. ♃ Juni—August. Gebirgs- und Torfwiesen. Häufig.

B. Stengel ästig mit mehreren überhängenden Aehren. Staubfäden 7. Griffel 2spaltig. Blatt eiförmig. Eiweiss mehlig. Würzelchen aufliegend. . . . . **P. orientale** L.

Purpurn. ⊙ Juli—October. Zierpflanze aus Ostindien.

C. Stengel ästig mit mehreren Aehren. Staubfäden 5—6. Blatt eiförmig, elliptisch oder lanzettlich, am Grunde verschmälert oder abgerundet. Eiweiss hornartig. Würzelchen anliegend.

a. Aehren dicht, walzlich, aufrecht. Frucht glänzend.

α. Staubfäden 5. Wurzelstock kriechend. Blatt länglich-lanzettlich, am Grunde abgerundet. Aehrenstiele tiefgefurcht. . . . . **P. amphibium** L.

Rosa. ♃ Juni, Juli. Zerstreut.

Variirt: α. **natans**, schwimmend. Blatt langgestielt, nebst der Tute kahl, glänzend; — β. **terrestre**, aufrecht. Blatt kurzgestielt, nebst der Tute behaart, glanzlos. An überschwemmten Stellen.

β. Staubfäden meist 6. Einjährig. Aehrenstiel nicht gefurcht.

1. Blüthenstiel und Perigon drüsig-rauh. Tute kahl oder fast kahl, kurz- und feingewimpert.

P. lapathifolium L.

Grünlich weiss oder röthlich. Blatt oft mit einem dunkeln Fleck, seltener unterseits graufilzig (var. **incanum**). Stengel oft rothgefleckt, seltener mit verdickten Knoten (var. **nodosum**). Juli — September. Feuchte Aecker, Gräben, Schutt. Häufig.

2. Blüthenstiel und Perigon drüsenlos. Tute rauhhaarig, langgewimpert. Blatt länglich-lanzettlich.

P. Persicaria L.

Rosa oder weiss. Blatt oft mit dunklem Fleck, zuweilen unterseits graufilzig. Stengel zuweilen mit dicken Knoten. Juli — September. Feuchte Aecker, Gräben. Gemein.

b. Aehren locker, fadenförmig, meist überhängend. Einjährig.

1. Perigon drüsig. Tute fast kahl, kurz-gewimpert. Staub-

fäden 6. Frucht glanzlos. Geschmack scharf-pfefferartig. . . . . **P. Hydrópiper** L.

Wasserpfeffer. Grünlich. Juli—September. Gräben, Ufer, feuchte Orte. Gemein. Durch den pfefferartigen Geschmack von den ähnlichen **P. Persicaria, mite, minus** unterschieden.

2. Perigon drüsenlos. Tute rauhhaarig, langgewimpert. Blatt lanzettlich. Staubfäden meist 6. Frucht schwachglänzend. . . . . **P. mite** Schrk.

(**P. laxiflorum** Weihe.) Weiss, grünlich oder röthlich. Juli—September. Feuchte Orte. Selten.

3. Perigon drüsenlos. Tute rauhhaarig, langgewimpert. Blatt schmallanzettlich. Staubfäden 5. Frucht schwarzglänzend. Aehre etwas rauhhaarig. . . **P. minus** Huds.

Röthlich oder weisslich. Juli—October. Gräben, Teichränder. Selten.

D. Stengel windend. Blüthen büschelartig in den Winkeln von Deckblättern, nach oben traubenartig genähert. Staubfäden 8. Griffel 3spaltig. Blatt langgestielt, herz-pfeilförmig. Eiweiss hornartig. Würzelchen anliegend.

a. Aeussere Perigonblätter auf dem Rücken geflügelt. Stengel gestreift. Frucht glänzend, punktirt.

P. dumetorum L.

Perigon grün, weiss berandet. Stengel über 2 m. hoch. ⊙ Juli—Sept. In Hecken. Häufig.

b. Aeussere Perigonblätter nicht geflügelt. Stengel kantig-gefurcht, scharf. Frucht matt, runzelig. **P. Convólvulus** L.

Perigon grün, weiss berandet. Stengel höchstens 1 m. hoch. ⊙ Juni—September. Aecker, Gärten. Häufig.

E. Stengel ästig, liegend. Blüthen einzeln oder büschelig in den Blattwinkeln. Staubfäden 8. Griffel 3. Blatt elliptisch oder lanzettlich. Eiweiss hornartig. Würzelchen aufliegend. . . . . **P. aviculare** L.

Vogelknöterich. Grün, roth- oder weissberandet. ⊙ Juli—September. Wege, Ackerränder. Gemein.

F. Stengel ästig, aufrecht. Blüthen ährig, in endständigen Ebensträussen. Staubfäden 8. Griffel 3. Blatt herz-pfeilförmig. Tute becherförmig. Eiweiss mehlig. Würzelchen aufliegend. Frucht aus dem Perigon hervorragend.

a. Frucht glänzend, mit ebenen Kanten. Aehren aufrecht. **P. Fagopýrum** L.

Buchweizen. Weiss oder rosa. ⊙ Juli, August. Hier und da gebaut. Aus Asien.

b. Frucht matt, mit stumpfgezahnten Kanten. Aehren hängend. . . . . **P. tatáricum** L.

Grünlich. ⊙ Juli, August. Unkraut, aus Asien eingeschleppt.

92. Familie. URTICACEAE Juss.

Gattungen.

A. Griffel einfach. Staubfäden einwärts gerollt, elastisch zurückschnellend. Männliches Perigon meist 4theilig. Samen aufrecht, eiweisshaltig. Keim gerade. Blatt ganz, gezahnt. URTICEAE.

a. Perigon 4theilig, das weibliche aus 2 grossen und 2 kleinen Abschnitten. Kopfförmige Narbe sitzend. Blüthen ein- oder zweihäusig, knäulig-ährig-rispig. Rispen je 2 in einem Blattwinkel. Blätter gegenständig, mit Nebenblättern. Brennend. . . . . 1. **Urtíca** L.

b. Männliches Perigon glockig, 4spaltig, weibliches 4zähnig. Kopfförmige Narbe gestielt. Blüthen polygamisch, je zwei knäuelartige Trugdolden in den Blattwinkeln. Blätter wechselständig, ohne Nebenblätter. Nicht brennend. . . . . 2. **Parietária** L.

B. Griffel 2 oder fehlend. Staubfäden nicht eingerollt. Männliches Perigon 5-, weibliches becherförmig, ganzrandig. Samen hängend, eiweisslos. Keim gekrümmt. Blätter getheilt, mit Nebenblättern, wenigstens die unteren gegenständig. Blüthe zweihäusig. . . . . . . CANNABINEAE.

a. Weibliche Blüthen in einer eiförmigen Aehre. In der gemeinschaftlichen Achsel zweier nebeneinanderstehender Deckschuppen je ein kurzer Zweig mit 4 weiblichen Blüthen, jede von einer Vorspelze gestützt und mit einem ringsum gleich hohen Perigon dicht umschlossen. Stengel rechts-windend. . . . . 3. **Húmulus** L.

b. Weibliche Blüthen in Trauben, je eine oder 2 im Winkel eines Deckblattes. Weibliches Perigon scheidenförmig das Früchtchen umschliessend. Stengel aufrecht.

4. **Cánnabis** L.

1. **Urtíca** L. *Brennnessel.*

a. Einhäusig. Rispe kürzer als der Blattstiel. Blatt eiförmig, spitz. **U. urens** L.
Grün. ☉ 3—6 dm. hoch. Juli—September. Schutt, Wege. Gemein.

b. Zweihäusig. Rispe länger als der Blattstiel. Blatt herzeiförmig, langzugespitzt. . . . . **U. dioica** L.
Grün. c. 1 m. hoch. Juli—September. Schutt, Wege, Hecken. Gemein.

2. **Parietária** L. *Glaskraut.*

a. Stengel einfach, aufrecht. Perigon glockig, so lang als die Staubfäden. Blüthenstand kopfförmig. **P. erecta** M. et K.
(**P. officinalis** L.) Grün. Stengel 3—10 dm. Blatt länglich-eiförmig, beiderseits verschmälert, ganzrandig, punktirt, kurzhaarig. ♃ Juli—October. Mauern, Schutt. Sehr selten.

b. Stengel ästig, ausgebreitet, niederliegend. Perigon röhrig, länger als die Staubfäden. Blüthenstand locker, rispigährig. . . . . **P. diffusa** M. et K.
(**P. ramiflora** Mch.) Grün. Stengel etwa 3 dm. Blatt wie vorige. ♃ Juli—October. Mauern. Sehr selten.

3. **Húmulus** L. *Hopfen.*

Blatt langgestielt, 3—5lappig oder ungetheilt, am Grunde herzförmig, grobgesägt, scharf, sämmtlich gegenständig.

H. Lúpulus L.

Grünlich. Zapfenschuppen gelblich, trockenhäutig, geadert, inwendig goldgelb-drüsig. Männliche Blüthe rispig. ♃ Juli, August. Hecken. Im Grossen gebaut.

4. **Cánnabis** L. *Hanf.*

Blatt gestielt, fingerig-getheilt, Lappen schmal-lanzettlich, grobgesägt, scharf, die oberen Blätter zerstreut. **C. sativa** L.
Grünlich. Männliche Blüthe in langgestielten Trauben, weibliche Trauben gedrängt. ☉ Juni—August. Culturpflanze aus Indien und Persien.

93. Familie. ARTOCARPEAE Bartl.

1. **Morus** L. *Maulbeerbaum.*

a. Weibliche Kätzchen gestielt. Perigonränder und Narben kahl. Einhäusig. Blatt schwach-herzförmig, ganz oder verschieden gelappt, fast kahl. . . . . **M. alba** L.

Grünlich. Scheinbeere weiss. Mai. Baum aus Asien, angepflanzt besonders für die Seidenzucht.

b. Weibliche Kätzchen fest sitzend. Perigonränder und Narben rauhhaarig. Zweihäusig. Blatt tief-herzförmig, rauh, sonst wie vorige. . . . . **M. nigra** L.

Grünlich. Scheinbeere zuletzt schwarzroth. Mai. Baum aus Asien, höher als **M. alba**. Angepflanzt.

2. **Plátanus** L. *Platane.*

a. Borke in kleinen Schuppen sich ablösend. Zweige aufrecht. Blatt 5winkelig, seicht-gelappt, buchtig-gezahnt. **P. occidentalis** L.

Mai. Baum aus Nordamerika, in Alleen und Parkanlagen angepflanzt. Von den falschen *Platanen:* **Acer Pseudoplatanus** und **platanoides**, abgesehen vom Blüthenbau, durch die wechselständigen, mit Tüten versehenen Blätter und durch die glatte, in Schuppen sich ablösende Rinde verschieden.

b. Borke in grossen Schuppen sich ablösend. Zweige ausgebreitet. Blatt 5lappig, buchtig, fast ganzrandig. **P. orientalis** L.

Mai. Aus dem Orient. Als Zierbaum wie der vorige angepflanzt.

94. Familie. ULMACEAE Mirb.

Ulmus L. *Ulme. Rüster.*

a. Blüthen fast sitzend, büschelig. Frucht kahl.

1. Staubfäden 5—6, über das Perigon lang hervorragend. Die Flügel der Frucht oben übereinandergreifend. Rinde der jüngeren Aeste glatt. . . . . . . **U. campestris** L.

Röthlich grün. Frucht rundlich. Antheren und Narben grün. Blatt (wie bei allen Arten) eirund, zugespitzt, am Grunde ungleich, doppelt gesägt, meist rauh. ♄ Blüthe März, April. Belaubung Mai. Gebirgswälder. Vereinzelt. — Var.: **U. montana** Sm. Frucht elliptisch.

2. Staubfäden 3—4, über das 3—4spaltige Perigon kurz hervorragend. Die Flügel der Frucht nicht überein-

andergreifend. Rinde der jungen Aeste mit dickem rissigem Kork bedeckt. . . . . **U. suberosa** Ehrh.

Röthlich grün. Antheren und Narben röthlich. Frucht breit-verkehrteiförmig. ♄ März, April. Belaubung später als **U. campestris**. Sehr selten wild. Angepflanzt in Anlagen.

b. Blüthen gestielt, büschelig. Frucht zottig-gewimpert, oval. Staubfäden 8. Junge Aeste nicht korkig. **U. effusa** Willd.

Röthlich grün. ♄ April. Belaubung Ende April. Wälder, Hecken, Ufer. Vereinzelt.

In diese Familie gehört auch **Celtis** L. (s. oben).

95. Familie. SALICINEAE Rich.

Gattungen.

a. Deckblatt ganz. Perigon fehlend, durch gelbe Drüsen am Grunde der Blüthentheile hinten und vorn oder nur hinten vertreten. Staubfäden 2—5. Blatt meist schmal, ganz. 1. **Salix** Tourn.

b. Deckblatt zerschlitzt. Perigon trichterförmig, schief. Staubfäden 8—30. Blatt breit. Bäume. Blüthe meist vor der Belaubung. . . . . 2. **Pópulus** Tourn.

1. Salix Tourn. *Weide.*

A. *Weiblicher Stock.*

Uebersicht der Rotten.

I. Kätzchen gestielt mit einigen Laubblättern am Grunde, gleichzeitig mit den Laubsprossen entwickelt. Kätzchen zum Theil endständig an den vorjährigen Zweigen. Deckblätter gelbgrün. Frucht kahl. Narben deutlich ausgerandet oder 2spaltig.

A. Deckblätter vor der Fruchtreife abfallend. Die Zweige an der Basis leicht abbrechend. Baumartig. a. FRAGILES.

B. Deckblätter auch nach der Fruchtreife bleibend. Narben wagerecht abstehend, 2spaltig oder ausgerandet. b. AMYGDALINAE.

II. Kätzchen **sitzend**, am Grunde nur mit einigen kleinen Blättchen besetzt, **vor** den Laubtrieben entwickelt, nur seitenständig an den vorjährigen Zweigen. Deckblätter ganz oder nur an der Spitze **schwärzlich**, behaart, nach der Reife bleibend.

A. Frucht sitzend, kahl. Drüse die Basis der Frucht überragend. Griffel lang, mit 2 länglichen ungetheilten Narben. Innere Rindenfläche im Sommer citronengelb.
c. PRUINOSAE.

B. Frucht sitzend, behaart. Drüse die Basis der Frucht überragend. Kätzchen aufrecht.

a. Frucht eiförmig, stumpf. Griffel kurz. Innere Rindenfläche im Sommer citronengelb. Meist strauchartig.
d. PURPUREAE.

b. Frucht lanzettförmig. Griffel lang. Narben meist ungetheilt. Innere Rindenfläche im Sommer grün.
e. VIMINALES.

C. Frucht langgestielt, meist behaart, lanzettförmig. Griffel kurz. . . . . f. CAPREAE.

a. FRAGILES. *Bruchweiden.*

a. Frucht deutlich gestielt. Griffel von mittlerer Länge. Deckblatt kürzer als die Frucht. Blatt breit-lanzettlich, ganz kahl, oberseits glänzend grün.

1. Stiel der Frucht doppelt so lang als die Drüse. Narben dicklich, tief ausgerandet. . . . . . . **S. pentandra** L.

Blatt eiförmig-elliptisch oder eilanzettlich, zugespitzt, drüsig gesägt. Nebenblätter länglich-eiförmig, gleichseitig, gerade. Blattstiel nach vorn mit mehreren Drüsen. Zweige glatt, glänzend, jung grün, später bräunlich. ♄ Mai. Juni. Flussufer. Sehr selten.

2. Stiel der Frucht 2—4mal so lang als die Drüse. Narben aufrecht, 2spaltig. Kätzchen zuletzt sehr locker. Deckblätter lineal-lanzettlich. . . . . **S. frágilis** L.

Blatt lanzettlich, zugespitzt, Sägezähne einwärts gebogen, Seitennerven fiederartig vom Mittelnerv bis zum Rande laufend, fast einfach, kein deutliches Adernetz bildend. Nebenblätter halbherzförmig, nicht schief. Zweige sehr leicht abbrechend, braun. ♄ April, Mai. Ufer. Gemein.

Var.: **S. Russeliana** Sm. Die oberen Blätter erst gegen den Herbst hin kahl werdend. Nebenblätter mehr zugespitzt. Zweige gelb oder roth weniger brüchig. Selten.

Bastard: **S. fragili-pentandra** Wimm. = **cuspidata** Sch. = **S. tetrandra** Wdr. Nebenblätter schief. Zweige röthlich. Selten.

b. Stiel der Frucht kaum so lang als die sehr kurze Drüse. Griffel kurz. Deckblatt fast so lang als die Frucht, ziemlich lange sitzenbleibend und vertrocknend. Kätzchen dichtblüchig. Blatt schmal-lanzettlich, beiderseits seidenhaarig weiss. Nebenblätter lanzettlich . . . . **S. alba** L.

Zweige graugrün oder braun. ♄ April, Mai. Ufer, Wege, als Kopfweide gebaut.

Var.: β. **caerulea,** Blatt später kahl.
γ. **vitellina,** *Dotterweide.* Zweige dottergelb oder roth.

b. AMYGDALINAE. *Mandelweiden.*

a. Stiel der Frucht 2—3 mal so lang als die Drüse. Griffel sehr kurz. Narben ausgerandet oder 2lappig. Deckblatt stumpflich, weit kürzer als die Frucht, an der Spitze kahl, am Rande zuweilen spärlich gewimpert, grünlichgelb. Aeste aufrecht. . . . . **S. amygdalina** L.

Blatt lanzettlich oder länglich, zugespitzt, gesägt, ganz kahl, unterseits matt, selten glänzend, stets dunkler geadert. Sehr feines aber deutliches Adernetz, in welchem sich die nicht deutlich hervortretenden Seitennerven verlieren (cf. **S. fragilis**). Nebenblätter halbherzförmig, gross. Blatt ändert sehr nach Gestalt, Farbe, Behaarung. Höherer Strauch, oft baumartig; mit ruthenförmigen leicht abbrechenden Aesten. April, Mai. Ufer.

Var.: α. **concolor (S. triandra L.).** Blatt beiderseits grasgrün. Gemein.
β. **discolor (S. amygdalina L.)** Blatt unterseits blaugrün. Seltener.

Bastard: **S. hippophaëfolia-amygdalina** W. s. die folgende.

b. Stiel der Frucht so lang als die Drüse. Griffel lang. Narben 2theilig. Deckblatt ganz rauhhaarig, röthlich.

S. hippophaëfolia Thuill.

Blatt lanzettlich, lang-zugespitzt, feingesägt, weichhaarig oder später kahl. Frucht filzig oder kahl. April, Mai. Ufer. Sehr selten.

Bastarde:

S. hippophaëfolia-amygdalina Wimm. = **S. undulata** Ehrh. Stiel der Frucht 2—3 mal so lang als die Drüse. Deckblatt lang behaart, grünlich gelb. Nebenblätter schmallanzettlich-sichelförmig; sonst wie vorige. Ufer. Sehr selten.

S. viminali-hippophaëfolia Wimm. = **S. mollissima** Ehrh. s. unten.

c. Frucht sitzend, ihre Basis von der Drüse überragt. Griffel sehr kurz. Deckblatt linien-lanzettlich, zugespitzt, so lang als die Frucht, an der Spitze kahl, am Rande und an der Basis spärlich behaart. Aeste hängend.

S. babylonica L.

Trauerweide. Blatt schmal-lanzettlich, allmählich zugespitzt, klein- und scharfgesägt, kahl, oben grün, unten graugrün, feingeadert. Aus dem Orient.

Angepflanzt, nur als weibliche Exemplare vorkommend. — Eine andere häufig als „Trauerweide" angepflanzte Form steht in der Mitte zwischen **S. babylonica** und **fragilis**.

c. PRUINOSAE. *Schimmelweiden.*

Kätzchen am Grunde meist ohne alle Blätter.

S. daphnoides Vill.

Lorbeerweide. Blatt länglich-lanzettlich, zugespitzt, drüsig-gesägt, kahl (in der Jugend nebst den Zweigen zottig), unterseits meist bläulich. Nebenblätter halbherzförmig, etwa so gross als der Blattstiel. Zweige roth oder gelb, meist bläulich-bereift. Strauch oder Baum. März, April. Ufer. Sehr selten.

d. PURPUREAE. *Purpurweiden.*

Griffel kürzer als die Narben, Narben eiförmig, ausgerandet. Frucht kurzfilzig. Kätzchen meist gegenständig.

S. purpurea L.

Blatt schmallanzettlich, nach vorn etwas verbreitert, flach, scharf, kleingesägt, kahl, blaugrün. Niedriger Strauch mit dünnen Zweigen. März, April. Ufer. Häufig.

Var.: β. **Lambertiana** Sm. Kätzchen dicker, Blatt breitlanzettlich.
γ. **Helix** L. Aeste aufrecht, schlank, Blatt länger und schmäler als die Hauptart, Griffel deutlich. Oft baumförmig.
δ. **sericea**. Blatt seidenhaarig.

Bastard: purpurea-viminalis Wimm. S. rubra Huds. Griffel länger als die fadenförmigen ungetheilten Narben. Frucht filzig. Blatt zugespitzt, ausgeschweift-gezähnelt, am Rande umgerollt, oft etwas wellig, mattgrün, flaumig, im Alter kahl. Seltener als S. purpurea.

e. VIMINALES. *Korbweiden.*

Kätzchen aufrecht, schlank. Frucht lang-verschmälert, sitzend. Griffel länger als die fadenförmigen, meist ungetheilten Narben. Drüse halb so lang als der Fruchtknoten. Deckblatt schwarzbraun, kürzer als der Fruchtknoten.

S. viminalis L.

Gertenweide. Blatt schmal-linienlanzettlich, am Rande etwas umgerollt, ganzrandig oder etwas ausgeschweift, unten seidenhaarig-glänzend. Nebenblätter linienlanzettlich, kürzer als der Blattstiel. Strauch. März, April. Ufer. Gemein.

Bastarde:

a. Frucht gestielt, lanzettlich-zugespitzt. Kätzchen ziemlich dick.

1. S. viminali-hippophaëfolia Wimm. = S. mollissima Ehrh. Griffel länger als die 2theiligen Narben. Kätzchen gleichzeitig mit den Blättern. Deckblatt rostfarben. Blatt lineal-lanzettlich, zugespitzt, entfernt-ausgeschweift-gezähnelt, in der Jugend unten dünn-matt-gelblich-filzig. Nebenblätter eiförmig, spitz. April. Ufer. Selten.
2. S. viminali-aurita Wimm. = S. Smithiana Willd. Griffel kürzer als die meist 2theiligen Narben. Kätzchen vor der Belaubung. Blatt länglich-lanzettlich, zugespitzt, unregelmässig- und entfernt-kleingesägt, etwas wellig, unten glänzend-seidenartig-filzig. Nebenblätter nierenförmig, zugespitzt, klein. März, April. Sehr selten.

3. S. viminali-Caprea Wimm. — S. acuminata Koch. Griffel so lang als die ungetheilten Narben. Kätzchen vor der Belaubung. Blatt länglich-lanzettlich, langspitzig, nach vorn unregelmässig- und etwas entfernt-drüsiggezähnelt, etwas wellig, unten matt-graufilzig. Nebenblätter nierenförmig, spitz. April. Selten.

b. Frucht fast sitzend, oval. Kätzchen schlank. Griffel länger als die 2theiligen Narben. Blatt später kahl. Innere Rinde gelb. S. purpureo-viminalis W. s. oben.

f. CAPREAE. *Salweiden.*

a. Stamm aufrecht, $1\frac{1}{2}$—4 m. hoch. Griffel sehr kurz.

α. Zweige und Knospen weissfilzig. Kätzchen walzenförmig, verlängert, lockerfrüchtig. Deckblätter verkehrteiförmig, stumpflich, an der Spitze braunschwarz.

1. Fruchtknotenstiel noch 1 mal so lang als die Drüse. Narben eiförmig, 2spaltig. . . . . **S. cinérea** L.

Blatt elliptisch- oder lanzettlich-verkehrteiförmig, kurz zugespitzt, unter der Spitze am breitesten, flach, wellig-gesägt, graugrün, oben flaumig, unterseits rauhfilzig, später kahl. Adernetz röthlich. Nebenblätter nierenförmig. Strauch-, seltener baumartig. März, April. Feuchte Waldstellen, Hecken, Triften. Gemein.

Bastard:

S. cinereo-Caprea Wimm. = S. grandifolia Ser. Stiel des Fruchtknotens fast so lang als dieser, 6 mal so lang als die Drüse. Griffel sehr kurz. Knospe und ältere Zweige kahl. Kätzchen gleichzeitig mit den Blättern. Blatt länglich-verkehrteiförmig, zugespitzt, oben kahl, unten flaumig, reingrün. Sehr selten.

2. Fruchtknotenstiel 2—3 mal so lang als die Drüse. Narbe eiförmig, ausgerandet. . . **S. holosericea** Willd.

Blatt lanzettlich (5—6 mal so lang als breit), zugespitzt, nach oben scharf gezähnelt, unterseits filzig. März, April. Ufer. Sehr selten.

β. Zweige und Knospen meist kahl und glänzend.

1. Stiel des filzigen Fruchtknotens 4—6 mal so lang als die Drüse. Narben 2spaltig. Deckblatt an der Spitze braunschwarz. Kätzchen dichtfrüchtig einwärts gekrümmt, am Grunde mit sehr kleinen Blättchen.

S. Cáprea L.

Blatt eiförmig, elliptisch oder rundlich mit schief vorgezogenem, etwas zurückgebogenem Spitzchen, wellig-gekerbt, eben, oberseits kahl, unterseits bläulich-graugrün mit weissem Adernetz, filzig. Nebenblätter nierenförmig. Zweige dick, graubraun. März, April. Strauch- oder baumartig. Wälder. Häufig.

Var: β. sphacelata Wahlenb. Blatt verkehrteiförmig, ganzrandig. Selten.

Bastard: cinereo-Caprea s. oben.

2. Stiel des seidenhaarigen, selten kahlen Fruchtknotens

2—4 mal so lang als die Drüse. Narben oft ausgerandet. Deckblatt an der Spitze röthlich. Kätzchen in der Fruchtreife gestielt, etwas belaubt, länglich.

S. aurita L.

Blatt verkehrteiförmig, am Grunde keilförmig, mit schief vorgezogenem zurückgebogenem Spitzchen, wellig-gesägt oder ganzrandig, runzelig mit stark vortretendem Adernetz, mattgrün, oberseits kurzflaumig, unterseits rauhfilzig. Nebenblätter nierenförmig, ziemlich gross, beständiger als bei den vorigen Arten. Zweige dünn, knotig, rothbraun. Kleiner Strauch mit sparrigen Aesten. März, April. Feuchte Wälder, Triften, Hecken. Häufig. Aendert vielfach ab.

Bastard: **S. aurito-repens** Wimm. = **S. ambigua** Ehrh. s. unten.

b. Stamm niederliegend, höchstens 1 m. hoch.

α. Griffel von mittlerer Länge. Narben 2theilig. Fruchtknotenstiel 2—3 mal so lang als die Drüse. Kätzchen bei der Reife eiförmig. . . . . . **S. repens** L.

Blatt eirund oder lanzettlich, spitz, fast ganzrandig, am Rande etwas umgebogen, unterseits seidenhaarig, oberseits kahl. Seitennerven nicht bogenförmig ablaufend, oberseits als zarte weisse Linien erscheinend. Nebenblätter lanzettlich, meist fehlend. April. Sumpfige und moorige Wiesen. Selten.

Var.: β. **fusca** = **S. fusca** L. Blatt länglich-eiförmig. Kätzchen meist bräunlich. Feuchte Triften. Selten.

γ. **argentea**. Blatt breit- oder rundlich-eiförmig.

Bastard: **S. aurito-repens** Wimm. = **S. ambigua** Ehrh. Griffel kurz. Narben ausgerandet. Blatt lanzettförmig oder verkehrteiförmig, zugespitzt, an der Spitze zurückgebogen, unterseits netzaderig, zottig, anfangs seidenglänzend, später kahl. Seitennerven bogenförmig vom Mittelnerv ablaufend. Obere Blattfläche matt, durch das vertiefte Adernetz runzelig; ganzrandig oder weitläufig gesägt. Nebenblätter halbeiförmig. Moorboden. Selten.

β. Griffel sehr kurz. Kätzchen rundlich.

S. rosmarinifolia L.

Blatt lineal oder lineallanzettlich, zugespitzt-verschmälert. Rand flach. Spitze gerade. Mai. Moorige Orte. Sehr selten.

B. *Männlicher Stock.*

[In Beziehung auf das Blatt und andere Merkmale, sowie auf die Varietäten und Bastarde ist die voranstehende Zusammenstellung zu vergleichen.]

A. Kätzchen gestielt, am Grunde mit einigen vollkommenen Blättern, gleichzeitig mit den Blättern entwickelt, zum Theil gipfelständig an den vorjährigen Zweigen. Deckblätter grünlich gelb. Antheren vor und nach der Blüthe gelb. 2 Drüsen am Grunde der Staubfäden, eine hinten und eine vorn.

a. Staubfäden 5—10. Deckblatt elliptisch, abgerundet.
S. pentandra L.

b. Staubfäden 4 (3—5). Deckblatt und Staubfäden zurückgebogen. **S. fragili-pentandra** W. = **S. cuspidata** Sch.

c. Staubfäden 3. Deckblatt spatelförmig, oben ausgehöhlt, fast wagerecht abstehend, an der Spitze fast kahl. Staubfäden beim Oeffnen wagerecht abstehend.
S. amygdalina L.

Bastard: S. hippophaëfolia-amygdalina W. = S. undulata Ehrh. Deckblatt auch vorn langbehaart.

d. Staubfäden 2. Deckblatt elliptisch.

α. Blatt lanzettlich, beiderseits grün, fast kahl. Nebenblätter halbherzförmig.

1. Kätzchen deutlich gestielt, mit grossen Blättern am Grunde. . . . . **S. fragilis** L.

2. Kätzchen kurzgestielt, mit kleinen Blättchen am Grunde.
S. hippophaëfolia Thuil.

β. Blatt schmallanzettlich, beiderseits seidenhaarig, weissglänzend. Nebenblätter lanzettlich . . . . **S. alba** L.

B. Kätzchen sitzend, am Grunde nur mit einigen kleinen Blättchen, vor den Laubtrieben entwickelt, nur seitenständig an den vorjährigen Zweigen. Deckblätter ganz oder nur an der Spitze schwärzlich. Nur eine Drüse am Grunde der Staubfäden.

a. Die 2 Staubfäden von unten an mehr oder weniger zu einem einzigen verwachsen. Antheren vor dem Oeffnen roth, nach dem Verblühen schwärzlich. Innere Rinde citronengelb.

α. Staubfäden meist bis oben hin einfach, mit 2 Antheren.
S. purpurea L.

β. Staubfäden meist nur im untern Viertheil verwachsen.
S. purpureo-viminalis Wimm. = **S. rubra** Huds.

b. Die 2 Staubfäden getrennt. Antheren vor und nach der Blüthe gelb.

α. Baum oder Strauch von $1\frac{1}{2}$ m. und höher.

1. Kätzchen dick-walzlich. Innere Rinde citronengelb. **S. daphnoides** VILL.
Blatt länglich-lanzettlich, drüsig-sägezähnig, kahl. Nebenblätter halbherzförmig, etwa so lang als der Blattstiel.

2. Kätzchen dick-walzlich. Innere Rinde grün.
S. viminali-aurita W. und **S. viminali-Caprea** W. s. oben S. 282. 283.

3. Kätzchen schlank-walzlich, aufrecht. Innere Rinde grün. **S. viminalis** L.
Blatt schmal-linienlanzettlich, fast ganzrandig, etwas umgerollt, unterseits seidenhaarig-glänzend. Nebenblätter linien-lanzettlich, kürzer als der Blattstiel.

4. Kätzchen dick, walzlich-elliptisch, gross, abstehend. Innere Rinde grün.
S. cinerea, holosericea, Caprea, aurita s. S. 283 und 284.

β. Kleiner Strauch von höchstens 1 m. Höhe, niederliegend.
S. repens L. und **S. rosmarinifolia** L. s. S. 284.

2. Pópulus L. *Pappel.*

A. Deckblatt gewimpert. Staubfäden 8. Knospe nicht klebrig.

a. Blatt rundlich-herzförmig mit breiten stumpfen Zähnen, zum Theil 5lappig, unterseits, sowie die Zweige und Knospen weissfilzig. Deckblatt der weiblichen Kätzchen lanzettlich, spitz, nebst dem Perigon gelb. **P. alba** L.
Silberpappel. Baum. März, April. Wälder, Parkanlagen.

b. Blatt rundlich-eiförmig, ausgeschweift oder buchtig-gezahnt, nicht gelappt, unterseits sowie die jungen Zweige graufilzig. Deckblatt verkehrteiförmig, vorn geschlitzt oder gezahnt, nebst dem Perigon braun. **P. canescens** Sm.
März, April. Baum. Feuchte Wälder, Anlagen.

c. Blatt fast kreisrund mit breiten stumpfen Zähnen, an den Schösslingen dreieckig, meist kahl. Blattstiel lang, seitlich flachgedrückt. Zweige schwach behaart oder kahl. Deckblatt der weiblichen Kätzchen handförmig-zerschlitzt, braun. . . . . **P. trémula** L.
Zitterpappel, Espe, Aspe. Baum oder Strauch. März, April. Wälder, Gebüsche. Gemein.

B. Deckblatt kahl. Staubfäden 12—30. Knospe klebrig.

a. Blatt rautenförmig oder ei-deltaförmig, zugespitzt, gesägt, am Rande kahl.

1. Zweige abstehend, Baumkrone breit. . . . **P. nigra** L.
Schwarzpappel. April. Ufer, Wege. An Alleen angepflanzt.

2. Zweige aufrecht, Baumkrone lang pyramidenförmig.
P. pyramidalis Roz.
(**P. dilatata** Ait., **P. italica** Du Roi.) *Italienische Pappel.* April. Alleen, Parks. Aus dem Orient. Kommt nur männlich vor. Wahrscheinlich nur eine Varietät von **nigra**.

b. Blatt eiherzförmig oder ei-deltaförmig, zugespitzt, gekerbt oder fast ganzrandig, am Rande flaumig.
E. monilifera Ait.
Krone breit, Aeste abstehend. März, April. Aus Nordamerika, angepflanzt.

c. Blatt ei- oder herzförmig, derb, kurz zugespitzt, feinkerbig-gesägt, unterseits fast weiss, dunkel geadert.
P. balsamifera L.
Balsampappel. Krone breit, Aeste abstehend. März, April. Aus Nordamerika, zuweilen in Anlagen.

96. Familie. JUGLANDEAE DC.

Juglans L. *Wallnuss.*

Blatt meist 3paarig-gefiedert, mit Endblättchen. Blättchen eiförmig, kahl. Frucht kugelig, grün. Steinschalen am Rande mit einer vorspringenden Kante. . . . . **J. regia** L.
Baum. Mai. Angepflanzt. Aus Persien stammend.

J. nigra L. Blättchen zahlreicher, breit-lanzettlich. Frucht rundlich. Schalen ohne vorspringende Kante, schwärzlich. Wie die folgende aus Nordamerika.

J. cinerea L. Blättchen länglich-lanzettlich. Frucht grau, länglich eiförmig, klebrig.

97. Familie. CUPULIFERAE Rich.

I. FAGINEAE. *Männliche Blüthe mit Perigon, Antheren kahl. Fruchtknoten mit 3 oder 6 Narben und mit 3 oder 6 je 2eiigen Fächern.*

Gruppen und Gattungen.

a. Männliches Kätzchen kugelig, langgestielt, hängend,

mit kleinen abfallenden Deckblättern. Perigon 2—6spaltig. Staubfäden 10—12. Weibliches Köpfchen gestielt in den Blattwinkeln. Hülle kugelig, dichtborstig, 4klappig aufspringend, 2blüthig. Fruchtknoten 3kantig, 3narbig, 3fächerig, Fächer 2eiig. Samenlappen beim Keimen über der Erde. Blätter 2zeilig. Blüthe und Belaubung gleichzeitig. . . . . 1. **Fagus** L.

b. Kätzchen verlängert, gröstentheils männlich, mit geknäulten Blüthen. Perigon 5—6theilig. Weibliches Köpfchen meist einzeln am Grunde der Kätzchen sitzend. Hülle kugelig, dicht stachelig, 4spaltig, 3blüthig. Fruchtknoten 6narbig, 6fächerig. Fächer 2eiig. Samenlappen beim Keimen unter der Erde. Blätter 2zeilig. Blüthe und Belaubung gleichzeitig. . . . . 2. **Castánea** Tourn.

c. Männliches Kätzchen gestreckt, lockerblüthig, ohne Deckblätter, hängend, aus dem untern Theil des diessjährigen Triebes entspringend. Perigon 5—9theilig. Staubfäden 5—9. Weiblicher Blüthenstand aus den oberen Blattwinkeln des diessjährigen Triebes entspringend, 2 oder mehr Köpfchen tragend. Hülle becherförmig am Grunde der Frucht, aus verwachsenen Schuppen, später holzig, einblüthig. Perigon 6spaltig. Fruchtknoten 3narbig, 3fächerig. Fächer 2eiig. Fruchtwand lederartig. Samenlappen beim Keimen unter der Erde. Blätter ringsum zerstreut. Blüthe und Belaubung gleichzeitig. . . . . 3. **Quercus** L.

II. CARPINEAE. *Männliche Blüthe ohne Perigon. Antheren an der Spitze bebartet. Fruchtkoten mit 2 Narben und 2 je 1eiigen Fächern.*

a. Männliches Kätzchen gestreckt, dichtblüthig, mit Deckblättern, hängend, wie die weiblichen Köpfchen seitlich an vorjährigen Zweigen entspringend. Staubfäden 8 auf der inneren Fläche des nach der Spitze hin 2 Schüppchen tragenden Deckblattes in 2 Reihen entspringend. Weibliches Köpfchen knospenförmig aus dachigen

Schuppen, an der Spitze eine oder mehrere Blüthen einschliessend, jede derselben von einer 2lappigen krautigen Hülle umgeben. Fruchtwand holzig. Samenlappen beim Keimen unter der Erde. Blätter 2zeilig. Blüthe vor der Belaubung. 4. **Córylus** L.

b. Männliches Kätzchen gestreckt, dichtblüthig, mit Deckblättern, seitlich an einem vorjährigen Zweige entspringend, hängend. Staubfäden 6—20 am Grunde des eiförmigen, zugespitzten Deckblattes. Weibliche Aehren endständig, am Grunde belaubt, locker, hängend. In der Achsel eines jeden Deckblattes 2 Blüthen, jede derselben von einem 3lappigen auswachsenden Hüllblatt getragen. Frucht knöchern. Samenlappen beim Keimen über der Erde. Blätter 2zeilig. Blüthe und Belaubung gleichzeitig. 5. **Carpínus** L.

1. **Fagus** L. *Buche. Rothbuche.*

Blatt elliptisch, schwach-gezahnt, glatt, glänzend, am Rande seidig-behaart . . . . **F. silvatica** L.

Blüthe und Belaubung Anfangs Mai. Wälder bildend. — Var.: Blatt gesägt.

2. **Castánea** Tourn. *Kastanie.*

Blatt länglich-lanzettlich, zugespitzt, buchtig-scharfgesägt, etwas lederig. . . . . **C. vulgaris** Lam.

(C. vesca G., Fagus Castanea L.) Juni. Aus Süddeutschland. Hier und da angepflanzt.

3. **Quercus** L. *Eiche.*

a. Gemeinsamer Fruchtstiel gestreckt. Blatt verkehrteiförmig (die gröste Breite oberhalb der Mitte, nach der Basis allmählich verschmälert, nach vorn abgerundet), buchtig-gelappt, sitzend oder kurz gestielt, kahl. Basis durch Einkrümmung deutlich herzförmig. Knospe gedrungen, bauchig (an der Basis etwas eingezogen), Schuppen scheinbar unregelmässig gestellt, 3—4 übereinander.

Q. pedunculata Ehrh.

(Q. Robur α. L.) *Stieleiche, Sommereiche.* Baum mit wagerecht abstehenden hin- und hergebogenen Aesten. Mitte Mai. Wälder.

b. Gemeinsamer Fruchtstiel verkürzt. Blatt ei- oder rautenförmig (gröste Breite ungefähr in der Mitte), buchtig-gelappt, deutlich (1 cm. lang oder länger) gestielt, am Grunde nicht oder undeutlich herzförmig, unterseits meist mit sternförmigen Haaren. Knospe kegelförmig, nicht bauchig, deutlich 5kantig, Schuppen in 5 Längszeilen zahlreich übereinanderstehend. . . . **Q. sessiliflóra** Sm.
(**Q. Robur** β. L.) *Steineiche*, *Traubeneiche*, *Wintereiche*. Aeste mehr aufrecht, straff. Mai, 8—14 Tage später als die vorige. Wälder. — Eine von Hofgarten-Director Hentze in der Umgegend von Cassel mehrfach beobachtete, der **Q. pubescens** Willd ähnliche Eichenform mit etwas stärkerer sternförmiger Behaarung und früherer Blüthezeit, aber um fast 14 Tage späterer Fruchtreife als **Q. sessiliflóra** dürfte gleichwohl als Abart zu letzterer gehören.

4. **Córylus** L. *Hasel.*

a. Fruchthülle glockig, an der Spitze abstehend, so lang als die Nuss. Samenhaut braungelb. Antheren gelb. Blatt rundlich, herzförmig, zugespitzt, flaumig. **C. Avellána** L.
Februar, März. Strauch. Wälder, Gebüsche, Hecken. Gemein.

b. Fruchthülle röhrenförmig, oben verengt, doppelt so lang als die Nuss. Samenhaut meist roth. Antheren meist roth. Deckblatt braun. . . . . **C. tubulosa** Willd.
Lambertsnuss. Februar, März. Strauch aus Südeuropa. Angepflanzt.

5. **Carpinus** L. *Hainbuche.*

Blatt länglich-eiförmig, doppeltgesägt, längs der Seitennerven etwas gefaltet. . . . . **C. Bétulus** L.
Weissbuche. April, Mai. Baum. Wälder.

98. Familie. BETULINEAE Rich.

Gattungen.

a. Männliches Kätzchen: innerhalb des schildförmigen Deckblattes 5 Schuppen und 3 Blüthen ohne Perigon, mit je 4 unten paarweise verwachsenen Staubfäden. Anthere einfächerig. Weibliches Kätzchen: Deckblatt später 3lappig, abfallend, 2—3blüthig. Fruchtknoten 2fächerig, 2eiig, 2narbig. Frucht geflügelt, einsamig. Blätter zerstreut. . . . . 1. **Betula** L.

b. Männliches Kätzchen: innerhalb des schildförmigen Deckblattes 4 Schuppen und 3 Blüthen, mit je einem 4spaltigen Perigon und je 4 Staubfäden. Anthere 2fächerig. Weibliches Kätzchen: Deckblatt innen mit 4 Schuppen und 2 Blüthen, bleibend, verholzend. Fruchtknoten 2fächerig, 2eiig, 2narbig. Frucht ungeflügelt, zusammengedrückt, einsamig. Blätter zerstreut.

2. **Alnus** Tourn.

1. **Bétula** L. *Birke.*

a. Fruchtkätzchen hängend, c. 3 mal so lang als dick. Stiel der Schuppe länger als breit und etwa so lang als der obere Theil; Mittellappen kurz-dreieckig, etwa so breit als lang, kürzer als die Seitenlappen.

1. Schuppe am Rande gewimpert, 3—4 mm. lang, Seitenlappen nach vorn abgerundet, wagerecht abstehend. Flügel der Frucht doppelt so breit als diese, die Griffel überragend. Blatt*) dreieckig, lang zugespitzt, doppeltgesägt, kahl; Stiel meist länger als die halbe Scheibe. Zweige warzig, an alten Bäumen herabhängend. Knospe nicht klebrig. . . . . **B. verrucosa** Ehrh.
(B. alba L.) ♄ April, Mai. Wälder. Gemein.

2. Schuppe rauhhaarig, c. 4 mm. lang Seitenlappen nach vorn abgerundet, mit den Spitzen wagerecht abstehend oder nach unten gerichtet. Flügel der Frucht etwas breiter als diese, deren Spitze wenig überragend. Blatt eiförmig, spitz, stumpfgezahnt, nur am Rande zerstreuthaarig und in den Aderwinkeln bärtig; Stiel meist kürzer als die Scheibe. Zweige nicht hängend. Knospe klebrig. . . . . **B. odorata** Bechst.
(B. alba L.) ♄ April, Mai. Wälder, Moore. Hin und wieder.

b. Fruchtkätzchen aufrecht. Stiel der 2—3 mm. langen Schuppe so lang als breit und kürzer als der obere Theil, Mittellappen dreieckig, etwas länger als die Seiten-

*) Hier wie im Folgenden beziehen sich die Merkmale auf die Blätter der gestreckten Triebe.

lappen, diese nach vorn abgerundet, unten abstehend oder mit den Spitzen nach unten gerichtet.

1. Fruchtkätzchen 3—4 mal so lang als dick. Schuppe flaumig. Flügel der Frucht etwas breiter als diese, den Gipfel wenig überragend. Blatt rundlich, herzförmig, ungleich-kerbig gesägt, weichhaarig; Blattstiel meist vielmal kürzer als die Scheibe. Zweige nicht hängend.

B. pubescens Ehrh.

♄ April, Mai. Torfmoore. Zerstreut.

2. Fruchtkätzchen mehr als 4 mal so lang als dick. Schuppe rauhhaarig. Flügel etwa so breit als die Frucht, nur bis zu deren Gipfel reichend. Blatt rautenförmig oder länglich-eiförmig, ungleich-scharfgesägt; Stiel meist länger als die halbe Scheibe. Blattstiel, Rand und Nerven angedrückt-langhaarig. Zweige sparrig.

B. davurica Pallas.

♄ April, Mai. Wälder, Torfmoore. Nicht selten.

b. Fruchtkätzchen aufrecht, etwa 3 mal so lang als dick. Stiel der flaumhaarigen, wenigstens 4 mm. langen Schuppe, doppelt so lang als breit und länger als der obere Theil, Mittellappen länger als breit, zungenförmig, länger als die nach vorn schief abgestutzten, nach unten allmählich in den Stiel verlaufenden Seitenlappen. Flügel breiter und zum Theil höher als die Frucht. Blatt rautenförmig, spitz, ungleich-scharfgesägt, schwach-weichhaarig; Stiel meist länger als die halbe Scheibe. Zweige schlank, hängend. . . . . **B. carpathica** Willd.

♃ April, Mai. Wälder, Moore. Nicht selten.

2. **Alnus** Tourn. *Erle.*

a. Blatt rundlich, abgestumpft, ausgeschweift-gezahnt, am Grunde keilförmig, kahl, nur in den Aderwinkeln bärtig, jung klebrig. Zapfen langgestielt, locker. Frucht spitz, ungeflügelt, frühzeitig ausfallend. . . **A. glutinosa** Gärtn.

♄ Februar, März. An Bächen und Quellen. Gemein.

Var.: **emarginata, quercifolia, laciniata** in Parks.

b. Blatt eirund, spitz, doppeltgesägt, unterseits graugrün, weichhaarig, in den Aderwinkeln nicht bärtig. Zapfen kurzgestielt oder sitzend, dicht. Frucht stumpf, flügelig-berandet, lange bleibend. . . . . **A. incana** DC.

♄ Februar, März. Gebirgswälder, sehr selten. Zuweilen angepflanzt.

A. pubescens Tausch. Bastard zwischen den beiden Arten, in allen Merkmalen die Mitte zwischen jenen haltend. Sehr selten.

Zweite Abtheilung.

MONOCOTYLEDONEN.

99. Familie. HYDROCHARIDEAE DC.

Gattungen.

a. Männliche Blüthe mit 9 Staubfäden und 3 Nebenstaubfäden, — weibliche mit 6 unfruchtbaren Staubfäden und 6 zweinarbigen Griffeln. Beere eiförmig, 6fächerig. 1. **Hydrócharis** L.

b. Männliche Blüthe mit 12 Staubfäden und 12—20 Nebenstaubfäden, — weibliche mit 12 unfruchtbaren Staubfäden und 6 zweispaltigen Griffeln. Beere 6kantig, 6fächerig. . . . . 2. **Stratiótes** L.

1. **Hydrócharis** L. *Froschbiss.*

Blatt gestielt, kreisrund-tief-herzförmig, gestielt. Pflanze schwimmend, mit fadenförmigen Ausläufern. Blüthenschaft mit 2 gegenständigen Vorblättern. . **H. Morsus ranae** L.
Weiss, männliche Blume grösser als die weibliche. ♃ Juli, August. Stehende Gewässer. Sehr selten.

2. **Stratiótes** L. *Wasserschere.*

Blätter 3kantig, schwertförmig, stachelig-gesägt, am verkürzten Stengel gedrängt. Blüthenschaft mit 2 gegenständigen Vorblättern. Pflanze zur Blüthezeit an die Oberfläche steigend. . . . . **St. aloides** L.
Weiss. ♃ Juli, August. Stehende Gewässer. Sehr selten.

100. Familie. ORCHIDEAE Juss.

Gattungen.

I. *Eine Anthere, mit dem Rücken an die Griffelsäule angewachsen. Stengel am Grunde mit Knollen.*

A. Lippe*) gespornt. Fruchtknoten gedreht, Lippe nach vorn.

a. Lippe 3lappig. Antherenfächer parallel, oben durch ein Membran verbunden. Schnäbelchen**) vorhanden.

α. Die Antherenfächer unten geschlossen, den Stiel der Pollenmasse wie ein Beutelchen einschliessend.

1. Lippe flach. Pollenstiele jeder auf einem besonderen Halter und in einem gesonderten Beutelchen. 1. **Orchis** L.

2. Lippe flach. Beide Pollenstiele auf einem gemeinschaftlichen Halter, in einem gemeinschaftlichen Beutelchen. . . . . 2. **Anacamptis** Rich.

3. Lippe gewunden, sehr lang. Zwei getrennte Halter und Beutelchen. . . . . 3. **Himantoglossum** Spr.

β. Der Stiel der Pollenmassen frei liegend. 4. **Gymnadénia** RBr.

b. Lippe einfach, bandförmig-verlängert. Antherenfächer oben nicht verbunden, am Grunde nicht beutelartig, Pollenstiel frei. . . . . 5. **Platanthéra** Rich.

B. Lippe am Grunde sackartig-höckerig, aufwärts gerichtet. Fruchtknoten gedreht. Pollenstiel frei. Schnäbelchen fehlend. . . . . 6. **Hermínium** RBr.

C. Lippe ganz ohne Sporn. Fruchtknoten nicht (oder nur wenig) gedreht. Pollenstiel eingeschlossen. Schnäbelchen vorhanden. . . . . 7. **Ophrys** L.

---

*) **Lippe** (*labellum*), das vergrösserte und eigenthümlich gestaltete obere (durch die Drehung des Fruchtknotens untere) Blatt des inneren Perigons.

) **Schnäbelchen (*rostellum*), der schnabelförmige Fortsatz von der Narbenfläche zwischen die beiden Antherenfächer.

II. *Eine Anthere, frei auf der Spitze der Griffelsäule. Meist ohne Knollen.*

A. Pflanze ohne grüne Laubblätter, Stengel mit gefärbten Schuppen. Fruchtknoten nicht gedreht.

a. Lippe mit aufgeblasenem aufrechtem Sporn, nach hinten gestellt, grösser als die übrigen, abstehenden Perigontheile, 2gliederig. Pollenmasse gelappt, gestielt. Blüthe überhängend. Wurzelstock kurz ästig, korallenförmig. . . . . 14. **Epipogon** Gmel.

b. Lippe nach unten mit höckerartigem Sporn, durch Drehung des Blüthenstiels nach vorn stehend, am Grunde mit den seitlichen Perigontheilen verwachsen, eirund, beiderseits mit einem Zahne. Aeusseres Perigon abstehend. Anthere abfällig. Pollen aus 4 rundlichen wachsartigen Massen. Wurzelstock mehrfach-fiederartig-verzweigt, korallenförmig. 15. **Corallorrhiza** Hall.

c. Lippe ungespornt, nach vorn stehend, 2spaltig, herabhängend. Perigon aufgerichtet. Pollen mehlig. 10. **Neottia** L.

B. Pflanze mit Laubblättern. Lippe ohne Sporn.

a. Lippe 2gliederig, das untere Glied sackartig concav. Pollen mehlig.

α. Der ungestielte Fruchtknoten gedreht, aufrecht. Perigon etwas zusammengeneigt. 8. **Cephalanthéra** Rich.

β. Stiel des hängenden Fruchtknotens gedreht. Perigon abstehend. . . . . 9. **Epipactis** Hall.

b. Lippe ungegliedert.

α. Lippe durch Drehung des Blüthenstiels nach vorn stehend, 2spaltig, herabhängend. Perigon helmartig. Schnäbelchen ungetheilt. Anthere gestielt. Pollen mehlig. Wurzelstock kriechend. . . . 11. **Listéra** RBr.

β. Lippe durch Drehung des Fruchtknotens nach vorn stehend, vom übrigen Perigon eingeschlossen, etwa so lang als dieses. Seitliche Perigonzipfel abstehend. Schnäbelchen gespalten. Pollen körnig.

1. Anthere sitzend. Lippe stumpf, vorn gekerbt, nicht sackartig. Aehre schraubenförmig gewunden. Am Grunde des Stengels 2 Knollen. . . . 12. **Spiranthes** Rich.
2. Anthere gestielt. Lippe spitz, am Grunde sackartig vertieft. Aehre gerade. Wurzelstock kriechend, mit Ausläufern. . . . . 13. **Goodyéra** RBr.

γ. Lippe nach hinten stehend. Fruchtknoten oder Stiel nicht gedreht. Perigon abstehend. Anthere sitzend. Pollenmassen wachsartig, ungestielt. 16. **Malaxis** Sw.

III. *Zwei Antheren. Keine Knollen am Grunde des Stengels.*

Lippe aufgeblasen, holzschuhförmig. Griffelsäule 3theilig, die Seitentheile Antheren tragend, der mittlere blattartig ausgebreitet. . . . . 17. **Cypripedium** L.

a. Gruppe. OPHRYDEAE.

1. **Orchis** L. *Knabenkraut.*

A. Alle Perigónblätter helmartig zusammengeneigt. Deckblatt meist einnervig. Knollen ungetheilt.

a. Sporn abwärts gerichtet. Lippe tief 3spaltig.

α. Mittellappen der Lippe nach vorn breit, 2spaltig, meist mit einem Spitzchen in der Bucht. Blatt breit.

1. Deckblatt viel (3—8 mal) kürzer als der Fruchtknoten. Sporn kaum halb so lang als der Fruchtknoten. Lippe pinselförmig punktirt, ausgebissen-gezähnelt. . . . . **O. militaris** L.

Pflanze 3—5 dm. hoch. Aehre länglich, lockerblüthig. ♃ Mai, Juni. Waldwiesen. Var.:

α. **militaris** (**O. militaris** Jacq., **O. cinerea** Schrk.). Helm grau oder hellroth, ei-lanzettlich. Mittellappen der Lippe an der Basis lineal, nach vorn plötzlich verbreitert. Deckblatt 3—4 mal kürzer als der Fruchtknoten. Selten.

β. **hybrida.** Helm purpurroth, ei-lanzettlich. Sehr selten.

γ. **fusca** (**O. fusca** L.) Helm rothbraun. Mittellappen der Lippe vom Grunde an allmählich verbreitert. Deckblatt 6—8 mal so kurz als der Fruchtknoten. Selten.

Ob die zwischen **O. militaris** und **fusca** vorkommenden Mittelformen Uebergänge oder Bastarde? — sind die Ansichten getheilt. Im ersteren Falle wären die beiden Formen als Varietäten, im anderen als Species zu betrachten.

2. Deckblatt und Sporn halb so lang als der Fruchtknoten oder länger. Lippe glatt-punktirt, spitz-gezahnt. **O. variegata** All.

Blass rosa. Aehre rundlich, gedrängt. Pflanze kaum 3 dm. hoch. ♃ Mai, Juni. Bergwiesen. Selten.

β. Mittellappen der Lippe keilförmig-lineal, kurz-gespalten, zuweilen mit einem Zähnchen in der Bucht. Sporn kürzer als der halbe Fruchtknoten. Deckblatt wenigstens halb so lang als der Fruchtknoten. Blatt länglich. **O. ustulata** L.

Helm dunkelpurpurn, Lippe weiss, mit dunkelrothen, sammtartigen Punkten. Aehre gedrängt. Pflanze höchstens 3 dm. hoch. ♃ Mai. Trockene Wiesen. Sehr selten.

γ. Mittellappen der Lippe ungetheilt, länglich. Sporn kegelförmig, gekrümmt. Deckblatt so lang oder länger als der Fruchtknoten. Blatt linien-lanzettlich. **O. coriophora** L.

Wanzen-Orchis. Schmutzigroth. Wanzenartig riechend. Aehre länglich ♃ Mai, Juni. Wiesen. Selten.

b. Sporn aufsteigend oder wagerecht. Lippe seicht-3lappig, die breiten Seitenlappen abwärts gebogen, Mittellappen ausgerandet. Deckblatt meist 3nervig. Aehre arm- und lockerblüthig. . . . . **O. Mório** L.

Roth, zuweilen weiss. Perigonblätter des Helms grün gestreift. ♃ April, Mai. Wiesen. Häufig.

B. Seitliche Blätter des äusseren Perigons abstehend oder zurückgeschlagen.

a. Sporn aufsteigend oder wagerecht. Mittellappen der Lippe ausgerandet. Aehre locker. Knollen ungetheilt, kugelig.

1. Lippe tief-3lappig. Sporn etwa so lang als der Fruchtknoten. Deckblatt einnervig, nicht netzaderig. Blatt länglich oder lanzettlich. . . . . **O. máscula** L.

Purpurn. Blatt und Stengel oft dunkelroth gefleckt. ♃ Mai, Juni. Wiesen, Triften. Häufig.

2. Lippe seicht-3lappig. Sporn kürzer als der Fruchtknoten. Deckblatt mehrnervig, netzaderig. Blatt lineal-lanzettlich. . . . . **O. laxiflóra** Lam.

Var.: **O. palustris** Jacq. Der mittlere Lappen der Lippe wenigstens so lang als die seitlichen. Purpurn. Mai, Juni. Torfige Wiesen. Sehr selten.

O. pallens L. Sporn so lang als der Fruchtknoten. Deckblatt einnervig. Blatt verkehrteiförmig. Gelblich weiss. Bergwiesen. April, Mai. Thüringen.

b. Sporn absteigend. Mittellappen der seicht-3lappigen Lippe nicht ausgerandet. Deckblatt mehrnervig, netzaderig, meist länger als die Blüthe.

α. Knollen walzlich, an der Spitze meist kurz 2—3spaltig. Sporn so lang als der Fruchtknoten. Aehre gedrungen. . . . . **O. sambucina** L.

Gelb, selten roth, nach Hollunder riechend. ♃ Mai. Bergwiesen. Sehr selten.

β. Knollen platt, tief-handförmig gespalten. Sporn kürzer als der Fruchtknoten.

1. Stengel markig, 6—10blätterig, die oberen Blätter abnehmend, scheidenartig, das oberste von der Aehre entfernt. . . . . **O. maculata** L.

Hellroth bis weiss, dunkelroth gefleckt. Blatt meist gefleckt. ♃ Juni. Sumpfige Plätze. Häufig.

2. Stengel hohl, 4—6blätterig, die oberen nicht scheidenartig aufrecht, das oberste die Aehre erreichend. **O. latifolia** L.

Hell- oder dunkelroth. ♃ Wiesen. Häufig. Var.:

α. majalis Rchb. Blätter abstehend, untere oval, stumpf, meist braungefleckt. Gemein.

β. incarnata L. Blätter lanzettlich, aufrecht, meist nicht gefleckt. ♃ Juni, Juli. Wiesen. Sehr selten.

2. Anacamptis Rich.

Lippe am Grunde mit 2 seitlichen Blättchen, 3lappig, Lappen länglich, stumpf. Aehre gedrungen. Blatt linien-lanzettlich. Knollen rundlich. . . . . **A. pyramidalis** Rich.

Purpurn. ♃ Juni, Juli. Bergwiesen. Sehr selten.

3. Himantoglossum Spr. *Rollzunge.*

Mittellappen der Lippe sehr lang bandförmig, gedreht. Knolle länglich, ungetheilt. . . . . **H. hircinum** Rich.

Grünlich weiss, roth gestreift und punktirt. ♃ Mai, Juni. Kalkhügel. Sehr selten.

4. **Gymnadénia** RBr.

Knollen handförmig.

a. Blume roth. Aeussere Perigonblätter weit abstehend.

1. Sporn fast doppelt so lang als der Fruchtknoten. Blatt länglich-lanzettlich. . . . . **G. conópsea** RBr.
   Purpurroth, selten weiss, wohlriechend. ♃ Juni, Juli. Wiesen, Triften. Häufig.
2. Sporn etwa so lang als der Fruchtknoten. Blatt lineal-lanzettlich. . . . . **G. odoratissima** Rich.
   Purpurroth, wohlriechend. ♃ Juni, Juli. Wiesen. Sehr selten.

b. Blume weiss, helmförmig zusammenneigend. Sporn 3 mal so kurz als der Fruchtknoten. Mittellappen der Lippe länger und doppelt so breit als die spitzen seitlichen. Blatt länglich, stumpf, kurz-gespitzt. . . **G. albida** Rich.
(**Peristylus albidus** Lindl., **Habenaria albida** RBr., **Satyrium albidum** L.) ♃ Juni, Juli. Gebirgswiesen. Selten.

5. **Platanthéra** Rich. *Kukuksblume.*

Knollen ungetheilt, zugespitzt.

a. Lippe 3zähnig. Sporn kurz und dick. Mehrere Blätter längs des Stengels. . . . . **P. viridis** Lindl.
Coeloglossum viride Hartm., **Satyrium viride** L.) Grün oder bräunlich. ♃ Juni, Juli. Bergwiesen. Selten.

b. Lippe ganzrandig. Sporn fadenförmig, länger als der Fruchtknoten. 2 grosse grundständige Blätter, die übrigen sehr klein.

1. Antherenfächer parallel, genähert. Hinteres Perigonblatt viel länger als breit, die seitlichen Blätter des inneren Perigons lineal. . . . . **P. bifolia** Rchb.
   Weiss, wohlriechend. ♃ Juni, Juli. Wälder, Hecken. Häufig.
2. Antherenfächer ungefähr so weit entfernt als ihre Länge, nach unten stark divergirend. Hinteres Perigonblatt fast so breit als lang, die seitlichen aus breiter Basis verschmälert. . . . . **P. chlorantha** Cust.
   Grünlich weiss, geruchlos. ♃ Juni, Juli, Wälder. Zerstreut.

6. **Hermínium** RBr. *Ragwurz.*

Lippe tief 3spaltig, der mittlere Lappen länger als die

seitlichen. 2—3 grundständige lanzettliche Blätter. Meist nur eine rundliche Knolle. . . . . . . **H. Monorchis** RBr.
Grünlich. ♃ Mai. Juni. Wiesen, Triften. Sehr selten.

7. **Ophrys** L. *Ragwurz.*

a. Lippe 3spaltig; Mittellappen am grösten, 2lappig, ohne Anhängsel an der Spitze, rothbraun mit 4eckigem bläulichem kahlem Fleck. Die 2 inneren Perigonblätter fadenförmig, schwärzlich, behaart; die drei äusseren grünlich. **O. muscifera** Huds.
(**O. myodes** Jacq.) ♃ Juni. Kalkberge. Hin und wieder.

b. Lippe 3spaltig, aufgedunsen, sammtartig, dunkelbraun mit hellen Streifen und Flecken; der Mittellappen seicht 3lappig, an der Spitze mit einem kahlen, gekrümmten Anhängsel. Die 2 inneren Perigonblätter klein, lineal, meist grün, behaart, die 3 äusseren länger als die Lippe, röthlich weiss. Antheren mit einem langen geflügelten Fortsatz. **O. apifera** Huds.
♃ Juni. Sonnige Hügel. Sehr selten.

c. Lippe undeutlich gelappt, verkehrt-eiförmig, ausgerandet, ohne Anhängsel an der Spitze, rothbraun mit hufeisenförmigem kahlem bläulichem Fleck. Innere Perigonblätter länglich-lanzettlich, stumpf, kahl, grünlich, äussere grünlich. **O. aranifera** Huds.
♃ Juni. Kalkhügel. Sehr selten.

d. Lippe ungetheilt, rundlich, mit einem kahlen vorgestreckten grünlichen Anhängsel an der Spitze, am Grunde beiderseits mit einem kegelförmigen Vorsprung, rothbraun, gelb gezeichnet. Innere Perigonblätter länglich-lanzettlich, kurz, seidenhaarig, äussere rosa, gross.
O. arachnites Reich.
♃ Juni. Kalkberge. Sehr selten.

b. Gruppe. LIMODOREAE.

8. **Cephalanthéra** Rich.

a. Fruchtknoten kahl. Perigon weiss. Endglied der Lippe steif, breiter als lang.

1. Deckblätter länger als der Fruchtknoten. Aeussere Perigonblätter stumpf. Blatt elliptisch, **C. pallens** Rich.
(**Serapias grandiflora** Scop.) Gelblich weiss. ♃ Mai, Juni. Gebirgswälder (Kalk). Zerstreut.

2. Obere Deckblätter viel kürzer als der Fruchtknoten. Aeussere Perigonblätter spitz. Blatt lanzettlich. **C. ensifolia** Rich.
(**C. Xiphophyllum** Rchb. fil., **Serapias ensifolia** Sm.) Reinweiss. ♃ Mai, Juni. Gebirgswälder. Zerstreut.

b. Fruchtknoten flaumig. Perigon hellroth. Endglied der Lippe spitz, länger als breit. Deckblatt länger als der Fruchtknoten. . . . . **C. rubra** Rich.
(**Serapias rubra** L.) ♃ Juni, Juli. Gebirgswälder (Kalk). Zerstreut.

9. **Epipactis** Rich. *Sumpfwurz.*

a. Endglied der Lippe flach, eiförmig, stumpf, gekerbt. Erstes Lippenglied beiderseits mit einem 3eckigen Oehrchen. Stock mit fadenförmigen Ausläufern. **E. palustris** Crantz.
Aeussere Perigonblätter grünlich braun, innere und die Lippe weiss, rothgestreift. ♃ Juni, Juli. Sumpfige Wiesen. Zerstreut.

b. Endglied der Lippe concav, spitz. Erstes Glied der Lippe kahnförmig, unterseits nach vorn mit einem Höcker. Stock mit sitzenden Knospen. . . . **E. Helleborine** Crantz.
(**E. latifolia** All.) Röthlich oder grün. ♃ Schattige Wälder und Gebüsche.
Varietäten:
α. **E. microphylla** Sw. Schlank, röthlich. Blatt ei-lanzettlich, meist kürzer als das Stengelglied. Erstes Glied der Lippe mit weiter Oeffnung. Höcker des Endgliedes faltig-kraus. Juni, Juli. Sehr selten.
β. **E. rubiginosa** Crantz. Gaud. (**E. atro-rubens** Hoffm.). Kräftig, röthlich, flaumig. Blatt länglich, spitz, glänzend, länger als das Stengelglied. Deckblätter lang. Erstes Glied der Lippe mit weiter Oeffnung. Endglied herzförmig, an der Basis mit 2 gezahnten Kämmen. Juni, Juli. Zerstreut.
γ. **E. varians** Crantz. (**E. viridiflora** Sm.) Grün, matt. Blatt länglich-lanzettlich, länger als das Stengelglied. Erstes Glied der Lippe wenig concav, elliptisch, mit enger Oeffnung. Endglied mit undeutlichem Höcker. Juli—September. Zerstreut.
δ. **E. viridans** Crantz. (**E. latifolia** All.) Grün, etwas violett. Sehr kräftig. Blatt eiförmig, spitz, länger als die mittleren Stengelglieder. Erstes Lippenglied kreisrund mit enger Oeffnung. Endglied an der Basis mit einem meist 3eckigen Höcker. Juli, August. Zerstreut.

10. **Neottia** L. *Vogelnest.*

Traube dicht. Wurzelstock mit vielen fleischigen, netzartig verwickelten Fasern besetzt. . . . . **N. Nidus avis** L.
Ganze Pflanze gelblich braun. ♃ Juni, Juli. Laubwälder. Zerstreut.

11. **Listéra** RBr. *Zweiblatt.*

Stengel mit 2 eiförmigen Blättern. Lippe am Grunde beiderseits ohne Zahn. . . . . **L. ovata** RBr.
(**Ophrys ovata** L.) Grünlich gelb. ♃ Mai, Juni. Wiesen, Wälder. Häufig.

12. **Spiranthes** L. *Schraubenähre.*

Blüthenstengel nur mit scheidenförmigen Schuppen besetzt, flaumig. Laubblätter gestielt, eiförmig-länglich, nur am Grunde nicht blühender Seitensprosse. Lippe verkehrt-eiförmig. **Sp. autumnalis** L.
Weisslich, wohlriechend. Knollen länglich-eiförmig. ♃ August — October. Haiden und sonnige Grashügel.

Sp. aestivalis Blüthenstengel beblättert, kahl. Keine seitlichen Laubsprosse. Blatt lineallanzettlich.

13. **Goodyéra** RBr.

Blatt gestielt, länglich-eiförmig, netzaderig. Pflanze flaumig. **G. repens** RBr.
Weiss, wohlriechend. ♄ Juli, August. Nadelwälder. Sehr selten.

14. **Epipogon** Gmel. *Bartständel.*

Stengel farblos. Blüthen 2—6, hängend. **E. Gmelini** Rich.
Perigon gelblich. Sporn blassroth. ♃ Juli, August. Schattige Laubwälder. Sehr selten.

c. Gruppe. MALAXIDEAE.

15. **Corallorrhiza** Hall. *Korallenwurz.*

Lippe länglich, stumpf, beiderseits mit einem Zahne, oberseits mit 2 Längsschwielen. Traube armblüthig. **C. innata** RBr.
Ganze Pflanze grünlich gelb, Lippe weiss, roth punktirt. ♃ Juni — August. Laubwälder. Sehr selten.

16. **Malaxis** Sw. *Weichkraut.*

a. Anthere abfallend. Lippe eirund, stumpf, flach, fein gekerbt. Stengel meist 3kantig, mit 2 grundständigen, länglich-elliptischen oder lanzettlichen Blättern. Traube arm- (3—10-)blüthig. . . . . **M. Loeselii** Sw.
(**Sturmia Loeselii** Rchb., **Liparis Loeselii** Rich.) Grünlich gelb. ♃ Juli, August. Moorige Wiesen. Sehr selten.

b. Anthere bleibend. Lippe zugespitzt, concav, ganzrandig. Stengel 5kantig, mit 3—4 spatelförmigen Blättern. Traube dicht- und reichblüthig. . . . . **M. paludosa** Sw.
Grünlich gelb. ♃ Juli, August. Moore. Sümpfe. Sehr selten.

d. Gruppe. CYPRIPEDIEAE.

17. **Cypripedium** L. *Frauenschuh.*

Stengel beblättert, 1—2blumig. Die beiden seitlichen Blätter des äusseren Perigons zu einem nach vorn gerichteten verwachsen. . . . . **C. Calcéolus** L.
Perigon rothbraun, Lippe gelb. ♃ Mai, Juni. Wälder, Gebüsche. Selten.

101. Familie. IRIDEAE Juss.

Gattungen.

a. Die 3 äusseren Perigonzipfel zurückgeschlagen, die innern aufrecht. 3 blumenblattartige ausgeschnittene Narben, die Staubfäden bedeckend. Samen ungeflügelt. Blätter schwertförmig, reitend. Wurzelstock kriechend, gegliedert.
1. **Iris** L.

b. Perigon symmetrisch, gebogen, Staubfäden aufstrebend. Narben oberwärts verbreitert. Samen geflügelt. Blüthe in einseitiger Achre. Blätter schwertförmig, reitend. Knolle, mit netzfaseriger Scheide. . . 2. **Gladíolus** L.

c. Perigon glockig, langröhrig. Narben oberwärts verbreitert. Blätter lineal mit zurückgerolltem Rande, spiralständig. Knolle, mit netzfaseriger Scheide.
3. **Crocus** L.

1. **Iris** L. *Schwertlilie.*

A. Aeussere Perigonzipfel innerseits bärtig.

a. Schaft mehrblüthig, ästig, die Blätter überragend. Innere Perigonzipfel verkehrteiförmig, plötzlich in den Nagel zusammengezogen.

α. Narben und innere Perigonzipfel violett, blau oder weiss.

1. Scheiden bis zur Mitte krautig. Staubfäden so lang als die Antheren. Narben an der Spitze breiter.

* Lappen der Narben auseinanderspreizend, zurückgerollt. . . . . **I. germanica** L.
Dunkelviolett. Nagel gelblich, braungeadert. ⊙ Mai. Sonnige Hügel. Sehr selten. Auch Zierpflanze.

** Lappen der Narben vorgestreckt, flach.
I. florentina L.
Weiss oder hellbläulich. ♃ Mai, Juni. Zierpflanze aus Italien.

2. Scheiden ganz häutig. Staubfaden $1\frac{1}{2}$ mal so lang als die Anthere. Lappen der Narben vorgestreckt.
I. pállida Lam.
Blassviolett. ♃ Mai, Juni. Zierpflanze aus Italien.

β. Narben und zum Theil die inneren Perigonblätter gelb. Staubfaden $1\frac{1}{2}$ mal so lang als die Anthere. Scheiden bis zur Mitte krautig.

1. Narben verkehrteiförmig, mit halbeiförmigen zugespitzten, genäherten, ganzrandigen Lappen, allmählich in dieselben verlaufend. . . . . . . **I. sambúcina** L.
Aeusseres Perigon violett, unterseits weisslich, inneres grau bläulich. Hollunderartig riechend. Mai, Juni. ♃ Mauern, Felsen. Sehr selten.

2. Narben oval, mit spreizenden gezahnten Lappen, unterhalb derselben am Rande eingezogen.
I. squalens L.
Aeusseres Perigon violett, inneres schmutzig-gelb. ♃ Mauern. Sehr selten.

b. Schaft einblüthig, kürzer als die Blätter. **I. púmila** L.
Gewöhnlich violett. ♃ April, Mai. Zierpflanze, zuweilen verwildert.

B. Aeussere Perigonzipfel nicht bärtig.

a. Perigon gelb, äussere Zipfel eiförmig mit breitem Nagel, innere schmäler und kürzer als die Narben. Blatt schwertförmig. Schaft reichblüthig. Kapsel 3kantig, kurzgeschnabelt. . . . . **I. Pseud-Ácorus** L.
♃ Mai, Juni. Ufer, Sümpfe. Häufig.

b. Perigon blau oder weiss, innere Zipfel so lang und breit als die Narben oder länger und breiter. Blatt lineal.

α. Aeussere Perigonzipfel verkehrteiförmig, in einen kurzen Nagel verschmälert. Kapsel 3kantig, kurz gespitzt. Schaft stielrund, hohl, 2blumig. **I. sibirica** L.
Hellviolett. ♃ Mai, Juni. Gebirgswiesen. Sehr selten.

I. *spuria* L. mit gelblich weissen, lang benagelten äusseren Perigonzipfeln, 6kantiger langgeschnabelter Frucht, dichtem reichblüthigem Schafte, schwertförmigen Blättern. Mainz.

β. Aeussere Perigonzipfel eiförmig viel kürzer als der verbreiterte Nagel. Kapsel 6seitig, kurz gespitzt. Schaft 2schneidig, meist 2blumig, kürzer als die Blätter. **I. graminea** L.

Aeusseres Perigon mit Weiss und Gelb, inneres dunkelviolett. ♃ Mai, Juni. Waldwiesen. Sehr selten.

2. Gladiolus L. *Siegwurz.*

a. Deckblätter grün. Die 3 unteren Perigonzipfel spatelförmig. **G. communis** L.

Hellroth. ♃ Mai, Juni. Waldwiesen, sehr selten. Auch Zierpflanze.

G. imbricatus L. Fasern der Knollenscheiden fein, Kanten der Kapsel stumpf.

b. Deckblätter bunt. Die 3 unteren Perigonzipfel breiteirund, kurz-bespitzt. . . . . **G. psittacinus** Hook.

Gelb mit rothen Streifen und Punkten. ♃ Juli, August. Zierpflanze aus Afrika.

3. Crocus L. *Safran.*

a. Violett oder weiss. Narben trichterförmig eingerollt, halb so lang als das Perigon, aufrecht. Perigonschlund bärtig. Blüthenscheide 1blätterig. . . . . **C. vernus** All.

♃ März, April. Zierpflanze aus Süddeutschland.

Cr. sativus L., der echte *Safran*, mit bärtigem Schlunde, die Narben so lang als das Perigon, hängend. August, September. Aus Südeuropa.

b. Gelb. Narben kaum so hoch als die Antheren, kürzer als das Perigon. Perigonschlund kahl. Blüthenscheide 2blätterig.

1. Perigonzipfel elliptisch, stumpf. Blattrippe nicht rinnig. **C. luteus** Lam.

(**C. vernus** Curt.) Reingelb. ♃ März, April. Zierpflanze aus dem Orient.

2. Perigonzipfel lanzettlich, spitz. Blattrippe beiderseits 2rinnig. . . . . **C. susianus** Gawl.

Gelb, aussen braun gezeichnet. ♃ März, April. Zierpflanze aus dem Orient.

102. Familie. AMARYLLIDEAE RBr.

Gattungen.

a. Perigon 6blätterig, glockig, ohne Kranz. Blüthe überhängend.

1. Innere Perigonblätter ausgerandet, weit kürzer als die äusseren. . . . . 1. **Galanthus** L.

2. Alle Perigonblätter fast gleich gross, ganzrandig.
2. Leucojum L.

b. Perigon einblätterig, unten röhrig, die Staubfäden einschliessend, Saum tellerförmig, 6theilig, am Schlunde einen Kranz tragend. Blüthen aufrecht oder nickend.
3. Narcissus L.

1. Galanthus L. *Schneeglöckchen.*

Schaft einblumig. Blatt lineal, graugrüm. . **G. nivalis** L.
Vorwitzchen. Aeussere Perigonblätter schneeweiss, innere grün gefleckt. ♃ Februar, März. Feuchte Gebüsche, Grasgärten. Häufig.

2. Leucojum L. *Knotenblume.*

Schaft einblumig. Blatt lineal, grasgrün. . **L. vernum** L.
Grosses Schneeglöckchen. Weiss, unter der Spitze aussen grüngefleckt. ♃ März. April. Wälder, Gebüsche, Wiesen. Zerstreut.

3. Narcissus L. *Narzisse.*

a. Kranz so lang als das Perigon, röhrig, nach oben erweitert, gekerbt. Schaft 2schneidig, meist einblumig.
N. Pseudo-Narcissus L.
Gelb. ♃ März, April. Wiesen, Grasgärten. Hier und da.

b. Kranz glockig, 1/3 so lang als das Perigon, ganzrandig. Schaft mehrblüthig, stielrund. . . . . **N. Tazetta** L.
Gelb oder weiss, Kranz dunkler. ♃ Mai. Zierpflanze aus Südeuropa.
N. Jonquilla L. mit rinnigem Blatt, flachgedrücktem Schaft, becherförmigem, gekerbtem Kranze. Mai. Zierpflanze aus Südeuropa.

c. Kranz tellerförmig, kurz, gekerbt. Schaft einblüthig, 2schneidig . . . . **N. poëticus** L.
Student. Weiss, Kranz gelb mit rothem Rande. ♃ Mai. Zierblume aus Südeuropa, zuweilen verwildert.
N. biflorus Curt. mit schmutzigweisser Blume, reingelbem Kranze, 2blüthigem Schaft. Zierblume aus Südeuropa.

103. Familie. SMILACEAE RBr.

[ASPARAGEAE Juss.]

Gattungen.

a. Ein Perigon, verwachsenblätterig. Ein Griffel.

α. Blätter sämmtlich schuppenförmig, trockenhäutig. Stengel verästelt, die letzten Zweige nadelförmig, meist büschelig.

Perigon trichterig-glockig, 6theilig, bleibend. Blüthenstiel gegliedert. Staubfäden 6. Narben 3.
1. **Aspáragus** L.

β. Blatt laubartig, zerstreut. Stengel einfach. Eine Narbe. Perigon abfallend.

1. Perigon röhrig oder glockig, 6spaltig oder 6zähnig. Staubfäden 6. . . . . 2. **Convallaria** L.
2. Perigon 4theilig, ausgebreitet. Staubfäden 4.
3. **Majánthemum** Wigg.

b. Perigon aus zwei 4- (5-) blätterigen Kreisen, ausgebreitet, bleibend. Die inneren Zipfel schmäler als die äusseren. Griffel 4 (5). Staubfäden 8 (10). Connectiv der Antheren pfriemlich verlängert. . . . . 4. **Paris** L.

1. Aspáragus L. *Spargel.*

Blüthen einzeln oder zu 2 in dem Winkel der Schuppen.
A. officinalis L.

Grünlich weiss. Beere roth. ♃ Juni, Juli. Ufer, Gebüsche, Wiesen. Hier und da. Cultivirt als Gemüsepflanze.

2. Convallária L. *Maiblume.*

a. Blätter grundständig, meist 2, elliptisch, lang gestielt. Blüthen in endständiger Traube, überhängend. Perigon glockig, mit zurückgebogenen Zähnen. Griffel kurz, dick, Narbe 3lappig. . . . . **C. majalis** L.

Maiblume. Weiss. Beere roth. ♃ Mai. Laubwälder. Häufig.

b. Stengel beblättert. Blüthenstände achselständig. Perigon röhrig mit aufrechten Zähnen. Griffel lang und dünn. Narbe kopfförmig. Blätter scheidenlos, fast sitzend.

α. Blätter 2zeilig, ei-lanzettförmig, stengelumfassend. Blüthenstiele einseitswendig, nickend. Stengel bogig überhängend.

Weiss, gegen die Spitzen grünlich. Beere blauschwarz.

1. Stengel stielrund. Blüthenstiel 3—5blüthig. Perigon in der Mitte verengt. Staubfäden behaart.
C. multiflóra L.

(Polygonatum multiflorum Mch.) ♃ Mai, Juni. Wälder. Hecken, Gebüsch. Häufig

2. Stengel kantig. Blüthenstiel meist einblüthig. Perigon etwas bauchig. Staubfäden kahl. **C. Polygonatum** L. (**Polygonatum anceps** Mch.) ♃ Mai, Juni. Wie voriges. Zerstreut.

β. Blätter wirtelständig, schmal-lanzettlich. Stengel aufrecht, kantig. Blüthenstiel 1—3blüthig. **C. verticillata** L. (**Polygonatum verticillatum** Mch.) Weiss mit grünen Spitzen. Beere roth. ♃ Mai, Juni. Gebirgswälder. Selten.

3. **Majánthemum** Wigg. *Schattenblume.*

Blätter wechselständig, herzförmig, gestielt. Blüthen in endständiger Traube. . . . . **M. bifolium** Wigg. (**Convallaria bifolia** L.) Weiss. Beere weiss, dann roth. ♃ Mai, Juni. Laubwälder. Hier und da.

4. **Paris** L. *Einbeere.*

Blätter in einem Wirtel zu 4 (3—5), breit elliptisch. **P. quadrifolia** L.
Grünlich. Beere schwarz. ♃ Mai, Juni. Wälder, Gebüsche. Zerstreut. Giftig.

104. Familie. LILIACEAE DC.

Gattungen.

I. Perigon bis fast auf den Grund 6theilig.

A. Blüthenstiel mit einer Gliederung. Wurzelstock. Staubfäden bodenständig. Anthere quer aufliegend. Griffel einfach. Kapselfächer armsamig. Samen kantig, braunschwarz. Perigon ausgebreitet. . . 1. **Anthéricum** L.

B. Blüthenstiel nicht gegliedert. Zwiebelgewächse, mit Ausnahme von **Narthecium**.

a. Kapselfächer mit wenigen kugeligen oder kantigen, meist schwarzen Samen. Griffel meist mit einfacher Narbe.

α. Anthere aufrecht, mit dem Grunde am Staubfaden befestigt. Perigon abstehend, gelb, bleibend, mit der Frucht fortwachsend. Staubfäden dem Perigongrunde eingefügt. . . . . 2. **Gágea** Salisb.

β. Anthere quer aufliegend, am Rücken befestigt.

1. Perigon bleibend, auswachsend, weiss. Staubfäden bodenständig. Keine Blüthenhülle. 3. **Ornithógalum** L.

2. Perigon welkend oder abfallend. Staubfäden dem Perigongrunde eingefügt.

* Dolde mit häutiger Hülle. . . . . . 4. **Allium** L.

** Traube ohne Hülle. . . . . 5. **Scilla** L.

b. Kapselfächer mit zahlreichen in Reihen übereinanderliegenden platten hellbraunen Samen. Narbe 3lappig.

α. Perigonblätter ohne Honiggrube. Staubfäden bodenständig. Anthere mit dem Grunde aufsitzend. Narbe sitzend. Blüthen aufrecht. Zwiebel schalig.

6. **Túlipa** L.

β. Perigonblätter am Grunde mit einer Honiggrube. Staubfäden dem Perigongrunde eingefügt. Griffel keulenförmig. Blüthen nickend. Zwiebel schuppig.

1. Anthere aufrecht, mit dem Grunde aufsitzend.

7. **Fritillaria** L.

2. Anthere quer aufliegend, am Rücken befestigt.

8. **Lilium** L.

c. Kapselfächer vielsamig. Samen mit lockerer Samenhaut, nach oben und unten fadenförmig auslaufend. Staubfäden bärtig. Blüthen traubig. Kriechender Wurzelstock.

9. **Narthecium** Moehr.

II. Perigon 6spaltig oder 6zähnig.

A. Staubfäden der Perigonröhre eingefügt, nebst dem kurzen Griffel gerade, innerhalb derselben eingeschlossen. Blüthenstand ährig oder traubig. Zwiebelgewächse.

a. Perigon röhrig-trichterförmig mit grösseren abstehenden Zipfeln. Fruchtknoten stielrund. **Hyacinthus** Tourn.

H. orientalis L. *Garten-Hyacinthe.* Blüthen in Trauben, kurzgestielt, nickend, wohlriechend. Blatt lineal-lanzettlich, stumpf, nach unten rinnig. ♃ April. Zierpflanze aus Afrika und Asien.

b. Perigon krugförmig, mit kurzen Zähnen, an der Mündung eingeschnürt. Fruchtknoten 3kantig.

10. **Muscari** Tourn.

B. Staubfäden an der Mündung eingefügt, nebst dem langen Griffel hervorragend, abwärts gebogen. Wurzel büschelig, keine Zwiebel.

a. Perigon röhrig-glockig. Blüthen in einer Traube. Deckblätter krautig. . . . . **Funkia** Spr.

1. **F. ovata** Spr. (**Hemerocallis caerulea** L.) Traube reichblüthig. Blatt breit-eiförmig, fast herzförmig. ♃ Zierpflanze aus Japan. Blau oder weiss.
2. **F. subcordata** Spr. Blatt herzförmig. Traube armblüthig. Unterstes Deckblatt sehr gross, leer. Weiss. ♃ Zierpflanze aus Japan.

b. Perigon trichterförmig. Blüthen in einer Rispe. Deckblätter gefärbt. . . . . **Hemerocallis** L.

1. **H. flava** L. *Tagblume.* Perigonzipfel gleichbreit, flach, die Nerven nicht verzweigt. Hellgelb. ♃ Juni, Juli. Zierpflanze aus Südeuropa.
2. **H. fulva** L. Innere Perigonzipfel breiter, stumpf, wellig, mit verzweigten Nerven. Rothgelb. ♃ Juli, August. Zierpflanze aus Südeuropa.

1. Anthéricum L. *Graslilie. Zaunlilie.*

a. Traube. Griffel abwärts gebogen. Kapsel eiförmig.
A. Liliago L.

Weiss. ♃ Mai, Juni. Trockene Hügel, Wälder. Zerstreut.

b. Rispe. Griffel gerade. Kapsel rundlich. **A. ramosum** L.

Weiss. ♃ Juni, Juli. Trockene Hügel, Wälder. Selten.

2. Gágea Salisb. *Gelbstern.*

a. E i n e trockene Hülle am Grunde des Stengels, u n t e r h a l b deren 2 deutlich durch Stiele von einander gesonderte keulenförmige Zwiebeln, eine grössere und eine kleinere; eine dritte kleinere entweder in der trockenen Hülle eingeschlossen oder am Blüthenstengel emporgerückt. Nur e i n alter Wurzelbüschel. Wurzelblatt meist 1, flach, scharf-gekielt. Stengel meist 2—3blüthig. Blüthenstiele kahl, nach dem Verblühen allseitig abstehend.
G. stenopétala Rchb.

(**G. pratensis** Schult.) Gelb. April, Mai. Aecker, sandige Grasplätze. Zerstreut. — V a r.: **pratensis** K., unterstes Blüthenstandsblatt mit scheidiger concaver Basis. Blüthenstiele nach dem Verblühen einseitswendig. Die jungen Zwiebeln sitzend, an der Basis breiter.

b. E i n e trockene Hülle, e i n e, undeutlich in 2 gesonderte, rundliche (nicht gestielte) Zwiebel e i n s c h l i e s s e n d, mit e i n e m Büschel abgestorbener Wurzelfasern versehen.

α. Zwei grundständige Laubblätter.

1. Blüthenstiele behaart. Scheidenblätter 2, lanzettlich, spitz. Grundständige Blätter rinnig, stumpf-gekielt, weit schmäler als das dritte Laubblatt, lang, oft den

Blüthenstand überragend. Blüthenstand oft 10blüthig. Blüthenstiele zuweilen verzweigt. Perigonblätter lanzettlich, spitz. Zwiebel rundlich. **G. arvensis** Schult.
Gelb. ♃ März, April. Aecker. Häufig.

G. saxatilis K. Grundständige Blätter fadenförmig. Blüthenscheiden länglich-lanzettlich, stumpf. Blüthen meist einzeln. ♃ März, April. Felsen.

2. Blüthenstiele kahl. Scheidenblatt einzeln, gross, mit breitem Grunde umfassend. Die übrigen Deckblätter sehr klein, lineal. Grundständige Blätter schmal-lineal, nach unten fadenförmig, lang-zugespitzt. Perigonblatt stumpf. . . . . **G. spathácea** Schult.
Gelb. ♃ April, Mai. Wiesen, feuchte Gebüsche. Sehr selten.

β. Ein grundständiges Laubblatt, linienförmig. Scheidenblatt 1, lanzettlich. Blüthenstiel kahl, oft verzweigt. Perigonblatt spitz, zuletzt etwas zurückgekrümmt. **G. minima** Schult.
Gelb. ♃ März, April. Gebüsche. Sehr selten.

b. Zwiebel einzeln, aus mehrfachen trockenen Hüllen bestehend, mit mehreren abgestorbenen Wurzelbüscheln versehen. Ein grundständiges Laubblatt, flach, scharfgekielt, breiter als die oberen. Blüthenstiel kahl. Perigonblatt länglich, stumpf. . . . . **G. lútea** Schult.
Gelb. ♃ April, Mai. Gebüsche, Wiesenränder. Zerstreut.

3. **Ornithógalum** L. *Milchstern.*

a. Staubfaden pfriemlich, einfach. Blüthen ebensträussig, aufrecht. Blüthenstiel länger als das Deckblatt. **O. umbellatum** L.
Weiss mit grünem Rückennerv. ♃ April, Mai. Wiesen, Aecker, Gärten. Selten.

b. Staubfaden breit, 3spitzig, auf der mittleren Spitze die Anthere tragend. Blüthen in einer lockeren Traube, nickend. Blüthenstiel kürzer als das Deckblatt. . . **O. nutans** L.
Aussen grün, innen und am Rande weiss. ♃ April, Mai. Grasplätze. Selten.

4. **Allium** L. *Lauch.*

I. Eine Zwiebel den Grund des Stengels bildend.
A. Blatt lanzettlich, langgestielt, grundständig. Schaft

nackt, scharf 3kantig. Hülle 2—3spaltig. Dolde ohne Zwiebeln. Blüthen langgestielt. Staubfäden einfach. **A. ursinum** L.

Schneeweiss. ♃ Mai, Juni. Wälder. Selten.

B. Blatt lineal, stielrund, rinnig oder flach, stengelständig.

a. Staubfäden ganz einfach. Hüllblätter 2, das eine meist viel länger. Blüthen langgestielt, glockig. Dolde meist Zwiebeln tragend. Stengel stielrund, bis zur Mitte beblättert.

1. Perigonblätter mit auslaufendem Mittelnerv, etwa so lang als die Staubfäden. . . . . . **A. oleraceum** L.

Röthlich oder gelblich weiss. ♃ Juni, Juli. Aecker. Zerstreut.

2. Perigonblätter ganz stumpf oder ausgerandet, kürzer als die Staubfäden. . . . . **A. carinatum** L.

Roth. ♃ Juni, Juli. Aecker, Hügel. Sehr selten.

b. Innere Staubfäden beiderseits mit einem kurzen, stumpfen Zahn. Blatt rinnig. Dolde ohne Zwiebeln mit 2 Hüllblättern. Zwiebelhäute netzig-faserig. **A. strictum** Schrad.

Hellroth. ♃ Juli. Felsen. Sehr selten.

c. Innere Staubfäden beiderseits mit einer fadenförmigen Spitze.

α. Dolde Zwiebeln tragend.

1. Blatt fast stielrund, hohl. Staubfäden länger als das Perigon. . . . . **A. vineale** L.

Purpurroth. Dolde oft nur Zwiebeln tragend, kopfförmig. Juni, Juli. Aecker, Weinberge, Wiesen. Zerstreut.

2. Blatt flach, breit-linienförmig. Zwiebelschalen häutig.

* Blüthenscheide einfach, sehr lang vorgezogen, die Blüthen weit überragend. Blatt am Rande nicht scharf. Stengel vor dem Blühen gewunden. Brutzwiebeln länglich. . . . . **A. sativum** L.

Knoblauch. Schmutzig weiss. Dolde oft blüthenlos. Juli, Aug. Küchenpflanze aus Asien. — Var.: A. Ophioscorodon Don. *Rockenbolle, Perlzwiebel.* Brutzwiebeln kugelig. Angebaut.

** Blüthenscheide 2blätterig, höchstens so lang als die Dolde. Blatt am Rande scharf. Stengel gerade. . . . . **A. Scorodoprásum** L.

Dunkelpurpurroth. ♃ Juni, Juli. Sandige Wiesen. Selten. Auch cultivirt.

β. Dolde ohne Zwiebeln. Dolde kugelförmig.

1. Blatt halbrund, rinnig. Perigonblatt am Kiele glatt, viel kürzer als die Staubfäden. Mittelspitze des Staubfadens fast so lang als die Seitenspitzen, halb so lang als der untere Theil.

A. sphaerocéphalum L.

Purpurroth. ♃ Juni, Juli. Aecker. Sehr selten.

2. Blatt flach. Perigonblatt am Kiele rauh, oben so lang als die Staubfäden.

* Blüthenscheide einfach, lang zugespitzt, länger als die Dolde. Zwiebel einfach. Mittelspitze des Staubfadens viel kürzer als die Seitenspitzen, halb so lang als der untere Theil. . . . **A. Porrum** L.

Lauch, *Porree*. Weisslich oder röthlich weiss. ⊙ Juni, Juli. Culturpflanze aus Südeuropa. Wahrscheinlich **A. Ampeloprasum** L.

** Blüthenscheide kurz-zugespitzt, kürzer als die Dolde, abfallend. Zwiebeln mit kleinen gestielten Brutzwiebeln. Mittelspitze des Staubfadens 3 mal so kurz als die Seitenspitzen und der untere Theil.

A. rotundum L.

Purpurroth. ♃ Juni, Juli. Weinberge, Aecker. Selten.

C. Blatt stielrund, hohl, stengelständig. Blüthenscheide 2blätterig, kurz.

a. Stengel und Blatt gleichmässig dick, letzteres pfriemlich. Zwiebeln dünn, gehäuft.

1. Staubfaden zahnlos, kürzer als das Perigon.

A. Schoenoprásum L.

Schnittlauch. Rosa. ♃ Juni, Juli. Felsen. Sehr selten. Küchenpflanze.

2. Staubfäden am Grunde beiderseits mit einem Zahn, länger als das Perigon. Dolde zwiebeltragend.

A. ascállonicum L.

Schalotte. Weisslich oder violett. ♃ Küchenpflanze aus Palästina. Bei uns nicht blühend.

b. Stengel und Blatt bauchig aufgeblasen. Zwiebel einfach, kugelig, dick. Staubfäden länger als das Perigon.

1. Staubfaden zahnlos. . . . . **A. fistulosum** L.

Winterzwiebel. Weisslich. ♃ Juni, Juli. Küchenpflanze.

2. Staubfaden beiderseits mit einem Zahn. **A. Cepa** L.
Sommerzwiebel. Weisslich. ♃ Juni, Juli. Küchenpflanze aus Asien.

II. Wurzelstock, dünne Zwiebeln tragend. Blätter nur grundständig, lineal, flach. Schaft oberwärts scharfkantig. Blüthenscheide 2—3spaltig. Dolde ohne Zwiebeln.

a. Blatt unterseits scharf-gekielt, 5nervig. Staubfäden so lang als das Perigon. . . . . . . **A. acutángulum** Schrad.
Rosa. ♃ Juli, August. Feuchte Wiesen. Sehr selten.

b. Blatt nicht gekielt, schwachnervig. Staubfäden länger als das Perigon. . . . . **A. fallax** Schult.
(**A. acutangulum** β. **montanum** M. K.) Rosa. Juni—August. Felsen. Selten.

5. Scilla L. *Meerzwiebel.*

a. Wurzelblätter 2—3, rinnig, in eine stielrunde Spitze zusammengerollt, etwas zurückgekrümmt. Blüthen traubig (3—10), langgestielt, aufrecht. Deckblätter fast fehlend. **Sc. bifolia** L.
Blau. März, April. ♃ Gebüsche, Ufer. Selten.

b. Wurzelblätter zahlreich, breit-lineal, fast flach, an der Spitze kappenförmig-stumpf, aufrecht. Blüthen (3—4) kurzgestielt, nach einer Seite nickend, mit kleinen Deckblättern. Stengel kantig. . . . . **Sc. amoena** L.
Blau. April, Mai. ♃ Zierpflanze, zuweilen verwildert.

6. Túlipa L. *Tulpe.*

a. Perigonblatt zugespitzt. Staubfäden am Grunde bärtig. Schaft vor dem Aufblühen nickend. . . . **T. silvestris** L.
Gelb, wohlriechend. ♃ April, Mai. Aecker, Hecken, Wiesen. Selten.

b. Perigonblatt stumpf, nebst den Staubfäden kahl. Schaft aufrecht. . . . . : . . . . **T. Gesneriana** L.
Farbe verschieden. Geruchlos. ♃ Mai. Zierpflanze aus dem Orient.

7. Fritillaria L.

a. Stengel mit wenigen linien-lanzettlichen Blättern, einblüthig. Blüthe roth, schachbrettartig gefiedert. Kapsel stumpf-3kantig. . . . . **F. Meleágris** L.
Schachblume. ♃ April, Mai. Wiesen. Sehr selten.

b. Stengel unten mit länglichen Blättern dicht besetzt.

Blüthen fast wirtelförmig, von einem Blätterschopf überragt; gelbroth. . . . . **F. imperialis** L.

Kaiserkrone. ♃ April. Zierpflanze aus Persien, seit 1576 eingeführt. Giftig.

8. **Lilium** L. *Lilie.*

a. Blüthen aufrecht. Perigon glockig-trichterförmig. Blätter zerstreut.

1. Perigon weiss, wohlriechend, innen ohne Warzen. **L. cándidum** L.

Weisse Lilie. ♃ Juni, Juli. Zierpflanze aus dem Orient.

2. Perigon feuerroth, geruchlos, innen warzig. In den Blattwinkeln häufig Zwiebelknospen. **L. bulbiferum** L.

Feuerlilie. ♃ Juni, Juli. Gebüsche. Sehr selten. Zierpflanze.

b. Blüthen überhängend. Perigonzipfel zurückgerollt. Blätter fast wirtelständig, elliptisch-lanzettlich. **L. Mártagon** L.

Türkenbund. Fleischroth, braun punktirt. ♃ Juni, Juli. Wiesen und Gebüsche in Gebirgsgegenden. Hier und da.

Zierpflanzen:

L. chalcedonicum L. Stengel bis zu den Blüthen hinauf mit lineal-lanzettlichen, allmählich kleiner werdenden, gedrehten Blättern dicht besetzt.

L. pomponium L. Stengel mit linealen Blättern dicht besetzt, nach oben nackt. Hochroth.

L. speciosum L. Blätter eirund, 5nervig. Rosa, dunkelpunktirt. Aus Japan.

L. tigrinum. Untere Blätter lineal-lanzettlich, zugespitzt, obere herzeiförmig, in den Achseln schwarze Zwiebelknospen. Perigonblätter zurückgerollt, roth, schwarz-gefleckt, innen warzig. Aus China, Japan.

9. **Narthécium** Moehring. *Beinheil.*

Untere Blätter schwertförmig, reitend. **N. ossifragum** Huds.

Gelb, aussen grünlich. ♃ Juli, August. Moorboden. Sehr selten.

10. **Múscari** Tourn. *Traubenhyacinthe.*

a. Traube gedrängt, kegelförmig mit herabhängenden Blüthen.

1. Blätter c. 2 mm. breit, zur Blüthezeit schlaff, zurückgebogen, welkend. Perigon eiförmig. **M. racemosum** Mill.

Dunkelblau. ♃ April, Mai. Aecker, Weinberge, Hügel. Sehr selten.

2. Blätter mehrere Linien breit, aufrecht. Perigon kugelig-eiförmig. . . . . **M. botryoides** Mill

Blau, Zähne weisslich. ♃ April, Mai. Aecker, sonnige Hügel. Sehr selten.

M. moschatum Mill. Blätter niederliegend, rinnig. Blüthe wagerecht, kugelig eiförmig, gelblich, wohlriechend. Zierpflanze aus Asien.

b. Traube locker, verlängert. Untere Blüthen wagerecht abstehend, die geschlechtslosen oberen langgestielt. Perigon kantig-walzenförmig. . . . . **M. comosum** DC.
Bräunlich, die geschlechtslosen Blüthen nebst den Stielen blau. ♃ Juni. Zierpflanze.

105. Familie. COLCHICACEAE DC.

Gattungen.

a. Perigon 6blätterig. Staubfäden am Grunde des Perigons eingefügt. Hagelfleck dem Nabel gegenüberliegend. Wurzel büschelig, ohne Knolle.

1. Anthere quer-aufspringend. 3 Pistille, nur am Grunde verwachsen. Samen an der Spitze flachgedrückt. **Vératrum** L.

V. nigrum L. *Schwarzer Germer.* Untere Blätter breit-eirund, faltig-genervt. Blüthen ährig-rispig. Perigonblatt so lang als der Blüthenstiel, ganzrandig, braunviolett. ♃ Juli, August. Zierpflanze aus Südeuropa.
V. album L. *Weisse Niesswurz.* Perigonblatt viel länger als der Blüthenstiel, gezahnt, grünlich weiss. Aus den Alpen.

2. Anthere längs-aufspringend. Pistille bis zur Mitte verwachsen. Samen stielrund. . . . . . **Tofieldia** Huds.

T. calyculata Wahlb. Blätter schwertförmig, 2zeilig. Aehrenförmige Traube. Am Grunde des gelblichen Perigons eine 3lappige Hülle. ♃ Juni, Juli. Gebirgswiesen. Sehr selten.

b. Perigon verwachsenblätterig, trichterförmig mit langer Röhre. Staubfäden im oberen Theil der Röhre eingefügt. Hagelfleck des Samens neben dem Nabel. Am Grunde des Stengels eine von trockenen Schalen umgebene Knolle. **Cólchicum** L.

Cólchicum L. *Zeitlose.*

Blätter breitlanzettlich, im folgenden Frühjahr nach der Blüthe entwickelt. . . . . **C. autumnale** L.
Herbstzeitlose. Lila. ♃ August—October. Wiesen. Gemein.

106. Familie. TYPHACEAE Juss.

Gattungen.

a. Männliche und weibliche Kolben walzenförmig, an dem

Schaft selbst übereinanderstehend, der männliche oben. Perigon aus Borsten bestehend. Mehrere Antheren auf gemeinschaftlichem Träger. Aeussere Haut der Fruchtschale der Länge nach aufreissend. Griffel bleibend, Frucht gestielt. . . . . 1. **Typha** L.

b. Kolben kugelig, seitlich an dem Schaft übereinanderstehend. Perigon aus Schuppen gebildet. Staubfäden einfach. Fruchtschale hart, nicht aufreissend. 2. **Sparganium** L.

1. **Typha** L. *Rohrkolben.*

a. Weibliche Blüthenwalze dicht unter der männlichen stehend. Borsten des weiblichen Perigons fadenförmig, die des männlichen schmutzigweiss. Narbe spatelförmig. Blatt 1—2 cm. breit, flach. . . . . **T. latifolia** L.

♃ Juli. Ufer, Sümpfe. Hier und da.

T. elatior Böngh. Blüthenwalzen schlank, etwas von einander entfernt, Blatt schmaler, flach. Selten.

b. Blüthenwalzen von einander entfernt, schlank. Borsten des weiblichen Perigons spatelförmig, die des männlichen schmutzigweiss. Narbe lanzettlich-fadenförmig. Blatt 4—8 mm. breit, etwas rinnig. . . . **T. angustifolia** L.

♃. Juli. Gräben. Sümpfe. Selten.

2. **Sparganium** L. *Igelkolben.*

a. Stengel aufrecht, oben ästig. Köpfchen an den Aesten zahlreich. Blatt nach unten 3kantig mit rinnigen Seitenflächen. Narbe lineal. Frucht kurz-gespitzt. **Sp. ramosum** Huds.

♃ Juli. Ufer, Gräben, Teiche. Häufig.

b. Stengel aufrecht, seltener schwimmend, einfach mit zahlreichen Köpfchen. Blatt nach unten 3kantig mit ebenen Seitenflächen. Narbe lineal. Schnabel der Frucht so lang als diese. . . . . **Sp. simplex** Huds.

♃ Juli. Ufer, Gräben, Teiche. Zerstreut.

c. Stengel schwimmend oder liegend, einfach. Blatt flach. Männliche Köpfchen 1—2. Narbe länglich. Früchtchen sitzend.

1. Früchtchen länglich, stumpf, kurz-geschnabelt. Stengel $1\frac{1}{2}$—3 dm. lang. . . . . **Sp. minimum** Fr.
2. Früchtchen eiförmig-kegelig, in den Schnabel zugespitzt; Schnabel lang, aber kürzer als das Früchtchen. Stengel 3—6 dm. lang. . . . . **Sp. fluitans** Fr.

Beide Arten als Sp. natans Aut. ♃ Juli, August. Teiche, Sümpfe. Selten.

107. Familie. AROIDEAE Juss.

Gattungen.

a. Blüthen mit einem Perigon aus 6 Schuppen, zwitterig. Antheren auf einem Träger. Kolben scheinbar seitenständig, bis oben hin mit Blüthen besetzt. Blüthenscheide krautartig, schwertförmig, scheinbar gipfelständig. Frucht trocken, 3fächerig. Blatt schwertförmig. 1. **Ácorus** L.

b. Blüthen ohne Perigon. Antheren sitzend. Kolben ganz mit Blüthen bedeckt; die unteren zwitterig, mit 7—8 Antheren, nach oben nur Antheren. Blüthenscheide ausgebreitet. Frucht beerenartig mehrsamig. Blatt gestielt. 2. **Calla** L.

c. Blüthen ohne Perigon, einhäusig. Antheren sitzend, je 4 zusammen. Kolben unten Pistille, nach oben Antheren tragend, darüber hinaus als nackte Keule verlängert. Blüthenscheide unten zusammengerollt, ohrförmig. Beere einsamig. . . . . 3. **Arum** L.

1. Ácorus L. *Kalmus.*

Stengel flachgedrückt, auf der einen Seite scharfkantig, auf der andern rinnig. Wurzelstock kriechend, aromatisch.

A. Cálamus L.

Kolben gelblich grün. ♃ Juni, Juli. Ufer, Teiche. Zerstreut. Aus dem Orient stammend. (?)

2. Calla L. *Schlangenkraut. Schweinekraut.*

Blatt herzförmig. Kolben eiförmig. Wurzelstock kriechend.

C. palustris L.

Scheide innen weiss. Beere roth, giftig. ♃ Juli—Sept. Sümpfe. Sehr selten.

3. **Arum** L. *Aron.*

Blatt spiess- oder pfeilförmig. Wurzelstock knollenförmig. **A. maculatum** L.

Scheide grünlich. Keulenförmiges Ende des Kolbens violett. Beere roth. ♃ Mai. Wälder, Gebüsche. Häufig. Giftig.

108. Familie. LEMNACEAE Lk.

Lemna L. *Wasserlinse.*

a. Glieder unterseits mit je einer Wurzelfaser, beiderseits grün, ohne Spiralgefässe.

α. Glieder beiderseits flach. Staubfaden fadenförmig. Fruchtknoten eineiig. Griffel verlängert. Eichen halbumgewendet, querliegend.

1. Glieder eirund, schwimmend. Gemein. **L. minor** L.
2. Glieder lanzettlich, gestielt, untergetaucht. Hin und wieder. **L. trisulca** L.

β. Glieder unterseits blasig-gewölbt, verkehrteiförmig, schwimmend. Staubfaden in der Mitte breiter. Fruchtknoten 2—mehreiig. Narbe sitzend. Eichen umgewendet, aufrecht. Selten. . . . . **L. gibba** L.

b. Glieder unterseits röthlich mit einem Wurzelbüschel, rundlich, strahlig-gerippt, mit Spiralgefässen. Staubfäden am Grunde verdünnt. Fruchtknoten mit 2 umgewendeten Eichen. Schwimmend. Zerstreut. . . **L. pŏlyrrhiza** L.

Sämmtliche Arten in stehenden Gewässern. ♃⊙?

109. Familie. BUTOMEAE Rich.

Bútomus L. *Wasserliesch.*

Blüthen doldenartig auf dem Gipfel eines langen nackten Schaftes, von einer Hülle umgeben. Blatt 3kantig, am Grunde scheidig . . . . **B. umbellatus** L.

Schwanenblume, *Wasserviole*, *Blumenbinse*, Röthlich. ♃ Juni—August. Ufer, Gräben. Zerstreut.

110. Familie. ALISMACEAE Rich.

Gattungen.

a. Blüthen zwitterig. Staubfäden meist 6. Früchtchen meist auf dem flachen Fruchtboden im Kreise stehend. Blumenblätter in der Knospe eingerollt. . . . . 1. **Alisma** L.

b. Blüthen einhäusig, die weiblichen unten, die männlichen oben im Blüthenstande. Staubfäden zahlreich. Früchtchen auf dem kugelförmigen Fruchtboden ein rundes Köpfchen bildend. Blumenblätter in der Knospe flach. 2. **Sagittaria** L.

1. Alisma L. *Froschlöffel.*

a. Blätter nur grundständig, langgestielt. Stengel aufrecht, quirlig rispig.

1. Blatt lanzettlich, eiförmig oder am Grunde stumpf-herzförmig, spitz. Früchtchen mit abfallendem Griffel, seitlich-flachgedrückt, zusammen eine stumpf-3eckige Scheibe bildend. Deckblätter häutig. . . . . . **A. Plantago** L.
Weiss oder röthlich. ♃ Juli, August. Gräben, Teiche. Häufig.
Var.: β. lanceolatum, — γ. graminifolium.

2. Blatt tief-herzförmig, ziemlich stumpf. Früchtchen verkehrteiförmig; Griffel bleibend, unterhalb der Spitze des Früchtchens nach innen eingefügt. Deckblätter grün. **A. parnassifolium** L.
Weiss. ♃ Juli, August. Teiche. Sehr selten.

b. Grundständige Blätter lineal, stengelständige oval, langgestielt, schwimmend. Früchtchen länglich, mit aufgesetzter Spitze, 12—15rippig. Blüthen zu 1—5 an den Stengelknoten. . . . . **A. natans** L.
Weiss. ♃ Juni—August. Stehende Wasser. Sehr selten.

2. Sagittaria L. *Pfeilkraut.*

Blätter grundständig, tief-pfeilförmig, auf langen 3kantigen Stielen. Blüthen in 3blüthigen Wirteln am Ende des Schaftes. **S. sagittaefolia** L.
Kronblatt weiss, am Grunde violett. ♃ Juni—August. Flüsse, Gräben. Häufig.

111. Familie. JUNCAGINEAE Rich.

Gattungen.

a. Perigon abfallend. Antheren fast sitzend. Früchtchen 3—6, der ganzen Länge nach verwachsen, in der Reife sich lösend. Schaft nackt. . . . . . 1. **Triglóchin** L.

b. Perigon bleibend. Antheren gestielt. Früchtchen 3, nur am Grunde verwachsen. Stengel beblättert. 3. **Scheuchzeria** L.

1. Triglóchin L. *Dreizack.*

a. Frucht keulenförmig nach unten verschmälert, aus 3 Früchtchen. Traube locker. Blätter pfriemlich, grundständig. . . . . **T. palustre** L.

♃ Juni, Juli. Sumpfige Wiesen. Zerstreut.

b. Frucht oval, unter der Narbe verdünnt, aus 6 Früchtchen. Traube gedrängt. Blätter wie vorige. **T. maritimum** L.

♃ Juni, Juli. Auf salzigem Boden. Selten.

2. Scheuchzeria L.

Blatt pfriemlich, unten scheidig. Traube armblüthig, mit einer Gipfelblüthe. Wurzelstock verlängert. **Sch. palustris** L.

♄ Juni, Juli. Moore. Sehr selten.

112. Familie. POTAMEAE Juss.

Gattungen.

a. Blüthen zwitterig, mit 4blätterigem grünlichem Perigon und 4 Staubfäden, in endständigen Aehren sitzend. Narbe sitzend. . . . . 1. **Potamogéton** L.

b. Blüthen zwitterig, ohne Perigon, je auf einem Stiel in den Blattwinkeln. Antheren 2, sitzend, mit 2 grossen getrennten Fächern. Früchtchen zuletzt lang-gestielt, geschnabelt. . . . . 2. **Ruppia** L.

c. Blüthen zwitterig oder einhäusig, ohne Perigon, einzeln in den Blattwinkeln sitzend. Staubfaden einer, mit langem Träger. Früchtchen gestielt, mit bleibendem Griffel geschnabelt. . . . . 3. **Zannichellia** L.

1. Potamogéton L. *Laichkraut.*

I. *Blätter wechselständig, mit Nebenblättern oder Scheiden.*

A. Obere Blätter schwimmend, lederartig, undurchsichtig, breit, untere untergetaucht, durchscheinend, schmal oder fehlend.

a. Alle Blätter langgestielt. Aehrenstiel gleichmässig, so dick als der Stengel.

α. Schwimmende Blätter länglich, eiförmig oder elliptisch, am Grunde abgerundet oder etwas herzförmig, untere lanzettlich. Frucht stumpfrandig.

1. Blattstiel oberseits flach-rinnig. Untere Blätter zur Blüthezeit verwittert. Aehre mit Lücken. **P. natans** L.

♃ Juni, August. Stehende und langsame Gewässer. Häufig.
Var.: **P. serotinus** Schrad. Blatt schmal-verlängert, Stengel und Blattstiele sehr verlängert.

2. Blattstiel oberseits flach. Untere Blätter zur Blüthezeit vorhanden. . . . . **P. oblongus** Viv.

♃ Juli, August. Torfsümpfe. Sehr selten.

β. Schwimmende Blätter länglich-lanzettlich, am Grunde verschmälert. Blattstiel beiderseits convex. Untere Blätter zur Blüthezeit vorhanden. Frucht meist scharfrandig. Aehre gedrängt, schmal. . . **P. fluitans** Roth.

♃ Juli, August. Bäche. Sehr selten.

b. Untere Blätter sitzend oder in einen kurzen Stiel verschmälert. Schwimmende Blätter zuweilen fehlend.

1. Schwimmende Blätter langgestielt, untere scharfrandig. Aehrenstiel nach oben verdickt, dicker als der Stengel. Frucht platt, stumpfrandig. . . . . **P. gramineus** L.

♃ Juli, August. Stehende Wasser. Selten. Var.:
α. **graminifolius** Koch. Alle Blätter untergetaucht, lineal-lanzettlich, schlaff, beiderseits zugespitzt.
β. **heterophyllus** Schreb. Schwimmende Blätter länglich oder lanzettlich, untere schmal-lanzettlich, zurückgekrümmt, starr.
γ. **Zizii** Cham. et Schlecht. Alle Blätter untergetaucht, länger und breiter als α. und β., stumpf, stachelspitzig

2. Schwimmende Blätter länglich, in einen kurzen Stiel verschmälert, untere glattrandig, länglich-lanzettlich.

Aehrenstiel gleichmässig-dick. Frucht platt, scharfkantig. . . . . **P. rufescens** Schrad.

Obere Blätter oft, besonders im trockenen Zustande, braunröthlich. ♄ Juli, August. Gräben. Teiche. Selten.

B. Blätter sämmtlich untergetaucht, durchscheinend, gleichförmig.

a. Blatt gestielt, oval oder breit-lanzettlich, stachelspitzig, feingesägt, in der Knospe von beiden Seiten eingerollt. Aehrenstiel oberwärts verdickt, dicker als der Stengel. **P. lucens** L.

♃ Juni—August. Stehende und langsame Gewässer. Var.: β. **acuminatus** Schum., — γ. **diversifolius** Bl. et F., — δ. **lancifolius** Bl. — **P. Hornemanni** Meyer. Obere Blätter schwimmend, aber nicht lederig, eiförmig. Aehrenstiel gleich dick. Sehr selten.

b. Blatt sitzend, mit breit herzförmigem Grunde, eiförmig oder eilanzettlich, stumpf, ohne Stachelspitze, am Rande etwas rauh, in der Knospe von einer Seite her eingerollt. Aehrenstiel gleichmässig-dick. **P. perfoliatus** L.

♃ Juni—August. Gräben, Teiche, Flüsse. Selten.

c. Blatt sitzend, am Grunde abgerundet, länglich-lanzettlich, ganzrandig, an der Spitze kappenförmig eingezogen. Stengel hin- und hergebogen. Aehrenstiel lang. Frucht flügelartig-gekielt. . . . . **P. praelongus** Wulf.

♃ Juli, August. Teiche und Flüsse. Sehr selten.

d. Blatt sitzend, halbstengelumfassend, lineal-länglich, stumpf, zart-gesägt, wellig, in der Knospe flach. Frucht lang-geschnabelt. Aehre 6—10 blüthig, auf langem, gleichmässig-dickem Stiele. Stengel zusammengedrückt. **P. crispus** L.

♃ Mai—Juli. Stehende und langsame Gewässer. Häufig.

e. Blatt sitzend, schmal-linienförmig, flach, ganzrandig. Frucht kurz-geschnabelt.

α. Die häutigen Nebenblätter unter sich zu einer von dem Hauptblatte von unten an gesonderten Scheide (*ochrea*) verwachsen (wie bei allen vorhergehenden Arten).

1. Stengel rundlich oder stumpfkantig.

* Aehre dicht-eiförmig, so lang als ihr Stiel. Frucht

gekielt mit geradem Schnäbelchen. Blatt stumpf, kurz-gespitzt, 3—5nervig. . **P. obtusifolius** M. K.

♃ Juli, August. Bäche, Gräben. Selten.

** Aehre locker, kürzer als der Stiel. Frucht nicht gekielt, mit geradem Schnäbelchen auf der Spitze. Blatt zugespitzt, mit 3—5 genäherten Nerven oder 1nervig.

⁰ Stengel etwas flach. Die 4—8blüthige Aehre in der Reife 3—4 mal so kurz als ihr Stiel. Frucht gewöhnlich 1(—2) in einer Blüthe, klein, schief-elliptisch, der innere Rand etwas convex, am Rücken nicht gekerbt, am Grund ohne Höcker.

P. pusillus L.

♃ Juli, August. Gräben, Bäche. Hier und da.
Var.: β. latifolius, — γ. tenuissimus (Blatt 1nervig).

⁰⁰ Stengel fast sitzend. Die 4—6blüthige Aehre in der Reife etwa halb so lang als ihr Stiel. Frucht grösser, glatt, fast kreisrund, der innere Rand fast geradlinig, am Rücken gekerbt, am Grunde mit einem Höcker. 1 Staubfaden.

P. trichoides Cham. et Schl.

♃ Juli. August. Teiche. Sehr selten.

2. Stengel 2schneidig.

* Aehre 4—6blüthig, dicht, rundlich, fast so lang als ihr Stiel. Blatt haarspitzig, vielrippig, fast ohne Queradern. . . . . **P. acutifolius** Lk.

♃ Juli. August. Stehende Gewässer. Selten.

** Aehre 10—15blüthig, locker, walzlich, langgestielt. Blatt stumpf, kurz-stachelspitzig, mit Queradern.

P. compressus L.

♃ Juni. Juli. Stehende und langsame Gewässer. Sehr selten.

β. Die häutigen Nebenblätter von unten an dem Hauptblatte angewachsen, Spitzen frei. Blatt einnervig. Aehre lockerblüthig, langgestielt. Frucht auf dem Rücken gekielt, mit einem seitlichen Spitzchen.

P. pectinatus L.

♃ Juli, August. Flüsse, Gräben. Selten.
P. marinus DC. Blätter borstlich, büschelig-genähert. Nebenblätter abstehend. Sehr selten.

II. *Blätter scheinbar gegenständig, ohne deutliche Nebenblätter oder Blattscheide.*

Blatt lanzettlich, stengelumfassend, durchscheinend, untergetaucht. Aehre kuzgèstielt, 4—7blüthig, später zurückgekrümmt. Frucht glatt, gekielt, geschnabelt. **P. densus** L.

♃ Juni—October. Teiche, Bäche. Sehr selten. — Var.: **P. setaceus** L. Blätter schmal-lanzettlich, gedrängt. Sehr selten.

2. **Ruppia** L.

Stengel fadenförmig, schwimmend. Blatt schmal-lineal. Frucht schief-geschnabelt. Antherenfächer kugelig.

R. rostellata Koch

♃ Juli—October. Salzwässer. Sehr selten.

3. **Zannichellia** L.

Stengel fadenförmig. Blatt lineal, einnervig, gegenständig, an unfruchtbaren Stengeln wechselständig.

a. Griffel halb so lang als die fast sitzende Frucht.

Z. palustris L.

♃ Juli, August. Gräben, Teiche, Bäche. Zerstreut. — Var.:
α. **major**. Stengel lang, schwimmend. Frucht mit gekerbtem Flügel.
β. **repens**. Stengel kurz, kriechend. Frucht glatt, kurzgestielt.

b. Griffel so lang als die langgestielte Frucht.

Z. pedicellata Fr.

Wie die vorige. Var.: Frucht einerseits oder beiderseits mit gezacktem Flügelrande.

113. Familie. JUNCACEAE Bartl.

Gattungen.

a. Kapsel 3fächerig, Klappen auf der Mitte je eine Scheidewand tragend. Fächer vielsamig. Same ohne Anhängsel *). Blatt stielrund oder rinnig. . . . . 1. **Juncus** L.

b. Kapsel einfächerig, 3samig. Blatt flach, grasartig.
2. **Lúzula** DC.

*) Bei den einheimischen Arten.

1. **Juncus** L. *Binse.*

I. *Blüthen* ***einzeln***, *jede am Grunde mit 2 häutigen* ***Vorblättern***, *in einer scheinbar seitlichen, von einem scheinbar gipfelständigen pfriemlichen Deckblatte* ***überragten*** *Spirre. Halm* ***blattlos***, *unten mit spreitellosen Scheiden besetzt. Unfruchtbare Halme* ***blattlos***, *pfriemlich.*

a. Staubfäden 6. Spirre 3—8blüthig, etwa an der Mitte des glatten, blassgrünen Halmes *). Halmscheiden braungelb, stachelspitzig. Griffel viel kürzer als der Fruchtknoten. Kapsel fast kugelig, kurz-gespitzt, hellbraun, etwa so lang als die breitlanzettlichen Perigonblätter.

J. filiformis L.

Blassgrün. ♃ Juni, Juli. Sumpfige und torfige Wiesen. Selten.

b. Staubfäden 6. Spirre reichblüthig, oberhalb der Mitte des Halmes. Halm blaugrün, tief-gestreift, unterbrochen markig. Halmscheiden schwarzbraun, ohne Stachelspitze. Griffel fast so lang als der Fruchtknoten. Kapsel 3-kantig-elliptisch, stachelspitzig, kürzer als die schmallanzettlichen Perigonblätter. . . . . **J. glaucus** Ehrh.

Blassgrün. ♃ Juni—August. Feuchte Stellen. Häufig.
Bastard: J. effuso-glaucus Schnzl. et Frickh. = J. diffusus Hoppe. Halm grasgrün, ununterbrochen-markig, schwach-gestreift; sonst wie J. glaucus. Mit J. glaucus und effusus vorkommend. Selten.

c. Staubfäden 3. Spirre reichblüthig, oberhalb der Mitte des Halmes. Halm grasgrün, ununterbrochen-markig. Griffel ganz kurz. Kapsel 3kantig-elliptisch, gestutzt, an der Spitze etwas vertieft.

1. Griffel unmittelbar auf der Kapsel sitzend. Halm fein-gerieft. Spirre ausgebreitet. . . . . . . **J. effusus** L.

   Blassgrün. ♃ Juni, Juli. Sumpfige Orte, Gräben. Gemein.

2. Griffel mit einem Höckerchen der Kapsel aufsitzend. Halm gefurcht. Halmscheiden rostfarben. Spirre meist gedrängt-knäuelartig. . . . . **J. conglomeratus** L.

   Blassgrün. ♃ Juni—August. Sumpfige Orte, Gräben. Gemein.

---

*) Richtiger ausgedrückt: Deckblatt so lang als der Halm.

II. *Blüthen einzeln, am Grunde mit 2 häutigen Vorblättern besetzt, in einer endständigen Spirre. Unfruchtbare Halme nicht blattlos und pfriemlich. Blatt rinnig. Staubfäden 6.*

a. Halm blattlos. Dichtrasig. Wurzelstock verkürzt.

1. Blätter sparrig. Perigonblatt eilanzettlich, etwas stumpf, braun, schmal-weissrandig, so lang als die Kapsel. Staubfaden 3—4 mal so kurz als die Anthere. **J. squarrosus** L.

♃ Juli, August. Haiden, moorige Plätze. Zerstreut.

2. Blätter aufrecht. Perigonblätter lanzettlich, spitz, etwas länger als die Kapsel. Staubfäden länger als die Anthere. . . . . **J. tenuis** Willd.

♃ Juni, Juli. Triften, Wege. Sehr selten.

b. Halm beblättert. Wurzelstock kriechend. Perigonblätter länglich-eiförmig, sehr stumpf, schmal-weissrandig, grüngekielt.

1. Perigon etwa halb so lang als die rundliche Kapsel. Griffel kürzer als der Fruchtknoten. Halm flach gedrückt. **J. compressus** Jacq.

♃ Juli, August. Feuchte Triften und Wege. Häufig.

2. Perigon fast so lang als die etwas 3kantige Kapsel. Griffel länger als der Fruchtknoten. Halm fast stielrund. **J. Gerardi** Lois.

♃ Juni—August. Salzhaltige Orte. Selten.

c. Halm beblättert. Einjährig. Wurzel büschelig. Perigonblätter spitz. Spirrenäste locker.

1. Spirrenäste ausgebreitet. Perigon ei-lanzettlich, spitz, kaum länger als die rundliche dunkelbraune Kapsel. Narben pinselförmig. . . . . **J. Tenageja** Ehrh.

Perigonblätter braun, mit schmalem weissen Rande und grünem Mittelnerv. ⊙ Juni—August. Nasser Sandboden. Sehr selten.

J. **sphaerocarpus** N. v. E. Spirrenäste ausgebreitet. Perigon deutlich länger als die Kapsel. ⊙ Juni, Juli. Feuchte Orte. Sehr selten. (Rhön.)

2. Spirrenäste aufrecht, sprosskettenartig. Perigonblätter lanzettlich, zugespitzt, deutlich länger als die längliche gelbe oder braune Kapsel.. . . . . . . **J. bufonius** L.

Perigonblätter weisslich mit grünem Mittelnerv. ⊙ Juni—September. Feuchte sandige Aecker, Triften, Wege. Gemein.

III. *Blüthen in Köpfchen, jede einzeln ohne Vorblätter. Köpfchen einzeln oder in einer Spirre vereinigt. Blatt meist stielrund. Keine unfruchtbaren blattlosen Halme.*

A. Stengel blattlos, mit einem endständigen oder ausserdem einem gestielten seitlichen Köpfchen. Pflanze einjährig, mit büscheliger Wurzel. Perigonblätter eiförmig-lanzettlich, zugespitzt, haarspitzig, länger als die Kapsel. Staubfäden 3. Kapsel kugelig-oval. Blatt borstlich, oberseits rinnig. . . . . **J. capitatus** Weig.

(**J. triandrus** Gouan.) Schmutziggrün, zuletzt braun. ⊙ Juni, Juli. Feuchte Aecker und Triften. Sehr selten.

B. Stengel beblättert. Köpfchen zahlreich, in einer Spirre. Pflanze mit einem Wurzelstock ausdauernd.

a. Blatt borstlich, oberseits rinnig. Spirre locker, 4—6-köpfig. Staubfäden meist 3, so lang oder länger als die Antheren. Perigonblätter lanzettlich, meist kürzer als die ovale, stumpfe, stachelspitzige Kapsel.

J. supinus Mönch.

Schmutziggrün. ♃ Juli. Feuchte Stellen. Hier und da. — Var.: Stengel aufrecht, niedergestreckt, kriechend, fluthend. Blüthen zuweilen in Blattbüschel verwandelt.

b. Blatt zusammengedrückt-stielrund, röhrig mit Querwänden. Spirre 5—20köpfig. Staubfäden 6, kürzer als die Antheren.

α. Alle Perigonblätter schmal-lanzettlich, nach oben etwas auswärts gebogen, alle kürzer als die scharf-3kantige, lang-zugespitzte Kapsel . . . . . . **J. silvaticus** Reich.

(**J. acutiflorus** Ehrh. **J. articulatus** α. L.) Braun. ♃ Juni—August. Gräben, sumpfige Orte. Sehr häufig. — Var. mit grünlichem Perigon, — zuweilen mit verlaubten Spirren.

β. Aeussere Perigonblätter spitz, innere stumpflich, stachelspitzig, gleich lang, gerade, kürzer als die scharf-3kantige zugespitzte Kapsel. . **J. lamprocarpus** Ehrh.

(**J. articulatus** β. γ. L.) Schmutziggrün. ♃ Feuchte Orte. Gemein. Var. in der Grösse und Farbe des Perigons, — mit mehr oder weniger gedrängter Rispe, — mit aufrechtem, niederliegendem oder wurzelndem Stengel.

γ. Alle Perigonblätter stumpf:

1. etwa so lang als die eiförmige 3kantige spitze Kapsel,

Spirrenäste abstehend, zuletzt zurückgebogen. Scheiden auf dem Rücken stumpf. . **J. obtusiflórus** Ehrh.
Weisslich, besonders vor dem Aufblühen. ♃ Juni—August. Sumpfige Orte. Sehr selten.

2. kürzer als die eirund stumpfe, stachelspitzige Kapsel. Spirrenäste aufrecht. Scheiden gekielt. **J. alpinus** Vill.
(**J. fusco-ater** Schreb.) Schwarzbraun. ♃ Juni—August. Sumpfige Orte. Sehr selten.

2. **Lúzula** DC. *Hainbinse. Marbel.*

a. Blüthen einzeln an den einfachen oder wenig verzweigten Aesten der doldenähnlichen Spirre. Samen an der Spitze mit einem sichelförmigen Anhängsel. Stock ohne Ausläufer.

1. Rispenäste nach der Blüthe zurückgebrochen. Perigon braun, kürzer als die Kapsel. Samenanhängsel sichelförmig. Blatt lanzettlich, 6—8 mm. breit.
L. pilosa Willd.
(**L. vernalis** DC.) Braun. ♃ April, Mai. Wälder, Gebüsche. Häufig.

2. Rispenäste stets aufrecht. Perigon so lang als die Kapsel. Samenanhängsel gerade, stumpf. Blatt lineal.
L. Forsteri DC.
♃ April, Mai. Bergwälder, sonnige Abhänge. Sehr selten.

b. Blüthen je 2—5 büschelartig an den Aesten einer wiederholtverzweigten Spirre. Samen ohne oder mit einem kleinen Anhängsel. Samenträger sich in lockere gewundene Fäden auflösend.

1. Spirre länger als das unterste Deckblatt. Büschel meist 3blüthig. Perigonblätter stachelspitzig, so lang als die Kapsel. Anthere 4—6 mal so lang als der Träger. Stock ohne Ausläufer. Blatt breit-lineal-lanzettlich.
L. silvatica Bicheno.
(**L. maxima** DC.) Braun. ♃ Mai, Juni. Gebirgswälder. Zerstreut.

2. Spirre kürzer als das unterste Deckblatt. Büschel meist 4blüthig. Perigonblätter spitz, länger als die Kapsel. Anthere 3—4 mal so lang als ihr Träger. Blatt lineal.
L. álbida DC.
Gelblich weiss (var. β. **rubella**, röthlich). ♃ Wälder, Gebüsche. Häufig.

c. Blüthen in eirunden Aehrchen an den Aesten der

Spirre. Samen an der **Basis** mit einem **kegelförmigen Anhängsel**. Perigon länger als die Kapsel. Stock mit bogenförmigen Ausläufern.

1. Aehrchen etwas nickend. Anthere nach der Blüthe 4—6 mal so lang als ihre Träger. Samenanhängsel breiter als lang. Halm aufsteigend. **L. campestris** DC.
Braun. ♃ März—Mai. Haiden, trockene Hügel, Triften. Gemein.
Var.: **uliginosa** Wdr Blatt 2 mm. breit, ganz glatt. Pflanze wenig-blüthig. Moorwiesen.

2. Aehrchen aufrecht. Anthere nach der Blüthe 2—3 mal so lang als ihr Träger. Samenanhängsel länger als breit. Halm aufrecht, in gedrängten Rasen. **L. multiflóra** Lej.
Braun. ♃ Mai, Juni. Wälder, Haiden. Häufig.
Var.: β. **congesta**, Aehrchen fast sitzend, kopfförmig.

114. Familie. CYPERACEAE Juss.

Riedgräser.

Uebersicht der Gruppen und Gattungen.

I. CYPEREAE K. **Blüthen zwitterig. Bälge des Aehrchens zweizeilig.**

A. Spirre zusammengesetzt. Bälge zahlreich, die unteren 1—2 leer. Perigon fehlend. Narben kahl. Halm blattlos. 1. **Cypérus** L.

B. Spirre einfach, kopfförmig-gedrängt. Bälge 5—6, gekielt, davon die unteren 2—3 leer. Perigonborsten vorhanden. Narben flaumig. . . . . **Schoenus** Vahl.
Sch. nigricans L. Köpfchen aus 5—6 Aehrchen, endständig, braun. Halm blattlos. Torfboden. ♃ Mai, Juni. Sehr selten.

II. SCIRPEAE K. **Blüthen zwitterig. Bälge des Aehrchens spiralig gestellt.**

A. Griffel am Grunde verdickt, verhärtend auf der reifen Frucht bleibend. Perigon aus 6 oder mehr Borsten. Blüthenstand kopfförmig. Aehrchen aus 5—7 Bälgen, von denen die untersten leer und kleiner als die blüthetragenden. Halm beblättert. 2. **Rhynchóspora** Vahl.

B. Griffel am Grunde verdickt, dicht über dem Fruchtknoten eingeschnürt; Griffelbasis auf der Frucht bleibend. Aehrchen einzeln endständig, ohne grünes Deckblatt.

Unterste Bälge des Aehrchens leer, nicht kleiner als die übrigen. Perigon aus 3—12 Borsten, eingeschlossen bleibend. Halm blattlos. . . . . 3. **Heleócharis** RBr.

C. Griffel am Grunde weder verdickt noch eingeschnürt. Unterste Bälge leer, nicht kleiner als die übrigen.

a. Perigonborsten fehlend. Aehrchen einzeln oder gehäuft, von dem Deckblatt überragt, scheinbar seitenständig. Bälge nicht ausgerandet. . . . . . . 4. **Isolepis** RBr.

b. Perigonborsten 6, nicht verlängert. . . 5. **Scirpus** L.

c. Perigonborsten 6 oder zahlreich, zart, nach der Blüthe verlängert als weisser Schopf über den Balg vorragend. 6. **Erióphorum** L.

III. CARICEAE. Blüthen eingeschlechtig, in der Achsel spiralig stehender Bälge.

Männliche Blüthe aus 3 Staubfäden, nackt, — weibliche aus einem Pistill mit 2- oder 3theiligem Griffel, von einem an der verengten Spitze offenen Schlauche umschlossen. 7. **Carex** L.

1. **Cypérus** L. *Cypergras.*

a. Narben 3. Frucht länglich-eiförmig, scharf-3kantig. Bälge schwarzbraun, auf dem Rücken abgerundet, mit grünem Mittelnerv, in der Reife etwas abstehend. Halm scharf-3kantig. . . . . **C. fuscus** L.

⊙ Juli, August. Ufer, feuchte Stellen. Selten.

b. Narben 2. Frucht rundlich, etwas platt gedrückt. Bälge gelb, mit grünem vortretenden Mittelnerv, in der Reife anliegend. Halm stumpfkantig. . . . . **C. flavescens** L.

⊙ Juli, August. Ufer, feuchte Stellen. Selten.

2. **Rhynchóspora** Vahl. *Schnabelsame.*

[Schoenus L.]

a. Stock ohne Ausläufer. Deckblätter meist nicht länger als das Köpfchen. Perigonborsten nicht länger als die Frucht, rückwärts-stachelig. . . . . **R. alba** Vahl.

Weisslich, später etwas röthlich. ♃ Sümpfe und Torfwiesen. Sehr selten.

b. Stock mit Ausläufern. Deckblätter meist viel länger als

das Köpfchen. Perigonborsten länger als die Frucht, vorwärts-stachelig oder glatt. . . . . **R. fusca** R. u. Sch.
Braunroth. ♃ Moorige Stellen. Sehr selten.

3. Heleócharis RBr. *Sumpfsimse.*

[Scirpus L.]

a. Narben 3. Perigonborsten kürzer als die reife, länglich-verkehrteiförmige Frucht. Aehrchen lanzettlich.

α. Halm 4kantig, borstenartig dünn. Fadenförmige Ausläufer. Frucht stumpf-3kantig, gerippt. Borsten abfallend. Bälge etwas spitz. . . . . . . **H. acicularis** RBr.
Rostbraun. ♃ Juni—August. Ufer, überschwemmte Orte. Zerstreut.
Var. β. **natans.**

β. Halm stielrund, dicker. Wurzelstock schief-aufsteigend, verkürzt, ohne Ausläufer. Frucht scharf-3kantig, glatt. Bälge abgerundet. . . . . **H. multicaulis** K.
Rostbraun. ♃ Juni—August. Mooriger Boden. Sehr selten.

b. Narben 2. Perigonborsten nicht kürzer als die reife rundlich-verkehrteiförmige, ebene Frucht. Halm stielrund, dicker.

α. Aehrchen länglich-lanzettlich. Bälge etwas spitz. Frucht stumpfkantig. Wurzelstock kriechend.

1. Die 2 untersten (leeren) Bälge halbumfassend. Frucht fein-punktirt. . . . . **H. palustris** RBr.
Braun. Blätter bläulich grün, meist etwas zurückgebogen. ♃ Gräben, Sümpfe. Gemein.

2. Der unterste (leere) Balg ganz-umfassend. Frucht nicht punktirt. . . . . **H. uniglumis** Lk.
Dunkelbraun. Blätter grasgrün, aufrecht. ♃ Gräben, Sumpfwiesen. Zerstreut.

β. Aehrchen breit-eiförmig (fast halb so breit als lang). Bälge abgerundet. Frucht scharfkantig. Stock nicht kriechend, Wurzel büschelig. . . . . **H. ovata** RBr.
Rostbraun. ☉ Juli, August. Gräben, Teiche. Sehr selten.

4. Isolepis RBr. *Zartsimse.*

[Scirpus L.]

Dichtrasig. Halm und Blätter fadenförmig, stielrund.

a. Halme aufrecht. Aehrchen je 2—3. Deckblatt viel

kürzer als der Halm. Frucht längsrippig, stachelspitzig. . . . . **I. setácea** RBr.
1½—3 dm. hoch. ♃ Juli, August. Grabenränder, überschwemmte Plätze. Häufig.

b. Halme ausgebreitet, zum Theil niederliegend. Aehrchen je 4—9. Deckblatt etwa so lang als der Halm. Frucht quer runzelig. . . . . **I. supina** RBr.
Kräftiger als vorige. Juli, August. Gräben u. dgl. Sehr selten.

5. **Scirpus** L. *Simse.*

A. Aehrchen einzeln endständig am stielrunden Halme oder an den Aesten. Frucht kurz-stachelspitzig.

a. Oberste Halmscheide mit einer fadenförmigen Spreite. Bälge mit dicker Stachelspitze, der unterste fast so gross als das Aehrchen. Borsten glatt, länger als die Frucht. Ausläufer fehlend. Dichtrasig. **S. caespitosus** L.
Braun. 1½—3 dm. hoch. ♃ Mai, Juni. Moorboden. Selten.

b. Halmscheiden blattlos. Bälge stumpf, kürzer als das Aehrchen. Borsten rückwärts-scharf, etwas kürzer als die Frucht. Ausläufer. . . . . . . **S. pauciflórus** Lightf.
(**S. Baeothryon** Roth.) Braun. Bis zu 1½ dm. hoch. ♃ Mai—Juli. Torfwiesen, Sümpfe. Selten.

B. Aehrchen knäuelförmig oder einfach-spirrig gehäuft, scheinbar seitenständig, von einem grünen scheinbar endständigen Deckblatte meist überragt. Bälge ausgerandet, stachelspitzig, mit breitem querrunzeligen Hautrande, gefranst. Frucht lang-stachelspitzig. Wurzelstock kriechend. Halm fast blattlos.

a. Halm stielrund.

1. Narben 3. Anthere an der Spitze bärtig. Bälge glatt. Aehrchenbüschel meist gestielt. Oberste Halmscheide meist mit einer Spreite. Halm grasgrün. **S. lacustris** L.
Rostbraun. Halm 1—3 m. hoch. ♃ Juli, August. Stehende Gewässer, Flussufer. Hin und wieder.

2. Narben 2. Anthere kahl. Bälge rauh durch dunkelrothe Punkte. Aehrchenbüschel meist sitzend. Halmscheiden spreitenlos. Halm blaugrün.
S. Tabernaemontani Gmel.
Braunroth. Halm ½—1 m. hoch. ♃ Juli. Gräben, Teiche, salzhaltige Wiesen. Selten.

b. Halm scharf-3kantig. Narben 2. Aehrchen in einem dichten Knäuel. Lappen des ausgerandeten Balges spitz. Anthere an der Spitze gewimpert. Deckblatt rinnig. **S. Rothii** Hoppe.

(S. pungens Vahl.) Braun. Halm 3–6 dm. ♃ Juli, August. Ufer, salzhaltige Orte. Sehr selten.

S. Pollichii Gr. et Godr. = S. triqueter Ant. Aehrenbüschel gestielt. Lappen des Balges stumpf. Anthere kahl. Deckblatt 3kantig. 3—9 dm. hoch. Ufer, Sümpfe. Sehr selten.

C. Aehrchen in einer endständigen, von mehreren Deckblättern gestützten Spirre. Halm beblättert, 3kantig. Blatt flach. Narben 3.

a. Spirre einfach, kopfförmig oder einfach-zusammengesetzt. Bälge 2spaltig (Lappen spitz) und stachelspitzig. Wurzelstock knollig, mit Knollen tragenden Ausläufern. **S. maritimus** L.

Aehrchen rostbraun, c. 1 cm. lang. Juni, Juli. Ufer, Gräben. Selten.

Var.: compactus Hoppe. Aehrchen sämmtlich sitzend, kopfförmig-gehäuft.

b. Spirre vielfach-zusammengesetzt. Aehrchen meist gestielt. Bälge stumpf, fein-stachelspitzig. **S. silvaticus** L.

Aehrchen grünlich oder grau, c. 3 mm. lang, 2 mm. breit. ♃ Juni, Juli. An Flüssen, Ufern. Häufig.

D. Aehrchen 2zeilig, je 8—15 zu einer flachen endständigen Hauptähre zusammengesetzt. Frucht vom bleibenden fadenförmigen Griffel gekrönt. Bälge eilanzettlich, spitz. Blätter gekielt, verlängert. **S. compressus** Pers.

(Blysmus compressus Panz.) Rostbraun. ♃ Juni—August. Feuchte Wiesen, Triften, Wegeränder. Zerstreut.

6. **Erióphorum** L. *Wollgras.*

a. Aehrchen einzeln endständig. Perigonborsten 6, nach dem Blühen zu einer gekräuselten Wolle verlängert. Halm nur an der Basis mit Blattscheiden besetzt, deren obere mit einer kurzen anliegenden 3kantigen Spreite versehen sind. . . . . **E. alpinum** L.

Braun. Halm 1—2½ dm. hoch. ♃ April, Mai. Gebirgsmoore. Sehr selten.

b. Aehrchen einzeln endständig. Perigonborsten zahlreich. Wolle nicht kraus. Halm bis über die Mitte mit bauchig-

erweiterten Scheiden besetzt, die unteren derselben mit 3kantigen Spreiten. . . . . **E. vaginatum** L.
Bläulich grau. Halm 3—5 dm. hoch. ♃ Mai. Gebirgsmoore. Selten.

c. Mehrere Aehrchen an dem Ende des Halmes. Perigonborsten zahlreich. Wolle nicht kraus.

1. Blatt 3kantig. Stiele der 3—5 fast aufrechten Aehrchen kurzfilzig-rauh. Schopf c. 3 mal so lang als die Bälge. Frucht gelblich grau. Halm stumpfkantig, dünn. Ausläufer. **E. grácile** K.
Braun oder grün. ♃ Mai. Moorige Stellen. Sehr selten.

2. Blatt lineal, unten rinnig, nach der Spitze hin 3kantig. Stiele der 3—5 nickenden Aehrchen glatt. Schopf c. 6 mal so lang als die Bälge. Frucht braun schwarz. Halm fast stielrund. Ausläufer. **E. angustifólium** Roth.
(**E. polystachyum** α. L.) Braun und grün. ♃ April, Mai. Moorwiesen. Häufig. — Var. **rubricaule** Wdr.

3. Blatt lineal-lanzettlich, flach, gekielt, nach der Spitze hin 3kantig. Stiele der zahlreichen nickenden Aehrchen rückwärts-scharf. Halm stumpf-3kantig. Ohne Ausläufer.
E. latifolium Hoppe.
(**C. polystachyum** α. L.) Dunkelbraun mit Grün. ♃ April, Mai. Moorige und sumpfige Wiesen. Häufig.

7. **Carex** L. *Segge.*

Vorbemerkungen.

1. Deckblatt: das die einzelnen Aehrchen stützende Blatt.
   Balg: Schuppe am Grunde der einzelnen Blüthen.
   Schlauch: die bei den Autoren fälschlich meistens „Frucht" oder „Kapsel" genannte schlauchförmige Hülle, welche das Früchtchen einschliesst.
2. Bei den Merkmalen des Schlauches wird möglichste Reife vorausgesetzt. Die Angaben über die Bälge beziehen sich, wo nichts besonders bemerkt wird, auf die der weiblichen Aehrchen.
3. Die Farben-Angaben beziehen sich auf die weiblichen Bälge.
4. Alle Carex-Arten sind ausdauernd.

Uebersicht der Rotten.

A. Ein endständiges Aehrchen.
PSYLLOPHORAE S. 337.

B. Mehrere Aehrchen, alle oder grösttentheils 2geschlechtig, eine zusammengesetzte Aehre bildend. Narben 2. . . . . VIGNEAE S. 337.

C. Alle Aehrchen eingeschlechtig, die oberen männlich, die unteren weiblich.

CARICES LEGITIMAE S. 340.

1. Rotte. PSYLLOPHORAE.

a. Aehrchen eingeschlechtig (Pflanze 2häusig). Narben 2.

1. Schlauch abstehend zurückgebogen, länglich-lanzettlich. Balg lanzettlich. Halm und Blatt scharfrandig. Stock rasig. . . . . **C. Davalliana** Sm.

April, Mai. Moorige Wiesen. Selten.

2. Schlauch wenig abstehend, eiförmig. Balg eiförmig. Halm und Blatt glatt. Stock kriechend . . . . . **C. dioica** L.

Mai. Moorige Wiesen. Sehr selten.

b. Aehrchen zweigeschlechtig (Pflanze einhäusig).

α. Narben 2. Aehrchen oben männlich, unten weiblich. Schläuche entfernt, zurückgebogen, nervenlos. Bälge abfallend. Blatt borstenförmig. . . . . **C. pulicaris** L.

Mai, Juni. Feuchte Wiesen. Selten.

β. Narben 3.

1. Aehrchen mehrblüthig, dicht, eiförmig. Schlauch eiförmig mit 2zähnigem Schnabel, aufrecht. Balg bleibend.

C. obtusata Liljebald.

(**C. spicata** Schk.) Braun. April, Mai. Sandiger Boden. Sehr selten.

2. Aehrchen c. 4blüthig. Schlauch pfriemlich, zurückgekrümmt. Balg abfallend. . . . . . . **C. pauciflóra** Lichtf.

Strohgelb. Juni, Juli. Torfmoore höherer Gebirge. Sehr selten.

2. Rotte. VIGNEAE.

I. Aehrchen oben männlich*), oder einzelne ganz männlich.

A. Aehrchen kopfförmig zusammengedrängt, armblüthig. Schlauch in einen 2lappigen Schnabel plötzlich verschmälert, ganzrandig, nervig. Halm glatt, viel länger als die Blätter, unten meist verästelt. Stock kriechend.

C. chordorrhiza Ehrh.

Mai, Juni. Torfteiche, Sümpfe. Sehr selten.

B. Aehrchen eine längliche Hauptähre bildend, theilweise

---

*) Bei den verblühten Aehrchen an den leeren Bälgen zu erkennen.

bloss männlich oder weiblich. Halm oberwärts scharf. Stock kriechend.

a. Die untersten und obersten Aehrchen weiblich, die mittleren männlich oder zweigeschlechtig. Schlauch am Rande gezähnelt-scharf, nicht geflügelt, auf der äusseren Seite 9- und mehrnervig. Rhizom dicht, solide.

C. intermédia Good.

(**C. disticha** Huds.) Mai, Juni. Gräben, Ufer. Häufig.
Var.: **C. repens** Bell. Aehrchen weitläufig stehend. Die mittleren zweigeschlechtig, die oberen männlich. Feuchte Wiesen. Sehr selten.

b. Die untersten Aehrchen weiblich, die mittleren 2geschlechtig, die obersten männlich. Schlauch über der Mitte mit breitem scharfen Flügelrande, auf der äusseren Seite 7—9nervig. Rhizom mit schwammiger Rinde.

C. arenaria L.

Mai, Juni. Flugsand. Sehr selten.

C. Hauptähre länglich. Alle Aehrchen zweigeschlechtig. Stock nicht kriechend, dichtrasig.

a. Schlauch sanft-gewölbt, sparrig abstehend, bräunlich grün. Balg nicht breit-weissrandig.

1. Schlauch beiderseits 5—7nervig. Halm dick, sehr scharf- und rauhkantig mit concaven gerinnten Flächen. Untere Aehrchen zusammengesetzt. Blatt mehr als 2 mm. breit. Deckblätter länger als die Aehrchen.

C. vulpina L.

Lederbraun mit grünem Nerv. Mai, Juni. Sümpfe, Ufer, Gräben. Gemein.
Var. mit weisslichem, grünnervigem, am Rande blassbraunem Balge: **C. nemorosa** Rebent.

2. Schlauch nervenlos, meist sparrig abstehend, länger als der Balg. Halm schlank, oberwärts etwas scharf, mit ebenen Seitenflächen. Untere Aehrchen einfach. Blatt kaum 2 mm. breit. Deckblätter kaum länger als die Aehrchen. . . . . **C. muricata** L.

Hellbraun. Mai, Juni. Wälder, Grasplätze. Gemein. Var.:
C. virens Lam. Schlauch grün. Balg blasser. Aehre schlanker und mehr unterbrochen. Seltener.
C. divulsa Good. Balg blassgrün. Aehrchen entferntstehend. Halm etwas übergebogen. Seltener.

b. Schlauch beiderseits bauchig-gewölbt, am Grunde abgestutzt und neben dem deutlich abgesetzten verkehrt-kegelförmigen Stielchen eingedrückt, nicht sparrig abstehend. Balg breit-weissrandig, nicht kürzer als der Schlauch.

1. Dichte zusammengesetzte Hauptähre. Schlauch auf dem Rücken mit einer langen Rinne, beiderseits mit 2 Nerven, innerseits nahe am Grunde nervig, schwarzbraunglänzend, der Schnabel sägezähnig-berandet. Halm mit convexen Flächen. Stock schief, etwas kriechend, mit kurzen Ausläufern. . . . . . **C. teretiuscula** Good.
Mai, Juni. Sumpfige Wiesen. Hier und da.
2. Aehrenförmige Rispe. Schlauch ausser 10—12 langen Nerven mit keiner Rinne, innerseits mit 5 bis an den Schnabel reichenden Nerven, rothbraun. Der gesägte Randkiel bis an die Basis reichend. Halm 3kantig mit erhabenen Flächen. Wurzel büschelig. **C. paradoxa** Willd.
Mai, Juni. Moorwiesen. Selten.
3. Schlaffe Rispe. Schlauch am Grunde des Rückens mit einer kurzen Rinne, innerseits am Grunde nervig, rothbraun. Der gesägte Randkiel sich bis unter die Mitte des Bauches ziehend. Halm mit ebenen Flächen. Wurzel büschelig. . . . . **C. paniculata** L.
Mai, Juni. Sümpfe. Zerstreut.

II. Aehrchen unten männlich.

A. Aehrchen zu einem gelbgrünen Köpfchen zusammengedrängt, am Grunde mit 2—3 langen krautigen Deckblättern. Schlauch lang-geschnabelt. **C. cyperoides** L.
(Scheihammeria capitata Mch.) August, September. Ausgetrocknete Teiche. Sehr selten.

B. Aehrchen mehr oder weniger genähert, aber nicht kopfförmig gehäuft.

a. Aehrchen mit der Spitze die Mitte der nächst oberen überragend. Deckblatt kurz. Schlauch so lang als der Balg.

α. Lange Ausläufer. Schlauch am Grunde schwammig.

1. Aehrchen länglich-eiförmig, spitz, gerade. Schlauch ohne Hautrand. . . . . **C. Schreberi** Schrank.
Braun. Halm spannelang. Mai, Juni. Sandige Stellen. Wegeränder. Selten.

2. Aehrchen lanzettlich, etwas zurückgekrümmt. Schlauch etwas geflügelt, etwas länger als der Balg.

C. brizoides L.

Bleich, durchsichtig glänzend. Mai, Juni. Feuchte Waldstellen und Gebüsche. Selten.

Var. mit meist 4 lanzettlichen geraden Aehrchen, von denen das oberste am grösten ist: **C. gilva** C. et Th. Ackerraine. Sehr selten.

β. Ohne Ausläufer. Schlauch am Grunde nicht schwammig, nervig-gestreift, breitflügelig berandet. Aehrchen rundlich-elliptisch, stumpf. . . . . . . **C. leporina** L.

Graubraun. Juni, Juli. Wiesen, Triften, Wege. Gemein. Var. mit weisslichen Bälgen: **C. argyroglochin** Horn. Wälder. Hier und da.

b. Aehrchen mit der Spitze kaum die Mitte der nächst oberen erreichend, meist alle gleichweit entfernt. Deckblatt kurz. Schlauch länger als der Balg.

1. Aehrchen rundlich, meist 4, etwas entfernt. Schläuche sternförmig-ausgebreitet, nervig, mit deutlich 2zähnigem Schnabel. Halm glatt. . . . . . . **C. stellulata** Good.

(**C. echinata** Murr.) Lederbraun. Mai, Juni. Feuchte Wiesen. Häufig.

2. Aehrchen länglich, 6—11, genähert, die Basis der nächst oberen überragend, eine schlanke Hauptähre bildend. Schlauch lanzettlich, mit der Spitze etwas zurückgekrümmt, nervig-gestreift. Schnabel schwach ausgerandet. Halm scharfkantig, rauh. **C. elongata** L.

Hellbraun, randhäutig. Halm anfangs 1—2 dm., später bis ½ m. verlängert. Mai, Juni. Sumpfwiesen, Gräben. Hier und da.

3. Aehrchen eiförmig-länglich, stumpf, 5—6, die unteren etwas entfernt. Schlauch eiförmig, aufrecht. Schnabel schwach ausgerandet. Halm glatt, oberwärts etwas rauh. . . . . **C. canescens** L.

Weisslich grün. Halm bis 3 dm. hoch. Mai, Juni. Sumpfwiesen, feuchte Waldstellen. Häufig.

c. Die unteren 3—4 Aehrchen weit von den oberen entfernt. Deckblätter den Halm überragend. Halm schlank, überhängend. . . . . **C. remota** L.

Weisslich grün. Mai, Juni. Sumpfstellen in Wäldern. Hier und da.

3. Rotte. CARICES LEGITIMAE.

I. Narben 2. Schlauch plattgedrückt.

A. Schlauch stumpf oder mit kurzem rundem Schnäbelchen,

glatt. Deckblatt nicht scheidig, geöhrt. Halm 3kantig. Blatt flach.

a. Alle Blattscheiden in Fasern zerreissend. Ohne Ausläufer. Männliche Aehrchen 1—2, weibliche 2—3, aufrecht, sitzend oder die unteren kurz-gestielt, dichtfrüchtig, 2—3 cm. lang. Oberstes weibliches Aehrchen an der Spitze oft männlich. Deckblätter kürzer als das männliche Aehrchen, Oehrchen lineal-länglich, fast immer in den Blattrand übergehend. Balg mit nicht auslaufendem oder fehlendem Mittelnerv. Schlauch flach, aussen deutlich 2—6nervig, meist länger als der Balg. Halm steif aufrecht, 1/2 m. und höher, oberhalb sehr rauh, am Grunde bleich. . . . . **C. stricta** Good.
Mai. Ufer, Sümpfe. Selten.

b. Untere Blattscheiden in Fasern zerreissend. Ohne Ausläufer. Männliche Aehrchen 1—2, weibliche 1—3, c. 1 cm. lang. Balg mit auslaufendem Mittelnerv. Schlauch beiderseits etwas gewölbt, nervenlos, feinpunktirt-rauh. Halm schlaff, 3—5 dm., am Grunde braun. . . . . **C. caespitosa** L.
(**C. pacifica** Drej.; **C. Drejeri** Lang.) Mai. Moorwiesen. Sehr selten.

c. Blattscheiden nicht in Fasern zerreissend. Stock mit kurzen Ausläufern.

1. Männliche Aehrchen meist 1, weibliche 2—4, stumpfwalzlich, dichtfrüchtig, höchstens 2½ cm. lang, aufrecht, unterste sitzend oder ganz kurz-gestielt. Die untersten Deckblätter nicht höher als das männliche Aehrchen; Oehrchen meist in den Blattrand übergehend. Balg länglich, breit-lanzettlich (meist stumpf). Schlauch elliptisch, aussen convex, innen flach, vielnervig. Halm 3 dm., oben etwas rauh. . . . . **C. vulgaris** Fr.
(**C. caespitosa** Good. non L.) April, Mai. Feuchte Wiesen. Gemein.

2. Männliche Aehrchen 2—3, weibliche 3—5, beiderseits verdünnt, 2½—5 cm. lang, schlank, nach unten oft sehr lockerblüthig, etwas nickend, unterstes kurz-gestielt, oberstes an der Spitze oft männlich. Unterste Deckblätter die männlichen Aehrchen überragend; Oehrchen

meist nicht in den Blattrand übergehend. Balg länglich-lanzettlich (zuweilen spitz). Schlauch keilförmig-elliptisch, beiderseits convex, auf dem Rücken undeutlich-, am Rande deutlich-nervig. Halm 1—6 dm. und höher, scharfkantig, oben sehr rauh. . . **C. acúta** L.

Mai. Ufer, Sümpfe. Häufig.

Anm. Die 4 letztgenannten Arten, besonders die 2 letzten, ändern vielfach ab und sind nicht scharf getrennt. Namentlich gilt dies von

C. ambigua Mch. (**C. Mönchiana** Wdr.). „Untere männliche Aehrchen unten weiblich. Schlauch kürzer als der Balg. Halm glatt, sonst wie C. acuta L."

C. affinis Wdr. „Antheren lang, braun. Weibliche Aehrchen 3—5, niemals überhängend, zuweilen sämmtlich oder zum Theil in männliche verwandelt. Balg langzugespitzt, länger als der Schlauch. Halm 1 m. hoch, am Grunde mit langen bräunlichen Schuppen."

B. Schlauch platt-geschnabelt, kahl, am Rande sägeartig-rauh. Gipfelährchen männlich und zum Theil weiblich, seitliche rein-weiblich. Blatt borstlich, rinnig, 2kantig. Halm stielrund, glatt. . . . . **C. Gaudiniana** Guthn.

Juni, Juli. Sümpfe. Sehr selten.

C. microstachya Ehrh. Schnabel glattrandig, übrigens der vorigen ähnlich. Juni. Torfwiesen. Sehr selten.

II. Narben 3. Schlauch 3kantig oder rund, nicht platt.

A. Schlauch mit kurzem rundem Schnabel oder ohne Schnabel. Männliches Aehrchen fast immer einzeln.

a. Schlauch kahl. Deckblätter blattartig.

α. Aehrchen fast sitzend, verkehrteiförmig, das Gipfelährchen 2geschlechtig, unten männlich. Deckblatt mit kurzer oder ohne Scheide. Schlauch 3kantig. Blattscheiden netzartig zerreissend. Stock kriechend.

C. Buxbaumii Wahlb.

Dunkelbraun mit grünem Nerv. April, Mai. Sumpfstellen. Sehr selten.

C. supina Wahlb. Gipfelährchen männlich, weibliche kugelig, sitzend. Schlauch 3kantig, 1—2 dm. hoch. Hellbraun. Sonnige Hügel. Sehr selten.

β. Aehrchen gestielt.

1. Blatt kahl, blaugrün. Aehrchen entfernt. Ausläufer.

* Deckblatt nicht- oder kurzscheidig. Aehrchen nickend oder hängend, dichtfrüchtig.

⁰ Aehrchen breit-elliptisch, männliche einzeln. Schlauch flach, vielnervig (besonders in der

Reife), so lang als der eiförmige, stachelspitzige Balg. Blatt schmal, rinnig-gefaltet. **C. limósa** L.
Gelb bis braun. Mai, Juni. Moorwiesen. Sehr selten.

°° Aehrchen walzlich, männliche meist 2. Schlauch elliptisch, nicht flach, nervenlos, etwas rauh, so lang als der länglich-lineale Balg. **C. glauca** L.
Rostbraun mit hellem Nerv. April, Mai. Feuchte Grasplätze. Waldränder. Häufig.

** Deckblatt scheidig mit kurzer Spreite. Aehrchen aufrecht, walzlich, lockerfrüchtig. Schlauch vielnervig, kugelig-verkehrteirund, doppelt so lang als der Balg. Halm unten beblättert. **C. panicea** L.
Schwarzbraun. Mai, Juni. Feuchte Orte. Gemein.

*** Deckblatt scheidig mit langer Spreite. Aehrchen locker, hängend. **C. maxima** und **strigosa** s. unten.

2. Blatt und Scheide behaart, hellgrün, schmal. Aehrchen genähert, nickend, länglich-elliptisch, dichtfrüchtig. Untere Deckblätter nicht- oder sehr kurzscheidig, am Grunde querfaltig, das männliche Aehrchen erreichend oder überragend. Schlauch eirund, stumpf, in der Blüthezeit kürzer als der eiförmig zugespitzte Balg. Grundständige Scheiden braun. Ausläufer fehlend. . . . . **C. pallescens** L.
Rostfarben mit grünem Mittelnerv. Mai. Feuchte Triften, Wiesen, Wälder. Häufig.

b. Schlauch behaart.

α. Deckblätter meist ohne Scheide. Aehrchen dichtfrüchtig, rundlich, eiförmig oder kurz-walzlich, wenig oder nicht gestielt, genähert.

1. Alle Aehrchen sitzend, meist dicht beisammen.

* Schlauch fast kugelrund, rauhfilzig. Weibliche Aehrchen (1—2) walzlich, stumpf, unterstes später etwas entfernt. Unterstes Deckblatt krautartig, kurzscheidig, abstehend. Ausläufer. **C. tomentosa** L.
April, Mai. Feuchte Wiesen und Triften. Selten.

** Schlauch nach dem Grunde merklich verschmälert, rauh-flaumhaarig. Weibliche Aehrchen rundlich-eiförmig.

° Bälge der männlichen Aehrchen nicht weissrandig, schwarzbraun, die der 1—2 weiblichen abgerundet, stachelspitzig. Deckblätter häutig, kurz. Ausläufer fehlend. . . . . **C. montana** L.

April, Mai. Wälder, Gebüsche. Hier und da.

°° Bälge der männlichen Aehrchen weissrandig.

† Deckblatt braun-häutig, umfassend, grannenartig-zugespitzt. Weibliche Aehrchen 1—2, länglich. Balg braun, mit weissem gewimpertem Rande, sehr stumpf. Stock lockerrasig, mit Ausläufern. . . . . . **C. ericetorum** Poll.

April, Mai. Sandige Hügel. Hier und da.

†† Deckblatt krautartig, aufrecht abstehend, die unteren das Aehrchen überragend. Weibliche Aehrchen kugelig, meist 3. Balg mit grünem Mittelnerv, stachelspitzig. Halme auswärts gebogen. Stock dichtrasig. Ohne Ausläufer. **C. pilulifera** L.

April, Mai. Haiden, Nadelholzgebüsche. Häufig.

2. Unterstes der 1—3 Aehrchen meist kurz-gestielt. Deckblätter meist häutig. Schlauch länglich-eiförmig. Balg stachelspitzig.

* Balg lanzettlich, länger als der flaumhaarige, allmählich in einen kurzen Schnabel verschmälerte Schlauch. Halm glatt. Stock mit Ausläufern. **C. praecox** Jacq.

März, April. Trockene Grasplätze, Wege. Gemein.

** Balg elliptisch, so lang oder kürzer als der zerstreut-rauhhaarige, plötzlich in einen kurzen Schnabel verdünnte Schlauch. Halm oberwärts scharf. Stock dicht rasig, meist ohne Ausläufer. **C. polyrrhiza** Wallr.

(**C. umbrosa** Hoppe.) Mai, Juni. Wälder. Hier und da. Wahrscheinlich nur Varietät von **C. praecox**. In der Abgrenzung, Beschreibung und Benennung derselben herrschen grosse Verwirrung und Widersprüche bei den Autoren.

β. Deckblätter häutig, scheidenförmig, fast ohne Spreite, die Stiele der c. 3 lockerfrüchtigen Aehrchen einschliessend. Stock nicht kriechend.

1. Weibliche Aehrchen c. 3blüthig, längs des Halmes stehend, von dem männlichen überragt. Schlauch verkehrteiförmig, gestielt. Blätter sehr schmal, rinnig-3kantig, länger als der mittelständige Halm.
C. húmilis Leysser.
April, Mai. Sonnige Kalkhügel. Sehr selten.

2. Weibliche Aehrchen linienförmig. Halme seitlich aus den Blattwinkeln einer mittelständigen Rosette. Blätter der blühenden Halme kurz, die der Rosette lang.
   * Das männliche Aehrchen von dem oberen weiblichen überragt, das unterste entfernt. Balg so lang als der keilförmig-verdünnte Schlauch, gezähnelt. . . . . **C. digitata** L.
   April, Mai. Schattige Wälder. Hier und da.
   ** Alle Aehrchen fingerartig nebeneinandergestellt. Balg kürzer als der Schlauch, ganzrandig. Halme meist niedergebogen. . . . . **C. ornithópoda** Willd.
   April, Mai. Waldwiesen, sonnige Hügel. Sehr selten.

B. Schlauch mit langem 2spaltigem Schnabel *).
a. Schlauch kahl. Aehrchen aufrecht, dicht.
α. Aehrchen kurz (höchstens 3 mal so lang als dick), sitzend oder nur das unterste gestielt; männliche 1 oder 2. Schlauch nervig, länger als der Balg. Wurzel faserig.

1. Weibliche Aehrchen 2—3, an der Spitze des Halmes genähert, rundlich oder eiförmig. Schlauch sparrig-abstehend. Deckblätter wagerecht abstehend oder zurückgebogen, den Halm überragend. Blatthäutchen fehlend.
   * Schnabel nach unten gekrümmt. Deckblatt kurzscheidig . . . . **C. flava** L.
   1—3 dm. hoch. Mai. Feuchte Wiesen. Sumpfstellen. Häufig.
   Var.: β. polystachya, mit 4—6 weiblichen Aehrchen.
   γ. lepidocarpa, Schlauch kleiner, kürzer geschnabelt. Deckblatt langscheidig.

---

*) Wegen des schwankenden Begriffes: langer oder kurzer Schnabel, ist es rathsam, zugleich die vorhergehende Abtheilung A. zu berücksichtigen.

** Schnabel meist gerade. Das unterste Aehrchen zuweilen tief unten stehend, mit lang-scheidigem Deckblatte. . . . . **C. Oedéri** Ehrh.

Halm schlaff, niedriger als **C. flava**. Blatt schmäler. Aehrchen kleiner. Schlauch stark-rippig, Schnabel kürzer. Wohl kaum specifisch von jener verschieden. Mai. Trockenere Stellen. Hier und da.

2. Weibliche Aehrchen meist 3, von einander entfernt, länglich-eirund. Deckblätter aufrecht. Das unterste Aehrchen auf dem Stiele aus der langen Scheide hervorragend. Schnabel gerade. Blatthäutchen dem Blatte gegenüberstehend.

* Unterstes Aehrchen um das 5—6fache seiner Länge von den übrigen entfernt. Schläuche anliegend, innen flach. Ohne Ausläufer. **C. distans** L.

Mai, Juni. Wiesen. Hier und da.

C. hordeistichos Vill. Schläuche abstehend, 3kantig, in den Schnabel allmählich verschmälert. Aehrchen 2—3 cm. lang. Sümpfe, Wiesen. April, Mai. Sehr selten.

** Unterstes Aehrchen um das 1—2fache seiner Länge von den übrigen entfernt. Schläuche abstehend, beiderseits convex. Halm glatt. Mit Ausläufern.

C. Hornschuchiana Hoppe.

Mai. Moore, Teiche, Wiesen. Selten.

Bastard: **C. Hornschuchiana-flava** Godr. = **C. fulva** Good. Schlauch aufgeblasen, meist leer, die unteren oft wagerecht abstehend. Blatt gelblich grün. Mai. Sumpfwiesen. Sehr selten.

β. Weibliche Aehrchen lang (2 cm. und länger), die oberen kurz gestielt. Deckblatt scheidenlos. Balg braun oder schwärzlich. Schnabel des Schlauches berandet, mit auseinanderstehenden Spitzen. Halm scharfkantig, ausser **ampullacea**. Stock kriechend.

1. Männliche Aehrchen 2—3, weibliche 2—3. Schlauch zusammengedrückt, kaum so lang als der Balg. Balg dunkelbraun, kurz-stachelspitzig, die unteren der männlichen Aehrchen stumpf. Blattscheide mit einem Fasernetz zerreissend. . . . . **C. paludósa** Good.

Mai. Gräben, Sümpfe, Ufer. Häufig.

2. Männliche Aehrchen 3—5, weibliche 3—4. Schlauch beiderseits gewölbt, kürzer als der Balg. Alle Bälge

lang-feinspitzig, hellbraun. Das unterste weibliche Aehrchen in der Reife etwas überhängend. Blattscheiden nicht faserig zerreissend. **C. ripária** Curtis.
Mai, Juni. Gräben, Sümpfe, Ufer. Hier und da.

3. Männliche Aehrchen 1—3, weibliche 2—3. Schlauch dünnhäutig, aufgeblasen, so lang oder länger als der Balg. Schnabel zusammengedrückt, mit auseinanderstehenden Spitzen. Bälge gelblich oder grünlich.

* Halm scharfkantig, rauh. Schlauch allmählich in den Schnabel verdünnt. Blatt fast flach, hellgrün. **C. vesicária** L.
Mai, Juni. Gräben, Sümpfe, Ufer. Häufig.

** Halm stumpfkantig, glatt. Schlauch plötzlich in den Schnabel verdünnt. Blatt rinnig, graugrün. **C. ampullácea** Good.
Mai, Juni. Gräben, Sümpfe, Ufer. Hier und da.

b. Schlauch kahl. Weibliche Aehrchen (3—6) lang, überhängend, männliche 1, seltener 2. Stock nicht kriechend.

1. Deckblatt kurz-scheidig. Aehrchen dichtfrüchtig. Schlauch starknervig, langgeschnabelt, Schnabel mit 2 auseinanderstehenden Spitzen. Balg lanzettlich-pfriemlich, grün, am Rande stachelzähnig. **C. Pseudo-Cypérus** L.
Juni. Gräben, Sumpfstellen. Selten.

2. Deckblatt lang-scheidig. Aehrchen lockerfrüchtig, dünn und schlaff. Schlauch nervenlos, lang-geschnabelt mit 2 vorgestreckten Spitzen. Balg eiförmig, durchsichtighäutig mit grünem Nerv, ganzrandig. Halm stumpfkantig, glatt, schlaff. . . . . **C. silvatica** Huds.
Juni. Waldwiesen. Zerstreut.
C. strigosa Huds. Schlauch 3kantig, nervig, allmählich verschmälert, vorn abgestutzt, nicht eigentlich geschnabelt. Stock kriechend. April, Mai. Wälder. Sehr selten.

3. Deckblatt lang-scheidig. Aehrchen unten locker-, nach oben dichtfrüchtig. Schlauch und der ziemlich kurze ausgerandete Schnabel 3kantig, häutig, nervig. Balg

breiteiförmig, häutig, lang-stachelspitzig. Blatt breit. Halm fast glatt. . . . . **C. maxima** Scop.

(C. pendula Huds.) Juni. Sumpfstellen. Sehr selten.

c. Schlauch kahl. Männliches Aehrchen 1, weibliches 2—3, lockerfrüchtig, aufrecht, auf langen Stielen aus den langen Deckblatt-Scheiden hervortretend. Schlauch langgeschnabelt, am Grunde stielartig verdünnt, länger als der Balg. Blätter am Rande und Mittelnerv gewimpert, die der unfruchtbaren Büschel länger als der Halm, die des Halmes mit verschwindender Spreite. Ausläufer.

C. pilósa Scop.

April, Mai. Bergwälder. Sehr selten.

d. Schlauch behaart. Aehrchen aufrecht. Schnabelspitzen auseinanderstehend. Stock kriechend.

1. Untere Deckblätter langscheidig. Untere Aehrchen langgestielt. Schnabel lang. Balg mit aufgesetzter Granne, bleich. Blatt und Scheide behaart, flach.

C. hirta L.

Mai, Juni. Sandige Stellen. Häufig. — Var. mit kahlem Halm und Blatt: C. hirtaeformis Pers.

2. Deckblätter ohne oder mit kurzer Scheide. Weibliche Aehrchen sitzend oder kurzgestielt. Schnabel ziemlich kurz. Balg braun, zugespitzt. Blatt schmal, rinnig, kahl. . . . . **C. filiformis** L.

Mai, Juni. Sümpfe und Moore. Selten.

114. Familie. GRAMINEAE Juss.

Gräser.

Erklärung der Kunstausdrücke.

Aehrchen: die Gesammtheit von einer oder mehreren Blüthen, insofern sie auf einem gemeinschaftlichen Stiele sitzen und von gemeinschaftlichen leeren Spelzen am Grunde gedeckt werden.

Hüllspelzen: die (meist 2) leeren Spelzen am Grunde des Aehrchens, = *glumae*, „Kelchspelzen", „Balg", „Klappen" anderer Schriftsteller.

Deckspelze: die die einzelne Blüthe nach aussen zunächst deckende Spelze, = *palea inferior s. exterior*, „äussere oder untere Blumenspelze."

Vorspelze: die unmittelbar unter der einzelnen Blüthe nach innen stehende Spelze, = *palea superior s. interior* „obere oder innere Blumenspelze".

Schüppchen (*lodiculae*), 2 zarte am Grunde des vorderen Staubfadens stehende Blättchen.

Blatthäutchen, der häutige Fortsatz an der Grenze zwischen der Blattscheide und Blattscheibe.

Die Angaben über Farbe beziehen sich in der Regel auf das Aehrchen.

a. Uebersicht der Gruppen.

Erste Reihe. Blüthen einhäusig.

Männliche Blüthen in einer endständigen Rispe, weibliche in seitenständigen Kolben. Aehrchen 2blüthig, die zweite weibliche Blüthe verkümmernd. Ohne Gipfelährchen.

1. OLYREAE.

Zweite Reihe. Blüthen zwitterig.

I. *Aehrchen mehr oder weniger gestielt, in Rispen oder in fingerartig gestellten Aehren*).*

A. Aehrchen einblüthig.

a. Hüllspelzen fehlend oder durch 4 kurze Borsten angedeutet. Aehrchen seitlich-zusammengedrückt, mit papierartigen Blumenspelzen. Narben seitlich hervortretend. Rispe. Mit Gipfelährchen. . . . . 2. ORYZEAE.

b. Hüllspelzen 4, die 2 oberen viel kleiner als die unteren. Aehrchen seitlich-plattgedrückt, parallel zur Spindel [o ◊]. Narben an der Spitze des Aehrchens hervortretend. Rispe. Mit Gipfelährchen.

3. PHALARIDEAE.

c. Hüllspelzen 3. Aehrchen vom Rücken her plattgedrückt, mit der Queraxe in einer Ebene mit der Spindel [o ()]. Mit Gipfelährchen.

α. Unterste Hüllspelze grösser als die oberen. Blumenspelzen dünnhäutig. Aehrchen zu 2 auf einem gemeinsamen Stielchen, das seitliche gestielte männlich, — ährenförmig. Narben seitlich hervortretend.

4. ANDROPOGONEAE.

β. Unterste Hüllspelze kürzer als die oberen. Blumen-

---

*) Nur bei Chamagrostis ist die Aehre einzeln.

spelzen papier- oder pergamentartig, an den Rändern umgeschlagen, das abfallende Früchtchen einschliessend. Aehrchen einzeln. Narben an der Spitze des Aehrchens hervortretend. . . . . 5. PANICEAE.

d. Hüllspelzen 2.

α. Aehrchen kurzgestielt, einzeln, in einseitigen fingerartig-gestellten Aehren, seitlich zusammengedrückt, mit der Queraxe parallel zur Spindel [o ◊], einblüthig oder mit einem Ansatz zu einer zweiten Blüthe. Ohne Gipfelährchen. . . . . 6. CHLORIDEAE.

β. Aehrchen deutlich-gestielt, in einer ausgebreiteten oder ährenförmig-gedrungenen Rispe oder sitzend, ährenförmig. Aehrchen einblüthig oder mit einem Ansatz zu einer zweiten Blüthe. Hüllspelzen so lang oder länger als die Blüthe. Früchtchen von den Blumenspelzen eingehüllt, mit denselben abfallend.

1. Aehrchen stielrund, in ausgebreiteter Rispe. Narben kurzgestielt, seitlich hervortretend. Deckspelze knorpelig. . . . . 7. STIPACEAE.

2. Aehrchen seitlich zusammengedrückt [<>], in ährenförmiger Rispe oder Aehre. Narben gestielt, aus der Spitze des Aehrchens hervortretend.
8. ALOPECUROIDEAE.

3. Aehrchen seitlich-zusammengedrückt, in ausgebreiteter Rispe. Narben fast sitzend, am Grunde des Aehrchens seitlich hervortretend. Deckspelze häutig.
9. AGROSTIDEAE.

B. Aehrchen 2- oder mehrblüthig, zuweilen eine der Blüthen männlich.

a. Narben seitlich am Aehrchen hervortretend, federig. Rispe (**Brachypodium**: Aehre).

α. Hüllspelzen kürzer als das ganze Aehrchen.

1. Aehrchenspindel lang-behaart. Unterste Deckspelze leer oder mit Staubfäden. Narben nur in der oberen Hälfte federig. . . . . 10. ARUNDINACEAE.

2. Aehrchenspindel kahl. Alle Deckspelzen mit Zwitterblüthen. Narben bis fast auf den Grund federig.
11. FESTUCACEAE.

β. Hüllspelzen fast so lang als das ganze Aehrchen. Narben bis fast auf den Grund federig.
12. AVENACEAE.

b. Narben aus der Spitze des Aehrchens hervortretend, fadenförmig. Hüllspelzen fast so lang als das ganze Aehrchen. Aehrenförmige Rispe, deren unterste 2 Aeste von je einer breiten Spelze gestützt werden.
13. SESLERIACEAE.

II. *Aehrchen sitzend, in den Ausschnitten der Spindel, eine einzige Hauptähre bildend.* . . 14. HORDEACEAE.

b. Uebersicht der Gattungen.

1. Gruppe. OLYREAE Kunth.

Hüllspelzen des weiblichen Aehrchens 3. Griffel sehr lang mit kurzen Narben. Weibliche Aehrchen meist zu 2. Schüppchen der weiblichen Blüthe fehlend. Halm markig.
1. **Zea** L.

2. Gruppe. ORYZEAE Kunth.

Deckspelze grannenlos, gekielt. Frucht ohne Furche, mit den Spelzen abfallend. . . . . 2. **Oryza** Tourn.

3. Gruppe. PHALARIDEAE Kunth.

a. Die 2 untersten Hüllspelzen fast gleichlang. Die 2 inneren viel kleiner als die undurchsichtige knorpelige Deckspelze, unbegrannt. Staubfäden 3. 3. **Phálaris** L.

b. Die unterste Hüllspelze halb so lang als die zweite. Die 2 inneren grösser als die durchsichtig-häutige Deckspelze, auf dem Rücken begrannt. Staubfäden 2.
4. **Anthoxanthum** L.

4. Gruppe. ANDROPOGONEAE.

Deckspelze der Zwitterblüthe mit einer geknieten Endgranne, Vorspelze pfriemlich oder fehlend. Die 2 untersten Hüllspelzen zuletzt erhärtend. Aehren 5—10, fingerartig gestellt. Halm markig. . . . . 5. **Andropógon** L.

5. Gruppe. PANICEAE.

a. Aehrchen ohne Borsten am Grunde. . 6. **Pánicum** L.
b. Grannenartige Borsten am Grunde der Aehrchen. Rispe ährenförmig. . . . . 7. **Setária** P. de B.

6. Gruppe. CHLORIDEAE.

Hüllspelzen gekielt, die untere kürzer. Narben unter der Spitze vortretend, am Grunde verbunden. 8. **Cýnodon** Rich.

7. Gruppe. STIPACEAE.

a. Hüllspelze zugespitzt, Deckspelze mit einer 3 dm. langen endständigen 2 mal geknieten, unten gedrehten, oberwärts gewundenen Granne, eingerollt. Ausser den beiden vorderen Schüppchen am Grunde der Staubfäden noch ein drittes nach hinten. Frucht mit einer Furche. 9. **Stipa** L.
b. Alle Spelzen weder begrannt noch zugespitzt. Kein hinteres Schüppchen. Frucht ohne Furche. 10. **Mílium** L.

8. Gruppe. ALOPECUROIDEAE.

a. Aehrchen sitzend, in einer 2zeiligen Aehre. Spelzen auf dem Rücken abgerundet, nicht gekielt. Deckspelze grannenlos. . . . . 11. **Chamagrostis** Borkh.
b. Aehrchen gestielt in ringsum gleichmässiger ährenförmiger Rispe. Hüllspelzen und Deckspelze gekielt.
  1. Hüllspelzen gestutzt und stachelspitzig, am Grunde frei. Deckspelze meist grannenlos. Vorspelze vorhanden. Narben getrennt. . . . . 12. **Phléum** L.
  2. Hüllspelzen nicht gestutzt und stachelspitzig, am Grunde verwachsen. Deckspelze am Rücken begrannt, am Grunde schlauchartig verwachsen. Vorspelze gewöhnlich fehlend. Narben auf gemeinschaftlichem Stiele. 13. **Alopecúrus** L.

9. Gruppe. AGROSTIDEAE.

a. Deckspelze am Grunde kahl oder kurzbehaart.
1. Untere Hüllspelze länger als die obere. Kein Ansatz zu einer zweiten Blüthe. . . . . 14. **Agrostis** L.
2. Untere Hüllspelze kürzer und schmäler als die obere. Borstenförmige Fortsetzung der Aehrenaxe am Grunde der Blüthe. . . . . 15. **Apéra** Adans.

b. Lange Haare am Grunde der Deckspelze.
16. **Calamagrostis** Roth.

10. Gruppe. ARUNDINACEAE.

Aehrchen 4—6blüthig. Blatthäutchen in abfallende Wimpern aufgelöst. . . . . 17. **Phragmítes** Trin.

11. Gruppe. FESTUCACEAE.

A. Deckspelze am Rücken rund, nicht zugespitzt oder begrannt.
a. Deckspelzen bauchig-gewölbt, am Grunde herzförmig*). Aehrchen rundlich-herzförmig, 5—9blüthig. Rispe einseitig, ausgebreitet, mit rundlicher Spindel.
18. **Bríza** L.
b. Aehrchen eiförmig, 2—3blüthig. Deckspelze 3rippig, an der Spitze gestutzt und gezähnelt. Frucht ohne Furche. Rispe gleichseitig, ausgebreitet, mit rundlicher Spindel. . . . . 19. **Catabrósa** P. B.
Aehrchen eiförmig, 1—2blüthig, nickend in zusammengezogener armblüthiger Rispe: **Melica** s. unter **Avenaceae.**
c. Aehrchen länglich oder lineal, 4—12blüthig. Deckspelze 5—7rippig, an der Spitze abgerundet, ganzrandig. Frucht mit tiefer Furche. Rispe einseitig-ausgebreitet, mit 3kantiger Spindel. . 20. **Glycéria** RBr.

B. Deckspelze am Rücken rund, an der Spitze begrannt oder spitz. Frucht mit einer Furche. Aehrchen vielblüthig.

---

*) Die hier und bei den folgenden Gattungen gesperrt gedruckten Merkmale zeichnen die betreffenden Gattungen vor allen übrigen aus.

a. Ein kammförmiges steriles Aehrchen am Grunde eines jeden Rispenzweiges. Rispe ährenförmig, einseitig. . . . . 21. **Cynosúrus** L.

b. Aehrchen einzeln, fast sitzend, in einer 2zeiligen Aehre, mit der Seite gegen die Spindel gekehrt [o ◊]. Vorspelze an den Kielen steif-kammartig-gewimpert. Narben auf dem kahlen Gipfel des Fruchtknotens sitzend. Blattscheide offen. Blatthäutchen verlängert, zerschlitzt, nicht geöhrt. Frucht nicht mit den Spelzen verwachsend. . . . . 22. **Brachypódium** P. B.

c. Aehrchen gestielt, meist rispenartig. Frucht mit den Spelzen verwachsend.

α. Narben auf dem Gipfel des Frucktknotens sitzend. Vorspelze an den Kielen anliegend-feingewimpert. Rispe einseitig, selten eine Aehre. Spindel 3kantig. Blattscheide offen. . . . . 23. **Festúca** L.

β. Narben unterhalb des behaarten Gipfels des Fruchtknotens eingefügt. Vorspelze an den Kielen meist steif-kammartig-gewimpert. Rispe nicht einseitig, Spindel meist rundlich. Blattscheide geschlossen. Blatthäutchen verlängert, zerschlitzt, nicht geöhrt.
24. **Bromus** L.

C. Deckspelze am Rücken gekielt, nicht zugespitzt oder begrannt. Frucht ohne Furche, mit den Spelzen nicht verwachsend.

a. Deckspelzen in der Reife mit je einem Gliede der Spindel abfallend.

α. Aehrchen mehrblüthig. Deckspelze vom Grunde an gekielt. Narben am Grunde (bei **P. dura** in der Mitte) hervortretend. . . . . .25. **Poa** L.

β. Aehrchen 3blüthig, die oberste Blüthe steril. Deckspelze unten bauchig, nach oben gekielt. Narben in der Mitte seitlich hervortretend. Hüllspelzen fast so lang als das Aehrchen. . . . . . . 26. **Molínia** Mch.

b. Deckspelzen in der Reife von der bleibenden Spindel abfallend. . . . . **Eragrostis** P. B.

E. **megastachya** Lk. Aehrchen länglich-lineal, 15—20blüthig. Rispenäste zu 1 oder 2. ⊙ Juli, August. Sandige Felder, Wege. Sehr selten.

D. Deckspelze am Rücken gekielt, zugespitzt oder begrannt. Frucht ohne Furche, mit den Spelzen nicht verwachsend.

a. Rispe gleichseitig, gedrängt, schmal, Spindel rund. Aehrchen gleichmässig-zusammengedrückt. Schüppchen ohne Zahn. Blattscheide offen. . . . . 27. **Koeléria** Pers.

b. Rispe einseitig, mit knäuelartigen Lappen, etwa so breit als lang, Spindel 3kantig. Aehrchen auf der inneren Seite concav, auf der äusseren convex. Schüppchen mit einem langen Zahne. Blattscheide geschlossen. 28. **Dáctylis** L.

12. Gruppe. AVENACEAE.

A. Deckspelzen grannenlos, ganzrandig-stumpf, gewölbt. Aehrchen 1—2blüthig mit einem keulenförmigen Ansatz zu einer oberen Blüthe. Blattscheide 4kantig. Frucht ohne Furche. 29. **Mélica** L.

B. Deckspelzen an der Spitze gespalten mit einer Stachelspitze in der Spalte, auf dem Rücken gewölbt, derb. Aehrchen 3- bis mehrblüthig. Frucht ohne Furche. 30. **Triódia** RBr.

C. Deckspelzen oberhalb der Mitte mit je einer geraden keulenförmigen, in der Mitte gegliederten Granne. Aehrchen 2blüthig. Frucht mit schmaler Furche. 31. **Corynéphorus** P. B.

D. Deckspelzen aus dem Rücken oder dem Grunde mit fadenförmiger gedrehter, oft geknieter Granne.

a. Alle Blüthen zwitterig. Alle Deckspelzen begrannt. Frucht mit einer Furche.

1. Deckspelze abgestutzt und gezähnelt. Aehrchen 2blüthig, aufrecht. . . . . 32. **Áira** L.

2. Deckspelze 2zähnig oder 2spaltig. Granne gekniet. Aehrchen 2- oder mehrblüthig. . . . 33. **Avéna** L.

b. Untere Blüthe männlich mit einer langen geknieten Granne unter der Mitte der gewölbten 2zähnigen Deckspelze, obere Blüthe zwitterig, ohne (oder mit einer kürzeren, oberhalb der Mitte eingefügten) Granne. Frucht ohne Furche, flaumig. . . 34. **Arrhenathérum** P. B.

c. Obere Blüthe männlich mit einer Granne unter der Spitze der gekielten ganzrandigen Deckspelze, untere Blüthe zwitterig, ohne Granne. Deckspelze papierartig, glänzend. Frucht mit schwacher Furche, kahl.
35. **Holcus** L.

13. Gruppe. SESLERIACEAE.

Aehrchen 2—6blüthig. Deckspelze gekielt, in einer oder mehreren Stachelspitzen (die mittlere grannenförmig) endigend. Schüppchen länger als der Fruchtknoten, 3—5zähnig. Frucht ohne Furche. . .-. . . . . . . 36. **Sesléria** Ard.

14. Gruppe. HORDEACEAE.

A. Aehrchen einzeln, 2zeilig an der Aehrenspindel sitzend, 2- oder mehrblüthig.

a. Aehrchen mit dem Rücken gegen die Spindel (die beide Rücken verbindende Queraxe in einer Ebene mit der Spindel) [o <>], mehrblüthig, die seitlichen mit einer, das Gipfelährchen mit 2 (nicht gekielten) Hüllspelzen. Frucht an der Spitze kahl. . . . . . . 37. **Lólium** L.

b. Aehrchen mit der Seite gegen die Spindel gestellt (Queraxe der Spindel gekreuzt) [o ◊]. Hüllspelzen 2, gekielt.

1. Aehrchen 3—6blüthig. Hüllspelzen eiförmig oder eilanzettlich, mehrnervig. Mit einem ausgebildeten Gipfelährchen (ausgenommen **T. monococcum** L.).
38. **Tríticum** L.

2. Aehrchen 2blüthig mit dem Ansatz zu einer dritten Blüthe. Hüllspelzen pfriemlich, einnervig. Ohne vollkommenes Gipfelährchen. . . . . 39. **Secále** L.

3. Aehrchen vielblüthig, etwas gestielt, s. oben **Brachypodium** (FESTUCACEAE).

B. Aehrchen meist einblüthig, zu 2—4 nebeneinander, parallel der Spindel [o ◊]; die (6) pfriemlichen ungekielten Hüllspelzen nach vorn stehend. Fruchtknoten oben behaart.

a. Aehrchen einblüthig, zu dreien, die beiden seitlichen oft männlich oder steril. Aehre ohne Gipfelährchen. 40. **Hórdeum** L.

b. Aehrchen ein- oder mehrblüthig, zu 2—4, alle zwitterig. Aehre mit Gipfelährchen. . . 41. **Elymus** L.

C. Aehrchen einblüthig, einzeln in einseitiger fadenförmiger Aehre. Hüllspelzen fehlend oder verkümmert. Deckspelze pfriemförmig-zugespitzt. Schüppchen fehlend. Fruchtknoten lang-zugespitzt. Narbe einzeln, lang, flaumig. . . . . 42. **Nardus** L.

D. Aehrchen einblüthig, einzeln, in 2zeiligen Aehren. Narben 2, fadenförmig. Hüllspelzen 2. S. oben **Chamagrostis** (ALOPECUROIDEAE).

1. **Zea** L. *Mais.*

Blatt lanzettlich, Scheiden den Halm ganz bedeckend. Kolben von mehreren Blättern eingehüllt. . . . **Zea Mays** L.

Welschkorn, *türkischer Weizen*. Frucht gelb, roth, braun. 1—2 m. hoch. ⊙ Juni—August. Cultivirt, aus Südamerika.

Orýza Tourn. *Reiss.*

Deckspelze 5rippig, steif-gewimpert, Vorspelze einrippig. Rispe oft eingeschlossen bleibend. Aeste schlängelig. Blatt gelbgrün, scharf, besonders am Rande rückwärts-rauh.

O. clandestina ABr.

(**Leersia oryzoides** Sw.) ♃ August, September. Flussufer, Lachen, Gräben. Zum Theil häufig.

3. **Phálaris** L. *Glanzgras.*

a. Aehrchen traubig in ausgebreiteter Rispe. Aeussere Hüllspelzen nicht geflügelt, 3—5rippig. Blatt kahl, am Rande scharf, 1—2 cm. breit. . . **Ph. arundinácea** L.

(**Baldingera colorata** Fl. W.) ♃ Juni, Juli. Ufer. Häufig. In Gärten als Zierpflanze var. β. **picta**, *Bandgras*, *spanisches Gras*, mit grün- und weissgestreiftem Blatt.

b. Aehrchen in eiförmiger Scheinähre. Aeussere Hüllspelzen am Rücken geflügelt, am Rande einnervig. Blatt 1 cm. breit. . . . . **Ph. canariensis** L.

Canarienhirse. ⊙ Juli, August. Aus Südeuropa, verwildert, selten.

4. Anthoxanthum L. *Ruchgras.*

Rispe ährenförmig. Innere Hüllspelzen behaart.

A. odoratum L.

♃ Mai, Juni. Wohlriechend. Wiesen, Triften. Gemein.

5. Andropógon L. *Bartgras.*

Untere Hüllspelze des Zwitterährchens behaart (beim männlichen Aehrchen kahl), 5—7, obere 3nervig. Spindel der Aehren behaart. Blatt rinnig blaugrün oder braunlich, Scheide gerippt. . . . . **A. Ischaemum** L.

♃ Juli, August. Trockene Hügel, Wegeränder. Selten. — Von **Panicum sanguinale** durch die Grannen, durch paarweise Aehrchen und durch die behaarte Achre, von **Cynodon Dactylon** ebenso und ausserdem durch vom Rücken zusammengedrückte Aehrchen verschieden.

6. Pánicum L. *Hirse. Fennich.*

a. Aehrchen in linealen, einseitigen, fingerartig gestellten Aehren. Grannenlos. Aehrenspindel platt.

(*Digitaria* P. B.)

Von **Andropogon** durch grannenlose einzelnstehende Aehrchen, kahle Aehren, einjährigen Stock, von **Cynodon** durch vom Rücken flachgedrückte Aehrchen und einjährigen Stock verschieden.

1. Blatt und Scheide zerstreut-haarig und kurz-flaumig. Aehrchen länglich-lanzettlich, zugespitzt. Aehren 4—7. Halm aufrecht oder aufsteigend. . . **P. sanguinale** L.

   Bluthirse. Ganze Pflanze roth-überlaufen. ⊙ Juli—September. Aecker. Selten. Var.:

   β. **ciliare** (**P. ciliare** Retz.), oberste Hüllspelze an den äussersten Seitenrippen gewimpert. Sehr selten.

2. Blatt und Scheide kahl. Aehrchen elliptisch-eiförmig. Aehren meist 3—4. Halme hingestreckt.

   P. glabrum Gaud.

   (**P. filiforme** Gke.) Pflanze oft roth überlaufen. ⊙ Juli—September. Aecker, sonnige Hügel. Zerstreut.

b. Aehrchen in einseitigen rispenartig gestellten Aehren. (*Echinochloa* P. B.)

Oberste Hüllspelze mehr oder weniger begrannt. Rispe

länglich, einseitig, aufrecht. Halm aufrecht oder mit einem Knie aufsteigend. . . . . **P. Crus** galli L.

⊙ Juli—September. Aecker, Schutt, Gräben. Hier und da. — Var. nach der Länge der Granne: α. **brevisétum**, β. **longisétum**.

c. Aehrchen an langen welligen Stielen, in ausgebreiteter, überhängender Rispe. (*Milium* P. B.)

Aehrchen elliptisch, spitz, grannenlos. Blatt abstehend-behaart. . . . . *P. miliáceum* L.

Hirse. ⊙ Juli. Culturpflanze aus Ostindien.

7. **Setária** P. B. *Borstengras.*

a. Borsten mit abwärts gerichteten Häkchen, blassgrün. Zweite Hüllspelze so lang als die oberste. Aehre walzlich, unten etwas unterbrochen. . . **S. verticillata** P. B.

(**Panicum verticillatum** L). Blatt blassgrün. ⊙ Juli—September. Sandplätze, angebaute Orte, kiesige Ufer. Sehr selten.

b. Borsten mit aufwärts gerichteten Zähnen, blassgrün, meist viel länger als das Aehrchen. Zweite Hüllspelze so lang als die oberste. Deckspelze ziemlich glatt und flach. Aehre dicht walzlich. . . . . . . **S. viridis** P. B.

(**Panicum viride** L.) Blatt grasgrün. ⊙ Juli, Aug. Aecker, Raine. Häufig. Var. Rispe überhängend, Hauptspindel behaart: **S. germanica** P. B.

S. italica P. B. Rispe doppelt zusammengesetzt, lappig. Angebaut, aus Südeuropa.

c. Borsten mit aufwärts gerichteten Zähnen, fuchsroth. Zweite Hüllspelze halb so lang als die oberste. Deckspelze q u e r r u n z e l i g, starkgewölbt. Aehre dicht-walzlich. **S. glauca** P. B.

(**Panicum glaucum** L.) Blatt graugrün. ⊙ Juli, Aug. Sandige Aecker. Häufig.

8. **Cýnodon** Rich. *Hundszahn.*

Aehren zu 3—5. Blatt unterseits behaart. Stock kriechend. **C. Dáctylon** Pers.

♃ Juli, August. Sandfelder, Flussufer. Sehr selten. — Von **Panicum sanguinale** durch das seitlich-flache Aehrchen und den kriechenden Stock, — von **Andropogon** ausserdem durch den Mangel von Grannen, durch die kahle Aehre und das einzelnstehende Aehrchen verschieden.

9. **Stípa** L. *Pfriemgras.*

Rispe armblüthig, am Grunde von einer Blattscheide eingeschlossen. Blatt fadenförmig, blaugrün.

a. Granne oberhalb des Knies federartig, überhängend. **St. pennata** L.

♃ Juni. Trockene Hügel. Sehr selten.

b. Granne kahl, oberer Theil korkzieherartig gewunden. **St. capillata** L.

♃ Juli. Trockene Hügel. Sehr selten.

10. Milium L. *Flattergras. Waldhirse.*

Rispe ausgebreitet mit zarten wagerechten Aesten. Aehrchen eiförmig. Blatt flach, lanzettlich zugespitzt, hellgrün, glatt. Blatthäutchen lang. . . . . **M. effúsum** L.

½—1 m. hoch. ♃ Mai, Juni. Laubwälder. Häufig.

11. Chamagrostis Borkh. *Zwerggras.*

Halme fadenförmig, links gewunden. 3—8 cm. hoch, in kleinen Rasen. Blatt fadenförmig, kurz. **Ch. minima** Borkh.

(**Mibora verna** P. B.) Meist violett. ⊙ März, April. Sandfelder. Sehr selten.

12. Phléum L. *Lieschgras.*

a. Hüllspelzen gerade-abgestutzt mit aufgesetzter Granne, am Kiele steifhaarig-gewimpert. Kein stielförmiger Fortsatz am Grunde der Vorspelze. Scheinähre nicht lappig, beiderseits stumpf. . . . . **Ph. pratense** L.

Timothygras. ♃ Juni, Juli. Wiesen, Grasplätze. Häufig. — Var. β. **nodosum**, Halm am Grunde knollig verdickt; an trockenen Raiuen, seltener.

b. Hüllspelzen schief-abgestutzt, plötzlich in die Stachelspitze verschmälert, am Kiele meist nur rauh. Ein stielförmiger Fortsatz am Grunde der Vorspelze. Scheinähre (beim Biegen) lappig.

1. Hüllspelzen lanzettlich, zusammengedrückt. Blatthäutchen zugespitzt. . . . . **Ph. Boehmeri** Wib.

♃ Juni, Juli. Sonnige Hügel, felsige Orte. Selten.

2. Hüllspelzen keilförmig, kantig, nach oben aufgeblasen. Blatthäutchen stumpf. Stock ohne ausdauernde Blätterbüschel neben den Halmen. . . . . . **Ph. ásperum** Vill.

⊙ Mai—Juli. Aecker, Wegeränder. Selten.

Ph. arenarium L. Hüllspelzen lanzettlich. Narben sehr kurzgestielt. Ohne ausdauernde Laubtriebe. ⊙ Juni, Juli. 1—2 dm. hoch. Sandhaiden. Sehr selten.

Ph. Michelii All. Hüllspelzen sanft-zugespitzt, am Kiele borstig-gewimpert. ♃ Wiesen. Sehr selten.

13. **Alopecúrus** L. *Fuchsschwanz.*

a. Halm aufrecht, 1/3—1 m. hoch. Hüllspelzen zugespitzt, bis gegen die Mitte verwachsen. Granne grundständig, hervorragend, 2 mal so lang als die Deckspelze. Blatt grasgrün.

1. Hüllspelzen halb-lanzettlich, weichhaarig, am Kiele abstehend-gewimpert. Scheinähre gleichmässig-dick, mit 4—10ährigen Aesten. Halm glatt. Ausdauernd. **A. pratensis** L.

♃ Mai—August. Wiesen, Grasplätze. Gemein.

2. Hüllspelzen lineal-lanzettlich, kahl, am Kiele schwach- und anliegend-gewimpert. Scheinähre beiderseits verschmälert, mit 1—2ährigen Aesten. Halm oberwärts scharf. Einjährig. . . . . **A. agrestis** L.

⊙ Juni, Juli. Aecker, Raine. Selten.

b. Halm am Grunde liegend, mit einem Knie aufsteigend, c. 3 dm. hoch, glatt. Hüllspelzen stumpf, flaumig, am Kiele abstehend-gewimpert, nur am Grunde verwachsen. Scheinähre gleichmässig-dick. Blatt graugrün.

1. Granne nahe am Grunde der Deckspelze entspringend, gekniet, 2 mal so lang als diese. Aehrchen breit elliptisch. Anthere in der Blüthezeit gelblich weiss. Aeste der Scheinähre 2—5ährig . . . . . **A. geniculatus** L.

⊙ Mai—August. Gräben, Sümpfe, Wege. Häufig.

2. Granne aus der Mitte der Deckspelze, gerade, 1½ mal so lang als diese (kaum hervorragend). Aehrchen länglich. Anthere in der Blüthezeit rothgelb. Aeste der Scheinähre 4—8ährig. . . . . **A. fulvus** Sm.

(A. paludosus P. B.) ⊙ Mai—August. Gräben, Sümpfe. Häufig.

14. **Agrostis** L. *Straussgras.*

a. Blatt flach, in der Knospe gerollt. Vorspelze vorhanden. Deckspelze meist unbegrannt.

1. Blatthäutchen länglich und spitz. Rispe schmal-kegelförmig, nach der Blüthe zusammengezogen. **A. alba** Schrad.

(A. stolonifera L.) ♃ Juni, Juli. Wiesen, Gräben. Häufig. — Var. β. gigantea Gaud. grösser, reichblüthig, meist begrannt; — γ. stolonifera E.M. niedrig, kriechend.

2. Blatthäutchen sehr kurz, abgestutzt. Rispe länglich-eiförmig, auch nach der Blüthezeit ausgebreitet.

A. vulgaris With.

♃ Juni, Juli. Wegeränder, Triften, Wiesen. Gemein. — Var. β. pumila, krüppelhaft, mit brandigen Aehrchen, an dürren Orten; — γ. stolonifera mit kriechenden Ausläufern.

b. Blatt zusammengefaltet, borstenförmig. Deckspelze meist begrannt, an der Spitze gekerbt. Vorspelze meist fehlend.

A. canina L.

♃ Juli. Feuchte Wiesen, Gräben, Sümpfe. Häufig.

15. **Apéra** Adans. *Windhalm.*

Deckspelze unter der Spitze lang-begrannt. Vorspelze vorhanden. Blatt flach.

a. Rispe ausgebreitet. Anthere lineal-länglich.

A. Spica venti Adans.

(Agrostis L.) ⊙ Aecker, Dämme. Gemein.

b. Rispe schmal zusammengezogen. Anthere rundlich-eiförmig.

A. interrupta P. B.

⊙ Juni, Juli. Aecker. Sehr selten.

16. **Calamagrostis** Roth. *Reithgras. Schilf.*

a. Untere Hüllspelze etwas länger als die obere. Ohne stielartigen Fortsatz am Grunde der Vorspelze. Haare so lang oder länger als die Deckspelze.

1. Granne aus der gespaltenen oder gezahnten Spitze der Deckspelze, sehr kurz. Rispe ausgebreitet.

C. lanceolata Roth.

(Arundo Calamagrostis L.) c. 1 m. hoch. ♃ Juli, August. Feuchte Wiesen, Gräben. Selten.

2. Granne am Rücken der Deckspelze unterhalb der Mitte eingefügt. Hüllspelzen lanzettlich-zugespitzt. Rispe schlaff abstehend, nicht gelappt. . . **C. Halleriana** DC.

c. 1 m. hoch. ♃ Juli, August. Wälder. Sehr selten.

3. Granne am Rücken der Deckspelze aus der Mitte entspringend. Hüllspelzen in eine zusammengedrückte pfriemförmige Spitze auslaufend. Rispe straff aufrecht, knäuelig-gelappt. . . . . **C. Epigeios** Roth.

1—1½ m. hoch. ♃ Juli, August. Wälder, Ufer. Hier und da.

b. Untere Hüllspelze etwas länger als die obere. Stielartiger Fortsatz am Grunde der Vorspelze. Granne rückenständig, viel länger als die Spelze, aus dem Aehrchen hervorragend, gekniet.

1. Haare wenigstens halb so lang als die Deckspelze. **C. montana** Host.

(**C. varia** Lk.) 1/3—1 m. hoch. ♃ Juli, August. Bergwälder. Selten. **C. stricta** Spr. = **C. neglecta** Fl. W. Granne gerade, kaum so lang als die Spelze. Rispe straff, schmal. Feuchte Wälder. Sehr selten.

2. Haare 4 mal so kurz als die Deckspelze. **C. arundinácea** Roth.

(**C. silvatica** DC. 1/2—1 m. hoch. ♃ Juli, August. Wälder. Häufig.

c. Untere Hüllspelze etwas kürzer als die obere. Stielartiger Fortsatz am Grunde der Vorspelze. Deckspelze unterhalb der gespaltenen Spitze mit einer Stachelspitze. Haare 1/3 so lang als die Deckspelze. Rispe ährenförmig-gedrungen. Blatt graugrün, eingerollt mit steifer Spitze. Stock weitkriechend. . . . . . **C. arenaria** Roth.

(**Ammophila arundinacea** Host, **Psamma arenaria** K.) *Sandhalm.* 1/3—1 m. hoch. ♃ Juni—August. Flugsand. Sehr selten.

17. **Phragmítes** Trin. *Rohr. Schilf.*

Hüllspelzen schmal-lanzettlich, Deckspelze pfriemlich, doppelt so lang als die lineale, spitze Vorspelze. Rispe aufrecht ausgebreitet, nach der Blüthezeit zusammengezogen, überhängend. Halm 1—3 m. hoch. Wurzelstock kriechend. **Ph. communis** Trin.

(**Arundo Phragmites** L.) ♃ Ufer von fliessenden und stehenden Gewässern. Häufig.

18. **Briza** L. *Zittergras.*

Blatt lineal, lang-zugespitzt. Blatthäutchen kurz, gestutzt. **B. media** L.

♃ Mai, Juni. Wiesen, Triften. Gemein.

19. **Catabrósa** P. B. *Quellgras.*

Blatt etwas abstehend. Stock kriechend. **C. aquatica** P. B.

(**Glyceria aquatica** Presl., **Aira** L.) Meist violett-angelaufen. 3—6 cm. hoch. Gräben, stehende Gewässer. Selten.

20. **Glycéria** RBr. *Schwaden. Süssgras.*

a. Deckspelze stark-7nervig. Rispenäste in der Reife aufrecht. Blatt freudiggrün, Scheide der ganzen Länge nach geschlossen. Stock kriechend.

1. Rispe einseitswendig, unterste Aeste meist mit einem kurzen grundständigen, meist nur einjährigen Zweige. Aehrchen 7—11blüthig, lineal-walzlich; Deckspelzen länglich-lanzettlich, etwas spitz. Staubbeutel violett. Halm aufsteigend, bis 1 m. hoch. . . . **G. fluitans** RBr.
Schwaden- oder *Mannagras.* Aehrchen blassgrün. ♃ Mai—Juli. Gräben. Gemein.

2. Rispe fast gleichmässig ausgebreitet, unterste Aeste mit 3—4 grundständigen mehrährigen Zweigen. Aehrchen 7—11blüthig, länglich; Deckspelzen länglich, stumpf. Staubbeutel gelb. Halm wie bei voriger. **G. plicata** Fr.
Aehrchen blassgrün. ♃ Juni, Juli. Gräben. Selten.

3. Rispe gleichmässig ausgebreitet, sehr verzweigt. Unterste Aeste mit zahlreichen grundständigen, vielährigen Zweigen. Aehrchen 4—7blüthig, länglich zusammengedrückt; Deckspelzen länglich, stumpf. Halm aufrecht, 1—2 m. hoch. . . . . **G. spectabilis** M. K.
(**G. aquatica** Wahlb., **Poa aquatica** L.) Aehrchen meist röthlich angelaufen. ♄ Juli, August. Ufer. Häufig.

b. Deckspelze schwach-5nervig, abgestutzt. Rispenäste allseitig, vor der Blüthe aufrecht, zur Blüthezeit abstehend, in der Reife abwärts gebogen. Aehrchen 4—6blüthig. Blatt blaulich grün, Scheide nur am Grunde geschlossen. **G. distans** Wahlbg.
Oft röthlich angelaufen. 3—6 dm. hoch. ♃ Gräben, Wiesen, Wege, besonders auf Salzboden. Selten.

21. **Cynosúrus** L. *Kammgras.*

Blatt schmal, flach. Blatthäutchen kurz-abgestutzt. **C. cristatus** L.
3—6 dm. hoch. ♃ Juni, Juli. Wiesen, Triften. Gemein.

22. **Brachypodium** P. B. *Zwenke.*

a. Granne länger als die Deckspelze. Aehre überhängend. Blatt schlaff. Stock rasenförmig. **B. silvaticum** R. et Sch.
6—9 dm. hoch. ♃ Juni—August. Lichte Waldstellen, Gebüsche. Hier u. da.

b. Granne kürzer als die Deckspelze. Aehre meist aufrecht. Blatt steif. Stock kriechend.

B. pinnatum B. et Sch.

6—9 dm. hoch. ♃ Juni—August. Hügel, Waldränder, Gebüsche. Hier und da.

23. Festúca L. *Schwingel.*

A. Blatt borstenförmig, Blatthäutchen 2öhrig. Rispe ährig-zusammengezogen, einseitig. Rispenästchen verdickt. Deckspelze lanzettlich-pfriemförmig, sehr lang begrannt. Staubfaden 1. Einjährig.

a. Rispe meist bogenförmig-nickend. Unterster Ast viel kürzer als die Rispe. Obere Hüllspelze 3 mal so lang als die untere, nur die Mitte der nächsten Deckspelze erreichend. Halm fast bis zur Rispe mit Blattscheiden bedeckt. . . . . **F. Myúrus** Ehrh.

(**V. Pseudo-Myuros** S. Willem., **Vulpia Myuros** Gmel.) 1½—3 dm. hoch. ⊙ Mai—August. Trockene Hügel, Sandfelder, Wege. Selten.

b. Rispe aufrecht; unterster Ast die Mitte der Rispe erreichend. Obere Hüllspelze 2 mal so lang als die untere, beinahe die Granne der nächsten Deckspelze erreichend. Oberer Theil des Halmes nackt. . **F. sciuroides** Roth.

(**F. bromoides** Sm., **Vulpia bromoides** Gmel.) 1½ dm. hoch. ⊙ Mai—Aug. Trockene Hügel, Sandfelder. Selten.

B. Wurzelblätter borstenförmig. Blatthäutchen 2öhrig, sehr kurz. Rispenäste zart. Deckspelze lanzettlich, länger als ihre Granne oder grannenlos. Staubfäden 3. Ausdauernd.

a. Halmblätter borstenförmig. Stock dichtrasig, nicht kriechend. Rispe aufrecht. . . . . **F. ovina** L.

3—6 dm. hoch. ♃ Mai. Juni. Sandige Triften, steinige Orte. Var.:

α. **vulgaris** K., bis 4 dm. hoch, Blatt sehr dünn, bläulich oder grasgrün. Aehrchen begrannt oder unbegrannt (**tenuifolia** Sibth.), diese noch kleiner, grasgrün. Gemein.

β. **duriuscula** L., spec. pl., bis 5 dm. hoch. Aehrchen und Rispe grösser. Blatt dicker, steif, meist zurückgebogen. Aehrchen begrannt. Aendert weiter ab: **hirsuta** Host, **guestphalica** Bönnigh., **curvula** Gaud.

γ. **glauca** Lam., graugrün, 1½—3 dm. hoch, sonst wie β. Selten.

b. Halmblätter flach. Stock dichtrasig, nicht kriechend. Wurzelblätter schlaff. Rispe schlaff, oft überhängend. Deckspelzen etwas entfernt, begrannt.

F. heterophylla Lam.

(**F. duriuscula** L. syst. nat.) 3—6 dm. hoch. Grün oder röthlich. ♃ Juni, Juli. Wälder. Hier und da.

c. Halmblätter flach. Stock kriechend. Wurzelblätter steif. Rispe aufrecht. Deckspelzen genähert, begrannt.

F. rubra L.

3—6 dm. hoch. Grün oder röthlich. ♃ Juni, Juli. Raine, Waldränder, Sandfelder. Häufig. — Var.: β. **villosa**, Aehrchen kurzzottig; γ. **latifolia**; δ. **multiflora**, mit 6—7blüthigen Aehrchen.

C. Alle Blätter flach, Blatthäutchen nicht 2öhrig. Granne fehlend, kurz oder sehr lang. Sonst wie B.

a. Granne sehr kurz oder fehlend.

α. Fruchtknoten an der Spitze behaart. Deckspelze lanzettlich-lineal, sehr spitz, unbegrannt, mit 3 stärkeren und 2 schwachen Nerven. Aehrchen 3—5blüthig. Rispe mit fadenförmigen geschlängelten Aesten, später überhängend. Blatthäutchen länglich. **F. silvatica** Vill.

6—9 dm. hoch. Blatt ziemlich breit, bläulich grün. ♃ Juni, Juli. Gebirgswälder. Selten.

β. Fruchtknoten kahl. Deckspelze stumpflich, unterhalb der Spitze mit sehr kurzer Granne oder grannenlos, schwach-5nervig. Blatthäutchen sehr kurz.

1. Aehrchen 4—6blüthig. Rispenäste mit 5—15, die kürzeren mit 4—10 Aehrchen. Rispe ausgebreitet, überhängend. . . . . **F. arundinácea** Schreb.

Halm 6—15 dm. hoch. Aehrchen oft röthlich. ♃ Juni, Juli. Ufer. Selten.

2. Aehrchen 5—12blüthig. Rispenäste mit 2—6, die kürzeren mit 1—2 Aehrchen. Rispe einseitig, aufrecht, zusammengezogen, in der Blüthezeit abstehend.

F. elatior L.

(**F. pratensis** Ant.) Halm 3—9 dm. hoch. Aehrchen oft röthlich. ♃ Juni, Juli. Wiesen. Gemein.

2. Aehrchen einzeln (höchstens zu 2) sitzend oder kurzgestielt, in einer zweizeiligen Traube. **F. loliacea** Aut.

Halm 3—8 dm. hoch. ♃ Mai, Juni. Wiesen, Wälder. Selten. Vielleicht Bastard zwischen **F. elatior** und **Lolium perenne**.

b. Granne doppelt so lang als die Deckspelze, schlängelig, Aehrchen meist 5blüthig. Rispe weit abstehend, schlaffüberhängend. Blatt breit, dunkelgrün, kahl, glänzend; Blatthäutchen sehr kurz. . . . . **F. gigántea** Vill.

(**Bromus giganteus** L.) Halm 6—18 dm. hoch. ♃ Juni, Juli. Wälder,

Hecken. Ziemlich häufig. Var.: β. **triflorus.** — **Bromus asper,** Blätter behaart, Granne kürzer als die Spelze, Narben unterhalb des Gipfels des Fruchtknotens.

23. **Bromus** L. *Trespe.*

A. Untere Hüllspelze sehr klein, obere 3nervig. Vorspelze an den Kielen steif-kammförmig-gewimpert. Aehrchen nach oben verbreitert. Granne lang. Einjährig.

a. Rispe allseitig weit-ausgebreitet, zuletzt etwas überhängend. Rispenäste meist 1—2ährig. Aehrenstiele so lang oder länger als das Aehrchen. Rispe und Halm kahl. Granne länger als die lineal-lanzettliche Deckspelze, letztere an der Spitze 2spaltig mit pfriemlichborstlichen Zipfeln. . . . . **B. stérilis** L.

3—6 dm. hoch. Blätter grün bleibend. ⊙ Mai, August. Wege, Mauern. Gemein.

b. Rispe einseitig, stark überhängend. Rispe und Halm oberwärts flaumig. Granne so lang als die lanzettlich-pfriemliche Deckspelze, letztere 2spaltig mit lanzettlichen Zipfeln. **B. tectórum.**

1½—3 dm. hoch. Blätter frühe welkend. ⊙ Mai—August. Wege, Mauern. Häufig.

B. Hüllspelzen wie bei A. Vorspelze kurz-weichhaarig-gewimpert. Aehrchen nach oben verschmälert.

a. Rispe schlaff überhängend. Granne fast so lang als die Spelze. Blatt flach, 8 mm. breit, schlaff, die unteren nebst den Scheiden langhaarig. Stock nicht kriechend. . . . . **B. asper** Murr.

6—12 dm. hoch. ♃ Mai—Juli. Gebirgswälder. Häufig.

Festuca gigantea, Blätter kahl, Granne doppelt so lang als die Spelze, Narben aus dem Gipfel des Fruchtknotens.

b. Rispe aufrecht. Granne halb so lang als die Spelze. Blatt sehr schmal, rinnig, langhaarig. Stock nicht kriechend. . . . . **B. erectus** Huds.

3—9 dm. hoch. ♃ Juni, Juli. Sonnige Hügel, Wege. Sehr selten.

c. Rispe aufrecht. Granne sehr kurz oder fehlend. Blatt flach, c. 6 mm. breit, kahl. Stock lang-kriechend.
B. inermis Leysser.

1½—9 dm. hoch. ♃. Juni, Juli. Waldränder, Wege, Ufer. Selten.

C. Untere Hüllspelze 3—5-, obere 5- bis mehrnervig, fast

gleich gross. Vorspelze steif-kammförmig-gewimpert. Aehrchen nach oben verschmälert.

a. Blattscheiden kahl. Deckspelzen entfernt, in der Reife am Rande eingezogen, sich nicht deckend, nicht länger als die Vorspelzen. Grannen vorgestreckt. Rispe aufrecht, abstehend, nach der Blüthe überhängend.

B. secalinus L.

3—9 dm. hoch. ⊙ Juni—August. Saatfelder, besonders unter Roggen. Var.: β. **grossus** K. (**B. multiflorus** Sm.), Aehrchen sehr gross bis 3 cm. lang, bis 16 blüthig; γ. **velutinus** Schr., ebenso, Aehrchen kurz-sammthaarig.

b. Blattscheiden behaart. Deckspelzen entfernt, in der Reife sich nur am unteren Rande deckend, länger als die Vorspelzen. Grannen bei der Reife spreizend-zurückgebogen. Rispe aufrecht, abstehend, zuletzt überhängend. . . . . **B. pátulus** M. K.

3—9 dm. hoch. ⊙ Mai, Juni. Saatfelder, Triften. Sehr selten.

c. Blattscheiden behaart. Deckspelzen sich mit den flachen Rändern deckend. Grannen vorgestreckt.

α. Aehrchen kahl, schmal-lanzettlich, walzlich. Deckspelze elliptisch-lanzettlich, am Rande stumpfwinkelig, ziemlich tief unter der Spitze begrannt, kaum länger als die Vorspelze. Anthere c. 8 mal so lang als breit. Rispe aufrecht, mit langen zarten abstehenden Aesten, in der Reife nickend. . . . . **B. arvensis** L.

3—9 dm. hoch. ⊙ Juni, Juli. Aecker, Wege. Häufig.

β. Aehrchen kahl, breitlanzettlich oder eiförmig-länglich, etwas zusammengedrückt. Deckspelze breit-elliptisch, dicht unter der Spitze begrannt, viel länger als die Vorspelze. Anthere 3—5 mal so lang als breit.

1. Aehrchen eiförmig-länglich, 5—7blüthig. Deckspelze am Rande abgerundet. Rispe aufrecht, nach der Blüthe zusammengezogen und etwas nickend.

B. racemósus L.

3—6 dm. hoch. ⊙ Mai, Juni. Wiesen, Triften. Selten.

2. Aehrchen breitlanzettlich, 7—11blüthig. Deckspelze

am Rande stumpfwinkelig. Rispe ausgebreitet, nach der Blüthe zusammengezogen und überhängend.

B. commutatus L.

3—9 dm. hoch. ⊖ Mai, Juni. Aecker. Sehr selten. Wahrscheinlich nur Abart des vorigen.

γ. Aehrchen eiförmig-elliptisch, nebst den Rispenästen weichhaarig. Deckspelze breitelliptisch, am Rande weiss, stumpfwinkelig, viel länger als die Vorspelze; Granne etwa so lang als die Deckspelze. Anthere kaum 3 mal so lang als breit. Rispe aufrecht, abstehend, nach der Blüthe zusammengezogen und überhängend, Spindel kantig. . . . . **B. mollis** L.

15—45 cm. hoch. ⊙ Mai, Juni. Wiesen, Raine. Gemein.

24. **Poa** L. *Rispengras.*

A. Rispe ährenförmig, 2zeilig; Aehrchen meist einzeln auf kurzen dicken Stielen an der Hauptspindel. Narben seitlich in der Mitte der Deckspelze hervortretend. Halme plattgedrückt, niederliegend. . . . **P. dura** Scop.

(**Sclerochloa** P. B.) 5—15 cm. hoch. ⊙ Mai, Juni. Triften, Wegeränder. Sehr selten.

B. Rispenäste verlängert, dünn, ohne oder mit nur einem grundständigen Zweige*).

a. Halm am Grunde nicht verdickt. Untere Blatthäutchen kurz.

1. Halm oberwärts beblättert, nebst den Blattscheiden zusammengedrückt. Rispe einseitig, Aeste glatt, nach der Blüthe abwärts gerichtet. . . . . . . **P. annua** L.

Bis 3 dm. hoch. Blatt lebhaft grün. ⊙ Fast das ganze Jahr hindurch blühend. Felder, Wege, Strassenpflaster. Sehr gemein.

2. Halm nur unten beblättert und nebst den unfruchtbaren Blattbüscheln von gemeinschaftlichen Scheiden eingeschlossen. Rispe aufrecht, während der Blüthe abstehend. . . . . **P. alpina** L.

Var.: β. **badensis** Hänke. Blatt kurz, starr, bläulich grün. Halm 3—5 dm. hoch. ♃ Juni, Juli. Trockene Hügel, Sandfelder. Sehr selten.

*) Scheinbar und nach der gewöhnlichen Ausdrucksweise: „Rispenäste einzeln oder zu zweien“ — bei C. „zu fünfen“.

b. Halm am Grunde knollig verdickt. Alle Blatthäutchen lang und spitz. **Rispe aufrecht**, mit rauhen, abstehenden Aesten. . . . . **P. bulbosa** L.

15—30 cm. hoch. ♃ Mai, Juni. Trockene **Hügel, Grasplätze.** Selten. Var.: **vivipara**, mit laubsprossenden Blüthen.

C. Rispenäste verlängert, mit je 1—4 grundständigen Zweigen.

a. Deckspelze undeutlich-nervig. Halm und Blattscheiden meist glatt. Rispenäste scharf.

α. Halm stielrund. Aehrchen eilanzettlich, 2—5blüthig. Deckspelze längs den Rändern*) mit einer Haarleiste. Blätter am Grunde gefaltet, das oberste meist länger als seine Scheide. Stock etwas kriechend.

1. Blatthäutchen länglich (c. 4 mm.) und spitz. **P. fértilis** Host.

(**P. serotina** Ehrh.) 3—9 dm. hoch. ♃ Juni, Juli. Feuchte Wiesen, Ufer. Selten.

2. Blatthäutchen sehr kurz, gestutzt. **P. nemorális** L.

3—9 dm. hoch. ♃ Juni, Juli. Wälder, Felsen, Mauern, Gebüsche. Gemein. Var.:

α. **vulgaris** Gaud. Schlaff. Rispe nickend. Aehrchen 2blüthig. (Trockene Orte.)

β. **firmula** Gaud. Steif aufrecht. Deckspelze am Grunde ohne Wolle. Aehrchen 2—5blüthig. (Wälder.)

γ. **rigidula** K. Halm starr, nebst den Blattscheiden schärflich. Aehrchen 3—5blüthig. (Trockene Orte.)

δ. **coarctata** Gaud. Rispe zusammengezogen. (Mauern.)

ε. **glauca** K. Blaugrün. Aehrchen 2blüthig, fast ohne Wolle.

β. Halm 2schneidig-zusammengedrückt, aufstrebend, gekniet. Aehrchen länglich-eirund, 3—9blüthig. Deckspelze nur am unteren Theil der Ränder mit Haarleisten. Blatthäutchen kurz, gestutzt. Blatt blaugrün. Rispe schmal, kurzästig. Stock weit-kriechend. **P. compressa** L.

15—30 cm. hoch. ♃ Juni, Juli. Mauern, Felsen, Triften. Häufig.

b. Deckspelze mit 5 erhabenen Nerven. Aehrchen eiförmig, 3—5blüthig. Oberstes Blatt kürzer als seine Scheide.

---

*) ausser der Haarleiste am Kiele und der Wolle an der Basis.

α. Deckspelze längs den Rändern mit Haarleisten. Halm stielrund, nebst den Scheiden glatt. Blatthäutchen kurz und gestutzt. Stock weit kriechend mit langen Ausläufern. . . . . **P. pratensis** L.

1—9 dm. hoch. ♃ Mai, Juni. Wiesen, Triften, Waldränder, Wege. Gemein. Var.:

α. **vulgaris**, lebhaft grün, grundständige Blätter lang.
β. **latifolia**, bläulich grün, grundständige Blätter kürzer, breiter.
γ. **angustifolia**, Blätter zusammengefalzt, borstenförmig.
δ. **anceps**, Halm zusammengedrückt.

β. Deckspelze mit kahlen Rändern. Aehrchen 3—5blüthig. Halm und Blattscheiden oberwärts rauh.

1. Blatthäutchen verlängert, spitz. Blatt lineal, zugespitzt, Scheide etwas zusammengedrückt, nur am Grunde geschlossen. Stock nicht kriechend. **P. trivialis** L.

3—9 dm. hoch. ♃ Juni, Juli. Nasse Wiesen, Gräben. Gemein.

2. Blatthäutchen kurz. Blatt lanzettlich-lineal, plötzlich kappenförmig zugespitzt. Scheide 2schneidig-zusammengedrückt, bis gegen die Mitte geschlossen. Stock kriechend. . . . . **P. sudetica** Haenke.

3—9 dm. hoch. ♃ Juni, Juli. Wälder. Selten.
Var.: β. **rubens** Mch.

25. **Molínia** Mönch. *Schmiegen.*

Halm am Grunde mit genäherten Knoten und Blättern, oberwärts knoten- und blattlos. Rispe zusammengezogen.

M. caerulea Mch.

Violett, bläulich- oder blassgrün. Halm 1—15 dm. hoch. ♃ August, Sept. Sumpfwiesen, Wälder. Häufig.
Var.: β. **silvatica**, sehr hoch, Rispe abstehend.

26. **Koeleria** Pers.

Deckspelze spitz. Blatt flach, schmal. Blatthäutchen kurz. Alle oder die unteren Blattscheiden behaart. Ganze Pflanze grasgrün. Dichtrasig. . . . . **K. cristata** Pers.

3 dm. hoch. ♃ Mai—Juli. Trockene Grasplätze. Häufig.
Var.: **villosa**, Blätter sämmtlich dicht behaart. —
K. glauca DC. Deckspelze stumpf, mit oder ohne Granne. Blatt steif, schmal, rinnig. Ganze Pflanze kahl, graugrün. Sonst wie die vorige. Dürre Sandfelder. Sehr selten.

27. **Dáctylis** L. *Knäuelgras.*

Blattscheiden zusammengedrückt. Blatthäutchen lang, spitz. **D. glomerata** L.

Bleichgrün, oft violett. Anthere violett oder gelb. 1—12 dm. hoch. ♃ Juni, Juli. Wiesen, Wege. Gemein.

Var.: **decalvata** Döll. Spelzen am Kiel etwa von der Mitte an durch kurze, vorwärts gerichtete steife Härchen scharf, sonst kahl, Rispe bleich. Laubwälder.

28. **Mélica** L. *Perlgras. Honiggras.*

a. Rispe locker, Aeste entfernt, verlängert, aufrecht-abstehend, 1—2ährig. Aehrchen einblüthig. Deckspelze kahl. Blatthäutchen röhrig. . . . . . . **M. uniflóra** Retz.

Röthlich. Halm 3—5 dm. hoch. ♃ Mai—Juli. Laubwälder. Hier und da.

b. Rispe ährenförmig, einseitig, locker. Aeste anliegend, mit 3—5 nickenden 2blüthigen Aehrchen. Deckspelze kahl. Blatthäutchen nicht röhrig. . . . . . **M. nutans** L.

Röthlich. 5—6 dm. hoch. ♃ Mai, Juni. Laubwälder. Häufig.

c. Rispe dicht-ährenförmig, allseitig. Aehrchen einblüthig. Deckspelze lang-gewimpert. . . . . . **M. ciliata** L.

Röthlich oder bräunlich. 3—12 dm. hoch. ♃ Mai, Juni. Steinige Orte. Sehr selten.

29. **Trióδia** RBr. *Dreizahn.*

Halm liegend oder aufsteigend. Blatt flach nebst der Scheide behaart. Rispenäste 1—3ährig. Stock rasig. **T. decumbens** P. B.

(**Danthonia decumbens** DC.) 3 dm. hoch. Weisslich grün. ♃ Mai—Juli. Wälder, Triften. Zerstreut.

30. **Corynéphorus** P. B. *Keulengras.*

Blatt borstlich, graugrün, rückwärts-rauh. Rispe in der Blüthezeit abstehend, vor und nach der Blüthe ährenförmig. Dichtrasig. . . . . **C. canescens** P. B.

(**Aira canescens** L.) *Silbergras.* Gelblich grün. 3 dm. hoch. ♃ Juli, August. Sandplätze. Sehr selten.

31. **Áira** L. *Schmiele.*

a. Blatt flach, oberseits stark gerippt. Blatthäutchen lang, spitz. Rispenäste wagerecht-abstehend, die unteren mit 2—5 grundständigen Nebenästen. Hüllspelzen fast gleich, kürzer als die Blüthen. Stiel der zweiten Blüthe sowie der Ansatz zur dritten Blüthe circa halb so lang als die Deckspelze. Granne höchstens so lang als die Deckspelze, nicht hervorragend, fast gerade.

A. caespitosa L.

Violett gefleckt. Halm 6—12 dm. hoch. ♃ Juni, Juli. Wiesen, Wälder. Gemein.

Var.: **pallescens**, Aehrchen grünlich gelb oder gelblich weiss.

b. Blatt fadenförmig. Blatthäutchen meist kurz, gestutzt. Rispenäste aufrecht-abstehend, meist schlängelig, mit je einem grundständigen Nebenaste. Hüllspelzen ungleich, fast so lang als die Blüthen. Stiel der zweiten Blüthe und Ansatz der dritten sehr kurz. Granne etwa doppelt so lang als die Deckspelze, hervorragend, gekniet.

A. flexuosa L.

Meist violett angelaufen. 3—6 dm. hoch. ♃ Juni—August. Wälder, Haiden. Häufig.

β. **montana** Mch. Rispe schmaler, Aehrchen dunkler violett. Selten.

γ. **uliginosa** Weihe. Blatt oft flach. Blatthäutchen meist lang und spitz. Zweite Blüthe länger gestielt. Selten.

32. **Avena** L. *Hafer.*

Tabelle zur Uebersicht der unten beschriebenen Rotten A—E.

Aehrchen	*Fruchtknoten*	*Einfügung der Granne*	*Zahl der Nerven an der Hüllspelze*	*Hüllspelze*	*Blatt*	*Dauer*	*Rotte*
aufrecht	kahl	unter d. Mitte	1—3	≥ DSp.	borstlich	⊙	A.
		aus der Spitze der unteren aus d. Rücken der oberen	7—9	< DSp.	flach rinnig		B.
			1—3			♃	C.
hängend	oben behaart	aus d. Rücken oder fehlend.					D.
			5—9	≧ DSp.		⊙	E.

A. Aehrchen aufrecht, 2blüthig. Hüllspelzen so lang oder länger als die Deckspelzen, 1—3nervig. Deckspelze an der Spitze in 2 Haarspitzen gespalten, unterhalb der Mitte des Rückens begrannt. Fruchtknoten kahl. Blatt borstenförmig. Einjährig.

a. Rispe ausgebreitet. Hüllspelzen die Blüthe weit überragend. . . . . **A. caryophyllea** Wigg.

(**Aira caryophyllea** L.) Rispe und Halm röthlich. 7—25 cm. hoch. ⊙ Juni. Sonnige Anhöhen, Haiden, Waldränder. Häufig.

b. Rispe ährenförmig-zusammengezogen. Hüllspelzen die Blüthe kaum überragend. . . . . . . **A. praecox** P. B.

(**Aira praecox** L.) Meist grünlich weiss oder strohgelb. 7—15 cm. hoch. ⊙ Mai. Haiden, Triften. Selten.

B. Aehrchen aufrecht, meist 3blüthig. Hüllspelzen 7—9-nervig, kürzer als die Blüthen. Untere Deckspelze mit gerader Endgranne, obere in 2 Haarspitzen gespalten, mit geknieter Rückengranne. Aehrchenspindel kahl, am Grunde der Spelzen behaart. Spelzen silberweiss berandet. Fruchtknoten kahl. Rispe ausgebreitet, langästig. Blatt flach. Einjährig. . . . . . **A. tenuis** Mch.

(**Trisetum tenue** R. et Sch.) Pflanze bläulich grün, 3 dm. hoch. Mai. Trockene Hügel, Wege. Selten.

C. Aehrchen aufrecht, 3blüthig. Hüllspelzen 1—3nervig, kürzer als die Blüthen. Deckspelze an der Spitze in 2 Haarspitzen gespalten, über der Mitte des Rückens begrannt, randhäutig. Aehrchenspindel gleichmässig behaart. Fruchtknoten kahl. Rispe ausgebreitet, untere Aeste mit 4 grundständigen Nebenästen. Halm und die oberen Scheiden kahl. Blatt flach, ausdauernd.

A. flavescens L.

(**Trisetum** P. B.) Gelblich. 6 dm. hoch. Juni. Wiesen, Raine. Gemein.

D. Aehrchen aufrecht. Hüllspelzen 1—3nervig, etwas kürzer als die Blüthen. Deckspelze 2- oder mehrspaltig, in der Mitte begrannt, nach oben trockenhäutig. Aehrchenspindel am Grunde der Blüthen stärker behaart. Fruchtknoten am Gipfel behaart. Blatt flach. Ausdauernd.

a. Blatt flach, nebst der Scheide weich-zottig. Rispe ausgebreitet, die unteren Aeste 2—5ährig, mit c. 4 grundständigen, einährigen Nebenästen. Aehrchen 2—3blüthig. Stiel des Aehrchens gleichmässig dick. Schüppchen abgestutzt, 3zähnig. . . . . **A. pubescens** L.

3—6 dm. hoch. ♃ Mai, Juni. Wiesen, Triften. Häufig.

Var.: β. **glabrescens**. — Hierher gehört auch **A. sesquitertia** Mch.

b. Blatt gefalzt, nebst den Scheiden kahl. Rispe zusammengezogen, die unteren Aeste 1—2ährig, am Grunde mit einem einjährigen Nebenast. Aehrchen 4—5blüthig, Stiel unterhalb des Aehrchens verdickt. Schüppchen zugespitzt. **A. pratensis** L.

Pflanze blaugrün. 6—9 dm. hoch. ♃ Juni, Juli. Wiesen, Waldränder, Raine. Zerstreut.

E. Aehrchen hängend (wenigstens nach der Blüthe). Hüllspelzen 5—9nervig, so lang oder länger als die Blüthen. Deckspelze aus dem Rücken begrannt oder grannenlos. Fruchtknoten am Gipfel behaart. Getreidearten oder als Unkraut im Getreide. Einjährig.

a. Rispe einseitswendig. Aehrchenspindel kahl oder nur am Grunde der Deckspelze behaart. Deckspelzen kahl.

α. Beide Deckspelzen des 2blüthigen Aehrchens am Rücken begrannt und an der Spitze in 2 begrannte Zipfel gespalten, nach oben rückwärts scharf.

A. strigosa Schreb.

Rauhhafer, Sandhafer. ⊙ Juli, August. Cultivirt und verwildert unter Getreide.

β. Deckspelzen 2spaltig, mit unbegrannten Zipfeln, die obere auch ohne Rückengranne.

1. Aehrchen 2blüthig. Hüllspelzen länger als das Aehrchen. Rispe zusammengezogen. **A. orientalis** Schreb.

Fahnenhafer. ⊙ Juli, August. Zuweilen angebaut.

2. Aehrchen meist 3blüthig. Hüllspelzen etwa so lang als das Aehrchen. Deckspelzen stark-nervig.

A. nuda L.

⊙ Juli, August. Hier und da angebaut oder verwildert.

b. Rispe allseitig.

1. Alle Deckspelzen des meist 3blüthigen Aehrchens mit Rückengranne, bis zur Mitte gelb-borstig behaart. Spindel rauhhaarig. . . . . **A. fátua** L.

Windhafer. ⊙ Juli, August. Zuweilen unter dem Getreide.

2. Die obere Deckspelze des 2blüthigen Aehrchens unbegrannt, kahl. Spindel oberwärts kahl. **A. sativa** L.

Gemeiner Hafer. ⊙ Juli, August. Als Getreide angebaut.

33. **Arrhenathérum** P. B. *Glatthafer.*

Rispe gleichmässig ausgebreitet. Untere Hüllspelze ein-, obere drei-nervig. Blatt flach, kahl. . . **A. elatius** M. K.
(**Avena** L.) *Französisches Raygras.* Hellgrün, zuweilen bräunlich. 6—12 dm hoch. ♃ Juni, Juli. Wiesen, Triften, Gebüsche. Häufig.
Var.: β. **bulbosum**, die untersten Halmglieder knollig verdickt.

34. **Holcus** L. *Honiggras.*

a. Granne etwas knieförmig nach aussen, nicht hakig gebogen, aus dem Aehrchen hervorragend. Halmknoten so dick als lang, mit langen abstehenden oder abwärts gerichteten Haaren besetzt. Scheiden und Blatthäutchen kaum behaart. Stock weit kriechend. . . **H. mollis** L.
Bleich, gelblich oder violett. 3—5 dm. hoch. ♃ Juli. Wälder, Gebüsche. Häufig. — Aendert ab ganz kahl.

b. Granne später hakig gekrümmt, fast ganz im Aehrchen eingeschlossen. Halmknoten meist länger als dick, mit den Scheiden gleichmässig behaart. Blatthäutchen wollig-behaart. Stock nicht kriechend. . . . . . . **H. lanatus** L.
Bleich oder violett. 3—5 dm. hoch. ♃ Juni. Wiesen, Triften. Gemein.

35. **Sesléria** Ard. *Blaugras.*

Scheinähre eilänglich. Halm zusammengedrückt, glatt. Blatt flach, steif, plötzlich zugespitzt. Stock nicht kriechend.
S. caerúlea Ard.
Aehrchen unten gelblich, oberwärts blau überlaufen. 15—30 dm. hoch. ♃ April, Mai. Sonnige Anhöhen. Sehr selten.

36. **Lólium** L. *Lolch.*

a. Ausdauernd, Rasen bildend. Blatt in der Knospung gefalzt. Hüllspelze kürzer als das meist 8—10blüthige Aehrchen. Deckspelze am Grunde knorpelig, grannenlos.
L. perenne L.
Englisches Raygras, 3—6 dm. hoch. Juni—October. Wege, Triften. Gemein.
Var. in der Zahl der Blüthen: β. **tenue**, Aehrchen 3—5blüthig, seltener.
L. italicum ABr. *Italiänisches Raygras.* Aehrchen mehr als 12blüthig, meist begrannt. Blatt in der Knospung gerollt. Angesät.

b. Einjährig, ohne nichtblühende Blattbüschel. Blatt in der Knospung gerollt. Deckspelze krautig. Aehrchen 4—8blüthig.

1. **Hüllspelze kürzer** als das Aehrchen. Deckspelzen fast grannenlos. . . . . **L. arvense** Schrad.
(**L. linicola** Sond.) 3—6 dm. hoch. Juni, Juli. Leinäcker. Häufig.

2. Hüllspelze **so** lang oder **länger als das Aehrchen.** Deckspelzen begrannt. . . . . **L. temulentum** L.
Taumellolch. 6—9 dm. hoch. Giftig. Unter Sommergetreide. Häufig. — **Var.:** α. **macrochaëton** ABr. Granne länger als die Spelze. Unter Hafer **u. Gerste.** β. **leptochaëton** ABr. Granne kürzer als die Spelze. Unter Weizen.

37. Triticum L. *Weizen.*

A. *Wildwachsend. Ausdauernd. Spelzen lanzettlich. Aehrchen schlank, nicht bauchig, meist 5blüthig. Frucht von den Spelzen eingeschlossen bleibend.*

a. Stock kriechend. Blatt unterseits glatt. Aehrchenspindel rauh. . . . . **T. repens** L.
(Agropyrum repens P. B.) *Quecke.* 6—12. dm. hoch. ♃ Juni, Juli. Aecker. Gärten, Zäune. Häufig. — **Var.:** α. **vulgare**, grannenlos: β. **aristatum**, begrannt (seltener): ε. **caesium**, unbegrannt, Blatt grünlich-weissgrau, eingerollt. Flugsand. Sehr selten.

T. **junceum** L. Aehrchen 5—8blüthig. unbegrannt. Hüllspelzen 9—11-nervig. Blatt oberseits vielreihig-behaart. Strandpflanze.

b. Stock nicht kriechend. Blatt beiderseits rauh. Aehrchenspindel behaart, begrannt. Granne schlängelig, länger als die Spelze. . . . . **T. caninum** Schreb.
(Agropyrum **caninum** R. et Sch.) c. 1 m. hoch. ♃ Juni, Juli. Wälder, Gebüsche, Ufer. Hier und da.

B. *Getreidearten. Ein—zweijährig. Spelzen eiförmig. Aehrchen breit, bauchig, 3—4blüthig.*

a. Frucht bei der Reife nicht aus den Spelzen fallend. Aehrenspindel zerfallend.

1. Aehrchen **beiderseits etwas** gewölbt, **meist** 4blüthig. Hüllspelzen **gestutzt, mit** geradem, **vorstehendem** Zahn. Deckspelzen **meist** grannenlos. Aehrchen **sich** locker deckend. **T. Spelta** L.
Dinkel, Spelz. ⊙ Juni, Juli. Selten gebaut.

2. Aehrchen **auf** der innern Seite flach, meist 4blüthig, **nur die** beiden untersten Blüthen fruchtbar und be**grannt.** Hüllspelzen stark gekielt, spitz, 3zähnig, der

mittlere Zahn länger, knorpelig. Aehrchen sich dicht deckend. Aehre flach gedrückt. . . **T. dicoccum** Schrk. *Emmer.* ⊙ ⊙ Juni, Juli.

3. Aehrchen 3blüthig, nur die unterste Blüthe fruchtbar und begrannt. Hüllspelzen mit 2 mit auslaufenden Nerven versehenen Zähnen, flügelartig-gekielt. Aehre flach gedrückt, ohne Gipfelährchen. **T. monococcum** L. *Einkorn.* ⊙ ⊙ Juni, Juli.

b. Frucht bei der Reife aus den Spelzen fallend. Aehrenspindel nicht zerfallend. Aehrchen dachig.

α. Aehre deutlich 4seitig. Aehrchen meist 4blüthig, die untersten 2—3 Blüthen fruchtbar. Hüllspelze eiförmig, abgestutzt, bauchig, knorpelig.

1. Hüllspelzen auf dem Rücken gewölbt, nach der Spitze hin gekielt, fast so lang als die Deckspelzen. **T. vulgare** Vill. ⊙ ⊙ Juni, Juli. Var.: α. **aestivum**, begrannt; β. **hibernum**, grannenlos.

2. Hüllspelzen flügelartig-gekielt, fast so lang als die lang grannigen Deckspelzen. . . . . **T. durum** Desf. *Bartweizen.* ⊙ ⊙ Juni, Juli.

3. Hüllspelzen flügelartig-gekielt, halb so lang als die lang-grannigen Deckspelzen. . . . . . **T. túrgidum** L. *Englischer Weizen.* ⊙ ⊙ Juni, Juli. Var. mit zusammengesetzter Aehre. (**T. compositum** L.).

β. Aehre undeutlich 4seitig. Aehrchen 3blüthig (meist 2 Blüthen fruchtbar). Hüllspelzen länglich-lanzettlich, 3zähnig, krautig-papierartig, vielnervig, gekielt, so lang als die begrannten Deckspelzen . . . **T. polonicum** L. *Polnischer Weizen.* ⊙ ⊙ Juni, Juli.

38. **Secále** L. *Roggen.*

Aehre gedrängt, nickend. Spindel nicht zerfallend. Hüllspelzen kürzer als die am Kiele gewimperten Deckspelzen. **S. cereale** L.
Mai, Juni. Var.: *Sommerroggen* ⊙, *Winterroggen* ⊙.

39. **Hórdeum** L. *Gerste.*

A. *Wildwachsend. Spindel der Aehre bei der Reife in Glieder zerfallend.*

Alle Aehrchen begrannt, die seitlichen männlich oder steril.

1. Hüllspelzen des Mittelährchens pfriemlich-lanzettlich, gewimpert, die vordere der Seitenährchen borstlich, meist nicht gewimpert. . . . . **H. murinum** L.
Mäusegerste. 1—3 dm. hoch. ⊙ Juni, Juli. Wege, Schutt. Gemein.

2. Alle Hüllspelzen borstlich, rauh, nicht gewimpert.
H. secalinum Schreb.
(**H. nodosum** Aut.; **H. pratense** Huds.) 4—5 dm. hoch. ♃ Juni, Juli. Wiesen, besonders auf Salzböden. Sehr selten.

B. *Getreidearten. Spindel der Aehre nicht zerfallend.*

a. Alle Aehrchen begrannt und zwitterig. Aehre 6seitig,

1. Seitenährchen abstehend. Grannen c. 1 dm. lang.
H. vulgare L.
Gemeine Gerste. 6—9 dm. hoch. ⊙ ⊖ Juni, Juli.
Var.: α. **vulgare**, Frucht in den Spelzen eingeschlossen; β. **coeleste** (*Himmelgerste*), Frucht aus den Spelzen fallend.

2. Aehrchen alle abstehend. Grannen kürzer.
H. hexástichon L.
3—9 dm. hoch. ⊙ ⊖ Juni, Juli.

b. Mittelährchen zweigeschlechtig, begrannt, Seitenährchen männlich, grannenlos. Aehre zusammengedrückt.

1. Alle Aehrchen anliegend. Grannen aufrecht.
H. distichon L.
3—6 dm. hoch. ⊙ Juni, Juli.

2. Seitenährchen anliegend, Mittelährchen weit abstehend. Grannen fächerartig abstehend. . . . **H. Zeócriton** L.
Reisgerste, Bartgerste, Fächergerste, Emmergerste. ⊙ Juni, Juli.

40. Élymus L. *Haargras.*

Aehrchen ein- (selten 2-)blüthig. Hüllspelzen lineal-pfriemlich, kahl, sowie die lineal-lanzettlichen rauhen Deckspelzen langbegrannt. Blatt flach, grasgrün. . . . **E. europaeus** L.
6—12 dm. hoch. ♃ Juni, Juli. Gebirgswälder. Zerstreut.
E. arenarius L. Aehrchen meist 3blüthig. Hüllspelzen auf dem Kiele gewimpert, sowie die weichhaarigen Deckspelzen unbegrannt. Blatt kurz eingerollt, blaugrün. ♃ Juli, August. Flugsand.

41. Nardus L. *Borstengras.*

Blatt borstenförmig-eingerollt, graugrün, dichtrasig. Deckspelze lang-begrannt.. . . . . **N. stricta** L.
Blau angelaufen. 1—3 dm. hoch. ♃ Mai, Juni. Moorige Triften. Häufig.

Dritte Abtheilung.

GYMNOSPERMEN.

116. Familie. CONIFERAE Juss.

Nadelhölzer. Zapfenbäume.

I. TAXINEAE Rich. *Anthere schildförmig, an ihrer innern Fläche im Kreise 5—7 Fächer tragend. Weibliche Blüthe einzeln, aus einem freien aufrechten Eichen bestehend, am Grunde von dachigen Schuppen umgeben.*

Blüthenstände in den Blattwinkeln, zweihäusig. Samen in der Reife fleischig, becherförmig. Blätter zerstreut, bleibend. 1. **Taxus** L.

II. CUPRESSINEAE Rich. *Anthere schuppenförmig, am unteren Rande 1—7 Fächer tragend. Weibliche Blüthen in Kätzchen aus Fruchtschuppen, welche am Grunde innen 1—2 aufrechte Samen tragen. Kätzchen ohne Deckblätter. Blätter gegenständig oder wirtelig, bleibend.*

a. Weibliche Zapfen aus 3 verwachsenden, fleischigen, je einen Samen am Grunde verbergenden Fruchtschuppen gebildet, eine kugelige Scheinbeere bildend, am Grunde von dachigen Schuppen umgeben. Zweihäusig. Beiderlei Blüthenstände achselständig an den vorjährigen Zweigen oder endständig auf kurzen Zweigen. 2. **Juníperus** L.

b. Fruchtschuppen 4zeilig, ins Kreuz stehend, später holzig, einen Zapfen bildend, jede am Grunde mit 2 Samen.

Einhäusig. Männliche Kätzchen endständig, weibliche seitenständig. . . . . 3. **Thuja** L.

III. ABIETINEAE Rich. *Anthere schuppenförmig mit 2 Längsfächern. Weibliches Kätzchen zapfenförmig aus zahlreichen spiralig stehenden Deckblättern, in deren Winkel je eine holzige Fruchtschuppe. Samen verkehrt, geflügelt, je 2 am Grunde der Fruchtschuppe nach innen sitzend. Einhäusig. Blätter zerstreut, nadelförmig.*

A. Die Blüthe seitlich an den diessjährigen Trieben, die männlichen Kätzchen am Grunde des Jahrestriebes ährenförmig gehäuft, weibliche Zapfen meist zu 2 dicht unter der Spitze desselben. Fruchtschuppe verholzend, an der Spitze schildförmig verdickt und gebuckelt, das Deckblatt überragend. Flügel des Samens abfallend. Die gestreckten Zweige nur häutige Schuppen tragend, die Nadeln je 3 oder mehrere büschelig, am Grunde von einer häutigen Scheide umgeben, aus den Winkeln der Niederblätter, bleibend. . . . . 4. **Pinus** Tourn.

B. Die Blüthe seitlich an den vorjährigen Trieben. Fruchtschuppe flach, lederartig. Flügel des Samens bleibend. Die gestreckten diessjährigen Triebe mit zerstreuten Nadeln besetzt.

a. Belaubung ausser den zerstreuten Nadeln an den diessjährigen Trieben auch büschelig aus kopfförmigen, sich jährlich neu belaubenden Stauchlingen seitlich an älteren Trieben. Nadeln im Herbst alle abfallend. Zapfen aus der Mitte eines Nadelbüschels entspringend. Beiderlei Blüthenstände längs des Zweiges ohne Ordnung. Deckblatt des jungen Zapfens gefärbt, gross, in der Reife von der Fruchtschuppe überragt. Anthere längs-aufspringend . . . . 5. **Larix** Tourn.

b. Keine Nadelbüschel. Nadeln im Winter bleibend. Zapfen am Grunde ohne Nadeln.

α. Zapfen, 1 oder 2, dicht unter der Spitze, hängend, in der Reife ganz mit den bleibenden Frucht-

schuppen und Samen abfallend. Deckblatt kürzer als die Schuppe. Anthere längs-aufspringend.
6. **Picea** Lk.

β. Zapfen von der Spitze entfernt, aufrecht. Die Fruchtschuppen mit den Samen von der sitzenbleibenden Zapfenspindel abfallend. Deckblatt länger als die Fruchtschuppe. Anthere quer-aufspringend.
7. **Abies** Tourn.

Schlüssel zur Bestimmung der wild oder als Forstbäume vorkommenden Nadelhölzer bloss nach den Blättern.

A. Nadeln im Winter abfallend, theils büschelig, theils zerstreut: Lärche.
B. Nadeln im Winter bleibend.
a. Nadeln büschelig zu 2: Kiefer.
b. Nadeln büschelig zu 5: Weymouthskiefer.
c. Nadeln wirtelförmig zu 3: Wachholder.
d. Nadeln einzeln, zerstreut.
1. flach, stachelspitzig, unterseits matt, 2seitswendig: Eibe.
2. flach, ausgerandet, unterseits mit 2 weissen Linien, 2seitswendig: Edeltanne.
3. 4kantig, stachelspitzig, ringsum glänzend, nicht 2seitswendig. Rothtanne.

1. **Taxus** L. *Eibe.*

Blätter lineal, spitz, einrippig, scheinbar 2zeilig. Scheinbeere roth. **T. baccata** L.
Strauch oder Baum. März, April. Wälder. Selten. In Gartenanlagen häufig.

2. **Juniperus** L. *Wachholder.*

a. Blatt lineal-pfriemlich, starr, dornspitzig, oberseits rinnig, weisslich, unterseits stumpf-gekielt, nicht herablaufend, abstehend, 3ständig. Aeste ausgesperrt. Beerenzapfen aufrecht, achselständig, am Grunde mit einigen anliegenden Schüppchen, schwarz, blau bereift. **J. communis** L.
Meist strauchförmig. April, Mai. Haiden. Häufig.

b. Blatt lineal, gegenständig zu 2 oder 3, abstehend oder eiförmig, anliegend, etwas herablaufend, auf dem Rücken mit einer kleinen Drüse. Aeste abstehend. Beerenzapfen an der Spitze kurzer Zweige, aufrecht. Fast geruchlos.
J. virginiana L.
Virginische Ceder. Zierbaum aus Nordamerika.

c. Blatt rautenförmig, angedrückt, dachig oder lanzettlich und abstehend, gegenständig-gekreuzt, herablaufend, auf dem Rücken eine längliche Grube und darin eine Drüse. Aeste aufrecht. Beerenzapfen gestielt, überhängend. Geruch stark balsamisch. . . . . **J. Sabina** L.

Sadebaum, *Sevenbaum*. Meist strauchartig. April, Mai. Angepflanzt.

3. **Thuja** L. *Lebensbaum*.

Zweige platt, fiederig verzweigt. Blätter schuppenförmig, anliegend, dachig, gegenständig, 4zeilig, die einen flach, die andern gekielt.

a. Die flachen Blätter mit einer Längsleiste und einem Höckerchen auf dem Rücken. Fruchtschuppe an der Spitze abgestutzt. Samen geflügelt. Zweige wagerecht. **T. occidentalis** L.

Mai. Zierbaum aus Nordamerika und Sibirien.

b. Die flachen Blätter mit einer Längsfurche. Fruchtschuppe unter der Spitze stachelspitzig. Samen ungeflügelt. Zweige vertical. . . . . **Th. orientalis** L.

Zierstrauch oder Baum aus China.

Die *Cypresse*, **Cupressus sempervirens**, unterscheidet sich durch kugelige Zapfen aus schildförmigen, in der Mitte gebuckelten, je 8 oder mehr Samen tragenden Schuppen, 4kantige, nicht platte Zweige mit breiteiförmigen stumpfen Blättern. Südeuropa.

4. **Pinus** Tourn. *Kiefer*.

a. Nadeln zu 2 in einem Büschel, halbstielrund, Rinde schuppig. Zapfen eiförmig, so lang als die Nadeln (4 cm.).

1. Nadeln graugrün. Stamm aufrecht. Junge Zapfen auf hakig abwärts gekrümmten Stielen, reife Zapfen glanzlos. Flügel 3 mal so lang als der Same. **P. silvestris** L.

Kiefer, *Föhre*, *Fichte* (in Hessen gewöhnlich *Tanne* genannt). April, Mai. Wälder. Gemein.

2. Nadeln reingrün. Stamm niederliegend oder aufstrebend. Junge Zapfen fast sitzend, aufrecht, reife glänzend. Flügel 2 mal so lang als der Same. **P. obliqua** Saut.

(**P. Mughus** Scop.) α. **uliginosa**, *Krummholzkiefer*, *Knieholz*, *Legföhre*. Mai. Gebirge. Sehr selten.

b. Nadeln zu 5 in einem Büschel, 3kantig, reingrün, 8 cm. lang. Stamm hoch, sehr gerade, mit glatter Rinde. Zapfen walzlich, länger als die Nadeln, locker, hängend. **P. Strobus** L.

Weymouthskiefer. Mai. Juni. Zierbaum aus Nordamerika.

5. **Larix** Tourn. *Lärche.*

Nadeln zahlreich im Büschel, hellgrün, dünn. Zapfen eiförmig, aufrecht, Schuppe kreisrund, ganzrandig. **L. europaea** DC.
(**Pinus Larix** L.) April, Mai. Waldbaum.

6. **Picea** Lk. *Rothtanne.*

Nadeln 4kantig, spitz, beiderseits hellgrün, nach oben und den Seiten gerichtet. Zapfen walzlich, Schuppen rautenförmig, vorn gezähnelt. Rinde braunroth, rissig-schuppig. **P. vulgaris** Lk.
(**Pinus Abies** L., **Abies excelsa** Lam.) *Gemeine Tanne*, *Rothtanne* (in Hessen meist *Fichte* genannt). Mai. Waldbaum.

7. **Abies** Tourn. *Weisstanne.*

Nadeln flach, ausgerandet, unterseits mit 2 weissen Linien, kammförmig 2zeilig gerichtet. Zapfen walzlich. Schuppen breit, abgerundet, ganzrandig, von den mit der Spitze zurückgeschlagenen Deckblättern überragt. Rinde weissgrau, ziemlich glatt. **A. pectinata** DC.
(**Pinus Picea** L.) *Edeltanne. Weisstanne.* Mai. Als Waldbaum zerstreut.

Vierte Abtheilung.

GEFÄSS-KRYPTOGAMEN.

---

117. Familie. RHIZOCARPEAE Batsch.

Wurzelfarne, Wasserfarne.

Pilulária Vaill. *Pillenkraut.*

Sporenkapsel kugelig, erbsengross, 4klappig aufspringend, zahlreiche Sporangien und zahlreiche Antheridienbehälter enthaltend. Blatt pfriemlich-fadenförmig, spiralig eingerollt, später aufrecht. Stengel fadenförmig, kriechend.

P. globulifera L.

♃ Juli—September. Sümpfe, Teiche, Gräben. Sehr selten.

118. Familie. LYCOPODIACEAE Rich.

Bärlappgewächse.

Gattungen.

a. Sporenfrucht nierenförmig, durch eine Querspalte aufspringend, zahlreiche kleine Sporen enthaltend. Antheridien nicht bekannt. . . . . **Lycopodium** L.

b. Sporenfrucht 4knöpfig, 4—6klappig aufspringend, 4 grössere Sporen enthaltend. Antheridienbehälter 2klappig, in anderen Blattwinkeln derselben Aehre.

Selaginella Spring.

S. spinulosa ABr. (**Lycop. selaginoides** L.). Stengel aufsteigend, mit endständiger Aehre. Blätter spiralig gestellt, zart, lanzettlich, gezahnt. 2—8 cm. hoch. ♃ Juli, August. Grasige Plätze. Sehr selten. (?)

Lycopodium L. *Bärlapp.*

A. Blätter sämmtlich spiralig gestellt.

a. Früchte in den Winkeln gewöhnlicher Laubblätter nicht ährenförmig, am oberen Rande aufspringend. Stengel aufsteigend, gabelig getheilt. Aeste gegipfelt. Blatt lanzettlich, zugespitzt, steif, aufrecht. . . . **L. Selágo** L.

Gegen die Spitze hin oft Brutknospen in den Blattwinkeln. 1—2 dm. hoch. ♃ Juli, August. Feuchte Gebirgswälder.

b. Früchte in einer nicht scharf abgegrenzten Aehre, deren Deckblätter den Stengelblättern gleich, nur grösser und am Grunde breiter sind. Blatt lineal-pfriemlich, spitz, ganzrandig. Stengel kriechend, mit einseitig-aufwärts gerichteten, am Grunde verbreiterten Blättern und senkrecht aufgerichteten, 5—7 cm. hohen Fruchtästen. Frucht vorn über der Basis aufspringend. . **L. inundatum** L.

♃ Juli, Aug. Feuchte Anhöhen, Torfsümpfe. Selten.

c. Früchte in einer einfachen, endständigen, scharf-abgegrenzten, ungestielten Aehre mit herzeiförmigen, gelben Deckblättern. Hauptstengel kriechend, Fruchtäste aufrecht, 15—30 cm. hoch. Blatt wagerecht abstehend, lineal-lanzettlich, zugespitzt, scharf-kleingesägt. Frucht am oberen Rande aufspringend. . . . . **L. annótinum** L.

♃ Juli, August. Feuchte Gebirgswälder. Zerstreut.

d. Früchte in je meist 2 auf einem gemeinschaftlichen schuppigen Stiele sitzenden Aehren. Stengel weit kriechend. Fruchtäste 2—5 dm. hoch, aufsteigend. Blatt einwärts gekrümmt, lineal, in eine weisse Haarspitze auslaufend, gezahnt. . . . . **L. clavatum** L.

♃ Juli, August. Bergtriften, Haiden. Häufig.

B. Blätter an dem kriechenden Stengel und den Hauptästen spiralig, lanzettlich, angedrückt, ganzrandig, an den aufrechten, wiederholt-gabeltheiligen Nebenästen gegenständig, 4zeilig. Zweige plattgedrückt. Blätter der flachen Seiten flach angedrückt, die seitlichen zusammengedrückt, gekielt. — Zweige aufrecht in gegipfelten Büscheln.

Mittelast 2—6 Aehren auf langem, mit zerstreuten Deckblättchen besetztem Stiele tragend.

L. Chamaecyparissus ABr.

♃ Juli, August. Haiden, Wälder. Selten. (**L. complanatum.**)

L. complanatum L. Zweige fächerartig ausgebreitet, Fruchtähren nicht am Mittelaste, sondern an den Seitenästen, Blätter der flachen Seiten ungleich-gross. Sonst wie voriges.

L. alpinum L. Aehren einzeln an der Spitze der Aehre, ungestielt. Zweige 4kantig, mehr flach, sonst wie **L. Chamaecyp.** Gebirge. Sehr selten.

119. Familie. EQUISETACEAE DC.

Schaftfarne.

Equisétum L. *Schafthalm. Schaftheu.*

A. Fruchtbare Halme (während der Blüthe) blass, saftig, glatt, einfach. Unfruchtbare Halme grün, fest, verästelt. Aeste rauh.

a. Fruchthalme schwach gefurcht, nach der Blüthe verwelkend, unfruchtbare deutlich gefurcht, später erscheinend. Aeste der letzteren meist einfach, gefurcht.

1. Scheiden des Fruchthalmes bauchig, entfernt, erst später in 8—12 lanzettliche Zähne zertheilt. Aeste des unfruchtbaren Halmes 8—12, 4kantig, etwas rauh, mit 4 Scheidenzähnen. . . . . **E. arvense** L.

Fruchthalme blass oder röthlich. 1—2 dm. hoch, unfruchtbare grün, 1½—6 dm. hoch. Wurzelstock häufig mit knollig verdickten Gliedern. ♃ März, April. Aecker, Wiesen, Wege. Gemein.

Var.: β. **decumbens**, unfruchtbare Halme niederliegend.

γ. **nemorosum**, aufrecht, 6 dm. hoch, unterwärts unverzweigt.

2. Scheiden des Fruchthalmes trichterförmig, genähert, mit 30—40 freien pfriemlichen Zähnen. Aeste des unfruchtbaren Halmes 30—40, mit 4 gefurchten Kanten und 4 Scheidenzähnen. . . . . . . **E. Telmatéja** Ehrh.

(**E. fluviatile** Sm.) *Rosswedel.* Fruchthalme röthlich, 1½—6 dm.; unfruchtbare weiss, 3—9 dm. hoch. ♃ April, Mai. Feuchte Gebirgsorte. Sehr selten.

b. Fruchtbare und unfruchtbare Halme gleichzeitig auftretend, erstere anfangs einfach, nach dem Verwelken der Aehre verzweigt. Aeste c. 12, verlängert, bogenartig herabhängend.

1. Scheiden mit 3—6 ungleichen Zähnen, oben trocken-

häutig, braun. Kanten des unfruchtbaren Halmes mit je 2 Reihen Spitzchen besetzt. Aeste verzweigt, 4-kantig, Zweige 3kantig. Scheiden der Aeste mit 4—5 krautigen pfriemlichen Zähnen. . . **E. silvaticum** L.

Halme blassgrün, 3—5 dm. hoch. ♃ April—Juni. Feuchte Waldplätze, Ufer. Häufig.

2. Scheiden mit 10—15 gleichen, pfriemlichen, braunen, weissrandigen Zähnen. Kanten des unfruchtbaren Halmes mit je einer Reihe von Knötchen besetzt. Aeste meist unverzweigt, 3kantig; Scheiden derselben mit 3 eiförmigen Zähnen. . . . . . **E. pratense** Ehrh.

(**E. umbrosum** Meyer). 15—30 cm. hoch. ♃ April—Juni. Feuchte Waldstellen. Sehr selten.

B. Fruchtbare und unfruchtbare Halme gleichartig und gleichzeitig.

a. Halm fast ganz glatt, weich, nach dem ersten Jahre absterbend. Aehre stumpf.

1. Halm mit 6—8 tiefen Furchen, meist einfach-verästelt. Scheiden locker mit 6—8 lanzettlichen, breit-hautrandigen Zähnen. . . . . **E. palustre** L.

3—6 dm. hoch. ♃ Juni—September. Feuchte Wiesen, Sümpfe. Gemein. Var.: **polystachyum**, mit ährentragenden Aesten.

2. Halm mit 10—20 seichten Furchen, meist unverzweigt. Scheiden anliegend mit 10—20 pfriemlichen schmalhautartigen Zähnen. . . . . **E. limosum** L.

6—9 dm. hoch. Juni—August. Sümpfe, Teiche. Häufig.

b. Halm sehr rauh und hart, graugrün. Aehre zugespitzt.

1. Halm überwinternd, meist einfach, 15—20rippig. Scheiden röhrig, anliegend, fast so breit als lang, schwarzberandet, Zähne 15—20, stumpf, mit pfriemlicher häutiger Spitze, nach deren Abfallen einen gekerbten Rand bildend. . . . . **E. hiemale** L.

6—9 dm. hoch. ♃ Wälder, Ufer. Selten.

2. Halm einjährig, meist verästelt, 8—15rippig, Aeste 6—8rippig. Scheiden röhrig-trichterförmig, den Halm locker umgebend, gleichfarbig, Zähne lanzettlich, weiss-

häutig mit brauner Mittellinie, in eine lange Haarspitze ausgehend, bleibend. . . . **E. ramosum** Schleich.

(**E. elongatum** Willd.) 3—6 dm. hoch. ♃ Juni, Juli. Sand- und Kiesflächen. Sehr selten.

E. variegatum Schleich. Halm überwinternd, fast einfach, 6—8rippig. Scheiden röhrig-trichterförmig, meist mit schwarzem Gürtel, Zähne eiförmig, weisshäutig, in eine lange gewimperte zerbrechliche Spitze auslaufend. Sandige Orte. Sehr selten.

120. Familie. FILICES.

Farne.

Vorbemerkung.

Fiedertheilig heisst im Folgenden ein Blatt, wenn die Theilung nicht nur bis auf die Spindel geht, sondern wenn die Abschnitte mit verschmälertem Grunde ansitzen;

fiederspaltig: wenn die Abschnitte mit breitem Grunde an der Spindel ansitzen, gleichviel, ob dieselben nur bis zur Mitte oder bis auf den Grund getrennt sind.

Fieder: der Abschnitt des Blattes durch die erste Theilung.

Fiederchen: der Abschnitt durch die zweite oder dritte Theilung.

Bei allen Farnen ist der Wurzelstock, wo nicht anders angegeben ist, unterirdisch und verkürzt.

Die Angaben der Grösse und der Farbe beziehen sich auf das Blatt.

Gruppen und Gattungen.

I. OPHIOGLOSSEAE RBr. *Fruchtblatt vom unfruchtbaren verschieden, ährenförmig oder rispig. Sporenfrüchte sitzend oder in die Spindel eingesenkt, ohne Ring, mit einer Querspalte aufspringend. Unfruchtbares Blatt fleischig, ganz kahl, in der Jugend nicht eingerollt, einzeln, der Stiel zum Theil mit dem Fruchtblatte verwachsen.*

A. Fruchtblatt einfach- oder doppelt fiedertheilig, rispenförmig. Früchte gesondert. Unfruchtbares Blatt fiedertheilig. . . . . 1. **Botrýchium** Sw.

B. Fruchtblatt einfach, ährenförmig. Früchte in 2 Zeilen, untereinander verwachsen. Unfruchtbares Blatt einfach. 2. **Ophioglóssum** L.

II. OSMUNDACEAE RBr. *Der obere Theil des Blattes in eine Fruchtrispe verwandelt. Sporenfrüchte gestielt, ohne echten Ring, über dem Scheitel in 2 Klappen aufspringend. Blatt in der Jugend spiralig eingerollt.*

Früchte in Häufchen. Blatt fiedertheilig. 3. **Osmunda** L.

III. POLYPODIACEAE RBr. *Sporenfrüchte auf der unteren Blattfläche in Häufchen oder Linien geordnet, über dem Scheitel mit einem gegliederten Ringe umgeben, unregelmässig-quer-zerreissend. Blatt in der Jugend spiralig eingerollt, meist spreuschuppig. Fruchtbare und unfruchtbare Blätter meist*) gleichgestaltet.*

A. Fruchthäufchen nackt, ohne Schleier.

a. Häufchen rund. Untere Blattfläche nackt oder fast nackt. . . . . 4. **Polypódium** Sw.

b. Häufchen linienförmig längs den Seitennerven der Fiedern. Untere Blattfläche dicht-spreuschuppig. 5. **Grammítis** Sw.

B. Fruchthäufchen mit einem häutigen Schleier**) versehen. Blatt flach.

a. Häufchen rund, nierenförmig, hufeisenförmig oder kurzlineal.

1. Schleier in der Mitte befestigt, das Häufchen bedeckend. . . . . 6. **Aspídium** Sm.

2. Schleier am Grunde befestigt, das Häufchen von einer Seite her bedeckend oder zurückgeschlagen. 7. **Cystópteris** Bernh.

3. Schleier tellerförmig unter dem Häufchen ausgebreitet, am Rande tief-zerschlitzt. . . . . 8. **Woodsia** RBr.

b. Häufchen linienförmig oder länglich.

α. Häufchen auf der Blattfläche schief, längs den Seitennerven.

1. Schleier nach aussen befestigt, nach dem Mittelnerv hin offen. Blatt einfach- oder doppelt-fiedertheilig. Fiederblättchen am Grunde ganzrandig, keilförmig. 9. **Asplénium** Sm.

2. Häufchen paarweise genähert, deren Schleier auf entgegengesetzte Seiten befestigt sich gegen einander zu öffnen. Blatt einfach, fiedernervig. 10. **Scolopendrium** Sm.

*) Mit Ausnahme von Struthiopteris und Blechnum.
**) In der Reife oft verschwindend.

β. Häufchen auf der Blattfläche als je eine zusammenhängende Linie beiderseits längs der Mittelrippe des Fiederblättchens, von aussen her mit einem linienförmigen, nach innen offenen Schleier bedeckt. Blatt fiedertheilig. . . . . 11. **Blechnum** L.

γ. Häufchen längs dem Rande als zusammenhängende Linie, von einem eben solchen neben dem umgeschlagenen Blattrande entspringenden Schleier bedeckt. Blatt fiedertheilig. . . . . 12. **Pteris** L.

C. Fruchthäufchen rundlich, am Grunde mit einem Schleier versehen, später die ganze Unterfläche bedeckend. Blattfiedern mit den Rändern zurückgerollt, die Fruchthäufchen röhrenartig einhüllend. Fruchtblatt durch Verschwinden der grünen Blattsubstanz von dem unfruchtbaren verschieden. . . . . 13. **Struthiópteris** Willd.

1. **Botrychium** Swartz. *Mondraute.*

Fiederblättchen des unfruchtbaren Blattes halbmondförmig oder am Grunde keilförmig. . . . . **B. Lunaria** Sw.

Gelbgrün. 7—20 cm. hoch. ♃ Mai—Juli. Grasplätze. Zerstreut.

2. **Ophioglóssum** L. *Natterzunge.*

Unfruchtbares Blatt eiförmig oder länglich-eiförmig, ganzrandig. . . . . **O. vulgatum** L.

7—30 cm. hoch. ♃ Mai—Juli. Grasplätze. Zerstreut.

3. **Osmunda** Willd. *Königsfarn.*

Blatt doppelt-fiedertheilig mit fast gegenständigen Fiedern und Fiederchen, letztere länglich, stumpflich, fast ganzrandig, mit schmalem Grunde sitzend. Theils reine Laubblätter, theils nach oben allmählich in die Rispe übergehend. **O. regalis** L.

Kahl. 6—9 dm. hoch. ♃ Juni, Juli. Sumpfige Waldplätze, feuchte Wiesen. Sehr selten.

4. **Polypódium** Swartz. *Tüpfelfarn.*

a. Blatt tief-fiederspaltig mit länglich-linealen fast ganzrandigen Fiedern, schmal-länglich, kahl, lederartig, über-

winternd. Fruchthäufchen in 2 Reihen längs dem Mittelnerv, gross, später sich berührend. . . . . **P. vulgare** L.
Engelsüss. 15—30 cm. lang. ♃ Mauern, Felsen. Häufig.

b. Blatt fiedertheilig-fiederspaltig, im Umriss 3eckig-eiförmig, lang zugespitzt, zart, nicht überwinternd. Stiel und Rippe spreuig, Blattfläche behaart. Fiedern lanzettlich, zugespitzt, das unterste Paar entfernt, zurückgebogen oder mit dem übrigen Blatte gekreuzt, die übrigen mit den untersten Fiederchen an die Hauptspindel angewachsen. Fiederchen länglich, stumpf, kerbig-gesägt. Fruchthäufchen fast randständig. . . . . . **P. Phegópteris** L.
15—30 cm. lang. Dunkelgrün. ♃ Juli—September. Feuchte Laubwälder, Felsen. Zerstreut.

c. Blatt doppelt-fiedertheilig-fiederspaltig, im Umriss 3eckig.

1. Kahl, schlaff, ausgebreitet, die beiden unteren Fiedern so gross als der obere Blatttheil, niedergebogen. Fiederchen gegenständig. Fruchthäufchen fast randständig, stets getrennt. . . . . **P. Dryópteris** L.
1—3 dm. lang. ♃ Juni—August. Wälder, schattige Mauern. Häufig.

2. Spindel und Rippen drüsig-behaart, steif, nebst den Fiedern aufrecht. Fiederchen wechselständig. Fruchthäufchen fast randständig, später meist zusammenfliessend. . . . . **P. Robertianum** Hoffm.
(**P. calcareum** Sm.) 3—5 dm. lang. ♃ Juni—August. Felsige Orte, besonders auf Kalk. Selten.

5. **Grammítis** Swartz. *Schriftfarn. Vollfarn.*

Blatt tief-fiederspaltig, Fiederlappen 3eckig, stumpf, abwechselnd. . . . . **G. Céterach** Sw.
(**Ceterach officinarum** Bauh.) *Zecht.* 7—15 cm. lang, mattgrün, unterseits rothbraun-spreuschuppig. ♃ Juni—September. Felsspalten. Sehr selten.

6. **Aspídium** Smith. *Schildfarn.*

A. Schleier schildförmig, in der Mitte befestigt, ringsum frei. Blatt lederartig, überwinternd, kurzgestielt, überall spreuschuppig; Fiederchen halb-spiessförmig, dornspitzig-gesägt. (**Aspidium** RBr.)

a. Einfach-fiedertheilig. Fiedern sichelförmig-lanzettlich, spitz, vorwärts gekrümmt, am Grunde keilförmig.

A. Lonchitis Sw.

15—45 cm. lang. ♃ August—September. Gebirge. Sehr selten.

b. Doppelt-fiedertheilig. Fiedern lanzettlich. Fiederchen beiderseits 10—18, länglich-rautenförmig.

A. aculeatum Döll.

α. **vulgare** (**A. lobatum** Sw.), das unterste Fiederchen des oberen Randes viel grösser als die übrigen, aufrecht. 4—6 dm. lang. ♃ Juli, August. Gebirgsfelsen. Sehr selten.

B. Schleier nierenförmig, in der Bucht befestigt. Blatt nicht überwinternd. (**Polystichum** Roth.)

a. Fiedertheilig-fiederspaltig. Fiederchen fast ganzrandig, am Rande etwas zurückgebogen. Häufchen randständig, genähert. Schleier gefranst. Blattstiel und Spindel fast nackt.

1. Kurzgestielt, beiderseits allmählich verschmälert. Fiederchen länglich, stumpf, unterseits mit gelben Drüsen besetzt. Wurzelstock verkürzt, mit verdickten stielrundlichen Blattstielresten besetzt. Sporen warzig.

A. Oreópteris Sw.

Gelblich grün. 3—6 dm. lang. ♃ Juli, August. Bergwälder. Häufig.

2. Langgestielt, am Grunde gleich breit, nach oben kurzzugespitzt. Fiederchen lanzettlich, spitz, unterseits nur in der Jugend spärlich-drüsig. Wurzelstock dünn, kriechend. Blattstiel am Grunde platt, nicht verdickt. Sporen stachelwarzig. . . . . **A. Thelýpteris** Sw.

3—6 dm. lang. ♃ Juli, August. Sumpfige Wiesen, feuchte Waldstellen. Selten.

b. Fiedertheilig-fiederspaltig. Fiederchen gezahnt, flach. Wurzelstock gedrungen mit fleischig-verdickten stielrundlichen Blattstielresten besetzt.

1. Breit-länglich. Fiedern sich berührend, wechselständig, linienlanzettlich, zugespitzt, 8—10 mal länger als breit. Fiederchen gekerbt, an der Spitze gesägt. Blattstiel und Spindel dicht-spreuschuppig. Häufchen

in der Nähe des Mittelnervs, Schleier ganzrandig. Sporen warzig. . . . . **A. Filix mas** Sw.

Wurmfarn. Sattgrün. 6—9 dm. lang. ♃ August, September. Wälder, Gebüsche, steinige Orte. Gemein.

2. Schmal-länglich. Fiedern entfernt, die unteren fast gegenständig, breitlanzettlich, 2—3 mal länger als breit. Fiederchen eingeschnitten-gesägt. Blattstiel und Spindel mit zerstreuten Spreuschuppen. Häufchen in der Mitte zwischen Rand und Mittelnerv. Schleier gezähnelt. Sporen warzig. . . . . . **A. cristatum** Sw.

Hellgrün. 3—5 dm. lang. ♃ Juli—September. Moorige Wälder. Selten.

c. Doppelt fiedertheilig-fiederspaltig oder 3fach-gefiedert. Fiedern eilanzettlich, die oberen lanzettlich (3—5 mal länger als breit), entfernt. Fiederchen länglich, Fiederlappen mit nach vorn gekrümmten stachelspitzigen Sägezähnen. Häufchen klein, einzeln oder in 2 Reihen. Schleier gezähnelt. Sporen fast glatt. Blattstiel und Spindel spreuschuppig. Wurzelstock gedrungen mit verdickten Blattstielresten besetzt.

A. spinulosum Döll.

Dunkelgrün. 3—12 dm. lang. Juli—September. Wälder. Häufig.

α. **elevatum** ABr. Blatt aufrecht, schmal-länglich, unterste Fiedern gleich breit, entfernt, durch Drehung des Stieles schief oder senkrecht zur Blattfläche. Stock liegend.

β. **dilatatum** Döll. (**A. dilatatum** Sw.) Blatt abstehend, eiförmig-länglich, am Grunde 3fach fiedertheilig-fiederspaltig, unterste Fiedern etwas kleiner als die übrigen, genähert, in einer Ebene mit dem Blatte. Stock aufrecht. Seltener.

C. Schleier elliptisch oder halbmondförmig, an der Seite des Häufchens befestigt, nach vorn offen, am Rande zerschlitzt. Blatt weich, nicht überwinternd. (**Athyrium** Roth.) Blatt elliptisch, beiderseits verschmälert, doppelt- bis 2fach-fiedertheilig. Fiedern lineal-lanzettlich, zugespitzt, Fiederchen lineal-lanzettlich, fiederspaltig, Zipfel 2—3-zähnig. Blattstiel und Spindel wenig spreuschuppig. Sporen fast glatt. Stock mit schuppenförmigen Blattstielresten besetzt, verkürzt. . . . **A. Filix fémina** Sw

(**Asplenium F. fem.** RBr.) Dunkelgrün, 3—6 dm. lang. — Juni—August. Wälder, Gebüsche, Ufer. Häufig.

7. **Cystópteris** Bernh. *Blasenfarn.*

Länglich-eiförmig oder lanzettlich, 2—3fach-fiedertheilig, Fiederlappen nach vorn verbreitert und kerbig-gesägt. Häufchen in der Nähe des Randes. Schleier am Ende zerschlitzt. Sporen stachelwarzig. Blattstiel zerbrechlich, unterwärts spreuschuppig. Stock kurz. . . . . **C. frágilis** Bernh.

(Aspidium fr. Sw.) Hell- oder gelblich-grün, zart. 15—30 cm. lang. ♃ Juni—September. Felsen, Mauern, schattige Orte. Häufig.

8. **Woodsia** RBr.

Länglich oder lanzettlich, fiedertheilig-fiederspaltig. Stiel, Spindel und untere Blattfläche dicht-spreuschuppig.

W. hyperbórea Koch.

Var. β. **rufidula** (**W. ilvensis** RBr. Fiedern lanzettlich, tief fiederspaltig, beiderseits mit 5—6 eiförmigen gekerbten Fiederlappen. 7—12 cm. lang. ♃ Juli, August. Felsen. Sehr selten.

9. **Asplénium** L. *Streifenfarn.*

a. Blatt 2—4theilig, Abschnitte lineal, am Grunde etwas keilig, nach vorn mit einigen Einschnitten. Häufchen wenige, sehr lang, fast parallel, zuletzt zusammenfliessend. Stiel sehr lang, grün. . . . . . . **A. septentrionale** Sw.

7—15 cm. lang. ♃ Juli, August. Felsen. Zerstreut.

b. Blatt lineal, einfach-fiedertheilig, beiderseits mit mehr als 20 aus keiligem Grunde breiteiförmigen, stumpfen, gekerbten, fiedernervigen Fiedern.

1. Stiel und Spindel dunkel-rothbraun, glänzend, kahl. Fiedern abfallend. . . . . **A. Tríchómanes** L.

7—22 cm. lang. ♃ Juni—September. Mauern, Felsen. Sehr häufig.

2. Stiel kastanienbraun, etwas behaart. Spindel grün. Fiedern bleibend. . . . . **A. viride** Huds.

7—15 cm. lang. ♃ Juni—September. Felsen. Sehr selten.

c. Blatt eiförmig oder lanzettlich, meist 2—3fach-fiedertheilig.

α. Fiedern auf jeder Seite 2—5; Fiederchen auf jeder Seite 1—3, entfernt.

1. Blattstiel höchstens so lang als die Scheibe, unten glänzend braun. Scheibe im Umriss lanzettlich. Fie-

dern alle oder die von der Mitte an einfach. Fiederlappen keilförmig-länglich, nach der Spitze verschmälert, vorn eingeschnitten oder gezahnt. Schleier kahl. **A. Breynii** Retz.

(**A. germanicum** Weiss.) 7—15 cm. ♃ Juni—August. Felsspalten. Selten.

2. Blattstiel länger als die Scheibe, nur ganz am Grunde braun. Scheibe im Umriss 3eckig oder eiförmig. Die meisten Fiedern wiederholt-fiedertheilig, nur die allerobersten einfach. Fiederlappen rhombisch-verkehrt-eiförmig, keilig, vorn abgestutzt und gekerbt. Schleier am Rande gewimpert. . . . . . . **A. Ruta muraria** L.

Mauer-Raute. 2—15 cm. lang. ♃ Juni—September. Felsspalten, Mauern. Gemein.

β. Fiedern auf jeder Seite mehr als 12; Fiederchen auf jeder Seite 5 oder mehr.

1. Blatt und Fiedern 3eckig-länglich, vom Grunde an verschmälert, zugespitzt, doppelt- (am Grunde 3fach-) fiedertheilig. Fiederchen eiförmig, am Grunde langkeilig, ganzrandig, nach vorn scharf-gesägt. Blattstiel lang, glänzend-braun. . . . . **A. Adiantum nigrum** L.

3 dm. lang. ♃ Juli—September. Felsen, Mauern. Sehr selten.

2. Blatt lanzettlich, beiderseits verschmälert, doppelt-fiedertheilig. Fiedern länglich-eiförmig mit breitem Grunde. Fiederchen rhombisch-verkehrteiförmig, stumpf, eckig-gezahnt. Blatt grün. . . . . . . **A. Halleri** RBr.

a. **pedicularifolum** (**Polypodium fontanum** L.) c. 1 dm. lang. ♃ Felsen. Sehr selten (Alpenpflanze).

10. **Scolopendrium** Smith. *Hirschzunge.*

Lanzettlich oder länglich-lanzettlich, am Grunde herzförmig, ganzrandig. . . . . **Sc. officinarum** Sw.

2—4 dm. lang. ♃ Juni—September. Feuchte Felsen, Mauern. Sehr selten. In Gärten zuweilen mit welligem Rande (β. **crispum**).

11. **Blechnum** L. *Rippenfarn.*

Die äusseren ausgebreiteten Blätter des Büschels unfruchtbar, lanzettlich, tief-fiederspaltig mit lineal-lanzettlichen

Fiedern; die mittleren Blätter aufrecht, fruchtbare länger, grünlich braun, mit entfernten schmal-linealen Fiedern.

B. Spicant Roth.

(**B. boreale** Sw.) 3—5 dm. lang. ♃ Juli—September. Feuchte Wälder, moorige Stellen. Zerstreut.

12. **Pteris** L. *Saumfarn.*

Blatt 2(—3)fach-fiedertheilig. Fiedern und die unteren Fiederchen fast gegenständig. Fiederchen linien-lanzettlich, ganzrandig oder fiederspaltig, wie die Fiedern an der Spitze ganzrandig, am Rande zurückgebogen. Wurzelstock langkriechend, daher die Blätter einzeln aus dem Boden.

P. aquilina L.

Adlerfarn. 6—24 dm. lang, lederartig. Blattstiel am verdickten Grunde schief abgeschnitten einen Doppeladler zeigend.

13. **Struthiópteris** Willd. *Straussfarn.*

Unfruchtbare Blätter einen trichterförmigen Büschel bildend, fiedertheilig-fiederspaltig mit lineal-lanzettlichen Fiedern. Fruchtblätter in der Mitte des Büschels, fiedertheilig, eingerollt, braun. Stock mit Ausläufern.

St. germanica Willd.

Trichterfarn. 3—9 dm. lang. ♃ Juli, August. Gebirgswälder. Sehr selten.

Schlüssel zum Bestimmen der Farne ohne Rücksicht auf die Fructification*).

A. Blatt einfach, meist ganzrandig.

a. am Grunde verschmälert, einzeln, fleischig, nackt. *Ophioglossum.* S. 391.

b. am Grunde herzförmig, zahlreich, nicht fleischig, spreuschuppig. *Scolopendrium.* S. 396.

B. Blatt einfach-fiedertheilig oder fiederspaltig. Fiedern ganzrandig oder gezahnt.

a. Fiedern am Grunde verschmälert:

1. halbmondförmig. Blatt einzeln, fleischig, nackt. *Botrychium.* S. 391.

---

*) Eine Aushülfe, zu welcher man zuweilen, in solchen Fällen, wo fruchtbare Blätter mangeln, oder wenn, wie bei der Reife häufig, der Schleier verschwunden ist und die Häufchen ihre Gestalt nicht deutlich erkennen lassen, genöthigt sein wird, seine Zuflucht zu nehmen.

2. lineal, länglich oder breiteiförmig, am Grunde keilig, nicht stachelig-gesägt. Blätter zahlreich.
Asplenium septentrionale, Trichomanes, viride, Breynii. S. 395.
3. sichelförmig, halbspiessförmig, am Grunde keilig, stachelig-gesägt.
Aspidium Lonchitis. S. 393.

b. Fiedern am Grunde verbreitert oder zusammenfliessend:
α. lineal, wenigstens doppelt so lang als breit, nackt.
1. Blatt langgestielt, einzeln oder wenige, aufrecht. Spindel oberseits nicht rinnig. Fiedern wechselständig, undeutlich-fiedernervig, gesägt.
Polypodium vulgare. S. 391.
2. Blatt kurzgestielt, zahlreich, ausgebreitet. Spindel oberseits rinnig. Untere Fiedern fast gegenständig, ganzrandig.
Blechnum. S. 396.

β. dreieckig, etwa so breit als lang, an der Basis stark-verbreitert, ineinanderfliessend, wechselständig, unterseits dicht-spreuschuppig.
Grammitis. S. 392.

C. Blatt fiedertheilig-fiederspaltig.
a. Fiedern länglich-eiförmig, fast gegenständig, jederseits mit c. 6 eirunden, gekerbten Fiederlappen. Zottig . . . . . . *Woodsia.* S. 395.
b. Fiedern lineal-lanzettlich, die unteren gegenständig, entfernt, die übrigen mit breitem Grunde an die Spindel angewachsen, jederseits mit c. 20 länglichen, stumpfen, kerbig-gesägten Fiederlappen. Spreuschuppig und behaart. . . . . *Polypodium Phegopteris.* S. 392.
c. Fiedern nach dem Grunde deutlich breiter als in der Mitte, jederseits mit c. 20 länglichen oder lanzettlichen Fiederlappen. Zum Theil spreuschuppig aber nicht behaart.
Aspidium Oreopteris, Thelypteris, Filix mas, cristatum. S. 393.
d. Fiedern lineal, gleichbreit, sehr genähert, wechselständig. Fiederlappen jederseits bis 30, wechselständig, etwa so lang als breit, ganzrandig. Ganz nackt. Blattbüschel trichterförmig.
Struthiopteris. S. 397.

D. Blatt doppelt-fiedertheilig.
a. Fiedern entfernt, fast gegenständig. Fiederchen lineal, ganzrandig. Kahl, gelblich grün, nicht überwinternd. . . . . . *Osmunda.* S. 391.
b. Fiedern genähert, wechselständig. Fiederchen lanzettlich, stachelig-gesägt, das unterste des obern Fiederrandes halbspiessförmig. Spreuschuppig, graugrün, lederartig, überwinternd.
Aspidium aculeatum. S. 393.

E. Blatt doppelt-fiedertheilig und fiederspaltig oder 2—3-fach-fiedertheilig.
a. Fiedern und Fiederchen meist genähert, am Grunde breiter als in der Mitte. Fiederlappen fiedernervig. Meist spreuschuppig.
α. Blatt im Umriss 3eckig, am Grunde am breitesten. Fiedern deutlich gestielt. Fiederchen sitzend, länglich, stumpf, ganzrandig.
Polypodium Dryopteris, Robertianum. S. 363.
β. Blatt am Grunde verschmälert, wenigstens nicht breiter. Fiederlappen gezahnt. Fiedern und Fiederchen ungestielt. Spreuschuppig.
1. Fiedern fast gegenständig, eilanzettlich, jederseits mit c. 15 Fiederchen. Fiederchen länglich, jederseits mit c. 10 fast bis auf den Grund getrennten Fiederlappen, stachelspitzig-gesägt.
Aspidium spinulosum. S. 394.

2. Fiedern wechselständig, genähert, die unteren bedeutend abnehmend linienlanzettlich, zugespitzt, jederseits mit 20—30 linienlanzettlichen Fiederchen, diese mit 2—3 nicht stachelspitzigen Zähnen.
Aspidium Filix femina. S. 394.

3. Fiedern fast gegenständig, entfernt, jederseits mit 6—8 eiförmig-fiederspaltigen Fiederchen. Fiederlappen an der Spitze kerbig-gezahnt. . . . . *Cystopteris.* S. 395.

b. Fiedern und Fiederchen wechselständig, entfernt, am Grunde keilförmig, meist gestielt. Fiederlappen handnervig. Kahl.
Asplenium Ruta muraria, Breynii, Adiantum nigrum, Halleri. S. 396.

Erklärung
der
hauptsächlichsten **Kunstausdrücke**,
soweit sie nicht bei den einzelnen Familien erläutert worden oder aus dem gemeinen Sprachgebrauch von selbst verständlich sind.

Abfallend oder abfällig, ein zu irgend einer Zeit, aber nicht gleich nach der Entwickelung abfallender Theil (im Gegensatz zu „hinfällig“ und „bleibend“).

Aehre, ein einfacher Blüthenstand mit verlängerter Spindel und sitzenden oder kurz gestielten Blüthen (bei den Gräsern: Aehrchen).

Anthere, Staubbeutel, das an der Spitze des Staubfadens sitzende, den Blüthenstaub (*pollen*) einschliessende Organ.

Ausdauernd, bei krautartigen Pflanzen entweder an dem Vorhandensein eines geringelten oder gegliederten Wurzelstockes oder an der meist holzigen und mehrköpfigen Wurzel oder an der Bildung von Ausläufern u. dergl. zu erkennen.

Ausläufer, ein am Grund des Stengels entspringender, auf oder unter der Erde kriechender Zweig, welcher wieder senkrecht blühende Seitenzweige emporsendet.

Balg, das die einzelne Blüthe stützende Deckblatt am Aehrchen der Cyperaceen.

Beere, eine durchaus fleischige oder saftige Frucht.

Blättchen, die einzelnen Abtheilungen eines zusammengesetzten Blattes.

Blumenboden oder Blüthenboden, das theils flach, theils erhaben, theils convex ausgebreitete, die verschiedenen Blüthentheile tragende Ende des Blüthenstiels.

Blüthenstand, derjenige Theil eines Stengels oder Zweiges, welcher an den weiteren Verzweigungen nur Blüthen und entweder keine Blätter oder nur schuppenförmige Deckblätter trägt.

Connectiv, der die beiden Antherenhälften verbindende Theil.

Deckblatt, jedes am Grund eines Blüthenstiels sitzende meist schuppenförmige, häutige oder buntgefärbte Blattorgan.

Deckblättchen (= Vorblatt), ein am Blüthenstiel selbst sitzendes schuppenförmiges häutiges oder buntgefärbtes Blattorgan.

Dolde, ein Blüthenstand, dessen einfache Blüthenstiele an einem Punkt aus der Spitze der Axe oder seitlich an derselben entspringen.

Doldentraube, eine Traube, deren untere Blüthenstiele länger als die oberen sind, so dass sämmtliche Blüthen ungefähr in einer Ebene liegen.

Doppelt-gekerbt, -gesägt, -gezahnt, wenn die grösseren Zähne am Rande selbst wieder mit kleineren Unebenheiten derselben Art versehen sind.

Dreizählige oder dreiständige Blätter, welche zu dreien in gleicher Höhe am Stengel entspringen.

Ebenstrauss, gleichbedeutend mit der einfachen oder zusammengesetzten Doldentraube, oder auch mit der Trugdolde.

Eichen (Samenknospe), der unbefruchtete Samen in der Höhle des Fruchtknotens während der Blüthezeit.

Eiförmig, von der Gestalt des Eies, d. h. am oberen Ende schmäler als am unteren, höchstens doppelt so lang als breit.

Eirund (oval), an beiden Enden gleich breit, höchstens doppelt so lang als breit.

Einhäusig (monöcisch), Blüthen von getrenntem Geschlecht, beiderlei Blüthen auf demselben Pflanzenindividuum.

Eiweiss, das den Samenkern vieler Pflanzen bildende und den Keim (meist) einschliessende Gewebe.

Elliptisch, gleichbedeutend mit **eirund**, oder auch mit beiderseitiger Zuspitzung des eirunden Blattes.

Fahne, das obere, d. h. gegen die Axe des Blüthenstandes gekehrte, meist gröste Kronblatt der Schmetterlingsblume.

Fiederspaltig, ein Blatt, dessen Scheibe durch Einschnitte getheilt ist, welche unter einem Winkel gegen den Mittelnerv gerichtet sind und nicht über die Mitte der halben Breite reichen.

Fiedertheilig, wie oben, aber die Einschnitte bis nahe an den Mittelnerv reichend. Doppelt-, 3fach-fiedertheilig, wenn sich dieselbe Art der Theilung an den einzelnen Fiederabschnitten ein- oder mehrmal wiederholt.

Filzig, eine dichte Behaarung, deren durcheinander gewirrte Haare einzeln kaum zu unterscheiden sind.

Fingerspaltig, **Fingertheilig**, } die Einschnitte des Blattes sind strahlenförmig nach dem Blattgrund gerichtet, sonst wie fiederspaltig, fiedertheilig.

Flaumig, flaumhaarig, eine so feine Behaarung, dass die einzelnen Härchen kaum mit blossen Augen unterschieden werden können.

Flügel, die beiden seitlichen Kronblätter an der Schmetterlingsblume. Vergl. auch „**geflügelt**".

Frucht, derjenige Pflanzentheil, welcher während der Samenreifung aus dem Pistill hervorgeht.

Fruchtboden, gleichbedeutend mit „Blumenboden", oder nur der Theil des letzteren, welcher die Pistille trägt.

Fruchtknoten, der untere, meist verdickte Theil des Pistills, welcher in seiner Höhle die Eichen enthält.

Fruchtkranz (*pappus*), ein Kranz von Borsten, Zähnen oder Schüppchen, welche die Stelle des Kelches auf dem Fruchtknoten vieler Compositen vertreten.

Fussförmig, ein fingertheiliges Blatt, dessen mittlere Abschnitte nicht aus dem gemeinschaftlichen Blattstiel, sondern seitlich aus den beiden untersten Seitenblättchen nach oben entspringen.

Gedreit, ein gefingertes Blatt mit 3 Abschnitten.

Gefiedert, ein fiedertheiliges Blatt, dessen Abschnitte am Grunde stielartig zusammengezogen und gelenkartig mit dem gemeinschaftlichen Blattstiel verbunden sind, und auf diese Weise gleichsam selbständige Blättchen darstellen.

Gefingert, ein fingertheiliges Blatt mit der besondern Bestimmung wie oben beim gefiederten.

Geflügelt, ein Stengel, Blattstiel, Frucht oder Samen mit häutig oder laubartig erweiterten Kanten.

Gegenständig, Blätter oder Zweige, welche je 2 auf gleicher Höhe am Stengel einander gegenüberstehen.

Gekerbt, ein Rand mit stumpfen und durch scharfe Winkel von einander getrennten Unebenheiten.

Gesägt, ein Rand mit spitzen, nach vorn gerichteten Zähnen.

Gezahnt, ein Rand mit spitzen, nicht geneigten Zähnen. Buchtiggezahnt, wenn die Zähne durch runde Winkel getrennt sind.

Glatt, eine Oberfläche ohne Furchen, Riefen, Warzen, Gruben u. dergl. Unebenheiten.

Griffel, der meist stielförmige obere Theil des Pistills, welcher die Narbe trägt.

Halbunterständig, ein Fruchtknoten, in dessen halber Höhe die blattartigen Blüthentheile eingefügt sind. Die Blume heisst in diesem Falle „halboberständig".

Handförmig, gleichbedeutend mit „fingertheilig", „fingerspaltig".

Hinfällig, ein sehr frühe, unmittelbar nach seiner Entfaltung abfallender Theil (im Gegensatz zu „abfallend").

Hülle, der Verein von mehreren kreisförmig oder dachziegelförmig um einen Blüthenstand oder eine einzelne Blüthe herumgestellten Blattorganen.

Hülse, eine einfächerige (oder unecht-mehrfächerige), an der obern Naht die Samen tragende und in einer oder 2 Nähten aufspringende Frucht.

Kahl, eine Oberfläche ohne Behaarung.

Kapsel, eine mit Klappen, Zähnen, Löchern u. s. w. aufspringende, die Samen entleerende Frucht.

Kätzchen, ein ährenförmiger, mit unvollständigen Blüthen versehener Blüthenstand, das männliche Kätzchen abfallend.

Keim, die im reifen Samen eingeschlossene Anlage der jungen Pflanze, aus Knöspchen, Keimblättern und Würzelchen bestehend.

Keimblätter, die einzeln, zu 2 oder wirtelig gestellten ersten Blätter am Pflanzenkeim, oft fleischig verdickt, und dann die Hauptmasse des Samenkerns bildend.

Kelch, der äussere meist krautartige Blattkreis der Blüthendecke, wenn diese aus 2 verschiedenen Kreisen besteht.

Kelchröhre, der untere Theil des Kelches, soweit dessen Blätter verwachsen sind. Uneigentlich wird dieser Ausdruck auch für eine trichter- oder krugförmige Ausbreitung der Blüthenaxe gebraucht, nämlich in den Fällen, wo die Krone und Staubfäden, wie man zu sagen pflegt, auf dem Kelchrande eingefügt sind, — richtiger „Scheibe".

Knäuel, eine meist seitenständige Anhäufung von sitzenden, meist kleinen unansehnlichen Blüthen.

Knoten, die Stelle des Stengels, wo ein Blatt entspringt, gleichviel ob dieselbe knotig verdickt ist oder nicht.
Kolben, ein ährenförmiger Blüthenstand mit verdickter, fleischiger, dicht mit Blüthen bedeckter Spindel.
Köpfchen, ein gipfelständiger Blüthenstand mit verkürzter Axe und sitzenden oder kurzgestielten Blüthen.
Kriechend, ein am Boden fortwachsender und an den Knoten wurzelnder Stengel.
Krone, der innere meist weisse oder buntgefärbte Blattkreis der Blüthendecke, falls diese 2 verschiedenartige Kreise unterscheiden lässt.
Länglich, ein Blatt u. s. w. 3—4mal so lang als breit.
Lanzettlich, ein Blatt u. s. w. 4- und mehrmal so lang als breit, an beiden Enden verschmälert.
Leierförmig, ein fiederartig zertheiltes Blatt mit sehr grossem Endlappen.
Liegend, ein auf den Boden gestreckter nicht wurzelnder Stengel
Lineal oder linienförmig, ein Blatt u. s. w. mit fast parallelen Rändern.
Männliche Blüthe, nur Staubfäden tragend.
Nagel, der untere stielartig-plötzlich verschmälerte Theil mancher Kronblätter.
Narbe, das zur Aufnahme des Blüthenstaubes dienende, meist klebrige, oft verdickte Ende des Griffels.
Nebenblätter, die beiden links und rechts am Grunde des Blattstiels sitzenden Anhängsel des Blattes.
Nebenkrone, ein zwischen der Krone und den Staubfäden stehender Kreis von getrennten oder verwachsenen Organen, oder auch gewisse an der Krone selbst vorkommende kranzförmige Anhängsel.
Nebenstaubfaden, ein der Anthere ermangelnder Staubfaden.
Nebenwurzel, eine seitlich an der Hauptwurzel, am Wurzelstock oder am oberirdischen Stengel entspringende, meist fadenförmige Wurzel mit centralem Holzkern.
Nierenförmig, ein Blatt u. s. w. von rundlichem oder mehr breitem als langem Umriss und tief und weit ausgeschweiftem Grunde. — Nierenförmige Basis kommt auch bei andern Blattformen vor.
Nuss, Nüsschen, eine einsamige Frucht mit holziger oder lederartiger, nicht aufspringender Wand.
Paarig-gefiedert, ohne Endblättchen.
Perigon, die Blüthendecke, insofern sich in derselben nicht 2 in Gestalt und Farbe verschiedenartige Kreise unterscheiden lassen.
Pfriemförmig, ein Blatt u. s. w. aus sehr schmalem Grunde nach vorn verschmälert.
Pistill (Stempel), das die Mitte der Blüthe einnehmende, die Anlage der Frucht darstellende Organ, bestehend aus Fruchtknoten, Griffel, Narbe.
Platte, der obere flache Theil des Kronblattes im Gegensatz zu der stielartigen Verschmälerung.
Pollen = Blüthenstaub, der meist staubartige, zur Befruchtung des Pistills dienende Inhalt der Anthere.
Polygamisch, wenn an einem Pflanzenindividuum neben eingeschlechtigen zugleich Zwitter-Blüthen vorkommen.

Präsentirtellerförmig, eine verwachsenblätterige Blumenkrone mit langer walzlicher Röhre und plötzlich horizontal ausgebreitetem Saume.

Quirl = Wirtel.

Radförmig, eine verwachsenblätterige Blumenkrone mit sehr kurzem Röhrentheil.

Rhizom = Wurzelstock.

Rispe, Blüthenstand mit verlängerter Hauptaxe und verzweigten Seitenaxen.

Samen, das in der Fruchthöhle eingeschlossene (nur bei den Coniferen nacktliegende), aus dem Eichen hervorgegangene, den Keim (und den Eiweisskörper) enthaltende Organ.

Saum, der obere ausgebreitete Theil einer verwachsenblätterigen Blumenkrone, im Gegensatz zum untern engen Röhrentheil.

Schaft, ein der Länge nach nackter oder nur mit Schuppen besetzter Blüthenstengel.

Scheibe, 1) der obere flach ausgebreitete Theil des Blattes, im Gegensatz zu dessen Stiel oder Scheidentheil; — 2) jede Ausbreitung der Blüthenaxe unterhalb oder innerhalb der Blüthe, z. B. die „unterweibige Scheibe“ als ringförmige Wulst am Grunde des Fruchtknotens.

Scheide, 1) Blattscheide, der untere verbreiterte und den Stengel mehr oder weniger röhrenartig umgebende Theil des Blattes, — geschlossen, wenn die Röhre ringsum verwachsen ist; — 2) Blüthenscheide, eine aus einem oder wenigen grossen Deckblättern gebildete Hülle am Grunde eines ein- oder mehrblüthigen Blüthenstandes.

Scheinfrucht (Scheinbeere), ein fruchtähnliches Gebilde, an welchem auch andere nicht zum Pistill gehörige Theil (Blüthenstiel, Blumenboden, Deckblätter u. s. w) mit der Frucht auswachsen und scheinbar einen Theil derselben bilden.

Schiffchen, der durch die beiden unteren meist verwachsenen Kronblätter gebildete Theil der Schmetterlingsblume.

Schlauch, die eigenthümliche flaschenförmige oder kugelförmige Hülle um das Pistill bei *Carex*.

Schlauchfrucht, gehört zu den nussartigen Früchten.

Schlund, die Stelle, wo sich bei einer verwachsenblätterigen Blumenkrone der Röhrentheil in den Saum erweitert.

Schote, Schötchen, eine 2fächerige, 2klappige, mit stehenbleibender Scheidewand, an deren Rändern die Samen in jedem Fache 2reihig sitzen.

Schrotsägeförmig, ein fiederspaltiges Blatt mit rückwärts gerichteten Lappen.

Spaltfrucht, eine Frucht, welche sich in 2 oder mehrere je einen Samen einschliessende Abtheilungen spaltet.

Sitzend = ungestielt.

Spiralig-gestellte Blätter, d. h. einzeln, rings um den Stengel zerstreut; so viel als „zerstreut“, im Gegensatz zu „gegen- und wirtelständig“.

Spirre, ein traubenartiger Blüthenstand bei den *Juncaceen* und *Cyperaceen*, bei welchen die unteren und äusseren Zweige die oberen und mittleren weit überragen.

Spitz heisst die Spitze eines Blattes, wenn die Seitenränder sich unter einem Winkel, der kleiner als ein rechter ist, vereinigen.

Spreite, Blattspreite, gleichbedeutend mit Blattscheibe.

Stachelspitzig, wenn die Blattspitze plötzlich und kurz mit concaven Schenkeln ausläuft.

Staubfaden, der fadenförmige Träger der Anthere oder auch das ganze männliche Organ.

Steinfrucht, Steinbeere, eine einsamige nicht aufspringende Frucht, deren Wand aus einer äusseren fleischigen und einer inneren steinigen Schicht besteht.

Stengelglied, das zwischen je 2 Knoten (Blattansätzen) liegende Stück des Stengels.

Stumpf heisst die Spitze des Blattes, wenn die Ränder sich unter einem rechten oder stumpfen Winkel vereinigen.

Traube, ein Blüthenstand mit gestielten Blüthen an der verlängerten Hauptspindel.

Trugdolde, ein Blüthenstand, dessen Hauptaxe stumpf oder mit einer Blüthe abschliesst, während sich die Seitenäste über den Gipfel erheben und sich nach derselben Weise wie die Hauptaxe verhalten.

Tute, eine scheidenartige Ausbildung des Blattgrundes, welche sich vom Ansatzpunkte aufwärts, den Stengel röhrenförmig umschliessend, emporzieht.

Unpaarig-gefiedert, mit einem Endblättchen.

Vorblatt = Deckblättchen.

Wechselständige Blätter = spiralständige oder zerstreute Blätter.

Weibliche Blüthe, welche nur Pistille enthält.

Windend, ein schraubenförmig um einen andern Körper emporwachsender Stengel. Rechts-windend, wenn der sich in den windenden Stengel hineindenkende Beobachter die Axe der Schraube zur Rechten hat.

Wirtelständige Blätter, Zweige, Blüthen, mehr als 2 in gleicher Höhe um den Stengel herumgestellt.

Würzelchen, die Anlage der Wurzel an dem im Samen eingeschlossenen Keim.

Wurzelblätter, am unteren Theile des Stengels dicht über dem Boden entspringend.

Wurzelstock, ein wurzelähnlicher unter der Erde mehrere Jahre fortwachsender, mit Blattresten oder Blattnarben, den Resten abgestorbener Stengel und mit Nebenwurzeln besetzter Stengel.

Zerstreute Blätter = spiralig oder wechselständig, im Gegensatz von gegen- oder wirtelständigen Blättern.

Zugespitzt heisst die Spitze eines Blattes, wenn sie mit concaven Rändern allmählich ausläuft.

Zusammengesetzt, ein zertheiltes Blatt, dessen Einschnitte bis auf den Blattstiel oder Mittelnerv reichen, und dessen Abtheilungen am Grunde zusammengezogen und mit dem gemeinschaftlichen Blattstiele gelenkartig verbunden sind.

Zweihäusig (diöcisch), eingeschlechtige Blüthen, von denen die männlichen nur auf dem einen, die weiblichen nur auf einem anderen Stocke vorkommen.

Erklärung der abgekürzten Autorennamen.

A. Br-aun.
Adans-on.
Ait-on.
All-ioni.
Anders-on.
Andrz-ejowsky.
Ard-uino.
Bartl-ing.
Bechst-ein.
Benth-am.
Bess-er.
Boerh-ave.
Borkh-ausen.
Br-aun.
Cass-ini.
Cav-anilles.
Cham-isso.
Clairv-ille.
Coult-er.
Cr-antz.
DC-andolle.
Desf-ontaines.
Desp-ortes.
Desr-ousseaux.
Desv-aux.
Dill-enius.
D-öll.
Dub-y.
Ehrh-art.
Fl.W. Flora d. Wetterau.
Fr-ies.
Gärtn-er.
Gaud-in.
Gmel-in.
Godr-on.
Good-enough.
Gron-ovius.
Guthn-ik.
Hall-er.
L'Hér-itier.
Heist-er.
Hoff-mann.
Hook-er.
Hornem-ann.
Huds-on.
Jacq-uin.
Juss-ieu.
Kit-aibel.
K-och.
Kütz-ing.
Lam-arck.
Lap-eyrouse.
Lehm-ann.
Lej-eune.
Less-ing.
Light-foot.
Lindl-ey.
Lk. Link.
L-inné.
Lois-eleur.
M. B-ieberstein.
Med-ikus.
M-ertens.
Mchx. Michaux.
Mill-er.
Mirb-el.
Mch. Mönch.
Mol-ina.
Murr-ay.
Naeg-eli.
N. v. E. Nees v. Esenbeck.
Nestl-er.
Nutt-al.
P. B. Palisot de Beauvais.
Pers-oon
Peterm-ann.
Pfr. Pfeiffer.
Poll-ich.
R. Br. Robert Brown.
Rchb. Reichenbach.
Rebent-isch.
Retz-ius.
Rich-ard.
R-oemer.
Roz-ier.
Salisb-ury.
Sch-imper.
Schied-e.
Schk-uhr.
Schldl. Schlechtendal.
Schleich-er.
Schrad-er.
Schrk. Schrank.
Sch-ultes.
Schweigg-er.
Scop-oli.
Sér-inge.
Sibth-orp.
Sims-on.
Sm-ith.
Sp-enner.
Stev-en.
Sutt-on.
Sw-artz.
Ten-ore.
Thuill-ier.
Tourn-efort.
Trautv-etter.
Tr-inius.
Vaill-ant.
Vent-enat.
Vill-ars.
Viv-iani.
Wahlenb-erg.
W. K. Waldstein und Kitaibel.
Wall-roth.
W. N. Weyhe u. Nees.
W-immer.
Weig-el.
Wend-eroth, oder Wdr.
Wib-el.
Wigg-ers.
Willd-enow.
With-ering.
Wtg. Wirtgen.

Erklärung einiger Zeichen.

⊙ bedeutet eine einjährige Pflanze } Kraut.
⊙ „ „ zweijährige „ }
♃ „ „ krautartige ausdauernde Pflanze (Staude).
♄ „ „ holzige Pflanze (Strauch, Baum).
m. = Meter; cm. = Centimeter; mm. = Millimeter.

Die Farbenangaben beziehen sich, wo nichts Besonderes bemerkt wird stets auf die Blumenkrone oder das Perigon.

Berichtigungen und Nachträge.

S. 24, Z. 1 v. u. lies: Kelchröhre) flach.
„ 90, „ 4 „ u. lies: **Melo** statt Belo.
„ 94, „ 10 „ u. lies: THLASPIDEAE.
„ 95, „ 9 „ o. lies: LEPIDINEAE.
„ 95, „ 15 „ u. lies: ISATIDEAE.
„ 122, „ 11 „ u. lies: A. st. H.
„ 281, „ 6 „ o. lies: dichtblüthig.
„ 288, „ 8 „ u. lies: Fruchtknoten.
„ 348, „ 14 „ u. lies: 115. Familie.

Ferner mögen nachfolgenden Pflanzen die nebenstehenden deutschen Namen beigefügt werden:

Lotus corniculatus (S. 12): *Hornklee.*
Geum urbanum (S. 28): *Mannskraft.*
Dianthus Carthusianorum (S. 65): *Carthäusernelke.*
— **Caryophyllus**: *Grasnelke.*
Salsola (S. 79): *Salzkraut.*
Ribes nigrum (S. 89): *Gichtbeere.*
Diplotaxis (S. 106): *Rampe.*
Paeonia (S. 129): *Gichtrose.*
Menyanthes (S. 162): *Fieberklee.*
Heliotropium (S. 166): *Sonnenwende.*
Lycium (S. 172): *Teufelszwirn.*
Dracocephalum (S. 179): *Drachenkopf.*
Galeobdolon (S. 186): *Goldnessel.*
Mimulus (S. 195): *Gauklerblume.*
Verbascum (S. 196): *Königskerze.*
Limosella (S. 198): *Schlammling.*
Primula (S. 209): *Himmelsschlüssel.*
Lysimachia Nummularia (S. 211): *Pfennigkraut.*
Scorzonera (S. 261): *Schwarzwurz.*
Valerianella olitoria und **carinata** (S. 265): *Nisschen.*
Typha (S. 318): *Kolbenrohr.*
Rhynchospora (S. 332): *Moorsimse.*

Register der deutschen Pflanzennamen.

Register der Gattungen und Familien.

Die Zahlen in der ersten Columne bezeichnen die Seite des Buches, wo eine Familie oder Gattung gegenüber anderen Familien oder Gattungen charakterisirt ist; — die Zahlen in der zweiten Columne beziehen sich auf die Seite, wo eine Familie mit ihren einzelnen Gattungen, oder eine Gattung mit ihren einzelnen Arten aufgeführt ist.